国家出版基金项目
NATIONAL PUBLICATION FOUNDATION

中宣部2022年
主题出版重点出版物

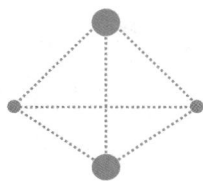

共同富裕论纲

高培勇　黄群慧　等著

SPM
南方传媒

广东人民出版社

· 广州 ·

图书在版编目（CIP）数据

共同富裕论纲 / 高培勇，黄群慧等著. —广州：广东人民出版社，2022.10
ISBN 978-7-218-15817-4

Ⅰ. ①共… Ⅱ. ①高… ②黄… Ⅲ. ①共同富裕—研究—中国 Ⅳ. ①F124.7

中国版本图书馆CIP数据核字（2022）第105501号

GONGTONG FUYU LUNGANG

共同富裕论纲

高培勇　黄群慧　等著

版权所有　翻印必究

出 版 人：肖风华

出版策划：黄少刚
出版统筹：卢雪华　曾玉寒
责任编辑：施　勇　伍茗欣　陈　晔　罗凯欣
责任校对：梁敏岚　吴丽平
装帧设计：张贤良
责任技编：吴彦斌　周星奎

出版发行：广东人民出版社
地　　址：广州市越秀区大沙头四马路10号（邮政编码：510199）
电　　话：（020）85716809（总编室）
传　　真：（020）83289585
网　　址：http://www.gdpph.com
印　　刷：恒美印务（广州）有限公司
排　　版：广州市友间文化传播有限公司
开　　本：787mm×1092mm　1/16
印　　张：22　**字　数**：300千
版　　次：2022年10月第1版
印　　次：2022年10月第1次印刷
定　　价：78.00元

目 录

导　论

以高质量发展促进共同富裕

中国已经进入扎实推进共同富裕的历史阶段。这样一个历史阶段的到来以及扎实推进共同富裕的目标任务，涉及一系列重大理论和实践问题，亟待从理论和实践的结合上说清楚、讲明白。

正如中国式现代化不同于其他现代化模式和标准一样，中国的共同富裕具有一系列自身特色，只能也必须走中国式的共同富裕道路。这是由中国独特的历史、独特的文化和独特的国情所决定的，也是从马克思主义与中国具体实际相结合、与中华优秀传统文化相结合的进程中悟出的深刻道理和内在逻辑。所以，围绕中国式的共同富裕道路的探索，要从建构中国自主的共同富裕知识体系做起。

举凡知识体系的建构，一要有合理的框架，二要有足够的构件。中国自主的共同富裕知识体系的建构，离不开框架和构件的确立。

我们深知，在高质量发展中促进共同富裕，是以习近平同志为核心的党中央立足新发展阶段、着眼我国社会主要矛盾变化做出的重大决策，是从全局高度谋划推进全体人民共同富裕的战略之举。如果说在高质量发展中促进共同富裕是中国式共同富裕之路的最基本、最深沉、最显著的特征，那么，中国自主的共同富裕知识体系的建构，首先面临的一项基础性工作，就是围绕这一特征并以此为主题、主线，从理论上搞清楚共同富裕"是什么"，弄明白共同富裕"不是什么"。

一、促进共同富裕不仅要切好分好"蛋糕"，更要做大做好"蛋糕"

在中文语境下，共同富裕可以拆分成"共同"和"富裕"两个关键词。"富裕"需要把"蛋糕"做大做好，做大做好"蛋糕"需要发展，这就对效率提出了要求。"共同"则体现公平，这就要求把"蛋糕"切好分好。做大做好"蛋糕"和切好分好"蛋糕"，是一对辩证关系。促进共同富裕不仅要切好分好"蛋糕"，而且要做大做好"蛋糕"，两者同样重要。共同富裕只有也只能在坚持发展中加以实现，离开了发展或脱离了富裕这个基础，就谈不到共同富裕。

就现实国情而言，我国仍是发展中国家，距离发达国家还有不小的差距，发展仍是解决我国一切问题的基础和关键。在"十四五"乃至更长的一个时期内，发展经济、把"蛋糕"做大做好仍然是我们的重要任务，发展仍然是硬道理。在某种意义上说，我们所追求的共同富裕，首先应当是富裕基础上的"共同"，而非"共同"基础上的富裕。只有坚持在高质量发展中促进共同富裕，在持续不断做大做好"蛋糕"基础上切好分好"蛋糕"，才能厚植共同富裕基础，最终实现共同富裕。

推动高质量发展是实现共同富裕的前提基础和必然路径。实现共同富裕目标，首先要通过推动高质量发展把"蛋糕"做大做好，然后通过合理的制度安排把"蛋糕"切好分好。必须坚持做大做好"蛋糕"和切好分好"蛋糕"并举，力求效率和公平的统一。

二、促进共同富裕要靠全体人民共同奋斗，不是搞平均主义

公平与平等不是一回事。平等是一种状态的描述，公平则是附加了价值判断的情况下对平等状态的认识，包括了机会公平、过程公平和结果公平三个方面，实质是一个不可分割的统一体。结果公平意义上的

平等固然重要，但不能只关注结果公平而忽略机会公平和过程公平。相对而言，机会公平和过程公平较之结果公平更为重要。在进入新发展阶段的中国，促进共同富裕更应当关注机会公平和过程公平，营造尊重劳动、尊重创造、尊重知识、尊重人才的政策体系和制度环境，为大多数人通过辛勤劳动、合法经营、创新创业增收致富创造条件，为普通人通过奋斗改变命运提供通道。

共同富裕不是"绝对公平""吃大锅饭"。只讲效率不讲公平，造成两极分化和阶层固化，不符合共同富裕原则，也背离社会主义初衷。同样，只求公平不要效率，搞平均主义也是不可取的。绝对平均主义确实可以在短时间内拉平收入差距，但其结果会严重影响经济发展，因而是不可持续的。搞不好，还可能造成共同贫穷。在历史上，我们曾吃过这方面的亏。

共同富裕不是绝对平均主义，而是有差别的共同富裕。共同富裕并不意味着无差距，也不意味着差距越小越好。在个人能力禀赋存在差异的现实社会中，绝对平均主义尽管从结果上看貌似平等，但对于那些有创新能力和辛勤劳动的人则是不公平的，因为它抹杀了个体差异。如果有创新能力的人不再创新，辛勤劳动的人不再勤劳，整个社会的经济发展就会陷入停滞甚至倒退，共同富裕就会成为无水之源、无木之本。在这方面，我们也曾有过深刻的教训。

促进共同富裕要靠全体人民共同奋斗。只有人人参与、人人尽力，才能真正实现人人享有。要弘扬勤劳创新致富精神，鼓励劳动者通过辛勤劳动、合法经营、创新创业迈向幸福美好生活。只有在保证公平的同时使其保有对创新和勤劳的激励作用，才能形成正确的公平观，最终走向共同富裕。只有在初次分配中体现机会公平和过程公平，在再分配过程中体现结果公平，同时遵循公平原则实施三次分配，才可在保证公平的同时使其保有对创新和勤劳的激励作用。这不仅有益于整个社会形成正确的公平观，更有益于最终走向公平和效率的统一。

三、促进共同富裕要植根于市场经济土壤，不能离开市场经济而谈共同富裕

社会主义市场经济体制是中国特色社会主义的重大理论和实践创新，是在百年的艰辛探索和历史变革中被证明是做对了的、正确的制度选择。我们所追求的共同富裕，我们所谋划的促进共同富裕之策，都要以市场经济为深层底色，都要植根于社会主义市场经济土壤，站在40多年市场化改革理论和实践成果的肩膀之上。不能离开市场经济而谈共同富裕，不能离开社会主义市场经济改革方向而论促进共同富裕。

社会主义市场经济体制的灵魂和核心，若用一句话概括，就是充分发挥市场在资源配置中的决定性作用，更好发挥政府作用，推动有效市场和有为政府更好结合。这就为促进共同富裕划定了明确边界：无论是加大税收、社会保障、转移支付等的调节力度，还是完善公共服务政策制度体系，在教育、医疗、养老、住房等人民群众最关心的领域精准提供基本公共服务，抑或是支持有意愿有能力的企业和社会群体积极参与公益慈善事业，都要与市场经济有机结合起来，在坚持社会主义基本经济制度的前提下展开和推进。

在促进共同富裕过程中，固然要发挥高收入群体和企业家的作用，鼓励高收入群体和企业家更多回报社会，但绝不是"劫富济贫"。固然要发挥三次分配对于改善分配结构的补充作用，但主要通过慈善捐款方式、在自愿而非强制的基础上进行，反对任何形式的"逼捐""诱捐"。固然要更好发挥政府在收入和财富分配以及公共服务供给中的作用，但绝不是政府大包大揽，绝不能"养懒汉""等靠要"、搞"一刀切"，要防止掉入"福利主义"陷阱。

这意味着，通过加快完善更加系统完备、更加成熟定型的高水平

社会主义市场经济体制而实现效率和公平互为倚重的共同富裕，是新发展阶段促进共同富裕的必由之路。要坚持"两个毫不动摇"。既坚持公有制为主体、多种所有制经济共同发展，大力发挥公有制经济在促进共同富裕中的重要作用，又坚持促进非公有制经济健康发展、非公有制经济人士健康成长。要坚持要素市场化配置方向。既允许一部分人先富起来，又强调先富带后富、帮后富，重点鼓励辛勤劳动、合法经营、敢于创造的致富带头人，依法处理偏门致富、违法违规经营，致力于实现要素价格市场决定、流动自主有序、配置高效公平。要坚持按劳分配为主体、多种分配方式并存。既坚持多劳多得，着重保护劳动所得，提高劳动报酬在初次分配中的比重，又健全以税收、社会保障、转移支付等为主要手段的再分配调节机制。同时，完善第三次分配机制，发展慈善等社会公益事业。

四、促进共同富裕是一个全局性问题，而不单纯是分配问题甚或经济问题

促进全体人民共同富裕牵动社会再生产各方面和国家治理活动各领域，是一个全局性问题。它绝不单纯是一个分配问题，而且是生产、交换、消费问题，也不单纯是一个经济问题，而且是政治、文化、社会、生态文明问题。无论是单纯就分配维度而谈共同富裕，寄希望于通过单一的分配制度调整而改善收入和财富分配格局，还是局限于经济视域而论共同富裕，寄希望于通过单一的经济制度变革缩小收入和财富分配差距，都有片面之嫌，其结果也往往难遂人愿。在某些特殊情况下，还可能适得其反。

围绕促进共同富裕的考量，不能只有分配一个维度，也不能限于经济一个视角。要跳出分配维度和经济视域局限，从统筹兼顾经济社会各方面发展要求出发，坚持经济发展、社会进步和人民生活改善并重，综

合施策。既要不断解放和发展社会生产力，不断创造和积累社会财富，又要防止两极分化和阶层固化，实现社会和谐安定。既要通过高质量发展提高效率效益，又要着力从制度安排上促进社会公平正义，让发展成果更多更公平惠及全体人民。既要关注低收入群体，逐步提高城乡最低生活保障水平，兜牢基本生活底线，解决贫困问题，又要致力于探索致富途径，通过完善产权保护制度，保护合法收入、合法致富。既要关注"富口袋"，不断增加城乡居民收入，又要关注"富脑袋"，发展公共文化事业，完善公共文化服务体系，不断满足人民群众多样化、多层次、多方面的精神文化需求，增强人民精神力量。

只有在生产、分配、交换、消费以及经济、政治、文化、社会、生态文明建设的相互联系和彼此依存中促进共同富裕，才能着眼于全局，才能从统筹社会再生产各方面、协调国家治理各领域立场出发，促进人的全面发展和社会全面进步，实现物质富裕和精神富足的统一。

五、促进共同富裕是一个长期的历史过程，不是同时间同步同等富裕

我国仍将长期处于社会主义初级阶段，我国仍然是世界最大发展中国家，共同富裕是一个要分阶段加以实现而非一蹴而就的目标。到"十四五"末，全体人民共同富裕迈出坚实步伐，居民收入和实际消费水平差距逐步缩小。到2035年，全体人民共同富裕取得更为明显的实质性进展，基本公共服务实现均等化。到本世纪中叶，全体人民共同富裕基本实现，居民收入和实际消费水平差距缩小到合理区间。从"十四五"到本世纪中叶，促进共同富裕固然等不得，但也急不得，而是一个需要耐心、实打实把一件件事办好的长远过程。

我国发展不平衡不充分问题仍然比较突出，区域之间、城乡之间及个体之间存在适度差异是正常的。既要自觉主动解决区域差距、城乡

差距、收入差距等问题，促进基本公共服务均等化，又不能要求所有地区、所有人同时富裕，也不能要求不同区域、不同人群都达到全国一致的收入和生活水平。各地区推动共同富裕的基础和条件不尽相同，不可能齐头并进，要因地制宜探索有效途径，根据自身情况量力而行，不急于求成，不盲目攀比和冒进。

在促进共同富裕进程中，不仅要注重公平，而且要注重效率，二者不可偏废。不仅要尽力而为，而且要量力而行，不好高骛远、不吊高胃口。不仅要统筹需要和可能，按照经济社会发展规律循序渐进，脚踏实地、久久为功，而且要因时因势因地制宜设定发展目标，做出政策安排，不搞"齐步走"，不做"过头事"，把保障和改善民生建立在经济发展和财力可持续基础之上。

将上述的讨论加以概括，可以看出，准确把握促进共同富裕的基本精神和实践要求，非常重要，也非常关键。从这个意义上讲，建构中国自主的共同富裕知识体系，是新发展阶段扎实推动共同富裕的基础和前提。

引申一步，中国自主的共同富裕知识体系的建构，必须立足于以高质量发展为主题和主线，坚持在高质量发展中促进共同富裕。应当说，这既是中国式共同富裕道路区别于其他共同富裕模式和标准的系统性差异，更是新发展阶段全面实现促进共同富裕战略部署的必由之路。

第一章

在协调发展中扎实推进共同富裕

习近平总书记指出：在高质量发展中促进共同富裕……共同富裕是社会主义的本质要求，是中国式现代化的重要特征。[①]经济高质量发展的本质是针对我国发展的不平衡不充分问题，以创新、协调、绿色、开放和共享发展理念为指导的经济增长，其中协调发展理念在更大程度上是针对发展不平衡问题提出的，对于扎实推进共同富裕而言，体现出更加直接的内涵要求和重要意义。基于协调发展的理念，要着力提高发展的平衡性、协调性、包容性，在协调发展中扎实推进共同富裕。这具体要求：实施区域协调战略、乡村振兴战略、新型城镇化战略以及加大对欠发达地区的支持力度，以缩小区域和城乡差距；强化行业发展的协调性，加快垄断行业改革，推动金融、房地产同实体经济协调发展，缩小不合理的行业收入差距；构建大中小企业、公有制企业和非公有制企业公平竞争、相互依存、相互促进的良好企业发展生态，积极推进企业社会责任发展。

---

① 习近平：《扎实推动共同富裕》，《求是》2021年第20期。

共同富裕是中国式现代化的重要特征

一个国家的现代化泛泛地表述为一种国家达到世界先进、前沿和发达水平的发展状态和发展过程，自18世纪60年代工业革命以来，工业化成为世界现代化的主旨，工业文明取代农业文明成为现代文明的主流和前沿。而在这次文明变迁的现代化过程中，中国这个文明古国被远远甩在世界现代化进程之后。1840年鸦片战争以后，中国逐步沦为半殖民地半封建社会，中华民族遭受了前所未有的劫难。近代以来，把中国建设成为现代化国家、拯救中华民族于水火之中成为近代众多仁人志士的伟大梦想。但是，近代史表明，不改变旧中国的半殖民地半封建的社会性质，现代化中国的梦想是无法实现的。中国共产党一经诞生，就把为中国人民谋幸福、为中华民族谋复兴确立为自己的初心使命。在经过新民主主义革命时期完成了反帝反封建历史任务之后，中国共产党领导建立了新中国，为建设社会主义现代化国家、实现中华民族伟大复兴创造了根本社会条件，在人口众多、底子薄弱、经济落后的农业大国国情基础上，开始锲而不舍、矢志不渝地推进新中国的现代化进程。

新中国的现代化进程，大体经历了三个时期，一是社会主义革命和建设时期，确立社会主义基本制度、推进社会主义建设，建立了独立的比较完整的工业体系和国民经济体系，为中国式的现代化道路奠定了根本政治前提和经济基础；二是改革开放和社会主义现代化建设新时期，中国经济创造了世界奇迹，形成了充满新活力的社会主义市场经济体制，实现了人民生活从温饱不足到总体小康、奔向全面小康的历史性跨越，中国式现代化道路基本成型；三是中国特色社会主义新时代，全面建成小康社会，基本实现了工业化，实现第一个百年奋斗目标，中国式现代化道路的理论和制度体系日趋完善，物质基础更为坚实，全国人民对中国式现代化道路更加自信。

一个国家现代化，是一个复杂的历史过程。虽然成为世界先进、达到发达水平的目标基本趋同，现代化进程中也存在关于工业化、市场化、信息化、经济全球化等方面的一些共同的规律，但是整体上看世界并不存在一个标准的成功现代化模式或道路。先发的现代化国家的经验虽然对后发国家现代化道路选择具有借鉴意义，但选择什么样的现代化道路，首要是由一个国家的国情决定的，成功的现代化道路一定是符合其基本国情的。中国式现代化道路，是中国共产党将马克思主义普遍原理与中国的个性化国情进行了有效结合形成的中国特色社会主义现代化道路。邓小平同志从中国社会主义初级阶段的基本国情出发，最早提出走一条中国式的现代化道路的思想。1979年3月，邓小平同志明确提出："过去搞民主革命，要适合中国情况……现在搞建设，也要适合中国情况，走出一条中国式的现代化道路。"更进一步，邓小平同志月"小康之家"这个中国式的现代化概念，描述了中国式现代化的目标。1982年党的十二大首次提出经济建设的总的奋斗目标是到20世纪末人民的物质文化生活可以达到小康水平，这把中国式现代化目标首次综合表述为"小康"。1987年党的十三大报告进一步把现代化战略部署分为"三步走"，在1997年的党的十五大报告中，首次规划了建党一百年和建国一百年的"两个一百年"目标。2002年党的十六大在确认实现了现代化"三步走"战略的第一步、第二步目标的基础上，提出在21世纪头二十年全面建设惠及十几亿人口的更高水平的小康社会，明确了全面建设小康社会目标。2017年党的十九大提出，从十九大到二十大，既要全面建成小康社会、实现第一个百年奋斗目标，又要乘势而上开启全面建设社会主义现代化国家新征程，向第二个百年奋斗目标进军。中国式现代化新征程又分为两个阶段部署，第一个阶段从2020年到2035年，在全面建成小康社会的基础上基本实现社会主义现代化，第二个阶段从2035年到21世纪中叶，在基本实现现代化的基础上把我国建成富强民主文明和谐美丽的社会主义现代化强国。党的十九届五中全会又具体规划了第一阶段基本实现现代化的具体目标，提出了立足新发展阶段、贯彻新发展理念、构建新发展格局的要求。中国式的现代化，在实现了全面建成小康社会的目标后，正处于一个向第二个百年奋斗目标迈进的新发展阶段，比历史上任何时期都更接近、更有信心和能力实现富强民主文明和谐美丽的社会主义现代化强国目标。

现代化作为一个世界范围内的发展现象和发展过程，体现出18世纪工业革命以来人类社会发展趋势和文明进步，无疑具有共性的特征。中国式现代化则体现出了鲜明中国特色，其最为根本的特点是中国共产党领导的立足于世界第一人口大国国情的社会主义现代化，这个根本的特点决定了中国式现代化，是人口规模巨大的现代化，是全体人民共同富裕的现代化，是物质文明和精神文明相协调的现代化，是人与自然和谐共生的现代化，是走和平发展道路的现代化。

全体人民共同富裕是中国式现代化的重要特征，这个特征使得中国式现代化显著不同于西方资本主义国家现代化道路。中国共产党领导的中国式现代化，是社会主义现代化，而全体人民共同富裕是社会主义的本质要求，这也意味着共同富裕是中国式现代化与西方资本主义国家现代化一个本质区别。改革开放之初，邓小平同志在提出中国式现代化道路时，也同时在强调共同富裕问题，认为共同富裕"将来总有一天要成为中心课题"。1992年邓小平同志在南方谈话中指出："社会主义的本质，是解放生产力，发展生产力，消灭剥削，消除两极分化，最终达到共同富裕。"除此之外，邓小平同志还认为共同富裕是"社会主义的目的"、"社会主义的原则"和"社会主义最大的优越性"。党的十八大以来，习近平总书记在不同场合反复强调，"共同富裕是中国特色社会主义的根本原则"，

"实现共同富裕是我们党的重要使命"，"我们追求的发展是造福人民的发展，我们追求的富裕是全体人民共同富裕"，要"让发展成果更多更公平惠及全体人民，不断促进人的全面发展，朝着实现全体人民共同富裕不断迈进"。因此，中国共产党领导的中国式现代化道路，一定具有全体人民共同富裕这个重要特征，这内嵌于社会主义本质、目标和原则的要求之中，是社会主义制度优越性的重要体现。

共同富裕本身可以是一个状态或结果，也可以是一个过程或行为。作为一种状态或结果，共同富裕意味着全体人民都过上富裕美好的生活，是全社会所有人的整体富裕。共同富裕，与贫富悬殊的两极分化"反义"，但又与平均主义的"均富"不"同义"。共同富裕所描述的不是少数人富裕、贫富差距巨大的状态，也不是平均主义的同等富裕、一样富裕的情况；作为一个过程或行为，共同富裕则意味共同致富和共同发展，全体人民都有追求发展、勤劳致富的共同权利和机会，通过共同努力和共同奋斗的过程，最终实现全体人民的共同发展。共同富裕也不是没有差别的同步富裕，可以一部分人先富裕起来，先富带动后富。

作为中国式现代化的重要特征，共同富裕作为一种状态或结果，体现为中国式现代化的目标要求，共同富裕作为一个过程或行为，则体现为中国式现代化的实现路径。从目标要求看，习近平总书记指出："共同富裕本身就是社会主义现代化的一个重要目标。"中国式现代化要求最终达到共同富裕这个目标，其一方面内涵是要求中国实现社会生产力高度发展、社会全面进步的发达状态——"富裕"，另一方面内涵是要求中国式现代化成果由全体人民共享，满足全体人民的美好生活的需要——"共同"。共同富裕作为中国式现代化的目标要求，体现了中国共产党为全体人民谋福利的社会主义核心价值观，也是建成社会主义现代化强国的重要衡量标准。从实现路径看，中国式现代化道路要求正确处理公平与效率的关系，在现代化进程中要以共享发展理念为指导，形成人人参与发展过程、人人享有发展成果的公平普惠的环境条件和制度体系，要动态把握发展生产力与消除两极分化的两方面现代化战略任务，形成既有利于促进生产力发展又有利于缩小贫富差距的现代化政策体系。

在中国式现代化进程进入到新发展阶段，如何推进共同富裕取得更加明显的实质性进展，这是中国式现代化的重大任务。习近平总书记指出："总的思路是，坚持以人民为中心的发展思想，在高质量发展中促进共同富裕，正确处理效率和公平的关系，构建初次分配、再分配、三次分配协调配套的基础性制度安排，加大税收、社保、转移支付等调节力度并提高精准性，扩大中等收入群体比重，增加低收入群体收入，合理调节高收入，取缔非法收入，形成中间大、两头小的橄榄型分配结构，促进社会公平正义，促进人的全面发展，使全体人民朝着共同富裕目标扎实迈进。"①围绕这个总思路，在现代化进程中要着重推进以下工作：一是提高发展的平衡性、协调性、包容性，二是着力扩大中等收入群体规模，三是促进基本公共服务均等化，四是加强对高收入的规范和调节，五是促进人民精神生活共同富裕，六是促进农民农村共同富裕。

协调发展是共同富裕的必由之路

改革开放以来，中国经济经历了连续多年的高速增长，创造了中国经济增长奇迹。进入新时代以后，中国经济发展的主要矛盾转变为发展不平衡不充分问题。在这样的新发展阶段，习近平总书记提出不再简单以国内生产总值增长率论英雄，并提出创新发展、协调发展、绿色发展、开放发展、共享发展的五大新发展理念，推进中国以新发展理念为指导的经济

---

① 习近平：《扎实推动共同富裕》，《求是》2021年第20期。

增长，立足提高质量和效益来推动经济持续健康增长，实现经济高质量发展。所谓经济高质量发展，就是能够很好地满足人民日益增长的美好生活需要的经济增长，是体现新发展理念的经济增长。新发展阶段，中国经济增长质量高低要用是否符合新发展理念来界定和衡量。

具体而言，经济高质量增长表现为经济增长的第一动力是创新，表现为经济增长具有区域、产业、社会等各方面的内在协调性，表现为绿色增长、人与自然和谐是经济增长的普遍形态，表现为全面开放、内外联动是经济增长的必由路径，表现为经济增长成果由全体人民共享。其中协调发展，区域之间、城乡之间、产业之间、企业之间的经济内部协调发展，以及经济与社会、经济与生态、经济与文化、经济与民生、发展与安全等各方面的协调发展，既是高质量发展的一项内在要求，也是推进共同富裕题中应有之义。

如上所述，从共同富裕的词义本身看，共同富裕不仅仅是一个全体人民都过上富裕美好的生活状态或结果，也是共同致富和共同发展一个过程或行为。作为一个过程或行为，共同富裕意味全体人民都有追求发展、勤劳致富的共同权利和机会，通过共同努力和共同奋斗的过程，最终实现全体人民共同发展、共同富裕的结果。这个过程不是一蹴而就，而是一个长期的历史过程。在这个长期的历史过程中，共同富裕不是没有差别的同步富裕，可以一部人先富裕起来，先富带动后富。

既然共同富裕是一个长期的历史过程，从国家发展战略路径上看，就要分阶段推进共同富裕，要实行非均衡与均衡相结合的经济增长战略，通过积极的非均衡促进相对的均衡增长。在不同的阶段，经济增长战略的目标和战略重点会不同，体现出的经济发展均衡性要求也会不同。在生产力不发达、经济发展水平落后的阶段，我国主要矛盾是解决日益增长的物质文化需要与落后的生产力之间的矛盾，核心任务是快速发展、快速做大"蛋糕"，可以采用非均衡增长战略寻求突破，允许部分地区、部分人先富起来。但是到了一定阶段，发展"短板"问题会日益突出，"木桶效应"极大地影响了发展整体，这时候需要重视均衡增长来"补短板"，通过经济发展战略重点调整来协调各方面的发展，通过推进协调发展来实现全体人民的共同富裕。

从长期的历史过程视角认识共同富裕、分阶段通过非均衡发展路径来实现共同富裕，这是中国社会主义现代化事业建设的一项重要经验。新中国成立以后经历了完成社会主义革命和推进社会主义建设时期，建立了以公有制为基础的社会主义经济制度，这对实现共同富裕具有决定性意义。但是，在具体如何发展生产力、如何能够在强调公平的同时又能保证效率，则需要有一个探索和创新过程。这个时期，把实现共同富裕更多地视为同步富裕，计划经济体制的弊端极大地束缚了生产力的发展，过于担心出现贫富不均而忽视了效率和激励问题，平均主义的"大锅饭"体制把共同富裕引向共同贫穷。

改革开放以后，中国共产党深刻认识到，社会主义条件的共同富裕决不等于也不可能是完全平均富裕，决不等于也不可能是所有社会成员在同一时间以同等速度富裕起来。共同富裕的道路应该是非均衡的发展路径，一部分地区有条件先发展起来，让一部分有能力、有作为的人，通过勤劳努力、诚实劳动、合法经营先富起来，先富起来的就有能力帮助和扶持还没有富起来的地区和人们，然后走向共同富裕。于是形成了一条中国特色的社会主义"先富带后富、走向共富"的共同富裕之路，或者说是"先富—后富—共富"的波浪式前进的共同富裕路径。从效率与公平的关系看，没有效率，就难以创造出实现共同富裕的物质基础；而没有公平，就不可能实现共同富裕。允许"先富"意味着强调效率优先，而带动"后富"意味着兼顾公平，走向"共富"也是很好地处理了效率与公平的关系。

实际上，从长期的历史视角看，实现共同富裕的"先富—后富—共富"的非均衡发展路径，可以理解为是时间轴上的前后协调发展。这种非均衡发展的路径本身也就是一种从非均衡到均衡的动态协调发展路径。当然，从时间截面的发展内容上看，到了更加强调均衡增长的阶段，协调发展要求的是增强区域、城乡、产业、企业的发展的平衡性、协调性和包容性，强调正确处理公平与效率的关系，形成人人公平参与发展过程、人人公平享有发展成果的公平普惠的环境条件和制度体系，在发展中能够动态协调好发展生产力与消除两极分化关系，形成既有利于促进生产力发展又有利于缩小贫富差距的协调发展政策体系。

党的十八大以后，中国特色社会主义进入新时代，我国社会主要矛盾已经转化为人民日益增长的美好生活需要和不平衡不充分的发展之间的矛盾，以习近平同志为核心的党中央更加强调协调发展，强调通过协调发展解决发展的不平衡不充分问题，让发展成果更多更公平地惠及全体人民，在经济社会不断发展的基础上，朝着共同富裕方向迈出更加坚实的步伐。通过"精准扶贫"和"精准脱贫"战略的实施，完成了现行标准下9899万农村贫困人口全部脱贫，832个贫困县全部摘帽，12.8万个贫困村全部出列。中华民族在几千年发展历史上首次整体消除了绝对贫困。这对于中国这样一个有14亿多人口的世界大国，是中国历史上开天辟地的成就，是人类历史上空前的壮举，对整个人类社会协调持续发展贡献巨大。这正如习近平总书记所指出："世界上没有哪一个国家能在这么短的时间内帮助这么多人脱贫，这对中国和世界都具有重大意义。"①

今天，中国已经全面建成小康社会，实现了中国共产党成立一百年的目标，社会主义现代化事业进入了新发展阶段，进一步实现全体人民共同富裕已经具有了更为完善的制度基础保证、更为坚实的物质基础条

---

① 习近平：《在决战决胜脱贫攻坚座谈会上的讲话》，《人民日报》2020年3月7日。

件和更为主动的精神力量源泉。但是，还需认识到中国发展不平衡不充分问题还十分突出，这也是新发展阶段在共同富裕道路上取得更为明显的实质性进展所面临的最大挑战。从总体上看，中国现代化进程并不平衡，经济和社会之间、经济和生态之间、农村和城镇之间、产业之间、区域之间、企业之间发展还有很多不协调的地方，信息化、智能化和数字化水平还有待提高，工业化的包容性和可持续性还有待提升，区域经济发展水平差距仍较大，城镇化与工业化良性互动发展还不充分，城镇化水平总体落后于工业化水平，城乡差距还较大，乡村振兴任务还很艰巨，以人为核心的城镇化质量水平有待提升，农业现代化进程还落后于工业化进程，农业现代化还是制约我国现代化进程的短板。因此，针对发展的不平衡不充分问题，以协调发展理念为指导，在协调发展中扎实推进共同富裕是新时代中国共产党人的重大使命，也是实现共同富裕的必由之路。

增强区域发展的协调性

区域协调发展一直是我国经济发展的重大战略问题。而区域发展差距问题，也一直是我国促进共同富裕面临的首要问题。提升区域协调发展水平，增强区域政策的协调性和平衡性，是扎实推进共同富裕的重大任务。从区域发展差距看，存在两类差距：一类是基于地理分布的区域及行政区域划分的地区差距，另一类是基于城市和乡村分类的城乡发展差距。对于第一类，存在东部、中部、西部及东北地区的四大板块之间差距，也存在长三角、珠三角、京津冀、西南地区、西北地区、东北地区等区域差距，还进一步细化为省级区域、地市级区域、县级区域之间的差距，而在这些区域内部还存在城市和乡村之间的发展差距问题。

一、中国区域经济发展格局的形成

新中国成立后至改革开放前的计划经济时期，国家重大生产力布局在很大程度上决定了区域经济的发展水平。"一五"时期，国家把建设重点首先放在重工业有一定基础的东北地区，同时还集中建设了武汉、包头、兰州、西安、太原、郑州、洛阳、成都等工业基地。在"一五"时期重点建设的156个项目中，除了军工项目之外，多达21项的项目集中投资在辽宁一省，投资额为46.4亿元，占总投资额的31.3%。1950年，东北地区占全国投资总额的51.66%，1950—1952年先后施工建设的17项重点工程中有13项在东北地区，从产业上看这17项重点工程有电力8项、煤炭5项。"二五"时期，国家在充实和发展华东地区重工业的同时，进一步加强了内地的工业建设。中国第三个和第四个两个五年计划的制定以及生产建设，都转向了以备战为中心、以建设三线地区为重点的轨道。"三五"时期，中部地区和西部地区的基本建设投资额分别是东部地区投资额的1.13倍和1.55倍。

改革开放以后，国家开始实施以东部沿海地区率先发展、作为整体经济增长极为主要内容的区域经济非均衡发展战略，产业发展的重心逐步向东部地区倾斜。1978年12月邓小平同志在中央工作会议闭幕会上发表《解放思想，实事求是，团结一致向前看》的重要讲话中明确提出允许一部分地区、一部分企业、一部分工人农民，由于辛勤努力成绩大而收入先多一些，生活先好起来，这样会使整个国民经济不断地以波浪式向前发展。在这个思想指导下，改革开放后第一个五年计划"六五"计划明确提出发挥沿海地区的经济技术区位优势。在"七五"计划中明确提出按照东部、中部和西部三大经济带序列推进区域经济发展的战略思路。这个阶段国家在财政、税收、信贷、投资等方面给东部地区一系列优惠政策，同时投资布局也向东部地区倾斜。制度要素、资金要素和技术要素在东部地区集聚的情况下，劳动力要素也开始向东部地区迁移，自此形成了持续多年的自西向东、自内地向沿海的"打工潮"。在制度供给充足的前提下，国际资本的进入以及国内劳动力的大流动，极大地优化了东部地区的要素配置，支持了东部地区率先发展起来，到1995年，东部地区人均GDP已经是西部地区人均GDP的2.3倍。

随着东部地区与中西部地区差距逐步扩大，区域协调发展问题逐渐得到重视。"八五"计划就明确指出，要促进地区经济朝着合理分工、各展其长、优势互补、协调发展的方向前进；"九五"计划进一步强调，要更加重视支持内地的发展，实施有利于缓解差距扩大趋势的政策，并逐步加大工作力度，积极朝着缩小差距的方向努力。1999年9月，党的十五届四中全会正式提出实施西部大开发战略，认为实施西部大开发战略、加快中西部地区发展，关系经济发展、民族团结、社会稳定，关系地区协调发展和最终实现共同富裕，是实现第三步战略目标的重大举措。2000年1月，国务院决定成立国务院西部地区开发领导小组，之后，国务院先后批复实施"十一五""十二五"两个西部大开发规划。之后东北老工业基地振兴、中部地区崛起等区域战略先后付诸实施，区域协调发展战略进入到具体实施阶段，区域发展的不平衡不协调问题得到改善。

党的十八大以来，以习近平同志为核心的党中央更加重视区域协调发展问题，积极推进西部大开发、东北老工业基地振兴、中部地区崛起等重大区域战略，并进一步提出了京津冀协同发展、长江经济带发展、粤港澳大湾区建设、长三角一体化发展、黄河流域生态保护与高质量发展、海南全面深化改革开放等新时代的区域协调发展战略，区域协调发展取得重大进展。2017年11月党的十九大报告明确提出实施区域协调发展战略，以这个战略为指导，中央协同推动落实四大区域板块发展、区域重大战略、特殊类型地区等任务的重大决策部署，清晰勾勒出我国不同层次和类型区域发展的重点方向。进入新时代以后，东中西区域间的差距明显缩小，区域间人民生活水平、基本公共服务均等化、基础设施通达程度等方面差距都有明显的改善。但从总体区域发展趋势看，这个时期出现了两个新特征：一是东北地区与全国经济发展水平的差距进一步拉大，2013年以来东北地区经济增速总体上要比东部、中部和西部地区落后2到3个百分点，2016年落差最大，达到落后5到6个百分点，出现了"南北"差距问题；二是包括长三角、珠三角、京津冀等城市群和特大城市的都市圈成为推进经济发展的重要增长极，包括成渝城市群、武汉都市圈、中原城市群、关中城市群和中西部城市群也取得了迅速发展，人口集聚度快速提高、经济增长较快，成都、重庆、武汉、郑州、长沙、合肥等省域中心城市带动作用不断增强。

二、中国区域协调发展的现状

区域协调发展本身是一个复杂的概念，区域协调发展绝不等于各个区域经济增速要相同。由于自然条件、历史文化、资源禀赋、产业基础、人口密度等各方面条件，不能期望也不能要求各地区都要等速增长。实际上，正是这种非均衡发展战略，充分调动了各地因地制宜地探索自己的经济发展模式的积极性，这成为中国经济能够创造增长奇迹的一个重要原因。改革开放以来，各个地区结合自己的具体情况，创造出许多不同的经济发展模式。中国曾产生了一些具有鲜明地区特点和时代特征的经济发展模式，例如"珠江三角洲模式""苏南模式""温州模式"等等。

2018年，《中共中央　国务院关于建立更加有效的区域协调发展新机制的意见》明确提出了区域协调发展三个基本目标：基本公共服务均等化、基础设施通达程度比较均衡和人民基本生活保障水平大体相当的目标。这个提法打破了长期以来把区域协调发展简单理解为缩小区域发展差距的认识，也正如习近平总书记所提出的区域协调发展的辩证法：

"不平衡是普遍的，要在发展中促进相对平衡。"①

为了更加全面地反映中国区域协调发展的现状，我们从人民生活水平差距（具体包括地区发展水平差距、地区居民收入水平差距、地区居民消费水平差距、城乡居民收入差距等指标）、基本公共服务均等化（具体包括人均基本公共服务支出差距、地区居民受教育程度差距、地区医疗服务水平差距和地区城乡养老保障差距等指标）、基础社会通达程度（具体包括地区公路发展差距、地区铁路发展差距、地区高效率出行、地区通讯基础设施差距等指标）、地区比较优势发挥（具体包括人口分布与经济布局协调程度、劳动力空间配置效率、资本空间配置效率和制造业地区分工水平等指标）和绿色低碳协同发展（具体包括能源排放强度、碳排放强度、重点流域水环境协同治理水平、地区大气污染协同治理水平等指标）等五个方面二十个代表性指标，构造一个区域协调发展指数，用于评价省级区域协调发展水平，我们评价的结果是2012—2020年中国省级区域协调发展指数呈现持续上升的势头，2020年比2012年区域协调发展指数提高了18.59%（见图1-1），五个方面指标都有改善，其中基础设施通达程度和基本公共服务均等化两个方面指标表现更为突出。

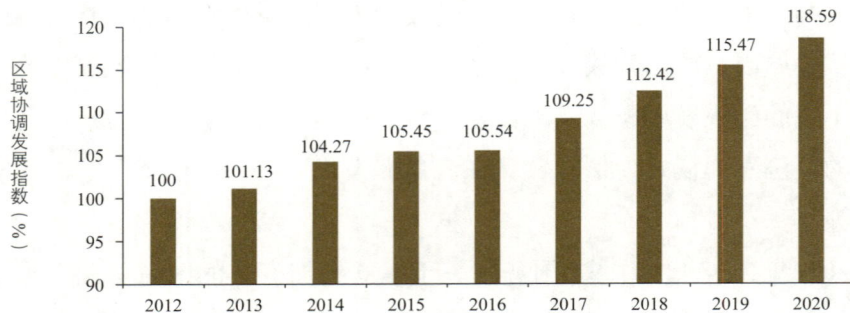

图1-1　2012—2020年中国区域协调发展指数变化趋势

资料来源：黄群慧、叶振宇等：《中国区域协调发展指数报告（2020）》，中国社会科学出版社2021年版，第50页。

① 习近平：《推动形成优势互补高质量发展的区域经济布局》，《求是》2019年第24期。

但是，我们还必须认识到，我国区域协调发展还任重而道远。这突出表现在各地区经济发展水平绝对差距仍然较大，而中共中央在各地区教育、医疗、养老等基本公共服务发展水平上协调，促进各地区基本公共服务相对均衡发展仍是一项长期性的艰巨任务。虽然我国地区人均GDP、居民人均收入、人均财政预算支出等一些衡量地区发展的指标呈现出不同程度缩小趋势，但绝对差距仍然比较大。由于地区发展差距长期存在，国内外发展环境复杂多变，导致我国区域协调发展的任务异常艰巨、复杂。

现在从全国来看，全国各省的人均GDP变异系数在2003年曾达到最高值0.71，后逐年下降，到2020年下降到0.44左右，但这个数值仍然偏高。另外，值得提及的是近些年中国区域南北之间的经济发展差距扩大趋势比较明显。有研究将全国31个省（区、市）中，把北京、天津、河北、山西、内蒙古、辽宁、吉林、黑龙江、河南、山东、陕西、甘肃、青海、宁夏和新疆15个区域归为北方地区，其余省份归为南方地区，计算结果表明，2012年人均GDP水平北方地区是南方地区的0.91，相差很小，但到2020年，该比值已经下降为0.80，也就是说8年间北方地区人均GDP水平相对于南方地区人均GDP水平下降11个百分点。

一方面，由于体制机制的原因，我国地区间利益协调机制并不完善，再加之地方保护主义问题依然存在，从而影响了我国建立统一、开放的市场，也不利于生产要素的流动和贸易的开展。由于政绩考核等原因，地方政府在招商引资、园区建设等方面展开激烈的竞争，容易造成低水平重复建设等问题，不仅降低了资源配置效率，也为日后经济发展埋下很大的隐患。另一方面，中共中央在协调各地区基本公共务发展的体制机制、财政转移力度等各方面都还有一些亟待解决的困难，现在还没有做到基于功能定位、经济发展水平等各方面条件协调各地区基本公共服务水平，实现基本公共服务均等化。

三、推进共同富裕的区域协调发展政策

从共同富裕视角审视区域发展协调问题，一方面，这对区域发展提出更高要求，制定和实施区域发展战略就显得更为重要。"十四五"期间，要加快推进京津冀协同发展，全面推动长江经济带发展，积极稳妥推进粤港澳大湾区建设，提升长三角一体化发展水平，扎实推进黄河流域生态保护和高质量发展，深入推进西部大开发形成新格局，推进东北老工业基地振兴取得新突破，开创中部地区崛起形成新局面，鼓励东北地区加快推进现代化，支持革命老区振兴、资源型地区可持续发展和兴边富民行动等特殊地区发展。另一方面，也要调整区域协调发展的思路，更加强调以人为核心的区域发展战略。区域发展战略的制定要尊重客观经济规律，发挥各地区比较优势，允许各类要素合理流动和高效集聚。共同富裕本质是全体人民共同富裕，劳动力跨区域流动有利于提高全体人民收入水平，这就要求进一步打破人员流动的体制机制障碍，尽快实现养老保险全国统筹，形成全国统一开放、竞争有序的商品和要素市场，改革土地管理制度，使人员流动和要素转移更加畅通无阻。从共同富裕角度看，区域协调发展不仅意味着人均GDP低的地区对人均GDP高的地区的追赶，而且更加强调缩小不同区域基本公共服务均等化、基础设施通达程度等方面的差距。

在新发展阶段，推进区域协调发展，有一个重要前提，那就是要完善和落实主体功能区制度，顺应空间结构变化趋势，优化重大基础设施、重大生产力布局和公共资源布局，逐步形成城市地区、农产品主产区和生态功能区三大空间格局，按照主体功能区定位制定差异化政策，分类施策。在这个前提下，针对以中心城市和城市群等经济发展优势区域，努力增强经济和人口承载能力，使这些优势区域集聚更多流动人口。集聚更多人口、推进这些中心城市和城市群发展，一方面的意义在

于使这些区域成为高质量发展的动力源，以这些区域带动全国经济发展，另一方面的重要意义在于通过集聚人口提高流动人口收入水平，使更多人享受高水平基本公共服务。2021年中央经济工作会议提出的健全常住地提供基本公共服务制度，无疑是一项促进共同富裕的针对性政策。与此同时，针对农产品主产区、生态功能区等功能区，要进一步强化其他地区保障粮食能源安全、生态安全、边疆安全等方面的主体功能。要全面建立生态补偿制度，完善财政转移支付制度，建立健全区际利益补偿和调节机制，切实加大生态补偿、财政转移支付、利益补偿的力度，缩小区域人均财政支出差异，加大对欠发达地区的支持力度，推动主体功能区和欠发达地区的居民基本公共服务水平、基础设施水平、收入和消费水平等的提升速度高于发达地区。

四、城乡发展的差距

城乡差距一直是我国协调发展需要解决的重大问题。新中国成立后，城乡差距经历三次扩大与缩小的较大波动，现在从总体上看差距还是比较大。改革开放之初，家庭联产承包责任制提高了农村劳动力和土地资源的配置效率，再加上对工农产品价格的调整，农村居民收入快速上升，1978—1983年城乡居民收入比曾出现过短暂下降，1983年城乡居民收入差距达到历史最低水平，城乡收入比为1.82倍。之后，随着城市改革的不断深入、工业化和城镇化进程的加速推进，城乡居民收入差距不断加大。到2007年，城乡居民收入差距达到最高水平，城乡收入比为3.14。此后，随着一系列促进农民增收的政策开始显现效果，城乡居民收入差距呈现明显下降趋势。尤其是党的十八大以来实行的城乡社会保障一体化、脱贫攻坚战和乡村振兴战略，提高了农村居民的收入与福利待遇，缩小了城乡居民的收入差距，2020年城乡居民人均收入比已降到2.56。特别是2016年以来，随着精准脱贫效果逐步显现，农村地区低收入

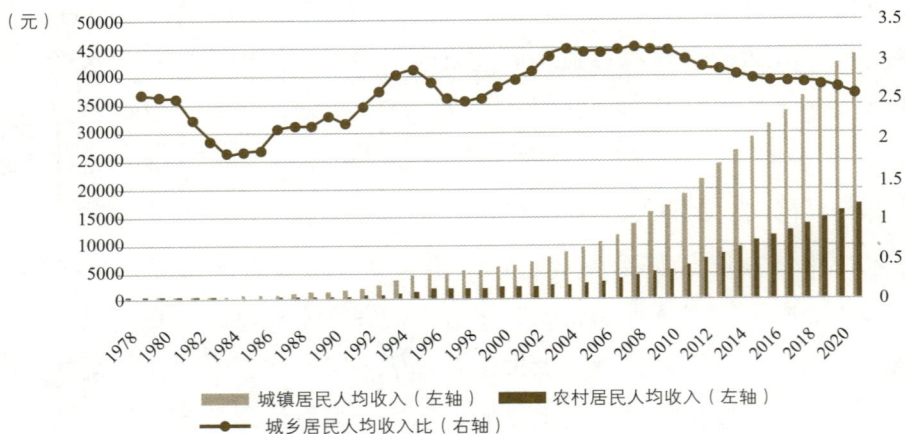

（元）

图例：
城镇居民人均收入（左轴）　　农村居民人均收入（左轴）
城乡居民人均收入比（右轴）

图1-2　城乡居民收入差距

资料来源：黄群慧、邓曲恒：《以改善收入和财富分配格局扎实推进共同富裕》，载谢伏瞻主编：《经济蓝皮书：2022年中国经济形势分析与预测》，社会科学文献出版社2022年版，第409页。其中2013年以前的农村居民人均收入为纯收入，2013年及以后为可支配收入，城镇居民人均收入均为可支配收入

群体的收入得到明显提升。（见图1-2）

城乡差距不仅仅体现在城乡收入差距上，同样还体现在消费水平差距上。由于收入水平和消费环境的影响，农民消费需求还有待进一步开拓。据测算，2020年全国农村居民消费水平为16063元，比城镇居民低52.8%，城乡居民消费水平存在10年的差距。城乡之间的差距是全方位的，尤其是从共同富裕视角看，城市居民和农村居民在基本公共服务方面的差距更是巨大，如何使得城市居民和农村居民在教育培训、劳动就业、社会保障、医疗卫生、住房保障、文化体育和信息服务等领域享受到水平大致均等的基本公共服务，仍是未来重要的任务。

五、提高城乡发展的协同性

进入新时代，我国积极推进以人为核心的新型城镇化战略、全面实施乡村振兴战略，对缩小城乡差距、提升城乡协调发展水平发挥了重要作用。尽管我国已完成了消除绝对贫困的艰巨任务，但是解决发展不平衡不充分问题、缩小城乡区域发展差距、实现人的全面发展和全体人民共同富裕仍然任重道远。从共同富裕的要求看，还需要进一步协同推进城镇化战略和乡村振兴战略，提升城乡协调发展水平，缩小城乡居民收入差距。

协同推进这两个战略，有助于推动新型工业化、信息化、城镇化和农业现代化同步发展。全面实施乡村振兴战略，要求强化以工补农、以城带乡，形成工农互促、城乡互补、协调发展、共同繁荣的新型工农城乡关系，加快推进农业现代化；而以人为核心的新型城镇化战略，要以城市群、都市圈为依托促进大中小城市和小城镇、乡村协调联动发展，深化户籍制度改革和土地制度改革，健全农业转移人口市民化机制，加快步伐和加大力度推进农业转移人口市民化。要提高推进乡村振兴战略和以人为核心的新型城镇化战略二者之间的协同性，最为关键的是健全城乡融合发展、产业融合发展的体制机制，形成城乡生产要素平等交换、双向流动的完善的政策体系。

在我国现代化进程中，总体上城镇化水平落后于工业化水平，农业现代化水平落后于工业现代化水平，信息化与工业化深度融合还不够，为此，必须针对协同发展的这些"短板"，以国家投资为引导，吸引大量社会资本进行大量的"补短型"投资。从产业看，要以信息化水平提升为手段，促进第一、第二和第三产业的融合发展，提高工业和农业发展的协同性，丰富乡村经济业态，提升农业现代化水平和农民收入水平；从区域看，打破城乡要素流动的体制机制障碍，促进乡村与城镇的融合发展，在推进都市圈建设、城市群一体化发展中包容和带动县城、乡镇发展，提升乡村基础设施和基本公共服务水平，改善乡村人居环境，提高农村居民财产收入水平。

强化产业发展的协调性

近些年来，我国经济发展的矛盾主要方面在供给侧，而供给侧矛盾虽然有周期性和总量性的因素，但根源还是结构性失衡，主要表现为金融和房地产的发展与实体经济失衡，这也是我国产业发展不协调的突出表现。因此，从体制机制上扭转实体经济与虚拟经济的结构失衡，推进金融、房地产与实体经济的协调发展，缩小行业收入差距，既是我国建设现代化经济体系、促进经济高质量发展的需要，也是扎实推进共同富裕的要求。

一般而言，实体经济是指以提供人类生存发展资料、改善人类生活水平和增强人类综合素质为目的的生产服务部门的活动，相对而言，虚拟经济则是以通过发挥货币的支付结算、资本的资源配置、经营风险转移等功能达到"以钱生钱"目的的金融部门主导的活动。因此，判断是否实体经济的关键标准在于是否直接改善了人类生存发展质量。第一次工业革命以来，伴随着工业化推进，制造业的"制成品"彻底改变了人类的生活方式，人类的生存发展水平得到了极大的提升，人类步入工业社会，制造业成为实体经济的主体。

随着发达国家后工业化社会的到来，经济服务化水平提升，制造业占比逐步降低，金融部门在国民经济中占有比例不断增大，实体经济在经济中的重要意义被低估，虚拟经济脱离实体经济程度也不断增加。当"以钱生钱"的虚拟经济完全脱离了"以物生钱"的实体经济、虚拟资本完全自我循环时，经济泡沫也就产生了，由于"以钱生钱"欲望是无止境的，一旦基于实体经济企业利润"以物生钱"速度无法支撑这种快速膨胀的"以钱生钱"欲望时，经济泡沫越来越大，金融危机随之产生。2007年的美国金融危机在很大程度上可以归结为虚拟经济对实体经济的过度脱离。在经历美国金融危机以后，发达国家纷纷汲取教训，以制造业为主体的实体经济对一个国家经济长期稳定可持续发展的重要意义又被重新重视，开始不断强调"再工业化"战略和推出吸引制造业回流的政策。

近些年来，随着新工业革命的深化，工业化和信息化逐步深度融合，第一、第二、第三产业界限日趋模糊，信息化对人类生活方式的影响正在加剧，实体经济本身内涵叠加了更多的信息经济、数字经济的内涵。但是，制造业作为实体经济的主体地位并没有变化，只是制造业自身正经历着转型升级的巨大变革。信息化、服务化、绿色化、高端化、个性化成为制造业发展的重要趋势，智能制造成为制造业转型升级的制高点。在智能制造驱动下，新产业、新业态、新商业模式层出不穷，推动了智慧农业、智慧城市、智能交通、智能电网、智能物流和智能家居等各个社会经济领域的智能化发展。因此，信息化社会下人类生活方式的巨大变革，真正的驱动力量还是来自制造业，对于信息化背景下的实体经济，制造业仍具有主体地位。

伴随着中国的快速工业化进程，中国的实体经济取得了巨大的发展成就，以实体经济的核心产业——制造业为例，自2010年以来中国制造业产出一直保持世界第一大国地位。但是，我国实体经济供给结构矛盾还十分突出，体现为实体经济中低端和无效供给过剩、高端和有效供给不足的结构性失衡。具体在制造业上，产品结构还无法适应消费结构升级变化，高品质、个性化、高复杂性、高附加值产品的供给能力不足，中国制造业质量水平亟待提升，高端品牌培育不足；产业组织不合理，存在大量的"僵尸企业"，优质企业数量不够，尤其是世界一流企业还很少；产业结构高级化程度不够，钢铁、石化、建材等行业的低水平产能过剩问题突出并长期存在，传统制造业中的关键装备、核心零部件和基础软件严重依赖进口和外资企业，新兴技术和产业领域全球竞争的制高点掌控不足；国际产业链分工地位有待提高，产业亟待从低附加值环节向高附加值环节转型升级；产业融合还有待加强，工业化和信息化的深度融合水平、制造业和服务业的融合水平还需要进一步提升。

实体经济供给结构失衡使得在经济增长新阶段难以建立起新的动态供求均衡关系。随着工业化城市化进程加快，人口结构变化和收入水平提高带动了消费升级明显，模仿型排浪式消费主导的阶段逐步结束，高品质、个性化、多样化消费渐成主流。而长期以来工业化进程所形成的实体经济供给结构短期内无法适应消费需求结构转型升级的需要，于是产生供求结构失衡。全球化和信息化又提供了充分的便利条件，使得大量的消费力量转移到国外，进一步影响了国内实体经济发展、加剧了实体经济供求结构失衡。这种实体经济供求结构性失衡，必然会引致实体经济效率逐步降低，从而资本投入实体经济回报率下降。与此同时，房地产市场的价格接连不断地轮番上涨，居高不下，大量资本开始"脱实入虚"，或进入房地产市场炒作，或在资本市场自我循环，追求在虚拟经济中自我循环，不断加大资产泡沫，离实体经济越来越远，最终产生实体经济与虚拟经济的结构失衡，实体经济"萎靡"与虚拟经济"狂欢"形成巨大反差。

也就是说，在金融业快速增长的同时，实体经济却普遍面临融资难、融资贵问题，大量资金在金融系统内自我循环或流入房地产行业，助推实体经济资金成本不断提升，金融、房地产与实体经济之间的发展呈现出极大不协调。据世界银行发布的数据，中国制造业的比重已出现"九连跌"。2011年，制造业占国内生产总值（GDP）的比重为32.1%，到2020年，这一比重已经降至26.2%。这不到10年的时间，中国制造业占比快速下降约6个百分点，这在世界上是少见的，存在"快速去工业化"问题。而金融业增加值占GDP比例从2011年的6.3%提高到2016年的

8.4%，已超过美国在2008年发生金融危机时的最高比例7.8%。虽然近些年供给侧结构性改革力度加大，"脱实向虚"趋势有所遏制，但金融增加值占GDP比例仍保持在8%左右。

产业发展的不协调，必然反映到产业利润和从业者收入上。2017年，麦肯锡咨询公司一份针对中国3500家上市公司和美国7000家上市公司的比较研究表明，中国的经济利润80%由金融企业拿走，而美国的经济利润只有20%归金融企业。与行业利润巨大差距一样，实体经济部门从业人员收入与金融、房地产部门从业人员收入水平也有着巨大差距。2003年以来，城镇非私营单位金融业人均工资与制造业人均工资之比从1.6倍上升到2010年的2.3倍，随后有下降的趋势，到2019年仍有1.7倍。从上市公司看，2020年证券行业上市公司平均薪酬59.16万元，而上市公司中包括袁隆平农业高科技股份有限公司这样的高科技企业在内的种植业上市公司平均薪酬却只有6.78万元，前者约是后者的8.7倍。制造业是立国之本、兴国之器、强国之基，其与金融、房地产业发展的不协调问题不仅不利于经济高质量发展，而且由此带来收入差距扩大和分配不公，从共同富裕的要求看，必须要加以清理和规范。

面对经济上"脱实向虚"的实体经济与虚拟经济结构失衡，一定要坚持"实体经济决定论"，从体制机制上扭转，推进金融、房地产与实体经济的协调发展，缩小行业收入差距。党的十九大提出，建设现代化经济体系，必须把发展经济的着力点放在实体经济上，把提高供给体系质量作为主攻方向。"十四五"规划再次强调，坚持把发展经济的着力点放在实体经济上，加快推进制造强国、质量强国建设。一方面，牢牢把握供给侧结构性改革这条主线，针对实体经济大而不强的结构性问题，在坚定不移地降低制造业制度成本、减轻各类政策性负担、减少低端无效产能供给、处置"僵尸企业"的同时，积极通过技术创新促进制造业转型升级，推进战略性新兴产业发展和传统制造业技术改造，提高制造业供给质量，培育经济增长新动能；另一方面，真正从体制机制入手，解决"脱实向虚"的结构性失衡问题，推进金融、房地产与实体经济的协调发展，这既是我国经济高质量发展的需要，也是扎实推进共同富裕的要求。2020年全年金融系统累计向实体经济让利1.5万亿元。此项政策措施在疫情冲击背景下虽然具有重要意义，但更为关键的是深化金融供给侧结构性改革，健全具有普惠性的现代金融体系，加快构建金融为实体经济服务的体制机制，持续扩大制造业中长期贷款、信用贷款、技改贷款的规模，加大股权融资、债券融资等向制造业倾斜的力度，不断创新和完善直达实体经济的货币政策工具，坚持"房住不炒"的房地产定位。尤其是要持续完善现代金融监管体系，补齐监管制度短板，加大对金融、房地产行业收入分配管理，整顿收入分配秩序，建立风险全覆盖监管框架，提高金融监管的透明度和法治化水平。

构建企业协调发展的良好生态

坚持和完善社会主义基本经济制度，激发各类市场主体活力，努力培育更有活力、更多数量的各类市场主体，是我国推动经济发展和实现经济现代化的必然要求。因此，需要协调产业政策与竞争政策，构建大中小企业、国有企业与民营企业、互联网平台企业与一般传统企业竞合共生的良好发展生态，清理规范不合理收入，重视企业社会责任。

大量富有活力、各种类型的市场主体是我国现代化经济体系的基础，各类市场主体协调发展是培育中等收入群体、扎实推进共同富裕的必然要求。由于企业的规模、所有权性质、业务特性存在差异，决定了不同类型企业在市场的功能定位、竞争地位都不同。进而不同类型企业在企业发展生态中的"生态位"也不同。相对于大型企业而言，一般中小企业尤其是小微企业具有先天的规模竞争劣势，稳定性和抗风险能力较差；相对于国有企业而言，一般民营企业会面临特殊的发展问题，例如准入限制、贷款受限等；而相对于一般企业而言，平台企业具有网络效应、边际成本为零、外部经济性等经济属性，有着走向寡头垄断或完全垄断的便利性。但是，从市场和经济整体上看，各类企业都有自己的重要功能，都有自己生存发展的必要性，尤其是中小企业、民营企业在解决就业、促进共同富裕方面发挥了重要作用，一个完善的市场需要各类市场主体公平竞争、协调发展。在收入分配上，不同类型企业因"生态位"差异，会有不同的收入水平，尤其是大企业、国有企业和平台企业就有可能因垄断地位而获得不合理的收入，这就需要针对其垄断行为而进行规制。

促进各类企业协调发展，最根本的手段是构建各类企业公平竞争、合作共赢，能够激发市场主体活力、保持市场主体信心良好的企业发展生态，为此应注意从以下几方面发力。

首先，要强化竞争政策基础性地位，实现产业政策与竞争政策之间的协调。在参与国际大循环时期，我国通过产业政策进行资源配置的有为干预，加速以开发区为依托的产业聚集模式，快速形成产业集群，推进全球产业链向中国转移。"十四五"时期，我国虽然已基本实现工业化，但工业化进程还需进一步深化，从高速增长转向高质量发展。在此背景下，我国的产业政策需要转型，同时应强化竞争政策的基础性地位。未来一段时间的产业政策，应严格控制选择性产业政策数量、强调产业政策质量为先、强化产业政策的协同配套、加强对产业政策的全程管理。从产业政策和竞争政策协调的角度来看，竞争政策基础性地位主要表现在两个方面：一方面竞争政策本身作为一种重要的经济政策，通过反垄断法、反不正当竞争法、竞争中性、放松管制等方式破除行业中垄断和不正当竞争行为，为产业高质量发展提供可竞争的市场环境；另一方面，竞争政策的核心思想是保护市场公平竞争和市场机制，其基础性地位的另一表现是以竞争的思想统领产业政策，对产业政策中有损公平竞争的要素，竞争政策要予以约束和限制。在产业政策与竞争政策的组织保障方面，可考虑组建国家竞争政策与产业发展委员会，负责管理竞争政策和产业政策的集中制定，各相关部委负责相关产业政策建议和具体实施。

其次，从长期法律制度环境完善和短期系列年度行动计划两方面入手进一步优化营商环境，促进企业健康发展。一方面，进一步强化法律制度建设，完善细化各种优化营商环境和促进民营经济健康发展的相关法律法规、制度政策，尽快在新的技术经济环境条件下设置法律制度上的"红绿灯"。2020年1月1日施行的《优化营商环境条例》已经实施两年，需要进一步总结实施过程中遇到的问题，结合当前营商环境发生的新情况、新问题、新趋势，进一步完善细化。另一方面，在总结各地已经开展的优化营商环境、促进民营经济健康发展行动计划的基础上，推进全国性的一系列年度行动计划。这要结合2022年在国有企业改革"三年"行动计划完成之际，强化监督考核，全面实施市场准入负面清单制度，大力破除市场准入壁垒，在电力、电信、铁路、石油、天然气等重点行业和领域，放开竞争性业务，在基础设施、社会事业、金融服务业等领域大幅放宽市场准入。通过建立市场准入评估制度，定期评估、排查、清理各类显性和隐性壁垒，推动"非禁即入"普遍落实；推进要素市场化改革，确保各类企业平等获得资本、土地、技术、人才、数据等要素资源；进一步推进税制改革，优化税率结构，构建更加公平、简洁的税收制度，积极减轻企业税费负担，清理规范涉企收费，减轻企业制度性交易成本，推进增值税等实质性减税，对中小企业、科技型创新企业实行普惠性税收优惠；加强公平竞争审查和反竞争执法，大力清理废除妨碍统一市场和公平竞争的各种规定和做法，对于各类企业在监管中要一律平等对待。从收入分配角度看，整顿收入分配秩序，坚决取缔非法收入，坚决打击内幕交易、操纵股市、财务造假、偷税漏税等获取非法收入行为，努力把各行业收入差距控制在合理合规范围之内，加大对垄断行业和国有企业的收入分配管理，清理分配乱象。

再次，着力营造开放安全的数字经济健康生态。强化平台经济反垄断和防止平台经济资本无序扩张，绝不仅仅是为了规范具体平台企业行为本身，而应该坚持"两个毫不动摇"原则，坚持对各类市场三体一视同仁、平等对待原则，构建全方位、多层次、立体化监管体系，为平台经济各类主体创造公平竞争的市场环境，持续激发市场创新活力和发展动力，切实保障和改善民生、维护消费者利益。这对完善社会主义市场经济体制、促进我国经济健康发展、安全发展、持续发展具有重要的意义。从营造开放的数字经济生态角度看，一方面，要积极推进完善全球数字经济领域竞争治理规则，支持平台企业更加规范、更具活力、更重创新、更好地参与国际竞争；另一方面，平台企业质量和平台经济规制也要有开放性，要促进支持行业组织、平台内经营者、消费者、新闻媒体各个利益相关方加强监督评议，形成政府监管、平台自治、行业自律、社会监督的多方协同开放共治格局。从营造健康的数字经济生态角度看，一方面，要促进大型平台企业健全其内部合规管理之地，规范平台企业数据处理、算法制定等行为；另一方面，从外部建立完善互联网信息服务算法综合治理机制，保证算法创新的健康有序发展。从构建安全的数字生态角度看，要推进数据立法，要围绕数据产权制度、数据处理规则、促进数据流动等方面尽快推进立法，出台数据安全法、个人信息保护法、数据管理条例，等等。

最后，建立多部门间的协调联动机制，构建综合反映市场主体生存发展状态的动态监测评估体系。"十四五"时期，随着我国逐步进入改革攻坚期和深水区，只有及时、准确、系统地把握市场主体生存发展状况，才能准确评估和分析我国各类改革措施的效果，同时为及时进行政策纠偏和始终保持正确改革方向提供可靠的决策参考。但目前我国主要基于市场主体数量和简单市场活跃度的指标尚难以满足上述要求。因此，我国应加快构建多部门间的数据共享平台，畅通反映市场主体各方面发展状况的政务数据流通与应用。可考虑以国家统计局为牵头单位，综合调度国家市场监管总局、国家税务总局、中华人民共和国人力资源和社会保障部、中华人民共和国工业和信息化部、国务院国有资产监督管理委员会（以下简称"国务院国资委"）、中国人民银行等多部委单位参与数据共享平台建设，统筹市场主体相关的政务数据目录，构建及时、准确、系统反映市场主体生存发展状态的动态监测评估体系。

还需要单独强调的是，在共同富裕背景下，企业协调发展要把企业社会责任放在更为重要的地位。企业努力承担社会责任，其理论逻辑在于企业不是追求股东利益最大化的组织，而应该是包含股东在内的企业所有利益相关者（包括员工、消费者、供应商、债权人、社区、政府、生态环境等）的利益最大化，这本质上是全体人民共同富裕要求的企业微观理论逻辑的具体化。企业履行社会责任的意义绝不仅仅在于通过慈善等活动进行第三次分配来助力共同富裕，而是要在企业的价值理念、战略导向、经营活动中全面体现出各方利益相关者的要求，这会直接影响到初次分配和再分配。因此，重视积极推进企业社会责任，对推进共同富裕具有重要意义。我国从2006年开始，一直重视和倡导企业社会责任，2006年《中华人民共和国公司法》最早明确要求公司从事经营活动要承担社会责任，2008年国务院国资委发布《关于中央企业履行社会责任的指导意见》，上海证券交易所印发《关于加强上市公司社会责任承担工作暨发布〈上海证券交易所上市公司环境信息披露指引〉的通知》，2013年党的十八届三中全会明确要求国有企业承担社会责任，2018年中国证券监督管理委员会发布新版《上市公司治理准则》，要求上市公司贯彻落实创新、协调、绿色、开放、共享的新发展理念，弘扬优秀企业家精神，积极履行社会责任。

如图1-3所示，为中国企业2009—2019年社会责任发展指数。企业社会责任发展指数是在2009年我们提出的基于4个一级指标（责任管理、本质责任、社会责任和环境责任）和14个二级指标、44个三级指标构成的指标体系，构造的一个旨在综合反映企业社会责任发展水平的指数，这些指标数据的获取主要来自各个企业发布的社会责任报告。从图1-3可以看出，中国企业社会责任发展水平总体在不断提升，但仍然还没有达到60分的"及格"水平。也就是说，推进中国企业社会责任依然任重道远。

图1-3　中国企业社会责任发展指数（2009—2019）

资料来源：黄群慧、钟宏武、张蒽：《中国企业社会责任研究报告（2020）》，社会科学文献出版社2020年版，第56页。

参考文献

［1］习近平：《在决战决胜脱贫攻坚座谈会上的讲话》，《人民日报》2020年3月7日。

［2］习近平：《推动形成优势互补高质量发展的区域经济布局》，《求是》2019

年第24期。

　　［3］习近平：《扎实推动共同富裕》，《求是》2021年第20期。

　　［4］范恒山、孙久文、陈宣庆等：《中国区域协调发展研究》，商务印书馆2012年版。

　　［5］黄群慧：《共同富裕是中国式现代化的重要特征》，《光明日报》2021年9月7日。

　　［6］黄群慧：《在协调发展中扎实推进共同富裕》，《光明日报》2022年1月4日。

　　［7］黄群慧：《论中国实体经济的发展》，《中国工业经济》2017年第9期。

　　［8］黄群慧、叶振宇等：《中国区域协调发展指数报告（2020）》，中国社会科学出版社2021年版。

　　［9］黄群慧、钟宏武、张蒽：《中国企业社会责任研究报告（2020）》，社会科学文献出版社2020年版。

　　［10］魏后凯：《实现共同富裕需显著缩小城乡差距》，《财贸经济》2021年第8期。

　　［11］谢伏瞻主编：《经济蓝皮书：2022年中国经济形势分析与预测》，社会科学文献出版社2022年版。

　　［12］叶振宇、李峰波、王宁：《我国区域经济高质量发展的阶段成效与难题攻坚》，《区域经济评论》2022年第1期。

　　［13］中华人民共和国国务院新闻办公室：《人类减贫的中国实践》，人民出版社2021年版。

　　［14］中国社会科学院经济研究所课题组：《"十四五"时期深化工业化进程的产业政策与竞争政策研究》，《经济研究参考》2020年第11期。

　　［15］黄群慧、邓曲恒：《以改善收入和财富分配格局扎实推进共同富裕》，载谢伏瞻主编：《经济蓝皮书：2022年中国经济形势分析与预测》，社会科学文献出版社2022年版。

第二章

扩大中等收入群体规模

扩大中等收入群体比重是实现共同富裕的重要途径。我国已有超过4亿并不断扩大的中等收入群体。我国中等收入群体的分布并不均衡,缩小城乡差距和地区差距能够起到扩大中等收入群体规模的作用。目前财产性收入占中等收入群体收入的份额还相对较低,提高财产性收入以及改善财富分配格局,也有助于中等收入群体规模的扩大。此外,需要优化产业结构、纠正过早"去工业化"和"脱实向虚"的倾向、扩大产业对熟练劳动力的吸纳能力,在提高生产率促进高质量发展的同时壮大中等收入群体。在政策层面,扩大中等收入群体需要分类施策、重点突破,推动更多低收入人群迈入中等收入行列。

共同富裕是社会主义的本质特征和要求，是中国式现代化的重要特征。消除贫困、改善民生、逐步实现共同富裕，是中国共产党的重要使命，是中华民族孜孜以求的梦想。习近平总书记指出，"中国共产党从成立之日起，就坚持把为中国人民谋幸福、为中华民族谋复兴作为初心使命，团结带领中国人民为创造自己的美好生活进行了长期艰辛奋斗。"[1]1992年，邓小平同志在南方谈话中指出："社会主义的本质，是解放生产力，发展生产力，消灭剥削，消除两极分化，最终达到共同富裕。"习近平总书记指出："共同富裕是社会主义的本质要求，是人民群众的共同期盼。我们推动经济社会发展，归根结底是要实现全体人民共同富裕。"[2]十九大报告指出，到2035年，人民生活更为宽裕，中等收入群体比例明显提高，城乡区域发展差距和居民生活水平差距显著缩小，基本公共服务均等化基本实现，全体人民共同富裕迈出坚实步伐；到21世纪中叶，全体人民共同富裕基本实现，我国人民将享有更加幸福安康的生活。党的十九届五中全会再次强调，到2035年基本实现人民生活更加美好，人的全面发展、全体人民共同富裕取得更为明显的实质性进展。

习近平总书记在中央财经委员会第十次会议上对扎实推动共同富裕的总体思路进行了阐释："坚持以人民为中心的发展思想，在高质量发展中促进共同富裕，正确处理效率和公平的关系，构建初次分配、再分配、三次分配协调配套的基础性制度安排，加大税收、社保、转移支付等调节力度并提高精准性，扩大中等收入群体比重，增加低收入群体收入，合理调节高收入，取缔非法收入，形成中间大、两头小的橄榄型分配结构，促进社会公平正义，促进人的全面发展，使全体人民朝着共同

---

① 习近平：《在全国脱贫攻坚总结表彰大会上的讲话》，《人民日报》2021年2月26日第2版。
② 习近平：《习近平关于〈中共中央关于制定国民经济和社会发展第十四个五年规划和二〇三五年远景目标的建议〉的说明》，《人民日报》2020年11月4日第2版。

富裕目标扎实迈进"[①]。

　　扩大中等收入群体比重是实现共同富裕的重要途径。中等收入群体即是收入保持在全社会中等水平、就业相对稳定、生活相对宽裕的群体。扩大中等收入群体，构建橄榄型分配结构，既是实现共同富裕的题中应有之义，也是推动共同富裕的内在要求。共同富裕的一方面内涵是现代化成果由全体人民共享，满足全体人民的美好生活的需要——"共同"，另一方面内涵是要求中国实现社会生产力高度发展、社会全面进步的发达状态——"富裕"。从实现共同富裕的内在要求看，扩大中等收入群体，形成中等收入者占大多数的橄榄型分配格局，有助于改善收入和财富分配状况，推动全体社会成员共同富裕，促进经济发展果实更好地由全体人民分享。从推动共同富裕的基础看，扩大中等收入群体也是构建"双循环"新发展格局、促进高质量发展的需要。习近平总书记在《国家中长期经济社会发展战略若干重大问题》中指出："消费是我国经济增长的重要引擎，中等收入群体是消费的重要基础。"[②]中等收入群体对高质量耐用消费品具有较高的消费能力和消费倾向，因此繁荣的中等收入群体是扩大消费需求、以市场聚产业，以新消费动能主导经济发展的必要条件。扩大中等收入群体，可以进一步增加居民的消费需求，有助于构建"双循环"新发展格局，推动高质量发展，确保我国平稳步入高收入阶段。

　　改革开放以来，我国经济取得了快速发展，经济总量不断增长，2010年我国GDP跃居世界第二。2020年我国克服疫情的不利影响，成为全球唯一实现正增长的主要经济体，经济总量首次突破百万亿元。2021年，我国国内生产总值达到114.3万亿元，比2020年增长8.1%，两年平均增长5.1%。与此同时，党中央高度重视收入分配尤其是低收入群体的收

---

① 习近平：《扎实推动共同富裕》，《求是》2021年第20期。
② 习近平：《国家中长期经济社会发展战略若干重大问题》，《求是》2020年第21期。

入增长，如期打赢脱贫攻坚战、全面建成小康社会，为扩大中等收入群体，进一步实现共同富裕创造了良好条件。我国已经进入了向第二个百年奋斗目标进军的新发展阶段。

我国已有超过4亿人并不断扩大的中等收入群体。我国中等收入群体的人口规模已经超过美国的人口总量，与欧盟的总人口数规模相当。我国中等收入群体的绝对数量以及增长态势，为推进共同富裕、构建新发展格局、推进高质量发展提供了有力支撑。然而，我国当前发展不平衡不充分的问题仍然存在，宏观分配格局和居民收入分配格局还有待优化，城乡、区域、收入差距依然较大，在劳动力市场等方面还存在一些体制机制障碍，阻碍了中等收入群体的进一步扩大。根据国家统计局公布的结果，我国居民收入的基尼系数在2008年达到了0.491，此后缓慢下降至2015年的0.462，随后又有小幅上升，2020年下降到0.468。因此，需要优化收入和财富分配格局，进一步扩大中等收入群体以适应我国社会主要矛盾的变化，更好满足人民日益增长的美好生活需要，扎实推进共同富裕。

如何认识中等收入群体

中等收入群体具有多维特征。从度量指标来看，收入、财产、消费等都可以成为判别中等收入群体的经济指标。从统计标准来看，中等收入群体的定义有绝对标准与相对标准之分。使用不同的度量指标和统计标准，所划定的中等收入群体并不相同。以家庭收入（支出）、人均收入（支出）为对象的识别，包括绝对值区间、相对值区间、混合值区间。针对中国中等收入群体识别的研究也主要集中使用这些方法。一方面，针对调查中隐瞒收入的情况，在识别中等收入群体时，收入指标和支出指标之间存在着权衡与取舍。另一方面，劳动收入作为居民的主要收入来源，在识别中等收入群体时，劳动年龄群体也是重要的分析对象。在对劳动年龄群体进行分析时，采用的识别方法主要包括两类：一是以中位数为基础向上向下延伸，以该区间作为衡量中等收入群体的标准。二是以就业的职业类型作为分类标准，旨在研究就业和工资的两极化。社会学从"职业类型"与"社会经济地位指数"相关联的方法分析社会分层结构。

从社会结构或者是收入结构来看，"橄榄型"结构被政府、居民和学术界等视为是健康的、稳定的结构。"橄榄型"结构最主要的特点是"两头小、中间大"。从社会结构来看，就是以中产阶级为主体，上层阶级和下层阶级比例都较小的社会结构；从收入结构来看，就是以中等收入群体为主，低收入群体和高收入群体比例都比较小的收入结构。但基于2006—2013年中国社会状况调查数据的分析表明，中国城乡居民收入分布总体呈"金字塔型"，底端是占了总人口绝大多数的低收入者和中低收入者。从中等收入者开始人口逐渐减少，到金字塔顶端人口迅速减少。如果综合考虑职业、教育、收入等客观因素，2010年中国16～64岁有职业人口的社会结构则呈现出"倒丁字型"。与2000年相比，尽管2010年低收入群体的比例有所缩小，但低收入群体的比例仍然非常大，分配格局的整体特征并未得到改变。无论是"金字塔型"收入分布结构还是"倒丁字型"社会结构，均表明中国当前的分配格局距离理想的"橄榄型"分配结构和社会结构相差较远。从"金字塔型"或"倒丁字型"分配结构向"橄榄型"分配结构转变，关键在于促进中低收入者收入的增长，进而扩大中等收入者比重。

前已述及，类似于对贫困的识别，对中等收入群体的定义也存在绝对标准与相对标准之分。此外，学术界也并将评判标准从收入扩展到了财产、职业、消费等范畴。因此，也就产生了不同的对中等收入群体规模的估计结果。国家发展和改革委员会社会发展研究所课题组（2012）

将年人均可支配收入在2.2万～6.5万元这一区间作为中等收入群体的划定标准，估算得出中等收入群体的占比为21.25%。吴鹏和常远将收入中位数75%和125%的水平列为中等收入群体的上下限，发现中等收入者的比重由1989年的38.73%下降到2004年的26.45%，后又再上升到2011年的36.76%，呈现出先下降后上升的"U形"特征。古斯塔夫森等则利用人均可支配收入来界定中国的中等收入者，并将收入高于发达国家穷人且低于发达国家富人的这部分人群视为中国的中等收入者。根据此定义，数据显示，2002年中国的中等收入者很少，2007年中等收入者所占比重还不到10%，不过从2007年到2013年，中等收入者规模增长较快，在2013年全国约有1/5的人口属于中等收入者（约2.5亿人）。李强和赵罗英则使用了收入、财产、恩格尔系数、生活方式、主观生活态度等方面的指标对中等收入群体进行了多维度的识别。他们的研究表明，如果将家庭年人均可支配收入在2万～6.7万元这一区间作为中等收入者的判定标准，那么2014年中国居民家庭被视为中等收入群体的比重为23.48%。

　　扩大中等收入群体规模，构建"中间大、两头小"的橄榄型收入分配格局，意味着相对意义上的收入分配格局的优化，而这一收入分配格局的优化无疑是建立在收入的绝对水平的大幅提升基础之上的。因此，中等收入群体的识别与认定既考虑了收入的变异程度、体现了收入分配格局的优化，也考虑了收入的均值、中值等反映集中趋势的指标。各国对于中等收入群体的定义都体现了各国的经济发展水平的差异与变动。很自然地，基于不同标准估算出的中等收入群体规模存在较大差别。例如，世界银行将中等收入群体定义为成年人每天收入在10～100现价美元（2005年购买力平价）之间。考虑经济发展状况和居民收入情况后，我国统计局将年收入在10万～50万元（2018年的价格）间的三口之家定义为中等收入家庭。此外，杨修娜等选取全世界200多个国家各年份收入中位数的67%～200%（当年价格）作为定义我国中等收入群体年收入的上下限。按照这三种定义，中国收入分配课题组基于中国住户收入调查数据估算发现，就中等收入群体所占比重而言，一方面，尽管中等收入群体的占比随着时间的推移不断扩大（按上述三个标准2018年我国该比值分别为54.2%、29.4%以及29.4%，详见表2-1），但均低于国际水平60%。但另一方面，虽然我国中等收入群体比重不高，但绝对规模已相当可观。按最低的标准，我国中等收入群体已达到4亿人以上，约相当于欧盟所有国家中等收入群体人数的总和，或相当于美国中等收入群体人数的2倍。

表2-1 中等收入群体占比（%）

	年份	1995	2002	2007	2013	2018
全国	世界银行：10～100美元（2005年购买力平价）	1.4	7.4	27.2	46.1	54.2
	国家统计局：家庭年收入10万～50万（2018年价格）	0.2	1.6	9.5	25.4	29.4
	世界人口收入中位数的67%～200%	3.6	10.0	20.2	27.3	29.4
城市	世界银行：10～100美元（2005年购买力平价）	3.4	29.6	59.1	74.2	76.4
	国家统计局：家庭年收入10万～50万（2018年价格）	0.4	3.8	24.2	54.4	45.6
	世界人口收入中位数的67%～200%	8.4	25.9	45.2	48.5	45
农村	世界银行：10～100美元（2005年购买力平价）	0.2	1	3	18.1	20.6
	国家统计局：家庭年收入10万～50万（2018年价格）	0.1	0.4	1.2	9.2	5.7
	世界人口收入中位数的67%～200%	0.6	1.5	1.8	7.4	6.6

如果以28个欧盟国家2018年居民实际收入中值的60%与200%作为划定中国中等收入群体的区间，那么中等收入群体在中国人口中的比重从2002年的0.6%增加到2007年的2.0%，2013年和2018年更是分别增长到了13.8%和24.7%。即使根据收入水平更高的中等收入群体定义，中国中等收入群体的规模在2018年也已经达到了3.44亿人。

从中等收入群体的分布看，我国中等收入群体的分布相对集中。约90%的中等收入群体为城市居民，约55%的中等收入群体居住在东部地区。此外，分省数据表明，各省份中等收入群体的规模与各省份的经济发展水平和城市化水平有一定的关系。人均GDP越高、人均可支配收入越高、城镇人口所占比重越高的省份，中等收入群体所占比重也越高。这说明，缩小城乡差距和地区差距以及提高城市化程度，有助于扩大中等收入群体规模。

从收入结构来看，中等收入群体的工资性收入在其总收入中的比重为60%。高收入者与低收入者中，工资性收入在总收入中的比重也大体如此。这说明，工资性收入是所有人群的主要收入来源。相对于低收入者和高收入者来说，经营性收入对中等收入群体的重要性相对较低，经营性收入仅占到中等收入群体收入来源的12%。财产性收入在中等收入群体的总收入中的比重在10%左右，远低于发达国家财产性收入的相对份额。例如，美国财产性收入在中等收入群体总收入的份额是20%左右，日本是24%左右，瑞典是30%左右。对于发达国家的中等收入群体而言，财产性收入通常都构成其收入的重要来源。因此，增加财产性收入，是扩大中等收入群体比重的重要手段。

改善收入和财富分配格局

扩大中等收入群体规模，需要在提升居民收入水平的同时增加收入处于中间水平的居民数量。因此，改善收入和财富格局是扩大中等收入群体规模的坚实基础，而扩大中等收入群体反过来也能促进收入和财富格局的改善。宏观分配格局关系到居民部门收入在国民收入分配中的份额以及劳动等生产要素在国民收入中的份额。居民收入分配格局则直接决定了收入在居民内部的分配。当前，我国居民收入分配格局还存在城乡、地区、行业之间收入差距过大等问题，影响着中等收入群体规模的扩大。由于目前我国中等收入群体大多分布在城市与东部地区，因此，缩小城乡差距和地区差距能够起到扩大中等收入群体规模的作用。财产性收入是中等收入群体较为重要的收入来源，但目前财产性收入占中等收入群体收入的份额还相对较低，而财富是财产性收入的根源，因此，从存量层面改善财富分配格局，也有助于中等收入群体规模的扩大。

一、改善宏观分配格局

宏观分配格局是收入分配的基石和起点，同时又是微观层面分配特征的加总和反映。宏观分配格局考察国民收入在居民、企业、政府三大部门之间的分配，直接体现了居民部门在经济增长中的分享程度。宏观分配格局也从功能性分配的角度，考察国民收入在劳动要素和资本要素之间的分配。由于劳动收入是大多数人的主要收入来源，劳动报酬份额直接关系到居民收入，对偏低的劳动报酬份额予以适度提高通常会起到缩小收入差距的作用。通过考察宏观分配格局，可以把握国民收入在居民、企业、政府三大部门之间的分配，劳动等生产要素在国民收入中的份额，再分配对宏观分配的调节作用等，从宏观层面厘清经济发展成果的流向与分配，明晰宏观分配格局优化路径，以更好地扩大中等收入群体规模。

本章根据资金流量表对宏观分配格局进行了考察。国家统计局对2000年以后的资金流量表根据全口径财政收入详细数据、国际收支平衡表数据等进行了调整，而2000年以前的资金流量表未做相应调整。因此，2000年前后的资金流量表并不是完全可比的，本章只根据2000年以后的资金流量表对宏观收入分配格局进行分析。本章的分析表明，居民部门在初次分配中的份额自2000年之后有所下降，但自2009年开始有所回升。再分配对宏观分配格局的调节作用相对有限。劳动报酬在宏观分配中的比重还有待提高。促进共同富裕，还需进一步优化宏观分配格局。

（一）居民部门在初次分配中的份额有所提高

从绝对值来看，2000年以来我国企业部门、政府部门和居民部门的初次分配收入都呈现持续上涨趋势，但各部门之间的增长速度存在一定差异。总体来看，2000—2019年可以大致分为2008年之前和2008年之后两个阶段。2000—2008年（除了2005年），居民部门的初次分配收入增长速度低于国民收入增速，居民部门收入占比持续下降，从2000年的67.15%下降至2008年的58.66%。相反，企业部门和政府部门收入增速在这一时期的大多数年份均超过国民收入增速，企业部门和政府部门收入所占比重持续上升。政府部门在初次分配中的收入比重从2000年的13.13%上升至2008年的14.73%，而企业部门收入占比则从2000年的19.72%上升至2008年的26.61%。因此，这一时期初次收入分配格局的变化主要表现为居民部门收入占比下降，国民收入在初次分配中更多地流向企业和政府部门。

居民部门在初次分配中的份额自2009年以来有所提升。自2009年以来居民部门收入增速在大多数年份高于国民收入增速，居民部门的收入份额有所提升。但总体来看，这种上升幅度并不大，居民部门在初次分配中的份额从2009年的60.69%提高到2019年的61.42%。相对而言，政府部门的收入份额则在2009年以后呈现先上升后下降的趋势。值得注意的是，初次分配中政府部门的份额在2014—2017年有小幅下降，2018年的下降幅度相对较大。从初次分配的细项来看，政府部门初次分配占比下降主要来自净生产税收入和净财产收入的增速减缓。这在一定程度上是2016年提出的"减税降费"在宏观分配格局中的反映。同时，企业部门的收入占比则基本维持在22%～26%之间，伴随着减税降费，2017—2019年企业部门在初次分配中的份额相比之前有所提高，分别达到了25.41%、26.03%和25.91%。总体来看，2009年以来国民收入初次分配格局基本稳定，企业部门和居民部门在初次分配中的份额有所改善。

（二）再分配对宏观分配格局的调节作用有待加强

初次分配之后，通过收入税、社会保险缴款、社会保险福利、社会补助等转移性收入调整，得到各部门的可支配收入。2000年以来，政府部门、企业部门和居民部门可支配收入基本呈上升趋势。然而，政府部门、企业部门和居民部门可支配收入增长率差异较大，从而导致三部门占可支配收入比重发生变化。与初次分配一致，以2008年为界，可支配收入格局也可以分为两个阶段。

2000—2008年，居民部门在可支配收入中的份额也基本呈现下降趋势，从2000年的67.54%下降到2008年的58.28%。然而，这一时期的政府部门可支配收入占比则呈现上升趋势，从2000年的14.53%上升到2007年的19.01%，2008年有小幅回落，但也达到18.98%。2000—2008年企业部门在可支配收入中的份额则呈现波动性上升，2008年企业部门可支配收入占比达到22.74%，也远远高于2000年的17.93%。

2009年以来居民部门在可支配收入中的份额止降回升，总体上呈现波动性上升，2019年居民部门在可支配收入中的份额从2009年的60.53%小幅回升至62.25%。政府部门在可支配收入中的份额在2012年开始逐步下降，到2017年下降至17.96%。2018年和2019年政府部门在可支配收入中的份额进一步下降，且下降幅度比较大，分别达到了1.16个百分点和0.93个百分点，这两年的下降幅度超过了2012—2017年的下降总幅度（1.58个百分点）。2012年以来企业部门在可支配收入中的份额则呈现波动性上升的趋势。

通过比较再分配流程中各部门的可支配收入份额与初次分配流程中各部门的收入份额，可以清楚地看出再分配流程中各部门利益重新分配的情况，从而识别再分配对宏观分配格局的影响。数据显示，各部门可支配收入份额与初次分配收入份额之间只存在细微差异，这说明再分配对宏观分配格局调整的作用依然十分有限，有待进一步加强。

企业部门需要缴纳收入税，且其缴纳的税额在收入税中占较大规模，因而企业部门在可支配收入中的份额必然会有所下降。政府部门在可支配收入中的份额高于其在初次分配中的份额，即政府在再分配调节方面获得了转移性净收入。①2000年以后，政府通过再分配获得的收益呈逐年上升趋势，到2007年，经过再分配之后，政府部门在可支配收入中的份额比在初次分配中的份额提高了4.27个百分点。此后，2008—2019年呈现波动性下降，2019年政府部门在再分配环节中获得的再分配收入份额为3.2个百分点，比之前有较大幅度的下降，是2005年以来的最低值。

对于居民部门而言，其需要缴纳收入税和社会保险，并从政府部门获得社会保险福利和社会补助，还有部分其他经常转移净收入。2002—2010年，居民部门在再分配中成为受损方，再分配没有给居民部门带来更多的收入份额，反而使其收入份额有所下降。2011年以后，居民部门这一转移性净支出的局势出现逆转，居民部门再次从再分配中获益，但相对于初次分配而言，居民部门在再分配中获得的份额十分有限，绝大多数年份都低于0.5个百分点，远不及政府部门从再分配中获得的收益。2019年居民部门通过再分配获得的份额较大，达到了0.83个百分点，这与政府部门获得的再分配份额下降相呼应。

（三）劳动报酬份额仍有较大提升空间

以按劳分配为主体，多种分配方式并存的分配制度是社会主义基本经济制度的重要组成部分。劳动收入是绝大多数人的主要收入来源。劳动报酬在国民收入分配格局中的份额增加，有利于缩小收入差距，扩大中等收入群体规模，促进人民群众对经济发展果实的共享。2000—2011

---

① 税收属于政府的初次分配收入。可支配收入高于初次分配收入，主要是说明政府的经常性转移收入（政府收到的收入税+政府收到的社会保险缴款）少于政府经常性转移支出（社会保险基金支出+政府的社会补助支出）。

年，除了在若干年份（2002年和2009年）出现暂时性的反复以外，劳动报酬在初次分配中的份额基本呈现出逐渐下降的趋势。2000年劳动报酬在初次分配中的份额为52.70%，到2011年已经下降到46.81%。2012年以来，劳动报酬的份额逐渐提升。2019年劳动报酬份额已回调至52.03%。

分部门来看，三大部门的劳动报酬占比在近几年都略有提高。企业部门是劳动报酬的主要来源，因此，企业部门劳动报酬占比的变化趋势与总体的劳动报酬占比的变化趋势基本一致，表现为先波动下降，到2012年开始逐年上升。2019年企业部门劳动报酬占比仅为41.76%。政府部门的产出主要依靠劳动投入，因而劳动报酬占比较高，2000年以来在82%到89%之间波动，2014年以来也呈现上升趋势。但来自政府部门的劳动报酬占总劳动报酬的比重较低，其上升趋势对劳动报酬占比的影响较小。居民部门劳动收入占比在60%~70%之间，2010年以前在66%左右波动，2010年下降至61.04%，2011年继续降至历史最低点，劳动报酬占比仅有60.47%，此后有所回升，2013年以来一直保持在较高水平。

尽管近年来我国劳动报酬的份额持续上升，但从国际比较来看，劳动报酬份额依然较低。在仅考虑雇员劳动报酬的情况下，欧盟27国的平均水平以及日本、美国的劳动报酬占比都在50%以上。2019年欧盟27国的劳动报酬为53.10%、德国59.40%、法国57.62%、英国55.46%、美国55.48%、日本53.92%。虽然我国2019年的劳动报酬份额达到了52.03%，但值得注意的是，我国在统计劳动报酬时不仅包含了雇员的劳动报酬，也包含了自雇劳动者混合收入的劳动报酬。自雇劳动者中主要包括农户和个体经济户，这一部分群体在我国所占比例依然比较大。与此同时，我国劳动报酬总额中有一半以上来自于企业部门，主要是雇员的劳动报酬，而我国企业部门中劳动报酬份额相对偏低，虽然近年来略有上升，但2019年也仅为41.67%。因此，我国劳动报酬占比依然有较大的提升空间。

二、优化居民收入和财富分配格局

（一）缩小收入差距

改革开放以来，我国居民的收入分配格局发生了深刻的变化。平均主义的分配原则被摒弃后，收入分配发挥了激励作用，对改革形成了有力的支撑。在进一步的发展和转型过程中，中国的居民收入差距出现了不断扩大的趋势，这一趋势直到近年才开始得到扭转。居民收入差距的不断扩大，既有城镇化、工业化、全球化的影响，具有合理成分，也有收入分配秩序失范的因素，含有不合理的成分。总体而言，收入差距呈现出先拉大再波动下降的态势。根据国家统计局的估计结果，居民收入的基尼系数在2008年达到最高点0.491后，2009年至今呈现波动下降态势，2020年降至0.468。尽管居民收入差距的基尼系数呈现出下降的趋势，但当前的收入差距依然较大。居民收入差距集中体现在城乡差距、地区差距、行业差距之上。近年来，城乡居民之间的收入差距有所缩小。居民收入的地区差距自2003年以后进入下降通道，尽管近年来略有反复，但总体也呈现出下降的趋势。城镇非私营单位的行业收入差距自2003年以来逐渐上升，在2008年达到一个高点后缓慢下降。城镇私营单位的行业收入差距也在2009年至2013年经历了一个下降的过程，但随后开始拉大。

从城乡居民人均收入比来看，由于农村改革早于城镇，1978—1985年城乡居民收入比出现过一个短暂的下降。家庭联产承包责任制提高了农村劳动力和土地资源配置效率，再加上对工农产品价格的调整，农村居民收入快速上升。随着改革在城镇地区的推进，城镇居民收入增长速度超过农村居民，城乡居民收入差距也随之扩大。到1992年，城乡居民收入比已超过改革前的水平。1994年城乡居民收入比达到一个阶段性高点，之后城镇居民收入受到国企改革的影响，而农村居民收入得益于农产品价格的上涨以及外出务工收入的增加，城乡居民收入比又有所下降，在1997年回落到2.47：1。随后，城镇居民收入再次以快于农村居民收入的增长速度增长，城乡居民收入差距不断扩大，2009年城乡居民收入比达到3.33：1的最高水平。但近年来一系列促进农民增收的政策开始显现效果，城乡居民收入差距呈现明显的下降趋势。尤其是党的十八大以来实行的城乡社会保障一体化、脱贫攻坚工程和乡村振兴战略，显著提高了农村居民的收入与福利，大为缩小了城乡居民之间的收入差距。

地区收入差距取决于各地区的自然禀赋、发展机会、工业化传统、市场发育等历史和现实原因，是收入差距的一个重要组成部分。如果以分省人均GDP的变异系数作为地区之间人均收入不平等程度的度量，可以发现，1992年以来地区收入差距逐渐扩大，这一趋势一直持续到21世纪初。2003年以后，地区收入差距进入下降通道，这一方面得益于国家实施的一系列地区发展战略，如2002年开始的西部大开发，后续的东北老工业基地振兴、中部地区崛起等战略，缩小了地区发展差异；另一方面，人口的大规模流动也为地区人均收入差距的缩小创造了条件。然而，需要注意的是，2014年以来，地区之间的收入差距又有逆势上扬的趋势，应予以警惕。地区收入差距在2020年有所下降，这既可能意味着地区收入差距开启下降的通道，也有可能与疫情对经济活动的冲击存在地区差距有关。

垄断行业和竞争性行业之间的收入差距一直广受诟病。如果将制造业视为竞争性行业，选取金融业和房地产业作为垄断行业的代表，考察垄断行业和竞争性行业之间的工资收入差距，[①]可以发现，城镇非私营单位金融业与制造业工资差距自2010年以来呈现逐渐下降的态势。城镇私营单位金融业与制造业工资差距也经历了下降趋势，但2016年以来

---

① 这一分类可能并不精确。例如，房地产业可能包括房地产开发的外围产业（比如房地产中介）等垄断色彩不浓的行业。

有明显的回升。这可能意味着金融业过度发展导致的"脱实向虚"问题仍然较为严重。无论是城镇非私营单位还是城镇私营单位，金融业人均工资远远高于制造业和房地产业人均工资，且私营单位金融业人均工资增长速度在2016年以来有明显加快的趋势。这说明转变当前不合理的"虚""实"经济结构，推动经济"脱虚向实"，既可以促进经济高质量发展，也可以改善收入分配结构，实现效率和公平的携手共进。房地产业人均工资与制造业人均工资差距则有明显的下降趋势，2019年房地产业与制造业人均工资之比已经接近于1，这主要应归功于近年来房地产市场的调控政策。

（二）遏制财产差距的快速拉大

改革开放以来，我国居民的财产得到了迅速增长。统计数据表明，1995—2002年居民人均总财产净值实际增长了1.14倍，而2002—2013年居民人均总财产净值则实际增长了4.53倍。从国际比较的角度看，我国居民的财产增长速度要远高于美欧发达国家。经济合作与发展组织（简称OECD）数据库显示，近年来，除了美国和智利以外，其他OECD国家的居民财产的增长都较为缓慢。部分国家的居民财产在近年甚至经历了负增长。[1]即使是居民财产正增长的国家，增长速度也要低于中国居民财产的增长速度。例如，美国在2013—2019年，居民财产增长了40.15%。相比之下，根据经济日报社中国经济趋势研究院的家庭财富数据，中国的居民财产在2015—2018年就增长了44.86%。

在居民财产迅速增长的同时，财产差距也在快速拉大。我国居民财产净值的基尼系数在2002年为0.495，而财产净值的基尼系数则快速变动到0.617，11年时间上升了0.122个百分点。[2]从国际比较的视角来看，

---

[1] 比如法国（2014—2017年）、奥地利（2014—2017年）、希腊（2014—2018年）、意大利（2014—2016年）、英国（2015—2017年）等国家的居民财产有所缩水。

[2] 需要指出的是，尽管2002—2013年财产分布的差距有所拉大，但我国居民各个财产等分组的财产均值在此期间都经历了可观的增长。

我国居民的财产差距并不大。例如，英国（2000年）、意大利（2002年）、芬兰（1998年）、瑞典（2002年）、法国（2010年）、美国（2001年）居民财产的基尼系数分别为0.66、0.60、0.68、0.89、0.66、0.83。然而，值得注意的是，尽管我国居民财产差距的绝对水平不高，但居民财产差距的增长速度很快。例如，美国居民的财产基尼系数在1989—2019年一直在0.78~0.86之间变动，而中国居民的财产基尼系数在2002—2013年这11年期间就从0.495上升到了0.617。

从家庭财产的构成来看，房产净值是家庭财产最重要的组成部分。统计数据表明，房产净值在全国家庭的人均财产中在2015年、2016年和2017年的占比分别为65.61%、65.99%和66.35%。房产增值也是财产增长的重要推手。数据表明，1995年至2002年，城镇居民的财产净值增长了114%，而房产净值则增长了250%。而在2002年至2013年期间，城镇居民的财产净值增长了543%，而房产净值则增长了683%。

房产净值在家庭财产中的份额极高以及自身分布的不均等，使得房产净值成为家庭财产差异的最重要成因。研究表明，房产净值对财产分布的基尼系数的贡献率在2002年和2013年分别为63.6%和78.0%。而房产套数和面积在不同家庭之间的分布以及房产价格在不同区域的差异化上涨不仅作用于房产净值的规模，也决定了房产净值自身分布的不均等，进而影响到财产差距。房产价格的上涨也是房产净值增长以及财产差距拉大的另一重要原因。统计数据显示，2002—2013年住房价格的上涨贡献了56.9%的居民房产净值的增长。模拟分析则表明，如果2002—2013年各地的住房价格保持不变，那么2013年财产的基尼系数将从实际的0.617降为0.561，也就是说住房价格的上涨对财产差距变动的贡献率达到了45.53%。房产自身分布的不均等及其对财富差距的巨大贡献，使得缩小房产差距成为调节财富分配差距的重要途径。因此，要坚持房子是用来住的、不是用来炒的定位，还原房产的居住属性，降低房产的投资属性。房产作为土地附属物在一定区位范围之内具有稀缺性，供给相对有限。加快建立多主体供给、多渠道保障、租购并举的住房制度，提高低收入群体的购房能力，减少多套住房者的住房持有套数，将会抑制房产增值幅度，控制房价及其上升预期，有助于缩小房产乃至财产差距。

三、加大再分配力度

发达国家的再分配政策对收入差距普遍发挥了较强的调节作用。根据估计结果，OECD国家在再分配前的居民市场收入的基尼系数在0.5左右，但仅再分配后的可支配收入的基尼系数基本上下降到0.4以下。再分配政策能够将这些OECD国家居民收入的基尼系数降低16～20个百分点。相比之下，发展中国家再分配政策的调节作用较弱。例如，经济学家考察了阿根廷、玻利维亚、巴西、墨西哥和秘鲁等拉美五国的再分配政策，发现再分配政策对这些国家居民收入差距的调节作用相当有限。

相关研究表明，我国的再分配政策对收入差距的调节效果极为有限。蔡萌和岳希明分析了2002年和2007年再分配政策对中国收入差距的调节作用。他们的研究表明，包括转移支付和所得税在内的再分配政策在2002年使得居民收入的基尼系数从0.4628降低到了0.4468，降幅仅为3.46%。2007年，再分配政策的调节幅度略有增大，将居民收入的基尼系数从0.5197降低到了0.4813，降幅达到了7.39%，但调节力度还是远低于发达国家的再分配政策。对某些群体而言，再分配政策甚至起到了逆向调节的效果，从而导致了收入差距的扩大。以2007年为例，包括社会保障福利、转移支付在内的福利收入分别占到了城镇居民和农村居民总收入的20%和2%。相较而言，日本和韩国的福利收入占居民收入的份额分别为17%和6%。由于我国城市居民享受的社会福利要远多于农村居民，因此，再分配政策对城乡收入差距的调节是逆向的。对全国居民收入差距而言，再分配政策所起到的调节作用可能极为有限。因此，需要优化再分配政策，完善以税收、社会保障、转移支付为主要手段的再分配调节机制，加大税收调节力度，挖掘再分配政策的收入分配调节功能。

税收是收入再分配的重要手段，累进税能够有效缩小收入差距。间接税在我国税制结构中占主体地位，但间接税基本是累退性质的，因而导致了我国税制整体上的累退性。个人所得税和选择性课征的消费税为累进性税收，能够在一定程度上中和间接税对收入差距的扩大效应。但目前我国累进性税收占税收收入总额的比重偏低，无法完全抵消间接税的累退性。因此，应逐步提高直接税的比重。此外，个人所得税对收入分配的调节功能相对有限，需要优化税制结构，更好地发挥个人所得税对"扩中提低"的作用。

四、更好地发挥劳动力市场的作用

劳动力市场的收入分配原则将对扩大中等收入群体起决定性作用。劳动力市场中的收入分配对劳动生产率的激励主要体现在，收入分配能够根据劳动者不同的生产率给予不同的工资收入，从而形成正向激励，使劳动者能够通过提高劳动生产率来增加工资收入。以下分别从工资决定理论、效率工资和我国改革开放前的"大锅饭"对收入分配的激励作用进行阐述。

从工资决定理论来看，劳动者的工资是由其边际生产力决定的。新古典学派的代表人物阿尔弗德·马歇尔认为"劳动、资本和土地对国民收益的分配，是和人们对它们所提供的各种服务的需要成比例的。但这种需要不是总需要，而是边际需要。所谓边际需要，是在一点上的需要，在该点，不论人们略多购买某种要素的服务（或服务成果），或用他们的额外资金购买其他要素的服务（或服务成果），对他们都毫无区别"。这说明，当劳动者的边际生产力越高时，劳动者获得的收入应该越高。因此，当劳动者的工资不足以反映劳动者边际生产力时，或者两者之间存在较大差异时，劳动者将会退出劳动力市场或是降低其边际生产率。

效率工资是收入分配对劳动生产率激励的正面佐证。在雇佣劳动者时，雇主对于劳动者的信息并不完全了解。此时，雇主所支付的工资很可能不再等于劳动者的边际生产力，而是给予雇员相同的工资，这可能使低生产率的劳动者获得收入高于其应得的，而高生产率的劳动者恰与此相反。当劳动者参加工作的机会成本与劳动生产率呈现正相关时，雇主则愿意支付相对较高的工资，以吸引劳动生产率高的劳动者。在这种情况下，提高工资成为雇主提高劳动生产率的一个途径。

我国改革开放之前，以结果公平为中心的分配方式降低了劳动者的生产率。当收入分配以结果公平为中心时，则出现了"干多干少一个样，干好干坏一个样"的现象，"搭便车"普遍存在。与此同时，在重工业优先发展的战略下，使农业收益大幅补贴工业，无论产量多少，农民能够从中获得的只有基本生活口粮，农民的生活水平较差。十一届四中全会通过的《中共中央关于加快农业发展若干问题的决定》中指出，1957—1978年，"尽管单位面积产量和粮食总产量都有了增长，1978年全国平均每人占有的粮食大体上还只相当于1957年，全国农业人口平均每人全年的收入只有70多元，有近四分之一的生产队社员收入在50元以下，平均每个生产大队的集体积累不到1万元，有的地方甚至不能维持简单再生产"。家庭联产承包制的实施，加强了农民获得的收入与其劳动生产率之间的关系，从而大幅提高了农民的劳动生产率。

上述内容说明，劳动者的工资收入应该与其边际生产力对等，当两者之间的联系越密切时，越能激发劳动者的边际生产力，提高劳动生产率。与此相反，当两者之间的联系越疏远时，则会降低劳动者的边际生产力，打击劳动积极性。改革开放以来，在"按劳分配为主，多种分配方式并存"的原则下，劳动者工资与其劳动生产率之间的联系逐渐加强，提高了劳动者的积极性。但与此同时，我国是一个人口大国，特别是农村剩余劳动力在一定时期较为丰裕，总体上工资收入偏低。随着我国人口结构的转变，为进一步提高劳动者收入提供了契机。借助这个契机，完善劳动力市场，规范市场规则，使劳动报酬与劳动生产率之间的联系更加密切，形成工资与生产率之间的正向激励，推动中等收入群体规模的扩大。

优化产业结构

改革开放以来，中国经济高速发展，产业结构也不断优化。中国逐渐从一个农业国变成一个工业国，农业产值和就业占比大幅下降，非农产业产值和就业占比上升。无论是从三大产业产值还是就业比重等各项指标来看，目前中国已经进入工业化后期。中国成为世界上工业门类最齐全的国家，是全球价值链分工的重要参与者，在世界产业链和价值链中具有重要地位。在国际标准产业分类22个制造业行业中，中国有14个行业的增加值居世界第一，7个行业居世界第二，1个行业居世界第五，且一些行业的增加值规模遥遥领先于位居第二的国家。中国的产业结构避免了欧美国家的产业空心化问题，从而避免了因产业结构空心化而导致的中等收入群体增长乏力问题。但我国的产业结构还存在提升的空间，具体表现为：

一、产业结构还需优化

首先，农业产值和就业占比过高，且劳动生产率低下。2018年中国农业增加值所占比重仍然有7.04%，就业占比更是高达26.07%，而美国和

OECD成员国农业产值占比只有0.86%和1.4%，就业占比则低至1.37%和4.92%。就业占比远超过产值占比意味着农业劳动生产率低下。按2010年美元不变价计算，2018年中国农业劳动生产率只有3928.29美元，而工业和服务业劳动生产率分别为23200.41美元和14953.29美元，是农业劳动生产率的5.9倍和3.8倍。因此，推动劳动力从农业向非农产业转移将有效地提高劳动生产率，在促进经济增长的同时缩小城乡收入差距。

其次，尽管服务业承接了绝大多数非农就业，但服务业发展水平较低，劳动力配置缺乏效率。改革开放以来，服务业增加值和就业占比均大幅上升，尤其在近年来推动的产业结构升级之后，服务业增加值占比已经于2012年超过工业，成为第一大产业部门。而服务业就业早在2001年就已经超过工业，可以说服务业承接了中国大部分的农业转移劳动力。2018年，服务业就业占比达到45.61%，而工业就业仅占28.32%。

虽然从发达国家的产业发展路径来看，服务业占比超过工业是产业结构升级和工业化的表现，但从中国当前的发展阶段来看，这种产业升级的经济效率却值得商榷。无论是工业还是服务业，中国的劳动生产率都与发达国家有较大的差距，其中，2018年，中国工业劳动生产率是OECD成员国平均水平的27.78%，服务业劳动生产率更低至其平均水平的18.84%。从中国三大产业内部来看，工业劳动生产率是服务业的1.55倍，是农业的5.9倍。这说明农业劳动力转移到服务业，大多从事的是低端服务业。如果说农业劳动力向非农产业转移是中国经济效率提升和经济长期增长的重要原因，那么农业转移劳动力流向劳动生产率更高的工业部门而非服务业，则可以进一步获取劳动力部门配置带来的效率提升。从这个角度来说，过度强调提高服务业占比而降低工业占比的产业结构升级，并没有最大化劳动力配置效率。而发达国家的工业和服务业劳动生产率相差不大，尽管服务业就业占比较高而工业就业占比较低，其劳动力配置也是有效率的，但当前的问题在于，如何在实现农业劳动力向非农产业转移，同时发展工业和服务业以及提高其劳动生产率的条件下，在工业部门为劳动力创造更多就业岗位。

二、产业结构存在"脱实向虚"的结构性失衡

习近平总书记指出："实体经济是一国经济的立身之本，是财富创造的根本源泉，是国家强盛的重要支柱。"[①]广义的实体经济为排除金融业和房地产业以外的所有行业，而最核心的实体经济是制造业。相对应的，虚拟经济主要是金融业和房地产业。我国的实体经济得到了蓬勃发展，但实体经济水平有待提高，当前产业结构还存在"脱实向虚"的倾向。

首先，虚拟经济中的主体金融业增加值占全国GDP比例快速增加，从2001年的4.7%快速上升到2015年的8.4%，2020年初步核算结果是8.27%，这已超过几乎所有发达国家，美国长期以来金融业增加值占比均未超过8%，2020年在实施大规模量化宽松政策之后首次超过8%，但仍只有8.25%。

其次，实体经济规模占GDP比例快速下降，以农业、工业、建筑业、批发和零售业、交通运输仓储和邮政业、住宿和餐饮业的生产总值作为实体经济口径计算，从2011年的71.5%下降到2018年的60.62%。

再次，实体经济和虚拟经济收益率存在极大反差。从上市公司看，金融板块的利润额占所有上市公司利润额的50%以上，这意味着金融板块企业超过了其他所有上市公司利润之和。2017年麦肯锡咨询公司一份针对中国3500家上市公司和美国7000家上市公司的比较研究表明，中国的经济利润80%由金融企业拿走，而美国的经济利润只有20%归金融企业。据总体测算，近年来中国工业平均利润率仅6%左右，而证券、银行

---

① 习近平：《深刻认识建设现代化经济体系重要性 推动我国经济发展焕发新活力迈上新台阶》，《人民日报》2018年2月1日第1版。

业平均利润率则在30%左右。制造业上市公司"卖房保壳"的无奈举动也展现了实体经济处境艰难和房地产狂欢盛宴的极大反差。

最后，实体经济中的主体制造业企业成本升高、利润下降、杠杆率提升，而且面对充裕的流动性，制造业资金却十分短缺、资金成本较高，大量资金在金融体系空转、流向房地产市场，推动虚拟经济自我循环。金融业和房地产业的高利润和快速发展不仅无法发挥其服务实体经济的功能，反而吸引资金和高素质人才流向金融业和房地产业，推高房价，提高实体经济的生产成本，降低实体经济的创新能力和发展激励，并拉大金融业和房地产业与实体经济行业从业人员的收入差距。

三、制造业内部结构性供需失衡

城市化和经济发展提高了居民生活水平，带动消费结构转型升级，消费者从追求"从无到有"转向"从有到好"，高品质、个性化、多样化消费成为主流，这就要求制造业相应地转型升级，适应国内外不断变化的消费需求。制造业内部主要存在的问题是供求结构性失衡，主要表现在中低端和无效供给过剩、高端和有效供给不足，难以适应国内消费转型升级对制造业产品的需求，呈现供需结构失衡的状态，导致国内循环不畅；在逆全球化趋势越来越明显的情况下，中国产业基础薄弱，核心技术受制于人，将会阻断产业链和价值链，对经济增长率造成不利影响，也不利于中等收入群体规模的扩大。

劳动收入是大多数人的主要收入来源。产业结构的演进直接关系到劳动收入的分布。虽然我国产业结构的内部失衡与欧美国家产业结构的极化有着本质区别，但我国产业结构的内部失衡或多或少形成了对中等群体规模的压缩效应。进一步优化产业结构，不仅有利于高质量发展，而且能够促进中等收入群体规模和比重的扩大。

首先，避免产业结构出现极化。产业结构的极化是指产业结构向高端和低端两极发展，而中间部分萎缩。随着技能偏向型技术进步以及国际范围内产业分工的发展，产业结构在美国等部分国家出现了极化的趋势。由于劳动力需求具有引致性和派生性，产业结构的极化会使得就业结构和工资结构出现极化。具体而言，技术进步使得中等技能者通常从事的常规性、重复性工作被机器替代，但高技能者从事的创新忙工作以及低技能者从事的服务业工作难以被机器所替代，从而出现了就业向高端和低端岗位集中，中端岗位不断萎缩的趋势。在产业结构和就业结构中空化的作用下，工资结构也随之呈现向两极分化的特征。由于工资收入是人们收入的主要来源，工资收入分配的极化也使得中等收入群体逐渐萎缩。研究表明，美国以及欧洲发达国家都出现了高工资岗位和低工资岗位逐渐增加，而中等工资岗位的数量不断减少这一现象，进而导致这些国家中等收入群体规模的缩小。尽管中国产业结构并没有出现极化，但需要提前应对，采取有效措施避免产业结构的中空化。

其次，需要纠正过早"去工业化"和"脱实向虚"的倾向。产业结构过早"去工业化"，无疑可以发挥服务业在吸纳就业方面的优势，但服务业的生产率要远低于工业，而且服务业提供的就业岗位在技能水平上的要求通常也要低于工业。因此，产业结构过早"去工业化"不仅不利于整体经济效率的提高，而且容易导致部分中等收入者被迫转向服务业，从中等收入者变为低收入者。

研究表明，美国就业结构与工资结构的极化肇始于里根政府执政期间，这一时期美国政府政策的一大特点就是金融业在放松管制后过度"繁荣"。我国也存在"脱实向虚"的倾向，体现在金融业和房地产业在过去一段时期的超高利润和超速发展。这些虚拟经济的过度发展不仅无法很好地发挥其服务实体经济的功能，反而吸引资金和高素质人才无序流向金融业和房地产业，从而导致劳动力资源的错误配置，也拉大了金融业和房地产业与实体经济从业人员的收入差距。由于实体经济从业人员的收入大多处于中等乃至中等偏下的水平，金融业和房地产从业人员工资收入过高在客观上不利于中等收入群体的扩大。

再次，需要推动人力资本的总量和分布与产业结构优化相匹配。在我国人口数量红利耗尽的背景下，需要进一步提升人力资本的总体质量，挖掘人口的质量红利。但是，单纯提升教育质量与人力资本水平，并不一定就能推动中等收入群体的壮大。随着人力资本水平的普遍提升，拥有一定技能的熟练劳动力的供给会不断扩大，但如果劳动力需求不发生变化，劳动技能的价格就会因供给增加而下跌，从而不利于中等收入群体的扩大。目前，中国家庭在教育上的焦虑与内卷，固然与社会流动性下降等有关，但产业结构与人力资本结构的错配也起到了推波助澜的作用。由于当前的产业发展无法完全容纳人力资本的提升，人们倾向于把教育瞄准产业结构的高端部分，从而引发了不必要的教育竞争。因此，在通过发展教育扩大熟练劳动力供给的同时，需要优化产业结构、扩充产业对熟练劳动力的吸纳能力，才能在通过提高生产率促进高质量发展的同时壮大中等收入群体。

最后，推动产业结构在全国范围内的优化配置。欧美发达国家产业结构中空化的原因部分也应归于外包。出于节约成本的考虑，欧美发达国家在全球范围内进行产业分工，将容易被复制的常规化工作流程外包或分置于发展中国家。而常规化工作流程或工作任务的完成主体是中等收入者，因此，产业的外包在一定程度上导致了欧美发达国家中等收入者规模的缩小。相比之下，我国具有超大规模市场的优势，且东中西地区的发展不平衡，劳动力成本和技能水平的地区差距以及雁阵效应较为明显，完全可以发挥市场的主导力量以及政府的调控作用，在全国范围内实现产业结构的优化配置。这不仅可以充分发挥地区之间的比较优势，缩小地区之间发展的不平衡，而且也可以尽可能地将产业结构优化对扩大中等收入群体的溢出效应释放在国内。

扩大中等收入群体规模的有效途径

扩大中等收入群体规模，需要充分考虑到发展阶段的变化与特征以及中等收入群体的多维特征与内部差异，促进中等收入群体消费潜力的充分释放，彰显勤劳致富、共建共享的价值，进而发挥中等收入群体对低收入群体的引导作用和标杆效应；增进中等收入者的群体认同感；拓宽和畅通向上流动渠道，鼓励和支持低收入者进入中等收入群体；有效应对新技术革命对中等收入群体的冲击；多渠道增加居民财产性收入，同时也要改善财富分配格局。

首先，促进中等收入群体消费潜力的充分释放。这既是扩大内需乃至发挥国内大循环主体作用的要求，也是做实中等收入群体的基础。收入是消费的基础，但只有收入转化为消费，居民才能真正分享到经济社会发展的成果。中等收入群体作为收入分配橄榄型结构的基石，其消费潜力的充分释放以及消费需求的充分满足，能够成为内需的压舱石和稳定器。促进中等收入群体消费潜力的充分释放，需要促进基本公共服务均等化，完善社会保障体系，稳定中等收入群体的增收预期，加强流通体系建设，促进消费金融的发展以及消费品在供需两端的匹配。

其次，增进中等收入者的群体认同感。人们对中等收入群体的判定不仅基于绝对收入水平，而且也涉及相对收入水平的考量。就相对收入水平而言，人们通常会选择当地居民的收入作为参照组。但随着劳动力流动性的不断增加以及信息分享更为便利，参照组也逐渐扩大到更为广泛的区域乃至全国范围的收入水平。而有些高收入群体不负责任的炫富行为，无疑会抬高中等收入者的参照收入水平，增大中等收入者的焦虑，削弱中等收入者对中等收入群体的自我认同感。

此外，人们对收入不平等的主观感知与客观的收入差距往往存在偏差。因此，需要充分发挥媒体在收入分配与消费观念的传播引领作用，增进中等收入者的群体认同感。

再次，拓宽和畅通向上流动渠道，鼓励和支持低收入者进入中等收入群体。扩大中等收入群体也暗含着提高低收入群体的收入以及对高收入群体收入的规范和调节。党的十九大报告指出："我国社会主要矛盾已经转化为人民日益增长的美好生活需要和不平衡不充分的发展之间的矛盾。"我国社会的主要矛盾是推进共同富裕的基本出发点。不平衡不充分的发展，突出表现为存在大量的低收入人群，特别是农村低收入群体。只有为数众多的低收入人群进入了中等收入群体的行列，才能扎实推动共同富裕；也只有低收入人群的收入增长、生活质量改善取得实质性进展，形成可持续的内生机制，才能表明全体人民共同富裕目标取得了实质性进展。

如果从绝对意义上划定中等收入群体，低收入者只要其收入达到一定标准，就可以步入中等收入群体行列，此时，向上流动渠道在人群之间并不是排他性的。理论上，所有的低收入者都可以成为中等收入者乃至高收入者。但如果单纯以收入为标准、从相对意义上划定中等收入群体（家庭人均可支配收入在可支配收入中位数的2/3与可支配收入中位数的2倍之间），那么中等收入群体的比重与规模则会根据收入分布曲线的形状存在上限和下限。此时，中等收入者的规模并不能无限扩张，向上流动的渠道是有限。因此，畅通向上流动的渠道首先需要拓宽向上流动的渠道。通过挖掘中等收入群体的多维特征，从消费、职业等特征丰富中等收入群体的内涵，拓宽向上流动的渠道，提供更多的向上流动的机会。

复次，有效应对新技术革命对中等收入群体的冲击。新技术革命在提高劳动生产率以及促进经济增长的同时，也对中等收入群体产生了冲击。新技术革命与高技能是互补的，技能偏向性的技术进步大幅提高了拥有高技能的高收入群体的劳动生产率。低收入群体所从事的体力劳动通常也不是常规性的，难以被新技术革命带来的机械化与自动化替代。相比之下，中等收入群体大多从事常规性工作，容易被机器替代。尽管劳动力市场的供给方会通过自动调整，逐步适应新技术革命所引致的劳动力市场的需求变化，但这一调整过程通常不是瞬时完成的。在这一调整过程中，中等收入群体的收入水平往往会受到新技术革命的负面影响。提高劳动者的人力资本水平，促进实体经济（尤其是制造业和建筑业）的发展，有助于在充分利用新技术革命对生产效率的促进作用的同时，扩大中等收入群体规模。

又次，多渠道增加居民财产性收入，同时也要改善财富分配格局。习近平总书记在论及扩大中等收入群体时指出："要增加城乡居民住房、农村土地、金融资产等各类财产性收入。"[①]目前财产性收入占居民收入的比重还存在很大的提升空间，增加居民财产性收入有助于扩大中等收入群体规模。财产与收入之间具有密切的联系，收入的结余促成了财产的积累，而财产也能通过财产性收入等渠道促进收入的增长。由于财产的累积效应，财产差距一般大于收入差距。而财产又是财产性收入产生的基础。

需要拓宽投资渠道，促进资本投资多元化。伴随着资本市场的发展，虽然城乡居民的投资渠道得到了丰富，但是从实际的资产配置状况来看，我国居民金融资产的结构依然单一，存款和现金是最主要的人民币金融资产，农村居民尤为如此。这部分金融资产带来的财产性收入占比非常低。资本市场有待进一步完善，推动城乡居民金融资产的多样性，提高城乡居民的财产性收入，进而扩大中等收入群体规模。

房产是家庭财产的最主要组成部分，房产价值差距也构成家庭财产

---

① 习近平：《扎实推动共同富裕》，《求是》2021年第20期。

差距的主要来源。如果房价持续上涨，低收入人群没有能力购房，富裕人群将住房作为投资品而购买多套住房，这必然拉大财产差距。此外，房价过高带来的巨大增值收益也会吸引更多的人群进行住房投资，挤出实体经济发展，加剧经济下行压力。要坚持房子是用来住的、不是用来炒的定位，还原房产的居住属性，降低房产的投资属性。房产作为土地附属物在一定区位范围之内具有稀缺性，供给相对有限。加快建立多主体供给、多渠道保障、租购并举的住房制度，提高低收入群体的购房能力，减少多套住房者的住房持有套数，将会抑制房产增值幅度，控制房价及其上升预期，有助于缩小房产乃至财产差距，扩大中等收入群体。推进房产税、遗产税和赠与税等税收体制的建设，在推动收入再分配的同时抑制高收入、高财产群体对住房的需求，降低因房产和财产的代际传递带来的不平等，减弱父辈对子辈财产的影响，从提高收入和社会流动性的角度扩大中等收入群体。

最后，中等收入群体的内部差异性较大，需要选取部分群体分类施策、重点突破。技能人才、科研人员、小微创业者、农民工等群体既是就业人员的主体，也是扩大中等收入群体的中坚力量。通过推动重点增收群体稳步进入中等收入者行列，可以稳定并扩大中等收入群体的规模。

扩大中等收入群体规模的政策梳理

在提高居民收入水平，促进低收入群体增收，扩大中等收入群体规模，政府部门已陆续出台了相关政策。这些政策可以按照其适用的群体分为两类：一类是覆盖全部群体的，这一类主要是社会保障政策和就业服务等政策，一类是具有明确群体对象的。以下以此分类，对相关政策进行梳理。

一、全覆盖性的政策

一是社会保障。我国的社会保障制度是在改革开放之后，特别是党的十四大之后逐步建立起来的。社会保障制度是城乡分割的，社会保障的相关项目仅在城市存在，农村只有集体经济组织提供的一些保障项目（如农村五保供养）。随着国有企业改革的开展，1997年《国务院关于建立统一的企业职工基本养老保险制度的决定》，以及1998年《国务院关于建立城镇职工基本医疗保险制度的决定》建立了中国城镇企业职工的基本养老和基本医疗制度。2003年将城镇灵活就业人员纳入基本医疗保险制度中，出台了《关于城镇灵活就业人员参加基本医疗保险的指导意见》。2007年为城镇地区的非就业群体建立了城镇居民基本医疗保险。

除了五保供养制度外，农村地区在2002年之前并没有完整统一的社会保险项目。在农村居民医疗保险方面，2002年中央政府决定在全国建立新型农村合作医疗制度，并迅速覆盖到全国农村。2010年的《中华人民共和国社会保险法》将新型农村合作医疗制度确定为社会保险项目。2016年国务院决定将覆盖农村居民的新农合与城镇居民医疗保险合并，建立统一的城乡居民医疗保险项目。在农村居民养老保险方面，2009年中央政府决定在农村开展新型农村养老保险项目，并在2014年与城镇居民养老保险项目合并，建立了覆盖城乡的居民养老保险制度。

从当前我国社会保险的覆盖率来看，已基本实现了制度的全覆盖（每个人群至少被一种社会保险项目覆盖）。另外，通过社会保险不断推进社会救助工作，2015年《国务院办公厅转发民政部等部门关于进一步完善医疗救助制度全面开展重特大疾病医疗救助工作意见的通知》，一方面不断完善医疗救助制度，包括整合城乡医疗救助制度、界定医疗对象、自助参保参合、规范门诊救助、完善住院救助等内容；另一方面全面开展了关于重特大疾病医疗的救助。与此同时，补充了筹资方式、结算机制、监督机制和衔接机制。

虽然在制度上实现了全覆盖，但是不同群体之间、地区之间依然存在较大差异，难以实现统筹。为此，中央政府出台了一些相关政策。首先是企业职工与机关事业单位人员在社会保障上的衔接。在社会保障制度建立之初，1997—1998年就统筹问题国务院出台了两个文件，分别是《国务院关于建立统一的企业职工基本养老保险制度的决定》和《国务院关于实行企业职工基本养老保险省级统筹和行业统筹移交地方管理有关问题的通知》。2007年劳动和社会保障部、财政部联合省级统筹再次发布了《关于推进企业职工基本养老保险省级统筹有关问题的通知》。2014年国务院出台了《关于机关事业单位工作人员养老保险制度的决定》，涉及基本养老保险费的负担比例、计发办法、调整机制、转续衔接、基金管理、年金制度、筹资制度、社会化管理等多个方面。为了加强该决定的推行，2015年人力资源社会保障部、财政部下发了《关于贯彻落实〈国务院关于机关事业单位工作人员养老保险制度改革的决定〉的通知》，要求各地推进养老金并轨。另外，针对社会保险费率也出台一些政策。起初是为了上调个人缴费比例，使其能够跟得上工资的上涨，2003年出台了《人力资源社会保障部 财政部关于调整基本养老保险个人缴费比例的通知》，将个人缴存比例调整至8%。此后一直保持在这个水平。为降低企业成本，增强企业活力，2016年人社部和财政部下发了《关于阶段性降低社会保险费率的通知》，单位缴存养老保险的比例可以阶段性降低至19%。

其次是城乡之间的社会保障制度的衔接。2014年2月国务院出台了《国务院关于建立统一的城乡居民基本养老保险制度的意见》，在总结新型农村社会养老保险（以下简称"新农保"）和城镇居民社会养老保险（以下简称"城居保"）试点经验的基础上，国务院决定，将新农保和城居保两项制度合并实施，在全国范围内建立统一的城乡居民基本养老保险。此后，2014年7月人力资源社会保障部和财政部出台了《关于印发〈城乡养老保险制度衔接暂行办法〉的通知》，该通知对城镇职工基本养老保险和城乡居民基本养老保险之间的衔接提出了相关办法。至此，城乡之间、职工与居民之间在养老保险上的衔接在制度层面已经打通。

最后是就业服务。伴随着国有企业改革，下岗失业人员再就业问题被提出，增强政府的就业服务成为促进就业的一项重要内容。2002年出台了《关于贯彻落实中共中央国务院关于进一步做好下岗失业人员再就业工作的通知》，重点围绕解决国有企业下岗失业人员再就业问题，制定了积极的就业政策。2005年国务院出台了《国务院关于进一步加强就业再就业工作的通知》，除了下岗失业人员再就业之外，高校毕业生、进城务工农村劳动者和被征地农民的就业也成为该通知的重要内容。此后，2008年国务院发布了《国务院关于做好促进就业工作的通知》，主要是针对再就业、劳动力供需矛盾等方面提出了相关就业政策。2012年人力资源社会保障部和财政部共同下发了《关于进一步完善公共就业服务体系有关问题的通知》，强调了对基本就业服务体系的建设，将保基本、可持续、均等化作为公共就业服务的基本原则。为了能够促进有能力在城镇稳定就业和生活的常住人口有序实现市民化，稳步推进城镇基本公共服务常住人口全覆盖，2014年国务院出台了《国务院关于进一步推进户籍制度改革的意见》。继而，2015年颁布了《居住证暂行条例》，自2016年1月1日起施行，以推进城镇基本公共服务向常住人口全覆盖。持有居住证的常住人口可以享受义务教育、基本公共就业服务、基本公共卫生服务和计划生育服务、公共文化体育服务、法律援助和其他法律服务。

二、针对重点群体的政策

针对重点人群分类施策有助于实现扩大中等收入群体规模的政策目标。在收入分配领域，国务院于2016年印发了《关于激发重点群体活力带动城乡居民增收的实施意见》，瞄准技能人才、新型职业农民、科技人员等增收潜力大、带动能力强的七大群体，深化收入分配制度改革，在发展中调整收入分配结构，推出差别化收入分配激励政策。持续推动大众创业、万众创新，创造更大市场空间和更多就业岗位，着力营造公开公平公正的体制机制和竞争环境，不断培育和扩大中等收入群体，逐步形成合理有序的收入分配格局，带动城乡居民实现总体增收。大部分重点增收群体都是扩大中等收入群体的目标对象。

一是高技能劳动者。高技能人才是指在生产、运输和服务等领域岗位一线的从业者中，具备精湛专业技能，在关键环节发挥作用，能够解决生产操作难题的人员。本书中我们将高技能劳动者定义为具有高中（中专、职高）或高中以上文化程度的生产和服务人员。随着国有企业改革的开展和深入，高技能劳动者大多成为非国有企业的职工，具有较高的流动性。然而，高技能劳动者的保障和权益相对滞后，针对提高该群体保障和权益的政策也相对较少。2005年劳动和社会保障部等部门联合出台了《关于进一步推进工资集体协商工作的通知》，明确指出了工资集体协商工作的重点是在非公有制企业、改制的国有控股企业和集体企业。其主要目的是，切实解决企业工资分配中的突出问题；推行工资集体协商，必须妥善处理好各方利益分配关系；依法保障职工的劳动报酬权益，努力实现互利共赢。2016年国务院出台了《国务院关于取消一批职业资格许可和认定事项的决定》，决定取消114项职业资格许可和认定事项。减少职业资格许可和认定事项降低了不必要的负担，同时有助于降低高技能劳动者的晋升门槛。2019年，《国务院办公厅关于印发职业技能提升行动方案（2019—2021年）的通知》发布，旨在持续开展职业技能提升行动，提高培训针对性实效性，全面提升劳动者职业技能水平和就业创业能力，具体目标为2019—2021年三年共开展各类补贴性职业技能培训5000万人次以上，其中2019年培训1500万人次以上；经过努力，到2021年底技能劳动者占就业人员总量的比例达到25%以上，高技能人才占技能劳动者的比例达到30%以上。

二是专业技术人才。专业技术人才在本书中被定义为科学研究人员、工程技术人员、农业技术人员、飞机和船舶技术人员、卫生专业技术人员、经济金融业务人员、法律专业人员、教学人员、文学艺术工作人员、体育工作人员以及新闻出版和文化工作者。总体上可以分为两类：其一各行业的专业技术人才；其二科研人员。该群体的就业相对稳定，总体来看，受教育水平较高，收入水平也比较高。针对专业技术人才收入提高的政策非常少。然而，这并不意味着专业技术人才的收入不存在制度政策的限制。为了提高科研人员的收入，2016年中共中央办公厅、国务院办公厅印发了《关于进一步完善中央财政科研项目资金管理等政策的若干意见》，科研项目经费管理中首次突出了科研人员自身的价值，提高了对科研人员的智力补偿。2018年国务院办公厅印发了《关于抓好赋予科研机构和人员更大自主权有关文件贯彻落实工作的通知》，对科研管理制度、科技成果转化、薪酬激励、人员流动等方面赋予了科研机构和科研人员更大自主权。2021年，国务院办公厅印发了《关于改革完善中央财政科研经费管理的若干意见》，进一步优化了科研经费管理的政策文件和改革措施，有力地激发了科研人员的创造性和创新活力。

三是中小创业者。中小创业者被定义为雇主或自营劳动者，且工作单位的所有制性质为个体私营企业。一直以来，中小创业者都是经济活动中的重要组成部分。针对中小创业者面临的问题以及如何提高其收入，中央政府出台了一些相应的政策。首先是中小企业融资难问题。2006年国家发展改革委、国家税务总局联合发布了《关于中小企业信用担保机构免征营业税有关问题的通知》，主要目的在于"支持和引导中小企业信用担保机构为中小企业特别是小企业提供贷款担保和融资服务，努力缓解中小企业贷款难融资难问题"。2009年出台了《国务院关于进一步促进中小企业发展的若干意见》，旨在解决"融资难、担保难问题依然突出，部分扶持政策尚未落实到位，企业负担重，市场需求不足，产能过剩，经济效益大幅下降，亏损加大等"问题。涉及发展环境、融资困难、财税扶持、技术进步和结构调整、支持中小企业开拓市场、改进对中小企业的服务等八个方面。2011年出台了《关于金融机构与小型微型企业签订借款合同免征印花税的通知》，鼓励金融机构对小型、微型企业提供金融支持。其次是减轻企业负担。2010年国务院出台了《关于2010年减轻企业负担专项治理工作的实施意见》，对涉企收费进行了治理与规范，并清理和纠正向企业摊派、索要赞助和无偿占用企业人财物等行为。同时督促落实各项惠企政策措施，并提出要建立减轻企业负担的长效机制。2011年出台了《财政部 国家税务总局关于小型微利企业所得税优惠政策有关问题的通知》，降低了小型微利企业的所得税负担。同年，财政部、国家发展改革委出台了《关于公布取消253项涉及企业行政事业性收费的通知》进一步降低了企业的负担。2016年主要是通过税收政策来推动创业创新，这同时推动了中小企业的发展，有助于提高中小创业者的收入。相关的政策主要包括：《国务院办公厅关于转发国家发展改革委物流业降本增效专项行动方案（2016—2018年）的通知》《国务院关于印发降低实体经济企业成本工作方案的通知》《国务院关于做好全面推开营改增试点工作的通知》《国务院关于促进加工贸易创新发展的若干意见》《关于科技企业孵化器 大学科技园和众创空间税收政策的通知》等。

　　四是企业经营管理人员。企业经营管理人员包括了两类人员：（1）剔除了中小创业者之后的企业负责人。（2）在企业工作的行政办公人员。按照所有制性质，企业经营管理人员可以分为国有企业经营管理人员和民营企业经营管理人员。相比而言，民营企业经营管理人员的薪酬主要是由市场供求决定的，而国有企业经营管理人员的薪酬在一定程度上依然具有行政色彩，特别是国有企业改革的初期。为此，针对国有企业和中央企业中的工资与经济效益之间的关系出台了相关政策。2003年、2005年和2006年均出台了关于做好中央企业工资总额同经济效益挂钩的通知。2005年企业年金制被引入中央企业试行，国务院出台了《关于中央企业试行企业年金制度的指导意见》。此后，股权激励和分红激励也成为提高国有企业经营管理人员薪酬的重要内容。2006年出台了《关于印发国有控股上市公司（境外）实施股权激励试行办法》，2010年出台了《关于在部分中央企业开展分红权激励试点工作的通知》，2016年国务院出台了《关于印发〈国有科技型企业股权和分红激励暂行办法〉的通知》。

　　五是政府和社会管理部门的公务人员。公务人员为机关事业单位负责人以及在机关团体、事业单位、公共管理部门工作的行政办公人员。为了解决公务员地区间收入差距扩大的问题，规范津贴补贴的发放，促进党风廉政建设，进行了公务员工资制度改革。2006年国务院发布《国务院关于改革公务员工资制度的通知》，工资改革的主要内容有：改革公务员职级工资制、完善机关工人岗位技术等级（岗位）工资制、完善津贴补贴制度、健全工资水平正常增长机制、实行年终一次性奖金。同年发布了《公务员工资制度改革实施办法》，提出了改革的实施办法。对公务员工资制度进行改革的同时，对事业单位的工资制度也进行了相应改革。为了建立符合事业单位特点、体现岗位绩效和分级分类管理的收入分配制度，完善工资正常调整机制，2006年出台了《事业单位工作人员收入分配制度改革方案》，进行事业单位工作人员工资制度改革。改革的主要内容包括：建立岗位绩效工资制、实行工资分类管理、完善工资正常调整机制、完善高层次人才和单位主要领导的分配激励约束机制、健全收入分配宏观调控机制。2006年也发布了《事业单位工作人员收入分配制度改革实施方案》。除了工资制度之外，机关事业单位工作人员的社会保障制度也不同于企业职工和居民，为了统筹城乡社会保障体系，2015年国务院出台了《国务院关于机关事业单位工作人员养老保险制度改革的决定》，机关事业单位工作人员的基本养老保险制度与城镇职工基本养老保险制度看齐，由单位和个人共同负担，单位负担工资总额的20%，个人缴纳8%。2016年，党中央、国务院先后印发了《关于开展承担行政职能事业单位改革试点的指导意见》《关于从事生产经营活动事业单位改革的指导意见》。2018年，《中共中央关于深化党和国家机构改革的决定》明确提出，要"加快推进事业单位改革"。

六是新型职业农民。与传统农民相比，新型职业农民思想开放、受教育程度普遍较高，其中相当一部分人是具有专业农学学历及相关技术的人员。新型职业农民不仅是乡村振兴的生力军，而且也是中等收入群体的潜在来源。据统计，目前全国新型职业农民总体规模超过1500万人。从收入分配来看，农民的收入一直以来都低于城镇居民，因此，提高农民收入也成为党和政府的关注点。首先，在减免税费方面。2003年出台了三个关于减少农村税费方面的政策，分别是《国务院关于全面推进农村税费改革试点工作的意见》《关于进一步加强农村税费改革试点工作的通知》和《关于农村税费改革试点地区个人取得农业特产所得免征个人所得税问题的通知》。2004—2005年减轻农业税费依然是关于农民收入的核心政策，包括灾歉减免、特产税取消、降低税率、规范收费、深化试点等方面。2006年全面取消了农业税。至此，以降低农业税费负担来提高农民收入的方式也退出了历史舞台。提高农民收入的方式由此开始转向促进农业发展、推动农村社会保障建设。2007年提出了关于发展现代农业的意见，出台了《中共中央 国务院关于积极发展现代农业扎实推进社会主义新农村建设的若干意见》。2008年深入到农业基础设施建设，《中共中央 国务院关于切实加强农业基础建设进一步促进农业发展农民增收的若干意见》。2009年依然以稳定农业发展作为促进农民增收的方式。2015年国务院办公厅出台了《国务院办公厅关于支持农民工等人员返乡创业的意见》，以促进返乡创业、增加就业和收入。该意见主要涉及促进产业转移、产业升级、资源与市场联合、产业融合发展、新型农业等多个方面；同时要求健全基础设施和创业服务体系。2016年在"双创"的带动下，国务院出台了《关于支持返乡下乡人员创业创新促进农村一二三产业融合发展的意见》，推动了农村的综合发展。与此同时，出台了《全国农业现代化规划（2016—2020年）》，并针对现代农业生产发展出台了相关通知。2020年，中华人民共和国农业农村部印发的《新型农业经营主体和服务主体高质量发展规划（2020—2022年）》，对加快推进新型农业经营主体和服务主体培育工作进行了部署。

扩大中等收入群体规模的着力点

习近平总书记指出："着力扩大中等收入群体规模。要抓住重点、精准施策，推动更多低收入人群迈入中等收入行列。高校毕业生是有望进入中等收入群体的重要方面，要提高高等教育质量，做到学有专长、学有所用，帮助他们尽快适应社会发展需要。技术工人也是中等收入群体的重要组成部分，要加大技能人才培养力度，提高技术工人工资待遇，吸引更多高素质人才加入技术工人队伍。中小企业主和个体工商户是创业致富的重要群体，要改善营商环境，减轻税费负担，提供更多市场化的金融服务，帮助他们稳定经营、持续增收。进城农民工是中等收入群体的重要来源，要深化户籍制度改革，解决好农业转移人口随迁子女教育等问题，让他们安心进城，稳定就业。要适当提高公务员特别是基层一线公务员及国有企事业单位基层职工工资待遇。"[①]习近平总书记的论断，为分类施策、重点突破，推动更多低收入人群迈入中等收入行列，稳步扩大中等收入群体提供了政策上的根本遵循。目前，针对重点群体的相关政策有力地推动了中等收入群体规模的扩大。下一步需要继续根据不同群体的特点，制定有针对性的政策，推动中等收入群体的壮大。

一是高校毕业生。2020年第七次全国人口普查表明，我国拥有大学（指大专及以上）文化程度已有2.18亿人。与2010年第六次全国人口普查相比，每10万人中拥有大学文化程度的由8930人上升为15467人。人力资本是经济发展新阶段的增长源泉，也是改变收入分配结构的核心因素。在人口数量一定的情况下，人力资本是技术进步的来源，人力资本的正外部性成为规模报酬递增的源泉。到达刘易斯转折点之后，劳动力市场中的资源配置和报酬将主要由边际生产力决定。在人口红利行将消失的当下，通过挖掘人力资本，在提高劳动生产率和全要素生产率的同时，也能提高人力资本拥有者的收入水平。

然而，高校毕业生由于劳动力市场供需两端的匹配效率等原因，在步入劳动力市场时也会遇到就业方面的困难。据预计，2022届高校毕业生规模将达到1076万人，同比增加167万人，高校毕业生规模首次超过千万，也是近几年增长人数最多的一年。高校毕业生供给的大幅增加，无疑增加了就业困难。当前，需要扩大高校毕业生市场化社会化就业渠道，加大中小微企业吸纳毕业生的就业支持举措，实施百万青年见习岗

---

① 习近平：《扎实推动共同富裕》，《求是》2021年第20期。

位募集计划，简化优化毕业生的就业手续，拓宽市场化社会化就业渠道，支持高校毕业生创业。

二是技术工人。我国目前有2亿技能劳动者。通过技术和职业培训，帮助技能劳动者适应产业结构的调整，提高技能劳动者的就业能力，有助于2亿技能劳动者成为中等收入群体。此外，需要加强社会保障制度建设，提升技术工人应对风险冲击的能力。从目前的社会保障制度来看，社会保障制度的覆盖率非常高，甚至是全覆盖。然而，现实却是有非常高比例的群体没有进入社会保障之中。这在一定程度上显示出社会保障制度本身存在的缺陷，阻碍了部分劳动者的进入。进一步改进社会保障制度，提高社保的可携带性、降低劳动者和企业的负担，成为针对高技能劳动者的两个重要改革方向。

三是专业技术人才。专业技术人才主要集中在企事业单位，一部分是科研人员，一部分是各方面的专业技术人员。科研人员是科研创新的主体，但目前的绩效工资总量调控制度和科研项目经费管理制度过于集中化，不利于激发科研人员的创新活力，也阻碍了科研人员收入水平的提高。需要进一步深化科研机构绩效工资制度改革以及科研项目经费管理制度改革，完善工资决定机制，逐渐转向以人为中心的薪酬决定机制，提高科研人员在科学研究中的价值和地位。针对其他专业技术人员而言，随着事业单位的改革，推动广大科研人员成为中等收入群体，为科研人员聚焦主责主业、释放科研人员的创新潜力提供物质保障。

四是中小企业主和个体工商户。中小创业者所在的工作单位的规模主要在10人以下。较小的企业规模和较低的资本投资，使得中小创业者需要更加灵活的创业环境。然而，企业的注册制度相对繁杂，延长了中小创业者注册企业的时间。推动简政放权，优化简化注册制度，提高中小企业创业的灵活性。融资难是中小企业者创业和发展过程中的瓶颈，推动银行贷款倾斜的同时，完善中小企业上市、员工持股、知识产权等方面的制度，拓宽中小企业融资的渠道。

五是企业经营管理人员。虽然随着国有企业改革，国有企业的市场化程度逐步提高，但是国有企业有经验的管理人员的薪酬决定和激励机制仍有待进一步完善。委托代理之间的问题突出，中长期激励机制有待进一步加强完善。民营企业的市场化程度高于国有企业，但是民营企业的发展环境却存在诸多限制。要坚持"两个毫不动摇"，着力促进"两个健康"发展，消除民营企业发展的壁垒，为其提供公平、透明、稳定的发展环境，提供公平竞争的市场环境，促进民营企业发展的同时将会有利于民营企业经营管理人员稳定居于中等收入群体之中。

六是政府和社会管理部门的公务人员。随着机关事业单位工资制度的四次改革，公务员实行由职务工资和级别工资构成的职级工资制。津贴补贴是公务员工资中的一部分，但是地方附加津贴制度的不健全，乱发津贴补贴现象依然存在。落实基本工资调整机制，完善津贴补贴制度。一方面使津贴补贴能够反映地区之间生活成本和劳动力成本的差异；另一方面使津贴补贴能够起到补偿性工资的作用，提高落后边远地区工作人员的收入水平。另外，公务员的福利待遇从暗补转向明补，从实物转向货币，为有效监督提供基础。

七是新型职业农民。完善土地流转制度，推动土地流转，为现代化、机械化的农业发展提供基础。加大技术推广力度，提高农业技术，促进农业劳动生产率提高。推动农业保险的发展，降低自然灾害带给农业的冲击。

八是进城农民工。改革开放以来，大规模的农村至城市的劳动力流动以及地区之间的人口流动，推动了中等收入群体规模的扩大。随着农村剩余劳动力的消耗殆尽以及地区差距的缩小，人口流动对扩大中等收入群体的边际作用在减弱。此外，由于发展中国家的劳动力市场并不完善，歧视和劳动力市场分割等问题比较突出，极有可能使一部分能够获得中等收入的群体并没有获得相应的中等收入水平，而依然在中低收入者甚至是低收入者的行列中徘徊。例如，我国的农民工规模已经超过就业人口的1/3。农民工工资虽然在近年来得到了大幅上涨，但是在就业岗位获得和行业的进入方面依然存在较强的歧视，从而阻碍了农民工进入中等收入的行列。因此，需要进一步加快户籍制度改革，破除阻碍劳动力流动的体制机制障碍，推动农民工群体收入水平的持续提高。

参考文献

［1］蔡萌、岳希明：《我国居民收入不平等的主要原因：市场还是政府政策？》，《财政研究》2016年第4期。

［2］常兴华、李伟：《扩大中等收入者比重的实证分析和政策建议》，《经济学动态》2012年第5期。

［3］国家统计局、国务院第七次全国人口普查领导小组办公室：《第七次全国人口普查公报（第六号）——人口受教育情况》，http://www.stats.gov.cn/tjsj/zxfb/202105/t20210510_1817182.html。

［4］国务院新闻办公室：《中国的全面小康》白皮书，http://www.gov.cn/zhengce/2021-09/28/content_5639778.htm。

［5］经济日报：《中国家庭财富调查报告（2016）发布——家庭财富房产为主 理性投资占据主流》，http://paper.ce.cn/jjrb/html/2016-04/29/content_299559.htm。

［6］经济日报：《中国家庭财富调查报告（2017）发布：房产净值成家庭财富最重要组成部分》，http://www.ce.cn/xwzx/gnsz/gdxw/201705/24/t20170524_23147241.shtml。

［7］经济日报：《中国家庭财富调查报告（2018）发布：房产净值增长是家庭财富增长核心因素》，http://www.ce.cn/xwzx/gnsz/gdxw/201812/28/t20181228_31136890.shtml。

［8］经济日报：《中国家庭财富调查报告（2019）发布：房产占比居高不下 投资预期有待转变》，http://paper.ce.cn/jjrb/html/2019-10/30/content_404687.htm。

［9］李培林：《中国跨越"双重中等收入陷阱"的路径选择》，《劳动经济研究》2017年第1期。

［10］李培林、朱迪：《努力形成橄榄型分配格局———基于2006—2013年中国社会状况调查数据的分析》，《中国社会科学》2015年第1期。

［11］李强、王昊：《中国社会分层结构的四个世界》，《社会科学战线》2014年第9期。

［12］李强、赵罗英：《中国中等收入群体和中等生活水平研究》，《河北学刊》2017年第3期。

［13］李实、魏众、丁赛：《中国居民财产分布不均等及其原因的经验分析》，《经济研究》2005年第6期。

［14］吴鹏、常远、穆怀中：《中国如何扩大中等收入群体———基于技术进步偏向性视角的考察》，《财贸研究》2018年第12期。

［15］习近平：《扎实推动共同富裕》，《求是》2021年第20期。

［16］杨穗、高琴、李实：《中国社会福利和收入再分配：1988—2007年》，《经济理论与经济管理》2013年第3期。

［17］杨修娜、万海远、李实：《我国中等收入群体比重及其特征》，《北京工商大学学报（社会科学版）》2018年第6期。

第三章

建设公共服务体系

公共服务是现代工业社会的产物，其涵盖的内容有一个历史变迁过程。一个基本的经验性规律是随着经济发展，公共服务的内容不断扩展，在国民经济中的所占比重不断增加。改革开放以来，中国形成了幼有所育、学有所教、劳有所得、病有所医、老有所养、弱有所扶、住有所居的基本公共服务体系。本章在实现共同富裕的总目标下，介绍和分析中国公共服务体系建设的发展历程、存在的问题及面临的挑战，着重分析了教育、医疗卫生、养老服务、住房保障、社会保障等五个方面的具体问题，并从实现共同富裕的角度提出了中国公共服务建设所遵循的原则及具体的政策建议。

共同富裕是社会主义的本质要求，是中国式现代化的主要特征。在实现全面小康之后，中国迈入了实现共同富裕的新阶段，国家治理模式也逐步从"发展型"治理向"共富型"治理转型。在"发展型"治理模式下，以经济增长为主要目标，充分发挥市场配置资源的效率优势，一些资源禀赋较好、适应市场机制的地区和个人进入"先富"的行列；"共富型"的治理模式则要求"先富带后富"，在人民普遍富裕的基础上实现共同富裕。

在向"共富型"的国家治理转型过程中，高质量的公共服务①既是共同富裕的主要内容，也是一个关键的"中间变量"。从西方工业化国家的发展历程看，现代工业社会中公共服务的内容不断扩展、规模不断扩大，在现代经济体系中所占的比重越来越高，所起到的作用越来越重要。基本公共服务已成为抵御社会风险、维护社会稳定、平衡收入分配以及人力资本投资的主要途径。在基本公共服务上的投资不仅是实现共同富裕的要求，也同时为高质量发展提供了良好的社会环境以及人力资本基础。从一些国家和地区陷入"中等收入陷阱"的教训看，基本公共服务的匮乏以及由此导致的收入差距扩大、社会动荡、低水平人力资本积累是关键性原因。

改革开放以来中国形成了与社会主义市场经济体制相适应的基本公共服务制度体系，公共服务所包含的内容逐步定型，筹资模式和供给方式也逐渐成熟。当然，随着中国经济社会发展进入新阶段，基本公共服务的筹资以及服务的供给也面临新的挑战，特别是公共服务的供给效率和供给质量。

---

① 在本章中，公共服务定义为由政府提供或政府通过法令规定必须提供的社会服务。按照国家发改委关于公共服务的界定，公共服务既包括普惠性的基本公共服务，也包括非普惠性的公共服务，以及与之相关的生活服务。在本章中除特别说明外，我们对此未加区分。

公共服务的制度与政策体系

一、现代公共服务的出现及扩展

（一）现代工业社会公共服务体系的演变

公共服务是一个历史概念，是现代工业社会的产物。在前工业化时代，我们现代看到的被称为公共服务的诸如教育、幼儿和老人照料、医疗等社会服务都属于家庭和民间事务。虽然也有一些官办的诸如官学、太医院、惠民药局、养济院等机构向社会提供此类服务，但都不是系统性的，也不是法定的或政府的内在责任。在欧洲中世纪，此类服务一般由教会提供，在文艺复兴早期出现的大学也以教会和私人举办为主，并不是政府的内在责任。

进入工业社会以来，一方面，原先属于家庭和民间的诸多社会服务逐渐变为政府的"公共"责任，政府对此类社会服务的干预逐渐系统化、法定化，提供此类服务成为政府的内在责任。另一方面，工业社会所产生的一系列新问题也催生了新的公共服务类型，最终形成了"从摇篮到坟墓"的公共服务体系。

比较早地被"公共化"的是基础教育，早在18世纪普鲁士、法国等国家的政府就对基础教育的内容以及学校和教师的管理等进行干预。19世纪中期美国的贺拉斯·曼（Horace Mann）领导了著名的"公立学校运动"，旨在建立由政府举办和管理的公立学校体系，并通过征收教育税的方式为公立学校筹资。到1860年左右，美国公立学校已成为初级教育的供给主体。到19世纪末期主要工业国家基本都通过了义务教育的法律，强制学龄儿童接受统一的公共教育。

在社会保障方面，以1893年德国俾斯麦政府通过的"医疗保险法案"为标志，法定的医疗保险、养老保险、工伤保险、失业保险等社会保险体系逐步在西方主要发达国家得以建立。美国在1935年通过的《社会保障法案》标志着社会保障作为政府的法定责任得到了工业世界的普遍认可。

二战之后，随着西方福利国家模式的建立，越来越多的原先属于社会领域的服务被"公共化"，公共服务的领域持续延伸。随着1948年英国国家卫生体系的建立，医疗机构也逐渐公共化，政府通过建立公立医疗机构的方式不断扩大对医疗卫生领域的干预。老年人照料服务、失能人员的长期照护服务等也在二战之后逐渐"公共化"，成为政府主要支出之一。

二战之后到20世纪60年代，西方主要工业国家特别是北欧、西欧等地的一些发达工业化国家所提供的公共服务内容已基本涵盖了从幼儿照料、劳动就业、医疗卫生、养老照料等全生命周期的服务，实现了"从摇篮到坟墓"的福利体系。提供基本公共服务的公共部门的规模不断扩大，成为这些国家经济和社会体系中的主要组成部分。

（二）现代工业社会公共服务的规模扩张

从对公共服务的投入上看，西方主要发达工业化国家的公共社会支出（Public Social Spending）占GDP的比重自19世纪末期以来一路攀升，从1880年不足1%，经过第一次世界大战，缓慢上升到4%左右；二战之后，随着福利国家思潮的扩展，到1960年上升到15%左右，到20世纪80年代上升到20%左右（图3-1）。从现在的情况看，主要发达工业化国家公共社会支出占GDP的比重高者在30%左右，低者也在20%左右。需要指出的是，这其中并未包括公共教育支出。从单项支出来看，公共教育支出一直是各国公共服务支出的最主要部分。在19世纪末期，一些国家的公共教育支出已占到GDP的1%以上，二战之后公共教育支出所占比重基本在5%左右（表3-1）。公共社会支出加上公共教育支出，这两者总体上占到了主要发达工业化国家GDP的30%左右。

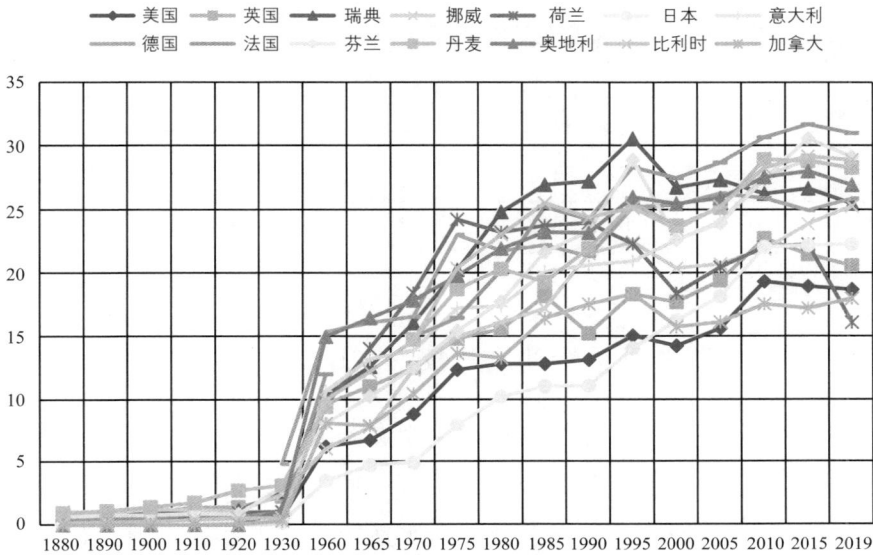

图3-1　1880—2019年主要发达工业化国家公共社会支出占GDP的比重变动情况

注：包括医疗卫生、养老金、救助、家庭支持、公共就业、事业和住房保障上的政府财政以及法定社会保险的支出。为保证数据的连续性和可比性，此处不包括公共教育支出。

数据来源：（1）1880—1930年数据来自：Peter H.Lindert，2004，Growing Public: Social Spending and Economic Growth since the Eighteen Century，Vol.1: The Story，NY: Cambridge University Press.（2）1960—1975年数据来自：OECD，1985，Social Expenditure 1960—1990: Problems of Growth and Control，OECD Social Policy Studies.（3）1980年之后的数据来自OECD Social Expenditure Database（SOCX）.

表 3-1　1870—1993年主要发达工业化国家公共教育支出占GDP的比重（%）

国家 / 年份	1870	1913	1937	1960	1980	1993
奥地利			2.5	2.9	5.6	5.5
比利时		1.2		4.6	6.1	5.6
加拿大				4.6	6.9	7.6
法国	0.3	1.5	1.3	2.4	5	5.8
德国	1.3	2.7		2.9	4.7	4.8
意大利		0.6	1.6	3.6	4.4	5.2
日本	1	1.6	2.1	4.1	5.8	4.7
荷兰			1.5	4.9	7.6	5.5

（续表）

国家／年份	1870	1913	1937	1960	1980	1993
挪威	0.5	1.4	1.9	4.2	7.2	9.2
瑞典				5.1	9	8.4
英国	0.1	1.1	4	4.3	5.6	5.4
美国				4		5.5

数据来源：Vito Tanzi, and Ludger Schuknecht, 2000, Public Spending in the 20th Century: A Global Perspective, NY: Cambridge University Press, p.34.

二、公共服务供给的理论及政策变迁

（一）公共服务供给的三种理论观点

公共服务必然涉及公共干预与私人领域之间的界限。在私人领域适用市场自由交换原则，但在公共领域则适用公共干预的原则，有一个公共权力对私人空间的干预问题。如何理解和把握公共干预与私人领域之间的关系[①]是基本公共服务政策争论的主要逻辑线索，也是公共经济学的主要逻辑线索。

从这个角度来看，西方主要发达工业化国家主要存在三种关于公共服务政策的观点：

一是积极型的政策主张，即要求扩大公共干预的范围，提高公共服务供给的规模和种类，并缩小私人领域的范围。在经济学上这也被称为"凯恩斯主义"的公共政策。秉承积极型公共政策的理论依据和现实理由，首先是"市场失灵"论，即市场在提供这类服务中是"失灵"的，至于失灵的原因，包括公共物品、外部性以及信息不对称等。由于这些原因，市场所能提供的这些服务相对于社会的最优需求水平是"不足"的，因此需要公共干预和公共供给，以实现社会收益最大化。除了"市

[①] 公共干预与私人领域之间的关系比政府与市场的关系所涵盖的内容更为广泛：私人领域既包括市场，也包括家庭等私人领域。

场失灵"外，公共服务促进社会团结、应对社会风险等的功能也是市场所不具备的，这也需要公共干预。其次，私人领域的自发运作会带来难以忍受的"不平等"，既包括市场结果的不平等，也包括家庭内部资源利用的不平等①，因此需要对市场、家庭和个人行为进行公共干预，以实现公共目标。

二是消极型的政策主张，公共服务应该是"消极供给"，应维持最低限度的公共服务，而主要由私人领域来解决此类服务的供给。与积极型政策主张正好相反，消极型政策主张的理由首先是"政府失灵"或公共干预的失灵。这一主张认为市场具有内在的均衡性，"政府失灵"带来的效率损失要超过"市场失灵"。即使存在所谓的"市场失灵"，也可以通过市场自发交易的途径加以解决，而不需要政府干预。②在消极型政策主张的观点中，还有一种认为公共服务领域并不存在"市场失灵"，比如之所以政府要实施"公共教育"，以及将社会保险和社会服务"公共化"，是因为专业团体（包括官僚）谋求规避竞争，实现行政垄断。③

在这两种观点之间，还有关于公共政策的"第三条道路"，即一方面要有公共干预，另一方面也要引入市场机制，激励个人和家庭的积极性。在这一观点看来，国家通过公共干预为居民提供公共服务是现代社

---

① 例如，传统上女性主要承担家庭照料（幼儿和老人）的责任，但这部分家庭照料却不被社会所认可，女性的贡献被严重低估，且影响了女性的经济收入和职业发展。因此，从推动性别平等的角度，需要将家庭照料"公共化"，由社会承担传统上家庭承担的照料责任。参见Nancy Folbre and Julie A. Nelson，2000，For love or money--Or Both？ Journal of Economic Perspectives，Vol. 14，No. 4，p. 123-140.

② 比如，科斯定理所阐述的关于解决外部性的办法，公共干预并不是必需的。参见R. H. Coase，1960，The problem of social cost，Journal of Law & Economics，Vol. 3，p. 1-44.

③ 对初等教育"公共化"的政治经济学分析，参见Sam Peltzman，1993，The political economy of the decline of American Public education，Journal of Law & Economics，Vol. 36，p. 331-370，以及David Friedman，1993，Comments on 'The political economy of the decline of American public education'，Journal of Law & Economics，Vol. 36，p. 371-378. 对社会保险和医疗服务"公共化"的分析，参见David G Green，1993，Reinventing Civil Society: The Rediscovery of Welfare Without Politics，London: Civitas.

会所必需的，单靠市场和家庭无法解决公共服务供给不足的问题，而且会带来过度的不平等，也会影响整个经济体的运行效率；但同时也认识到公共干预所带来的效率损失以及治理失灵，因此也需要个人和家庭承担相应的责任，并在公共部门中引入竞争机制。后文所述及的新公共管理运动所秉持的就是一种有机结合公共干预与市场机制的思路。

（二）公共服务供给的政策变迁

上述三种关于公共政策的不同观点在不同的历史时期分别成为主导西方主要工业化国家公共服务供给的主流政策方针，并且在很大程度上影响着发展中国家公共政策的选择，成为一种国际性的政策潮流。19世纪中期之前，以亚当·斯密为代表的古典经济学家认为政府的公共干预应该限制在最小范围，公共服务的范围也不应该侵入个人和家庭的"私领域"。虽然在19世纪中期之后，主要的工业化国家都开始实施义务教育，并建立了法定的社会保险制度，但直到20世纪末期经济大危机之前，紧缩型的公共服务政策主张一直是主流。1929年的经济大危机和第二次世界大战是公共政策转折的第一个分水岭。

1929年的经济大危机打破了资本主义工业化的繁荣表象，个人和家庭无法通过市场机制来抵御系统性的社会风险，公共干预以抵御社会风险并维持经济和社会的稳定成为一种主流的政策选择。第二次世界大战进一步扩大了政府公共干预的范围，特别是女性就业的大幅度增加，使得政府通过公共措施来承担传统上家庭承担的照料、养育等服务成为一种必然。第二次世界大战期间，1941年英国政府委托威廉·贝弗里奇就战后的社会保障、社会福利等问题进行研究。贝弗里奇在1944年提交了一份报告，在报告中提出了一个覆盖幼儿照料、家庭补贴、工伤和失业保险、医疗保障、养老金、社会救助等在内的"从摇篮到坟墓"的社会福利计划。以贝弗里奇报告为依据，战后主要发达工业化国家开始建设福利国家。从二战后一直到20世纪60年代末期，主要发达工业化国家都进入了福利国家时期，政府提供或政府通过各种干预措施提供的公共服务不仅种类繁多，而且在待遇给付上也非常慷慨，公共部门的支出占GDP的比例达到新高，公共部门也成为主要的就业部门。

第二个转折点出现在20世纪70年代中期的石油危机引发的经济危机。在经济危机的冲击下，福利国家的公共财政负担难以持续。不仅如此，过高的社会福利还带来了下面两个弊端：一是过高的社会福利导致个人工作激励和社会创新的萎缩，失业人口宁愿领取失业救济金也不愿去工作；二是公共部门的僵化和低效率，大量社会投资并未有效转化为高质量的公共服务。因此，从20世纪70年代后期开始，主要发达工业化国家纷纷开始了公共政策转向，从积极型转向消极型。在英国是撒切尔夫人（保守党）上台后，开始了大规模的私有化措施，并削减各项社会福利开支，大学开始收费；在美国是里根上台后的"供给学派"的改革，一方面削减税收，另一方面缩减各项公共服务开支。这一改革取向也被冠以"新自由主义"的改革思潮，其政策主张集大成者是所谓的"华盛顿共识"。这一改革思潮也直接影响了当时的一批发展中国家，特别是南美一些国家，比如智利的养老金制度改革，从现收现付制改革为个人账户的制度，强调个人在养老中的责任，对20世纪90年代世界范围内养老金制度改革产生了深远的影响。

消极型公共政策背后的假设，一是个人陷入困境的原因主要在个人层面，是个人激励不足所致；二是即使出现社会风险，市场也可以解决。但是2008年的经济危机打破了此前几十年经济繁荣所带来的"假象"，社会保护不足、公共服务供给匮乏被认为进一步加重了危机。为应对经济危机并实现包容性发展，社会保护以及社会投资的理念逐渐成为公共政策的主流。与传统的社会福利政策不同，社会保护和社会投资强调对个人、家庭、社区应对风险的能力的提高与完善，防止形成福利依赖，同时强调可支付性与可持续性。

三、基本公共服务的中国实践：制度与政策演变

（一）改革开放以来中国公共服务体系的形成

改革开放以来中国逐步形成了适应社会主义市场经济体制的基本公共服务制度体系，基本公共服务成为社会民生建设的主要内容、人民共享发展成果的主要途径，同时也是共同富裕的主要体现。中国基本公共服务制度体系的形成和完善是一个逐步探索的过程。在计划经济时期，公共服务并不是一个独立的体系，而是依托于经济体系，对于什么是基本公共服务、应该包括哪些内容等没有明确的界定，其主要的特征一是总体上供给水平低、包含的内容少，家庭和传统社区仍然是社会服务的主要提供者，特别是在农村；二是公共服务的供给存在城乡分割、区域分割的现象，不同的人群可获得的公共服务的内容、数量和质量以及获得的方式存在明显的差别；三是公共服务依托于各种"单位"，形成了"企业办社会"的"单位制"服务体系，不同所有制性质、不同类型的单位所提供的公共服务并不相同。

改革开放后，基本公共服务的内容也逐渐完善、定型，到党的十九大形成了"幼有所育、学有所教、劳有所得、病有所医、老有所养、住有所居、弱有所扶"的覆盖全生命周期、功能齐全的基本公共服务体系。[①]

"幼有所育"主要包括学龄前儿童的托育政策、家庭支持政策以及生育政策（女职工的生育保险）等，既是针对幼儿和家庭养育的社会福利，同时也是重要的人力资本投资。"学有所教"主要是公共教育体系，包括义务教育、职业教育、中等教育、高等教育、继续教育等。公共教育是主要的人力资本投资途径，同时也是促进社会认同和社会团结的重要工具。"劳有所得"主要是就业支持与就业保护政策。在就业支

---

① 在十七大报告首次提出五个"有所"："学有所教、劳有所得、病有所医、老有所养、住有所居"，到十九大定型为七个"有所"。

持方面，包括积极的就业促进政策、公共在职培训等；在就业保护方面，包括以《劳动法》为代表的就业法律保护体系以及最低工资制度等；此外，还包括失业保险、工伤保险等与就业相关的社会保险项目。就业支持和就业保护政策既是人力资本投资，也是应对社会风险、为劳动者提供稳定的就业环境的需要。"病有所医"主要是应对疾病风险，既包括公共卫生以及公共投资的公立医疗卫生服务结构，也包括基本医疗保险以及医疗救助等保障性制度安排。"老有所养"是应对老龄风险的主要制度安排，既包括基本养老保险等筹资安排，也包括养老服务、长期照护服务等服务的供给，既具有应对社会风险的功能，同时也是重要的社会福利项目。"住有所居"是住房保障，主要包括两个方面的制度安排：筹资上的住房公积金制度，以及实物给付意义上的公租房、廉租房、共有产权房、经济适用房等制度。这既是应对社会风险的需要，同时也是主要的社会福利项目。"弱有所扶"主要是对弱势群体的转移支付项目，同时也具有社会福利功能，包括社会救助、残疾人福利、流浪人员救助、农村五保供养等。（图3-2）

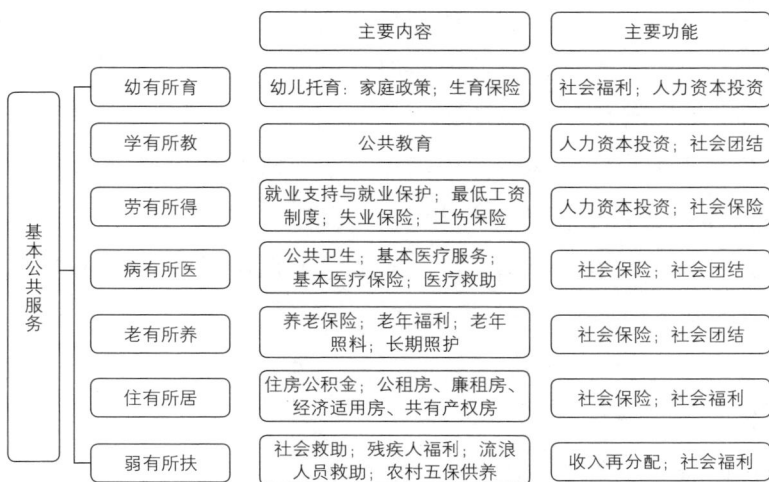

图3-2 基本公共服务的主要内容及其功能

（二）迈向共同富裕的基本公共服务的政策变迁及基本原则

改革开放之后基本公共服务制度体系的第一个特征是其重构所秉承的基本原则与社会主义市场经济体制的基本原则相一致：既要有公共干预，同时也要充分体现个人责任。这一点集中体现在十四大确定的社会保障制度建设的原则中，即"社会统筹+个人账户"。社会统筹强调了社会的互助共济，强调了公共干预；个人账户则强调个人在基本公共服务制度体系中的责任，激发个人的积极性。

基本公共服务制度体系的第二个特征是"属地化"管理的原则，即基本公共服务要从企业、行业管理转为当地基层政府统一管理，彻底打破之前"企业办社会"、单位提供基本公共服务的格局，实现全社会的"统筹"。与此相对应，在筹资上逐步建立了以一般税收和统一的社会保险缴费为主的制度；在服务供给上，实现了区域内的统一的资源配置与管理体系。

随着经济社会的发展，基本公共服务制度体系也在不断改革和完善，其基本的趋势一是更加强调基本公共服务中公共责任与个人责任的协调，强调向弱势群体倾斜，体现社会保护的理念；二是在"属地化"管理的基础上，平衡城乡、区域之间在筹资与服务供给之间的差距，加大对中西部地区的转移支付力度，同时逐步提高社会保险的统筹层次。

2020年实现全面小康后，中国迈入了实现共同富裕的新阶段，基本公共服务体系建设的基本原则也逐步定型，总结起来，一是要量力而行、尽力而为，统筹需要与可能，基本公共服务的内容与水平要与经济社会发展水平相适应；二是政府在基本公共服务的供给上要有界限，不能什么都包，公共干预的着力点是"基础性、普惠性、兜底性"的基本公共服务。

上述两个原则首先体现了中国基本公共服务的制度体系是根植于社会主义市场经济体制中的，与社会主义市场经济体制相适应。在政府与市场、个人、家庭、社会的关系处理上，政府的干预有界限，为个人、家庭、社会留下空间；同时，政府与个人、家庭、社会不是对立的关系，而是相互支撑、相互融合。政府的公共项目一是要为社会提供安全网，二是要提高个人应对社会风险的能力，三是满足社会的共同需要。

其次，中国基本公共服务体系的建设与西方的"福利国家"有着本质的不同，不是"福利国家"的"中国版"。西方福利国家在提升各国居民福利水平、稳定社会秩序方面发挥了巨大的作用。但从其制度和政策演变趋势看，始终脱不开在"扩张—紧缩"之间的来回摆动。其背后的主要原因是福利国家的"福利政治化"，福利成为各个政党轮流上台的政治工具，成为取悦选民的政治工具。但是福利的提供有其自身的客观规律，不能超过其自身经济社会发展所能允许的范围。"福利政治化"以及政党轮替导致福利国家的公共政策左右摇摆，不仅带来巨大的财政负担，而且也破坏了社会稳定，导致社会事件频发。从这个意义上来说，中国的基本公共服务体系建设不能陷入福利主义式的"养懒汉"中，不能形成福利依赖，"即使将来发展水平更高、财力更雄厚了，也不能提过高的目标，搞过头的保障"[1]。

建设高质量教育体系

教育是基本公共服务的重要组成部分，对提高人口素质，提升劳动力技能和工作效率，增加劳动收入，缩小贫富差距具有重要意义。新中国成立以来，我国教育事业取得了长足的发展，不但建立起完整的现代教育体系，各级各类教育的发展也取得了巨大的成就，普通教育尤其

---

① 习近平：《扎实推动共同富裕》，《求是》2021年第20期。

是义务教育的普及率不断提高，职业教育日趋完善，高等教育不断接近世界一流水平。而今，中国进入新发展阶段，为实现第二个百年奋斗目标，应对日益突出的人口老龄化的现实问题，在未来要建设高质量教育体系，加大普惠性教育投入，提高低收入群体子女的受教育水平，缩小城乡和不同地区的教育资源差异，从而推动基本公共服务均等化，提升人力资本，助力实现共同富裕。

一、现代经济发展中的教育及其功能

（一）经济学视野下的教育

教育是经济学研究中的一个重要内容，在经济学领域，有很多理论从不同的角度对教育进行了解释。从微观角度来看，教育被认为是一种人力资本投资。西奥多·舒尔茨等经济学家认为，能够用于生产的资本要素不仅仅包括土地、厂房、机器设备、原材料等物资资本，还包括人力资本，具体表现为人身上的各种生产知识、劳动与管理技能以及健康素质等各方面存量的总和。在经济增长中，人力资本的作用大于物质资本的作用，因而人力资本是最重要的生产要素。人力资本的获得和提高最主要的途径便是教育，通过对劳动力进行教育、培训等，能够提高劳动力质量，从而更好地进行生产活动，提高生产活动效率。

从宏观的角度来看，经济学家认为教育对经济增长具有重要作用。内生增长理论将技术进步视为经济增长的内生要素，基于人力资本理论，劳动投入过程中包含着因正规教育、培训、在职学习等而形成的人力资本，而人力资本的提高意味着更强的生产能力和创新能力，因此能够在一定条件下带来技术进步，提高生产率。由此可见，要实现经济的长期增长，就要重视教育对人力资本形成和提高的重要作用，鼓励和保护创新，从而提高人力资本，培养更多的熟练劳动力，为推动技术革新提供基础。

此外，信息经济学认为，教育是一种信号传递。劳动力市场中存在着信息不对称问题，企业在雇佣工人时，并不能够完全掌握求职者的实际工作能力，只能通过一些表面上能够直接看出来的，并且能够与工人的实际工作能力相联系的特征和标志来进行判断，从而在求职者中选出最佳人员。一般认为，受教育程度与个人能力高度相关，个人能力越强的人，在学业上的表现越好，因此受教育程度也更高。基于这种逻辑，受教育程度被视为一种反映劳动者个人能力的信号，受教育程度较高的比受教育程度较低的工人更可能具有强大的工作能力，成为企业在雇佣工人时最看重的因素之一。

（二）现代教育体系的形成

经济发展对教育事业的影响至关重要。在社会分工不断细化的背景下，新的行业不断产生，需要规模更大、分类更细的熟练劳动力来实现社会生产，而教育作为培养劳动力最直接的途径，势必受到深刻的影响。以工业革命为标志的现代经济即工业化社会的来临，更是彻底改变了教育的功能定位，传统教育体系因为满足不了工业社会对大量劳动力的要求而逐渐被淘汰，现代教育体系应运而生。随着工业化程度的加深，产业结构不断升级，与工业化社会相适应的现代教育体系也在不断发展和推广，并逐步实现了大众化和普及化。

现代教育体系首先在西方萌芽，在科技革命和工业革命等一系列工业化过程和现代经济的冲击下不断发展和完善，并最终传播到全世界。欧洲的文艺复兴运动和宗教改革运动孕育了西方现代教育体系的源头，这期间，古代教育体系开始逐步向现代教育体系过渡，并出现了被视为现代大学起源的中世纪大学。18世纪中叶，西方工业革命开始，工业化生产方式引起家庭结构和社会结构急剧变动。为稳定社会发展，欧洲各国开始重视初等教育的发展，初等教育的规模逐渐扩大。为了提高工人的生产能力，推动经济发展，普鲁士王国在世界上首先推行义务教育，后来逐渐为各国所效仿。与此同时，工业革命的产生和扩大也对劳动者的规模和素质提出了新要求，学徒制瓦解，现代职业教育体系应运而生。

到19世纪，世界主要国家相继建立起了完备的国民教育体系。幼儿教育和学前教育正式被纳入教育体系，初等教育逐步实现普及、义务和免费，中等教育的职业取向日趋加大，高等教育的各项功能基本实现。20世纪初，世界教育体系逐渐趋向民主化和普及化，现代教育体系最终得以确立。此后，伴随着经济的持续增长以及人们对教育本质的认识不断加深，各国教育体系不断朝着符合人性发展和社会需求的方向加以完善。普通教育更加成熟，高等教育由大众化发展为普及化，职业教育更加完善，各具优势，终身教育体系的建设成为各国教育发展的趋势。

中国现代教育起源可追溯至洋务运动。为了引进西方先进生产技术，维持清朝的统治，洋务派创办了一系列新式学堂，这些新式学堂教授西学，采用班级授课和分年课程等新式教学组织，对中国传统的办学方法造成了冲击，成为现代学堂的前身。五四运动以后，民主、科学等现代精神在中国广泛传播，"教育现代化"的概念也随之诞生于推广，揭开了实质意义上中国教育现代化的新篇章。20世纪30年代初，民国政府颁布一系列教育制度规章，规定了各级学校的不同类型及学制，中国的现代教育制度得以基本定型。

1949年后，为满足国家建设的需要，建立了新型教育体系。1951年，中央人民政府政务院颁布了《关于改革学制的决定》，明确规定了中国的学制系统，包含从幼儿园到大学各层次以及普通教育和职业教育各类别的教育，形成了一个完整的教育体系。1983年，邓小平的题词"教育要面向现代化，面向世界，面向未来"提出了教育现代化的任务，和"教育必须为社会主义建设服务，社会主义建设必须依靠教育"的教育方针，中国教育现代化建设进入了高速发展的阶段。1993年中央颁布了《中国教育改革和发展纲要》，明确了我国现行教育体系包括基础教育、职业教育、成人教育和高等教育。21世纪初，国家将教育工作的重心放在普及义务教育、提升农村教育上。2010年，《国家中长期教育改革和发展规划纲要（2010—2020年）》发布，对各级各类教育的发展任务进行阐述，提出了到2020年，基本实现教育现代化，基本形成学习型社会，进入人力资源强国行列的目标。在此基础上，为适应中国经济发展进入新常态，老龄化问题不断凸显的新国情，2019年中央发布了《中国教育现代化2035》，提出在新阶段推进教育现代化的总体目标是："到2035年，总体实现教育现代化，迈入教育强国行列，推动我国成为学习大国、人力资源强国和人才强国，为到本世纪中叶建成富强民主文明和谐美丽的社会主义现代化强国奠定坚实基础。"

二、新中国成立以来教育取得的重大成就

（一）建立了完整的教育体系，教育规模持续扩大

新中国成立初期，教育事业落后，全国文盲率高达80%，此后，国家高度重视教育工作，经过多年的不懈奋斗，2020年，中国已建成世界最大规模的教育体系，涵盖学前教育、初等教育、中等教育、高等教育、继续教育、特殊教育等各个方面，使得各个年龄阶段各种状态的国民都享有受教育的权利和机会，教育普及程度和规模不断扩大。全国各级各类学校增加至53.71万所，在校生2.89亿人，专任教师1792.97万人，15岁及以上文盲率下降至2.67%（表3-2）。总体来看，全国各级各类教育均超过中高等收入国家平均水平，教育总体发展水平已进入全球中上行列。

表3-2　1964—2020年全国文盲人口及文盲率

指标／年份	1964	1982	1990	2000	2010	2020
文盲人口（人）	23327	22996	18003	8507	5465	3775
文盲率（%）	33.58	22.81	15.88	6.72	4.08	2.67

注：1964年文盲人口为13岁及以上不识字人口，1982、1990、2000、2010、2020年文盲人口为15岁及以上不识字人口。

数据来源：国家统计局。

（二）人均受教育年限提高，教育资本的存量不断增长

新中国成立之初，我国人均受教育年限仅有1.6年，而第七次全国人口普查结果显示，全国人口中，15岁及以上人口的平均受教育年限已提高至9.91年，全国新增劳动力平均受教育年限达到13.8年。拥有高中阶段及以上受教育程度的人群的比例不断增加（表3-3），进一步说明了我国教育资本存量在不断增长，人力资本投资成绩显著。

表3-3　1964—2020年全国每十万人中拥有的各种受教育程度人口（单位：人）

受教育程度 / 年份	1964	1982	1990	2000	2010	2020
大专及以上	416	615	1422	3611	8930	15467
高中和中专	1319	6779	8039	11146	14032	15088
初中	4680	17892	23344	33961	38788	34507
小学	28330	35237	37057	35701	26779	24767

数据来源：国家统计局。

（三）义务教育实现了全覆盖和全阶段的免费

义务教育是中国教育改革和发展的重中之重。在中国教育史上，小学教育早在1904年就被规定为义务教育，1986年第六届全国人民代表大会第四次会议通过的《中华人民共和国义务教育法》又提出了实行九年制义务教育，将普通初中正式纳入义务教育体系，标志着中国义务教育制度正式确立。多年来，在教育战线和全国人民的共同努力下，义务教育取得了巨大的成就，具体表现在三个方面：其一，义务教育实现了全覆盖，普及程度不断提高。2013年，九年义务教育人口覆盖率达到了100%。2019年，中共中央、国务院印发《关于深化教育教学改革全面提高义务教育质量的意见》，进一步推动了义务教育改革与发展，到2020年，九年义务教育巩固率达到95.2%，小学学龄儿童净入学率99.96%，初中阶段毛入学率102.5%[①]（见图3-3），实现了《中国儿童发展纲要

---

① 教育部统计初中学龄人口的年龄范围是12—14岁，但是在现实中，初中阶段在校生的年龄可能并不完全都在这个区间里，由于各种各样的原因，出现低龄或超龄初中学生，因此毛入学率就会出现超过100%的情况。

（2011—2020年）》中提出的目标。

其二，全面实现了义务教育阶段的免费。2000年，农村进行税费改革，将农村义务教育阶段的经费纳入县级财政。2006年，国家对西部地区农村实施"两免一补"的政策，即免杂费、免书本费、补助寄宿生生活费，2007年，"两免一补"在中东部地区推开。2008年又在城市义务教育阶段全面实现了九年义务教育的免费。至此，义务教育实现了全面免费。

其三，为帮助中国农村儿童更好地成长，2011年实施了针对农村的营养改善计划，由中央和地方两级财政出资，为义务教育阶段的学生提供营养午餐，极大地改善了农村地区学生的营养状况。

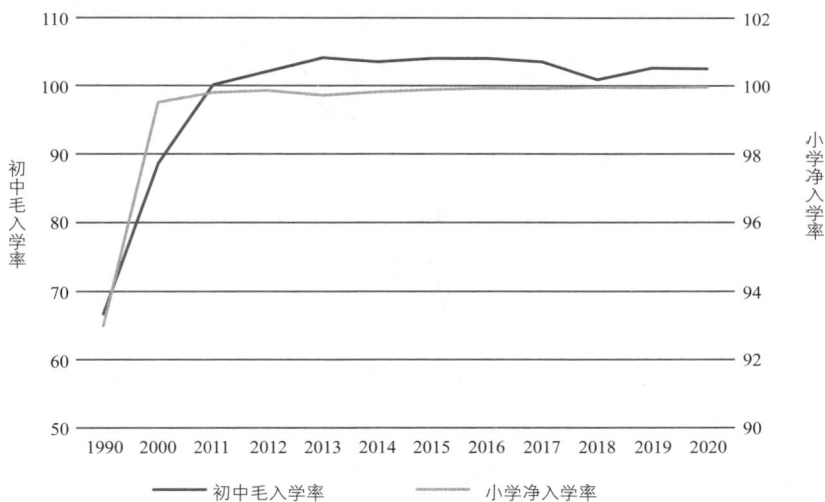

图3-3　1990—2020年初中毛入学率和小学净入学率（单位：%）

数据来源：《中国教育统计年鉴》。

（四）职业教育取得了蓬勃发展

随着中国经济的发展和工业化程度的加深，对各技术技能人才的需求也不断增加，为满足人才缺口，国家积极推进职业教育建设。大力发展职业教育，中国职业教育体系不断完善，成为人力资源开发的重要途径。2019年，全国共有中等职业学校1万多所，高等职业院校1423所；在校生规模达3185万人，其中，中职在校生1577万人，高职在校生1608万人，2010—2019年，职业院校累计培养和输送毕业生1.05亿人，分布在各行各业的生产一线，成为我国产业转型升级的主力军，为我国经济社会发展提供了有力的人才和智力支撑。为推进产教融合、校企合作，全国组建了56个行业职业教育指导委员会，1400个职教集团，3万多家企业参与职业教育，基本形成产教协同发展和校企共同育人的职业教育发展格局。

（五）建立起世界最大规模的高等教育体系

1949年新中国成立之初，全国高等教育在校学生人数仅有11.7万人，经过70年的努力，中国已经建立起世界最大规模的高等教育体系，2020年，各种形式的高等教育在学总规模达到4183万人。改革开放前，我国高等教育毛入学率长期徘徊在1%以下。改革开放后，我国进行了高等教育改革，在全国范围内实行高校扩招，2003年，高等教育毛入学率突破了15%，高等教育进入大众化阶段。2020年，高等教育毛入学率达到54.4%（图3-4），按照国际上的标准，我国高等教育已进入普及化阶段[①]。与高等教育规模持续扩大相伴随的是高校数量和教师数量的持续增长。1949年，全国仅有普通高校205所，普通高校教职工数量仅有4.6万人，其中专任教师数仅有1.6万人。经过70年的努力，全国范围内已有普通高校2738所，是1949年的13倍。普通高校教职工增加至266.9万人，是1949年的58倍，专任教师增加至183.3万人，是1949年的114倍。

---

① 国际上通常认为，高等教育毛入学率在15%以下时属于精英教育阶段，15%～50%为高等教育大众化阶段，50%以上为高等教育普及化阶段。

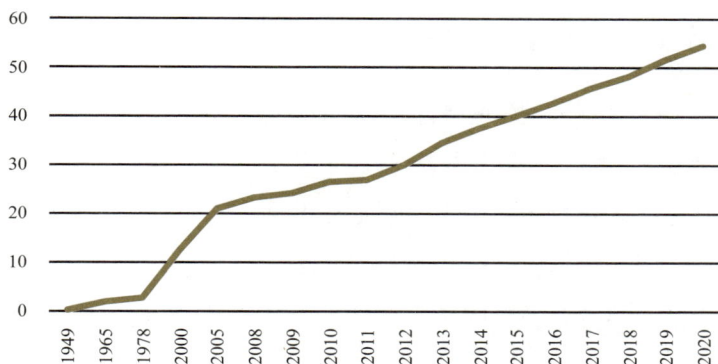

图3-4　1949—2020年全国高等教育毛入学率（单位：%）

数据来源：《中国教育统计年鉴》。

（六）特殊教育体系不断完善

　　国家高度重视残疾儿童与残疾人士的教育问题，为此建立并不断完善了特殊教育体系。新中国成立初期，为弥补抗战时期残疾儿童教育的缺失、保障其教育权利，全国开始兴办特殊教育学校。受经济发展的制约，当时仅有 42 所特殊教育学校，招收 2380 名学生，大量特殊儿童无学可上。为普及特殊教育，各地创建了数所盲校、聋校。1979 年，我国出现招收智力障碍学生的培智班级和学校，之后又陆续出现了综合型的特殊教育学校，招生的范围也逐渐扩大，除了传统的在视听说和智力发育方面有障碍的学生之外，有自闭症等严重心理障碍的学生也能够到特殊教育学校里面接受教育。同时，国家还积极探索残疾儿童少年的随班就读模式，构建出了"以特殊教育学校为骨干，以普通学校特殊班、随班就读为主体，以远程教育、送教上门为补充"的具有中国特色的残疾儿童少年教育安置模式。特殊教育实现了从单一的依附特殊教育学校向多元安置形式的转变，形成了从学前教育、义务教育、高等教育到成人教育的多层次安置体系。

三、不断提高的教育投入

新中国成立以来，我国教育经费筹资规模逐渐扩大，筹集方式已趋于多元。当前，教育经费的主要来源有国家财政性教育经费、民办学校举办者投入、社会捐赠收入、事业收入几项。其中，财政性教育经费是最重要的经费来源，近年来，财政性教育经费在总教育经费中的占比稳定在80%左右。2012年，我国教育事业实现了里程碑式的跨越，教育经费占国内生产总值的比例突破4%（表3-4），此后数年，这一比例一直维持在4%以上，反映了教育事业的不断发展。

表3-4　1952—2020年教育经费总额、财政性教育经费总额及占比情况

时间/指标	教育经费（亿元）	财政性教育经费（亿元）	占总教育经费比例（%）	占GDP比例（%）	占财政支出比例（%）
1952	11.60	11.60	–	1.71	6.74
1991	731.50	617.83	84.46	2.81	18.24
1995	1877.95	1411.52	75.16	2.30	20.69
2000	3849.08	2562.61	66.58	2.56	15.13
2005	8418.84	5161.08	61.30	2.76	15.21
2006	9815.31	6348.36	64.68	2.89	15.70
2007	12148.07	8280.21	68.16	3.07	15.63
2008	14500.74	10449.63	72.06	3.27	15.69
2009	16502.71	12231.09	74.12	3.51	15.03
2010	19561.85	14670.07	74.99	3.56	15.32
2011	23869.29	18586.70	77.87	3.81	17.01
2012	28655.31	23147.57	80.78	4.30	18.38
2013	30364.72	24488.22	80.65	4.13	17.47
2014	32806.46	26420.58	80.53	4.11	17.41
2015	36129.19	29221.45	80.88	4.24	16.61
2016	38888.39	31396.25	80.73	4.21	16.72
2017	42562.01	34207.75	80.37	4.11	16.84
2018	46143.00	36995.77	80.18	4.02	16.75
2019	50178.12	40046.55	79.81	4.06	16.77
2020	53014.00	42891.00	80.91	4.22	17.46

数据来源：《中国教育统计年鉴》。

为了在贫困地区以及农村地区推广和普及义务教育，实现所有适

龄儿童都能"有学上"的目标，新中国成立以来，中央出台了一系列政策，逐步建立起城乡统一、重在农村的义务教育保障体制。具体来说，改革开放前30年，我国实行"大包干"的财政体制，彼时新中国成立时间尚浅，又经历了一系列拨乱反正的调整过程，中央政府财政短缺，贫困地区尤其是农村地区的义务教育经费常常得不到保障。为此，改革开放后，中央决定将发展义务教育的任务下放至地方，由此形成了地方负责的义务教育保障机制。在此机制下，农村义务教育保障体制走过了"以乡为主"和"以县为主"的两个阶段。在"以乡为主"的体制下，乡级政府负担农村义务教育的办学经费，鼓励多渠道筹集农村义务教育经费，包括向农民征收教育费附加和教育集资，这种"农村教育农民办"的模式增加了农民的经济负担，农村教育频频出现拖欠教师工资、乱收费、学生入学率低等问题。

2001年，伴随着农村税收改革，国务院印发《国务院关于基础教育改革与发展的决定》，次年4月，又下发了《国务院办公厅关于完善农村义务教育管理体制的通知》，这两份文件明确了县级政府对农村义务教育的主体责任，农村义务教育保障机制进入了"以县为主"的阶段。通过将义务教育责任主体上移至县政府，教育经费的财政供给水平得到了一定程度的提高，农民的经济负担得到缓解。但是，由于统筹层次较低，地区经济发展水平各异，义务教育经费仍存在着投入不足、教育资源配置不合理的问题。之后，随着国家经济的发展及公共财政体制的完善，中央决定进一步提高义务教育经费的统筹层次，在2005年发布的《国务院关于深化农村义务教育经费保障机制改革的通知》中提出"逐步将农村义务教育全面纳入公共财政保障范围，建立中央与地方分项目、按比例分担的农村义务教育经费保障机制。中央重点支持中西部地区，适当兼顾东部部分困难地区"的改革措施，同时宣布了从2006年起，对西部农村地区实施"两免一补"的政策，并逐步推广至全国以及城市地区。

到2008年，我国已实现了城乡义务教育全免费，义务教育事业进入了"人民教育政府办"的全新格局。此后，为进一步缩小城乡和不同地区之间的教育资源差异，2015年，国务院发布了《进一步完善城乡义务教育经费保障机制的通知》，建立了统一的中央和地方分项目、按比例分担的城乡义务教育经费保障机制，规定城乡统一实行"两免一补"政策、统一义务教育学校生均公用经费基准，生均公用经费基准定额所需资金由中央和地方按比例分担，城乡统一、重在农村的义务教育经费保障机制正式形成。这一机制的建立极大地促进了农村的义务教育的发展，同时也提升了对农民工随迁子女的教育保障，城乡义务教育生均经费持续增长（表3-5）。

表3-5　1995—2019年城乡义务教育生均经费（单位：元）

时间 / 指标	农村			城市		
	初中	小学	合计	初中	小学	合计
1995	761.09	402.24	1163.33	918.50	476.25	1394.75
2000	884.41	647.01	1531.42	1210.42	792.36	2002.78
2005	1819.92	1572.57	3392.49	2277.32	1822.76	4100.08
2010	5874.05	4560.31	10434.36	6526.73	4931.58	11458.31
2015	13082.53	9909.21	22991.74	14482.84	10467.31	24950.15
2016	14391.64	10766.04	25157.68	16007.22	11397.25	27404.47
2017	15514.66	11365.24	26879.90	17543.08	12176.29	29719.37
2018	16239.47	11826.85	28066.32	18513.23	12737.00	31250.23
2019	16997.00	12530.84	29527.84	19561.41	13502.00	33063.41

数据来源：《中国教育统计年鉴》。

四、建立高质量教育体系面临的问题和解决措施

教育作为人力资本投资的重要方式，对实现提高个人能力、增加个人收入、缩小贫富差距、促进共同富裕具有重要作用，经过几十年的砥

砺发展，我国的教育事业取得了巨大的成就。然而，受各地自身经济发展条件及户籍制度等因素的影响，当下建立高质量教育体系仍面临着一些挑战，尤其是教育资源的分配和发展的不平衡问题，限制着农村及贫困地区的教育事业的发展，降低了教育投资提升人力资本的效率，不利于缩小贫富差距，对推进和实现共同富裕造成了阻碍。

首先是城乡之间教育发展不平衡。如前所述，城乡教育生均经费近年来呈上升趋势，然而对比来看，可以发现，城乡义务教育生均经费的差异也在日渐扩大（图3-5）。除了生均拨款外，城乡之间的办学条件、师资水平差距依然存在。尤其是近年来农村劳动力不断向城市流动，农村居民对教育质量的需求日渐提高，农村学校生源急剧减少，引发城镇学校拥挤、农村学校式微等一系列问题，进一步削弱了农村的教育资源，加剧了城乡之间教育发展的不平衡。

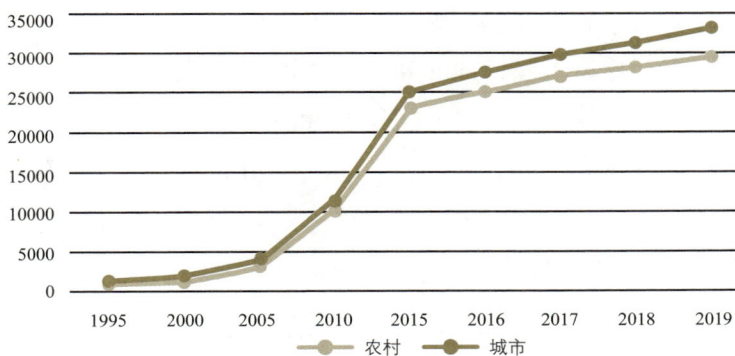

图3-5　1995—2019年城乡义务教育生均经费（单位：元）

数据来源：《中国教育统计年鉴》。

其次是地区之间的发展不平衡。其一，改革开放以来，东部地区凭借着地理优势，积极利用国内外资源，迅速提高了经济发展水平，教育事业也因此得到快速发展，与此同时，长期和国外保持频繁交流，也有利于东部地区引进国外先进的教育制度和教育理念，推行素质教育，提高教育效率。而中部地区尤其是西部地区则长期处于相对落后的位置，教育资源及师资都较东部地区更加缺乏。其二，中国幅员辽阔，不同城市之间也由于经济发展水平不同而存在教育事业发展和教育资源分配的差异，由此呈现出教育资源的地区不平衡。

再次是校际发展差距大。受支持方式偏差及激励机制不同的影响，公共资金在同一地区不同学校之间的分配存在差异，区域内办学条件越好，办学历史越悠久，师资更为优越的学校往往获得更多的公共资金，由此吸引着更多的生源，而同区域其他学校相比则处于劣势，形成了强者愈强弱者愈弱的不合理局面，并在此基础上引申出"学区房"和"择校难"等问题，加剧社会矛盾，不利于社会的长治久安。

最后是职业教育和普通教育发展的不平衡，职业发展较弱。过去，受教育观念的影响，职业教育常常被认为是只有考不上普通中学及本科的学生才会接受，长期受到忽视。近年来，职业教育的发展虽取得了一定的进步，但与西方发达国家相比，我国的职业教育仍然处于较低的发展水平，中等职业教育在校学生仅有1628.14万人，离《国家中长期教育改革和发展规划纲要（2010—2020年）》提出的2350万人的预期目标尚有差距。更为重要的是，随着我国经济步入新常态发展阶段，老龄化问题日渐突出，亟须大量技术型人才来推动产业升级，从而提高国内市场的制造能力和供给能力，因此，加强引导职业教育的发展，以满足经济发展转型的需要。

发展不平衡问题制约着高质量教育体系的发展和完善，为了克服这些挑战，中央在原有制度的基础上，出台了一系列政策，以加快实现教育等基本服务均等化的进程。

为发展农村教育，缩小城乡之间的经济发展差异，中央制定了《乡村振兴战略规划（2018—2022年）》，要求统筹规划布局农村基础教育学校，推进农村学校标准化建设，改善义务教育薄弱地区和学校的办学条件，同时引进优秀教师，以实现教育资源在县域内的合理配置。

针对农民工随迁子女入学困难等问题，中央出台上下联动加快构建"钱随人走"制度体系，推动转移支付资金分配与人口流动紧密挂钩，从而提升教育资金等基本公共服务领域转移支付分配的合理性和精准度，提高农村居民以及农民工随迁子女的教育保障。

为满足工业化的快速发展对大规模高质量劳动力的需求，应对日益突出的人口老龄化的现实问题，国家高度重视职业教育的发展。2019年，国务院印发《国家职业教育改革实施方案》，明确指出职业教育与普通教育具有同等地位，并无优劣之分。

同时，国家大力支持职业教育的发展，完善职业教育体系，提高职业教育发展水平，以培养服务区域发展的高素质技术技能人才为重点，鼓励校企合作、产学融合，建立多元的职业教育办学格局，鼓励各类职业院校和职业培训机构的发展，从而为适应经济高质量发展的新格局，实现建设现代化强国的目标，不断输送高质量的职业技术人才。

全面推进健康中国建设

共同富裕的根本目的是"实现人的全面发展和社会全面进步，共享改革发展成果和幸福美好生活"。健康是促进人全面发展和社会全面进步的必然要求，是人民共享改革发展成果和幸福美好生活的应有之义，是国家富强、民族振兴的重要标志，也是广大人民群众的期盼和追求。高质量发展促进共同富裕，就要关注实现更高层次的全民健康。

本节将在共同富裕这一主题语境下，从健康中国建设的理论内涵和政策含义出发，介绍新中国成立以来我国在医疗卫生方面所取得的显著成就、医疗保障制度的建设与党的十八大以来医药卫生体制改革。

一、健康中国建设的理论内涵和政策含义

（一）"健康中国"的提出

2016年8月，习近平总书记在全国卫生与健康大会上发表重要讲话提出"要把人民健康放在优先发展的战略地位"[①]，顺应民众关切，对"健康中国"建设作出全面部署。根据中共中央、国务院2016年印发的《"健康中国2030"规划纲要》，推进健康中国建设，是全面建成小康社会、基本实现社会主义现代化的重要基础，是全面提升中华民族健康素质、实现人民健康与经济社会协调发展的国家战略，是积极参与全球健康治理、履行2030年可持续发展议程国际承诺的重大举措。

党的十九届五中全会通过的《中共中央关于制定国民经济和社会发展第十四个五年规划和二〇三五年远景目标的建议》，提出了"全面推进健康中国建设"的重大任务。

从党的十八届五中全会作出"推进健康中国建设"的重大决策，到召开新世纪第一次全国卫生与健康大会；从印发建设健康中国的行动纲领——《"健康中国2030"规划纲要》，到党的十九大提出"实施健康中国战略"，再到"十四五"规划纲要提出的"全面推进健康中国建设"……健康中国建设步入快车道。

实现更高水平的全民健康，既是共同富裕的必然结果和主要标志，也是实现共同富裕的基本前提和基础保障。

（二）从"病有所医"到"健康中国"

病有所医与全面健康是人类社会发展的永恒议题。新中国成立以来，我国卫生健康事业取得显著成就，人民健康水平持续提高。特别是新医改实施后，中国逐步建成了世界上规模最大的基本医疗保障体系，

[①] 习近平：《把人民健康放在优先发展的战略地位　努力全方位全周期保障人民健康》，《人民日报》2016年8月21日。

党的十八大以来，全民医保体系加快健全，城乡居民大病保险制度全面建立，健康扶贫取得阶段性进展，在我国全面脱贫目标基本完成的同时，病有所医这一目标也基本实现。

与此同时，新时代工业化、城镇化和人口老龄化进程加快，我国居民生产生活方式和疾病谱已发生重大变化。目前，心脑血管疾病、癌症、慢性呼吸系统疾病、糖尿病等慢性病已替代急性传染病成为居民主要死因，导致的负担占总疾病负担的70%以上。新时代疾病谱的变化提高了人们的健康需求，随着医疗技术的发展，人们对于疾病原因、治疗手段、健康价值的认识也开始走向全面与成熟，疾病的前期预防与后期康复愈加受到关注，医学制度也发生着变化，健康管理这一概念提出并受到重视，医学模式由重治疗的"疾病医学"开始向重预防的"健康医学"转变。

公共健康政策理念也经历了从疾病治疗到预防保健的转型，公共健康政策目标从病有所医的初级卫生保健开始走向全民健康的健康治理。传统公共健康以"病有所医"为目标，主要由卫生部门来承担疾病防治的任务，包括健康教育、预防医学措施（免疫接种、疾病筛查和治疗）与卫生执法三大方面。世界卫生组织指出，健康不仅仅是指身体无病，也包括完整的心理、生理状态和社会适应能力。从全生命周期角度来看，健康作为一种人力资本，在人的一生中被不断投入到个人生产中以此产生生存效用，随着年龄增长，健康资本在个人生产函数中的总效用和边际效用是递减的，但任何有效的健康投资行为都将弥补此递减效应。影响健康的因素是多种多样的，如人的生活方式、生态环境、空气污染等，因此健康不应当视同传统公共健康政策理念中主要是公共卫生机构的责任。

健康中国，就是从国家层面进行全民健康的人力资本投资。推行有效的公共健康政策，就要从提供全方位全生命周期的健康服务出发，把健康融入所有的政策当中，构建良好的健康环境，整个医疗卫生体系也要根据新变化重构、创新管理模式、运行机制和激励机制。

（三）从健康中国建设到构建人类卫生健康共同体

推进健康中国建设既是提升中国人民民生福祉的路径措施，也是参与全球健康治理的重大举措。为应对新冠肺炎疫情等全球重大公共卫生事件，中国又提出了"打造人类卫生健康共同体"的新倡议。习近平主席在全球健康峰会上发表题为《携手共建人类卫生健康共同体》的重要讲话中指出：构建人类卫生健康共同体，是应对全球公共卫生危机、守护全人类健康的有效途径。

二、新中国成立以来我国在健康领域取得的成就

（一）构建完整的医疗卫生服务体系

一是公共卫生服务体系。包括疾病预防控制、健康教育、妇幼保健、卫生应急等专业公共卫生服务网络，以及以基层医疗卫生服务网络为基础、承担公共卫生服务功能的医疗卫生服务体系。二是医疗服务体系。在农村建立起以县级医院为龙头、乡镇卫生院和村卫生室为基础的农村三级医疗卫生服务网络，在城市建立起各级各类医院与社区卫生服务机构分工协作的新型城市医疗卫生服务体系。三是医疗保障体系。这个体系以基本医疗保障为主体、以其他多种形式补充医疗保险和商业健康保险为补充。四是药品供应保障体系。包括药品的生产、流通、价格管理、采购、配送、使用。

（二）卫生筹资结构不断优化

卫生筹资来源包括政府一般税收、社会医疗保险、商业健康保险和居民自费等多种渠道。2020年，中国卫生总费用达72715.91亿元，同期人均卫生总费用为5112.30元，卫生总费用占国内生产总值的比重为7.1%（图3-6）。个人卫生支出由2010年的35.3%下降到2020年的27.65%，卫生

筹资系统的风险保护水平和再分配作用不断提高（图3-7）。

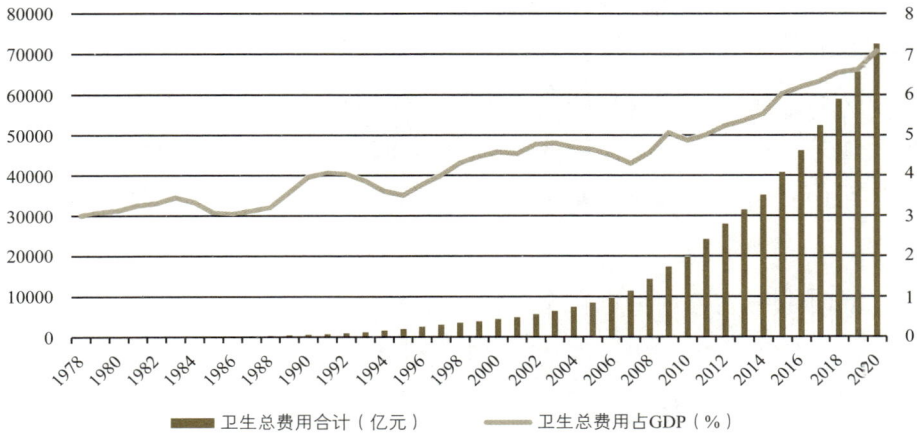

图例：
- 卫生总费用合计（亿元）
- 卫生总费用占GDP（%）

图3-6　中国卫生总费用和卫生总费用占GDP比重（1978—2020年）

数据来源：国家卫健委、历年卫生统计年鉴。

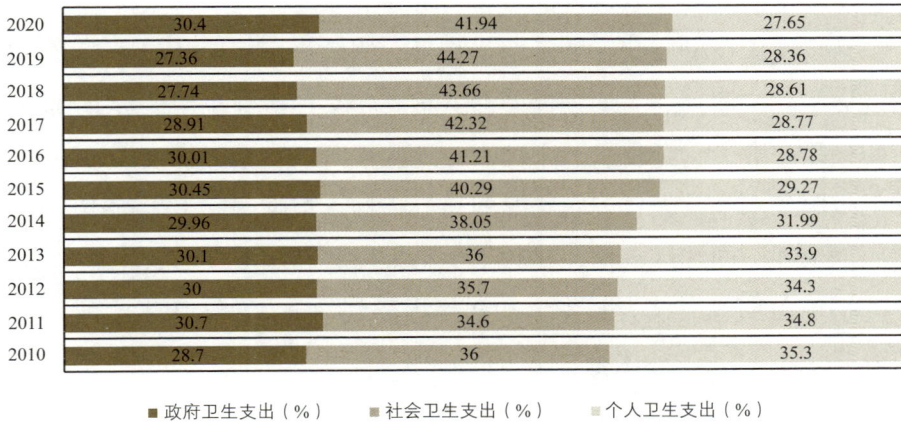

年份	政府卫生支出（%）	社会卫生支出（%）	个人卫生支出（%）
2020	30.4	41.94	27.65
2019	27.36	44.27	28.36
2018	27.74	43.66	28.61
2017	28.91	42.32	28.77
2016	30.01	41.21	28.78
2015	30.45	40.29	29.27
2014	29.96	38.05	31.99
2013	30.1	36	33.9
2012	30	35.7	34.3
2011	30.7	34.6	34.8
2010	28.7	36	35.3

图例：
- 政府卫生支出（%）
- 社会卫生支出（%）
- 个人卫生支出（%）

图3-7　卫生总费用筹资构成（2010—2020年）

数据来源：国家卫健委。

（三）传染病防治与卫生应急

新中国成立以来，中国政府坚持"预防为主，防治结合"方针，不断加大传染病防治力度，自20世纪50年代起，便基本控制了鼠疫、霍乱等疾病的流行。通过长期实施国家免疫规划，开展预防接种和爱国卫生运动等，有效降低了传染病发病率。2020年甲类和乙类传染病发病率控制在190.36/10万的较低水平，有力保障了广大居民的身体健康和生命安全。

同时卫生应急水平也在全面提高。突发公共卫生事件应急条例的颁布和修订传染病防治法，推动卫生应急工作走上法制化和规范化轨道。21世纪以来，中国有效处置了传染性非典型肺炎等突发公共卫生事件，及时开展四川汶川特大地震等自然灾害的紧急医学救援，顺利完成北京奥运会等大型活动的医疗卫生保障任务。在持续抗击新冠疫情的过程中，中国取得的防疫成就更是举世瞩目。

（四）居民健康状况不断改善

从反映国民健康状况的重要指标看，当前中国居民的健康水平已处于发展中国家前列。人均预期寿命，指某年某地区新出生的婴儿预期存活的平均年数。它是衡量一个国家或地区现阶段社会经济发展水平、医疗卫生服务水平及人口健康状况的核心指标。根据国家卫生健康委员会（原卫生部）的统计数据，1949年中华人民共和国成立时，中国人口出生时平均预期寿命仅为35岁。2010年提高到74.8岁，2019年达到77.3岁（表3-6），接近发达国家水平（图3-8）。

表3-6　中国人均期望寿命（1949—2019年）

年份	1949	1981	1990	2000	2010	2019
期望寿命合计（岁）	35	67.9	68.6	71.4	74.8	77.3
男（岁）	/	66.4	66.9	69.6	72.4	/
女（岁）	/	69.3	70.5	73.3	77.4	/

数据来源：国家卫健委。

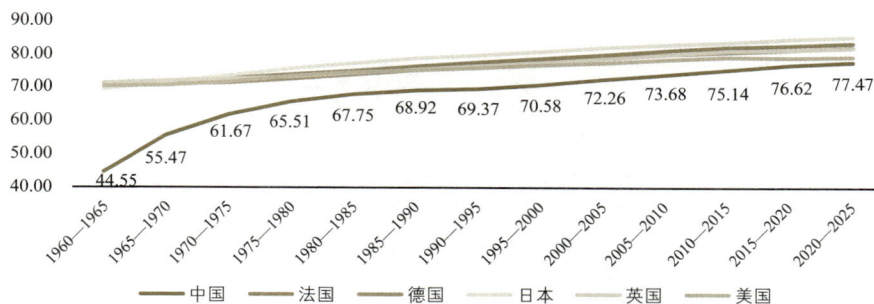

图3-8　中国人均期望寿命与世界主要发达国家对比

数据来源：联合国数据库UN data。

孕产妇死亡率从1990年的88.9/10万下降到2020年的16.9/10万（图3-9）。婴儿死亡率及5岁以下儿童死亡率持续下降，婴儿死亡率从1991年的50.2‰下降到2020年的5.4‰（图3-10），5岁以下儿童死亡率从1991年的61‰下降到2020年的7.5‰（图3-11），提前实现联合国千年发展目标，接近发达国家水平（图3-12）。

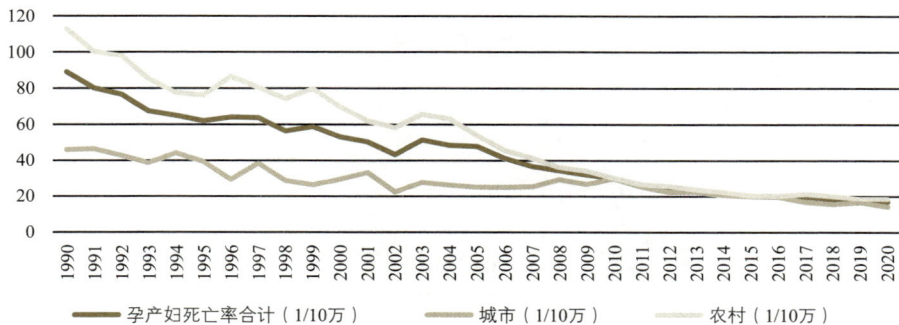

图3-9　孕产妇死亡率（1990—2020年）

数据来源：国家卫健委。

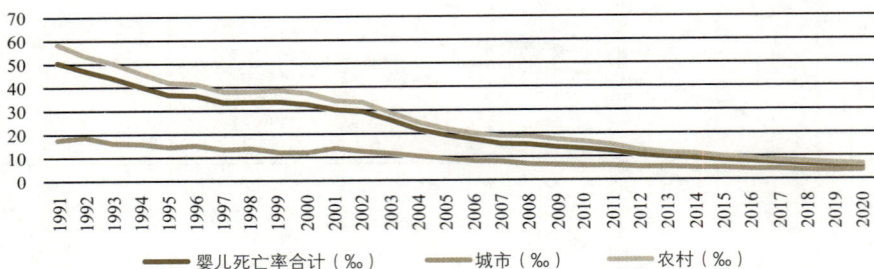

图3-10　婴儿死亡率（1991—2020年）

数据来源：国家卫健委。

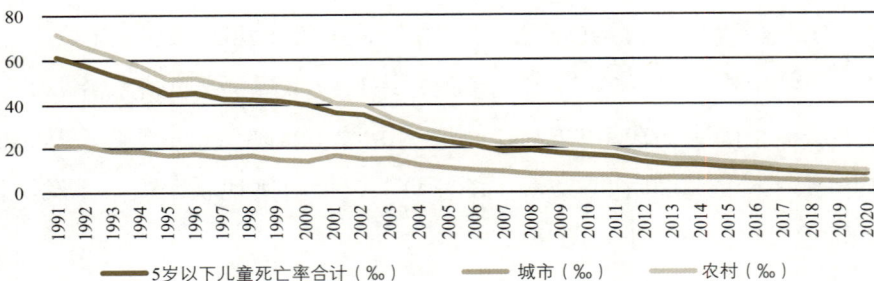

图3-11　中国5岁以下儿童死亡率（1991—2020年）

数据来源：国家卫健委。

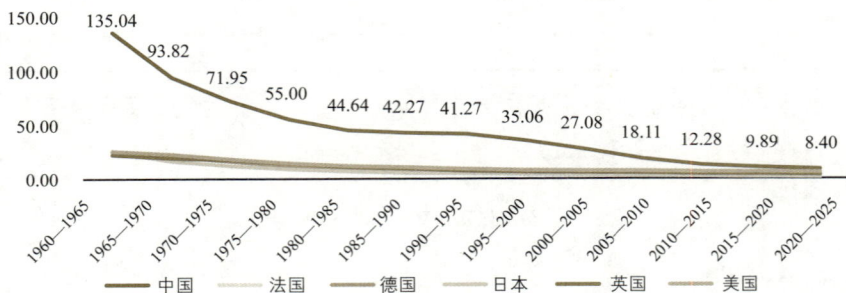

图3-12　中国婴儿死亡率（‰）与世界主要发达国家对比

数据来源：联合国数据库UN data。

三、医疗保障制度的建设与完善

医疗保障是基本的民生工程，医疗保障制度改革发展是做好民生工程的关键途径。1998年城镇职工基本医疗保险制度的建立，开启了我国以社会医疗保险制度为主体的新型医疗保障制度体系的建设过程。从启动城镇职工医保、新农合和城镇居民医保制度建设，到全国基本医疗保障制度全覆盖，20余年来，我国医疗保障制度不断推进各方面改革措施，保障覆盖面从小到大、保障水平从低到高、管理服务从粗到精，中国特色的医疗保障制度体系不断完善和发展，制度作用不断显现和发挥。截至2020年，全国参加基本医疗保险人数达13.5亿人，参保率稳定在95%以上，全国基本医保基金累计结存约2.7万亿元。我国已经构建起了世界上最大的医疗保障体系，惠及占全球人口约19%的中国人民，创造了人类发展史上的医保改革与发展奇迹。

《中共中央　国务院关于深化医疗保障制度改革的意见》（以下简称《意见》）指出，多层次医疗保障体系是以基本医疗保险为主体，医疗救助为兜底、大病补充保险、商业健康保险、慈善捐赠、医疗互助共同发展的医疗保障制度体系，是中国特色全民多层次医疗保障体系的基本定型和具体体现，是满足人们对美好生活需要的重要目标，并计划在2030年建成多层次医疗保障体系。

（一）构建多层次医疗保障体系

根据《意见》的规划，医疗保障的"多层次"由四个层次构成：第一层次是国家提供的三重医疗保障：基本医疗保险、大病保险和医疗救助。第一重是基本医疗保险，由职工基本医疗保险和城乡居民基本医疗保险组成。第二重是大病保险，针对城乡居民、城镇企业职工、机关事业单位人员分别为城乡居民大病保险、职工大额医疗费用补助和公务员医疗补助。重大疾病保险是对年度医疗费用超过封顶线的部分进行二次报销，由于城乡居民大病保险没有单独的筹资方式，职工大额医疗费用补助和公务员医疗补助的筹资方式同基本医疗保险绑定，所以，第二重保障也可称之为第一重保障的延伸。第三重是医疗救助，这是一个非缴费型的社会救助制度，资金主要来源于财政补助，其功能是对特殊困难群众进行资助。由国家三重医疗保障，体现了医疗保障制度的基础性、普惠性和兜底性的功能。第二层次是雇主举办的企业补充医疗保险，由两个制度构成：一是在国家给予税收优惠政策支持下由雇主自愿举办或参加的补充性医疗保险制度，体现的是企业的福利性质；二是由企业为职工购买的商业健康保险，属于市场化的福利。第三层次是以个人购买为主的商业健康保险。第四层次是来自于社会和市场化的慈善公益和医疗互助。（表3-7）

表3-7　中国医疗保障制度的基本构建

层次	功能	板块	制度	主办	备注
第一层次：基本医疗保障制度	基础性	主体部分：基本医疗保险	（1）城镇职工基本医疗保险 （2）城乡居民基本医疗保险	国家	城乡居民基本医疗保险有部分财政补贴
	普惠性	延伸部分：大病保险	（3）城乡居民大病保险 （4）职工大额医疗费用补助 （5）公务员医疗补助		
	兜底性	兜底部分	（6）医疗救助		财政补贴
第二层次：企业补充医疗保险	补充性		（7）企业补充医疗保险制度和团体健康保险	雇主	有一定税收政策支持
第三层次：商业健康保险			（8）普通商业健康保险 （9）个人税收优惠商业健康保险	个人	个人家庭安排
第四层次：慈善与互助			（10）慈善公益捐赠 （11）医疗互助	社会/企业	社会制度安排

资料来源：郑秉文：《"多层次"医疗保障体系　三大亮点与三大挑战 ——抗击疫情中学习解读〈中共中央 国务院关于深化医疗保障制度改革的意见〉》，《中国医疗保险》2020年第4期。

（二）基本医疗保险

中国先是在1998年建立了城镇企业职工基本医疗保险。在此之前，城镇企业职工实行的是劳动保险制度。在劳动保险制度的基础上，1998年建立了企业缴费与职工缴费相结合，统筹账户与个人账户相结合的企业职工基本医疗保险制度。

2003年在农村建立新型农村合作医疗制度。相比于旧的合作医疗，新型农村合作医疗最主要的特征是政府补贴，由政府补贴与个人缴费形成新农合基金。2007年针对城镇非就业的居民，主要是"一老一小"，建立了城镇居民基本医疗保险，其筹资方式也是政府补贴加个人缴费。

随着城镇居民基本医疗保险制度的建立，中国的医疗保障实现了制度上的全覆盖：城镇职工参加城镇职工基本医疗保险，非就业居民参加城镇居民基本医疗保险，农村居民参加新型农村合作医疗。在这三项社会保险制度之外，则是具有"安全网"性质的医疗救助制度（图3-13）。

党的十八大之后，随着城乡一体化进程的加快，新型农村合作医疗与城镇居民基本医疗保险从2016年开始进行整合，到2018年整合为城乡居民基本医疗保险，并确定由新成立的国家医保局负责管理。

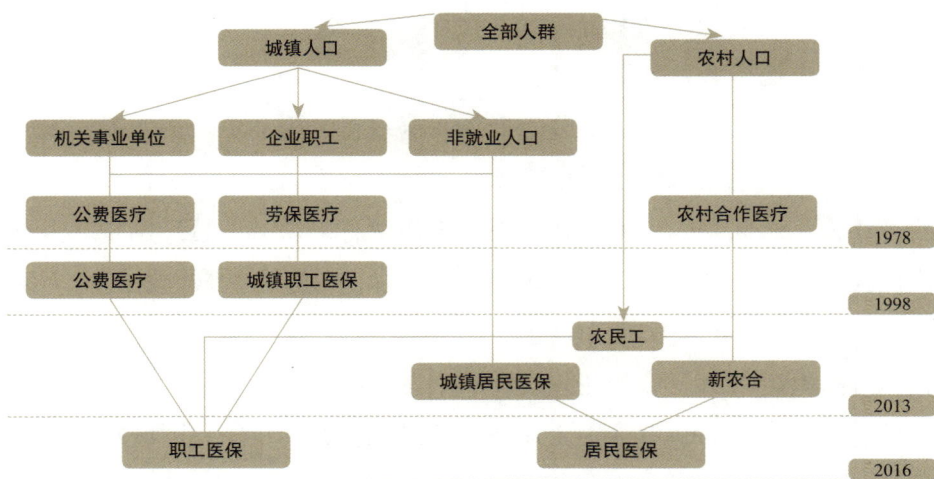

图3-13 基本医疗保险全覆盖示意

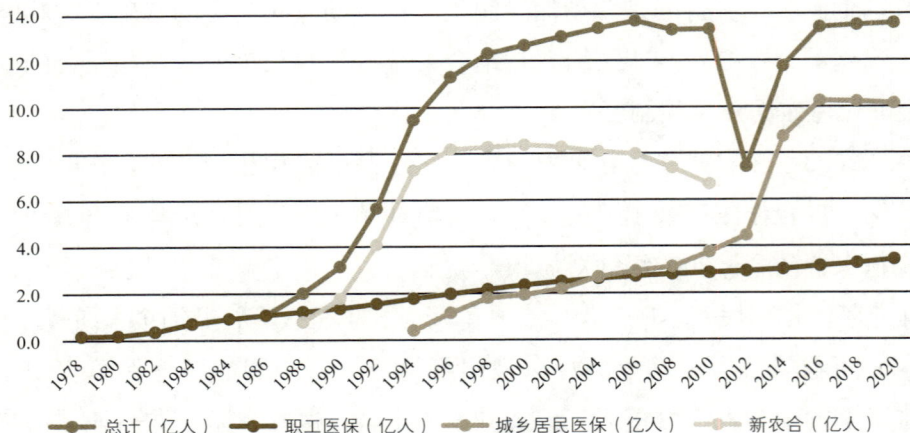

图3-14　全国基本医疗保险参保总体情况（1978—2020年）

数据来源：国家卫健委。

注：2016—2017年不含未整合的新农合参保，2018年起城乡居民医保数据含整合后的新农合参保。

截至2020年底，全口径基本医疗保险参保人数达136100万人，参保覆盖面稳定在95%以上。其中参加职工基本医疗保险人数34423万人，其中在职职工25398万人，退休职工9025万人。参加城乡居民基本医疗保险人数101677万人（图3-14）。

（三）医疗救助和医保扶贫

医疗救助是应对城乡低收入群体因病致贫、因病返贫的重要制度。救助对象主要包括最低生活保障家庭成员、特困供养人员、低收入家庭的老年人、未成年人、重度残疾人和重病患者以及其他特殊困难人员和优抚人员，通过直接医疗救助和资助参加医疗保险两种方式救助。

2020年，全国医疗救助基金支出546.84亿元，资助参加基本医疗保险9984万人次，实施门诊和住院救助8404万人次（图3-15），全国平均次均住院救助、门诊救助分别为1056元、93元。2020年中央财政投入医疗救助补助资金260亿元，另外安排40亿元补助资金专门用于提高"三区三州"等深度贫困地区农村贫困人口医疗保障水平，安排15亿元特殊转移支付医疗救助补助资金。

2020年全国农村建档立卡贫困人口参保率稳定在99.9%以上。2018年以来各项医保扶贫政策累计惠及贫困人口就医5.3亿人次，助力近1000万户因病致贫家庭精准脱贫。

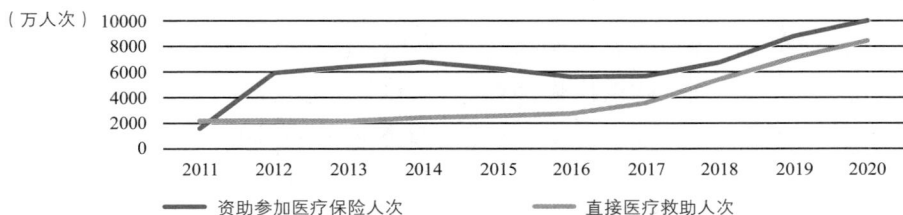

图3-15　资助参加医保人次和直接医疗救治人次（2011—2020年）

数据来源：国家卫健委。

（四）党的十八大以来医疗保障制度的完善

党的十八大以来，医疗保障制度不断完善，保障水平持续提高。党的十八届三中全会提出，要统筹推进医疗保障、医疗服务、公共卫生、药品供应、监管体系综合改革，改革医保支付方式，健全全民医保体系。城乡居民基本医疗保险制度进一步完善，基本医疗财政补助标准和住院费用报销比例逐步提高，大病保险制度全面实施。2017年，异地就医基本医保直接结算启动实施，逐步解决异地就医报销问题。2018年5月，新组建的国家医疗保障局正式成立，实现了城镇职工基本医疗保险、城镇居民医疗保险、新型农村合作医疗的"三保合一"，同时生育保险并入城镇职工基本医疗保险。2019年，医保目录动态调整机制建立，医疗保障"战略购买者"的作用得以更好地发挥，更多救命救急的好药纳入医保。疾病诊断相关分组付费和病种分值付费等医保支付方式改革也在全国试点城市启动，促进了合理配置医疗资源、推动优化医院管理、规范诊疗行为。

2016年，中国政府获国际社会保障协会颁发的"社会保障杰出成就奖"，以表彰中国为世界社会保障事业发展做出的突出贡献。2020年年初，党中央和国务院要求进一步深化医疗保障制度改革，完善重大疫情医疗救治费用保障机制，探索建立特殊群体、特定疾病医药费豁免制度。

未来在我国建立真正的"多层次"医疗保障制度，不仅仅是政府亲力亲为、包揽建立起所有的制度，还要进一步发挥企业、市场、个人作用，完善第二、三、四层次保障体系，才能既可减轻国家财政负担，又能满足社会不同层次的社会需求，符合社会发展的长期利益。

四、党的十八大以来医药卫生体制改革

改革开放以来我国医药卫生领域发展取得了很大的成就，但仍然存在诸如以药养医、过度诊疗等不适应社会主义市场经济体制的弊端。2009年我国开始了新一轮医药卫生体制改革，党的十八大以来医改持续推进，医药卫生领域的一些弊端得以解决，治理效能不断提升。

2009年开始的新一轮医改构建了一个全面的改革方案，搭建了医保、医药、医疗三医联动的改革框架。新医改的主要内容，即"四梁八柱"中的"四梁"提出的四大体系建设，若将公共卫生服务体系也包含在医疗卫生服务体系中，则正好是医疗保障体系、医疗服务供给体系以及药品供应体系这"三医"。对于"三医"的改革以及相互之间的配套，新医改方案也提出了相应的改革路径。

（一）药品供应领域的改革

药品供应领域中的乱象一直是中国医药卫生领域中社会关注的焦点，也是医药卫生体制改革面对的首要问题。以药养医、药价虚高、药物滥用也一直是几十年来没有得到根治的"顽疾"。不论是哪一次医改，解决以药养医的问题都是重头戏。2009年新医改以来提出的关于药品供应领域的改革措施，大体上可以归结为三类：一是药品的价格管

理；二是药品集中采购；三是药品流通领域中的相关措施，比如两票制等。特别是2018年国家医保局成立后，新的药品集中带量采购（即俗称的"4+7"集中带量采购），集采药品平均价格下降50%以上，减轻了人民群众的负担，净化了医药行业生态，提升了医药卫生领域的治理效能。

（二）积极推进分级诊疗

2015年9月国务院办公厅印发《关于推进分级诊疗制度建设的指导意见》，提出分级诊疗的目标是基层医疗卫生机构诊疗量比例明显提升，就医秩序更加合理规范，到2020年形成"基层首诊、双向转诊、急慢分治、上下联动"的分级诊疗体系。

从各地推进分级诊疗的实践情况来看，主要包括两个大类的措施：一是强制性的分级诊疗，即强制患者必须社区首诊。这又分为医保的强制首诊和医院的强制首诊，即如果不经基层转诊，直接到医院就诊，要么医保不予报销，要么医院不予接诊。二是诱导类的政策，即通过各种方式诱导患者到基层首诊。首先，这既包括降低基层就诊实际费用的措施，又包括在基层医疗卫生机构实施的药品零差率和基本药物制度，以及提高在基层就诊的医保报销比例等。其次是基层服务能力的政策，包括安排基层机构的医生到大医院培训，以及大医院的医生到基层坐诊等。除了这些措施，各地还大力推进了医联体的建设，将医院与周边的社区卫生服务中心（站）结合在一起，形成整合性的医疗服务供给集团。

（三）公立医院改革

公立医院是我国医疗卫生服务供给的主体，也是新一轮医改的重点。我国医药卫生领域的主要问题以及症结都在公立医院的改革上。2009年新一轮医改方案提出的公立医院改革的原则是在坚持公益性的基础上，实现"四分开"，即政事分开、管办分开、医药分开、营利性与非营利性分开。政事分开、管办分开要求公立医院作为独立的医疗服务供给主体与卫生行政部门脱钩，卫生行政部门作为全行业监管的政府机关不再直接经营公立医院，实现"运动员与裁判员"分开。医药分开主要针对的是以药养医体制，要求公立医院转换收入结构，取消通过药品销售获得收入的补偿渠道，建立合理的医院收入及医生薪酬机制。营利性与非营利性的目的则在于引入和鼓励社会办医，形成与公立医院公平竞争的多元供给格局。在社会办医中要区分营利性与非营利性的医疗机构，进行分类管理。

2017年中华人民共和国国家卫生和计划生育委员会等七部门发布《关于全面推开公立医院综合改革工作的通知》，总结各地公立医院改革试点的经验，全面公立医院综合改革，改革的核心是医药分开，取消药品加成，破除以药养医。医药分开改革的主旨是改变医院和医生通过药品销售获得收入的途径，因为在药品加成销售的情况下，医院和医生都有开高价药的偏好。而在医院和医生掌握药品销售终端和处方权的情况下，无论在药品供应环节做何种改革，效果都是有限的。取消药品加成实际上是取消医院和医生对高价药的偏好。

积极应对人口老龄化的养老照料体系

一、中国的老龄化及其影响

（一）中国老龄化的特征与事实

自20世纪以来，人类平均寿命普遍增加，人口结构发生巨大变化。据联合国经济与社会事务部门的预测，到2050年，全球约1/6（16%）的人将超过65岁。我国的老龄化程度也不容乐观，中国65岁以上人口占比从2000年的7%，增加到2020年的13.5%。观察2020年人口金字塔（图

3-16）形状可知，我国未来老龄化形势仍然非常严峻，按照联合国的保守预测，到2050年中国老龄人口占比将达到24.1%（图3-17）。

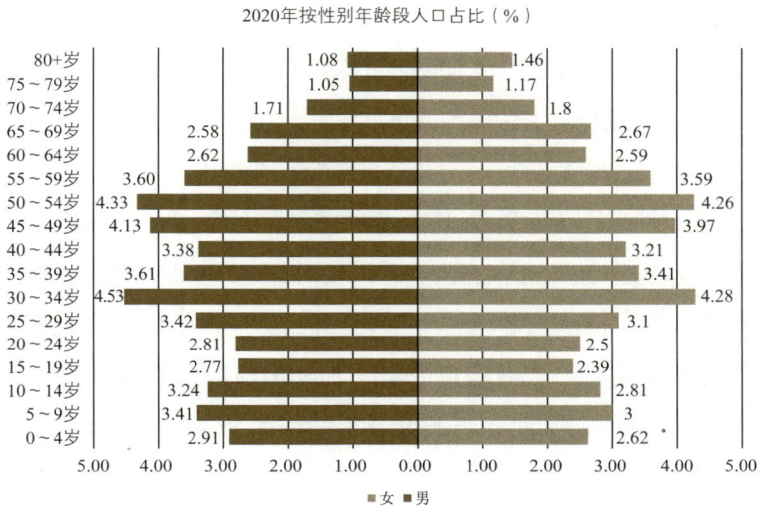

2020年按性别年龄段人口占比（%）

年龄段	女	男
80+岁	1.08	1.46
75~79岁	1.05	1.17
70~74岁	1.71	1.8
65~69岁	2.58	2.67
60~64岁	2.62	2.59
55~59岁	3.60	3.59
50~54岁	4.33	4.26
45~49岁	4.13	3.97
40~44岁	3.38	3.21
35~39岁	3.61	3.41
30~34岁	4.53	4.28
25~29岁	3.42	3.1
20~24岁	2.81	2.5
15~19岁	2.77	2.39
10~14岁	3.24	2.81
5~9岁	3.41	3
0~4岁	2.91	2.62

图3-16　全国按性别分各年龄段人口占比（2020年）

数据来源：国家统计局《第七次人口普查主要数据》。

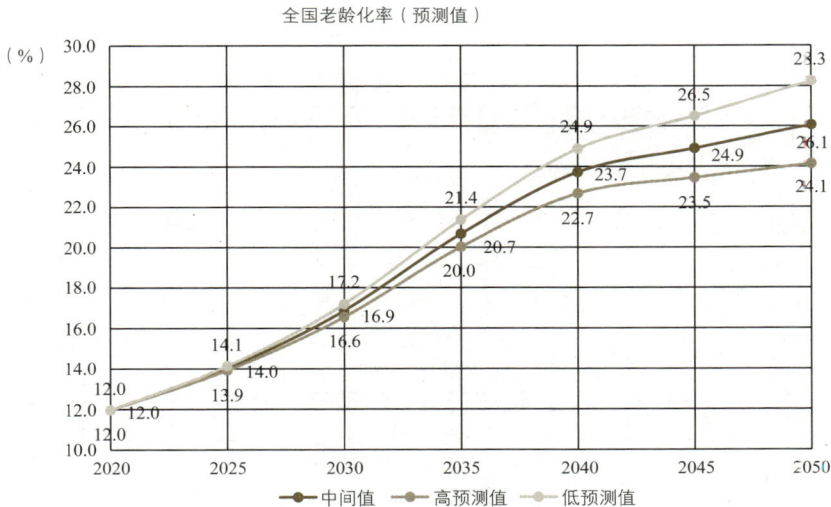

全国老龄化率（预测值）

年份	中间值	高预测值	低预测值
2020	12.0	12.0	12.0
2025	14.0	13.9	14.1
2030	16.9	16.6	17.2
2035	20.7	20.0	21.4
2040	23.7	22.7	24.9
2045	24.9	23.5	26.5
2050	26.1	24.1	28.3

图3-17　全国65岁以上人口占全国总人口比重预测值（2020—2050年）

数据来源：联合国人口司《世界人口展望2019》。

但与世界其他国家相比，中国的老龄化进程又有所不同。首先，我国人口老龄化起步晚，但发展速度快。新中国成立后，先后经历了1949—1952年国民经济恢复时期和1953—1957年的第一次生育高潮，人口规模迅速扩张，全国人口由1949年的5.42亿增加到1957年的6.47亿。从2014年开始，这个阶段出生的人口逐步进入"65岁+"的老年期，中国迎来了老年人口增长高峰。

其次，中国的老龄化呈现出"未富先老"的特征。2020年底全国60岁及以上人口为2.64亿，占全国总人口的18.70%，其中65岁及以上人口数为1.91亿，占13.50%，即将进入"老龄社会"。[①]通过对比OECD国家"65岁+"人口占比首次超过13.5%的时间和相应年份的人均GDP（表3-8）发现：相较于发达国家，在同等老龄化水平下，中国的人均GDP明显低于发达国家。英国、法国、德国及北欧等老牌工业化国家在20世纪70年代就超过13.5%的老龄化水平，其首次超过13.5%老龄化水平相应年份的人均GDP约为中国同等老龄化水平年份的1.5～7倍；韩国、日本等新兴发达国家相应年份的人均GDP大约是中国相应年份人均GDP的2～3倍。

表3-8　各国65岁以上人口占比首次超过13.5%的年份

	65岁以上人口占比首次超过13.5%的年份	相应年份人均GDP（2020年不变价美元）
爱尔兰	2017	67397
瑞士	1980	59887
美国	2012	53989
澳大利亚	2010	53605
冰岛	2015	52952
加拿大	2008	42064
荷兰	1999	39091
新西兰	2012	36535

---

① 现行国际通用的老龄化社会界定标准来自1956年联合国出版的《人口老龄化及其社会经济后果》，即一个国家或地区65岁及以上人口占总人口的比重达7%时，即进入老龄阶段。如这一比例达到14%和20%时，则进入"老龄社会"和"超老龄社会"。

（续表）

	65 岁以上人口占比首次超过 13.5% 的年份	相应年份人均 GDP（2010 年不变价美元）
挪威	1975	32686
韩国	2017	30307
丹麦	1976	30092
日本	1993	29259
意大利	1987	25064
瑞典	1970	24388
英国	1973	21776
法国	1976	21184
西班牙	1990	18962
德国	1970	17887
希腊	1989	15697
葡萄牙	1991	15238
波兰	2011	11369
中国	2020	10431

数据来源：OECD数据库。

（二）老龄化对基本公共服务带来的影响

为解决人口老龄化带来的问题，通常的做法是增加财政支出，并将更多公共资金投入健康保障领域。事实上我国也是如此，近十年来中国财政支出总额的涨幅大大高于同时期GDP增长速度。具体来说，老龄化对我国公共政策的影响主要包括以下两个方面：

一是需要更大的养老保险筹资规模。中国养老保险主体是现收现付制的，这就意味着养老金的支付能力取决于当代年轻劳动力养老保险的缴纳水平。而随着中国老龄化程度的加深，老年抚养比持续上升，接受待遇的人群在不断扩大，但缴税以及缴费的就业人群的相对规模在降低。2020年中国劳动年龄人口96707万，65岁及以上人口19059万，老年人口抚养比高达19.7%，接近5个劳动年龄人口要抚养1位老年人口；而这个数据在2011年只有12.3%。

二是需要更多的老年照料服务供给。相比于筹资，老龄化给公共服务供给带来的压力更为严重，在医疗、照护等行业，尤其是老年人长期护理人员短缺成为常态。由于中国传统养老照料通常是由家庭提供，专业化、市场化的供给不足，导致长期照料服务相关产业发展落后。随着近来老年照料需求增加，在市场供给不足的情况下，长期照料服务价格也随之增加。同时，长期护理服务的技术替代率较低，人工成本的增加无法被技术有效替代，服务价格只能越来越高，也就是所谓的"鲍莫尔成本病"。

二、构建多层次的养老金制度

当前多数国家实行的养老保障模式主要基于世界银行在20世纪90年代提出的"多支柱"模式。第一支柱，非缴费型公共养老金（普惠制或基于家计调查的老年救助），第二支柱，强制性基于基金积累的养老保险，第三支柱，自愿的老年储蓄。这三个支柱对应着社会养老保障的三个主要功能：第一支柱着重于收入的再分配，第二支柱着重于风险分散，第三支柱着重于个人储蓄。

中国基本社会养老保障的制度特征与中国社会保障体系的总体特征相一致，在吸收国际"多支柱"模式的同时，又结合中国实际，针对不同的人群适用不同的养老保障制度安排。从大的制度框架上分析，包括基本养老保险、养老救助以及补充保险，其中养老保险又分为城镇职工基本养老保险和城乡居民养老保险。

（一）城镇职工基本养老保险

城镇就业职工的基本养老保障制度主要覆盖的是城镇就业人口。这部分就业人口又根据就业性质划分为两类：一是机关事业单位职工的养老保障制度；二是企业及其他单位的养老保障制度。中国城镇职工基本养老保险的制度模式为社会统筹与个人账户相结合的制度。1997年国务院《关于建立统一的企业职工基本养老保险制度的决定》对中国企业职工的基本养老保险制度的制度框架进行了详细规定。在缴费方面，规定企业缴费费率控制在企业工资总额的20%左右；个人缴费费率从1997年的最低4%开始，逐年提高到个人缴费工资的8%。在待遇支付方面，规定了最低缴费年限为15年，退休后发给基本养老金，包含社会统筹部分+个人账户部分：社会统筹部分的基础养老金标准确定为统筹地区上年度职工月平均工资的20%；个人账户养老金标准为个人账户余额除以120。2005年国务院《关于完善企业职工基本养老保险制度的决定》对城镇企业职工基本养老保险制度进行了完善，将覆盖范围扩展至城镇所有就业人员，将城镇灵活就业人员和个体工商户纳入保障范围。在缴费费率方面，确定企业和个人缴费分别为企业工资总额及个人缴费工资的"20%+8%"[1]，企业缴费全部进入社会统筹，取消企业缴费拨付到个人账户的做法。在待遇支付方面，调整了待遇支付办法，基础养老金以当地上年度在岗职工月平均工资和本人指数化月平均缴费工资的平均值为基数，缴费每满一年发给1%；[2]个人账户养老金则以其余额除以计发月数按月计发[3]。

机关事业单位的养老金制度又分为两个部分：一部分机关事业单位离退休制度，养老金全部由财政负担；另一部分机关事业单位职工参加了机关事业单位养老保险，机关事业单位养老保险的基本原则与企业职工相同。机关事业单位的退休制度从1955年开始实施，养老金直接在政府财政中列支。到1991年，国务院明确提出了对机关事业单位养老保险

---

[1]　2019年5月1日开始，企业缴纳部分的最低缴费标准降为16%。

[2]　基础养老金=（全省上年度在岗职工月平均工资+本人指数化月平均缴费工资）/2×缴费年限×1%=全省上年度在岗职工月平均工资（1+本人平均缴费指数）/2×缴费年限×1%。

[3]　个人账户养老金=个人账户储存额÷计发月数（计发月数根据退休年龄和当时的人口平均寿命来确定，目前50岁为195、55岁为170、60岁为139）。

制度进行改革，并最终决定从2014年10月1日起对机关事业单位工作人员养老保险制度进行改革，改革后的机关事业单位职工养老保险制度与城镇职工基本养老保险制度一致，改革前后待遇的衔接政策，总的原则是"老人老办法、新人新制度、中人逐步过渡"。

（二）城乡居民养老保险

现代社会保险制度的建立，以就业关联为前提，因此，首先覆盖正规就业的人员。但是在中国，农村的小农户以及部分在城镇从事灵活就业以及个体工商户等人群，占到了总人口的多数。为了将这部分人员纳入社会保障体系，国务院在2009年发布《关于开展新型农村社会养老保险的指导意见》，针对农村居民建立了新型农村社会养老保险制度；并于2011年发布《关于开展城镇居民社会养老保险试点的指导意见》，针对城镇非就业居民建立了城镇居民社会养老保险制度。

2014年中央决定合并新型农村社会养老保险与城镇居民养老保险，建立统一的居民社会养老保险制度。主要内容有：第一，在资金来源上，实行"个人缴费+集体补助+政府补贴"的模式。个人缴费部分可以自愿选择不同的缴费档次，从100到1000元不等；政府根据参保人选择的缴费档次，给予不低于每人每年30元的补贴；有条件的集体经济组织以及其他社会组织可以为居民社会养老保险提供补助。第二，实行完全积累的个人账户制度。个人缴费、集体补助及政府的补贴全部进入个人账户。参保居民在年满60岁之后，按照个人账户余额除以139按月计发个人账户养老金。第三，在待遇确定方面，除了个人账户养老金外，政府为符合条件的居民提供普惠制的基础养老金。[1]在制度建立之初，普惠制的基础养老金为每人每月55元；有条件的地区可以适当提高基础养老金水平。截止到2020年，年末城乡居民基本养老保险参保人数54244万人，实

---

[1] 城乡居民养老保险仍按照户籍人口确定。

际领取待遇人数16068万人。

（三）为老年社会筹资的其他渠道

1991年，国务院首次提出"补充养老保险"，并鼓励企业实施补充养老保险。1995年劳动部发文，对补充保险实施主体、管理以及决策程序、资金来源待遇给付、投资运营等做出了明确的规范。2004年《企业年金试行办法》对企业年金制度的运行做出了更加详细的规定。2015年印发的《国务院关于机关事业单位工作人员养老保险制度改革的决定》要求机关事业单位在参加基本养老保险的基础上，应当为其工作人员建立职业年金。单位按本单位工资总额的8%缴费，个人按本人工资的4%缴费，退休后，按月领取职业年金。2018年2月1日起实施的《企业年金办法》对企业缴费以及职工缴费做出具体规定，分别为不超过本企业工资总额的8%和12%，全国企业年金和职业年金制度基本完善。

（四）迈向共同富裕的养老金制度

养老保险是否体现了共同富裕，应当从两个方面来判断：一看是否实现了更大的人口的全覆盖，二看养老金是否能满足老年人的基本需求。从覆盖率方面看，城镇职工基本养老保险制度构成了中国社会保障的主体，截止到2020年参加城镇职工基本养老保险人数45621万人，其中，参保职工32859万人，参保离退休人员12762万人，参保人员与城镇就业人员46271万人的比重为98.60%，基本实现了全覆盖。从对老年人需求的满足方面来看，职工平均退休金逐年提高，2002年城镇退休职工月平均养老金为678元，到2020年增加到3410.18元（表3-9）。国际上通常使用养老金替代率来表现养老金的支出水平，养老金替代率等于退休金比上退休前的平均工资，替代率越高说明退休金相比退休前的变化更小，更能满足退休后的需求。通过国际比较发现，中国养老金平均替代率高于OECD国家平均水平（图3-18），其中男性养老金替代率为71.58%，超出OECD国家平均替代率近20%，处于较高水平。

表3-9　2002—2020年城镇退休职工月平均养老金①

年份	年平均退休职工数 （万人）	城镇职工基本养老保险基金支出 （亿元）	退休职工月平均养老金 （元）
2002 年	3494.2	2842.9	678.00
2003 年	3734	3122.1	696.77
2004 年	3981.4	3502.1	733.01
2005 年	4235.05	4040.3	795.01
2006 年	4501.45	4896.7	906.50
2007 年	4794.55	5964.9	1036.75
2008 年	5128.65	7389.6	1200.71
2009 年	5555.25	8894.4	1334.23
2010 年	6055.95	10554.9	1452.41
2011 年	6565.6	12764.9	1620.17
2012 年	7135.95	15561.8	1817.30
2013 年	7743.35	18470.4	1987.77
2014 年	8317.2	21754.7	2179.69
2015 年	8867.65	25812.7	2425.74
2016 年	9622.65	31853.8	2758.58
2017 年	10564.55	38051.5	3001.51
2018 年	11411.7	44644.9	3260.17
2019 年	12054.05	49228	3403.28
2020 年	12536.35	51301.4	3410.18

数据来源：历年《中国统计年鉴》。

---

① 全体退休职工的月平均养老金=当年城镇职工基本养老保险基金支出/当年平均退休职工人数/12；某年平均退休职工人数=（年初退休职工人数+年末退休职工人数）/2。

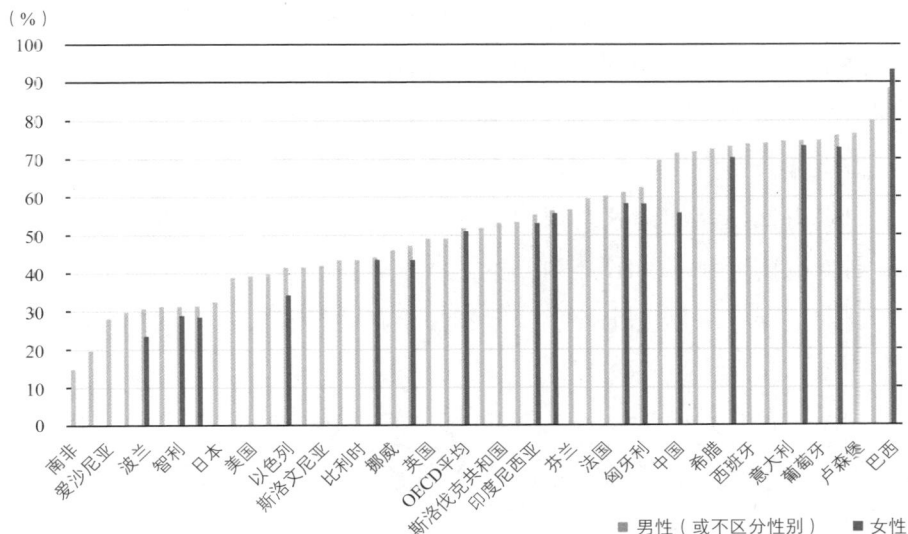

图3-18　2020年全球部分国家养老金平均替代率（2020年）

数据来源：OECD数据库。

三、建设可持续的养老照料服务

第二次世界大战之后，欧美主要发达国家长期照护供给模式的公共政策演变经历了从"去家庭化""机构化"到"再家庭化""去机构化"的演变过程。20世纪80年代之前的公共政策以支持和鼓励机构化的照护服务发展为重点。这背后很重要的原因是通过公共政策减轻家庭照护服务，促进女性就业。

但是，从20世纪80年代之后，欧美主要发达国家的长期照护公共政策发生了转向，开始强调社区和居家照护，强调对家庭照护的公共政策支持。这其中的原因首先是在需求侧，对家庭照护"情感支持"的重视，逐步形成"在地老化"的照护理念。其次是在供给侧，新的药品、治疗技术以及家用照护辅助器具的出现降低了家庭照护的技术难度，提高了家庭照护的效率。最后，最直接和最现实的原因则是长期照护的公共支出压力。欧美主要发达国家普遍建立了对失能人员长期照护的公共保障制度，各国长期照护公共支出占GDP的比重逐年增加。荷兰、德国、日本和韩国是四个建立长期照护保险的国家，这四个国家中长期照护服务公共支出占GDP的比重荷兰在2019年为3.8%，2020年上升到4.3%，是占比最高的国家；德国在2019年达到了1.6%，日本在2014年达到最高点，接近2%，2018年也高达1.8%；韩国作为新兴市场经济国家，建立长期护理保险制度比较晚，但2020年其公共支出也占到GDP的0.9%（表3-10）。

表3-10　1995—2020年各国长期照护公共支出占GDP的比重（%）

年份	法国	德国	日本	韩国	荷兰	美国
1995	1.026	0.897	0.263	0.004	1.256	0.451
1996	1.07	1.049	0.257	0.004	1.236	0.481
1997	1.067	1.032	0.324	0.005	1.203	0.487
1998	1.067	1.009	0.383	0.007	2.375	0.466
1999	1.061	1.005	0.474	0.009	2.394	0.439
2000	1.055	1	0.896	0.009	2.41	0.451
2001	1.069	0.985	0.983	0.019	2.574	0.488
2002	1.248	0.996	1.121	0.017	2.849	0.5
2003	1.298	1.003	1.238	0.023	3.063	0.508
2004	1.335	0.998	1.334	0.03	3.042	0.515
2005	1.371	1.005	1.385	0.049	3.054	0.514
2006	1.46	0.976	1.379	0.078	3.098	0.502
2007	1.488	0.957	1.424	0.114	3.043	0.507
2008	1.56	0.981	1.484	0.163	3.078	0.531
2009	1.748	1.112	1.704	0.273	3.44	0.571
2010	1.785	1.124	1.755	0.342	3.525	0.573
2011	1.793	1.108	1.81	0.372	3.612	0.585

（续表）

年份	法国	德国	日本	韩国	荷兰	美国
2012	1.835	1.145	1.897	0.401	3.932	0.551
2013	1.86	1.19	1.955	0.449	3.873	0.539
2014	1.883	1.198	1.99	0.495	3.828	0.597
2015	1.882	1.257	1.97	0.533	3.713	0.593
2016	1.892	1.29	1.832	0.564	3.658	0.586
2017	1.88	1.483	1.803	0.616	3.642	0.571
2018	1.884	1.53	1.849	0.679	3.688	0.551
2019	1.877	1.59	..	0.764	3.833	0.543
2020	..	..	..	0.878	4.344	.

数据来源：OECD数据库。

中国正式的公共养老服务体系是从20世纪90年代开始发展的。在此前的养老服务体系属于"补缺式"救助体系，仅面向"鳏寡孤独"等没有赡养人以及生活困难的老人，不向社会一般居民开放。1997年民政部颁布的《农村敬老院管理暂行办法》提出"有条件的敬老院可以向社会开放，吸收社会老人自费代养"。2000年，民政部等11部委联合颁布《关于加快实现社会福利社会化的意见》，才明确提出促进"面向全社会、多元化举办"的社会化养老服务发展。

过去20多年间，特别是"十四五"期间，中国采取多种措施鼓励和促进养老服务业的发展。这些措施包括：一是建设补贴，一些城市对养老机构新建一张床位一次性补贴1万～2万元；二是运营补贴，招收一位入住老人每月补贴500～1000元；此外，还有用地和税收优惠，非营利性养老机构用地以划拨形式取得，无须缴纳土地出让金等。在这些政策的推动下，中国养老和照护服务的供给能力快速发展，床位数快速增长，服务床位数（机构和有床位的社区养老服务）从2009年的293.5万张上升到2019年的775万张，每千名65岁及以上老年人床位数从26张增长到44张。

四、积极应对人口老龄化

党的十九大报告指出我国社会基本矛盾已经转化为人民日益增长的美好生活需要和不平衡不充分的发展之间的矛盾，使养老照料体系建设的发展方向更加明确。随着老龄化程度的加深，中国基本养老保险和养老照料体系与人民的期望之间还存在差距。

一是基本养老保险统筹层次不高。受行政体制属地化管理的影响，中国基本养老保险的制度是以地方（市、县）为统筹区的，而且城镇职工基本养老保险和城乡居民基本养老保险相互独立。但由于地区间、城乡间的经济社会发展不同步，地区间、城乡间的养老保障水平差别巨大，导致不公平。同时，统筹区过多阻碍了正常的人口流动，不能有效应对系统性社会风险。因此，解决发展不平衡不充分问题，促进共同富裕，必须要提高统筹层次。

二是长期护理保险制度有待完善。为了积极应对老龄化，解决失能老人的照护需求，2016年6月，人社部印发文件，选择全国15市2省开展长期护理保险制度试点。2020年9月，国家医保局会同财政部印发《关于扩大长期护理保险制度试点的指导意见》，将长期护理保险试点城市增至49个，覆盖广度和深度进一步提升。但各地长期护理保险试点城市在覆盖人群、待遇水平等制度方面还存在较大的差异性，很难形成一套统一的模式在各地进行推广。

三是失能老人的长期照护供给不足。目前养老服务体系中专门针对失能人员长期照护的供给不足，大量养老服务床位主要面向的是自理老人，专门为失能人员提供长期照护服务的床位占比并不高。中国社会科学院"长期照护服务的供给研究"课题组2016年在全国进行了照护机构的抽样调查，数据显示我国养老照护机构中收住的自理老人、半失能老人、失能老人大概各占1/3（34.7%、28.6%、36.7%）。以此推断，中国专门针对失能、半失能老人的长期照护床位每千名老人的拥有量从44张下降到28.8张；专门针对完全失能老人的长期照护床位则下降到每千名老人16.2张，相比自理老人，失能老人对长期照护的需求更为迫切，其对个人和家庭带来的负担也更重。

综上，中国养老照料体系还处于形塑之中，需要从国家层级的顶层设计，并自上而下地推动改革走向深化，实现共同富裕。

首先要实现基础养老金更高层次的统筹。至今，大约有19省（自治区、直辖市）完成了基础养老金的初步省级统筹，但多数的省级统筹实际上实施的是养老保险统筹基金的"省级调剂金"制度，省内不同统筹区之间，缴费基数不同、待遇发放的参数不同，基金仍然保持在不同统筹区内。但调剂金的申请需要繁琐的程序，实际使用率并不高，区域之间的分割仍未根本解决。加大基本养老保险基金中央调剂力度，完善中央调剂机制，通过基金区域间的结构调整，提高养老保险基金的保障效率。逐步提高城乡居民基本养老金水平；健全完善职工基本养老金发放机制，职工养老金的增长要与经济社会发展水平更加适应；逐步使机关事业单位的养老金水平与企业职工养老金水平更趋公平合理。

其次应建立全面可持续的长期照护保险制度。扩大保险覆盖范围，先行先试地区可随制度探索完善，综合衡量经济发展水平、资金筹集能力和保障需要等因素，逐步扩大参保覆盖范围，调整待遇保障范围。从社会经济影响而言，全民覆盖能够增强筹资水平和保障能力，促进长期护理保险的长远发展，将城乡居民纳入长期护理保险的覆盖范围，才能最终实现公共服务与社会福利的供给公平，且能够通过巨大的需求体量带动经济增长。引入社会资本、商业保险公司参与长期护理保险的经办服务，建立标准化、专业化的经办制度，降低商业保险公司经办的难度以及成本。

最后是构建长期照护服务供给的家庭支持政策。居家服务可以充分利用自有住房、用具等资源，降低实际支付价格。此外，同样物理过程的照护服务，由家庭成员提供的照护服务可以提供"情感支持"，给老年人带来的"福利"更高。一是建立家庭照护人员的公共培训体系，为家庭照护者提供技术支撑。家庭照护人员多数并不具备护理专业知识，通过公共部门或市场化的机构为家庭照护人员提供专业化培训支持。二是为家庭照护人员提供相应的喘息服务。照护人员，长期照护失能人员体力和精神压力较大。对此，应该建立相应的公共支持政策，为照护人员特别是长期照护失能老人的人员提供喘息服务。三是对主要承担照护职责的家庭成员的就业以及医疗、养老等社会保障进行保护。对失能人员的照护是一个连续过程，势必影响外部就业的连续性以及与连续就业相关的社会保障权益。四是对家庭照护人员提供相应的技术支持，充分利用现代信息技术以及专业化的辅助器具。特别是随着护理技术的进步以及家用中小型失能人员护理辅助器具的出现，可建立面向家庭的辅助器具使用、租赁等公共政策。

基本实现住有所居

共同富裕是中国特色社会主义的根本原则。以习近平同志为核心的党中央一直把社会保障体系建设作为实现共同富裕的重要途径。作为社会保障民生安全网中重要组成部分的住房安全保障是迈向共同富裕的基础条件。新中国成立以来，住房保障制度的发展变化先后历经了三个时期。在计划经济和集体经济时期，城乡发展相对独立，住房保障制度侧重支持城市的工业化发展。改革开放之后，城乡要素流动成为一种必然的趋势，在有偿土地使用制度建立的基础上，住房的商品化改革也应运而生，初步形成了商品住房与政府出资建房并行的住房保障体系。党的十八大和十九大一再强调城乡统筹、融合发展，住房保障制度的改革也正响应了这一政策导向，在扩大了公积金覆盖面的同时，创新了公租房、共有产权房等一系列新的住房保障形式，为将进城务工人员纳入城市住房保障体系初步打开了一个政策突破口。尽管离全民覆盖的住房保障制度还有一定距离，但政府通过建立多样化、多渠道的住房保障体系，分类、分层次地为不同人员的基本住房需求提供了解决方案，使得住有所居的保障目标基本得以实现。

一、计划经济体制围绕工业优先发展建立的城市住房保障制度

中华人民共和国成立以来，政府十分重视改善人民居住条件，始终围绕"人人享有适当住房"和"城市化进程中人类住区的可持续发展"两大主题，加快住房建设步伐，广大人民的居住条件和居住环境有了较大改善。

在中华人民共和国成立初期，政府曾正式承认住房的私有化，鼓励私有住房出租，并在此基础上对房租的收取进行管理。例如《关于城市房产、房租的性质和政策》中曾明确承认房产权利的私人所有，保护私人出租和经营其所有房屋的权利。首先是提倡公私合营，然后公有制的股份逐渐提高，最初公私并存的供给模式逐渐被国营房地产公司取代。对于私人的房屋大多采用逐渐赎买的方式，先支付部分租金，然后逐渐赎买收归国有。这样做即使尽可能地调动了已有的存量房屋，却仍不足以满足人们的住房需求。据统计，新中国成立初期，人均居住面积大约仅有4.5平方米。

除已有房屋外，政府还曾新建部分住房。据统计，从1949年到1957年间，政府出资建造的住房面积接近1.1亿多平方米，但是新建的住房仍然无法满足住房需求。在三年恢复期后政府又倡导建设新兴的工业城

市，政府建的住房一般是优先分配给单位内部职工，一方面是为了支持新兴工业城市的生产，另一方面是在"低工资、低消费""先生产、后生活"以及平均主义思想的影响下，普通职工的低工资不足以支付高额的房租。据统计，从1953年到1977年间，我国体制内单位职工的货币工资在刨除物价上涨的影响后仅有年均0.3%的增长率。为了保障生产力，与低工资对应的是住房的无偿实物分配以及低租金制度。在1955年薪金制改革之后出台了《中央国家机关工作人员住用公房宿舍收租暂行办法》，其中规定房租为0.12元/平方米，并且仅占工资的2%~3%。

如此一来，在社会主义改造的作用下，在重视工业发展建设的计划经济时期，逐渐形成了我国住房保障无偿实物分配以及低租金的特点，并且供给方单一，由政府主导。1950—1978年，国家共投资374亿元，新建城市住房5.3亿平方米，年均竣工1800万平方米。由于住宅建设长期采用低租金和实物分配方式，不能形成投入—产出的良性循环，住宅建设的增长难以适应高速增长的城市人口。1978年以后，在商品房市场建立完善的基础上中国住宅建设进入快速发展时期。

二、基于城市土地有偿使用制度的住房商品化改革

1978年末至2001年，全国城镇住宅共投资40878亿元，年竣工24810万平方米。国家对住房分配制度及住宅建设的投资融资、开发建设和管理体制进行全面改革，这一时期的住房保障改革大致可以概括为两个方面：一是城市土地有偿使用制度的建立，二是商品住房与政府单位出资建房并举。

第一，城市土地有偿使用制度的建立。1956年发布的《关于目前城市私有房产基本情况及进行社会主义改造的意见》明确规定，城市土地一律收归国有，由当地政府无偿划拨使用。一直到1979年在《中华人民共和国中外合资经营企业法》以及《关于中外合营企业建设用地的暂行

规定》中才开始要求中方与外资企业合营时需要收取土地的场地使用费，并且场地使用权可以作为合营投资的一部分。几年之后，深圳于1982年开始征收土地使用费，到1988年全国已有100多个城市先后开征了城市土地使用费。1987年深圳又提出将土地的所有权和使用权分离，在同年9月首次以协议方式出让土地，11月首次以招标方式出售土地使用权，12月又首次以公开拍卖的方式出售了土地使用权。同年国务院在上海、天津、厦门、福州等沿海城市推行了城市土地制度改革的试点。1986年公布的《土地管理法》，以立法的形式明确了城市土地的所有权归于国有，国家依法实行国有土地有偿使用制度，并且建立了土地用途管制制度，虽然之后《土地管理法》经多次修改，但是这一制度根本却从未被更改过。

1999年，国务院正式颁布了《中华人民共和国城镇国有土地使用权出让和转让暂行条例》，其中第二章第九条明确"土地使用权的出让，由市、县人民政府负责，有计划、有步骤地进行"。在城市土地两权分离的基础上，城市土地储备制度应运而生，这构成了我国城市土地垄断供应，进而形成土地财政的重要基础。上海首先建立了我国第一家土地储备机构——"上海土地发展中心"，到2001年全国已有669个县市建立了土地储备机构。从土地储备到土地整理，将"生地"变成"熟地"，然后出让，或开发后再出让，这一条土地供应链为改革开放以来我国城市的基础建设提供了初期的资金保障。

第二，商品住房与政府单位出资建房并举。在建立土地有偿使用制度的基础上，1979年国家在西安、柳州、梧州、南宁开始了全价售房的试点，1981年试点已经扩大到全国60多个城市和县。然而由于计划经济体制下长期实行低工资和实物分配的制度，大部分居民并没有足够的储蓄用于住房购买。于是1982年在全价出售的基础上又提出补贴出售。

最早的政府出资补贴出售房试点设立在常州、郑州、沙市、四平。对于住房保障方面的相关改革，政府首先考虑低廉的租金无法满足对已有住房的维护费用，也无法给无房职工提供足够的住房保障。所以在1978年发布的《国家计委 国家建委 财政部 国家物资总局关于自筹资金建设职工住房的通知》中曾明确希望各方包括国家、地方、企业共同协作来解决职工住房问题。1979年发布的《国家城市建设总局关于重申制止降低公有住宅租金标准的通知》虽曾短暂地提出以租养房的建议，但与此同时整个住房保障体系不可避免地由原来政府统一提供低租金的保障住房转向允许私人建房买房的时期。1980年出台的《全国基本建设工作会议汇报提纲》正式允许住房商品化改革，1983年还出台了《城镇个人建造住宅管理办法》进一步管理和规范私人建造住房。

以上海住房商品化改革为例，上海曾在1979年尝试出售少量商品住宅给华侨，很快被抢购一空。然后在1981年又将销售的范围扩大到职工人群。直至1984年，上海已经出售商品住房约15.7万平方米，其中地方财政出资建的有7.7万平方米，单位自筹建造的约5万平方米，联建公助的约有3万平方米。这一时期，在政策的支持下私人建房发展很快，据记载，仅1983—1985年，上海市区私人建造的房屋就有69万平方米，比前面提到的直至1984年为止上海商品房出售总额的4倍还多。还出现了一批专门开发经营商品房的企业，大约64家。到1985年底，房地产业共引进外资9.1亿美元。当时的"商品住宅"供应大致有三种方式：一是由地方财政出资建造，并由地方财政补贴出售给机关事业单位职工；二是各单位自建住宅并按一定比例补贴出售给本单位职工；三是由开发公司建造面向社会出售。这也从侧面说明，对于什么是商品住宅当时并没有一个清晰的界定，而允许公有住房出售，无论是不是有补贴的低价售房，都已经是在原有的计划经济体制内向住房商品化迈出了一大步。但从社会保障制度的角度来看，政府和单位出资建造并补贴出售的房屋其实也是保障房制度的一个部分，而私营建房面向社会出售的住房才是商品房市场的主体部分，也就是说住房保障制度应是一个与商品房市场平行互补的制度设计。总言之，住房的商品化改革释放了住房的刚需，激发了房地产投资，也从很大程度上缓解了改革开放初期全社会住房匮乏的状况。

1988年召开的第一次全国房改会议，国务院印发了《关于在全国城镇分期分批推行住房制度改革实施方案》，其中提到住房制度改革的几个主要内容：一是改变资金分配体制，暗贴转化为明贴纳入工资里；二是把住房作为商品生产；三是建立住房基金，实现住房资金良性循环；四是开放房地产市场，发展房地产金融和房地产业。而1991年出台的《关于全国推进城镇住房制度改革的意见》更指出了要提高个人住房投资比例，按维修费、管理费、折旧费的标准折算并提高租金，同时提租补贴要尽量按"多提少补"的原则，明确要改革低租金配房和实物分房的制度。在这一系列过渡性政策出台的基础上，正式让住房实物分配制度退出历史舞台的是1998年出台的《国务院关于进一步深化城镇住房制度改革加快住房建设的通知》。

三、全面取消住房实物分配，构建住房保障的基本制度框架

1998年《国务院关于进一步深化城镇住房制度改革加快住房建设的通知》（以下简称《通知》）正式出台。《通知》提出："停止住房实物分配，逐步实行住房分配货币化；建立和完善以经济适用住房为主的多层次城镇住房供应体系；发展住房金融，培育和规范住房交易市场。"这一《通知》至少从政策上宣告了计划经济时期一直延续的住房实物分配时代的结束，国家在政策上根据家庭收入划分了三类群体：针对最低收入家庭，提出了廉租房的住房保障政策，同时为中低收入人群准备了经济适用房政策，其他经济条件允许的家庭则主要通过商品房来解决住房问题。

　　商品房根据政府的干预程度可以分为两类。较普遍的是无政府行政干预的商品住房，也就是人们可以在住房市场上购买的商品住房，购买者可以拥有住宅的所有权和所附属土地的使用权，其最长产权可达70年。除此之外还有限价房，即"在普通商品住房的基础上通过政府的行政手段加以干涉限制套型、价格和销售对象的住房"。限价房面积一般维持在90平方米以下。按照《关于调整住房供应结构稳定住房价格意见的通知》，限价房的存在是为了调整住房供应结构、稳定住房价格。以北京的限价房为例，根据《北京市限价商品住房管理办法（试行）》，限价房指的是"政府采取招标、拍卖、挂牌方式出让商品住房用地时，提出限制销售价格、住房套型面积和销售对象等要求，由建设单位通过公开竞争方式取得土地，进行开发建设和定向销售的普通商品住房"。也就是说，限价房其实是在普通商品住房的基础上通过政府的行政手段加以干涉限制套型、价格和销售对象的住房。从保障性质上来说，虽然限价房在政策上针对的是"本市中等收入住房困难的城镇居民家庭、征地拆迁过程中涉及的农民家庭及市政府规定的其他家庭"，但是限价房一般采取协议销售的方式出售，并且要求本市户口，其保障的覆盖面不广，有失公平性。与此同时，从商品房的性质上来讨论，不同于其他保障房对住房产权方面的诸多限制，限价房在达到一定条件后可以在市场上出售。然而，限价房是在政府行政指令下建造的低于市场价的住房，这样的住房在商品房市场出售会扰乱商品房市场的正常秩序，若是按市场价补足差价后再出售，则违背了最初设置限价房时调整住房供应结构、稳定住房价格的制度设计初衷。

　　在商品房市场之外，早在1994年出台的《国务院关于深化城镇住房制度改革的决定》中就对经济适用房做了规定。其中，经济适用房的受益人群为"中低收入家庭"。在2007年《经济适用住房管理办法》的第3条又提出："经济适用住房制度是解决城市低收入家庭住房困难政策体系的组成部分。经济适用住房供应对象要与廉租住房保障对象相衔接。"然而在实际实施过程中，为中低收入家庭所准备的经济适用房政策某种程度上也延续了早期的补贴出售公有住房的政策。在依赖于政府提供保障住房的体制下，补贴出售公有住房的政策针对的仍是体制内职工群体。长久以来，经济适用房的土地是地方政府以划拨形式供应的，其项目建设免收各种城市基础设施配套费和行政事业性收费以及政府性基金，经济适用房项目的基础设施建设费用都由政府负担。对于政府机关和事业单位，住房补贴以及含有补贴成分的经济适用房仍然是国家在体制内为其职工群体提供住房保障的一个有机组成部分。在尚天星的论述中，根据2005年的问卷数据，中央国家机关内工作人员通过购买经济适用房解决住房问题大概有7.4%的比例。

在经济适用房和商品房之外，廉租住房制度对最低收入家庭的住房条件改善力度非常微弱。1999年建设部出台了《城镇廉租住房管理办法》，这一政策于2003年《城镇最低收入家庭廉租住房管理办法》出台后被废止，之后针对廉租房，建设部于2007年又发布了《廉租住房保障办法》。在这一系列的政策中明确了廉租房的政策以货币补贴为主，以实物配租为辅。这意味着廉租房政策制度并不旨在为最低收入人群提供可立即居住的住房保障，更多的是侧重于在其现有住房的基础上做一些补充性、补贴性的帮助。廉租房补贴的额度是按达到廉租房申请标准的低收入家庭现有住房面积与应保障面积的差额部分来计算，具体是按廉租房每平方米租赁住房补贴标准发放补贴金。每平方米的补贴标准以及廉租房的申请标准又由各市、县人民政府根据当地情况来定。例如根据《上海市人民政府贯彻国务院关于解决城市低收入家庭住房困难若干意见的实施意见》，上海市2017年廉租房的补贴标准，人均应保障面积是15平方米。对于达到其他申请条件并且人均住房使用面积低于15平方米的住户，按所居住的区域补贴现有住房面积和应保障面积之间的差额，补贴价格每月每平方米从30元至125元不等。按照这个补贴的额度，假设一个按基本租金补贴标准实施补贴的三口之家，在可获补贴最高的区域新区，若按照人均保障面积为15平方米，一个三口之家要租45平方米的住宅，根据2018年12月份的租住价格大约至少需要支付5000元。一个经济拮据的住房困难户若能幸运地拿到3000多元的补贴，很难想象他们会自筹余下的2000元去改变现有的租住环境。更何况《城镇最低收入家庭廉租住房申请、审核及退出管理办法》第15条还明确规定，因住房面积增加，人均住房面积超出当地廉租住房政策确定的住房标准的，由房地产行政主管部门取消其保障资格并停止发放租赁补贴。也就是说仅靠向住房困难户发放住房补贴并不能从根本上有效解决住房困难问题。

总结这一时期的住房保障制度改革，无论是经济适用房还是廉租房的住房保障都没有覆盖到没有城镇户口的进城务工人员。在《廉租住房保障办法》第17条要求"申请廉租住房保障的家庭，应当由户主向户口所在地街道办事处或者镇人民政府提出书面申请"，虽然未明文规定必须是城镇户口，但是户口在乡村或者外地的务工人员就无法向现居住的城镇街道办事处或者镇人民政府提出廉租房的书面申请。《城镇最低收入家庭廉租住房申请审核及退出管理办法》第4条也规定："申请家庭成员中至少有1人为当地非农业常住户口。"在《经济适用住房管理办法》第25条中也规定，城市低收入家庭申请购买经济适用房需要具有当地城镇户口。

四、党的十八大以来城乡融合发展背景下的住房保障制度

党的十八大报告多次提出要城乡一体化，统筹城乡发展，并提出在改善民生方面需"统筹推进城乡社会保障体系建设"，"建立市场配置和政府保障相结合的住房制度，加强保障性住房建设和管理，满足困难家庭基本需求"。党的十九大更进一步提出要"建立健全城乡融合发展

体制机制和政策体系"，在住房保障方面要"坚持房子是用来住的、不是用来炒的定位，加快建立多主体供给、多渠道保障、租购并举的住房制度，让全体人民住有所居"。城乡融合发展，建立多层次、全民覆盖的住房保障制度。

一是扩大住房公积金覆盖面，改革经济适用房。1998年的《关于进一步深化城镇住房制度改革加快住房建设的通知》指出，住房改革的主要方向是转实物补贴为货币补贴，包括廉租住房政策都是以货币补贴为主，以实物配租为辅，而另外一个重要的住房保障措施就是住房基金的建立。1988年《关于在全国城镇分期分批推行住房制度改革的实施方案》中曾提出通过建立住房基金来解决住房融资问题。这其中的住房基金就是后来的公积金制度。相对于经济适用房和廉租房政策，公积金的设立受众群体覆盖面相对更广。在1999年颁布的《住房公积金管理条例》中对住房公积金的定义是"指国家机关、国有企业、城镇集体企业、外商投资企业、城镇私营企业及其他城镇企业、事业单位（以下统称单位）及其在职职工缴存的长期住房储金"。一直到2005年《建设部、财政部、中国人民银行关于住房公积金管理若干具体问题的指导意见》中才提到对于"有条件的地方，城镇单位聘用进城务工人员，单位和职工可缴存住房公积金；城镇个体工商户、自由职业人员可申请缴存住房公积金，月缴存额的工资基数按照缴存人上一年度月平均纳税收入计算"。

二是并轨廉租房和公共租赁住房，将外来务工人员纳入受保人群。在廉租房的基础上，2009年北京首先出台了《北京市公共租赁住房管理办法（试行）》，并规定公共租赁住房的租赁期最长不得超过5年，之后重庆出台的《重庆市公共租赁住房管理暂行办法》中率先允许承租人在5年租赁期满后可以选择购买公共租赁住房。但是在2010年出台的《公共租赁住房管理办法》中否定了这种做法，而第3条明确了公共租赁住房的受益群体为"符合规定条件的城镇中等偏下收入住房困难家庭、新就业无房职工和在城镇稳定就业的外来务工人员"。2011年国务院办公厅发布的《国务院办公厅关于保障性安居工程建设和管理的指导意见》提出，"逐步实现廉租住房与公共租赁住房统筹建设、并轨运行"，之后2013年国务院发布了《国务院转批发展改革委关于2013年深化经济体制改革重点工作意见的通知》，同年城乡建设部、财政部、国家发展改革委出台了《关于公共租赁住房和廉租住房并轨运行的通知》，廉租住房正式并入到公共租赁住房的运行机制。不仅廉租房的年度建设计划并入公共租赁住房的年度建设计划中，地方政府原来用于建设廉租房的资金渠道也一并调整用于公共租赁住房的建设。相对于之前的廉租房政策，公共租赁住房为外来务工人员在城市安居提供了一定程度的保障。公共租赁住房对于承租人原则上没有户口的限制，并且在2010年发布的《关于加快发展公共租赁住房的指导意见》中明确，如果"有条件的地区"可以将新就业职工和有稳定职业并且在城市居住一定年限的外来务工人员纳入保障范围，但具体由市、县人民政府确定。

三是探索共有产权性质住房，侧重低收入无房人群的住房保障。根据2014年《住房和城乡建设部、国家发展和改革委员会、财政部、国土资源部、中国人民银行、中国银监会关于试点城市发展共有产权性质政策性商品住房的指导意见》（以下简称《意见》），共有产权住房指的是政策性商品住房的一种，是由政府引导并给予政策支持，通过市场开发建设，面向符合规定条件的住房困难群体供应的住房；具有一定保障性质，实行共有产权，即由承购人与政府按份共有所有权。《意见》中规定，承购人持有的产权份额一般不低于60%。最初在北京市、上海市、广东省深圳市、四川省成都市、江苏省淮安市、湖北省黄石市6个城市试点。这类政策性商品住房应以小套型为主，一般单套建筑面积控制在90平方米以内。以北京为例，根据《北京市共有产权住房管理暂行办法》，共有产权住房"用于满足本区符合条件的居民家庭及重点人才居住需求。其中，满足在本区工作的非本市户籍家庭住房需求的房源应不少于30%"。虽然《北京市共有产权住房管理暂行办法》中提到：共有产权的房源优先配售给项目所在区户籍和在项目所在区工作的本市其他区户籍无房家庭，以及符合本市住房限购条件的、在项目所在区稳定工作的非本市户籍无房家庭。但是，其中非本市户籍无房家庭申购共有产权住房的具体条件，由各区人民政府根据本区功能定位和发展方向等实际情况确定并面向社会公布。这意味着，各区在实施政策时，考虑到本区功能定位和发展方向，没有户口的外来务工人员不一定是优先考虑的受益人群。

四是改造危房，集中救助贫困人口。对于"社会保障制度"，《科学发展观百科辞典》将其定义为"国家通过立法而制定的社会保险、救助、补贴等一系列制度的总称"，社会保障制度不仅限于国家向全体公民提供资助和服务，在广义上它包括"社会保险制度、社会福利制度、社会救济制度、社会优抚制度"。这说明社会保障制度不同内容所保障的程度及范围是有差异的，其形态也是多样化的。除前文所述的几类系统性、持久性的住房保障类型之外，住房保障的实施还蕴含在对城镇的住房困难区域的整体改造和对乡村贫困人口的扶贫政策中。例如，2007年建设部出台《关于开展旧住宅区整治改造的指导意见》，要求将旧住宅区改造纳入政府公共服务的范围。从2008年到2012年间，全国又改造各类棚户区1260万户。2013年的《国务院关于加快棚户区改造工作的意见》中还要求对资源枯竭型城市、独立矿工区、三线企业集中区进一步进行棚户区改造，争取到2017年改造各类棚户区1000万户。2018年《政府工作报告》中明确全国各类棚户区改造将新开工580万套；2019年又计划开工289万套，截止到2019年7月已开工约207万套，完成该年度目标任务的71.6%。

建立完善的社会保障体系

一、现代社会保障概念的演进

社会保障制度是现代国家制度的重要组成部分。从发展历程上看，二战之后到20世纪70年代这一时期内，现代社会保障的定义、制度框架以及所包含的主要内容都已基本定型。自20世纪70年代末期以来，如何在社会保障与经济增长激励之间寻求平衡成为社会保障制度改革的主要线索。理解这些变化对我国建立符合当前经济发展形势的现代社会保障体系具有重要借鉴意义。

（一）社会保障制度的制度框架

社会保障①是伴随着现代工业社会的发展而产生的一种社会制度。从历史起源看，英国17世纪颁布的《济贫法》就已经具备了某些社会保障的元素。具有现代社会保障含义的社会保障体系以19世纪末期德国俾斯麦政府建立的社会保险体系为开端，1883年德国颁布《疾病保险法》标志着工业社会社会保障体系的建立。之后，英国、法国、日本纷纷开始建立本国的社会保障体系。

美国1935年的《社会保障法》建立的老年、残障及遗属保险属社会保险范畴，标志着为居民提供社会保障成为政府的必要责任。社会保障演变过程中的另一个关键事件是英国的《贝弗里奇报告》，该报告构成了战后欧洲福利国家的雏形，并通过随后一系列法律，建立了从"坟墓

---

① 近年来在一些国家组织的文献中，经常使用"社会保护"的概念来代替"社会保障"。从严格意义上讲，社会保护拓展了传统社会保障的范畴，更具现代意义。但在多数文献中，二者是通用的。在本书中，我们仍然使用社会保障的指称，但其含义与社会保护基本相同。

到摇篮"的福利国家。

根据国际社会保障协会的统计，在170个已建立社会保障制度的国家中，依社会保障制度的建立时间可分为三个批次：第一批次是欧美等发达国家及部分南美洲前殖民地国家，它们在二战之前就建立起社会保障制度；第二批次是二战结束之后的20世纪50年代，在欧洲福利国家的带动下，非洲前殖民地国家和一些亚洲国家建立起社会保障制度；第三批次是20世纪90年代以来，一些实行改革开放的发展中国家和转型的苏联、东欧国家建立起社会保障制度。

在历史演变过程中，当前世界各国普遍所建立的社会保障项目主要包括如下几个类型：（1）非缴费型的社会救助项目，即政府对落入一定收入水平之下的居民提供基本生活保障；（2）缴费型的社会保险项目，即社会成员通过保险的方式分散社会风险；（3）社会福利项目，即针对全民或某一特定群体提供普惠型福利，其目的是提升居民生活水平；（4）其他社会保障项目，例如住房保障、积极的就业政策、缓解社会排斥项目等。

（二）社会保障制度的理念演进

1. 从社会保障到社会保护

传统上，社会保障是作为"安全网"存在的，旨在对市场竞争中的失败者提供帮助。与传统的社会保障相比，社会保护突出如下特征：第一，在充分考虑受保护群体现实条件及生活状况的基础上，关切弱势群体的需求。第二，对可支付与可持续性的重视。提供的保护不仅是公共预算可支付的，而且也要考虑家庭和社会的可支付能力。第三，着眼于提升个人、家庭、社区应对风险能力的促进与完善，防止福利依赖。第四，社会保护强调保护内容的灵活性，能够适应快速变化的经济社会环境，满足社会成员不同生命周期的需求变化。

2. 从"安全网"到功能扩展

自20世纪80年代以来，社会保障传统的"安全网"功能与政策定位发生了变化。这些变化主要体现在以下几个方面：第一，积极的就业政策与人力资本投资成为现代社会保障的重要内容，强调对劳动力市场的干预不仅是现代社会保障与传统社会保障制度的核心区别，而且社会保护政策具有社会投资的功能。第二，社会风险的管控成为社会保障的主要功能。相比于传统社会保障，积极干预型的社会保障更加重视人们陷入贫困的原因，在制度设计上从"剩余型"向"发展型"转变。第三，社会保障成为促进社会和谐与稳定，消解社会排斥的主要政策手段。消解社会排斥以及由此带来的各种社会问题，已成为欧盟当前重要的社会保障政策。

3. 从"去福利化"到多样化

世界社会保障体系改革的另一引领理念是社会保障的"去福利化"。社会保障"去福利化"包括了几个方面的内容：一是社会保障受益中，非缴费型支出的削减，特别是福利型项目的削减；二是更加强调个人责任，减少个人对公共福利的依赖。二战后形成的福利国家模式，政府即使不是唯一的也是主要的社会保障的提供者。但是自20世纪80年代以来，这种"父爱主义"的社会保障提供模式受到了冲击，在社会保障提供中引入市场力量，多样化的供给主体参与成为改革的重要方面。

二、我国社会保障制度的发展

从1949年新中国成立到1978年改革开放之前，我国实行的是计划经济体制，与之相对应的是政府包办一切的福利化政策。在城市，单位为其成员提供各种社会保障，如分配住房，公费医疗，兴办托儿所、幼儿园、食堂等。在农村，实施"集体福利制度"。即以集体经济为基础，集体福利、家庭照顾和国家社会救助相结合的保障模式。改革开放后，原有带有福利色彩的保障制度已不能适应经济和社会发展的需求。但源于计划经济体制下户籍分割的城乡"二元"保障制度并没有随着市场经济制度的建立而打破，农村和城市也由此形成了不同的制度建设历程和发展道路。

（一）农村社会保障制度建设历程

农村社会保障的匮乏以及农民负担过重的问题在2000年左右得到缓解，国家财政开始对农村社会保障承担起责任，并替代农村集体经济组织成为农村社会保障供给的主要筹资来源。

首先，新型农村合作医疗保险（以下简称"新农合"）制度的建立。"新农合"制度建立之前，农村医疗保障称为"旧农合"制度，最早起源于1953年部分农村地区合作社开展的互助医疗模式，1979年，这一模式覆盖了90%以上的村庄。改革开放后，市场经济体制的建立导致传统合作医疗制度大面积解体，1979—1989年合作医疗行政村覆盖率下降到4.8%，农村居民看病难、看病贵问题凸显。2003年卫生部、财政部、农业部三部委发布《关于建立新型农村合作医疗制度的意见》，要求开展新农合试点工作。相比于之前旧的农村合作医疗制度，新农合最主要的特征是由政府财政补贴、集体补助和个人缴费三个部分筹资构成。截至2008年，全国2729个有农业人口的县（市、区）全部覆盖了新农合制度，覆盖人口达到8.91亿人，参合率达到91.53%。2009年后，新农合参合率总体稳定在90%以上。2012年，在基本医保制度的基础上，又建立新农合"大病保险制度"，提高农村居民医疗保障水平。

其次，新型农村养老保险制度的建立。与农村合作医疗的建立历程相似，民政部于1986年依据地区经济发展水平开始试点基层农村社会养老保险，并于1991年6月制定和实施了《县级农村社会养老保险基本方案》，开始在全国推广，其特征是以"个人缴纳为主、集体补助为辅、国家予以政策支持"。后因缺乏社会互济性、政策难落实于1999年被叫停①，同时农村社会保险管理职能也在1998年国务院机构改革中被划入新成立的劳动和社会保障部。直至2002年，党的十六大报告提出"有条件的地方，探索建立农村养老、医疗保险和最低生活保障制度"，并将农村社会保障制度建设纳入全民建设小康社会的战略目标体系之中。经过多年探索，2009年9月1日国务院发布了《关于开展新型农村社会养老保险试点的指导意见》，开始在全国农村建立农村养老保险制度，其最主要的特征就是国家财政的筹资补贴：一是基础养老金，60岁以上的农村居民每月55元基础养老金由财政负担；二是参保补贴，国家财政对个人账户养老金进行直接补贴。截至2011年，新农保覆盖81.5%。

最后，国家财政负担的社会救助项目也在农村建立起来。1994年国务院颁布的《农村五保供养条例》规定"五保供养所需经费和实物，应当从村提留或乡统筹费中列支"，而不是由政府财政负担。2006年国务院新发布的《五保供养条例》将五保供养的筹资来源规定为政府财政支出，要求"农村五保供养资金，在地方人民政府财政预算中安排"。其他社会救助项目，农村低保和农村的医疗救助也逐步建立起来。可以说，截至2011年左右，由国家财政支持的农村新型社会保障实现了制度和人群上的全覆盖。

（二）城市社会保障制度建设历程

20世纪90年代中期，特别是党的十四大确定我国改革开放的目标模式是社会主义市场经济体制后，对社会化的社会保障制度提出了要求。

城镇社会保障制度的改革首先是养老保险和医疗保险的改革。计划

---

① 据统计，在《县级农村社会养老保险基本方案》实施的最初几年，全国5000多万人的投保额为30多亿元，人均60多元；至1997年，投保人数增至8000多万人，投保额为120多亿元，人均145元。（引自：田凯：《当前中国农村社会养老保险的制度分析》，《社会科学辑刊》2000年第6期，第28～32页。）

经济时期的养老金发放和职工及其家属的医疗费用是从企业中列支的。将这两项职能剥离企业，将退休职工的养老金以及职工的医疗费用在所有企业之间进行"统筹"，形成社会化的社会保障制度，是改革的基本趋势。党的十四届三中全会，在社会保障制度方面提出了"社会统筹加个人账户"的社会保障模式。在社会统筹部分，筹资来自企业（雇主）的缴费，个人账户则来自个人的缴费。

在这一原则之下，1995年开始在江苏省的镇江市、江西省的九江市，进行职工医疗保障制度改革试点（史称"两江试点"）。1998年发布《国务院关于建立城镇职工基本医疗保险制度的决定》，标志着城镇职工基本医疗保险制度正式确立。截至1999年，我国逐步建立了包括企业职工基本养老保险、基本医疗保险、生育保险、失业保险和工伤保险在内的五项面向城镇企业职工的基本社会保险。2000年国务院出台《关于完善城镇社会保障体系的试点方案》，强调积极开展城镇职工基本医疗保险制度的改革试点，开启了我国城镇职工医疗保险（以下简称"城职保"）制度的全面发展阶段。2003年，国务院发布《劳动和社会保障部办公厅关于进一步做好扩大城镇职工基本医疗保险覆盖范围工作的通知》，又进一步扩大了制度的人群覆盖范围，将灵活就业人员纳入基本医疗保险制度的保障之下。2009年，发布的《中共中央　国务院关于深化医药卫生体制改革的意见》提出"进一步完善城镇职工基本医疗保险制度，加快覆盖就业人口"。

我国城镇企业职工建立的社会保险制度，将原来享受劳保、公费医疗制度的企业职工和机关事业单位职工全部纳入一个制度，但只覆盖参保职工个人，并不覆盖他们的家属以及非就业的居民。对这部分居民，城镇地区专门面向他们建立居民医疗保险和居民养老保险。城镇居民的基本医疗保险（以下简称"城居保"）和养老保险，在筹资模式和制度设计上与农村居民的新型农村合作医疗制度以及新型农村养老保险制度相同。

除了社会保险，城镇地区还逐步建立了以最低生活保障制度为主的城镇社会救助体系。主要对收入低于最低生活保障线的居民提供救助。1997年国务院发布了《关于在全国建立城市居民最低生活保障制度的通知》，将城市居民最低生活保障制度推向全国。社会救助项目除了居民最低生活保障制度外，还在2005年建立了城市医疗救助制度。

（三）城乡一体化的社会保障制度发展

长期以来，社会保障制度在城乡之间、人群之间存在较大差异。党的十八大以来，开始提出建设城乡一体化的社会保障体系。特别是随着大规模的人口流动，针对城镇居民和农村居民分割的社会保障制度既不公平也缺乏效率。

首先是城乡居民养老保险的合并实施。自2009年开始建立新型农村养老保险后，各地快速推进，在2011年就实现了全覆盖的目标。2011年国务院又发布了《关于开展城镇居民社会养老保险试点的指导意见》，覆盖城镇非就业的居民，其筹资和待遇模式与新型农村养老保险相同。为了进一步推动社会保障的城乡一体化，党的十八届三中全会提出"整合城乡居民基本养老保险制度"的要求。在此背景下，2014年《关于建立统一的城乡居民基本养老保险制度的意见》将新农保和城居保两项制度合并实施。

其次是城乡居民医疗保险的合并实施。新农合自2003年开始建立以来，已经实现了农村居民的全覆盖。2007年针对城镇非就业居民也建立了城镇居民基本医疗保险制度。在2013年全国两会期间，国务院即提出整合新农合与城居保的意见。2016年发布《国务院关于整合城乡居民基本医疗保险制度的意见》，要求以"六统一"为原则实现城乡居民基本医疗保险的合并实施。2018年全国两会提出的机构改革方案，将原由卫生部门主管的新农合以及人社部门主管的城居保和城职保一并合并到新组建的国家医疗保障局，实现了城乡居民医疗保险的合并。2018年底，我国基本医疗保险的参保率达到96.7%，实现了基本医疗保险的全民覆盖。其中城镇职工基本医疗保险参保人数3.17亿人，城乡居民基本医疗保险参保人数10.28亿人。

最后是机关事业单位养老保险与职工养老保险的并轨。根据党的十八大和十八届三中全会的精神，国务院决定自2014年10月起改革机关事业单位工作人员养老保险制度，建立了基本框架与企业职工养老保险相同的社会统筹加个人账户的社会化养老保险制度。

三、社会保障制度建设的问题与挑战

我国社会保障制度实现了人群的全覆盖，这是我国社会保障建设取得的巨大成绩。但由于我国社会保障体系脱胎于计划经济，在改革过程中又承担了为国有企业改革提供配套的功能，尽管近年来城乡一体化发展是社会保障制度的一个重要政策取向，但在我国社会经济转型的当下，仍面临着巨大挑战。党的十九大提出我国社会主要矛盾已经转变为人民日益增长的美好生活需要和不平衡不充分的发展之间的矛盾，这也是我国社会保障制度面临的最突出的问题。

（一）社会保障制度发展的不平衡问题

在当前社会保障体系下，不同的人群适用不同的社会保障项目，即使实行城乡一体化的制度安排，其间也存在明显的差异。如在社会救助方面，城镇居民和农村居民都实行了居民最低生活保障制度，但实际待遇水平仍有着较大差距。2018年农村居民的平均低保标准是城镇居民水平的83.3%，但实际平均补助水平却仅相当于后者的一半。在养老保险方面，城乡居民养老保险的年养老金支付水平仅相当于城镇职工养老保险

平均养老金水平的5%左右；①在医疗保险方面，城乡居民医疗保险2018年人均筹资额不足1000元（新农合657元，城镇居民777元），远低于城镇职工基本医疗保险的人均筹资额4186元（表3-11）。

这种制度分割与地区分割导致的社会保障待遇差异，不仅阻碍社会保障收入再分配功能的发挥，而且其本身的不公平性也可能成为引发社会冲突的焦点。

表3-11　中国社会保障水平的城乡及制度差距（2018年）

			金额
居民最低生活保障	平均低保标准（元／人／月）	城市	5?9.7
		农村	4?3.4
	平均补助水平（元／人／月）	城市	4?6.0
		农村	2?0.3
城镇职工基本养老保险（元／年）		平均养老金	3?841
城乡居民养老保险（元／年）		平均养老金	?27
城镇职工基本医疗保险（元／年）		人均筹资额	4?86
城镇居民基本医疗保险（元／年）		人均筹资额	?77
新型农村合作医疗（元／年）		人均筹资额	?57

资料来源：2018年民政事业发展统计公报；2018年人力资源和社会保障事业统计公报；201?年全国医疗保障事业发展统计快报。

（二）社会保障制度发展的不充分问题

社会保障制度发展的不充分主要体现在两个方面：一是社会保险制度设计缺乏权益对等原则，影响制度可持续性；二是不能满足居民对高品质公共服务和完善的社会保障的需求。

首先，城乡居民基本养老保险并轨以及机关事业单位基本养老保险统一之后，中国养老金制度形成了居民与城镇就业职工之间的双轨制。

---

① 2020年城镇职工基本养老保险参保离退休职工（领取养老金的人数）12762万人，基金支出51301亿元，人均养老金40198元/年；同年，城乡居民基本养老保险领取待遇人数16068万人，基金支出3355亿元，人均养老金2088元/年。居民基本养老金相当于职工养老金的5.19%（=2088/40198）。数据来源：《2020年度人力资源和社会保障事业发展统计公报》，http://www.mohrss.gov.cn/SYrlz/hshbzb/zwgk/szrs/tjgb/202106/W020210728371980297515.pdf。

但中国居民基本养老保险覆盖的不仅是未就业的群体，而且覆盖了大量的没有雇主或灵活就业群体（农民及农民工），从当前人口流动及就业模式的变动趋势来看，大规模的人口流动以及没有雇主或灵活就业群体的增加，将不断减少职工基本养老保险的覆盖人口。在制度抚养比逐年走低的情况下，这意味着，城镇职工养老保险制度也缺乏可持续性。2011—2014年，我国养老保险基金收入增速显著下降，养老保险基金支出增速却不断上升。（图3-19）

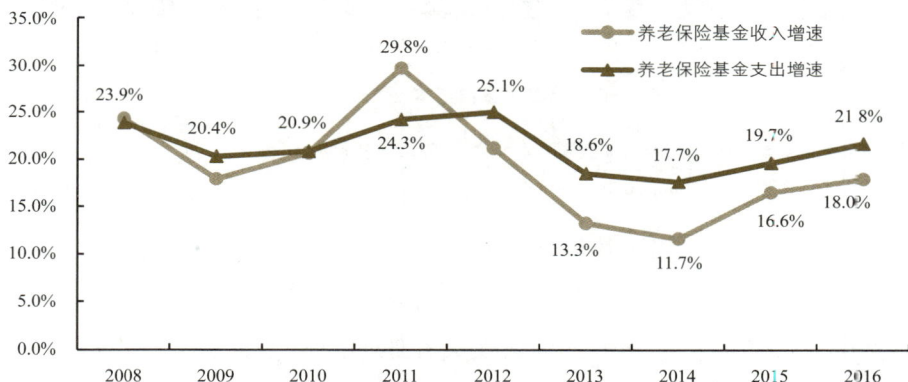

图3-19 2008—2016年养老保险基金收支增速情况

资料来源：《中国财政年鉴（2016年卷）》，中国财政杂志社2016年版。

其次，在城乡居民医保的筹资中，居民的缴费是固定费率，每年由地方政府确定。在固定费率下，不管居民收入多寡，都按照一个固定的额度缴费。其中政府与个人的缴费比例也几乎是确定的，政府财政补贴高达70%以上，个人缴费不足30%（图3-20）。这与社会保险"量能缴费"的性质相冲突，降低了社会保险的再分配功能，导致穷人补贴富人。从各地的实施情况来看，由于缺乏制度化和规范化的筹资调整机制，居民医保筹资调整有明显的短期性和随意性，影响了制度的稳定性和可持续性。

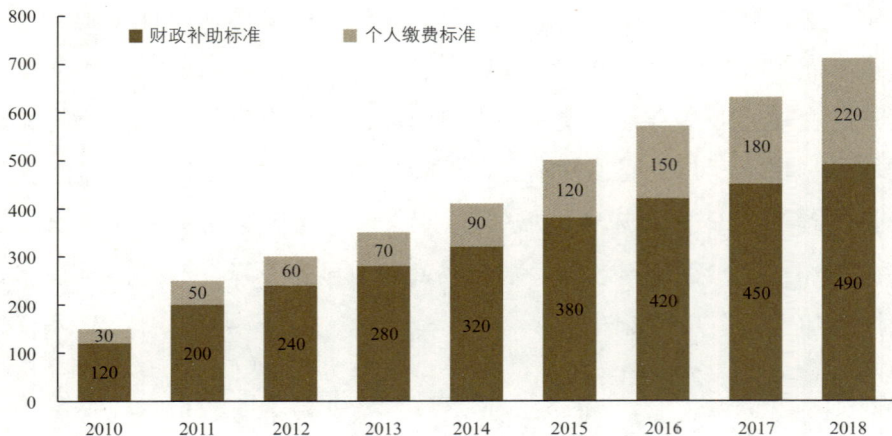

图3-20 2010—2018年城乡居民基本医疗保险筹资标准（元/年）

资料来源：相关年份的《关于做好城镇居民基本医疗保险工作的通知》。

　　而对于城镇职工医疗保险，参保人退休后，满足一定的缴费年限，可不用缴费而享受医疗保险待遇。从筹资的角度，这类似于一种名义账户制度或权益的积累制度，即参保人在职期间参保缴费，其缴费遵循现收现付原则，缴费年限作为权益可以积累，在退休后即可无需缴费而获得医疗保险待遇，其资金来源于在职职工的缴费。在这一制度设计下，随着老龄化程度的加深，无需缴费而获得医疗保险待遇的人口会越来越多，其效应与社会养老保险的效应相同。但是，与养老保险不同的是，医疗保险面临着医疗费用随年龄加速上涨的压力。从生命周期的角度，人一生中超过70%以上的医疗费用是在60岁以后支出的。在这种状况下，老龄化对医疗保险基金的冲击会更大（图3-21）。

　　最后，商业保险作为社会保障体系的补充部分并未得到充分发展。我国地区间经济发展水平差异较大，由此带来医保筹资水平和财政补贴水平差距也较大。同时，按人群分设的基本医保制度使得在职职工，特别是机关事业单位职工与城乡居民间存在巨大保障差距，不利于社会和谐稳定，更与我国建立社会医疗保险的基本原则不相符。尽管近年来商业健康保险有所发展，保险基金支出也有所增长，但与基本医保基金支出相比，不足后者的10%。一些经济发达地区的高收入人群本身有着更高保障待遇需求，却透支着基本医保基金，甚至出现基本医保"过度保障"现象。

图3-21　2009—2018年商业健康保险赔付与基本医保基金支出对比

资料来源：2009—2018年的中国保险年鉴。

四、迈向共同富裕的社会保障制度改革

（一）重构社会保障体系，适应产业组织关系转变

我国现行社会保障制度的主体是社会保险制度，包括职工保险和居民保险两个主要体系。但从我国当前产业组织结构和就业模式变化来看，人口大规模流动已成为常态化，有明确"雇主—雇员"关系的企业及其雇佣的职工占比在下降，灵活就业、个体就业、没有雇主或雇主不明确的就业比重在上升。2019年国家统计局统计年鉴显示，2018年个人城镇就业人数占城镇总就业人数的比例达24%。除此之外，我国还有2.9亿名农民工

（其中外出农民1.7亿人），这些农民工也处于灵活就业状态。这导致大量原本参加职工社会保险的就业人员转而参加了居民保险。

我们从东中西部地区各选择三个地级市进行城镇职工参保率估算发现，西部地区城镇职工参保率均显著低于东部和中部地区。而东部和中部部分地区也出现参保率逐年下降趋势。说明部分城镇私营和个体从业人员以及城镇单位从业人员选择城乡居民医保或未参保（见表3-12）。

为适应上述转变，需重构社会保障体系，探索建立以居民参保为基础的全民社会保险制度。在这一制度下：（1）居民参保与就业状态无关；（2）参保状态和参保关系与属地无关；（3）全民社会保险制度向全体居民提供基本保障，有更高保障要求的可以选择其他商业补充保障制度，并能够实现以下制度目的：一是收入再分配和减贫功能明显，实现社会保障"保基本"的目标；二是具有高度的弹性和灵活性，适应劳动和就业市场对灵活性的要求，特别是适应新技术冲击下的就业模式的变化；三是为其他重要领域的改革提供了制度保障；四是适应了多层次的社会保障需求，满足不同层次居民对社会保障的不同需求。

表3-12　东中西部九个地级市城镇职工参保率估算（2014—2016年）[①]

		2014	2015	2016
东部地区	厦门	77.3%	68.8%	63.4%
	广州	—	87.7%	89.4%
	杭州	91.8%	93.4%	112.0%

① 城镇职工参保率估算公式为：城镇职工基本医疗保险参保人数/（全市城镇私营和个体从业人员+城镇单位年末从业人员数）。其中：1. 城镇私营就业人员指在工商管理部门注册登记，其经营地址设在县城关镇（含城关镇）以上的私营企业就业人员，包括私营企业投资者和雇工。2. 城镇个体就业人员指在工商管理部门注册登记，并持有城镇户口或在城镇长期居住，经批准从事个体工商经营的就业人员，包括个体经营者和在个体工商户劳动的家庭帮工和雇工。3. 城镇单位从业人员是指在各级国家机关、党政机关、社会团体及企业、事业单位中工作，并取得劳动报酬的全部人员。包括在岗职工、再就业的离退休人员、民办教师、在各单位中工作的外方人员和港、澳、台方人员以及聘用的外单位下岗职工、兼职人员、从事第二职业人员、使用的劳务派遣人员。各单位的就业人员反映了实际参加生产或工作的全部劳动力。

中部地区	武汉	91.0%	87.8%	89.5%
	长沙	71.1%	70.9%	70.1%
	郑州	53.9%	51.4%	49.6%
西部地区	兰州	62.1%	59.1%	59.6%
	桂林	67.2%	62.2%	60.5%
	昆明	53.2%	70.7%	53.2%

资料来源：2014—2016年各市统计年鉴。

（二）建立稳定的社会保障筹资机制，确保制度可持续性

对于医疗保险制度来说，从稳定筹资来源看，一方面逐步探索建立与城乡居民可支配收入挂钩的筹资机制，提高个人缴费比例，可探索实施"家庭联保"模式，如家庭中就业人口的城镇职工基本医保对非就业家庭成员的共济、个人账户支持参保等。从筹资分担机制来看，按照权责对等原则，合理确定个人、单位或政府分担责任，优化筹资结构，应考虑将退休职工缴费提上日程。从国际上看，退休职工缴费是发达国家的通行做法，根据《全球社会保障报告（2010年）》，世界上76个建立社会医疗保险的国家或地区中，有39个（超过50%）国家或地区实行退休人员缴费政策。国内相关研究也认为，未来城乡居民医保与职工医保整合形成全国统一的全民医疗保险制度是大势所趋，由于城乡居民医保实行终身缴费制，退休职工缴费不仅有助于提升制度公平性，也为三保合一、制度并轨创造条件。

对于养老保险制度来说，一是考虑城镇企业职工基本养老保险延迟退休政策。目前中国城镇企业职工基本养老保险领取退休金的年龄[①]，仍然执行20世纪70年代的标准。在人口预期寿命不断延迟的情况下，领取养老金的时间也在不断延长，加剧基金的支付压力。二是实现养老保险基金的全国统筹。因经济发展等原因，各地养老基金保有水平差异较大，提高养老金统筹层次不仅能够熨平地区差异，也能够缓解财政支出

---

① 男性60岁，女干部55岁，女工人50岁；特殊工种及特殊情况可提前5～10年。

压力。三是逐步放开养老保险基金投资限制。目前我国城镇企业职工基本养老保险存在大量结存，截至2018年，我国基本养老保险基金累计结存58152亿元，以当年基金支出额度计算，能够支付14.7个月。但这些资金面临贬值风险。

延伸阅读：关于公共服务体系建设的问题解读

一、"择校风"与义务教育均衡发展

近年来，"择校风"愈演愈热，引起社会关注，各地教育部门也先后出台了免试就近入学政策，采取多校划片，随机分配优质学校名额，推进小学、初中对口直升、强弱搭配，优质高中招生指标分配到区域内薄弱初中和农村初中等多种措施来规范入学程序，在缓解"择校风"和"学区房"问题上取得了一定的成效，但是，家长们择校的焦虑仍然未能完全消除，政策的顺利推行和普及面临着阻碍。

"择校风"问题的出现，其根源在于义务教育分配的不均衡，校际师资、办学质量的差异为家长择校提供了最直接的动力。因此，要缓解"择校风"，最根本的是要改变义务教育资源的配置方式，实现教育资源的校际均衡。意识到这一点，在下一步的工作中，教育部提出要制定实施《关于构建优质均衡的基本公共教育服务体系的意见》，积极推进学校标准化建设，全面改善各学校办学条件，推动县域内校长教师有序交流

轮岗，实现优秀骨干教师在校际均衡配置，努力缩小区域、校际的教育差距，实现教育资源的均衡分配，从而从源头上解决"择校风"问题。

二、共同富裕背景下怎样解决"看病难、看病贵"

经过几十年的建设，我国医疗卫生资源的供给不断丰富，建成了覆盖全面基本医疗保障体系。基本医疗保险覆盖13.6亿人，覆盖率96.4%，实现了全民覆盖。在医疗服务上，建成了三级医疗卫生服务网络，每万人口执业（助理）医师达到28人，每万人口医疗机构床位数63张，达到或超过同等收入国家水平。目前的"看病难""看病贵"，不是改革开放初期的缺医少药的"看病难""看病贵"。

"看病难"主要是优质医疗资源供给不足和不均衡，优质医疗资源集中在几个大城市、大医院。"看病贵"主要是个人支出占比过高，重特大疾病、高额医疗费用对家庭收入的冲击过大。

在迈向共同富裕的过程中，解决"看病难""看病贵"，在优质医疗资源的供给上，一是通过"互联网+"医疗等现代技术手段，提高优质资源的服务范围，提高可及性；二是分级诊疗建设，大力发展全科医生、家庭医生等基层社区医疗卫生服务；三是鼓励和支持非公医疗机构发展，特别是鼓励进入社区，提高社区医疗卫生服务供给效率；四是重构医疗体系专业技术分工，大医院主要集中在疑难杂症、重特大疾病等的诊疗上，严格限制大医院普通门诊扩张，基层社区医疗卫生服务主要发展全科医生等，承担普通门诊任务。

在医疗保障上，一是优化基金结构，通过调剂金、提升统筹层次等，提高欠发达地区基金支出能力；二是大力发展商业补充保险，通过商业补充保险提高待遇，降低个人支付比例；三是改革医疗救助制度，将非低收入人群的高额医疗费用也纳入医疗救助范围。

三、怎样实现"老有所养"

"老有所养"包括两个方面的内容：一是养老金制度的均衡与充足性；二是养老和照护服务供给。我国已经建立了以基本养老保险和基本医疗保险为主体的多层次养老保障和医疗保障体系。职工和居民基本养老保险覆盖9.99亿人，其中职工参保4.56亿人，领取养老金人数1.28亿；城乡居民参保5.42亿人，领取待遇人数1.61亿。在养老服务方面，明确了"居家为基础、社区为依托、机构为补充、医养相结合"的养老服务体系建设思路，65岁及以上老年人每千人养老床位数44张。

当前在"老有所养"领域的主要问题，一是筹资的充足性不足，可持续性面临挑战；二是公平性不足，人群差距和地区差距仍然存在，且未见有缩小的趋势；三是服务供给结构失衡，对失能老人的长期照护服务供给短缺；四是养老服务体系的供给效率较低，治理水平不高。

实现"老有所养"既是积极应对人口老龄化的重大举措，也是建设共同富裕的主要内容。要实现"老有所养"，提高"老有所养"的质量，一是基本养老保险要继续扩大覆盖面，当前主要是灵活就业人员、新业态就业人员，要提高他们的参保率，扩大筹资范围；二是大力发展第二支柱和第三支柱养老金，建立长期投资机制，以长期投资回报弥补筹资不足；三是国有企业资产和利润划拨要落到实处；四是促进和鼓励长期照护服务的发展；五是提高养老服务体系供给效率。

四、解决住房问题，实现住有所居

改革开放以来我国逐步形成了以市场化住房供给为主、保障性住房为辅的住房供应保障体系，以及在职职工建立住房公积金的公共筹资体系。市场化的住房供给体系极大提升了住房供给能力，截至2018年我国城镇居民人均住房面积达到了39.8平方米，农村人均住房面积48.9平方米，且住房自有率明显高于国际可比水平。

在住房保障上，目前的主要问题：一是部分热点城市（20多个城市）以新市民、青年人为主体的"夹心层"，难以依靠市场化方式解决住房问题。二是住房保障体系发展政策不够稳定，存在结构性矛盾，与现实国情有所脱节。公共租赁住房大城市供给不够，中小城市供给过剩；保障性租赁住房发展刚起步，与社会需求吻合度较低；产权类保障房仅在少数特大城市存在。三是众多公共服务的获取，依然与户籍和住房拥有挂钩，租购同权没有得到落实，导致住房焦虑日益加重。

要解决住房问题，实现住有所居，一是坚持"房住不炒"，采取包括房地产税等综合措施继续打击炒房，抑制热点地区房价过快上涨。二是明确住房保障体系建设思路并持续推进。针对热点地区"夹心层"实施新安居工程，以保障性租赁住房起步过渡，以最终提供有梯度的共有产权类保障房为重点。完善公共租赁住房制度。三是全面、快速地将社会公共服务领域的租购同权落到实处。四是落实相关配套政策，推动人地挂钩政策落地，改革完善公积金制度，为保障性住房提供金融支持，做好长期资金平衡。

参考文献

［1］王志民、黄新宪：《中国古代学校教育制度考略》，首都师范大学出版社1996年版。

［2］武香兰：《元代"惠民药局"研究》，《贵州民族研究》2019年第1期。

［3］刘爽：《明清时期开封府地区慈善事业初探——以养济院、助丧机构为中心》，《黑河学刊》2019年第1期。

［4］季苹：《美国公立学校的发展研究》，高等教育出版社2002年版。

［5］[英]安东尼·吉登斯：《第三条道路：社会民主主义的复兴》，郑戈译，北京大学出版社2000年版。

［6］[英]威廉姆·贝弗里奇著，劳动和社会保障部社会保险研究所译：《贝弗里奇报告——社会保险和相关服务》，中国劳动社会保障出版社2008年版。

［7］何秉孟主编：《新自由主义评析》，社会科学文献出版社2004年版。

［8］葛婧、王震：《国际社会保障制度的演变及其对中国的启示》，《社会科学战线》2014年第10期。

［9］褚宏启：《中国现代教育体系研究》，北京师范大学出版社2014年版。

［10］程天君、陈南：《中国教育现代化的百年书写》，《教育研究》2020年第1期。

［11］朱文辉：《改革开放40年我国农村义务教育经费保障机制的回溯与前瞻》，《中国教育学刊》2018年第12期。

［12］高小立、李欢欢：《新中国70年农村义务教育财政体制改革探析》，《四川师范大学学报（社会科学版）》2019年第5期。

［13］佘宇、单大圣：《中国教育体制改革及其未来发展趋势》，《管理世界》2018年第10期。

［14］翟绍果：《从病有所医到健康中国的历史逻辑、机制体系与实现路径》，《社会保障评论》2020年第2期。

［15］谭晓东、彭曌：《预防医学、公共卫生学科概念探讨》，《中国公共卫生》2005年第1期。

［16］郑秉文：《"多层次"医疗保障体系三大亮点与三大挑战——抗击疫情中学习解读〈中共中央 国务院关于深化医疗保障制度改革的意见〉》，《中国医疗保险》2020年第4期。

［17］王震、朱凤梅：《长期照护服务供给的国际趋势》，《中国医疗保险》2017年第2期。

［18］王震：《构建长期照护服务供给的家庭支持政策》，《财经智库》2021年第5期。

［19］郑秉文：《社会保障制度改革的国际经验与教训》，《求是》2015年第7期。

［20］徐月宾、刘凤芹、张秀兰：《中国农村反贫困政策的反思——从社会救助向社会保护转变》，《中国社会科学》2007年第3期。

［21］向春玲：《城镇化热点难点前沿问题》，中共中央党校出版社2014年版。

［22］王超群、顾雪非：《我国城镇职工基本医疗保险制度改革的经验与问题——基于对政策文件和制度环境的分析》，《中国卫生政策研究》2014年第1期。

第四章

完善收入分配格局

要完善收入分配格局，形成中间大、两头小的橄榄型分配结构，需要综合运用各种政策手段，实现"调高、扩中、提低"的政策目标，用中国传统哲学的话说即是"天之道，损有余而补不足"。其中，调节和规范高收入是关键。调节和规范高收入群体既可以直接降低分配差距，又通过为再分配提供资金和资源从而通过"提低"弥合分配差距。习近平总书记在《扎实推动共同富裕》一文中对如何加强对高收入的规范和调节做出了精辟论述，本章我们展开论述，分别从完善个人所得税、房产税、消费税、公益慈善事业、规范不合理收入、取缔非法收入等角度，对如何调节高收入进行更为深入和全面探讨。同时，我们既要合理调节高收入，又要避免影响人们创业、致富和劳动的积极性，要继续保护合法致富，鼓励勤劳创新致富，充分调动人们创业致富的积极性，促进各类资本规范健康发展。

完善个人所得税制度

一、个人所得税是现代财税体系中降低收入分配差距的最主要工具

个人所得税是现代财税体系中能够起到降低收入分配差距作用的最主要工具，从历史的视角看，个人所得税可说是人类经济制度史上的最伟大发明之一，它使得国家可以系统性地调节国民收入分配差距，一定程度上避免了因贫富差距过大带来的治乱循环。

尽管所得税如此重要，但在政府财政的历史演变中，所得税的出现是比较晚的。现代意义上的累进制个人所得税最早由英国开征，1799年英国开始实行差别税率征收个人所得税以为当时同法国的战争筹集军费。但是，在早期个人所得税并不是一个稳定的税种，只是在政府面临因战争等原因导致的财政危机时才启用，一旦危机解除，时过境迁，征收便告终结。因此，个税制度几经存废，直到1874年才成为英国的一个固定税种。与英国类似，美国为筹集南北战争军费最早在1861年征收个税，但之后也几经存废，直到1913年美国宪法第十六条修正案允许联邦国会征收所得税，才把个人所得税永久地变成美国税制的一部分。

随着时间推移，所得税在政府财政体系中变得日益重要起来。现在，世界上绝大多数国家都有开征个人所得税，并且，所得税在大多数发达国家已成为一种最重要的财政收入来源。根据OECD的统计，OECD成员国1965—2020年平均的个人所得税占国家税收收入的比重达到27%，其中美国的个税占国家税收比例达到34.9%，英国达到29%，个别以高福利知名的北欧国家个税占比更是高达40%以上，例如2020年冰岛的个税

占比达到42.3%、丹麦达到54.2%。相比之下，发达国家中也有少数国家个税占比相对要低一些，例如法国1960—2020年的个税占税收收入比重只有14.1%，2020年这一比例则达到21%，这与法国更加依赖流转税的税收制度有关。东亚国家中，日本的这一比例在2020年为18.8%，韩国为14.4%。

　　我国于1980年制定了《中华人民共和国个人所得税法》，标志着我国的个人所得税制度的建立，不过，早期的个人所得税主要针对外籍在华工作人员。1986年，针对我国国内个人收入发生很大变化的情况，国务院颁布了《中华人民共和国个人收入调节税暂行条例》，规定对本国公民的个人收入统一征收个人收入调节税。因此，严格来说，我国的个人所得税建立于1986年。至今，我国个税已走过三十多年的历史。在这三十多年中，个税制度逐步完善，税收规模越来越大，如图4-1所示，2000年，我国财政收入中个人所得税征收额为414亿元，到2020年这一数字已变为11569亿元。个税占国家税收收入的比重则稳中有升，2000年国家税收收入中只有3.87%是来自个税，到2020年这一比例已提升至7.5%。

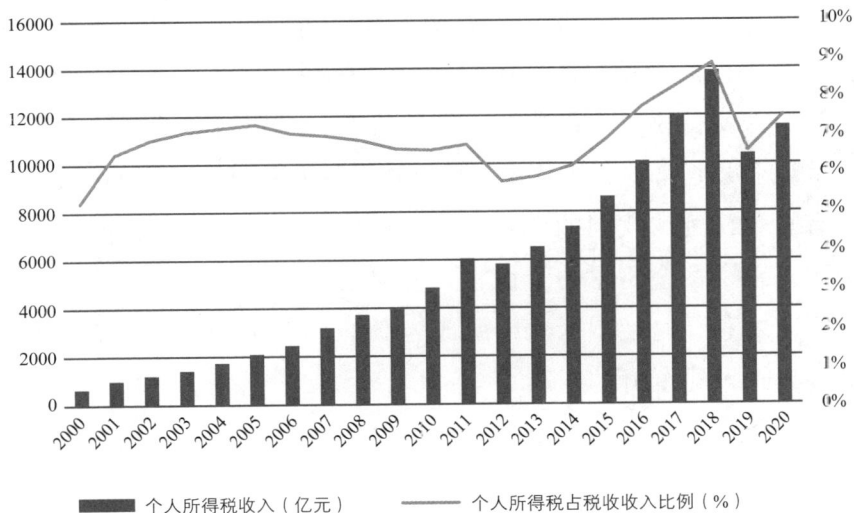

图4-1　我国个人所得税额（左轴）和其占国家税收收入比例（右轴）（单位：亿元）

2018年，我国又修订了《中华人民共和国个人所得税法》，并于2019年1月1日开始实施，这是最近的一次个税改革。除了提高起征点外，这次个税改革的一个关键之处是建立了综合征税制和专项附加扣除制度，一方面，将工资薪金[①]、劳务报酬、稿酬和特许权使用费4项所得纳入综合征税范围，按年征收；另一方面，实现了子女教育、赡养老人等6项专项附加扣除，使得个税制度更加完善，调节力度更强，制度漏洞更少。

二、我国个人所得税对收入差距调节的作用有待提高

虽然我国的个人所得税制度建设已取得长足进展，但个人所得税对于居民收入分配差距的调节作用仍不够强，个人所得税调节收入特别是高收入群体收入的作用仍然没有充分发挥出来。

我国对来源于工资薪金所得，个体工商户的生产经营所得，劳务报酬所得，利息、股息、红利所得以及财产租赁所得等征收个人所得税，虽然个税征收对象比较广泛，但来源于工资薪金所得的个税占了"绝对大头"。2017年我国个人所得税收入11966亿元，其中来源于工资薪金所得的个税接近8000亿元，占个税收入的比重为65.3%。同时，从个人所得税收入结构的时间趋势看，工资薪金所得的个税占比总体呈现上升趋势，其占比由2007年的55%上升至2017年的65.3%。因此，有意见认为，我国的个税体系一定程度上沦为"工薪税"，主要因为源自工资薪金所得的个税收入占比较高，远超其余收入项所得的个税收入之和，这使得工薪阶层成为缴纳个税的主体，因此无法起到调节过高收入的作用。

我国个人所得税对居民收入分配差距调节力度弱也是过去学界研究

---

① 工资、薪金的区别实际上来自国外，工资是wage，薪金是salary，两者具体含义有别，但在我国实际上没有明显区别，只不过个税税法约定俗成，因此一直沿用这个术语。

的普遍结论。例如，刘杨等的研究发现美国个人所得税降低不平等的再分配效应达到6%，相比之下我国个人所得税的再分配效应只有0.4%。岳希明和徐静的研究发现我国个人所得税虽然可以降低城镇居民收入不平等，但幅度非常小，甚至可以忽略不计。张玄和岳希明模拟测算了2018年个税改革的收入分配效应，发现虽然2018年税改会提升个人所得税的累进性，但个人所得税的收入再分配效应仍然很低。

从宏观角度看，个人所得税调节能力低的一个核心表现就是个人所得税占国家财政（税收）收入的比重较低。如前所述，2020年我国的个人所得税占税收收入比重仅为7.5%，远低于OECD国家的平均水平，没有足够高的个人所得税水平，自然就会制约个人所得税的再分配效果。个人所得税占比相对较低的格局与我国税收体系过于依赖间接税（流转税）、直接税占比相对较低密不可分。

当然，实事求是地说，我国仍然是世界上最大的发展中国家，人均GDP刚刚超过1万美元，因此与OECD的富裕国家直接比较是不公平的。与其他税种相比较，个人所得税要求一个发展水平较高的政府征税基础设施。相比于流转税，所得税的征收需要核算每一个人（或企业）的各种不同类型收入，而且，个人所得税的累进特性使得其与单一税率税种相比，纳税人（尤其是富人）逃税的动机会更大，发展中国家由于信息手段欠缺和法治不健全，很难公平、准确地获得人们的收入信息。因此，由于所得税对税收征缴能力的要求较高，发展中国家在税制结构上会选择更易于征收的流转税（尤其是增值税）。因此发展中国家的个人所得税占财政收入比例普遍要低一些，个税的收入分配调节能力也要低于发达国家。

党中央提出要推动共同富裕取得实质性进展，其中完善个人所得税制度，发挥其调节过高收入的作用是共同富裕的题中之意。

三、完善个人所得税制度的方向

（一）提升个人所得税在国家财政收入中的重要性

要切实发挥个人所得税调节收入分配的作用，就需要提升个人所得税为代表的直接税在国家财政收入中的位置。我国个人所得税在国家财政（税收）收入中的占比较低，导致个税调节居民收入分配的效果不强，是由多方面原因造成的。其中，我国个人所得税的累进性是足够强的，但我国个人所得税的平均有效税率过低，这是导致个税收入偏低，阻碍个人所得税充分发挥居民收入再分配功能的主要障碍。累进性足够但平均有效税率过低，意味着我国个人所得税的免征额（起征点）设置水平较高。2018年我国个人所得税法修正将我国个税的免征额（相当于第一档税率为0）从每月3500元提高到5000元（折算年收入为60000元），而第二档税率仅为3%，也是比较低的，第三档税率才升为10%，最高一档税率则是45%。2019年我国居民人均可支配收入为30733元，[①]因此个税免征额近乎是可支配收入的一倍。

相比之下，很多国家的个税体系不设免征额或者免征额相对较低。例如，美国的个人所得税不设免征额，其最低档税率为10%，最高档税率则可以达到37%（37%为联邦税，若再计入地方政府的个税则边际税率可高达50%以上），因此其第一档税率与我国的第三档税率是一样的。根据OECD数据，2019年美国的人均可支配收入达54854美元（现价），而2019年美国的单身纳税申报[②]若收入超过39475美元，其边际税率就可达到22%。因此，在中国一个获得全国平均收入水平的个体其个税税率是0，而在美国其个税边际税率已达到22%，其平均有效税率则

---

① 严格来讲，讨论个税应采用税前收入，但由于初次分配收入相对数据不全，这里为方便比较，我们采用可支配收入讨论。
② 美国个税有单身纳税申报、夫妻合报等多种方式。

为14.45%。日本的个人所得税也不设免征额,其最低税率是15%〔国税占5%,地税占10%〕,最高税率则是56%(其中,国税占46%,地税占10%),因此,日本的第一档税率比我国的第三档税率还要高。韩国同样不设免征额,第一档税率是7.8%。一些国家虽然设免征额,但免征额相对居民可支配收入较低。德国的个人所得税虽然设置免征额,但起征点较低,2019年德国的个人所得税起征点是9169欧元,而根据OECD数据当年德国的人均可支配收入是41030美元,免征额大约是人均可支配收入水平的1/4。

因此,横向比较,我国个人所得税设置的免征额过高,平均有效税率过低,是阻碍个人所得税充分发挥居民收入再分配功能的重要障碍。这也是过去许多学者研究的共同结论,不少学者建议我国应降低个税起征点,提高平均税率,部分研究者还建议降低免征额来加大个人所得税的调节效果,并指出我国多次上调个税免征额的改革降低了个税的调节效果。

实际上,虽然我国的历次个税改革都不同程度地提高了个税免征额,但这部分是由于我国经济的快速增长和通货膨胀带来的。[①]仔细考察可以发现,自个人所得税制建立以来,我国的个税免征额相对于整体的居民收入水平确实是在相对下降的。1986年刚建立对本国公民的个税制度时,个税免征额为400元/月,折合年收入4800元,而当年我国居民人均可支配收入只有541元,免征额是人均可支配收入的8.9倍。这之后,我国个税免征额虽然多次提高,但由于居民收入增速总体更快,因此个税免征额与人均可支配收入之比总体在下降(特别是1986—2005年下降较快)。只不过,2005年后两者比例总体稳定,没有继续长期下降(图4-2)。

因此,由于经济的持续增长和通货膨胀,个税免征额不会在绝对水

---

① 美国等国家的个税结构也会随着国家经济发展和通货膨胀而调节。

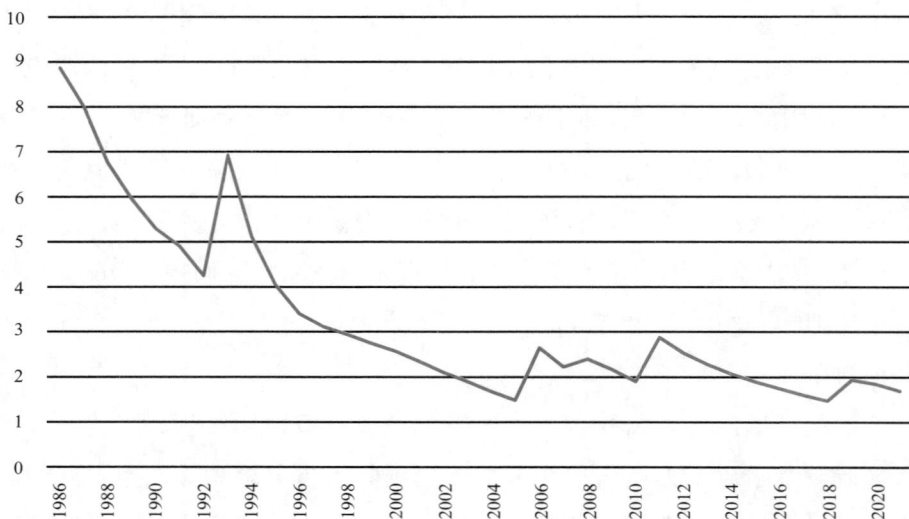

图4-2　我国个税免征额（年收入）与居民人均可支配收入之比（1986—2020年）

资料来源：作者根据个人所得税税法整理。

注：图中曲线每次上升，皆是因当年提升了个税免征额所致。自个税制度建立以来，我国分别在1993、2006、2008、2011和2019年提升免征额。

平上下降，更可能是在相对水平上逐渐下降，从而提升我国个人所得税平均有效税率。《中共中央关于制定国民经济和社会发展第十四个五年规划和二〇三五年远景目标的建议》强调，要适当提高直接税比重，而作为直接税中的主要税种，关键还是要提高个人所得税比重。因此，在2018年个人所得税改革把免征额提升到5000元/月后，我国应在未来较长一段时期内不再大幅提高免征额，从而伴随居民收入的增长，免征额相对于居民收入水平继续下降，以达到提升个人所得税平均有效税率的效果。

（二）扩大综合征税范围，加强个人所得税对资本所得的调节能力

根据我国《个人所得税法》（2018年版），我国应税的个人收入总共包括：（1）工资薪金所得；（2）劳务报酬所得；（3）稿酬所得；

（4）特许权使用费所得；（5）经营所得；（6）利息、股息、红利所得；（7）财产租赁所得；（8）财产转让所得；（9）偶然所得。2018年个人所得税改革的一大亮点是建立了综合征税制，即将工资薪金等前4项所得纳入综合征税范围，按年征收。相比过去的分类征收制，综合征税制更能体现税收公平，减少了不同来源收入税负不同的税收扭曲，也减少了多种收入来源下的逃税、避税行为，对于完善收入分配格局具有重要意义。

　　未来，综合征税范围是否应进一步扩大到其他收入来源，以及如何扩大需进一步研究。其中，税收征管能力、税收遵从度和其经济影响是必须考虑的因素。现已纳入综合计税的前四项工薪所得等一般是由政府和企事业单位向劳动者发放，是相对较易管控的，因此在这次改革中也最先被纳入综合计税范围。但其他一些收入相对不好管控。其中，经营所得主要面向个体工商户征收，而现实中个体工商户无照经营广泛存在、登记及管理制度不健全、偷逃税款等一系列问题尚未得到很好解决，从这一情况看，不管是税务部门征管能力还是经营者的税收遵从度都存在较大问题，经营所得纳入综合所得的税收征管难度较大。此外，个体工商户一般规模不大，本身一般不是个人所得税调节的高收入群体，因此，虽然将经营所得纳入综合征税范围是税制改革的长期目标，但其短期内的必要性、紧迫性和可行性相对不是太高。

　　而资本所得相对容易追踪和管控，特别是居民从正规金融机构获得的利息、股息、红利所得，相关部门有较为健全的信息，技术层面容易操作，因此可能更加适合纳入综合计税范围。目前，我国利息、股息、红利所得等财产性收入适用20%的固定比例税率，没有个人所得税应具有的累进性，因此无法很好发挥调节分配差距的作用。

　　但是，对资本所得征收个税存在的一个潜在问题是会导致资本外逃的风险。由于资本的流动性要远远高于劳动力，因此一般认为对资本所得的征税容易带来资本外流的风险，反过来，对资本所得的低税率则会吸引资本流入。① 因此，对资本（不管是资本所得还是资本存量）征税可能引发的资本外逃风险是任何国家的政策制定者都要极力避免的。② 当然，考虑到我国资本项目并不开放，外汇管制较严，且我国是一个人口和经济体量十分庞大的国家，因此在个人所得税层面提高对资本所得的征税力度应不会造成十分严重的资本外逃情况。此外，对资本所得的优惠待遇被认为起到鼓励创业、企业家精神和风险承担的作用，因此对资本所得征税过高还会抑制创业精神，从此角度出发也认为应给资本所得以税收优惠。所以，大多数国家都将劳动所得和资本所得的个税区别对待，对资本所得征收固定比例个人所得税而不采用累进税制是十分常见的现象。

因此，未来既需加强对资本所得的个人所得税征管，又应考虑到资本所得与劳动所得的差异，至少目前缺乏将资本所得整体纳入综合征税的条件。更现实的政策路径可能是将劳动所得和资本所得分别征税，同时加强个人所得税对资本所得的调节效果，可考虑将财产性所得由固定税率变为累进税率（但累进性不宜过高）。为减轻资本外流风险，鼓励创业与风险承担，参考美国等国家经验，其累进性应小于劳动所得。同时，为鼓励长期投资，抑制短期投机，资本持有的期限长短也应是影响税率的因素之一，从国际经验看，持有期限长短主要影响的是资产交易的价差所得的个税。

（三）完善专项附加扣除政策

除建立综合征税制，2018年个人所得税改革的另一大亮点是首次设立了专项附加扣除制度，明确了子女教育、继续教育、大病医疗、普通

---

① 世界上存在部分国家以低税率吸引资本流入，成为国际避税天堂而闻名。
② 这也是《21世纪资本论》的作者皮凯蒂提出的征收资本税来解决不平等问题的建议难以实现的原因之一。

住房贷款利息、住房租金、赡养老人支出6项专项附加扣除的具体范围和标准。这一改革体现了税收政策重民生保民生的特点，使得整体税收制度更为公平，同时有利于在降低纳税人整体税负的同时强化个人所得税的社会治理功能。未来需继续完善专项附加扣除政策，一是要根据通货膨胀水平等因素，适时适度提高专项附加扣除的标准；二是可考虑进一步扩大专项附加扣除范围。例如目前专项附加扣除中包括了子女教育，要求若有子女接受全日制学历教育则按每个子女每月1000元的标准定额扣除，然而，从子女出生到上学前的几年也正是家庭面临较大的抚育支出压力的时候，且这一时期家庭成员（特别是家庭中的妻子和老人）的劳动供给和收入也易因抚育子女而受到影响，[①] 因此，或可将子女教育的专项附加扣除改为抚育子女，从子女出生即开始计入专项附加扣除，从而进一步降低这些家庭的养育负担。[②]

（四）建立以核心家庭（夫妻）为单位的个税申报制度

我国目前仍然是以个人为单位申报个人所得税，未来可参考美国、日本等国家经验，考虑同时建立以核心家庭为单位的个税申报制度，由夫妻两人共同申报个人所得税，同时允许人们在个人申报和核心家庭申报之间自由选择。这样，就可以避免一些家庭内部（夫妻）收入差异较大，而一些家庭内部收入差异小带来的税收负担不公平（收入差异大的家庭税负更重）。

（五）加强高收入群体的个税征管

高收入群体的个税征管是重点和难点。个人所得税的主要任务就是"调高"，但高收入群体一般存在收入来源多、避税方式多、避税能力强的特征，因此如何合理合法地征收高收入群体的个税是相关工作的

---

① 在子女上学后反而对家长的照料需求降低，父母可以有更多时间投入工作。

② 本文完稿后，2022年3月第十三届全国人民代表大会第五次会议上李克强总理作的《政府工作报告》提出，要"将3岁以下婴幼儿照护费用纳入个人所得税专项附加扣除"，可以预见这一改革将优先得到贯彻落实。

重点。应堵住个税的漏洞，第一，通过扩大综合征税范围，避免高收入群体在不同收入性质之间转换的方式来逃避税收，避免通过利用开办企业、工作室等方式，利用不同收入来源税率差异的方式逃避税收；第二，推进金税工程四期建设，充分利用大数据、人工智能等新一代信息技术手段，向"以数治税"，提升个税的征管能力和征管效率；第三，加大弄虚作假逃税行为的惩罚力度，从而警示高收入群体的逃税行为，打掉部分人的侥幸心理，建立并完善个人所得税纳税信用记录，鼓励纳税人诚信纳税。

加强公益慈善事业规范管理

一、第三次分配是对初次分配和再分配的有益补充

中央财经委员会2021年第十次会议特别提到，要构建初次分配、再分配、三次分配协调配套的基础性制度安排，鼓励高收入人群和企业更多回报社会。上面说的再分配是指由政府按照兼顾公平和效率的原则，通过税收、社会保障等收支行为所进行的收入调节。而第三次分配是一个中国语境下的概念，是指基于自愿原则，由社会机制主导的，主要通过慈善公益事业实现的收入调节。[①] 相较于再分配而言，第三次分配具有转移性和自愿性特点，同时在很多时候还有小范围性的特点。

第三次分配是对初次分配和再分配的有益补充，具有多方面的积

[①] 一般认为第三次分配的概念是由厉以宁提出的。厉以宁（1991）在《论共同富裕的经济发展道路》一文中提出影响收入分配的三种力量，在《股份制与现代市场经济》中进一步提出"在两次收入分配之外，还存在着第三次分配———基于道德信念而进行的收入分配"。一些国家则不对政府主导的二次分配和社会主导的三次分配进行区分，统称为再分配。

极作用。首先，第三次分配既涉及流量又涉及存量的分配。初次分配和再分配主要是对当年新创造价值的分配，一般不涉及存量，而第三次分配时人们通过捐赠等方式提供的转移支付既可能来自于当年人们的收入流量，又可能来自于人们的财富存量，因此其对减轻财富分配的不平等有一定作用。其次，第三次分配可以缓解社会贫富对立，有利于形成和谐社会的氛围。对公益慈善捐赠的行为可以提升捐赠者（个人或企业）的声誉，彰显高收入群体的个人道德水平，这对于降低社会对富裕群体的敌视、缓解贫富对立、形成人人向善的和谐社会氛围有积极作用。再次，公益慈善可以弥补政府的不足，起到重要补充作用。公益慈善组织不是要替代政府提供公共服务的功能，而是在政府提供的公共服务难免在一些领域力有不逮，出现欠缺乃至真空时，起到拾遗补阙、有效补充的作用。

此外，公益慈善组织的规模体量无法与庞大的各级政府相比，但是公益慈善组织的行为可以在特定领域、特定区域起到作用，形成试点示范效果，为政府提供借鉴和参考，如果确有很大价值，就可以纳入政府的公共服务覆盖范畴，从而在全社会实现更大效果。例如，中国发展研究基金会在2006年注意到偏远落后地区的小学生午餐困难问题，因此开展试点资助农村落后地区的学生营养午餐，收到很好效果，引起中央高度关注。2008年10月，"改善农村学生营养状况"写入党的十七届三中全会文件《中共中央关于推进农村改革发展若干重大问题的决定》，随后，2010年，中央和地方政府投入100亿元财政资金用于改善中西部地区农村1100万义务教育阶段贫困寄宿生生活条件，2011年国务院又通过《农村义务教育学生营养改善计划》，政府财政资助有效地改善了农村学生营养健康状况。这是公益组织试点示范，政府择优纳入公共服务的典型案例。

党和国家历来高度重视慈善事业发展，改革开放后不久，就重启新中国的慈善事业。1978年，国务院批准中国红十字会恢复中国国内工作，中国红十字会各级组织相继恢复，这之后，我国各种慈善公益组织开始不断涌现。宋庆龄基金会（1982年）、中国残疾人联合会（1988年）、中国扶贫基金会（1989年）、中国青少年发展基金会（1989年）、中华慈善总会（1994年）等一系列规模较大的公益慈善组织相继成立。除了政府部门主导成立的公益慈善组织，随着中国企业家、明星等先富群体的崛起，也有越来越多民营慈善机构涌现。

党的十八大以来，我国的慈善事业更得到了长足的发展，从《中华人民共和国慈善法》的颁布出台，到国务院有关部门出台《慈善组织认定办法》《慈善组织公开募捐管理办法》等配套文件和法规，到公益网络化的发展，再到稳步推进慈善事业透明化，中国正用其独特的方式呈现出社会公益慈善的厚积薄发。到2020年底，全国登记的慈善组织达到了9480个，净资产近2000亿元，注册的志愿者已经达到了2.09亿人。慈善力量在扶贫济困、扶老救孤、助残优抚、科教文卫、环境保护等方面都发挥了积极作用，特别是脱贫攻坚、疫情防控、抗灾救灾这几个方面的作用尤其突出。以2020年为例，民政部的资料显示，在脱贫攻坚方面，慈善组织用于扶贫济困的支出达到了500亿元。在生活救助、助医、助学、文化扶贫、消费扶贫，包括易地扶贫搬迁等方面，慈善事业都贡献了自己的力量，特别是有效支持了深度贫困地区的脱贫攻坚。在疫情防控方面，2021年疫情防控过程中广大慈善组织、爱心企业、爱心人士累计捐赠的资金达到396.27亿元，物资达到10.97亿件，为打赢武汉保卫战、湖北保卫战，为全国抗击疫情发挥了十分重要的作用。

二、我国第三次分配（慈善公益事业）仍然存在很大提升空间

与个人所得税类似，从宏观角度看，我国第三次分配调节收入分配差距的能力不足的一个核心是慈善捐赠额在国民收入中的比例相对较

低。2020年，受新冠肺炎疫情暴发和自然灾害频发等因素影响，我国公益慈善事业有较大发展，根据中国慈善联合会发布的《2020年度中国慈善捐赠报告》统计，2020年，我国共接受境内外慈善捐赠2253.13亿元，其中，内地接受款物捐赠共计2086.13亿元，首次超过2000亿元，同比增长38.21%。[1] 不过，尽管有如此大幅度的增长，但若看慈善捐赠额占我国国民经济总量，那么我国仍然处于相对较低水平。2020年我国国内生产总值为101.6万亿元，我国接受的境内外慈善捐赠额占GDP的比例只有0.22%（若只看境内捐赠额则只有0.2%）。与之对比，2016年美国慈善捐赠总额占其GDP的比例可达到2.1%[2]，英国的这一比例则达到约0.52%。

纵向看，我国的慈善捐赠额占国民经济的比重上涨也较为缓慢。图4-3整理了2007—2020年我国收到的慈善捐赠额和其占GDP比例，可以发现，我国的慈善捐赠额逐年攀升，捐赠总额从2007年的309亿元升至2020年的2253亿元，名义增长7.3倍。但慈善捐赠额占GDP比例缺乏稳定上涨态势。其中，2008年是我国多灾之年，汶川大地震、雪灾等给中国人民带来巨大灾难，受此影响我国当年慈善捐赠额大幅增长至1070亿元，占GDP比例达0.33%，是2007—2020年的最高点。除这一特别年份外，其他年份捐赠额占比均不超过0.3%。2011—2019年，我国慈善捐赠额占GDP比例总体在0.15%~0.2%区间波动，2020年新冠肺炎疫情暴发促使捐赠额又大幅提高，但占GDP比例只有0.22%，仍未超过2008年高点。

从慈善捐赠的来源构成看，我国个人捐赠占比较低，是我国慈善捐赠额占经济比例相对不高的原因之一。在美国等国家，个人捐赠是社会慈善捐赠的主要来源，企业等部门的贡献相对要低。美国捐赠基金会发

---

[1] 社会科学文献出版社每年出版的《慈善蓝皮书：中国慈善发展报告》也有我国的慈善捐赠额数据，但因统计口径、方法等原因，两者数据有所不同。此外，《慈善蓝皮书：中国慈善发展报告》还测算志愿者服务的价值和彩票公益金额，并将社会捐赠总量、全国志愿服务贡献价值和彩票公益金三者之和设定为全核算社会公益资源总量。

[2] 美国也是世界上慈善捐赠额占GDP比例最高的国家之一，有世界上最为庞大和广泛的慈善部门。

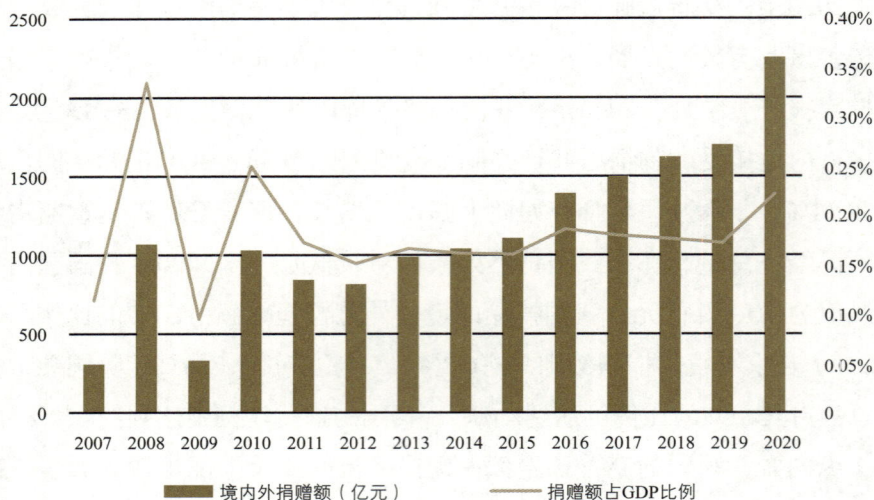

境内外捐赠额（亿元）　　捐赠额占GDP比例

图4-3　我国慈善捐赠金额和捐赠额占GDP比例（2007—2020年）

资料来源：根据2007—2020年《中国慈善捐赠报告》整理。

布的2006年年报显示，美国的个人捐赠额占总捐赠额的比例达77%，有将近70%的美国家庭有慈善捐赠行为。而在我国慈善捐赠的主体是企业，个人占比较低。《2020年度中国慈善捐赠报告》的数据显示，2020年我国个人捐赠总额占境内捐赠额的比例为25.1%，相比之下，企业的捐赠额占比达到58.4%。

　　我国慈善捐赠额相对国民经济总量低有多方面客观原因。国际经验显示慈善捐赠额占国民经济比例与经济发展水平总体呈现正向关系，这是自然的规律。从组织机构角度看，国家发展水平越高，慈善公益事业倾向于越发达完善；从捐助能力看，人民越富裕，自然就可以在不影响自身生活前提下，有条件帮助别人；从文化观念角度看，人民越富裕，人民的道德水平和道德追求也越高，也促使人们愿意通过公益慈善方式帮助别人。管子说"仓廪实而知礼节，衣食足而知荣辱"，司马迁在《史记·货殖列传》中说"故君子富，好行其德……人富而仁义附焉"，也是这个道理，仁义道德需要经济基础为支撑。因此，我国目前所处的发展阶段决定了我国的慈善捐赠额不可能太高。

从我国自身情况看，首先，我国鼓励支持公益慈善的制度环境和政策措施仍需完善，相关税收鼓励支持政策仍存在不足；其次，我国公益慈善事业起步晚、基础差、规模小、水平低，是制约公益慈善事业充分发挥作用的重要原因；再次，我国公益慈善的文化仍需培育，人民群众参与公益慈善活动的便捷性不足，等等。这些均是目前制约我国以公益慈善事业为主导的第三次分配充分发挥作用的原因。

三、完善税收等支持措施，发展公益慈善事业，鼓励慈善捐赠

（一）完善税收等支持措施，健全公益慈善行为和公益慈善事业的激励机制

当前，我国激励引导公益事业发展的税收政策体系基本实现了主要税种、捐赠受赠方的全覆盖。具体看，我国税收体制对公益慈善事业的支持，主要体现在对个人和企业（捐赠方）捐赠的税收优惠，和对公益慈善组织（受赠方）的税收优惠两个方面。

对捐赠方的税收优惠支持主要体现在所得税扣除上。早在1994年时颁布的《中华人民共和国个人所得税法》中就规定，个人将其所得对教育事业和其他公益事业捐赠的部分，按有关规定从应纳税所得中扣除，2018年修订的《中华人民共和国个人所得税法》规定，个人将其所得对教育、扶贫、济困等公益慈善事业进行的捐赠，捐赠额未超过纳税人申报的应纳税所得额30%的部分，可以从其应纳税所得额中扣除。同时，《中华人民共和国企业所得税法》（2018年修正）等法律法规也明确规定，企业发生的公益性捐赠支出可在计算应纳税所得额时扣除。此外，我国法律规定对有关服务、无形资产、不动产的公益性捐赠无需缴纳增值税，大额股权捐赠基本可实现"无税捐赠"。

对受赠方的税收优惠主要体现在对公益慈善组织的增值税、所得税免税上。根据2017年第二次修订的《中华人民共和国增值税暂行条例》等规定，公益慈善组织的捐赠收入增值税免税，社会团体的会费收入免征增值税。[①]《中华人民共和国企业所得税法》（2018年修正）第二十六条规定，符合条件的非营利组织的收入，包括接受其他单位或者个人捐赠的收入、符合条件的财政拨款以外的其他政府补助收入（但不包括因政府购买服务取得的收入）、按规定收取的会费以及不征税收入和免税收入滋生的银行存款利息收入等，免征企业所得税。

但是，我国税收体系对公益慈善的支持仍不完善，税收优惠政策的成效仍有提升空间。例如，大部分个人捐赠者并不知道公益性捐赠后可以抵扣个税，即使知道，但由于申请税前扣除的程序较为繁杂，对于货币形态的捐赠，个人即便拿到了捐赠票据，仍需经历多重手续；对于非货币形态的捐赠，由于定价困难，缺乏统一的发票申请标准和定价评估，也存在开具票据困难的问题。但由于个人捐赠抵扣个税需取得公益性捐赠票据才可办理，相关手续太烦琐，令捐赠者知难而退，从而打击了个人捐赠的积极性。[②] 2018年我国个人所得税改革建立综合征税制和专项附加扣除制度，并开发了个人所得税APP，大大增强了居民办理个税的便捷性，但公益性捐赠支出尚未纳入个税自动扣除范围内，仍需个人自行办理，抵扣个税的便捷性仍可进一步提高。再比如，根据《财政部 税务总局关于公益慈善事业捐赠个人所得税政策的公告》，个人通过公益性社会组织或国家机关的公益慈善事业捐赠享受个人所得税扣除优惠，但若个人捐赠没有通过公益性社会组织或国家机关，而是直接向受赠方捐赠，就无法享受个人所得税扣除的政策红利了。

此外，公益事业机构的公益事业中的"两免"资格（即非营利机构

---

① 但社会团体开展经营服务性活动取得的其他收入须照章缴纳增值税。
② 企业捐赠的税收减免由于有专业财务人员办理，因此做得比个人要好很多。

的免税资格和税前扣除免税资格）管理仍不完善，部分税收优惠政策细节需要进一步明确（如股权捐赠税收优惠政策并没有明确哪类股权可以捐赠，资本收益的税收如何处理等问题尚未规定），从而使得政策落地难，也影响税收优惠措施发挥作用。

因此，要强化税收政策对公益慈善事业的支持和激励效果，需要打通政策落地堵点，解决政策落地的"最后一公里"问题，继续优化政策享受管理办法，为税收优惠政策正确享用、真正落实创造良好环境。其中，或可考虑建立慈善捐赠实名制，即公益慈善组织在接受个人捐赠时无需捐赠人公开身份，但可以建立实名登记制度（可对某个标准以上的捐款建立实名登记制度），从而将实名化的个人捐赠自动纳入个人综合所得扣除，增强抵扣个税的便利性。

（二）提升公益慈善组织的透明度、公信力和专业性

我国社会慈善捐赠中个人占比低的原因，除了上面提到的个人所得税扣除对个人捐赠的支持力度不足外，也跟公益慈善组织的公信力与专业性不足有关。慈善事业是建立在社会公众自愿捐献的基础之上，并以具有公信力的慈善组织作为实施基础。由于一些慈善组织信息不公开、行动不迅速，甚至出现以慈善之名行诈骗之实的现象，进而引发公众质疑和部分慈善组织的信任危机，极大地挫伤了公众参与捐赠的积极性。一些慈善组织发育不足、专业性不强，缺乏专业人才与专业服务能力，从而也难以赢得公众信任。

因此，要提升公益慈善组织的透明度、公信力，规范公益慈善事业的运行，特别是要利用好互联网作为信息平台，做好信息公开，定期通过官方网站、微信公众号等平台向社会公示捐赠收支情况，接受社会监督，从而提升公众对公益慈善组织的信任度。要提高公益慈善组织的专业服务能力，既要提升相关组织的筹款能力，更要提升其管理能力，做到依法依规开展慈善捐赠的募捐备案、信息公开、财务管理工作，收到

捐款尽快拨付，接到捐赠物资及时转交，快进快出、不延滞截留。要提高公益慈善组织的组织能力，完善现代慈善组织管理制度，促进组织内部管理创新，提高运行效率，降低运行成本，建立起具有中国特色的慈善组织"透明、高效、规范"的管理体制和运行机制。

（三）发展互联网公益慈善

近年来，我国互联网公益慈善事业风生水起。根据2020年《中国网络慈善发展报告》，2019 年共有 108.76 亿人次点击、关注和参与互联网慈善活动，募资总额超过 54 亿元，占全社会募捐总量的比重也从 2013 年的 0.4% 上升到 4.1%。因此，虽然互联网捐赠占比不高，但发展却十分迅速。此外，互联网公益虽然募集资金总额占比不高，但其优势是门槛低，2019年互联网捐赠的人均金额只有50元，这意味着累计捐赠人次达到1亿的规模，这对于激发个人捐赠的热情，在社会层面推广公益慈善事业有很大作用。

制约居民参与公益慈善活动的一个因素是参与的便捷性，特别是由于大多数个人参与公益慈善捐赠一般是小额的，因此参与的便捷性就会很大程度上影响捐赠行为。在这方面，互联网公益慈善具有先天的优势。随着中国互联网信息技术和网络社交媒体飞速发展，社交软件的应用和功能日趋广泛，电子移动支付渠道不断拓宽，互联网公益慈善的基础设施已十分完善，互联网和公益慈善的融合成为可能。2016年来，民政部先后遴选指定腾讯公益、阿里巴巴公益、百度公益等许多线上公益平台为官方认可的互联网募捐信息平台，这些平台大大降低了参与公益慈善活动的门槛，培育了人们的慈善理念和参与意识，提升了公益慈善活动的效率。此外，互联网慈善还具有内容形式多样、传播能力强（特别是通过社交网络传播）、传播速度快、覆盖面大、捐赠需求和供给精准对接等特点。因此，"互联网+公益慈善"可以有效整合社会慈善资源，提升社会动员能力，加强慈善的广度、深度和效率，促使形成全民慈善的氛围，具有很大的发展潜力。

同时，互联网公益慈善的新模式还存在一些现实困难。首先，互联网公益慈善的税收支持鼓励措施仍不健全。一方面，由于互联网捐赠的人均捐赠额很低[①]，而税收抵扣的手续烦琐，这意味着互联网捐赠者绝大多数不会去申请所得税税收优惠；另一方面，许多互联网公益慈善平台虽然本身是在做公益慈善，但由于平台的法律性质等各方面原因，也决定了其没有税收优惠的资格。例如近年来发展迅猛的以大病筹款为目的的"水滴筹"，从捐赠者角度来看，其是在做"善事"和"慈善"，但从当前我国法律的界定来看，它不属于"慈善捐赠""公益性捐赠"范畴，不在税收政策优惠范围之内。其次，互联网公益慈善的监管体系尚不健全，相关法律法规缺乏。除民政部指定的几家互联网慈善募捐平台外，还有许多未得到官方认证的个人求助类的网络慈善平台，这些平台良莠不齐，很多平台通过组织或个人自行创建网页、APP或微信公众号等就可以发布求助募捐信息，信息数量巨大且真假难辨，不法分子利用网络具有虚拟性的特点发布虚假不实消息，牟取利益，网络诈捐现象频发，政府部门监管起来比较困难，是慈善监管的灰色地带。

互联网慈善公益事业是未来的发展方向，应继续大力支持推动互联网技术赋能公益慈善。一方面，要完善税收等支持鼓励措施。另一方面，要规范互联网慈善公益平台的行为，建立行业自律组织和制度，借助第三方监管机制规范互联网公益慈善运行；加大对骗捐等违法违规行为的处罚力度，将失信行为纳入社会信用管理；充分发挥社会公众和媒体的监管作用，增强平台在完善信息透明、公开方面的责任；依托互联网大数据技术，建立民政部与平台间的数据连接和贡献，打通信息壁垒，等等。总之，要形成政府、行业、公众、媒体等全方位、立体化的

---

① 互联网公益募集资金的门槛低，2020年《中国网络慈善发展报告》显示2019年互联网捐赠的人均金额只有50元。

监督体系，多元联合、多方发力，促进行业在良性竞争中发展。

积极稳妥推进房地产税立法和改革

一、房地产税是我国房地产市场调控长效机制的重要拼图

（一）房地产税改革稳步推进

如前所述，我国财税政策的长期改革方向是要适当提高直接税比重，而从国际经验看，个人所得税和房地产税是直接税最主要的两个税种。实际上，相比现代累进制的个人所得税，房地产税的历史要悠久得多，是中外各国政府广为开征的古老税种。欧洲中世纪时，房地产税就成为封建君主敛财的一项重要手段，且名目繁多，如"窗户税""灶税""烟囱税"等，这类房地产税大多以房屋的某种外部标志作为确定负担的标准。中国古籍《周礼》上所称"廛布"即为最初的房地产税。至唐代的间架税、清代和中华民国时期的房捐，均可看做房地产税性质。

不过，改革开放以来，虽然较早就建立了个人所得税制度，但对个人开征的房地产税长期没有建立。1986年国务院发布《中华人民共和国税收征收管理暂行条例》开征房地产税，但主要针对的是商业、办公用房等经营性房产，而个人所有的非营业用房产免于征税。2003年10月，党的十六届三中全会通过的《中共中央关于完善社会主义市场经济体制若干问题的决定》作出了"分步实施税收制度改革"的战略部署，并提出"实施城镇建设税费改革，条件具备时对不动产开征统一规范的物业税，相应取消相关收费"①，这标志着开征房地产税被纳入我国税收制

---

① 物业税是房地产税特定历史时期的一种提法，这是我国首次提及对个人持有的非经营性房产保有环节进行征税。

度改革的议事日程。在这之后，中央的多份重要文件都提出要择机推进房地产税改革。2011年，上海和重庆被选为房地产税征收试点城市，开始对居民自有住房持有环节进行征税，这标志着我国房地产税制度进入试点探索的新时期。不过，受种种因素制约，自2011年到现在，房地产税开征范围并未进一步扩大，长期以来只有这两个城市对居民非营业性住房征收房地产税，虽然要更大范围内推广房地产税改革的消息从未间断，但一直没有付诸实施。

近年来，房地产税改革又有所提速，2018年4月，全国人大常委会宣布房地产税法已经进入2018年人大立法计划预备审议项目，会加紧房地产税的调研和起草工作。2021年10月16日出版的第20期《求是》杂志发表习近平总书记的重要文章《扎实推动共同富裕》中提到："要积极稳妥推进房地产税立法和改革，做好试点工作。"2021年10月23日，第十三届全国人民代表大会常务委员会第三十一次会议通过《全国人大常委会关于授权国务院在部分地区开展房地产税改革试点工作的决定》，正式授权国务院在部分地区开展房地产税改革试点工作。因此，虽然没有在全国范围内放开房地产税，但房地产税进一步扩大试点已是箭在弦上了。

房地产税是房地产长效调控机制的重要拼图，对于地方财税体系改革、城市开发建设模式、房地产市场调控等都有系统的影响，过去一直有很多讨论。不过，将房地产税改革放置在推动共同富裕的大背景下是此前没有过的。当前，住房资产是居民资产的主要组成部分，住房资产不平等则是居民财富不平等的最主要来源。而房地产税对居民的收入分配和财富分配都会产生明显影响，因此，在推动共同富裕的过程中，如何发挥房地产税调节收入和财富分配的作用是一个重要问题。这是在共同富裕大背景下推进房地产税改革的重要原因。

（二）住房在居民财富分配不平等中扮演关键角色

收入分配和财产分配是不平等的两个主要维度，要实现共同富裕既要关注收入分配问题，也要关注财产分配问题。而财产分配不平等的核心问题是居民在房产持有上的差异。一方面，不管是基于宏观统计数据还是微观调查数据，都显示房产是目前中国居民家庭中财产的主要构成来源。从宏观数据看，中国社会科学院发布的《中国国家资产负债表2020》估算显示，2019年住房资产占我国居民部门总资产的比例超过36%，占居民部门非金融资产的比例则超过90%，是所有财产类别中最大的单一来源。[①] 从微观调查数据看，一些家户调查数据得到的住房资产占比更高，其中西南财经大学基于CHFS（中国家庭金融调查）数据测算发布的《2018中国城市家庭财富健康报告》显示，我国城市家庭总资产中住房资产占比已经高达77.7%；北京大学团队基于CFPS（中国家庭追踪调查）数据测算，得到中国城镇家庭中房产占家庭净财产的比例达到79.5%；利用CHIP（中国居民收入分配调查）数据的计算结果则显示2013年城镇居民房产净值在家庭财产中的比重为78%。这与美国等国家金融资产占比高、房产占比相对要低截然不同。另一方面，家庭房产分配的差距也大，这使得房产成为居民财产分配不平等的重要构成部分。比如，利用2013年CHIP数据计算可发现，中国家庭财产中，净房产的基尼系数达到0.702，净房产对整体的财产不平等的贡献率达到78.5%。使用其他微观数据基本也得到这一结论。

因此，如果能缓解居民住房分配的不平等，就在很大程度上起到缓解居民财富分配不平等的作用，这是在共同富裕的长期目标下提出要进一步扩大房地产税试点改革的关键原因。

二、房地产税对于收入和财富分配的可能影响

房地产税理论上会提高住房的持有成本，进而发挥平抑房价、避免

---

① 《中国国家资产负债表2020》是宏观视角的测算，且测算的住房资产是全体国民的，既包括城镇也包括农村。由于农村房产价值一般较低，因此《中国国家资产负债表2020》测得的住房资产占比也相对要低一些。

房价过快上涨的作用[①]。从经验上看，也存在房地产税抑制房价的各种证据，在上海和重庆虽然试行的房地产税政策较为特殊，但也发现了房地产税抑制房价的作用。例如，刘甲炎和范子英利用重庆的房地产税试点研究发现房地产税使得试点城市的平均房价相比潜在房价下降了5.27%。因此，房地产税预期可以起到降低财富分配差距的作用。

但是，讨论房地产税对收入分配的影响却需要谨慎。由于房地产税也是直接税的一种，因此社会上对房地产税改革寄予了同个人所得税类似的调节收入分配差距的期望。但是，须注意的是，直接税并不必然起到降低收入分配差距的作用。从税收理论上看，直接税与间接税的定义和分类方法是以税收负担能否转嫁为标准。所谓直接税，是指纳税义务人同时是税收的实际负担人，纳税义务人不能或不便于把税收负担转嫁给别人的税种。在税收理论中，多以所得税、房地产税、遗产税等税种为直接税。但是，直接税并不必然会起到降低收入分配差距的作用。

更具体地说，直接税能否起到降低收入分配差距的作用，关键要看税收相对于人们的收入是累进的还是累退的。如果随着人们收入水平增高，人们所缴纳的税收占其收入的比例也越高，那么这个税相对于人们的收入就是累进的，就可以起到降低收入分配差距的作用。反过来，如果所需缴纳税收占其收入比例越低，那么这个税就是累退的，会起到扩大分配差距的作用。个人所得税会起到降低分配差距的作用，是因为世界各国均采用累进的个人所得税税制结构，从国际经验看，随着人们收入升高，个税边际税率可从0升至40%以上甚至更高。但从国际经验看，房地产税经常是固定比例税，税额是财产价值的固定比例，它并不具有像个税一样的累进结构。

以美国房地产税为例，由于房地产税是地方税，地方自主制定税

[①] 由于通货膨胀和经济增长，房价存在长期上涨趋势，因此说房地产税必然会导致房价下跌可能是不严谨的。

率，因此房地产税率并不统一，大多数州的税率介于0.8%与3%之间，但各州的房地产税基本均是固定比例税制，同时制定各种免税政策来对应特定房产类型和特定类型人群。这种固定比率税制决定了其很难有降低收入分配差距的效果。特别地，因为房地产的消费和投资可能存在随收入边际倾向递减的规律，因此，固定比例制的房地产税还可能呈现累退性①，理论上会恶化收入分配差距。

从世界各国的房地产税实践看，也是与以上理论判断契合的。对美国税收体系收入分配效应的研究显示，在美国的地方税收中，销售和消费税、房地产税都呈现明显的累退特征，低收入阶层的有效税率明显高于高收入阶层。表4-1展示了美国地方税收在不同收入阶层的有效税率。

表4-1　美国地方税收在不同收入阶层的有效税率

收入阶层	最低阶层 20%	次低阶层 20%	中间阶层 20%	富裕阶层 20%	最富有阶层 20%		
					15%	4%	1%
收入范围	少于1.8万美元	1.8万～3.3万美元	3.3万～5.4万美元	5.4万～9万美元	9万～18.5万美元	18.5万～47.6万美元	47.6万美元以上
平均收入	10700美元	25500美元	42900美元	69900美元	122400美元	277900美元	17680□美元
销售税和消费税	7.1%	5.9%	4.7%	3.7%	2.8%	1.7%	0.9%
房地产税	3.7%	2.8%	2.9%	2.9%	2.9%	2.4%	1.4%
所得税	0.2%	1.4%	2.2%	2.6%	3.1%	3.6%	4.2%
总税率	10.9%	10.0%	9.7%	9.3%	8.8%	7.8%	6.4%

注：表中测算基于2007年数据。资料来源：Davis，C.，Davis，K.，Gardner，M.，McIntyre，R.S.，McLynch，J.，Sapozhnikova，A，2009. "Who Pays? A Distributional Analysis of the Tax Systems in All 50 States"，Institute on Taxation & Economic Policy，Third Edition，（November），118.

---

① 当然，房产消费和投资的边际倾向递减规律要弱于食品等一般消费品，因此房地产税的累退性应小于一般商品的消费税。

从表中可以发现，美国的地方税收中，销售税和消费税、房地产税都呈现明显的累退特征，低收入阶层的有效税率明显高于高收入阶层。其中，销售税和消费税的累退性又明显大于房地产税，收入最低的20%阶层家庭的销售税和消费税有效税率为7.1%，而收入最高的1%阶层家庭的销售税和消费税有效税率降至0.9%，最低最高的税率差异为6.2%；收入最低的20%阶层家庭的房地产税有效税率为3.7%，而收入最高的1%阶层家庭的房地产税有效税率为1.4%，最低最高的税率差异为2.3%。所得税呈现累进特征，收入最低的20%家庭的所得税有效税率为0.2%，收入最高的1%家庭的所得税有效税率为4.2%。但由于美国个税以联邦税为主，地方占比少，因此总体影响相对要小。所以，以销售税和消费税以及房地产税为主的美国地方政府税收整体呈现累退特征。

因此，房地产税不一定会降低收入分配差距，房地产税的累进性关键取决于房地产税的税制如何设计。个别研究用上海和重庆的税制进行分析，发现我国房地产税有累进性，因此降低了分配差距，这主要是因为上海和重庆的试点实行了十分特殊的政策，只针对少数高档住宅，且采取了累进的税率结构。即使这样，其研究发现房地产税的再分配效应也只有个人所得税的21%～41%。因此，不能用上海和重庆十分特殊的试点来推测全面开征房地产税的分配效果。目前，我国尚未正式推出房地产税制度，税制如何设计未知，因此难以提前判断我国房地产税的收入分配效应。

目前，有关我国房地产税的税制设计方案，有一种意见影响广泛，呼声很高，即为了保护普通居民的基本住房需求，避免加大收入分配差距，房地产税的征收应按套数、面积等指标进行减免，如首套房免征、一定面积以下免征等。这种意见广为传播并很大程度上影响了政策讨论。这种税制设计方案本质上也是一种累进制。但在研究和政策设计中，必须清楚，有一部分居民住房需求的实现是通过租赁而不是买房，社会中还存在大量租房者。虽然房地产税的纳税人是房产的所有者，但当房屋被出租而不是自住时，理论上房地产税就可以转嫁到房租上去。

房地产税的税负转嫁必然涉及收入分配问题。租户也是房地产税的承担者，最终的税负承担要看税负转嫁的程度。特别地，一般而言，只拥有一套住房或住房面积较小的家庭可能并不是社会中最穷的群体，买不起房的租户才是社会最穷的人，若采取首套房免征或一定面积以下免征的政策，可能反而导致大量税负由租户承担的情况，进一步恶化收入分配差距。

因此，房地产税对于居民收入分配的影响是复杂的，这也是我国房地产税改革推进较为缓慢的原因之一，反映了中央谨慎的态度。因此房地产税改革，中央仍然强调要以试点方式稳妥推进房地产税立法和改革，而没有在未充分论证和试点研究的情况下仓促地要求推广到全国。

三、以试点方式稳妥推进房地产税改革

（一）循序渐进、逐步完善是房地产税改革成功的路径保障

从已有国际经验看，房地产税收体系应规范、严谨、完善、可行。一些房地产税实践比较成功的国家，其房地产税相关的法律法规十分健全，从税前准备、税中执行到税后服务三个方面建立起完善的房地产税税收体系。各国普遍针对不同房地产类型制定了差异化的税收体系，建立了税收减免机制，充分考虑到不同财产类型和不同人群的差异。因此，税收体系是否完善、税收制度设计是否合理，决定着一个国家或地区能否最大化发挥房地产税的正面作用。

同时，没有哪个国家的房地产税是一天建成的，大多经过了漫长的准备、逐步的覆盖和持续的完善。[1]房地产税涉及面广、影响力大，必

---

[1] 在一些国家如美国、英国的某些地区和某些时期还曾经出现房地产税废立的反复。

须小心谨慎、循序渐进、逐步完善，采取扩大试点城市范围的做法也正是为了获取更多房地产税改革的经验和样本。此外，不同的城市情况有别，有的城市土地新房市场活跃，出让金收入高，财源丰富，因而对房地产税的需求小，有的则反之，应根据具体情况分城施策，从而测试不同房地产税税制的具体成效，从而在试点实验中逐步完善房地产税的税制设计。

（二）宽税基、低税率、严征管应是房地产税改革的长期方向

从国际经验看，凡是房地产税政策比较成功的国家或地区，普遍采取宽税基的做法，对社会中的不动产普遍进行评估和征税，然后再对部分特定财产类型（如公共设施）、部分人群（如低收入群体）减免征收房地产税。宽税基又是低税率的前提条件，房地产税是一个征管成本相对较高的税种，我们既要降低平均的征管成本，考虑税收的成本收益问题，又要让房地产税充分发挥作用，同时不让居民负担过重，保持相对低的税率，那么就必须坚持宽税基原则，从而在同样的总税收收入下，降低平均税率。严征管也是房地产税改革的题中之意，应做到依法征税，严格征税，明确不动产所有者的纳税义务。

（三）对特定群体、特定物业采取税收减免优惠政策是通行做法

宽税基配合合理的税收减免优惠政策是美国等国家房地产税的通行做法，减免政策总体分为对特定物业和特定群体的减免两类。其中，对公共设施、保障性住房等，各国政府普遍会在房地产税上进行优惠甚至减免，因为公共设施的所有权大多数其实都属于政府，对这些物业征税是政府把钱"左手倒右手"，自然无此必要。实行减免可以降低税收体系运行成本、保障和鼓励公共设施和服务的提供、推动房地产业的可持续发展。而对特定群体的减免，主要是对社会中的低收入者、弱势群体进行定向减免，以保障他们的居住权利，降低他们的生活负担。房地产税应与住房保障体系共同发力，充分发挥调高保低的作用。

充分发挥消费税的调节作用

一、消费税是我国服务于宏观经济调控和产业结构调整的重要税种

在我国消费税的征收对于引导消费习惯、调整生产结构、调节收入分配具有积极作用。1993年11月26日国务院第十二次常务会议通过《中华人民共和国消费税暂行条例》，该条例于1994年1月1日正式实施，消费税在我国正式征收。在消费税制正式建立之前，我国已经积累了一定消费税征收经验。1950年统一全国税政时，财政部制发了《特种消费行为税暂行条例草案》，1951年政务院正式公布《特种消费行为税暂行条例》，征税对象包括电影戏剧及娱乐、舞厅、筵席、冷食、旅馆等5个税目，1953年简化税制时取消了特种消费行为税，电影、戏剧及娱乐改征收文化娱乐税，舞厅、筵席、冷食、旅馆并入营业税。1989年针对当时属于奢侈品的彩色电视机、小轿车征收特别消费税。1994年伴随着我国全面税制改革，消费税开征，征收对象包括烟、酒、化妆品、护肤护发品、贵重首饰、鞭炮焰火、汽油、柴油、汽车轮胎、摩托车、小汽车等11个税目，税收收入归中央，这对于抑制不良消费行为、减少负向外部性、调整收入分配具有积极意义，并抑制了地方因税收收入而重复建设的冲动，对调整产业结构也起到了正向作用。

但1994年的消费税设计也存在不足，例如，对工业酒精、医用酒精、汽车轮胎等生产中间品征税，提高工业生产原材料成本，与对于最终消费品征税的立法精神不符，并且伴随着人民生活水平日益提升，部分消费税征收对象已由奢侈品转为日常用品，征税税目和税率也需要随

之调整。同时，我国对于可持续发展的重视程度日趋深化，"十一五"规划提出"加快建设资源节约型、环境友好型社会"。消费税征收也拟将资源集约、环境保护作为税收调节的目标之一。在"十一五"开局前夕，消费税调整，如国家税务总局印发《汽油、柴油消费税管理办法（试行）》等。2006年3月21日，财政部、国家税务总局联合下发《关于调整和完善消费税政策的通知》，新增高尔夫球及球具、高档手表、游艇、木制一次性筷子、实木地板等消费税税目，将取消的汽油、柴油税目增列成品油税目，并取消护肤护发品税目等。这是1994年税制改革以来对于消费税做出的最大规模的调整，至此消费税税目由1994年的11个变更为2006年的14个。此后，2008年11月5日《中华人民共和国消费税暂行条例》修订通过，消费税税目确定为上述14个。伴随着2008年下半年国际原油大幅回落的契机，我国亦对成品油消费税进行了一揽子改革。2008年12月18日，印发了《国务院关于实施成品油价格和税费改革的通知》，决定在推进成品油价格改革的同时，自2009年1月1日起实施成品油税费改革。随后财政部、国家税务总局、国家发展改革委、交通运输部等多部委发布了《关于加强成品油销售税收监管的紧急通知》《关于提高成品油消费税税率的通知》《关于公布取消公路养路费等涉及交通和车辆收费项目的通知》等一系列配套文件。该项改革在现有的税制框架下，采用提高成品油消费税单位税额方式，简化税制要求和改革成本，并将公路养路费等六项交通规费和政府还贷二级公路收费纳入改革，实现更彻底的以税代费改革。不仅规范了政府收费行为、公平了税费负担，还建立了以税收调控能源消费的新机制和以税收筹集公路发展资金的长效机制。

2013年11月12日，党的十八届三中全会通过了《中共中央关于全面深化改革若干重大问题的决定》，指出"调整消费税征收范围、环节、税率，把高耗能、高污染产品及部分高档消费品纳入征收范围"明确消费税改革路线。2014年起，新一轮消费税改革开始。一方面，消费税征收方向有所调整，与产业发展升级和生态文明建设相配合。其中，财政部、国家税务总局发布《关于调整消费税政策的通知》，取消了汽车轮胎税目、酒精消费税等，自2014年12月1日起执行。财政部、国家税务总局发布《关于对电池涂料征收消费税的通知》等，自2015年2月1日起对电池、涂料征收消费税。至此，原有的消费税征收税目中取消了汽车轮胎，增加了电池、涂料，由14个变更为15个。另一方面，征收对象锁定高端消费品，强化了对高收入者税收调节。根据人民生活水平提升动态调整税目，对于已经成为生活必需品的化妆品等免除征税。财政部、国家税务总局发布《关于调整化妆品消费税政策的通知》等，自2016年10月1日起取消对普通美容、修饰类化妆品征收消费税，将"化妆品"税目名称更名为"高档化妆品"。同时，对于奢侈品增加征税力度。财政部和国家税务总局接连发布《关于对超豪华小汽车加征消费税有关事项的通知》和《关于调整小汽车进口环节消费税的通知》，自2016年12月1日起对超豪华小汽车，在生产或进口环节按现行税率征收消费税基础上，在零售环节加征10%消费税。同时，2016年"营改增"全面推进，是1994年全面税改以来的又一次深刻变革。营业税正式退出历史舞台，也造成了地方缺乏主体税种，为支持地方减税降费政策、缓解财政运行困难，2019年9月26日，国务院印发《实施更大规模减税降费后调整中央与地方收入划分改革推进方案》，提出"后移消费税征收环节并稳步下划地方"，从1994年起为中央税的消费税，开始了向央地共享新模式的探索。

二、我国消费税对于收入分配调节作用仍较为薄弱

自1994年征收以来，消费税就成为税收收入重要组成部分，1994—2016年是排在增值税、企业所得税、营业税后的第四大税种，并于2015

年消费税首次突破1万亿元大关。2017年个人所得税首次超过消费税，同时伴随着"营改增"改革全面深化，营业税正式退出历史舞台，2017—2018年消费税成为排在增值税、企业所得税、个人所得税后的第四大税种。2019年伴随着个人所得税改革，消费税超过个人所得税，2019—2020年消费税成为第三大税种，2021年个人所得税收入再次超过消费税，消费税仍是前四位的主体税种之一（图4-4）。

图4-4　消费税总额及占比（1994—2021年）

数据来源：1994—2018年数据来自《中国财政年鉴》，2019—2021年数据来自财政部历年财政收支情况报告。

　　从发展维度来看，消费税作为我国的重要税源，其设立兼顾了调节收入分配、消费行为引导和产业结构调整的职能目标。一是对高收入群体征税，进行二次收入分配。消费税作为流转税的一种，在商品增值税基础上，对于特定商品额外征收税费，可以起到二次分配作用。通过设立高尔夫球及球具、高档手表、游艇、超豪华小汽车等为奢侈品，随奢侈品价格上升中低收入群体对这个产品的需求会骤减，而高收入群体对这类产品价格敏感度较低，是奢侈品购买主力。对该类奢侈品产品收取消费税，能较好增加高收入群体税收，并合理引导中低收入群体的理性消费行为。二是对过度使用会有害身体健康的产品进行收费。烟、酒等产品过度消费，会增加身体器官负担并增加患多类疾病风险，进而增加社会保障的负担。通过对烟、酒等过度使用有害身体健康的消费品征税，引导理性消费，减缓不良消费行为对公众健康造成的伤害，及加重社会保障负担等负向外部性。三是对消耗资源和破坏环境相关的产品消费，推进生态文明建设。对一次性筷子、成品油、电池、涂料等高耗能、高污染产品征收消费税，可以使消费者对资源消耗和环境污染支付成本，补偿社会损失。对低排放量的小汽车、摩托车给予一定税收优惠，可以助力机动车厂将绿色环保作为重要生产目标，助力产业转型升级。

而在消费税实际征收中，存在征收范围过小、征收环节单一、征税缺乏动态调整等问题，导致了我国消费税更多服务于产业结构转型和消费行为引导，对于收入分配的调节作用有限。

一是消费税征收范围仍相对较窄，征税结构不合理。尽管我国消费税目前征收税目已经达15个税目分类，但税收收入主要来源于烟、成品油、小汽车和酒，2002—2018年，烟、成品油、小汽车和酒4类消费税税收收入占消费税总收入的比例均超过95%，2007年以来大多数年份都达到99%左右。而烟、酒等税目设立目的并不仅仅服务于收入调节，对不同档次商品分档、高档商品增加税率的征收方式较少，如酒类税目中仅啤酒被分为甲、乙两类，烟类税目中仅卷烟分为甲、乙两类，其余酒类，如黄酒、白酒，以及其余烟类，如雪茄烟、烟丝等，均采用同一的从价或从量计税原则。同时，烟、酒的消费群体中不乏中低收入消费者，已有研究表明，现阶段对烟、酒征收消费税的方式，或将更多税负率增加到中低收入群体中，造成收入差距扩大而非缩小。

二是征税范围仍有待完善，征收力度有待提升。从征税税目来看，一方面，当前仅高尔夫球及球具、高档手表、游艇等奢侈品纳入消费税，高档时装、高档皮具、私人飞机等未纳入消费税征收范围。纳入高档消费品的较多税目税收收入占比较小，并没有较好发挥调节作用，且伴随着历次税目调整，除2009年的成品油改革外，消费税占总收入的比例并没有大幅度变动，这也表明纳入奢侈品对于筹集财政税收和调节收入作用不够显著。另一方面，我国消费税的征收对象仅为实物消费品，尚未对高端服务征收消费税。例如，营改增以后原缴纳营业税5%～20%营业税税率的娱乐场所改缴纳增值税，娱乐行业增值税并非累进税率，高端娱乐行业作为奢侈消费，未能通过消费税调节分配。

三是征税体系缺乏动态调整，滞后于当前经济发展。从税率更新来看，部分消费品采用从量定额方式征税，定额标准较为陈旧，如现行啤酒消费税单位税额仍执行财政部、税务总局2001年下发的《关于调整酒类产品消费税政策的通知》规定，出厂价在3000元/吨以上产品为250元/吨，3000元/吨以下产品为220元/吨，相对于现阶段啤酒价格征收消费税比例过小。

四是税收征收环节单一，制约税基增长。从消费税征收环节来看，除金银首饰在零售环节征收消费税，卷烟在生产和批发环节征收消费税外，多数税目的消费税仅在生产、进口环节征收。在生产环节征税导致了征税对象较为集中，虽方便了税源管理和税收统计，也增加了消费税存在瞒报漏报的空间。生产企业可以通过借助空壳销售公司或与经销商共谋等方式，将生产出的产品以低价卖给经销商，再通过下游经销商高价出售给最终消费者，将原本生产环节价值转移到流通领域，减少消费税税基；消费税由企业代缴也难以实现税价分离，价内税不易被普通消费者察觉，消费者的消费行为难以被消费税影响，并且当消费税成为地方税时，生产环节征税还会增加地方财政收入不平衡，埋下地方为争夺税源而不当竞争的隐患。

三、扩大消费环节税收调节力度和消费税征收范围是消费税制完善的重要方向

（一）扩大消费税征收范围，对高端消费精准调控

一方面，应进一步扩大消费税征收范围，应及时更新现有奢侈品税目，对于高档时装、高档皮具、私人飞机等进行征税，并强化对于海外代购的税务稽查，研究二手奢侈品市场的消费税征收办法。另一方面，逐步将高端服务和高端场所纳入消费税征收范围中。相较于实物消费品，消费者为避免消费税会通过跨境购物等方式获得，对于高端服务和高端场所纳税行为更易追踪，税基较大较稳定，应积极探索对高档演出、高档体育、高档休闲、高档医疗保健等的征税办法。同时，伴随着数字经济发展，新产业、新模式涌现，对于高端数字服务的税目设立工作还存在滞后性，应积极加强与国际交流，实现数字税探索实践，并为防范公众沉迷游戏、直播"氪金"等行为，对于部分在线消费行为探索征税办法。

（二）后移消费税征收阶段，设立动态调整机制

未来改革中应探索征收环节如何向批发和零售环节后移，从与金银首饰税目较为接近的高档手表、珠宝玉石、贵重首饰等成熟税目入手，逐步展开试点，减少偷税漏税空间，扩大税基。同时，设置动态调整和评估机制，通过市场调查，消费、税务大数据分析等方式，掌握高收入群体消费习惯和消费行为，动态更新税目和税率标准，探索差异化税率，对高档烟酒等增收消费税，并根据人民日益提升的生活标准，剔除已成为生活必需品的税目，减少消费税带给社会公众的消费压力。

（三）调动地方积极性，实现央地协同精准调控

一方面，探索央地共享消费税模式，将消费税的增量部分下划地方，增加地方对于消费税征收和监管的积极性，及时清除不合理的优惠

政策和更新过时的税率标准。另一方面，为防止地方因生产环节税源不足而展开的不当竞争，对高端场所和高端服务的消费税征收加强地方试点，将此类消费税划归地方，在消费环节征税，缓解因"营改增"而造成的地方财政收入运行困难。

（四）综合运用数字化手段简化征税流程，增加国民对消费税的认知

一方面，建立数字化征税体系，逐步推动，确保税制进一步简化和透明，方便纳税人理解和接受，以及税务稽查工作开展，并通过大数据、移动互联网、人工智能等辅助甄别漏缴消费税等行为。另一方面，针对价内税消费者感知不明显的问题，探索价外计税方式给消费者直观冲击，并通过短视频、公众号等形式联合社会力量，强化消费税教育宣传，增强消费税对于消费习惯的引导作用和对产业结构的调整作用。

整顿收入分配秩序

一、形成公正合理的收入分配格局，是我国推进共同富裕的本质要求

改革开放以来，我国市场化进程不断加快，但也暴露出要素市场发展不足、体制缺位等问题，一方面要素市场的配置效率仍低下，劳动力市场存在分割，资本市场和土地市场存在明显的扭曲，加剧了垄断与寻租，造成了初次分配不合理；另一方面，项目审批、资金管理、监察审批等制度的缺位，为贪污腐败等违法行为滋生土壤，同时由于税收等政策存在空隙，也导致了再分配的不周延，为偷税漏税等行为制造空间，加剧了非法收入获取途径。这表明，部分群体通过获取不合理收入和非法收入拉开了与其他群体的收入差距，阻碍公平合理的收入分配格局形

成。同时，腐败、权力寻租等行为会扭曲腐败再分配政策制定，使再分配政策失效，甚至产生了逆向分配效果，导致了收入差距扩大。由此，为推进共同富裕，清理规范不合理收入、坚决取缔非法收入是至关重要的。

党的十八大提出了"千方百计增加居民收入"的战略部署，为继续深化收入分配制度改革，优化收入分配结构，2013年2月3日，国务院批转国家发展改革委、财政部、人力资源社会保障部《关于深化收入分配制度改革若干意见的通知》，指出"收入分配领域仍存在一些亟待解决的突出问题"，"收入分配秩序不规范，隐性收入、非法收入问题比较突出"；并提出要"清理规范工资外收入""加强领导干部收入管理""严格规范非税收入""打击和取缔非法收入"以及"健全现代支付和收入监测体系"等。十八大以来，各部门在规范不合理收入、取缔非法收入等方面落实诸多举措。一方面，确保收入分配的平等性，规范不合理收入。一是严格规范非税收入。政府非税收入包含的成分复杂，以各种杂费和罚没收入为主，其规范性差、随意性大，容易引发权力寻租，导致腐败、滥用权力和不规范行为，伤害市场主体。为进一步推进费改税，取消不合法、不合理的收费和基金项目，2016年3月9日财政部印发《政府非税收入管理办法》，提出非税收入设立、征收、票据、资金和监督管理等活动的管理办法，以规范政府收支行为，健全公共财政职能。二是对国有企业不合理过高收入进行调整，并严格清理工资外收入。2018年5月13日，国务院发布《改革国有企业工资决定机制的意见》，指出要"建立健全与劳动力市场基本适应、与国有企业经济效益和劳动生产率挂钩的工资决定和正常增长机制，完善国有企业工资分配监管体制"，在深化企业内部分配制度改革时"合理拉开工资分配差距，调整不合理过高收入"。2018年12月27日，国务院国资委发布《中央企业工资总额管理办法》，提出在企业内部分配管理时，"坚持按岗定薪、岗变薪变，强化全员业绩考核，合理确定各类人员薪酬水平，逐步提高关键岗位的薪酬市场竞争力，调整不合理收入分配差距"，"严格清理规范工资外收入"，"规范职工福利保障管理"等。三是调节垄断性行业的收入。2020年5月18日，国务院发布《关于新时代加快完善社会主义市场经济体制的意见》，提出"稳步推进自然垄断行业改革。深化以政企分开、政资分开、特许经营、政府监管为主要内容的改革，提高自然垄断行业基础设施供给质量，严格监管自然垄断环节，加快实现竞争性环节市场化，切实打破行政性垄断，防止市场垄断"。

另一方面，保障收入分配的公平性，取缔非法收入。一是遏制权力寻租和腐败带来的收入分配不公问题。党的十八大以来，坚定不移深化反腐败斗争，一体推进不敢腐、不能腐、不想腐，截至2021年10月，全国纪检监察机关共立案407.8万件、437.9万人，共给予党纪政务处分399.8万人。为统筹运用党性教育、政策感召、纪法威慑，纪检监察机关将"四种形态"落实到执纪执法全过程，2021年，全国纪检监察机关运用"四种形态"批评教育帮助和处理共212.5万人次。其中，运用第一种形态批评教育帮助148.7万人次，占总人次的70%；运用第二种形态处理49.4万人次，占23.2%；运用第三种形态处理7万人次，占3.3%；运用第四种形态处理7.4万人次，占3.5%。同时，为了深化国家监察体制改革，加强对所有行使公权力的公职人员的监督，实现国家监察全面覆盖，《中华人民共和国监察法》于2018年3月20日通过，自公布之日起施行。此后，国家监察委员会公布《中华人民共和国监察法实施条例》，自2021年9月20日起施行，以推动监察工作法治化、规范化。2021年8月20日，十三届全国人大常委会第三十次会议表决通过了《中华人民共和国监察官法》，以加强对监察官的管理和监督，保障监察官依法履行职责，维护监察官合法权益，推进高素质专业化监察官队伍建设，推进反腐败工作规范化、法治化。二是完善收入信息系统和监测体系，通过税收工具监测与取缔非法收入。外部涉税数据汇聚联通对于驱动税务执法、监管制度创新和为全方位提高税务执法、监管能力起到重要作用。2016年金税三期系统全面上线，2018个人所得税APP软件的专项附加扣除信息填报功能正式上线，2022年金税四期正式启动，均推动了税收大数据建设，提升了在财务造假、偷税漏税等非法行为上的监管能力。2021年3月24日，中共中央办公厅、国务院办公厅印发了《关于进一步深化税收征管改革的意见》，提出到2023年，实现从"以票管税"向"以数治税"分类精准监管转变；到2025年，深化税收征管制度改革取得显著成效，基本建成功能强大的智慧税务，形成国内一流的智能化行政应用系统，全方位提高税务执法、服务、监管能力。

二、整顿收入分配秩序、构建合理分配格局仍面临诸多挑战

从行业收入分布来看，我国产业结构仍有待完善，行业间收入差距较大。一方面，垄断性行业存在着收入过高问题。能源、运输、通信、烟草等行业掌握着稀缺资源，缺乏竞争机制，拥有超额利润。垄断企业的员工除拥有超过其他行业的显性高收入外，还可以获得企业借助公共资源为员工提供的福利，如电力公司为员工提供较低的民用用电、航空公司为员工提供机票折扣等。这不仅造成了行业成本增加和资源配置效率低下，还可能转移到消费者身上，造成社会福利损失。另一方面，虚拟经济相关行业收入较高，为经济"脱虚向实"制造困难。国家统计局数据显示，2020年金融业城镇单位就业平均工资是制造业城镇单位就业平均工资的1.6倍，金融业国有单位就业人员平均工资是制造业国有单位就业人员平均工资的1.7倍。在金融业快速发展的大背景下，实体经济却普遍面临着融资难、融资贵，出现了虚拟经济与实体经济发展失衡局

面，也影响了人才流动方向，导致了实体产业用工荒的难题，进一步拉大了行业间的人力资本差异和收入差距。

从产业发展来看，新产业、新业态涌现为收入分配秩序维护带来挑战。一方面，在产业创新发展同时，资本无序扩张、不当竞争等副作用也有所凸显。互联网等行业为抢占市场资源和发展先机，采取掠夺性定价等策略，扰乱市场秩序。如互联网大厂进军社区买菜，通过"烧钱"模式压低价格，迅速获取客源，待传统企业出局后，再逐步提升价格。这一过程中，短期内原有行业生态遭到破坏，就业人员面临失业风险，长期上消费者议价能力也将被削弱，加剧收入不平等。另一方面，收入分配监督和调节机制设计易滞后于新产业发展。这导致了部分行业利用制度未完善的时间差，获取不合理和非法收入。如，外卖行业曾将骑手注册为个体工商户，以逃避社保和进行避税。又如，个人撮合厢工平台、外包工作招聘平台等新型灵活用工模式，造成了企业方与用工者之间的非标准劳动关系，导致员工社会保障权益得不到保障，给社会带来负向外部性。

从监督管理来看，违法违规隐蔽性增强为收入分配监管造成了困难。一方面，相较于传统腐败，新型腐败问题隐蔽性增强，由原来的私下收受贿赂等直接方式，转变为购买不动产和动产、投资入股、投资理财、薪酬给付、非正常经济交易、借款等间接方式，给发现和查处增加困难。虚拟货币的发展等也为跨境洗钱、非法集资等提供了更隐蔽的手段。另一方面，部分群体滥用政策红利，获取不当收入。如，核定征收办法原本服务于财务核算制度不健全、仅能够正确核算收入而不能正确核算成本费用的企业，为其提供便利的纳税办法，但网络主播等群体却通过注册独资公司、合伙公司等套用核定征收的方式进行逃税。

三、综合运用多种工具规范不合理收入、取缔非法收入

既要支持一部分人、一部分地区通过诚实劳动和合法经营先富起来，也要注重对于非法收入取缔和对于不合理收入规范，推动要素市场建设、完善政策体系、建立防范体系、创新监管成为重要的抓手。

（一）加快要素市场完善，推进市场化配置改革

要素市场完善可以使市场在资源配置中发挥关键作用，在收入分配源头上兼顾效率公平。一是要注重提升土地、资本、劳动力等传统要素的配置效率，一方面鼓励资本、土地等要素服务于实体经济，通过优化金融服务、鼓励产业用地供给等方式营造良好生态；另一方面畅通劳动力与人才等要素的社会性流通渠道，优化人才评价标准与激励办法，避免因权力寻租造成的人才流通不畅。二是探索数据、技术等新型要素流通机制。加快数字技术与实体经济深度融合，打破数据垄断与信息孤岛，完善数据确权与定价机制，激发数字要素生产潜力。三是要建立全球先进的要素聚集能力。参与全球人才吸纳与创新合作，制定全球人才认定的规则与办法，积极参与全球产业组织与标准制定。

（二）完善政策体系建设，强化垄断行业的收入调控

一方面，通过竞争政策与产业政策相协调方式，推动自然垄断、行政垄断企业参与市场化改革，对于滥用市场支配地位、价格违法、乱收费等行为加强纠正与惩罚。创新融资方式，鼓励民间资本参与到基础设施建设中，并通过减税降费政策等，鼓励中小微企业与国有企业在产业链中协同配套。另一方面，强化垄断行业和国有企业的工资监管，完善工资与效益联动机制，避免"大锅饭"。并完善国有企业履行社会责任机制，推动国有企业参与到环境保护、社会公益、慈善、扶贫等方面，将国有企业的高利润转移成为全社会福利。

（三）强化预防性制度建设，建立风险防范体系

一方面，要强化权力运行监督责任制，打防并举，从源头遏制贪污行为，并加强金融领域、娱乐业等"重灾区"的监督和惩罚力度，如对于内幕交易、股市操纵、财务造假和娱乐业"阴阳合同""天价片酬"等违法违规行为加强处罚力度，完善惩戒与追偿机制。另一方面，健全事前、事中、事后的全链条全流程风险防范机制，落实监管职责和风险处置责任，尽早甄别获取不法收入的相关行为。对于新行业、新业态的监管，引入企业协会、科研机构、高校参与研讨，并及时掌握国际监管动态和网络舆情，确保政策调整跟得上产业发展，并逐步推行企业信息披露和诚信档案建设，为企业违反劳动保障、偷税漏税等行为提供震慑。

（四）实现多部门信息共享，应用数字化手段创新监管工具

将大数据、云计算、人工智能、移动互联网等数字技术充分运用到规范收入分配秩序中。实现公安、海关、民政、社保、住房、银行、税务等部门数据互联互通，实现区域间数据共享，建立智能化、全方位的个人收入监管体系，科学精准定位潜在的不合理收入与非法收入，并鼓励平台、企业协会等为监管协作平台建设提供数据支持。推动非现金结算体系完善和数字货币发展，实现交易的强制留痕和可追踪。针对利用虚拟货币等新形式的跨境洗钱、非法集资等行为，强化"挖矿"、交易、兑换全链条监管。

鼓励勤劳创新致富

前面所讨论的个人所得税、第三次分配（公益慈善事业）等内容，不管是基于政府强制还是富人自愿，其主要目的都是要实现"调高"，

是对收入和财富的再分配，而不是财富的创造。但是，从经济学原理的角度看，再分配措施可能存在的一个问题会影响人们的劳动供给和储蓄投资等行为，造成经济效率的下降。例如，个人所得税被普遍认为是一种扭曲性税收，当劳动者面临较高的边际税率时，由于收入中相当一部分会被用于缴税，因此会影响劳动者的劳动积极性，促使劳动者降低劳动供给，将更多时间用于不会被征税的行为，例如闲暇、地下经济等。类似地，对资本征税可能导致人们更多的消费而不是储蓄和投资，从而影响经济长期发展前景和对富裕目标的追求。

因此，要扎实推动共同富裕，必须处理好"共同"和"富裕"的辩证关系，做大"蛋糕"是基础，分好"蛋糕"是关键，要在做好分好"蛋糕"工作的同时，不影响人们劳动和致富的积极性，鼓励人们努力创造更多财富，全社会一起做大"蛋糕"。习近平总书记在谈到促进共同富裕的原则时，第一条就是"鼓励勤劳创新致富"，指出"幸福生活都是奋斗出来的，共同富裕要靠勤劳智慧来创造"。①这要求我们必须坚持保护合法致富，鼓励勤劳创新致富，充分调动人们参与致富的积极性，形成"人人参与的发展环境"。

一、保护产权和知识产权，保护合法致富

促进共同富裕，应该坚决摒弃平均主义的做法。国内外的深刻教训表明，平均主义导向的"吃大锅饭"和"劫富济贫"，都会极大挫伤社会的生产积极性和创造力，最终导致普遍的贫穷。应该认识到，共同富裕不是整齐划一的均富，而是全体人民都富裕，但富裕的程度会有不同；共同富裕也不是同时富裕，而是梯度推进的，允许一部分人先富起来。

---

① 习近平：《扎实推动共同富裕》，《求是》2021年第20期。

（一）允许一部分人先富起来是推进共同富裕的重要原则

十一届三中全会之后实行的"让一部分人先富起来"的政策，在很短的时期内就达到促进生产力解放、推动经济发展的目的。民营经济的地位和作用在"十五"时期已经发生历史性转变，民营经济占GDP的比重从改革开放前的接近零上升到2005年的65%左右，成为增加就业的主要渠道、国家税收的重要来源和对外贸易的生力军。当时所指的一部分人主要是私人经营者和有机遇、有能力、有办法、有手段积累财富的人群。应该说，历史上先富起来的一部分人对社会经济发展做出了积极贡献。

目前推进共同富裕，仍然允许一部分人先富起来，是由我国现阶段的客观实际决定的。一方面，实现共同富裕，首先要富裕。虽然我国经济总量很高，但是衡量一个国家的发展程度、富裕程度要看人均水平，从这个意义上说，我国目前的富裕程度还不够高。国际货币基金组织的数据显示，2020年我国人均国内生产总值在194个国家和经济体中排名63位，处在全球的中等水平。2020年我国人类发展指数（HDI）在189个国家和经济体中排名85位，距离联合国标准设定的"极高人口发展指数"国家组仍有较大上升空间。这样看来，要达到"十四五"规划的到2035年人均国内生产总值达到中等发达国家水平的目标，再到2050年基本实现共同富裕，将是一个巨大的挑战。先富群体对经济高质量发展具有重要的推动作用。另一方面，我国发展处在新的历史方位，完成了脱贫攻坚目标任务，全面建成小康社会，我国社会主要矛盾已经转化为人民日益增长的美好生活需要和不平衡不充分的发展之间的矛盾。我国收入差距在改革开放后的30年间不断扩大，国家统计局数据显示，1978年收入基尼系数为0.317，2008年达到峰值0.491，此后虽连续7年小幅回落，但仍然在0.46～0.47的高位徘徊。我国城乡、区域的经济发展和社会发展差距也比较明显。东部地区与西部地区，城市与农村之间的公共资源和公共服务的均等化还没有实现。坚持以公有制为主体多种所有制经济共同发展，以按劳分配为主体多种分配方式并存的基本原则，允许一部分人先富起来，先富带后富、帮后富，是解决发展不平衡不充分问题的主要途径。

（二）维护先富群体权益是先富群体持续健康发展的基本保障

支持先富群体持续健康发展，根本在于维护先富群体权益，保护产权、知识产权，保护合法致富。新一轮科技革命和产业变革推动了人类进步和世界经济的发展。近年来，由新科技驱动的新经济成为我国经济增长的新引擎。特别是疫情以来，数字产业、智能产业、云端经济等新经济形态快速发展，对经济复苏起到重要作用。新经济的核心是高科技创新及其带动的一系列其他领域的创新。在新经济背景下，创新成为一种日益重要的致富手段，一部分有条件、有能力、有知识，将创新成果转化为财富的人，诸如个体创业者、科研人员、中小企业主等，可以通过创新创业先富起来，成为致富带头人，组成新时代的先富群体。这一群体是各类创新活动的核心，产权和知识产权是他们最主要的创新成果，合法收入和财富是他们扩大再生产、促进事业、企业发展的重要基础。另外，创新创业面临巨大的失败风险，有研究发现，企业创新失败率高达47%。从投资收益的角度，只有当跨期预期收益稳定大于投入的累积时，才有持续投入的动力。但是在创新创业的众多领域，技术外溢和研发投资外部性均较显著，抑制了各种资源的再投入，因此，保护产权和知识产权，特别是专利和原创性成果，是支持创新创业的关键。

（三）保护产权和知识产权，保护合法致富是推动共同富裕的积极举措

保护产权和知识产权，保护合法致富，需要在制度、法治、社会、市场等各层面全方位推动。党中央历来高度重视知识产权制度建设，改革开放40多年来，我国的知识产权制度不断完善。2008年国务院颁布《国家知识产权战略纲要》，将知识产权保护提升到国家战略层面。党的十九大报告提出"强化知识产权创造、保护、运用"，是对新时代建

设创新型国家的必然要求。2018年，38个部门和单位联合印发《关于对知识产权（专利）领域严重失信主体开展联合惩戒的合作备忘录》，向健全知识产权领域信用体系迈出重要一步。习近平总书记指出："要把体现人民利益、反映人民愿望、维护人民权益、增进人民福祉落实到全面依法治国各领域全过程。"①保护产权和知识产权，保护合法致富，应该主要依靠法治化手段，加强与知识产权制度相配套的法律环境建设，不仅要建立健全相关法律、法规，还要加大执法力度，增加对侵权行为的处罚力度。保护产权和知识产权，保护合法致富，还应提升知识产权领域的社会治理水平，营造鼓励自主创新、保护知识产权的市场环境。具体举措包括：在全社会普及知识产权的法律知识，提高知识产权保护意识和法治观念；加强对中小企业知识产权工作的指导，引导企业建立知识产权管理制度；改进知识产权服务体系，加强公共信息网络建设，利用新技术提升服务水平，全面降低被保护者成本，例如，降低专利申请费用，缩短侵权诉讼周期，推广公益性法律援助等；加强宏观政策引导，形成尊重创新、遵循公平竞争的市场环境，促使各类企业以创新突破为主要手段参与市场竞争；支持中小企业，特别是高新技术企业为主体的产学研合作，促进高校、科研院所的研究成果落地、转化；依托行业协会和科研院所，为中小企业提供专业咨询、培训服务，辅助中小企业提高创新能力。

二、鼓励勤劳创新致富

促进共同富裕，应该紧紧把握共同富裕的特定内涵，强调物质和精神两个层面的富裕，强调通过全体人民的辛勤劳动和共同奋斗，实现人的全面发展和社会的全面进步，坚决摒弃福利主义易滋生的"养懒

① 习近平：《坚定不移走中国特色社会主义法治道路　为全面建设社会主义现代化国家提供有力法治保障》，《求是》2021年第5期。

汉""等靠要"等现象，塑造奖勤罚懒、奖优罚劣、多劳多得、勤劳致富的社会文化。促进共同富裕，应该充分考虑全球科技革命趋势和国家发展战略需要，鼓励新时代企业发挥多重主体作用，积极参与技术创新，创造社会财富，推动经济发展。

（一）勤劳是新时代接续奋斗的精神力量

勤劳是中华民族的传统美德，是千百年来中国人民修身、齐家、治国的重要途径。勤劳反映在劳动人民"日出而作，日入而息"的朴素生活中，也在读书人"天行健，君子以自强不息"的立身处世中，更凝结在建筑、科技、手工业、天文地理等领域的古代文明成果中。新中国成立以后，党领导全国人民勤劳奋斗，社会主义建设的各项事业取得巨大成就，在国民经济领域，从1953年到1978年，工农业总产值年均增长率达8.2%；建立了独立的、完整的工业体系和国民经济体系，用几十年走完了发达国家几百年的工业化历程。改革开放后仅30年，我国就跃居世界第二大经济体，这一发展奇迹也与全国人民的勤劳奉献分不开。中国特色社会主义进入新时代，在向第二个百年奋斗目标迈进的历史进程中，需要继续弘扬勤劳美德，鼓励亿万人民为幸福生活而奋斗，用勤劳智慧创造共同富裕。

近年来，社会上，特别是自媒体平台上，存在一些与勤劳价值观格格不入的现象。比较典型的，例如有的人过度解读"躺平"的合理性，掩盖逃避正常竞争的部分心理，对个人、家庭、社会和国家的发展都是消极的。有的人鼓吹福利政策、福利制度，渲染对福利国家的羡慕情绪，忽略了"福利主义"陷阱的负面作用，模糊了福利主义与共同富裕的实质区别。

（二）创新是高质量发展的必然要求

"十三五"以来，我国创新型国家建设取得决定性成就，形成了科技对经济发展、民生改善、国家安全等各方面有力支撑的局面，科技创新能力实现"新跃升"。党的十八大以来，党中央把创新放在国家发展全局的核心位置，党的十九大明确提出加快建设创新型国家，创新是引领高质量发展的第一动力。全方位推动科技成果进入经济社会主战场，形成高质量发展"新动能"，需要发挥企业技术创新的主体作用。因为企业是市场经济的主体，企业的自主创新能力是其获取市场竞争优势的决定因素，也是国家自主创新能力的基础。企业的创新对其本身发展，对产业发展和社会发展都有重要影响。另外，在创新体系建设中，企业应该担当重任，尤其在推动产学研深度融合方面承担中心职能，在探索科技创新的新模式方面成为主导力量。

目前，我国企业的创新主体地位还不够突出，企业的创新能力还不能满足构建新发展格局、推动高质量发展的战略支撑要求。从内部条件看，一些企业在发展过程中，看重短期成本收益关系，研发投入不足，人才激励不够，缺乏创新积极性，逐渐丧失了核心竞争力。从外部环境看，创新资源向企业集聚的效应有待加强，缺乏政策引导中小企业参与、凝练和提出研发项目，对科技型中小微企业成长为创新发源地的培育扶持力度不够，一些技术领域的知识产权侵犯问题严重，企业与高校、科研机构的联合创新机制尚未成熟。

三、提升致富能力、畅通致富渠道，形成人人参与致富的发展环境

促进共同富裕，应该调动最广泛的参与致富积极性，提升全社会人力资本，增强全体人民的发展能力和致富本领；畅通向上流动通道，给更多人创造致富机会，形成人人参与的发展环境。

（一）提升人力资本水平，增强致富本领

人力资本是蕴含在人身上的各种生产知识、劳动与管理技能以及健康素质的存量总和，国家通过人力资本投资，可以普遍提升劳动力质

量，提高劳动生产率，从而促进经济增长。我国人口老龄化趋势严重，社会经济发展面临挑战，高质量发展需要高素质劳动者，但是目前全社会的人力资本积累尚显不足，广大有望进入中等收入行列人士的人力资本水平有待提升。一部分高校毕业生的所学所长不能很好地匹配劳动力市场需求；一些技术工人没有获得持续的、系统的技能培训，无法上升到工资待遇更高的岗位；有的进城农民工的随迁子女教育问题长期得不到解决，影响了其下一代获得发展和收入增加的机会；新型职业农民培养机制尚未健全，农村居民的各种增收途径还在探索中。在高质量发展中促进共同富裕，需要提升全社会的人力资本水平，提高劳动者的受教育水平，增加劳动者的在职培训，提升劳动者的健康水平，特别要加大对有望进入中等收入行列群体的人力资本投资力度，充实橄榄型分配结构的中间带，夯实高质量发展的动力基础。

（二）畅通向上流通渠道，形成人人参与致富的发展环境

考虑收入分配问题，不仅要考察社会不同收入阶层的收入差距，还要测度各个阶层之间的收入流动性。如果收入流动性高，特别是中低收入阶层能够较快地进入高收入阶层，则表明社会的发展机会趋于均等，长期看可以改善收入不平等。反之，如果收入流动性不高，甚至收入阶层固化，则会扩大贫富差距，加剧分配不公，并增加由此而来的社会心理压力，激化社会矛盾。这在美、英、法等发达经济体，南美、东南亚等掉进"中等收入陷阱"的发展中国家，都有具体表现。现阶段，我国存在收入流动性下降的两种趋势，其一是横向的劳动力市场分割，使得就业领域的身份歧视、同工不同酬等现象普遍，劳动力流动受阻；其二是城乡、地区间教育资源配置失衡，低收入家庭的教育负担过重，造成群体间的发展机会不平等，抑制代际流动。实现共同富裕，应该坚决防止贫富两极分化和社会阶层固化。只要坚持公有制和按劳分配为主体，贫富差距就不会恶性发展到两极分化的程度，可以控制在合理的限度以

内，再通过完善分配领域的基础性制度安排，加大税收、社保、转移支付等调节力度并提高精准性，能够缩小贫富差距。防止社会阶层固化，关键在于畅通向上流动的通道，形成人人参与的发展环境。具体做法包括：切实破除造成劳动力市场分割的行政壁垒，取消限制劳动力流动的不合理制度、政策，增强社会流动性；促进教育资源和服务的均等化，推动城乡教育统筹协调发展，加大公共人力资本投资，通过普惠性人力资本投入的方式，减轻低收入家庭的教育负担，增强机会公平；实施促进儿童早期发展的政策，增加儿童补贴和帮扶项目，用于儿童的营养、医疗和认知能力的培养，通过早期人力资本投资，更高效地干预减少不平等。

防止资本无序扩张

社会生产是由资本、劳动、技术等要素共同作用而实现的，其中资本在现代社会化大生产中扮演重要角色，要推动实现共同富裕，必须充分调动和发挥资本的作用。但是，资本的逐利天性也会带来一些问题。马克思的名言："有适当的利润，资本就会非常胆壮起来。10%会保障它在任何地方被使用；20%会使它活泼起来；50%的利润会引起积极大胆；100%会使人不顾一切人的法律；300%就会使人不顾犯罪，甚至不惜冒绞首的危险。"充分、形象地说明了资本的这一天性，哪怕面临冒险和违法犯罪的风险，只要有足够利润，资本就会铤而走险。

近年来，资本无序扩张问题在我国越加凸显，资本为实现快速扩张的目的而违反法律法规、违背市场规律、违反公序良俗的现象屡见不鲜，造成了恶劣的影响。因此，2020年12月11日召开的中央政治局会议首次提出"强化反垄断和防止资本无序扩张"，2021年12月10日结束的中央经济工作会议则指出：要发挥资本作为生产要素的积极作用，同时有效控制其消极作用。要为资本设置"红绿灯"，依法加强对资本的有效监管，防止资本野蛮生长。

一、资本无序扩张不利于在高质量发展中促进共同富裕

企业扩大再生产必然带来资本的扩张。资本的扩张必须以国家资本制度框架下的法律法规为遵循，否则资本将会处于"无序"状态。资本的无序扩张，不仅给企业带来经营风险，还会通过银行信贷将风险转移到银行体系，再以多种方式嵌套运作叠加放大风险，可能引致宏观经济金融风险。市场经济越发展，公平竞争的重要性就越凸显。然而在数字经济、平台经济发展背景下，数据成为最重要的生产要素，也成为影响市场力量的复杂因素。数字平台的数据、资本、劳动等要素高度聚合，生产方式的革新带来市场竞争结构的改变，也带来全球性的反垄断挑战。规模效应和网络效应增加了新主体进入市场的难度，加速形成某些平台企业的市场支配地位，同时跨行业、混态发展和跨界竞争的趋势，使得平台企业的实际市场支配地位具有隐蔽性。新型价格歧视、过高定价等剥削性滥用行为，数据资产集中导同的企业并购和新型垄断协议等各种潜在垄断行为层出不穷。更加复杂的问题在于，平台垄断和资本无序扩张结合，表现出数据、资本的双重无序扩张，不仅对市场秩序造成扭曲，而且一些大型平台企业利用资本助推垄断，控制公共服务大数据，带来公众隐私、公共利益、国家信息安全等方面的隐患。

（一）资本无序扩张在不同领域的具体表现

当前，国内一些领域的资本无序扩张现象比较突出，平台垄断和资本无序扩张结合的范围扩大、程度加深，一些平台企业的扩张势头迅猛，规避监管的倾向明显。在互联网领域，一些业务区块的竞争中盛行

"烧钱"模式，各大平台争相采取大范围价格补贴、低价倾销等手段，试图达到排挤竞争对手、独占市场的目的，其结果是严重扰乱了生产经营秩序，损害了其他经营者，特别是中小企业的利益，侵害了消费者权益。这些平台企业不惜以"血亏"为代价，背后就是资本力量在撑腰，而资本"赌注"锚定的正是垄断地位带来的巨大收益。近年引起较大热议的案例是，2020年各大电商平台在社区团购赛道上的惨烈竞争。一些资本利用互联网、大数据向消费金融等领域过度渗透，或伪装成金融创新产品牟取暴利、规避监管。例如近十年来，P2P平台频频暴雷，让无数投资者血本无归，甚至落得家破人亡的凄苦下场。房地产领域的资本无序扩张主要表现为，有的房企不顾市场潜在风险，利用高杠杆融资加速扩张，部分房地产从业机构如开发商、房产中介等鼓动市场情绪，加剧市场过热和疯狂的"炒房"行为，将房子变成投资品，改变了房子的消费属性，加剧了房地产市场的供需失衡态势，增加了系统性风险。过度扩张也导致一些企业陷入债务危机，冲击整个产业链。教育领域的资本无序扩张同样严重。义务教育是政府运用公共资源予以保障的公益性事业，主旨是使适龄儿童、少年在品德、智力、体质等方面全面发展。资本涌入教育领域的直接结果是校外教培行业兴起，校外教培针对义务教育阶段的儿童和少年群体，制造学生和家长的焦虑情绪，增加了这些孩子的学习压力，也增加了学生家庭的经济负担。各路资本竞相逐利，培训机构盲目扩张、疯狂圈钱现象此起彼伏，无证办学、抽逃资金、恶意停办事件屡有发生，严重损害老百姓的切身利益；义务教育学科类培训超前、超纲、超规问题越演越烈，使得校内校外本末倒置。校外教培的无序发展，罔顾儿童、少年的成长规律和身心健康，背离国家义务教育制度的初衷，扰乱教育生态和社会稳定。在文娱领域，资本无序扩张和娱乐圈扭曲无序状态的恶性循环愈演愈烈，不当逐利机制和畸形生态浸淫整个产业链，产业链中上游的天价片酬、偷税漏税和恶性营销三大乱象和产业链末端的"邪教式追星""饭圈文化"等问题，都是典型表现。另外，一些低俗内容、负面情绪借助网络空间扩散，腐蚀、误导青少年。

（二）资本无序扩张的危害

概括而言，资本无序扩张具有五个方面的危害性。一是影响国家战略布局落地。资本过多扎在热门领域嗜利逐利，信奉靠垄断赚快钱，不愿意进入国家发展亟须的领域，帮助突破"卡脖子"技术、补齐经济短板，没有形成支持国家科技创新，推动高质量发展的积极态势。二是破坏市场竞争秩序。垄断企业利用资本优势在供需两端限制和排斥竞争，造成中小企业的生存困境，妨碍中小企业创新发展。三是放大金融风险。互联网金融肆意扩大负债规模，违规拓展资本运作空间，驱动微观主体的金融风险向系统性金融风险演化，造成金融服务业结构失衡、风险放大。四是破坏社会公平。资本违法违规"造富"，扩大贫富差距，利用垄断地位侵害消费者和中小经营者的权益，造成规则、权利、机会的不公平。五是危害信息安全和意识形态安全。平台违规收集公共服务数据，资本搭建、运作隐私信息贩卖的违法产业链，侵犯了公众隐私、危害公共信息安全；资本操控网络媒体平台，左右社会舆论，影响社会主义核心价值观的培育和践行。

资本无序扩张、平台垄断对促进共同富裕有若干负面影响，突出表现为：资本不能很好地服从服务于国家战略需要，没有对国家整体的社会经济发展起到应有的支持作用；破坏市场公平，挤压了中小生产经营主体的发展空间，挫伤了广泛的创新致富积极性，进而削弱了高质量发展的动力基础；破坏社会公平，扩大贫富差距，损害了普通群众利益，不利于全体人民共享发展成果；危害信息安全，不符合人民日益增长的美好生活的新要求；容易滋生不良价值观和错误思想导向，影响青少年成长，不利于实现人的全面发展。

二、反对资本无序扩张，加强反垄断监管应该坚持完善法律制度，深入推进政策实施

（一）反对资本无序扩张，加强反垄断监管的基本原则

在高质量发展中促进共同富裕，反对资本无序扩张，加强反垄断监管，应该遵循三个基本原则：第一，坚持以全面依法治国战略为指导，完善相关法律制度，不断强化立法、执法和司法举措。第二，正确认识和把握资本的特性和行为规律，既要发挥资本作为生产要素的积极作用，也要有效控制其消极作用。坚持监管规范和促进发展两手并重，为资本设置"红绿灯"。第三，坚持"两个毫不动摇"，推动形成大中小企业良性互动、协同发展的良好格局，以公正监管保障公平竞争，持续激发市场主体活力。

（二）反对资本无序扩张，加强反垄断监管的主要举措

党的十八大以来，党中央围绕反垄断、反不正当竞争做出一系列重大决策部署，完善公平竞争制度，改革市场监管体制，推进高标准市场体系建设，推动形成统一开放、竞争有序的市场体系。近期，党中央、国务院进一步要求，强化竞争政策基础地位，落实公平竞争审查制度，加强和改进反垄断和反不正当竞争执法。贯彻党中央的决策部署，推进反对资本无序扩张，加强反垄断监管的政策实施，采取的主要举措有：加快推进反垄断法、反不正当竞争法等修订工作，完善平台企业垄断认定、数据收集使用管理、平台用户权益保护等方面的法律规范，健全数字规则和数字经济公平竞争审查机制，从完善法律入手规制资本无序扩张的问题；以"疏堵结合"方式处理资本无序扩张问题，引导更多资本进入与国家宏观政策协调的轨道中，使更多资本参与到中国经济补短板的事业中；健全多层次的竞争监管规则体系，健全市场准入制度，对敏感领域准入划出负面清单，明确规则，划出底线，为市场主体提供一个

明确的预期；构建事前、事中、事后监管链条，堵塞监管漏洞，提高监管效能；推进行业监管关口前移，完善市场竞争状况评估制度，构建风险监测预警体系，多部门联动建立防止资本无序扩张的责任机制，切实把好资本市场"入口关"；加大监管执法力度，充实专业监管队伍，加强平台经济、科技创新、信息安全、民生保障等重点领域执法司法；加强竞争法律制度和政策宣传培训，强化企业公平竞争意识，引导形成崇尚、保护和促进公平竞争的社会环境。另外，监管部门和人员应该认真研究数字经济、平台垄断的动态创新特点，加深对新技术、新模式的理解，充分考虑以新型技术垄断、数据垄断、要素垄断、行业垄断和市场垄断等为着力点的资本无序扩张趋势，创新监管思路、分析工具和执法方式，加强规制，提升监管能力。

需要说明的是，反对资本无序扩张不是反对资本扩张，应避免资本无序扩张的概念泛化，将正常、合理的市场行为定性为无序扩张而打击。应明白反对资本无序扩张是手段，促进资本规范健康发展是目的，不可本末倒置。对于不同性质的资本无序扩张行为，应采取针对性、区别化的手段措施，避免一刀切式的政府干预。仍然要充分调动企业家干事创业的积极性，促进各类资本规范健康发展。

参考文献

［1］财政部成品油税费改革工作小组：《成品油税费改革纪实》，《中国财政》2009年第8期。

［2］陈斌：《第三次分配应更鼓励个人捐赠》，《公益时报》2021年9月14日。

［3］陈宗胜、周云波：《非法非正常收入对居民收入差别的影响及其经济学解释》，《经济研究》2001年第4期。

［4］冯春、黄静文：《网络慈善失范现象及其治理》，《贵州财经大学学报》

2019年第5期。

［5］黄孟复、胡德平：《中国民营经济发展报告No.3（2005～2006）》，社会科学文献出版社2006年版。

［6］黄健雄、张勇杰：《多源流理论框架下消费税重大调整的动因与时机研究》，《税务与经济》2021年第2期。

［7］黄群慧：《在协调发展中扎实推进共同富裕》，《光明日报》2022年1月4日。

［8］江亚洲、郁建兴：《第三次分配推动共同富裕的作用与机制》，《浙江社会科学》2021年第9期。

［9］李实：《以收入分配制度创新推进共同富裕》，《经济评论》2022年第1期。

［10］李实、朱梦冰：《推进收入分配制度改革 促进共同富裕实现》，《管理世界》2022年第1期。

［11］李旭红、郭紫薇：《“十四五”时期的个人所得税改革展望》，《税务研究》2021年第3期。

［12］厉以宁：《论共同富裕的经济发展道路》，《北京大学学报》（哲学社会科学版）1991年第5期。

［13］梁季：《税收促进第三次分配与共同富裕的路径选择》，《人民论坛》2021年第28期。

［14］梁强、贾康：《1994年税制改革回顾与思考：从产业政策、结构优化调整角度看“营改增”的必要性》，《财政研究》2013年第9期。

［15］刘国光：《关于国富、民富和共同富裕问题的一些思考》，《经济研究》2011年第10期。

［16］刘甲炎、范子英：《中国房产税试点的效果评估：基于合成控制法的研究》，《世界经济》2013年第11期。

［17］刘培林、钱滔、黄先海、董雪兵：《共同富裕的内涵、实现路径与测度方法》，《管理世界》2021年第8期.

［18］刘学良：《房产税再分配效应和税制设计》，《中国金融》2019年第23期。

［19］刘扬、冉美丽、王忠丽：《个人所得税、居民收入分配与公平——基于中美个人所得税实证比较》，《经济学动态》2014年第1期。

［20］万莹、徐崇波：《我国消费税收入分配效应再研究》，《税务研究》2020年第1期。

［21］王国刚、潘登：《完善制度抑制资本无序扩张》，《中国金融》2021年第3期。

［22］王一鸣、王君：《关于提高企业自主创新能力的几个问题》，《中国软科学》2005年第7期。

［23］习近平：《坚定不移走中国特色社会主义法治道路，为全面建设社会主义现代化国家提供有力法治保障》，《求是》2021年第5期。

［24］习近平：《扎实推动共同富裕》，《求是》2021年第20期。

［25］谢宇、靳永爱：《家庭财产》，载谢宇、张晓波、李建新、于学军、任强主编：《中国民生发展报告2014》，北京大学出版社2014年版。

［26］熊鸿儒：《数字经济时代反垄断规制的主要挑战与国际经验》，《经济纵横》2019年第7期。

［27］徐建炜、马光荣、李实：《个人所得税改善中国收入分配了吗——基于对1997—2011年微观数据的动态评估》，《中国社会科学》2013年第6期。

［28］薛宝贵、何炼成：《先富带动后富实现共同富裕的挑战与路径探索》，《马克思主义与现实》2018年第2期。

［29］杨东、陈怡然：《强化反垄断与防止资本无序扩张的回顾与展望》，《中国经济评论》2021年第21期。

［30］杨亮：《成品油税费改革平稳实施》，《光明日报》2009年12月24日。

［31］岳希明、徐静：《我国个人所得税的居民收入分配效应》，《经济学动态》2012年第6期。

［32］詹鹏、李实：《我国居民房产税与收入不平等》，《经济学动态》2015年第7期。

［33］张卫、张硕：《"互联网+慈善"新模式：内在逻辑、多重困境与对策》，《现代经济探讨》2021年第11期。

［34］张玄、岳希明：《新一轮个人所得税改革的收入再分配效应研究——基于CHIP 2018的测算分析》，《财贸经济》2021年第11期。

［35］庄德水：《新型腐败的发生特点和整治策略》，《中国党政干部论坛》2021年第3期。

第五章
促进农民农村共同富裕

习近平总书记指出"促进共同富裕，最艰巨最繁重的任务仍然在农村"。[①]对于农民农村共同富裕的探索道路必然是一个分阶段的、循序渐进的系统工程。本章就促进农民农村共同富裕这一重要话题从不同方面展开讨论，包括巩固脱贫攻坚成果、推进乡村振兴战略、建设美丽宜居乡村和做好农民农村共同富裕的保障等。究其根本，在促进农民农村共同富裕的道路上，国家、社会、农民农村应各自发挥好各自的作用，国家通过制度创新和新的技术手段为农民农村"赋能"，激活农民农村的主观能动性。只有使主体地位的农民农村自身更有活力，才能真正走向共同富裕，共享发展成果。

---

① 习近平：《扎实推动共同富裕》，《求是》2021年第20期。

农民农村共同富裕的顶层设计

中华文明是一个拥有5000多年的文明史且唯一没有中断的人类优秀文明。共同富裕深藏于中华文明的基因之中，追求共同富裕自古以来就是我国人民的理想和奋斗目标，是历代社会的美好愿景。中华文明秉承的是"以民为本"，追求的是"大同社会"。早在先秦时期，儒家就倡导"大道之行也，天下为公"，《礼记·礼运》更是描绘了"小康""大同"的理想图景。这其中都包含共同富裕之要义。孔子曾言："有国有家者，不患寡而患不均，不患贫而患不安。盖均无贫，和无寡，安无倾。"这种思想也成为历朝历代人们的共同价值取向以及衡量社会是否进步的认知标尺。然而，实现共同富裕却是不容易的。直至中国共产党成立和中华人民共和国建立，追求共同富裕才真正获得了现实的土壤。

实现共同富裕，是马克思主义的崇高理想，是社会主义的本质要求，也是党一直以来的主张，体现了以人民为中心的根本立场。按照马克思、恩格斯的构想，共产主义社会将彻底消除阶级之间、城乡之间、脑力劳动和体力劳动之间的对立和差别，实行各尽所能、按需分配，真正实现社会共享、实现每个人自由而全面的发展。到那时，"生产将以所有的人富裕为目的"，"所有人共同享受大家创造出来的福利"。

中国共产党建党以来，中国共产党人始终在带领全国人民向着共同富裕这个目标奋力迈进。毛泽东同志在新中国成立之初就提出了我国发展富强的目标，并指出，这个富，是共同的富，这个强，是共同的强，大家都有份。1953年中共中央发布的《关于发展农业生产合作社的决议》指出："逐步实现农业的社会主义改造……并使农民能够逐步完全摆脱贫困的状况而取得共同富裕和普遍繁荣的生活。"①这体现了中国共产党在毛泽东时代对于实现农民农村共同富裕的思考和表达。改革开放后，中国共产党和政府也没有忽视共同富裕问题。1992年邓小平同志在南方谈话中指出："社会主义的本质，是解放生产力，发展生产力，消灭剥削，消除两极分化，最终达到共同富裕。"②这清晰地表达了社会主义的本质与共同富裕二者之间的密切联系。党的十八大以后不久，习近平总书记就指出："消除贫困、改善民生、实现共同富裕，是社会主义的本质要求。"③习近平总书记在党的十九大报告中庄严宣告，中国特色社会主义进入新时代。这个新时代是全国各族人民团结奋斗、不断创造美好生活、逐步实现全体人民共同富裕的时代。习近平总书记还指出，共同富裕是中国特色社会主义的根本原则，实现共同富裕是我们党的重要使命。为了缩小贫富差距、逐步实现共同富裕，习近平总书记还提出了一个重要的战略设计，这就是"扩大中等收入阶层，逐步形成橄榄型分配格局"④。

2021年是历史性的一年，是中国全面建成小康社会的一年，是两个一百年的交汇点，同时也是中国共产党就新时代实现共同富裕做出安排与部署的一年。习近平总书记指出："共同富裕本身就是社会主义现代化的一个重要目标。我们要始终把满足人民对美好生活的新期待作为发展的出发点和落脚点，在实现现代化过程中不断地、逐步地解决好这个问题。"⑤

2021年8月17日，习近平总书记主持中央财经委员会召开第十次会

---

① 毛泽东：《毛泽东文集》，人民出版社1999年版，第442页。

② 邓小平：《邓小平文选》第3卷，人民出版社1993年版，第373页。

③ 中共中央文献研究室编：《习近平关于社会主义社会建设论述摘编》，中央文献出版社2017年版，第79页。

④ 中共中央文献研究室编：《习近平关于社会主义社会建设论述摘编》，中央文献出版社2017年版，第40页。

⑤ 习近平：《在十九届中央政治局第二十七次集体学习时的讲话（2021年1月28日）》，《人民日报》2021年1月30日。

议，会议研究了共同富裕的重大问题和重要部署。"共同富裕"瞬间成为热词，也成为社会各界关注和讨论的热点话题。共同富裕问题在农民农村上表现更为明显。目前，城乡差距、工农差距实际上仍然是比较大的，因此共同富裕政策的核心目标之一应该是促进农民农村共同富裕。在中国5000多年的历史长河中，农业农村农民的问题一直都是治国理政最为关切的问题。正所谓"洪范八政，食为政首"。农民作为最大的一个群体，为了让他们安心生产和经营，历代政府也都强调"士农工商四民者，国之石民也"。新时代我们要实现共同富裕，当然，也需要考虑农村和农民。由于农业农村农民发展的相对滞后，因此，农民农村的共同富裕问题应为推动共同富裕的重点和难点。正因为如此，习近平总书记在其文章《扎实推动共同富裕》中指出："促进共同富裕，最艰巨最繁重的任务仍然在农村。农村共同富裕工作要抓紧，但不宜像脱贫攻坚那样提出统一的量化指标。要巩固拓展脱贫攻坚成果，对易返贫致贫人口要加强监测、及早干预，对脱贫县要扶上马送一程，确保不发生规模性返贫和新的致贫。要全面推进乡村振兴，加快农业产业化，盘活农村资产，增加农民财产性收入，使更多农村居民勤劳致富。要加强农村基础设施和公共服务体系建设，改善农村人居环境。"①这段论述表达了党中央对农民农村共同富裕问题的关切，是中国目前促进农民农村共同富裕的纲领性和指引性文件。

发展离不开示范。早在2021年5月20日，《中共中央 国务院关于支持浙江高质量发展建设共同富裕示范区的意见》发布，共同富裕示范区正式落地浙江。共同富裕示范区的目标是为全国实现共同富裕先行探路。设立浙江这个共同富裕示范区后，国家和浙江相继出台一系列政策配套实施。7月19日，《浙江高质量发展建设共同富裕示范区实施方案

---

① 习近平：《扎实推动共同富裕》，《求是》2021年第20期。

（2021—2025年）》发布。10月27日，《杭州高质量促进农民农村共同富裕行动计划（2021—2025年）》发布，这是示范区内促进农民农村共同富裕的具体落实计划。该行动计划以推动农业农村高质量发展为主题，以打造乡村共同富裕美好社会为目标，实施"七大行动"（党建领富、产业致富、城镇聚富、数智创富、改革促富、民生惠富、美丽共富），构建"五大体系"（乡村产业体系、科技创新体系、投融资体系、公共服务体系、市场化交易体系），为促进农民农村共同富裕的具体实施迈出了第一步。

对于农民农村共同富裕的探索道路必然是一个分阶段的、循序渐进的系统工程。在促进农民农村共同富裕的道路上，大体思路应该是国家、社会、农民农村各自发挥好各自的作用，国家应该通过制度创新变"输血"为"造血"，变被动帮扶为主动求富。在激励相容的机制下，农民的个体求富与国家的总体变富目标是一致的，最后的目的就是达到共同富裕。农民农村的富裕不是等、靠、要得来的，而是靠农民农村的自立自强。从国家角度上来说，在农民个体力所不能及的重大工程项目上做好保障、兜底与让利，与此同时，做好在制度和生产要素上的"赋能"和"助推"，创造更好的制度环境，理顺体制机制，从而激活农民农村的主观能动性。只有使作为主体地位的农民农村自身更有活力，脱贫攻坚、乡村振兴和农民收入持续增长才能实现，才能真正走向共同富裕，共享发展成果。

本章将从巩固脱贫攻坚成果、推进乡村振兴战略、建设美丽宜居乡村和做好共同富裕保障四个部分对农民农村共同富裕这一主题进行阐释。

巩固脱贫攻坚成果

2020年底，中国如期完成新时代脱贫攻坚目标任务。脱贫攻坚战的全面胜利是中华民族在历史上首次整体消除绝对贫困，实现了中国人民的千年梦想、百年夙愿。中国创造了人类脱贫史上的奇迹，实现了全面小康，加快了全球减贫进程。中国的减贫实践为世界其他国家特别是广大发展中国家增强了反贫困信心。在新时代，巩固脱贫攻坚成果是实现农民农村共同富裕的基础。然而，知易行难。如何巩固脱贫攻坚的成果，让农户不再致贫返贫对于当下的中国来说仍然是一个大课题。

一、中国脱贫攻坚的历史视角

从历史的角度看，贫困以及与贫困的斗争是人类社会始终面临的重要主题。无论是工业时代，还是之前的农业时代，实际上，世界上各个国家都把发展作为要务，都把改善民生作为基本追求。中华人民共和国更是如此。新中国成立后，中国共产党便带领全国各族人民砥砺奋进，以坚韧不拔的意志，攻坚克难，力图最大程度地发展社会生产力，消除贫困，改善民生，逐步实现共同富裕。党的十八大以来，以习近平同志为核心的党中央高度重视扶贫开发工作，脱贫攻坚取得决定性进展，创造了中国减贫史上的最好成绩，谱写了人类反贫困历史新篇章。本章以重大历史时期为界限，将中华人民共和国的脱贫史划分为三大阶段：

（一）计划经济时代的脱贫斗争

社会主义的新中国是在救亡图存中诞生的。1840年的鸦片战争是中国近代屈辱史的开端，中国人民深刻认识到自身的不足而发奋图强，太平天国农民运动、洋务运动、明治维新等运动在深层次上讲都是反贫困、图发展的外在体现。20世纪初的中国是一个极其动荡不安的时代，广大劳动人民大多极端贫困。朱斯煌在其编著的《民国经济史》中描述到："民国以来，政局不定，内乱外患交迫，水旱灾情频仍，人民不能安居乐业，其生活日趋于贫困与悲惨……"。中国共产党就是目睹中国人民，尤其是中国农民的日益贫困化后而愤然成立的。使积贫积弱的中国变成强国，让人民变得富裕，就是中国共产党的不懈追求。

在这一历史时期中国共产党的目标是建立社会主义制度，为消除贫困创造政治基础，具体目标是帮助广大中国人民解决基本的温饱生存问题。在新民主主义革命进程中，从北伐战争、土地革命到抗日战争时期和解放战争时期，中国共产党立足中国的基本国情，以马克思主义思想为指导对中国社会进行彻底的变革。毛泽东同志曾指出政治、军队的建设是为了推翻妨碍生产力的旧政治和旧军队，根本还是为了发展生产力。中国共产党积极推动土地所有制改革，提高人民生活水平，在实践中发展出自己的特色道路。"新民主主义革命时期，党团结带领广大农民'打土豪、分田地'，实行'耕者有其田'，帮助穷苦人翻身得解放，赢得了最广大人民广泛支持和拥护，夺取了中国革命胜利，建立了新中国，为摆脱贫困创造了根本政治条件。"

1949年10月，中华人民共和国宣告成立，中国人民从此"站起来"了。新中国的成立终结了数十年的战争，也终结了中华民族近代的百年屈辱史。这一历史时期下，全国都在慢慢从战争中恢复生产运作，但人民生活整体处于比较贫困的状态，整个国家满目疮痍、百废待兴。中国共产党带领下的新中国将脱贫工作作为巩固和发展社会主义制度的根本，实施《中华人民共和国土地改革法》，废除封建土地制度，实现了耕者有其田，进行"一化三改"等制度性变革，加强基础设施、农田水利等建设，改善广大农村灌溉设施、交通等条件。20世纪50年代急剧频繁的制度变革和试验，逐步在中国农村确立了人民公社集体经济体制，以此为依托，农村建立了为丧失劳动能力和无人抚养或赡养的人口提供食物、衣服、住处、医疗和丧葬的"五保"救济制度，并一度建立了对农村居民具有普遍覆盖性的社区性合作医疗制度，这些措施减缓了农村贫困现象。另外，各地农村集体内部实行的平均主义分配原则，也有助于在有限的社会产出量前提下控制和减少贫困现象的最为严重方面。当然，也存在一些问题："大锅饭"效率低，"工农业剪刀差"让农村没有资金；城乡隔离政策等。这一时期农村贫困发生率大大缩减，从1949年的80%下降至1978年的50%左右。正如习近平总书记所言："新中国成立后，党团结带领人民完成社会主义革命，确立社会主义基本制度，推进社会主义建设，组织人民自力更生、发愤图强、重整山河，为摆脱贫困、改善人民生活打下了坚实基础。"①从新中国的成立到改革开放，为了让全体人民脱离贫困，以毛泽东同志为核心的第一代中央领导集体，领导人民进行了艰辛的探索。

（二）改革开放后的脱贫工作

改革开放是中国社会经济发展的关键一招，它促使中国社会经济发生了翻天覆地的变化。在这一历史时期我国实施了土地经营权承包到户制度、家庭联产承包责任制、农产品流通制度、乡镇企业改革制度等一系列的改革，从制度上赋能农村经济增长，极大程度地激发了农民的积极性，解放了农村经济发展的潜力。在解放农村土地和劳动力要素的基础上，脱贫工作在政策层面持续发力，展开了一系列的反贫困实践。

1978年的《中共中央关于加快农业发展若干问题的决定》将反贫困上升为国家战略的高度，之后在1980年设立"支援不发达地区发展资金"，1982年施行"三西"扶贫，1984年发布《关于帮助贫困地区尽快改变面貌的通知》，国家层面正式着手解决贫困问题。在此期间，农村

---

① 习近平：《在全国脱贫攻坚总结表彰大会上的讲话》，《人民日报》2021年2月26日第2版。

绝对贫困人口从2.5亿下降到1.25亿，贫困发生率从30.7%降至14.8%。

从20世纪80年代中期开始，我国的反贫困事业进入了大规模开发式扶贫的全新阶段。1986年我国正式成立反贫困机构，即国务院贫困地区经济开发领导小组，并在1993年更名为国务院扶贫开发领导小组，该机构的设立是我国脱贫事业上的里程碑。1987年的《关于加强贫困地区经济开发工作的通知》明确了开发式扶贫的工作方向。1994年的《国家八七扶贫攻坚计划（1994—2000年）》要求集中人力、物力、财力，用7年左右时间基本解决8000万农村贫困人口的温饱问题。随着2000年到来，《国家八七扶贫攻坚计划（1994—2000年）》确立的目标得以完成，农村绝对贫困人口由8000万下降到3209万，贫困发生率减少到3.7%。

进入21世纪，我国的脱贫斗争在经济飞速发展的背景下不断深化。2001年颁行的《中国农村扶贫开发纲要（2001—2010年）》聚焦'进一步改善贫困地区的基本生产生活条件"，"提高贫困人口的生活质量和综合素质"，"为达到小康水平创造条件"。同时，我国注重引导民众参与，构建"政府主导、全社会共同参与"的反贫困格局。这一时期，反贫困工作俯下身子、重心下沉，关注村级，在全国共划定贫困村14.8万个。在推进以市场为主体的开发式扶贫的基础上，我国还推出各项保护式扶贫的举措，如新型农村合作医疗、农村低保等。综合式扶贫不仅呈现出多机构、多行业、多层次、多主体、多举措的特点，而且实现了反贫困与"三农"问题的互联共通。按照2000年856元贫困标准，我国贫困人口9422万人。2010年提高到1274元，标准提高了，但此时我国贫困人口却减少了2688万人。

总体而言，与新中国成立初期的救济式扶贫政策不同，相较于救济式扶贫短期、小范围、暂时性的特点，改革开放后的扶贫政策是大规模的，它建立在农村经济体制改革的基础上，将扶贫工作从农村救济中分离出来，通过解放生产力，拉动经济发展，将每一户、每一人都拉进自主性生产的大潮里，从根本上扭转了农村的经济发展形势。

（三）新时代下的脱贫攻坚

党的十八大以来，中国的发展进入新时代，脱贫斗争以把绝对贫困人口全面脱贫作为全面建成小康社会的底线任务和标志性指标进行展开，全面建成小康社会进入关键阶段。这个时期，以习近平同志为核心的党中央提出实现中华民族伟大复兴的中国梦，将脱贫攻坚纳入"五位一体"总体布局和"四个全面"战略布局，带领全党全国各族人民组织实施了人类历史上规模空前的脱贫攻坚战。

2012年底，党的十八大后不久，党中央强调"小康不小康，关键看老乡，关键在贫困的老乡能不能脱贫"，开始了新时代的脱贫攻坚。2013年，党中央提出精准扶贫的理念，创新扶贫工作机制。党的十八届五中全会把"扶贫攻坚战"改成"脱贫攻坚战"。2015年的《中共中央国务院关于打赢脱贫攻坚战的决定》发出打赢脱贫攻坚战的总攻令，习近平总书记指出："要立下愚公移山志，咬定目标、苦干实干，坚决打赢脱贫攻坚战，确保到2020年所有贫困地区和贫困人口一道迈入全面小康社会。"[1]途径上，通过发展生产脱贫一批、易地搬迁脱贫一批、生态补偿脱贫一批、发展教育脱贫一批、社会保障兜底一批。2017年，党的十九大召开，把精准脱贫作为三大攻坚战之一进行重点部署，以全面建成小康社会为目标，决战决胜脱贫攻坚战。2020年我国进入脱贫攻坚战决胜阶段，却遭遇突如其来的新冠肺炎疫情，习近平总书记主持召开决胜脱贫攻坚座谈会进行再部署再动员。最终，脱贫攻坚战如期完成并取得胜利，在两个一百年交汇的一年，我国实现了摆脱绝对贫困，全面建成小康社会的历史性目标。

---

[1] 习近平：《脱贫攻坚冲锋号已经吹响 全党全国咬定目标苦干实干》，《人民日报》2015年11月29日第1版。

2021年习近平总书记在全国脱贫攻坚总结表彰大会上庄严宣告："经过全党全国各族人民共同努力，在迎来中国共产党成立一百周年的重要时刻，我国脱贫攻坚战取得了全面胜利，现行标准下9899万农村贫困人口全部脱贫，832个贫困县全部摘帽，12.8万个贫困村全部出列，区域性整体贫困得到解决，完成了消除绝对贫困的艰巨任务，创造了又一个彪炳史册的人间奇迹！"[①]

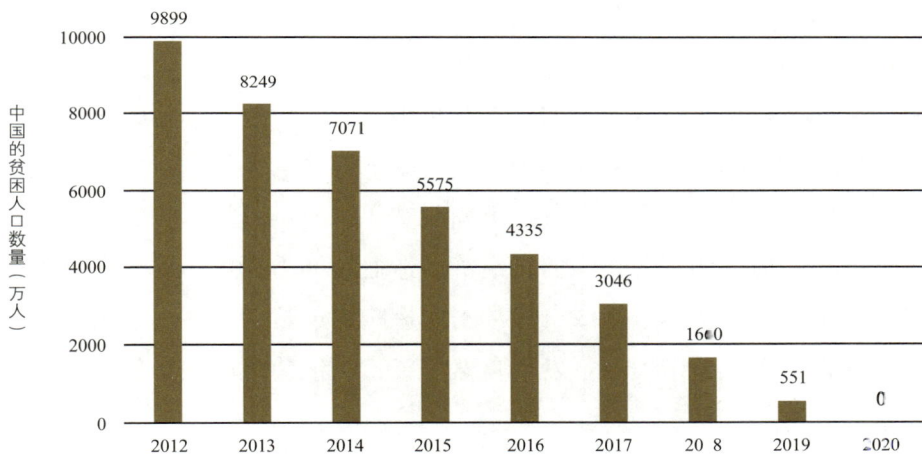

图5-1　中国的减贫成就（2012—2020年）

数据来源：《人类减贫的中国实践》白皮书，http://www.scio.gov.cn/zfbps/32832/Document/1701632/1701632.htm。

中国的脱贫斗争有着深远的历史意义和世界意义。作为世界上最大的发展中国家，中国的贫困规模大、贫困分布广、贫困程度深，在贫困人口数量巨大、自然资源紧张的条件下，中国却提前10年实现了《联合国2030年可持续发展议程》的减贫目标。毫不夸张地说，中国脱贫攻坚取得的全面胜利为全球的减贫事业和人类发展做出了巨大的贡献（图5-1）。

[①]　习近平：《在全国脱贫攻坚总结表彰大会上的讲话》，《人民日报》2021年2月26日第2版。

二、巩固脱贫成果，做好新时代的赋能与保障

中国脱贫攻坚战的胜利历史性地消除了现行标准下的农村绝对贫困，但脱贫摘帽不是终点，而是新的起点。在实现全面脱离绝对贫困后，与相对贫困的斗争仍在继续。做好脱贫攻坚与乡村振兴的有机衔接是下一个阶段的重要工作，脱贫攻坚与乡村振兴是一个层层推进的关系，脱贫攻坚是乡村振兴的前提条件，而乡村振兴则是巩固脱贫攻坚的力量保障。

2020年12月，中共中央、国务院印发的《关于实现巩固拓展脱贫攻坚成果同乡村振兴有效衔接的意见》指出，脱贫攻坚目标任务完成后，设立5年过渡期。在5年过渡期则是要对脱贫成功的地区进行监测并做好进一步的保障，避免出现返贫。巩固脱贫成果的难点是多方面的，尤其是极度贫困地区的资源禀赋弱，经济"造血"能力严重不足，在这种情况下，极易受经济不景气或产业冲击的影响而返贫，某些偏远山区处于地质灾害的多发地带，一旦发生自然灾害，可能使之前的脱贫成果功亏一篑。

2022年中央一号文件进一步强调，坚决守住不发生规模性返贫底线。文件明确提出了防止规模性返贫四大主要任务，即完善机制、促进增收、加大支持、政策稳定。核心的思想是继续做好保障和"赋能"。

（一）完善监测帮扶机制

完善监测帮扶机制指的是完善精准识别，精准救助，精准管理，进一步建立健全监测帮扶机制。其中，精准识别就是要进一步精准确定监测对象，将容易返贫致贫户和突发返贫致贫户全部纳入监测范围，提高工作成效。精准救助就是要针对因灾、因病、因疫等返贫致贫问题，及时落实社会救助、医疗保障等帮扶措施。精准管理就是要进一步强化监测帮扶责任落实，强化巩固脱贫成果后评估工作，确保工作不留空当、

政策不留空白，按照"缺什么补什么"的原则，落实针对性帮扶措施，实行动态清零。

巩固脱贫攻坚成果需要精准确定监测对象，聚焦并明确重点目标人群。从巩固脱贫攻坚成果的本身指向上看，低水平越过贫困线的脱贫人口、未进入建档立卡范围的边缘人口、受家庭生命周期或特定事件影响的收入显著减少以及消费显著增加的农户，都是巩固脱贫攻坚成果需要重点关注的群体对象。从各地的实践看，脱贫县已经建立了针对脱贫不稳定农户、边缘农户或因病因灾等意外原因可能导致返贫或新生贫困现象的监测与预警机制。但就目前的情况看，这种监测与预警机制的难点在于如何及时将目标群体的最新情况信息进行收集。从可行的途径看，依托驻村工作队或村干部进行信息的及时收集是可行的，监测预警工作的重点是要反映目标群体的收支以及生命健康等重大变动情况。针对返贫或新致贫的群体，可以通过设立防贫救助专项基金或设定专门的社会救助政策进行帮扶；同时，针对目标群体家庭特定生命周期的特定事件设置预防性帮扶方案，比如家庭内子女高等教育、家庭内老年人的死亡等，可以设立教育专项救助和丧葬专项救助。

在取得脱贫攻坚战的胜利后，应建立持续帮扶机制，要对贫困地区保持关键性的帮扶政策，并提供必要的财政资金投入。持续落实"四个不摘"，即摘帽不摘责任、摘帽不摘帮扶、摘帽不摘政策和摘帽不摘监管。摘帽不摘帮扶强调无论是行业部门帮扶、驻村工作队帮扶、中央机构定点帮扶、东西协作帮扶、企业帮扶还是其他类型社会主体的帮扶工作，在脱贫攻坚任务完成后仍将继续，在脱贫攻坚成果稳固之前这样的帮扶行动都应有制度化依托。摘帽不摘政策强调的是即使已经退出贫困县、贫困村或建档立卡贫困户行列，国家的一系列帮扶政策还要持续，比如产业、就业、医疗健康、兜底保障、搬迁移民政策等。这些政策的稳定期与过渡期的时限，国务院原扶贫办已经明确是5年时间，通过

"十四五"期间的政策延续与稳定，加之乡村振兴战略的推进，脱贫攻坚成果将会更加稳固。摘帽不摘监管则强调，无论是持续投入的帮扶资源，还是工作人员的状态和投入度等，都仍将被纳入监督检查的范围。通过持续的监管，不仅是为脱贫人口的监测与预防提供保障，同时也是为帮扶工作动力的激发提供持续的外在压力。

（二）促进脱贫人口持续增收

不增收就有可能返贫，因此，需要推动脱贫地区更多依靠发展来巩固拓展脱贫攻坚成果，从而让脱贫群众生活更上一层楼。发展离不开产业，而产业贵在转型升级，产业发展和升级都离不开资金的支持，因此，要逐步提高中央财政衔接推进乡村振兴补助资金用于产业发展的比重，加快补上技术、设施、营销等短板，从而带动提高脱贫人口家庭经营性收入。需要巩固提升脱贫地区特色产业，完善联农带农机制，提高脱贫人口家庭经营性收入。光伏扶贫在过去的扶贫历程中起到了重要作用。新时代我们需要继续巩固光伏扶贫工程成效，在有条件的脱贫地区发展光伏产业。就业可以获得工资性收入，为了让贫困人口有稳定的收入来源，需要压实就业帮扶责任，确保脱贫劳动力就业规模稳定。多年来的实践表明，地区之间的协作对于脱贫工作非常重要，因此，深化东西部地区劳务协作，做好省内转移就业工作，对于促进贫困人口增收非常必要。就业帮扶车间是产业融合发展的"金钥匙"，未来我们仍要延续支持帮扶车间发展优惠政策。着力推进就业帮扶车间转型升级的同时，对符合条件的车间给予真金白银的奖励，扶持企业做大做强。发挥以工代赈作用，具备条件的可提高劳务报酬发放比例。统筹用好乡村公益岗位，实行动态管理。逐步调整优化生态护林员政策。将部分建档立卡贫困人口转为生态护林员，是做好林业精准扶贫精准脱贫工作的一项重要举措。

巩固脱贫攻坚成果，拒绝返贫的第一要务应该是提升农民农村的内生动力，不能依靠国家"输血式"脱贫，要着重提升"造血"能力。激发农民的主观能动性，从改革开放初期小岗村"包产到户"的改革案例中能看到，只要提供适当的制度环境，中国的农民是无比伟大的，他们也是具有强大的创造力的。农民农村的快速发展必然来自其强大的内生动力。只有培植了内生动力，或者说为内生的动力进行"助推"和"赋能"，那么，才能把脱贫的成果保持住，从而永久脱贫。农民是一个类似于企业家的理性者，他们也有自己的计算和对利益的追求。只要在制度设计上达到"激励相容"，才能让他们有更大的动力。作为一个理性人，只要有更好的收益预期，农村农业的生产者就会自发地投入更多的劳动和精力以期获得更好的收益，包括在种植业、养殖业上。利用农村的资源禀赋条件，通过制度设计，让农民农村有更好的手段实现自己对美好生活的向往，那么农村的可持续脱贫就可以实现。

（三）在重点区域帮扶上加大力度

对160个国家乡村振兴重点帮扶县，[①]编制实施方案，集中力量实施一批补短板促发展项目，以项目带动就业，带动农民农村的共同富裕。通过重大基础设施建设来补齐短板，可创造条件实现经济社会发展与提高群众幸福感获得感的追求相结合。继续加大对国家乡村振兴重点帮扶县信贷资金投入和保险保障力度，强化保险在全面推进乡村振兴、加快实现农业农村现代化进程以及实现农民农村共同富裕的保障和支持功能。建立健全国家乡村振兴重点帮扶县发展监测评价机制，充分认识开展监测工作的重要意义，全面把握监测的主要内容，高质量做好监测工作。做好国家乡村振兴重点帮扶县科技特派团选派，实行产业技术顾问

---

① 根据党的十九届五中全会精神、中央农村工作会议精神和《中共中央、国务院关于实现巩固拓展脱贫攻坚成果同乡村振兴有效衔接的意见》安排部署，中共中央办公厅、国务院办公厅印发有关文件，西部10个省、区、市综合考虑人均地区生产总值、人均一般公共预算收入、农民人均可支配收入等指标，统筹考虑脱贫摘帽时序、返贫风险等因素，结合各地实际，确定四川省金川县等160个国家乡村振兴重点帮扶县，分布在内蒙古、广西、重庆、四川、贵州、云南、陕西、甘肃、青海、宁夏等10个省、自治区、直辖市。

制度，科技特派团深入基层一线开展科技服务与创新创业，促进所服务重点县农技水平的提高，为乡村振兴提供有力的科技服务支撑，带动重点县主导产业提质增效。这有助于增强自我发展能力，有效衔接巩固拓展脱贫攻坚成果与乡村振兴，让脱贫基础更加牢固、更可持续。

对易地扶贫搬迁集中安置区，需要持续加大产业就业、基础设施、公共服务等后续扶持力度，围绕建设富民产业、产业区基础设施配套、基础设施和公共服务、技能培训和就业服务、社区管理和基层组织等五个体系持续发力。易地扶贫搬迁后续扶持是精准扶贫工程的重要组成部分，是打赢脱贫攻坚战的关键举措。针对后续产业发展受阻，基础配套建设和制度改革滞后，搬迁群众社会融入困难，搬迁群众内生动力和自我发展能力不足等困境，需要持续加大安置区产业培育力度，开展搬迁群众就业帮扶专项行动，需要建立健全易地扶贫搬迁后续扶持政策与乡村振兴衔接的长效机制，政府引导、市场运行、社会参与、群众奋斗的多主体协同机制，产业可持续发展的长效扶持机制，志智双扶的内生动力和发展能力提升长效机制，夯实帮扶工作基础，以此巩固提升易地扶贫搬迁成果，推进搬迁群众加快实现共同富裕。作为一个群体，农民除了生产还有生活，而且，生产与生活应该相互促进，因此需要进一步落实搬迁群众户籍管理、合法权益保障、社会融入等工作举措，提升安置社区治理水平，确保搬迁群众稳得住、能融入，逐步能致富。

（四）稳定帮扶政策

保持主要帮扶政策总体稳定，细化落实过渡期各项帮扶政策，开展政策效果评估。多年来，东西部扶贫协作范围不断扩大，我国实现了对民族自治州和西部地区贫困程度深的市州全覆盖；帮扶力度不断加大，仅2015—2020年，东部地区9个省份共向扶贫协作地区投入财政援助资金和社会帮扶资金1005亿多元，互派干部和技术人员13.1万人次。而且，在实践中已经探索出政府援助、企业合作、社会帮扶、人才支持等主要协作方式，涌现出闽宁协作、沪滇合作、两广协作等各具特色的帮扶模式，形成多层次、多形式、全方位的扶贫协作格局。

在此基础上，要拓展东西部协作工作领域，深化区县、村企、学校、医院等结对帮扶。除此之外，我们还要在东西部协作和对口支援框架下，继续开展城乡建设用地增减挂钩节余指标跨省域调剂。持续做好中央单位定点帮扶工作。中央单位应继续从政策、资金、人才、信息、技术等方面对定点帮扶县进行支持，创新帮扶内容和方式，防止工作出现空当、政策出现空白，防止出现规模性返贫，切实巩固拓展脱贫攻坚成果。扎实做好脱贫人口小额信贷工作。小额贷款对于破解贫困农户发展产业启动资金困难，增强贫困农户内生发展动力等方面发挥了很重要的作用，为了加快实现农业农村现代化，全面推进乡村振兴战略，巩固脱贫攻坚成果，脱贫人口小额信贷工作需要进一步加大力度，对于符合贷款条件的脱贫群众"应贷尽贷"。创建消费帮扶示范城市和产地示范区，发挥脱贫地区农副产品网络销售平台作用。消费帮扶作为巩固拓展脱贫攻坚成果、促进乡村全面振兴的重要举措，对于带动脱贫人口等农村低收入人口增收致富，促进脱贫地区特色产业提质增效，激发欠发达地区振兴发展内生动力，推动共同富裕具有重要意义。

推进乡村振兴战略

进入实现第二个百年奋斗目标新征程，"三农"工作重心已历史性地转向全面推进乡村振兴战略。乡村振兴和共同富裕之间的关系可以简单概括为：共同富裕是乡村振兴的总目标，而乡村振兴是共同富裕的重要抓手。

乡村兴则国家兴。党的十九大报告明确指出现阶段我国社会主要矛盾是人民日益增长的美好生活需要和不平衡不充分的发展之间的矛盾，而这一矛盾在乡村最为突出，我国仍处于并将长期处于社会主义初级阶段的特征很大程度上也表现在乡村。所以，民族要复兴，乡村必振兴。乡村振兴是解决新时代我国社会主要矛盾、实现"两个一百年"奋斗目标和中华民族伟大复兴中国梦的必然要求，具有重大现实意义和深远历史意义。乡村振兴战略最早在2017年党的十九大报告中提出。该报告提出："农业农村农民问题是关系国计民生的根本性问题，必须始终把解决好'三农'问题作为全党工作重中之重。"2018年中央一号文件明确了"产业兴旺、生态宜居、乡风文明、治理有效、生活富裕"的总要求，并且提出了实现乡村振兴战略的三个目标：到2020年，乡村振兴取得重要进展，制度框架和政策体系基本形成；到2035年，乡村振兴取得决定性进展，农业农村现代化基本实现；到2050年，乡村全面振兴，农业强、农村美、农民富全面实现。

一、推进农业农村现代化，以产业化和产业升级促共同富裕

共同富裕具有两个非常重要的关键词，一个是富裕，另一个是共享。当前的现实情况是一方面没有达到足够的富裕程度，另一方面共享程度不是很高，存在各种各样的差距与失衡。从这个意义上来说，进一步提高富裕程度要把发展作为推进共同富裕当中的一个首要任务，只有在发展的基础上才能实现共享，实现共享以后才叫真正的共同富裕。所以说推动高质量发展，对于实现共同富裕是一个非常重要的方面。当前情况下，需要促进农业农村现代化水平，以产业化和产业升级促进共同富裕。

（一）夯实粮食基础，重视粮食的产量、质量和源头（种业）

农村产业主要是农业，包括种植业、养殖业。种植业又包括大田作物，园艺蔬菜、水果等，大田作物主要是粮食作物。而粮食安全需要

既重视数量（粮食自给率），也重视质量。粮稳国安，粮食的稳定保障和质量安全是国家持续发展、人民安居幸福的基础。"粮食安，天下安"，"手中有粮，心中不慌"，我国是人口大国和农业大国，粮食问题是头等大事。

近年来，我国的粮食产量连年喜人，从2015年至2020年已经连续6年稳定在65000万吨以上（图5-2），这为农业农村现代化打下坚实基础。在突如其来的新冠肺炎疫情冲击下，我国的粮食供给保障经受住了巨大考验。"十四五"的开局之年全国粮食总产量再创新高，比上年增长2%。虽然粮食产量在持续的上升，但是人民不断增长的高质量食物需求与粮食供给不充分、结构不平衡的矛盾日益凸显。这个矛盾的突破口主要在三个方面：一是在粮食的产量，二是在粮食的质量，三是在粮食源头即种业。

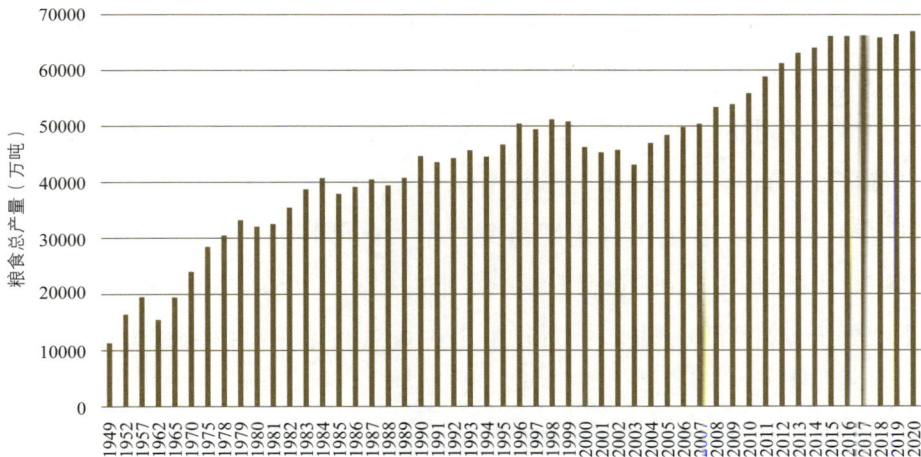

图5-2　中国的粮食总产量（1949—2020年）

数据来源：《中国农村统计年鉴2021》。

粮食的产量方面，突如其来的新冠肺炎疫情和不确定性增强的国际环境再次让人们意识到粮食供应数量对于一个国家的重要程度。如果粮食数量供应无法保证，那么社会的安定繁荣就无从谈起。当前，中国的粮食生产已经进入高产量水平，面对人多地少的自然条件，粮食在数量上的保障也可能在未来面临挑战。按照农业理论上粮食的发展规律，随着每年粮食基数的不断扩大，产量每增加一亿吨所用的时长会增长。耕地面积属天然性约束无法无限供应，而通过进口粮食的手段只能作为辅助，所以提高产量的核心是依靠科技的力量。

粮食的质量方面，虽然粮食生产连年丰收，但其背后的化肥、农药过度使用导致一些地区水资源和土壤被严重污染，食品中重金属和农药残留较多，威胁公众健康和农业生产率。新阶段下，大众对物质生活的需要日益提高，进而对绿色有机食品的需求大大增加。而遭受污染的土地则在发展有机农业的竞争中被淘汰出局，不止如此，环境恶化的乡村在诸如休闲旅游、健康养老等新型业态中也将失去先天条件。所以粮食生产过程的绿色环保是关系到人民身体健康和乡村产业发展的重中之重。因此，粮食基础要重视数量更要重视质量。

粮食基础的源头是种业，种子是农业现代化的基础，种业是农业的"芯片"。近年来"种业"话题不断升温源于社会各界对粮食安全源头问题的认识。联合国粮农组织研究显示，国际粮食总产增长的20%依靠播种面积的增加，80%依赖于单产水平的提高，而单产增加的60%～80%又来源于良种的科技进步，所以推进种业振兴是保障国家粮食安全的重要支撑。

因此，保障我国的粮食安全，要在粮食的数量、质量和源头即种业上同时发力。首先，要对农产品的价格作出保护，有一定财政上的补贴和支持政策，让农民不仅不会因收益太低逃离农业而是让农民种粮有利可图。农民种粮有利可图，对于农户增收来说非常重要。另外，要保护好耕地资源，严守耕地红线，并提高耕地质量。同时，优化创新环境，建立多层次知识产权保护体系，用知识产权制度保护优质种资源。加大良种联合攻关支持，对于关键的"卡脖子"问题，要充分调动资源，聚焦优势创新要素进行种业的科技提升。这些都有助于稳定种植业，尤其是粮食种植业。

要保障粮食安全首先要保护好农民种粮的积极性，要让农民种粮有收益。一方面，需要降低种粮成本。国家通过取消农业税，从根本上减轻了农民负担，每年为农民减轻负担1300多亿元。财政支农总体规模也在不断扩大，2018年达到1万亿元以上。通过实施高效节水及高标准农田建设工程，加大农田水利基础设施建设投入，不断改善生产条件，增强抵御自然灾害的能力。另外，粮食价格形成机制和农业支持保护政策及农机购置补贴政策也为降低成本创造了条件。另一方面，增加农民种粮收益。主要途径是通过发展产业和优粮优价增收益。大力发展粮食产业经济，促进农村一二三产业融合发展，让种粮农民共享加工转化增值收益。深入实施优质粮食工程，推进"产购储加销"五优联动，引导农民调整种植结构，扩大优质品种种植。

（二）加快农业产业化，促进产业融合发展

我国农业产业化的提出源于20世纪90年代，其初衷是为了解决农业内部的两个矛盾：一个是分散的生产经营方式与整体的市场之间的衔接问题，另一个是农业生产率较低、比较利益较低的问题。对于农业产业化的讨论，可以是向产业链的上下游延伸以期获得更高的收益，也可以是不同类型经营主体的结合以期获得更有效的经营。从产业业态上看，乡村的产业体系由传统农业拓展到农产品加工业、乡村旅游业、乡村新型服务业等，产业链条不断延伸。延长产业链、提升价值链、完善利益链，通过保底分红、股份合作、利润返还等多种形式，让农民合理分享全产业链增值收益。农业产业化是多维度多层次的，其基本特征表现在生产专业化、布局区域化、经营一体化、服务社会化、管理科学化。从本质上讲，农业产业化是需要让生产经营主体，包括广大的农户，与市场能更有效地衔接在一起。

农业产业化对促进产业发展意义重大，是促进农民农村共同富裕道路上高质量发展的重要路径。农业产业化可以有效促进区域农业资源的合理配置，推动具有地方特色的联合经济优势和良性经济结构的形成。农业产业化可以提高农业生产的组织化程度，有效地把农民组织起来，把小生产与大市场连接起来，把乡村与城市有机结合起来，在更大规模、更大程度上保证了农业生产的顺利发展。农业产业化可以增进农业的经济效益，增强农业的自我积累能力。农业生产延伸到二、三产业，把农产品的生产和加工业、商业贸易连成一片，形成商品生产流通大循环，有效地挖掘了农产品的价值实现能力，增加农产品附加值。农业产业化还可以加快相关领域的科技进步，催化推动传统农业向现代农业的转变。

新中国成立70多年来，随着工业化的不断推进，农业在国民经济中的占比不断下降，从20世纪50年代的50%到21世纪初期的14%，到2020年农业总产值占国内生产总值的7.7%（图5-3）。中国农业也发生了产业内的转变：一方面是由纯粹或单一的农产品生产转向农产品生产、初级加工和精深加工、品牌建设、市场销售等全产业链各个环节的共同发展；另一方面是由单一的农产品生产功能转向农耕文化传承、农业生态保护、乡村旅游体验等多功能的综合开发利用。这两大转变，从产业形态上表现为农村一二三产业融合发展。

在经过多年的发展，我国的农业产业化已经得到了快速的发展，但也面临诸多的问题。长期以来，人们习惯于用工业的视角审视农业的发展，错误地将资本进入农业的规模经营看作是农业发展的唯一途径。然而中国的国情是人多地少，不可忽视小农农业仍是农业生产的主要方式，且为农民家庭生活提供了生计保障。所以，一定要摒弃通过行政手

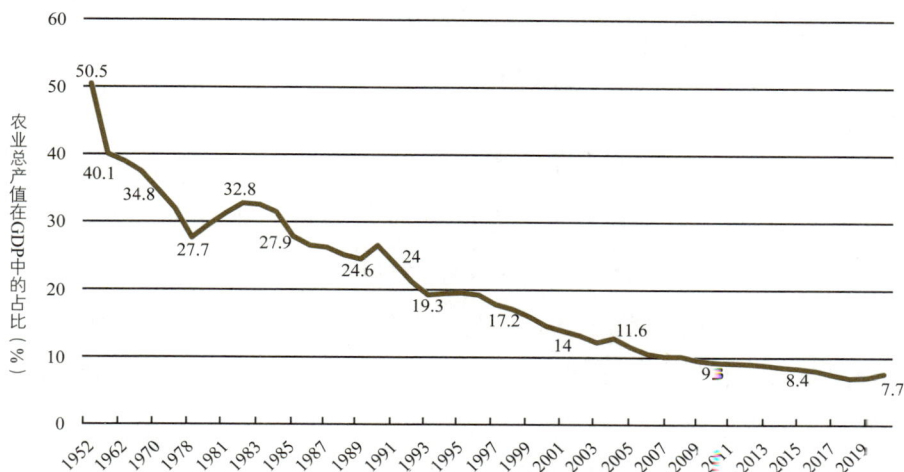

图5-3　农业总产值在GDP中的占比（1952—2019年）

数据来源：《中国统计年鉴2021》。

段和资本主导下的"去小农化"做法，谨记乡村振兴的关键在于振兴小农而非振兴资本。

因此，在推动农业产业化方面，应该在坚持以农民为主体地位上推进农村一二三产业融合发展，不断丰富农村经济业态，拓展农业的内涵外延，形成农村一二三产业融合发展的新格局。充分挖掘生态、文化、休闲等功能，发展休闲农业、乡村旅游、健康养老等新业态。关键地，要让小农户实质性地参与到现代农业产业链的各个环节，改变简单的组织联结、利益捆绑、务工就业做法，提升小农户在现代农业产业链中的地位、能力和作用，让农民享有产业链中绝大部分附加收益。另外，充分发挥市场在生产要素配置中的决定性作用，引导城市生产要素合理、有序流向农村。另外，要促进农村产权制度改革，推进生产要素产权交易流转有序顺畅进行，促进农村生产要素优化配置。

（三）推进农业产业升级，坚持小农户的主体地位

讨论中国农业问题就无法忽视中国的"大国小农"特色，目前农产

品的主要生产者还是小农户，这是中国农业生产经营体系的一个重要特点。尽管家庭农场、合作社等组织在我国都有一定发展，但小农户仍然占据总体生产主体数量的90%，占有全国总耕地面积的70%。根据第三次全国农业普查资料，我们可以看到，2016年登记的全国农户为2.3亿户（230270510户），其中普通农户为2.26亿户，规模农业经营户仅为398万户。普通农户占比为98.27%，规模农业经营户占比不足2%。中国的小农户也是收入低的一个群体。2018年乡村人口5.64亿，占总人口的40.4%，乡村就业人员3.42亿，其中第一产业（农业）就业人口2.03亿，占乡村就业人员中的59.3%。

李克强总理说，中国还有6亿人人均月收入超不过1000元。当然从构成情况看，这6亿人不仅包括在就业、有收入的人口，也包括无就业、无收入的人口，如老人、儿童、学生等被赡养人口。但不论怎样，小农户的收入都处于收入低端。促进农民农村共同富裕的核心在于小农户，广大小农户在保障国家粮食安全、维护农村社会稳定、推动国家现代化建设等方面扮演重要角色。党的十九大报告提出"促进小农户生产和现代农业发展有机衔接"，首先要坚持小农户的主体地位。小农户并非不能组织，尽管前期组织成本和平时管理的沟通成本可能会大一些。日本通过合作社就让农户实现了相对标准化的生产，产品品质相对一致。欧洲国家也有这样的生产合作社。另外，新技术条件（移动互联网的社交平台、大数据）让小农户的组织成本、管理成本大大降低。小农户对生产要素的驾驭能力也是较强的。正如诺贝尔经济学奖获得者舒尔茨所言，他们"首先是一个企业家，一个商人，总是在竭力寻求哪怕能赚到一个便士的途径"。他们不是没有理性计算能力，相反，他们能把他们手里的资源运用到极致。好的机制设计能让小农户和国家实现同步富裕。

（四）实现技术与产业的良性互动

农业是国家的立国之本，由于农产品的质量问题和农业生产引发的环境污染等问题，农业的现代化之路发展至今亟须升级。而在如何升级的讨论中，"互联网+"作为重要的工具时常被提及。人们一度认为，只要互联网进入农业领域，农业便会很快改变形态，完成"羽化成蝶"的蜕变。在这样的表达体系中，我们会习惯性地犯两方面的错误：第一，将农业生产简单化，甚至等同于工业；第二，忽略了谁是中国农业产业升级的真正主体，即谁最有积极性和内在激励，谁应该受益。不可否认互联网对农业的转型升级至关重要，但从模式设计的思路上，更应该推广的是"农业+互联网"的认知理念，而非"互联网+农业"。

"互联网+农业"模式的局限性在于虽然改变了流通模式，但对产业升级改造的带动不够。另外，"互联网+农业"模式只是让电商"增收"，生产者却收益甚微。中国的农业产业升级应首先立足于农业自身，然后借助互联网进一步优化出自己的特色。绝不能撇开农业自身的特点将农产品生硬地嫁接到互联网平台上，一旦如此，农业产业升级将难以完成。互联网风潮过后，留给农业、农村、农民的，将是一地鸡毛。

强调"农业+互联网"模式的意义就在于在"互联网+农业"的高光时刻、在人人都在谈论直播带货的兴奋时刻，提醒大家注意农业自身的价值和农民，尤其是小农户对于现代农业发展、对于中国农业产业升级的意义。应该认识到生产者的内在激励与其可能获得的利润有关。改革开放初期，通过家庭联产承包责任制的制度设计，农民的积极性一下子被调动起来了，主要是由于这种制度变迁规定："交够国家的、留足集体的，剩余都是自己的。"小农户有了剩余索取权，加之自己的生产经营自主决策权，使其拥有了足够强的内在激励来组织生产。正是有了内在的激励，他们披星戴月、早出晚归，别人锄一遍地，他们锄两遍，地里边的草比生产队时期要干净多了。

"农业+互联网"模式要利用互联网平台做到去中间化，但去中间化的利润会回流到小农户手里，而不是新时代的新"中间商"，即电商。这种机制并非无法做到。小农户一旦获得了大部分利润，农业产值就可以增加，其积极性也随之增加。由于平台能够起到沟通交流、增强信任等一系列作用，以前消费者和生产者之间的信息不对称、信用体系不完备的状况就会改变。一旦消费者和生产者"面对面"，就可以走出之前的"纳什均衡"陷阱，加之农业生产端对改变质量方面技术的引进和采用，以及现代生产要素对小农户的支持，最终会让质优价廉的农产品出现，以此完成农业产业升级。

中国的传统农业是生态农业。在绿色革命和市场化、工业化的大潮下，农业的工业化成为一种趋势，农民也卷进了这样一张大网。农业工厂让农民失去了自主性，失去了传统，乡村在此过程中也慢慢凋敝，或者说处于分裂之中。农民失去了土地，失去了与自然对话的根。现在借助于互联网平台，生态农业可以回归了，小规模有特色的小农户家庭生产经营方式可以回归了。这种回归不是复制传统，而是新生。小农户在互联网平台上可以实现与现代农业发展相衔接。这种现代农业不能狭隘地理解为农业产业化和规模化，不能简单地理解为单一的农业技术运用，不能简单地理解为"一村一品"，而是农业生产方式的多样性和农产品的多功能性。从政策上，还是要增加农业补贴、收入补偿制度等，并且要提高农业补贴政策的指向性和精准性，农业不能等同于工业。放眼国际农业领域，对农业的保护以及对生产者的支持是普遍存在的。

（五）构建现代农业体系，充分运用平台赋能

构建现代农业体系，包括构建其现代农业产业体系、生产体系、经营体系。产业体系是农业的生产、加工、销售、服务等多方面相互作用、相互支撑的构架。生产体系则是在生产端借助先进的生产理念和生产技术以达到提高农业生产率的作用。经营体系是经营主体、组织方式、服务模式的有机组合，为了能高效的衔接经营能力与市场需求，用

现代生产要素和经营模式建立适合的生产方式、生产范围、生产内容。现代农业三大体系构成一个整体，便是现代农业体系。体系的构建是一个复杂、渐进的过程，评价一个体系的标准应该是能够真正激发生产者的主观能动性。所以，在构建现代农业体系的过程中，最核心的原则是激励生产者，政策上对于生产者的松绑、扶持、让利是不可缺少的，更要充分运用新的生产要素和模式来赋能体系的构建和产业升级。

互联网平台是当下农业产业转型升级的重要抓手，通过平台赋能引领要素聚集和产业升级，升级的主要方法是通过平台改造现有的流通模式以及生产经营模式，从而让农业生产经营主体（包括广大的小农户）可以获得更加稳定可靠的利润，让消费者能够获得价廉质优的农产品，从而使中国农业发展走进新时代。从赋能的角度上讲可以从三个方面进行分析：

1. 赋"标准化"之能

"标准化"是农业发展的重要路径之一。小农户曾经一度被认为很难从事"标准化"和"规模化"生产。实际上，小农户完全可以与现代农业相结合。当然，小农户独自实现标准化生产是不可能的，也是不符合农业生产发展客观规律的，从管理学上看也是不可行的，全国有2亿多的小农户，没有谁可以建立起直接掌握小农户标准化生产的能力。但可以通过合作社的方式来实现一定规模下的标准化生产组织。让小农户只负责农产品生产，由合作社统一承接生产计划，组织合作社内部的日常生产管理就好了。但合作社还不可能直接对接市场，因此在合作社上层应该还需要一个负责整体运营的平台，来协调统一的标准化农产品生产与运营，如解决合作社生产的销售渠道问题、资金结算问题等服务。这个事情平台就可以完成。

2. 赋"金融"之能

平台可以给小农户赋很多"能"，比如，信息的传递，从而让小农户可以方便地知道市场信息以及生产技术等方面的信息；社会化的技术服务；与物流企业的对接；更好地与种植协会、专业合作社沟通等。其中，最为重要的就是金融之能。目前农业生产经营主体缺乏资金的现象比比皆是，而且与金融对接的体制机制也不畅通。商业银行不愿意下沉到农村，小农户资产有限，不动产抵押贷款难以实施，与此同时，信用贷款由于征信体系的不完善也不易实施。事实上，由于个体需求分散且成本高、信息不对称、征信不足以及担保抵押不足等因素，让小农户很难从传统金融机构获得金融服务。因此，与中小企业相比，农业生产经营主体，包括小农户的"融资难、融资贵"问题更加突出，从而也制约了我国农业向现代农业转型的发展进程。

3. 赋"综合服务"能和"生态圈"能

农业产业升级是必须的、重要的，但要有一个机制。根据机制设计理论，好的机制必须是激励相容的。哈维茨在机制设计理论中说明了"激励相容"的含义，即我们可以创造一种制度安排，让行为人在追求自身利益的同时能实现集体价值的最大化。在市场经济中，每个理性经济人都会是自利的，我们不能指望用道德来约束他。现代经济学理论与实践表明，贯彻"激励相容"原则，能够有效解决个人利益与集体利益之间的冲突，能够让个人与集体的目标函数实现一致化。农业产业升级中的相关主体也必须在一个激励相容的框架下，包括小农户。小农户在成为生产经营主体的同时，必须同时成为获益主体，否则，就不叫激励相容机制。通过平台赋"综合服务"之能，让小农户配置资源的能力大大加强。小农户可以通过市场获得更高的利润，与此同时，平台企业也可以发展。而且，在未来的竞争中，不仅仅是农业，其他产业也是如此，竞争已经不是单个企业的竞争，而是以平台为核心的产业"生态圈"的竞争。平台通过赋"生态圈"之能，可以让中国的农业产业更具有国际竞争力。

二、盘活农村资产，激活生产要素

生产主体的发展离不开经济要素的支持，包括资本、技术以及各种资源等。农业农村现代化的大发展必定会引致对资本、技术等诸多要素的需求。一方面，需要有效梳理农村的现有资源和资产，建立资源资产与小农户的利益联结机制；另一方面，需要吸引外部资金和技术的进入，让外部资源与内部资源形成合力，共同"赋能"和"助推"生产者，包括广大的小农户，使之成为新时代新征程路上的致富者，从而可以推动农村的产业发展和经济的可持续增长，夯实农村共同富裕的基础。

（一）盘活农村资源资产，促进共同富裕

习近平总书记强调，促进农民农村共同富裕"要全面推进乡村振兴，加快农业产业化，盘活农村资产，增加农民财产性收入，使更多农村居民勤劳致富"[1]。根据《中共中央　国务院关于稳步推进农村集体产权制度改革的意见》，农村集体资产分为三大类：资源型资产、经营性资产和非经营性资产。资源型资产包括农民集体所有的土地、森林、山岭、草原、荒地、滩涂等；经营性资产则是用于经营的房屋、建筑物、机器设备、工具器具、农业基础设施、集体投资兴办的企业及其所持有的其他经济组织的资产份额、无形资产等；非经营性资产主要是用于公共服务的教育、科技、文化、卫生、体育等非经营性的资产。我国农业农村部公布的统计数据显示，截至2019年底，全国农村集体所有土地总面积65.5亿亩，其中未承包到户的耕地、园地、林地、草地等土地资源共有15.5亿亩。我国农村集体经济组织账面资产价值6.5万亿元。其中，经营性资产3.1万亿元，占账面资产总额的47.7%；非经营性资产3.4万亿元，占52.3%。在全部固定资产中，用于教育、科技、文化、卫生等公共

---

[1]　习近平：《扎实推动共同富裕》，《求是》2021年第20期。

服务的非经营性资产占2/3，而预期可带来收入的经营性固定资产刚刚超过1万亿元。2019年的清产核资后，集体资产总额增加0.8万亿元，增幅达到14.2%。这些资产和资源对于农业农村的经济发展、提高农民收入起到了一定的作用。但相较其潜力来说，有很多资源和资产的能量还没有被挖掘出来。很多资产资源尚未唤醒或完全唤醒，亟须进行深度挖掘，形成包括自然资源、非物质文化遗产等在内的最广泛的生产资源要素体系。这样才可以进一步激活生产者的活力，增加农民的收入。

盘活农村资源资产，促进共同富裕，首先，需要全面盘点包括扶贫资金在内的全部乡村资源，并建立体系化的制度规范。比如，建立资产核算制度。尽快完成扶贫资产核算，摸清家底，明晰产权归属；完善资产收益分配制度，实现扶贫资产的倾斜性收益向乡村资产的普遍性收益转变，同时对新困难群体实施兜底保障，等等。其次，深度挖掘开发乡村一切可转化资源，以服务多元需求为导向，着力推进多功能农业的发展。多功能农业发展模式至少有农业物质产品生产模式、田园城市模式、农业观光休闲模式、农业民俗文化传承模式。农业的多功能性既决定了农业是一个特殊的、需要保护和发展的产业，又预示着农业与其他产业有所不同——农业除了确保粮食和其他农产品的供给之外，还有生态环境保护、农业文化传承的作用。中国的历史首先是一部农耕文明发展史，它通过精神价值和生活方式在持续彰显和延续。

（二）深化农村制度改革

盘活农村资源资产，促进农民农村共同富裕，改革同样是关键一招。比如农村的"三变"改革。农村"三变"改革即资源变资产、资金变股金、农民变股东。资源变资产是指将合法的集体土地、林地、林木、水域、湿地和闲置的房屋、设备等资源的使用权，通过一定的形式入股到新型经营主体，取得股份权利；资金变股金是指将各级各部门投入到农村的发展生产和扶持类财政资金（财政直补、社会保障、优待抚恤、救济救灾、应急类等资金除外），按照各自使用管理规定和贫困县统筹整合使用财政支农资金、资产收益扶贫等国家政策要求，量化为村集体或小农户持有的股金，集中投入到各类经营主体，享受股份权利，按股比获得收益；农民变股东是指农民自愿以土地（林地）承包经营权、林木所有权、集体资产股权、住房财产权（包括宅基使用权），以及自有生产经营设施、大中型农机具、资金、技术、技艺、劳动力、无形资产等各种生产要素，通过协商或评估折价后，投资入股经营主体，享有股份权利。

而要完成农村的"三变"改革，需要持续深化农村土地改革和农村集体产权制度改革。农村土地制度改革是农村改革的重要内容，同时也是推进乡村振兴战略的关键举措。2015年至2018年，国家开展了以集体经营性建设用地入市、农村土地征收和宅基地制度改革试点为主要内容的农村土地制度改革"三项试点"，试点地区围绕盘活闲置土地资源资产、促进乡村产业发展开展了大量有益探索，为乡村产业振兴增添了动力。2019年新修订实施的《中华人民共和国土地管理法》为集体经营性建设用地入市扫清了障碍，并且为进城落户农民自愿有偿退出宅基地提供了法律依据。在此基础上，农村可围绕产业发展用地需求，多渠道盘活乡村低效闲置土地资源，拓宽乡村产业用地供给渠道。

农村集体产权制度改革主要是将集体资产以可估值形式量化到集体成员，作为其获得集体收益分配的依据，多采用股份制或份额形式。产权清晰是农村产权制度改革的基础性工作，通过土地承包权确权登记、全面摸清农村集体资源资产、健全管理制度等举措，实现农村集体资源资产管理有序、产权明晰。深化农村产权制度改革，发展壮大村集体经济，离不开农村的土地、资产、劳动、资本等要素的集中、盘活与提升。对荒山、荒沟、荒丘、荒滩等"四荒地"进行全面摸底，明确"三权"底数，对承包权属有依据的统一收归集体所有。盘活经营权方面，可以依托交易平台，开展农村土地经营权流转，盘活农村集体资产。

（三）激活核心要素

促进农民农村共同富裕的进程中必须激活生产要素，一是土地要素，二是资本要素，三是劳动力要素，其中劳动力要素的激活是最为核心的。土地要素和资本要素的激活通过前文的农村土地制度改革和农村集体产权制度改革可以起到很大的推动作用。劳动力要素激活的关键是理顺体制机制，为参与者赋能，尤其是为广大的小农户赋能，让他们作为生产者能够发挥其主体作用。当然，不排斥吸引外来人才。工业化、现代化的历程其实正是乡村逐渐萎缩的过程。其中，人口以就业、教育、养老等原因渐次从乡村流向城市，造成了如今农村凋敝和空元化的现实。而乡村振兴如若不想成为一个现代社会田园牧歌的梦，就需要从切实留住人口、吸引人才着力，让乡村在未来的振兴有所依凭。实施乡村振兴战略，虽然让人联想到之前的"乡村建设""新农村建设"等举措，但绝不是中国现代化进程一百多年来数次乡村重建运动的再现。因为信息技术的发展，生产方式在今天已经发生剧变。从新的生产要素和生产方式来看农业、农村、农民问题，其解决方式出现了巨大的契机，也就是说，中国的农业农村发展其实有了新的"赛道"。而这种契机和"赛道"对于不具备区位优势的大多数农村、不具备突出专业技能的大多数农民、不具备鲜明发展特色的大部分农业而言，都不啻为强大的助推器。甚至可以说，整个全球现代化两百多年来，工业化对农业的挤出、城市对乡村的抽水机效应，有望因此而得到抑制乃至扭转。

三、增加农民收入，优化收入结构

增加农民收入是乡村振兴的目标。促进农民农村共同富裕，归根结底还是要落实到提高农民收入的问题上，共同富裕的衡量标准也需定位到人民群众的腰包上。改革开放以来，在国家经济快速发展和党中央对农民增收问题高度重视的背景下，农村居民人均可支配收入在持续增长。2020年农村居民人均可支配收入达到17131元，约是2010年2.73倍，实现了比2010年收入翻一番的目标。但是，收入在持续增长的同时，不平衡、不充分发展的问题突出，城乡居民收入差距过大的问题仍未根本扭转（图5-4）。另外，当前农民的收入结构是极其不平衡的，财产性收入明显偏低。根据国家统计局2020年全国居民人均收入结构分析，城镇居民的财产性收入是可支配收入的11%，但农村居民财产性收入占比仅为2%，亟须提高（表5-1）。因此，在追求共同富裕的道路上，需拓展农民的收入渠道，同时优化农民的收入结构，增加财产性收入。另外，农业是国家的根本也是农民收入的重要来源，要保证农民在农业上的收入，加大对农业的扶持和补贴力度。

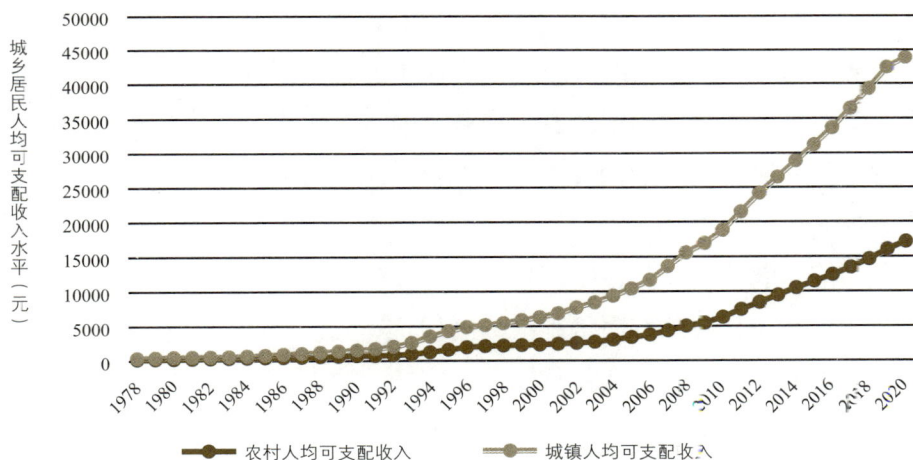

图5-4　中国城乡人均可支配收入的比较（1978—2020年）

数据来源：《中国农村统计年鉴2021》。

表5-1　农村居民人均收入结构的变化（2014—2020年）　　　　　　单位：元

指标	2014	2015	2016	2017	2018	2019	2020
农村居民人均可支配收入	10488.9	11421.7	12363.4	13432.4	14617.0	16020.2	17131.5
1. 工资性收入	4152.2	4600.3	5021.8	5498.4	5996.1	6583.5	6973.9
2. 家庭经营净收入	4237.4	4503.6	4741.3	5027.8	5358.4	5762.2	6077.4
3. 财产净收入	222.1	251.5	272.1	303.0	342.1	377.3	418.8
4. 转移净收入	1877.2	2066.3	2328.2	2603.2	2920.5	3297.8	3661.3

数据来源：《中国统计年鉴2021》。

（一）稳定农民家庭经营性收入，开拓增收的新场景

从收入的来源角度考察，农民的收入可以分为工资性、家庭经营性、财产性、转移性四个方面的收入。工资性收入主要是劳务收入，家庭经营性收入主要包括农业生产如种粮、饲养畜禽等的收入，财产性收入主要是对外投资和财产租赁等取得的收入，转移性收入与国家的支农政策等有关。从全国的情况看，在各种收入来源中，工资性收入和家庭经营性收入所占比例最大。其中，农业生产获得的经营性收入是农民的重要收入来源。

当前，农民的经营性收入持续增加面临多方面的挑战。一方面，由于农业天然地会被外部因素制约，例如自然气候的好坏对农业产出和农民收入影响巨大，又比如在新冠肺炎疫情的冲击下也会对农民增收的稳定性带来阻力，这些都会成为进一步加大城乡收入差距的原因。另一方面，农业生产过程与市场需求的信息不对等，会出现跟风种植的现象，也容易使产出的农产品难以达到预期价格。同时，近年来农业生产成本的升高导致农业的比较效益下降。在农业生产经营各类成本中，人工成本与土地成本是构成农产品生产成本攀升的主要因素。2019年，我国三种粮食的亩均产值999.1元，比2015年下降了10%，总成本上升了2%，亩

均净收益除水稻微利外，小麦、玉米、大豆等均由正转负。若无法获取稳定的农业收益，农民的种粮积极性便会下降甚至出现抛荒现象。为促进农民的增收，也为了保障国家的粮食基础牢固，一定要保证农民在农业上的收入，这需要多方面加大对农业的扶持。

首先，要加大财政上的补贴力度，建立健全农产品价格支持保护体系。在农民种粮收益下降、内外部环境复杂多变的情况下，应该增加财政投入力度给予农民在农业上更多的补贴，增加农民种粮的积极性。完善稻谷最低收购价政策和玉米、大豆生产者补贴政策，扩大三大粮食作物完全成本保险和收入保险试点范围，充分调动农民生产积极性，保障农民自身利益不受损害。加强金融、保险对农业的支持。实施定向降准政策，加大再贷款、再贴现支持力度，降低"三农"贷款银行存款准备金率，将贷款尽职负责制度落实到位，提高涉农信贷投放积极性。另外，要优化农产品品种结构，大力发展优质、无公害农产品，全面提高农产品质量。破解普通品质粮食生产过剩而优质品质粮食却供应不足的矛盾。践行"创新、协调、绿色、开放、共享"的新发展理念，推动农业生产"绿色质优"，如此一来，农产品才会有更高的附加值，农民才能获得更多的收益。

除此之外，随着农业分工的深入和农业产业链的拓展，农民可以更多地进入到产业链的第二、第三产业环节。加强农业产业链的纵向拓展，补齐农产品加工短板，加强农产品深加工，实现食品和农副产品精深加工快速增长，让农民获得更多产业链延长增值收益。与此同时，加快乡村旅游、农村电商、农村物流等新业态融合发展。通过电商平台直播等方式，建立线上销售的长效机制，持续拓展农民经营净收入空间。

（二）稳定工资性收入，多方拓展增收渠道

回到农民收入的结构来看，除去传统的农业经营性收入外，大量农民拥有以另外一个身份，即全职或在农闲的时候进城务工的农民工身份来获取工资性收入。而且，目前劳动工资收入是农村居民收入占比最大的类型。因此，提高农民的收入，需要稳定住工资性收入，并且在此基础上多方拓展增收渠道。

农民就业分为两类，一种是外出就业，有的是在本县，有的是在本市，有的是在本省，有的则是跨省市就业；另外一种是本地就业，主要指的是在本乡镇和本村的就业。对于每一个村镇来说，由于产业的发达程度以及产业类型等原因，其吸纳农民就业的能力是不同的。当前，对于富余劳动力充足，当地无法完全吸收的地方，转移就业仍然是提高工资性收入的主要方式。所以，劳动部门要充分发挥职能作用，引导农民外出转移就业，提高当地农民整体工资性收入。

为了能够更好地适应就业环境和就业需求，在引导农民外出就业时，需要加强培训，提高劳动者的个体素质以及他们的就业能力，在劳动质量上增加个体的劳动收入。在技能培训中，一是发挥政府主动就业培训职能；二是鼓励经营性企业的发展，例如当地的传统手工技能培训、专业技术培训等；三是促进企业的岗前培训。提高劳动者素质，对于增加农民工资性收入是明显的，比如普通的工人[1]，每天的工资不超过200元，而一个泥瓦匠的收入一般都在300元以上。

尽管这些年来党和政府不断对就业企业提出要求，不能拖欠农民工的工资等，拖欠农民工工资的事情越来越少，但外出农民工仍需要面对城市生活保障性不强等问题，在这种情况下，需要政府在制度上进行进一步的创新。比如，随着户籍改革的深化，取消对农民工进城就业的各种不合理限制，构建一个与城市居民平等就业的制度环境并让农民工获得与城市居民平等的身份和医疗、养老保险等相关社会

---

[1] 普通的工人一般也被称为小工、壮工，主要从事的是技术含量较低、主要依靠力气的工作，与之相对的是大工，指的是从事具有一定技术含量工作的人，比如，泥瓦匠、抹灰工、电工、管道工等。因为需要一定的技术，因此，工资也会高一些。

福利权益。我们的目标应该是，在发展职业教育、维护农民工权益，确保同工同酬，将医疗保险纳入城镇体系等方面加大力度，确保农民工有序落户，享受公共服务，让农民工融入城镇，共享改革发展的红利。

与此同时，鼓励农民在当地进行自主创新。根据当地条件，鼓励农民因地制宜发展自己的企业，增强自主就业能力，有旅游资源的，鼓励发展乡村旅游、农家乐；有水能、风能的，鼓励发展小规模水力、风力发电；还有电商、光伏产业等也可以适时适量推动。对于回乡创业或自主创业的人员，给予政策和信贷支持。如此一来，农民就业范围和就业渠道不断扩大，工资性收入确保能够稳定增加。

（三）提高农民财产性收入

改革开放后，随着工业化、城镇化进程的推进，农村居民收入的结构也发生了巨大变化。比如，从较为单一的农业收入来源变成了多元化的收入来源，工资性收入的占比超越经营性收入成为第一大收入占比等。但农民收入结构中也有一个很明显的不变，就是农民收入中的财产性收入始终处于一个极低的水平，从2013年到2020年，仅仅是从2.1%提高到2.4%。

农民财产性收入增长受限的症结主要在于农村土地产权制度不健全。当前，对农户承包地、房屋等资产和资源的利用大多仍然停留在种植、居住等功能，出租、抵押等功能并没有充分实现。这并非由于农民没有意愿，事实上，许多农民的土地情结正在发生改变，明确希望有偿流转承包地。因此，深化农村土地产权制度改革，特别是推进农村土地所有权、承包权、经营权三权分置改革，充分发挥市场在资源配置中的决定性作用，是增加农民财产性收入的基本方向；而进一步创新土地流转制度，则是释放农民财产性收入增长红利的有效途径。

中国改革开放四十多年，农村方面的改革一直是沿着深化农村土地制度改革的主线来进行的。土地财产权与法律联系紧密。随着2007年《中华人民共和国物权法》的颁布，农村土地承包经营权被明确为用益物权以后，如何建立健全相关的登记制度，强化对农户承包经营权益的保护，一直成为中央关注的问题，成为全社会关注的问题。2008年以后的中央一号文件都一直强调要求建立健全相关的登记制度，开展相关的试点工作。特别是习近平总书记在2013年中央农村工作会议上明确提出，建立土地承包经营权登记制度是实现农村土地承包关系稳定的保障，要把这项工作抓紧抓实，真正让农民吃上"定心丸"。随后中共中央办公厅、国务院办公厅又下发《关于引导农村土地经营权有序流转发展农业适度规模经营的意见》，明确提出要把稳定承包关系、推进确权登记颁证作为引导农村土地经营权流转、发展农业适度规模经营的重要基础，摆在首要位置。改革农村集体产权制度，加快推进农村土地确权颁证工作，对进一步提高土地效益和增加农民的财产性收入具有重要的意义。

进一步增加土地流转收益，必须加快放活土地经营权。产权交易市场是促使土地流转起来、将土地相对集中的最好平台。依托产权交易市场建立统一的农村土地产权交易平台是改变农业生产方式的需要，也是农村土地流转统一规范管理的需要。加快建立统一的产权交易平台，可以保证土地交易形态的顺利升级，有效地降低土地流转成本，提高土地利用效率，实现土地资源的优化配置，增加农民财产性收入。

另外，为了促进农民财产性收入向产业链高端转移，做实农民的土地权益，还要赋予农民土地物权性质的产权，从法律角度上顺利完成农民土地承包权的确权、确股工作，同时赋予农民对承包地承包经营权抵押、担保权能。放活土地经营权，农民以后可以在不转移土地占有、不改变土地用途的情况下，将土地经营权抵押融资，提高投资型财产性收入。主要可以采取三种具体形式：一是将集体土地与村集体经营性资产一起折股量化，明确每个社员的股份，经营收益按股分红，提高农民土地财产性收入。二是将农户土地承包经营权股份化，组建新的股份合作公司，对入股土地实行统一规划、开发和经营，从当前的国家政策和体制看，农村土地要直接进入市场是有困难的，也是不现实的，因此，从各地已经施行的情况看，比较可操作且能获得成效的方法是采取土地股份合作制，以土地产权的流转提升土地承包经营权抵押贷款、提高农民财产性收入的权能。三是农户以土地承包经营权折价参股，可以考虑组建股份有限公司，村民既可以承包园区内的农业项目，又可以为公司打工，股民可以优先在园区就业。实行土地股份合作制有利于提高农业劳动生产率，实现集约化和规模化经营，有利于维护农民合法的土地财产权益。

（四）增加农民转移性收入，完善再分配调节机制

我国居民收入分配的不平等不仅表现在居民的初次收入分配上，在再分配上的不平等程度其实也是不能忽视的。增加农民转移性收入，是完善再分配调节机制的重要内容。而且要重点关注两类群体，一类是小农户，要健全农业支持保护制度，稳定和加强农民种粮补贴，按时足额把惠农资金发放到农民手中。另一类是低收入农户，建立健全常态化帮扶机制，织密社会保障安全网，守住不发生规模性返贫底线。应充分发挥社会保障调节收入分配格局的作用，建立健全社会保障待遇正常增长机制，继续实行对城乡低收入群体尤其是贫困群体的直接补贴政策，扭转收入差距扩大趋势，让全体居民共同奔小康、共享经济社会发展成果。实际上，对于农民收入来说，无论是发达国家，还是发展中国家，以补贴为代表的转移性收入都是其收入结构中的重要部分。政策性补贴应该成为农民收入最具保障的增长元素，转移性收入的快速增长应该成为农民增收的新亮点，从而农民群众的获得感可以进一步增强。

建设美丽宜居乡村

促进农民农村共同富裕，不仅仅要有经济上的增收，还要有生活上的改善，为农村居民建设一个美丽宜居的乡村环境。这就需要两个方面的基础，硬件上要加强农村基础设施的建设，软件上要建立健全公共服务体系，全面提升农村居民的生活品质，提升农村居民的便利性、满意度、获得感。

一、美丽宜居乡村的硬件基础——农村基础设施

（一）从传统基础设施建设向新型基础设施建设转变

从水、电、路、网等传统基础设施建设的发展上来看，我国农村整体基础设施的状况在持续提升。从电力基础设施上来看，装机容量从2000年的2748.8万千瓦增加到2020年的8133.8万千瓦，发电量20年间从2421.3亿千瓦时到9717.2亿千瓦时（表5-2）。水利设施上，水库从2000年的83260座发展到2019年的98112座，20年中增加了14852座，水库容量增长了3799亿立方米，农田有效灌溉率也得到了持续的提升（见表5-3）。

表5-2　2000—2020年我国农村发电用电状况

年份	2000	2010	2015	2018	2019	2020
年末发电设备容量（万千瓦）	2748.8	5924	7583	8043.5	8144.2	8133.8
农村用电量（亿千瓦时）	2421.3	6632.3	9026.9	9358.5	9482.9	9717.2

数据来源：中国统计年鉴2000—2020年统计公报。

表5-3　2000—2019年我国农村水利设施建设状况

年份	2000	2010	2015	2018	2019
水库（座）	83260	87873	97988	98822	98112
水库容量（亿立方米）	5184	7162	8581	8953	8983

（续表）

年份	2000	2010	2015	2018	2019
有效灌溉面积（千公顷）	53820	60348	65873	68272	68679
耕地面积（千公顷）	156300	158579	166829	165902	165931
有效灌溉率	0.344	0.381	0.395	0.412	0.414

数据来源：中国统计年鉴2000—2009年统计公报。

从农村公路总里程上来看，从2015年的398.06万公里到2020年的438万公里，取得了明显的成效（表5-4）。网络覆盖方面，到2020年底我国数字乡村建设取得初步进展，行政村4G网络覆盖率超过98%，农村互联网普及率明显提升。与2010年相比，2019年，我国农村宽带接入用户增长约4.4倍，农村宽带接入户数占全国的比例从19.6%提升至30%。

表5-4　2015—2020年我国农村公路里程

年份	2015	2016	2017	2018	2019	2020
农村公路里程（万公里）	398.06	395.98	400.93	403.97	420.05	438

数据来源：中国统计年鉴2015—2020年统计公报。

基础设施的不断完善提升了农民生产生活的效率和便利程度，同时对于农村物流体系的构建有极大的推动作用，而构建农村高效物流体系的意义在于推动城乡要素和产品的双向流动、活跃农村消费市场，使农村更好地融入新发展格局。

当然，农村基础设施仍有很大的升级空间，新时期新技术的背景下，农村基础设施在夯实传统基建的基础上还需要在新型基础设施上加大发展力度。新型基础设施一般被认为包括5G网络、特高压、城际高速铁路和城市轨道交通、新能源汽车充电桩、大数据中心、人工智能、工业互联网、物联网等领域。就农村发展而言，5G网络的全面覆盖和现代物流体系的构建是最为切实的。一方面，乡村振兴的战略方向之一为建设网络化、信息化的数字乡村，支持农村信息基础设施建设，推进农村5G网络等公共基础设施建设。通过农村"新基建"，可以为农业农村数据的采集、利用和开发构建基础，促进农业现代化管理，改善农民生活环境。另一方面，乡村振兴战略的实现路径之一是产业兴旺，积极构建农村现代化物流体系。通过农村"新基建"，破解"最后一公里"难题，建成覆盖农村的现代交通路网，打造现代化物流园区和物流平台，打通农村与市场的对接渠道，进一步带动地区产业联动发展。

（二）兼顾建设与运维

农村基础设施是农业生产、农民生活的根本保证，是促进农村发展的基础。提升农村基础设施的运行维护水平，健全农村基础设施运行维护机制是提供高质量的农村公共服务必不可少的关键一环。

农村基础设施具有公共物品特征，针对农村基础设施外部性和排他性的差异，明确责任主体，区分管护形式，提高管护效果。首先，纯公共物品，如农村公路等，在消费过程中具有非竞争性和非排他性，由政府或村集体作为管护责任主体，提供后续管护资金，直接承担或外包管护任务。按照"县道县管、乡道乡管"的原则，推行农村公路路长制，以县政府负责人为总路长，下设立乡、村道路长。其次，准公共物品中，灌溉水渠等俱乐部物品，具有非竞争性和对外排他性，其受益人相对固定，可以在政府给予一定补贴的条件下，调动村集体或农户积极性，自行管理；而水库、水塘、泵站等公共资源物品，其所有权由全体村民共同享有，需具备管护技术，一部分可以由接受过正规培训的农户日常维护，另一部分如因管护技术要求较高，可由当地政府提供资金，使用者缴纳一定费用，安排专业机构定期维护管理。

（三）进一步提升农村人居环境

20世纪90年代，吴良镛先生率先将人居环境理论引入中国，提倡建立人居环境科学。在改革开放后的城镇化快速推进进程中，农村人居环境相较于城市发展较慢，投资力度也较小，一般而言，农村人居环境存在如厕难、环境差等现实问题。农村人居环境涉及农村居民生活、居住和基本生产活动相关的生存环境，改善农村人居环境，事关广大农民根本福祉，事关农民群众健康。

2018年初，国家出台《农村人居环境整治三年行动方案》；2021年底，出台《农村人居环境整治提升五年行动方案（2021—2025年）》，其中明确提出"到2025年，农村人居环境显著改善，生态宜居美丽乡村建设取得新进步"。在具体实施内容上，对推进农村厕所革命、农村生活污水治理，提升农村生活垃圾治理水平，推动村容村貌整体提升方面作出要求，并强调建立健全长效管护机制、发挥农民主体作用。从数据上看，卫生厕所的普及率从2000年的44.8%增长到2017年的81.7%，我国农村在人居环境上有了极大的提升（见表5-5）。

表5-5　农村环境的变化（2000—2020年）

指标	2000	2010	2015	2016	2017	2018	2019	2020
累计使用卫生厕所户数（万户）	9572	17138	20684	21460	21701	—	—	—
卫生厕所普及率(%)	44.8	67.4	78.4	80.3	81.7			
累计使用卫生公厕户数（万户）	—	2827.7	3879.5	3502.6	2997.7	—	—	—
农村沼气池产气量（亿立方米）	25.9	139.7	153.9	144.9	123.8	112.2	—	—
太阳能热水器（万平方米）	1107.8	5498.3	8232.6	8623.7	8723.5	8805.4	8476.7	8420.7
太阳灶（万台）	33.2	161.7	232.6	227.9	222.3	213.6	183.6	170.6

数据来源：《中国统计年鉴2021》。

农村人居环境整治工作是一个复杂、长期的系统工程，不仅涉及政府、村委会、企业和村民等多个主体，还包含着基础设施的完善、农村生活污水处理、农村旱厕改造、自来水、暖气集中供应、天然气管道建设等多个方面。因此，在农村人居环境整治工作中不能操之过急，也不能"一刀切"，必须根据不同地区的实际情况，采取相应的整治措施。要持续开展农村人居环境整治提升行动，分类有序推进农村厕所革命，统筹农村改厕和污水、黑臭水体治理，因地制宜建设污水处理设施，健全农村生活垃圾收运处置体系，推进农村生活垃圾就地分类和资源化利用。

二、美丽宜居乡村的软件基础——公共服务体系

依据《中华人民共和国国民经济和社会发展第十四个五年规划和2035年远景目标纲要》，公共服务主要涵盖幼有所育、学有所教、劳有所得、病有所医、老有所养、住有所居、弱有所扶、优军服务保障和文体服务保障等领域，是一套全生命周期的公共服务体系。在经济学理论中，公共服务属于公共产品，是"市场看不见的手"难以调节到位且易发生"失灵"的领域，而政府的宏观调控则发挥重要作用，其中促公共服务均等化更是政府应着力推动的。进入新发展阶段后，随着人民对美好生活的日益向往，公共服务发展基础需要更加坚实，农村的公共服务体系建设成为农民农村共同富裕的重要主题。

（一）农村公共服务现状

总体来看，在经济持续健康发展和中央高度重视农村工作的背景下，农村的公共服务水平在稳步提升。根据第三次全国农业普查数据，2016年末，96.8%的乡镇有图书馆、文化站，11.9%的乡镇有剧场、影剧院，16.6%的乡镇有体育场馆，70.6%的乡镇有公园及休闲健身广场。59.2%的村有体育健身场所。96.5%的乡镇有幼儿园、托儿所 98.0%的乡镇有小学，32.3%的村有幼儿园、托儿所。99.9%的乡镇有医疗卫生机构，98.4%的乡镇有执业（助理）医师，66.8%的乡镇有社会福利收养性

单位。81.9%的乡镇有卫生室。

但受制于城乡二元结构，我国农村地区的公共服务的发展是不平衡不充分的。农村教育、医疗卫生、养老、文化体育等公共服务虽在近年来有了明显的改善，但城乡之间的差距仍较为突出。

（二）农村公共服务体系建设

首先是加强公共教育体系建设。农村教育是国家教育的重要组成部分，农村教育影响着中国教育现代化的进程。2021年初，中共中央、国务院颁布的《关于全面推进乡村振兴加快农业农村现代化的意见》明确指出，要通过教育"培养高素质农民"来"推进农业现代化"，实现"农村教育质量提升"以"提升农村基本公共服务水平"，以教育"弘扬和践行社会主义核心价值观"来"加强新时代农村精神文明建设"等。当前，农村教育面临基础设施落后、师资力量不足、办学方向模糊、终生教育欠缺等诸多问题。

农村教育应把义务教育质量提高作为农村教育发展的第一要务。毫无疑问，农村义务教育质量的高低影响着农村未来的人口素质，也影响着整个国家未来的人口素质。农村教育质量越高，整个国家劳动力要素的流动越通畅，国民经济发展越有动力，城乡居民的富裕程度越高差距越小。因此，从初中教育起，政府在不断巩固现有的"普九"义务教育成果的基础上，要不断提高农村义务教育质量，使农村义务教育具有竞争力。与此同时，要加强职业教育，培育新型职业农民，支持新型职业农民通过弹性学制参加中高等农业职业教育，支持引导各种专业技术协会、龙头企业承担农民培训的职责。最终，形成从学前教育到义务教育再到职业教育的终生教育闭环。在各级教育发展的过程中，要给予乡村教师更多元的激励政策，建立有效激励机制以留住人才，实现"人才振兴乡村、乡村培育人才"的良性循环。

其次是加强公共医疗体系建设。一是健全农村基层医疗网络。当地政府应大力推进乡镇管理一体化，在基层医疗机构中详细记录就诊、收费、开药以及出院等信息。统一化管理基层医疗机构的人员配置、行政管理、药物流转以及基础设施建设等多个方面，真农村公共卫生事业管理从传统落后模式转变为新型模式，提高农村公共卫生事业管理效果。随着我国老龄化趋势逐渐加快，基层医疗机构需要适应时代发展需求，将传统突发事件处理为主的服务项目转变为健康教育与管理项目服务，并对其进行不断创新发展，使居民健康水平逐渐提高。近年来基层医疗机构公共卫生服务的作用逐渐被大众所熟知，公共卫生服务作为机构改革的重点内容，需要展开全面的公共卫生服务，逐渐缩小城市与农村之间的医疗水平差距，为基层医疗机构健康稳定发展贡献一份力量。

再次是加强社会保障体系建设。首先要加强农村社会保障体系的立法建设。将农村社会保障体系通过立法的方式加以完善是推进农村社会保障体系发展的必要手段。为了妥善解决好农村养老、农村医疗、农村社会保险等事关农村居民切身利益的焦点问题，应根据农村居民生活与发展的现实需要，结合国家的经济发展水平和具体国情，将农村居民社会保障的基本权利法案和其他保障法案在社会保障体系立法中加以体现，切实解决农村社会保障体系覆盖面窄、保障水平低、保障项目不全的问题。无论是提高农村社会保障水平，还是扩大农村社会保障范围都要通过法律的形式加以体现。

另外，我国疆域辽阔，不仅各个地区的发展情况不同，而且不同地区也有着不同的实际情况。因此，建立和完善农村社会保障体系要有针对性，要基于当地农村的实际状况，同本地的文化风俗相匹配，稳步推进农村社会保障体系的建设与完善。我国东部沿海地区，经济发达，基础设施较为完善，因此在推进工作时，更要注重农村社会保障体系的完善。在工作上要注重城乡统筹，缩小城乡社会保障水平差距。我国中西部地区，经济相对落后，基础设施建设也相对欠缺，因此在推进相关工作时，要把更多的时间和精力放在农村社会保障体系的建设，健全农村社会保障项目，结合当地实情，从当地最需要的项目开始，加快推进新农合和新农保的覆盖。等当地的农村社会保障项目都齐全了，再针对性地拔高完善，最终达到农村社会保障体系的城乡统一。

最后是加强农村公共文化建设。加强农村现代公共文化服务体系建设是保障农民群众基本文化权益，让普通的农民百姓共享文化改革发展成果的一部分，也是促进人民精神生活共同富裕的重要途径。

实施乡村振兴战略，既要促进农村经济的发展，也要推动乡村文化建设，为乡村的全面振兴提供精神动力。但中国基层农村干部把主要精力放在经济建设上，对农村公共文化建设的重要性认识不足，使得农村公共文化建设跟不上时代的发展。

繁荣乡村文化，努力把农村公共文化建设打造成共筑精神家园、共创经济财富的平台。既丰富农民的精神文化生活，提升农民的综合素质，又发挥农村公共文化建设对经济社会发展的带动作用，推动农村地区的整体发展。首先，提供种类丰富、形式多样的农村文化活动。调动农民参与公共文化建设的热情，需要结合农民的文化诉求开展相应的文化活动，提供积极向上的、广受农民欢迎的文化产品和文化服务。振兴农村文化，就要深入推进文化活动下乡进村，参考农民意愿开展娱乐性文化活动，提高公共文化的适用性。

其次，发挥基层党员干部对农村文化建设的引领作用。地方基层组织最熟悉农村的文化环境，是农村公共文化建设的排头兵。村干部和党员在农村公共文化建设上要以身作则，积极主动宣传各项政策，做到文化政策落实精准到位。认真学习和宣传习近平总书记关于挂动乡村振兴的重要论述，推动习近平新时代中国特色社会主义思想进农村、入基层。基层党员干部要有引领意识，从根本上重视农村公共文化的发展，既要积极参加公共文化活动，发挥干部带头作用，又要走访入户，加大对公共文化的宣传力度，提高村民对文化活动的知晓度，动员更广泛的农民参与其中。农民既是农村的主人，也是管理者；既是农村公共文化建设的参与者，又是享受者，党员干部要站在最广大农民的立场上，把农民的文化诉求反映到上级部门，以农民需求推动农村公共文化建设，推动公共文化资源向乡村倾斜。

充分运用农村优秀文化资源。中国农村底蕴深厚，文化具有鲜明的地域性和差异性，推动农村公共文化建设，要充分运用农村的优秀文化资源。利用农村祠堂、传统农家大院、遗址遗迹等公共空间，依托农村传统节庆活动等文化习俗，开展多样化的公共文化活动，让革命精神、传统艺术、民间技艺等文化资源活起来，加强对乡土文化、乡村文明的传承，努力推动农村公共文化服务通文脉、接地气。例如，在陕西延安，农村公共文化建设可结合当地深厚的革命历史，充分挖掘其红色文化资源，设立红色展厅，开展红色历史知识茶话会、红色歌曲竞赛等文化活动。推动农村文化振兴，要结合当地优秀文化资源，在了解农民精神文化诉求的基础上，有针对性地提供文化服务，做到一地一策，加强优秀农村文化对村民的引导作用。

当然，农村公共文化建设不能脱离村庄的经济发展情况，要贴近农民、贴近农村实际。坚持一切从实际出发，把农村文化建设与农村发展情况相结合。农民的日常生活离不开农业生产，而农业生产活动具有很强的季节性，农民几乎没有节假日等固定休息时间。因此，在农村开展文化活动需紧密结合农民劳动的特点，因时、因势开展文化活动。把文化建设与当地风土人情相结合。深入挖掘本地的特色文化和习俗，支持农民开展文艺创作，把"三农"题材融入乡土文化建设，提供数量和质量兼备的农村公共文化产品和服务，展示农民农村积极向上的风貌，以优秀的农村文化推动农民农村共同富裕。

保障农民农村共同富裕

一、人才促进步

人才是推动共同富裕最基本、起决定性的因素，是一切计划实施的保障。而我国城乡发展长期处于二元对立的格局，相较于农村，城市在经济发展、公共服务等各个方面条件更优，对农村劳动力产生巨大的虹吸效应，乡村人才不断外流，导致农村地区劳动力缺乏，部分农村地区出现了"人才饥荒"现象，各类农村实用人才少之又少，乡村建设缺少起到中流砥柱作用的青年人才。2021年2月，中共中央办公厅、国务院办公厅印发的《关于加快推进乡村人才振兴的意见》明确了乡村振兴人才培养的五个方向：农业生产经营人才、二三产业发展人才、乡村公共服务人才、乡村治理人才、农业农村科技人才。这五类人才是保障农民农村共同富裕的人才方向，而核心是引进人才和留住人才。

为引进人才，需切实贯彻人才引进政策，健全农村人才机制。农村地区人才引进政策的落实离不开党和政府对引才工作的领导部署，需要遵循党的领导，各党政部门通力合作，逐步健全农村人才管理机制。地方政府应当充分发挥职能，在党的政策指导下，充分调研和考察本地乡村人才的基本情况，积极履行和推进人才引进政策，将政策文件落地为实际有效的措施。2018年9月21日，习近平总书记在十九届中共中央政治局第八次集体学习时指出："要创新乡村人才工作体制机制，充分激发乡村现有人才活力，把更多城市人才引向乡村创新创业。"[①]农村地区应

当建立健全人才管理机构，随时掌握乡村人才的动向，对当地青年人才的创业就业提供服务和支持，完善对当地农村人才队伍的整体规划和指导，充分发挥内生型、嵌入型等各类人才的效能。

农业产业是促进农村地区经济发展的基础产业，经济发展状况是吸引人才集聚的重要因素，改善农业产业的发展状况，提高农村地区的经济实力，是提高农村地区引才拉力的重要举措。首先，农业产业的创新发展，能够提供更多的就业机会，进而促进乡村人才向农业产业集聚。其次，优秀人才拥有更强的产业创新能力，能够为农业产业的发展提出更多的创新思路，为农业产业的发展提供更高效的营收方式。最后，农业产业的收益提高，能够为农业产业人才提供更高的薪资，增强农业产业的引才拉力。

留住人才则是需要营造人才培育环境，创造人才内生机制。党的十九大报告提出要"实施乡村振兴战略"，指出要"培养造就一支懂农业、爱农村、爱农民的'三农'工作队伍"。优化农村的人才培养机制，营造良好的人才培育环境，打造一批本土人才队伍，使本地农民成为乡村人才振兴的参与者和受益者。乡村振兴战略与高职院校建设涉农专才培养平台有着密切联系，是主导方向与必然行动的关系。农村地区可与当地高职院校联合培养涉农专业人才，也可以与当地农业科研机构合作，采用项目与人才联合的方式，建立技术性人才见习基地，培育本土技术型农民，打造本土人才队伍。建设好本土人才队伍，可以促使其成为本地乡村振兴的主力军，激发乡村人才为家乡建设奉献力量的活力，为乡村振兴提供动力。

人才的自我价值实现离不开优良的发展环境，建设良好的发展平台。促进人才回流返乡需要持续优化农村地区的人才发展环境。优化农村人才市场环境、基础设施环境和文化环境，增加回流返乡人才的幸福感和获得感。完善人才市场环境，需要加大对农村人才市场的管理力度，促进就业创业资讯的公开透明；充实基础环境设施，需要大力完善农村地区基础设施建设，包括教育、医疗、住房和交通等各个方面，提高公共服务水平，优化公共产品供给；营造良好的文化环境，需要加强农村精神文明建设和思想道德建设，鼓励和发扬青年才俊创业致富的优良事迹，大力宣传地方人才扶持政策和人才工作的优秀经验，营造"识才、敬才、用才"的氛围。

二、数字促转型

数字技术是促进农业农村现代化转型的重要抓手，数字基础设施是农业农村现代化的基石和保障。即便我国农村通信网络建设已经取得巨大成就，但相较于城市便捷的网络与智能设备的普及程度，广大农村的数字基础设施还存在一定的差距，阻碍了乡村产业智能化、信息化、数字化。2019年5月，中共中央办公厅、国务院办公厅印发的《数字乡村发展战略纲要》明确提出，要着力发挥数据在乡村治理现代化中的推进作用，加快构筑共享共建共治的乡村数字化治理格局。2020年的《数字农业农村发展规划（2019—2025年）》强调要以数字技术与农业农村经济深度融合为主攻方向，用数字化引领驱动农业农村现代化，为实现乡村全面振兴提供有力支撑。2022年中央一号文件提出大力推进数字乡村建设，推进智慧农业发展，促进信息技术与农机农艺融合应用。加强农民数字素养与技能培训。以数字技术赋能乡村公共服务，推动"互联网+政务服务"向乡村延伸覆盖。

要浸润乡村数字化转型与数字化创新的发展观念。坚定落实数字中国、数字乡村规划要求，加大宣传引导，改变人们对乡村发展空间有限的传统认知。推动乡村治理主体、农业生产经营主体和服务主体关注、有效保护和合法利用数据，以数字技术为依托推动经济可持续发展，秉持开放包容心态，积极培育新的经济增长点。推动消费者按需溯源，消除农产品质量担忧，树立绿色健康的数字消费观念。同时，要因地制宜形成创新可行的数字化发展战略，加快实现农业农村现代化。

培育多主体协同创新的乡村数字化发展模式。发挥政府引导监督职能，完善数字化推动乡村振兴发展的政策支撑体系，制定数字信息技术创新、财政税收支持、金融保险服务、培训研修、人才引育、小农户与现代农业衔接等配套制度，推动数字经济立法，营造有助于乡村数字经济发展的良好政策环境和公正透明的法治化营商环境。发挥市场主导驱动作用，激活各类资本参与乡村市场开发，引导新型农业三产经营主体和服务主体数字化转型，有序推进小农户向新型农民过渡，为乡村数字化发展提供要素保障和市场活力。发挥高校和科研机构的知识创造、技术攻关与人才输送作用，结对帮扶，加快数字化知识、信息与人才向乡村的流动共享，加快乡村数字化发展关键技术突破创新与成果转化。发挥行业协会的联结作用，依托线上平台、益农信息社等为新型农业生产经营主体和服务主体、小农户提供双向市场信息，开展线上培训、咨询、诉求反映、购销对接等服务，促进行业有序有效发展。发挥小农户主体建设职能和参与治理职能，通过线上平台建言献策、反馈民情、在线督查督办，确保政策制定贴近民心，群众问题处理标准化、明晰化。

完善配套齐全的乡村数字化发展设施。加快通信网络基础设施、新技术基础设施和算力基础设施建设向农村覆盖延伸，实现乡村网民快普及、5G网络全覆盖、农业物联网广延伸、数据中心早建立、人工智能多应用，在此基础上提升农业生产标准化、智能化、精准化；加快乡村智慧交通、智慧物流、智能水肥一体化设施等融合基础设施建设，实现生产绿色低碳、流通无阻碍、发展可持续；加快重大科技基础设施、科教基础设施、产业技术创新基础设施向乡村渗透，完善信息终端和服务供给。在这一过程中要积极探索资本、技术和政府三种元素的有机结合，让新基建更加贴合未来乡村经济发展和社会需求。

营造诚信创新、文明开放的数字经济氛围。致力消弭数字鸿沟，积极开发推广适用性强、功能完备、操作简便、经济实用的数据平台和应用程序，加快研发适宜不同地形、经济作物、面向小农户的实用轻简型装备和技术，便于更广泛的人群在乡村生产、生活和治理中使用。打造乡村诚信生产经营、大胆创新创业、团结互促互进的和谐人文环境和绿水青山、鸟语花香的宜居生活环境。拓展交流通道，支撑乡村链接外部市场，发挥经济发达地区的辐射带动作用，以政策引导、政府规划、企业合作为纽带，以数字经济发展势头为契机，深化跨区域产业协作和要素流动，形成集群效应。

总之，新一轮科技革命和产业变革深入发展，发展数字经济是把握新一轮科技革命和产业变革新机遇的战略选择。近年来，互联网、大数据、云计算、人工智能、区块链等技术加速创新，日益融入经济社会发展各领域全过程，数字经济发展速度之快、辐射范围之广、影响程度之深前所未有，正在深刻影响和塑造农民农村的生产生活方式。数字技术与农业农村融合发展，农业全产业链正在被重塑，为农业产业发展模式和组织形态提供新的机会，从上游赋能农业生产，中游对于供应链的数字改造，再到下游产品销售的数字化搭建，农业产业互联网或将是产业互联网的新风口。更好把握数字经济发展趋势和规律、推动我国数字经济健康发展，将对促进农民农村共同富裕提供重要助力。

三、资金筑基础

"巧妇难为无米之炊"，为促进农民农村共同富裕，诸多方面需要大量的资源尤其是资金的投入，资金是实现农村发展的引擎，是解决"三农"问题的后盾。解决乡村振兴资金问题，关键在于解决财政资金投入保障和投融资渠道问题。要健全投入保障制度，创新投融资机制，加快形成财政优先保障、金融重点倾斜、社会积极参与的多元投入格局，确保投入力度不断增强、总量持续增加。

一是公共财政倾斜于乡村振兴是政府职责所在。只有让公共财政倾斜于农村，才能撬动更多金融资本和社会资本投向乡村振兴。总体来看，自新中国成立以来，我们国家财政对农业的投入量过少，无法保障农业健康快速发展。中国财政对农业的投入量从新中国成立到20世纪90年代总共为4383.9亿元，仅占财政总支出的6.4%。另外，财政对农业的投入结构也不尽合理。中国财政对农业的投入多数投向非生产性部门，真正生产性部门很少直接受惠，这就必然导致中国农业生产后劲不足。必须厘清各级政府公共资金的投入责任，整合涉农资金，优先保障基础性、长效性的农业产业投入，随产业发展的目标任务，逐年增强投入力度与增大投入总量。创新财政涉农资金使用方式，推行一事一议、以奖代补、先建后补、贷款贴息等。公共财政支持乡村振兴要有持续性，充分发挥财政资金"四两拨千斤"的作用。

二是持续强化"三农"支持保护政策，在不断加大农业补贴力度的同时，进一步完善农业补贴制度。改革开放的不断深化过程中，我国农业支持保护政策体系不断健全与完善，为农村改革发展提供了重要支撑。党的十九大提出实施乡村振兴战略，明确要求"完善农业支持保护制度"，2018年中央一号文件对"完善农业支持保护制度"作出具体部署，提出加快建立新型农业支持保护政策体系。党的十八大以来，在习近平总书记关于做好"三农"工作重要论述的指引下，坚持重中之重战略地位、坚持农业农村优先发展、坚持立足国内保障自给、坚持绿色生态导向等发展理念进一步丰富农业支持保护的内涵，推动农业支持保护政策发生重大转型。当前，着眼于全面推进农业农村现代化和农民农村共同富裕，农业支持保护领域的改革仍需持续深化，农业支持保护需要向更加注重农业质量效益和竞争力提升、更加强化绿色生态导向转变，新型农业支持保护政策体系也需要不断发展完善。

三是强化乡村振兴金融支持，健全适合农业农村特点的农村金融体系，让金融机构安心服务于乡村振兴，提供多元化金融服务，创新金融产品，让更多金融资源向农业农村发展的相关行业和重点领域倾斜，满足农村产业发展、农民生活生产的金融需求，支持新型农业经营主体发展。探索利用农产品、农业生产设施、厂房等作为抵质押品，大力发展农产品深加工、乡村旅游业、保健康养、农村电子商务等产业，实现农民就近就业，增加收入。健全金融贷款、相关配套设施建设补助、税费减免、建设用地等扶持政策，把发展普惠金融的重点放在乡村地区。

四是拓宽投融资渠道，将更多的土地增值收益向农村倾斜，建立高标准农田建设等新增耕地指标，加大对涉农金融机构的政策支持力度，支持扶贫小额信贷、"两权"（农村承包土地经营权和农民住房财产权）抵押贷款、林权抵押贷款。

五是支持地方政府发行一般债券，用于支持乡村振兴领域公益性项目，鼓励地方政府探索发行专项产业债券，用于扶持发展盈利性的农村公益建设项目。政府还应适时出台相关政策，引领社会资本进入"三农"领域，以保障农民农村共同富裕所需资金。

促进农民农村共同富裕是新时代的新征程

共同富裕是社会主义的本质要求，是中国式现代化的重要特征。实现共同富裕是全体人民的共同期盼，更是中国共产党的初心和使命，也是新时代的社会矛盾所决定的。习近平总书记在党的十九大报告中指出："中国特色社会主义进入新时代，我国社会主要矛盾已经转化为人民日益增长的美好生活需要和不平衡不充分的发展之间的矛盾。"这一重要论断反映了我国社会发展的巨大进步，反映了发展的阶段性特征，对党和国家工作提出了新要求。

在一定程度上可以说，对美好生活的多方面需要也是实现富裕生活的基本要求。人民对美好生活的需要不是指一部分人的需要，而是全体人民的需要，也就是说，人民对美好生活的需要是共同富裕的核心要义。由于我国在发展中仍然存在不平衡、不充分问题，其中，发展的不充分，意味着人民在物质和精神层面仍然不够富裕；发展的不平衡，意味着一部分人富裕了但是还有一部分人未能达到富裕，意味着物质生活富裕水平与精神生活的富裕程度仍不均衡。因此，发展的不平衡不充分是制约共同富裕的关键所在，持续解决我国社会主要矛盾的过程，就是逐步实现共同富裕的过程。当前，由于我国发展最大的不平衡是城乡发展不平衡，最大的不充分是农村发展不充分，因此，解决好发展不平衡不充分问题，重点难点在"三农"。解决农业农民农村问题是解决社会主要矛盾中的主要方面，也是促进共同富裕最艰巨最繁重的任务。

在全面建成小康社会之后，习近平总书记对扎实推动全体人民共同富裕做出重大战略部署，把实现共同富裕从理想信念一步步发展为直接的实践目标和实践方案，充分体现了以人民为中心的发展思想，彰显了治国理政的不变初心与使命担当。全民要共富，乡村须振兴。习近平总书记在《扎实推动共同富裕》文章中强调："促进共同富裕，最艰巨最繁重的任务仍然在农村。"扎实推动共同富裕，必须抓紧抓实农村共同富裕工作，无论是点滴小事，还是大事要事，都应永怀热忱、保持干劲、长期坚持，逐一谋划、推动解决，一步一个脚印把农民的事办好、把农村的事业推动好，朝着共同富裕的目标不断迈进。

全面推进乡村振兴，推动共同发展尤其是促进农民农村共同富裕是实现全体人民共同富裕的必然要求。立足新发展阶段，完整、全面、准确贯彻新发展理念，高质量推进乡村振兴与促进农民农村共同富裕互为基础和前提，高质量乡村振兴是促进农民农村共同富裕的根本途径，农民农村共同富裕是高质量乡村振兴工作的核心目标，在高质量乡村振兴中促进农民农村共同富裕是目标与手段的有机统一。

在全面推进乡村振兴中促进农民农村共同富裕，面对过程中存在的乡村产业转型升级困难、益农增收利益联结机制松散、乡村发展支撑要素保障能力不强、生态产品市场价值实现方式亟待创新、传统乡村治理体系难以适应、民生服务供给提升空间较大等诸多障碍，应始终坚持党的全面领导，坚持以人民为中心，致力于高质量发展，强化顶层设计，突出创新驱动，推进产业发展"双融合"，打造高能级产业体系；勇于集成式惠民改革，厚积薄发加快各领域突破，增进高浓度创新策源能力；畅通拓宽"两山"双向转化通道，推进高标准绿色发展；进一步强化精致服务，全力营造乡村高水平发展环境；促进均衡优质发展，创新高品质人民生活。

在全面推进乡村振兴中促进农民农村共同富裕，应准确把握不同乡村不同发展阶段的异质化特征，深入把握促进农民农村共同富裕的时代内涵，充分考虑发展实际，因地制宜，在实践进程中进一步深化有关高质量乡村振兴的典型模式提炼、推广与路径创新，高效推动促进农民农村共同富裕的阶段性重心工作与目标设定，建立健全农民农村共同富裕评价指标体系，系统把握促进农民农村共同富裕与推动全体人民共同富裕政策的整体协调性，围绕这些诸多问题还需要进一步探索。

中国特色社会主义共同富裕理论是马克思主义中国化的重要组成部分，是不断创新和发展的理论体系。共同富裕是一个动态中前进、系统而漫长的过程，是一项长期任务，要循序渐进，久久为功。邓小平同志曾经指出，"社会主义的目的就是要全国人民共同富裕，不是两极分化。如果我们的政策导致两极分化，我们就失败了"。习近平总书记也强调："中国仍处于并将长期处于社会主义初级阶段的基本国情没有变，实现13亿多人共同富裕任重道远。"① "我们也清醒地认识到，实现我们的奋斗目标，逐步实现全体人民共同富裕，实现中华民族伟大复兴的中国梦，必须准备进行具有许多新的历史特点的伟大斗争。"②虽然实现共同富裕任务光荣而艰巨，但我们坚信在中国共产党的领导下，在中华文明的深厚滋养下，中国人民一定会发挥自己的聪明才智和创造力，携手共进，最终实现农民农村的共同富裕。

延伸阅读：浙江在推进农民农村共同富裕的路上亮点突出

如果要找一些在农民农村共同富裕推进道路上走在前列的经典案例，在共同富裕示范区浙江省内寻找必定有所收获。

2021年，浙江省农民通过集体股份分红总收入超100亿元，如此大规模的分红背后是浙江707亿元村级集体经济总收入。盘活农村资产，农民变"股东"，村民的腰包更鼓了。以浙西山区的龙游鸡鸣村为例，该村集体年度经营性收入五连增，村民迎来大分红，户均近万元。所以，集体经济的发展壮大让村民真真切切地感受到了生活上的富裕。

同时，科技赋能传统产业也给农村带来了新的活力，温岭就是其中的典型案例，全市拥有14个省级电商镇、93个省级电商专业村、36个电商公共服务联络点和735家村邮站，实现了电商网点的全覆盖，传统乡村与平台经济结合已经全面实现。这

① 习近平：《在庆祝中华人民共和国成立65周年招待会上的讲话》，《人民日报》2014年10月1日第2版。
② 习近平：《在纪念中国人民抗日战争暨世界反法西斯战争胜利69周年座谈会上的讲话》，《人民日报》2014年9月4日第2版。

带来的效果仍是村民收入的提升，温岭的横泾村是一个名副其实的"淘宝村"，1/3的村民加入电商大军，人口的流动、土地房屋的需求、作坊的劳作为村民带来更多的收入渠道。网络直播的兴起让"水产"的销路更加广泛和直接，而渔村成为网红村继而拉动旅游业也逐渐成为一种可能。

不仅仅是收入方面，民生方面的提升与完善也有不少案例。在衢州市柯城区余东村，村集体年度经营性收入突破百万元，而收益的分配机制获得了一致的好评：60%投资新项目，20%建村级民生福利基金，20%村民分红。在云和县安溪乡下武村，村经济合作社出资为村民购买了丽水市全民健康补充医疗保险，大大减轻村民就医看病的负担。只有做好民生的保障，农民才有更高的幸福感。

共同富裕战略下，农民农村将迎来哪些显著变化？农民的收入是不是更多？农村是不是更加整洁？很多人看到促进农民农村共同富裕这个话题时都会想到类似的问题。毫无疑问，这些问题的答案是肯定的，并且远不止于此。农民的各方面收入会更多，财产性收入增多后农民的收入结构会更加全面均衡。农村土地流转会更加顺畅，集体企业的发展也将带来更多收益。农业生产将更多结合科技，农村发展将引来更多青年才俊。农村居民的用水、用电、用网会更加便利，生活垃圾、污水会得到更科学的治理，"脏乱差"的落后农村印象将一去不复返。农民餐桌上的饭菜将更加丰富，农民的买卖将联通线上线下。农民的生活也将不仅仅是生产、工作，还有更多的休闲、健身和娱乐。总之，共同富裕下的农民农村将有更多的活力。

参考文献

［1］李志敏主编：《论语》卷四，民主与建设出版社2015年版。

［2］中共中央党史和文献研究院编：《十九大以来重要文献选编（上）》，中央文献出版社2019年版。

［3］朱斯煌：《民国经济史》，河南人民出版社2016年版。

［4］周彬彬：《人民公社时期的贫困问题》，《经济研究参考》1992年第Z1期。

［5］国家统计局：《新中国五十年（1949—1999）》，中国统计出版社1999年版。

［6］秦夕雅：《四十年减贫扶贫》，《第一财经日报》2017年2月16日第3版。

［7］《中共中央国务院关于印发中国农村扶贫开发纲要（2001—2010）的通知》，《人民日报》2001年9月23日第1版。

［8］汪宗田：《马克思主义制度经济理论研究》，人民出版社2014年版。

［9］《东西部协作和对口支援：共同富裕的中国之道》，《中国民族报》2021年5月21日第4版。

［10］国务院第三次全国农业普查领导小组办公室、国家统计局：《中国第三次全国农业普查综合资料》，中国统计出版社2019年版。

［11］国家统计局农村社会经济调查司编：《中国农村统计年鉴2019》，中国统计出版社2019年版。

［12］李实：《提高居民收入水平任重而道远》，《经济日报》2020年6月1日。

［13］[美]西奥多·舒尔茨：《改造传统农业》，梁小民译，商务印书馆1999年版。

［14］杜鹰：《中国的粮食安全战略（下）》，《农村工作通讯》2020年第22期。

［15］吴良镛：《人居环境科学导论》，中国建筑工业出版社2001年版。

［16］汪金敖：《湖湘策论》上册，湖南人民出版社2013年版。

第六章
促进人民精神生活共同富裕

　　随着步入工业化发展阶段，我国国民经济取得了长足进展，2021年稳居全球第二大经济体，人均收入突破1.25万美元。不过，经济增长带来的生态问题、区域发展不均衡、道德滑坡等不良现象也一定程度存在，严重影响了人们的幸福体验，影响了共同富裕基本国策的实现。因此，为了更好地促进人们精神文化生活的共同富裕，必须继承和发挥传统文化的优秀基因，发挥中国共产党先进文化的代表作用，坚持两手都要抓两手都要硬，确保物质文明和精神文明协调发展，增强人民群众幸福生活的满足感、获得感。

　　共同富裕是全体人民共同富裕，是人民群众物质生活和精神生活都富裕。习近平总书记在《扎实推动共同富裕》一文中指出："促进共同富裕与促进人的全面发展是高度统一的。""我们说的共同富裕是全体人民共同富裕，是人民群众物质生活和精神生活都富裕。"党的十九届六中全会指出，到21世纪中叶我国建成社会主义现代化强国之时，我国人民将享有更加幸福安康的生活。新征程上，我们要充分认识精神生活共同富裕的重要性，把握好精神生活共同富裕的重要内容，为实现人民精神生活共同富裕不懈奋斗。应该说，党的十八大以来，通过紧紧围绕举旗帜、聚民心、育新人、兴文化、展形象的一系列举措，社会主义精神文明建设取得了显著的成就，为促进人民精神文化生活共同富裕打下了坚实的基础。随着经济社会发展水平的不断提高，人民对美好生活的需要更加强烈，精神生活共同富裕还任重道远。当然，中国共产党对于促进精神文明建设从理论探索、实践总结等方面都做出了突出的有价值的贡献，这就为推动人民精神生活共同富裕提供了思想基础，指明了方向。

幸福是人民精神文化生活满足的重要体现

　　应该说，追求幸福是每一个人的愿望，对于幸福生活的追求也是人类不断发展的动力，人民精神文化生活的满足就是幸福程度的重要体现，共同富裕必然是物质文明和精神文明的协调进步，缺一不可。当然，幸福程度首先受到国家经济社会发展程度的制约，经济越发达的地区，社会文明程度相对越高，人民的幸福程度也就越高。欧洲是全球发

---

① 习近平：《扎实推动共同富裕》，《求是》2021年第20期。

达国家最为集中的地区，经济社会发展水平处于全球领跑位置，绝大多数欧洲人对于生活的追求已经从物质层面上升至精神层面，幸福程度普遍较高。

一、幸福成为高质量生活的重要指标

经济增长的目的之一就是促进资产收益的增加，从而帮助人类追求幸福。在物质财富发展到一定阶段之后，追求精神文化生活的满足就成为新的发展目标，由此，反映精神生活满意度的幸福指数应运而生。

一般来说，幸福指数是衡量人们对自身生存和发展状况的感受和体验，反映居民生活质量的核心指标。当前，从GDP至上转到提升幸福指数、将关注重点从经济数字转向民生福祉，把幸福指数引入经济增长的评估体系渐成趋势，显示了我国经济追求科学发展、提升幸福指数的新信号。现代意义上的幸福指数研究是从20世纪50年代中期开始的。二战结束后，以美国为代表的西方发达国家的经济得到了迅猛发展，随着社会物质财富的逐渐积累，人们对生活的主观体验问题也凸现出来，于是人们把关注的焦点逐渐转移到精神追求和心理感受上。一些社会学、心理学和经济学研究者开始尝试建构能够体现民众主观生活质量的指标，也就是幸福指数指标。亚当·斯密提出的富有同情心而且具有利己心的经济人会在看不到的手的指引下，满足自己的私欲而获得幸福感，并且运用利己利他来实现全国富裕。杰里米·边沁延续了这一理念，建立了追求大多数人幸福的功利主义思想，1955年，美国著名经济学家加尔布雷斯在《丰裕社会》中提出了"生活质量指标"的概念，这是幸福指数的前身。幸福指数最早由美国经济学家萨缪尔森提出，他认为幸福与效用成正比，与欲望成反比，获得的效用越大、欲望越小则越幸福。福利经济学的创始人庇古也认为，福利就是人们对享受或满足的心理反应，福利有社会福利和经济福利之分，经济福利主要体现在商品对消费者的效用上，主张用效用的大小和变动来表示个人福利的增减，在计算经济福利时，庇古在马歇尔"消费者剩余"的基础上，提出了边际效用基数论。学界认为，"幸福指数"的概念最早是由不丹国王提出并付诸实践，他认为国家的发展不应该只是单纯注重GDP的发展，而应该更全面地重视人们的幸福感，并创造性地提出了由政府善治、经济增长、文化发展和环境保护四级组成的"国民幸福总值"（GNH）指标。幸福指数一经提出，就引起不少国家政府的关注。心理学、社会学、经济学、政治学和医学等学界都加入了幸福感研究的行列。在此之后，美国的世界价值研究机构也开始计算"幸福指数"；英国则建立了"国民发展指数"（MDP），包括了社会、自然资本和环境成本；法国设立了针对经济表现和社会进步的评测委员会，该委员会于2009年为改善社会进步评估体系提出了12项建议；日本采用另一形式的"国民幸福总值"，强调文化方面的因素。

不过，马克思主义的幸福观相比以往的幸福观更加科学，它不仅倡导物质幸福，也强调精神上的满足，物质条件和精神满足是人们幸福两大因素。马克思认为幸福来源于人潜能的充分发挥和自我价值的实现，人只有在劳动的过程中，创造出有益于社会的价值，才能得到物质和精神上的满足，才能得到真正的幸福，即劳动、社会、物质和精神的统一以及个人和社会的统一。劳动是获得幸福的前提，在劳动的过程中，随着价值被创造出来，自我价值也可能随之实现，实现了精神上的满足。社会生活是人们获得幸福的中介，个人自我价值的实现也只有在社会中才能完成。物质幸福和精神幸福的统一是实现幸福的方式。物质富有而精神贫乏，人们就会逐渐偏离人生的正轨，而精神满足物质匮乏，人们就无法生存下去，更不用说取得幸福了。个人幸福和社会幸福同样是密不可分的，它们互相促进，互相发展。

我国学者从20世纪80年代中期开始研究幸福指数，主要是自心理学家进行描述性研究和探索影响幸福的主客观因素，以后社会学家、经济学家也纷纷加入幸福感研究的行列。开始反思以往单纯以GDP来衡量经济发展的传统模式，寻求更为合理的指标反映经济和社会的全面发展。邢占军认为幸福指数测量的是人们的幸福感，反映的是国民主观生活质量，而人民大学刘伟校长认为，幸福指数应该是一个包括政治自由、社会机会、经济机会、安全保障、文化价值观、环境保护六类构成要素在内的国民幸福核算指标体系。北京市统计局则认为幸福指数测量指标体系内容应该包括：公平感、成就感、归属感、安全感、愉悦感、和融感、满足感和向心感。近年来，幸福建设成为各级政府推动经济社会发展转型的重要抓手，有关经济持续增长、民生投入增加、公共服务均等化、完善社会保障、生态环境保护、维护社会公平和创新社会管理等与公众幸福密切相关的领域进入政府工作的主要议程。当然，学界也有人提醒，"幸福指数"本身是有关老百姓自身"幸福"的东西。但是，在各级政府充分掌握有关"幸福指数"的设计权、统计权、话语权（解释权）的前提下，"幸福指数"极有可能变成各级政府的"政绩指数"。

二、国内外对幸福指数研究的进展

对幸福指数的研究最早开始于美国、英国、荷兰、日本等发达国家，这些国家各自创建了不同模式的幸福指数。如果说GDP、GNP是衡量国富、民富的标准，那么，幸福指数就可以成为一个衡量百姓幸福感的标准。幸福指数不仅可以监控经济社会运行态势，而且还可以了解民众的生活满意度。

根据联合国发布的《世界幸福报告（2021）》显示，因为新冠肺炎疫情，全球都受到了严重的影响，2020年全球超过1/3国家的幸福感有所下降，但也有22个国家因为措施得当而影响较小，幸福感有所上升。数据显示，芬兰连续第四年排名全球幸福指数榜榜首，是全球最幸福的国家；丹麦是全球第二幸福的国家；瑞士是全球第三幸福的国家；冰岛是全球第四幸福的国家；荷兰、挪威、瑞典、卢森堡、新西兰、奥地利依次排名第五至第十。蒙古国排名第70，俄罗斯排名第76，越南排名第79，中国排名第84。综合来看，全球幸福指数排行榜中，欧洲、北美洲、大洋洲、中东地区的诸多国家，由于经济社会发展水平高而最为幸福，而幸福指数排名后列的国家和地区，大多为非洲、亚洲经济不发达国家和地区。值得注意的是，中国的幸福指数排名虽然较上一年上升了10个名次，但仅仅排名第84位，大致与中国的人均GDP在全球的排名一致。

近年来，我国政府部门、科研机构和民间机构也开始了对幸福指数的研究。与此同时，中国共产党的执政理念也越来越更明确地体现为为人民谋幸福。2007年，党的十七大报告中就有多次提到"幸福"，并强调"社会建设与人民的幸福息息相关"。2012年，党的十八大报告明确提到针对社会转型期老百姓的需求呈现多层次、多元化特点，要"解决好人民最关心最直接最现实的利益问题，在学有所教、劳有所得、病有所医、老有所养、住有所居上持续取得新进展，努力让人民过上更好生活"；"要坚持社会主义基本经济制度和分配制度，调整国民收入分配格局，加大再分配调节力度，着力解决收入分配差距较大问题，使发展成果更多更公平惠及全体人民，朝着共同富裕方向稳步前进"。2017年，党的十九大报告更是将为人民谋幸福作为中国共产党人的初心和使命明确下来。习近平总书记在党的十九大报告中明确指出："必须多谋民生之利、多解民生之忧，在发展中补齐民生短板、促进社会公平正义，在幼有所育、学有所教、劳有所得、病有所医、老有所养、住有所居、弱有所扶上不断取得新进展。"2017年11月30日，习近平总书记指出，中国社会主要矛盾已经转化为人民日益增长的美好生活需要和不平衡不充分的发展之间的矛盾。以前我们要解决"有没有"的问题，现在则要解决"好不好"的问题。[①]党的十八届五中全会提出，我国经济社会全面发展必须牢固树立创新发展、协调发展、绿色发展、开放发展和共享发展的新发展理念。创新、协调、绿色、开放、共享的新发展理念，是对新常态下中国共产党治国理政思路的高度提炼。"五大发展"的核心和最终目的是实现人的全面发展（图6-1）。

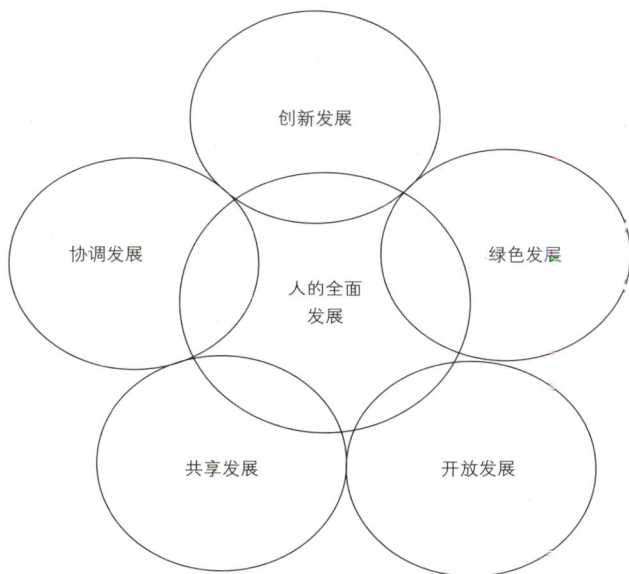

图6-1

2022年初，清华大学中国新型城镇化研究院、城市治理与可持续发展研究院首次发布《人民幸福指数研究报告》。

应该说，"人民幸福指数研究"主要着眼世界学术前沿和国家重大战略的需求，构建既面向全球又富有特色的中国人民幸福指数体系，勾画出中国人的"幸福图谱"。具体概括为："在社会环境和人居环境的支撑下，拥有健康的身心状态和健全的基本保障，保持和谐的家庭关系

---

① 习近平：《习近平会见出席"2017从都国际论坛"外方嘉宾》，《人民日报》2017年12月1日第1版。

和积极的社会关系，对生活有相对自由的掌控度和选择权，同时对成长和改善有所期待，并能够将个人价值与社会进一步相融合。"强调"人民立场、人民需求、人民反馈"原则，厘清从个人幸福感受到群体幸福共识、从主观幸福感受到客观生活质量之间的映射关系，创造性地搭建起"3×3"的指标体系框架模型，包含个人家庭、社会生活、人居环境3个圈层，以及生存需要、享受需要和发展需要3个需求层次，涉及9个领域、27项指标。遵循结果导向、对标国际、动态循环、场景多样的指标筛选原则，参照国内外已有研究和实践基础，构建了包含185个指标项的幸福测度基础指标库；随后根据不同的应用场景，选取最具代表性的指标项，合成特定幸福指数。在指标的测算上，研究针对横向与纵向应用场景，分别采取基期指数法和极差法实现数据标准化处理。

《人民幸福指数研究报告》选取了185组基础数据，其中55%来源于统计数据、45%为新型数据，如遥感数据、地图POI数据、网络数据、调查数据等，完成了基于"国民幸福指数"和"人民城市幸福指数"两大应用场景的测算。其中，"国民幸福指数"应用场景选取了从1978年至2020年的有关指标。总体来看，我国国民幸福指数整体持续向好，随时间发展变化，各板块得分趋向均衡；"社会生活"及"人居环境"逐年向好，体现出影响幸福感的客观条件改善显著。从人民幸福与经济发展的耦合关系来看，国民幸福指数综合得分随GDP总值及人均GDP增长呈逐年上升趋势，证明我国经济的稳定高速发展是人民追求幸福生活的坚实基础；但2006年以后，国民幸福指数总分增速小于GDP增速，意味着经济水平将不再是决定人民幸福的最关键要素，也对下一阶段"改革发展成果惠及人民"的工作目标提出了新要求。

一方面，通过分项的发展趋势分析，我国多项民生福祉水平持续提升，硬件设施建设取得飞跃式进步，公共服务供给水平不断提升；对标国际，科研投入、互联网普及、就业稳定性和政府工作效能等都属于我国的优势领域。未来应在提升居民收入、缩小城乡差距、提高社会服务质量及环境质量方面持续发力，向社会公平与共同富裕目标迈进。另一方面，"人民城市幸福指数"应用场景实现了对全国283个城市（包括省会城市、计划单列市、地级市等）的综合评估。整体来看，全面小康目标基本实现，但仍未有综合得分达到全面优秀水平的城市，在提升人民幸福感方面，各个城市仍有较大的进步空间和重点方向。

社会主义精神文明建设内涵及发展

中国共产党成立之初，就以建立一个新世界为己任，不仅要解放和发展生产力，而且还要打造一个为中华民族谋福利、为人民群众得幸福的新政权。为此，中国共产党对人的思想世界的改造、对具有先进性的社会主义精神文明也十分重视，注重发挥先进思想的伟力。

一、中国共产党一贯重视精神文明建设

在建设社会主义精神文明过程中，中国共产党坚持马克思主义在意识形态领域的主导地位，注重思想政治工作的开展，以提高人的素质为出发点，形成了一套独特的工作方法。

（一）坚持马克思主义在意识形态领域的指导地位

习近平总书记指出："马克思主义是我们立党立国的根本指导思想。背离或放弃马克思主义，我们党就会失去灵魂、迷失方向。"[①]在推动实现精神生活共同富裕的道路上，只有坚持马克思主义在意识形态领域的指导地位，才能走好中国特色社会主义的文化发展道路，才能用社

---

① 习近平：《在庆祝中国共产党成立95周年大会上的讲话》，《人民日报》2016年7月2日第2版。

会主义先进文化丰富人民精神生活，才能不断巩固全党全国各族人民团结奋斗的共同思想基础，否则就会陷入迷失方向甚至失去灵魂的困境。我们要认真研习马克思主义经典理论和党的创新理论，特别是习近平新时代中国特色社会主义思想，将马克思主义的立场、观点、方法运用到实现精神生活共同富裕的过程中。

意识形态是精神文明的重要组成部分。这一方面是因为意识形态包含着世界观、人生观、价值观的重要内容，另一方面是因为它的阶级性和能动的反作用。而这两方面都是精神文明的要素并在其中占有重要地位。意识形态问题与精神文明建设问题息息相关，中国共产党历来重视意识形态问题。在经济全球化、世界多极化、信息网络化的复杂形势下，坚持马克思主义在意识形态领域的指导地位，是全面建成小康社会精神文明建设的首要任务。

意识形态是马克思主义唯物史观的重要概念。马克思和恩格斯在阐述唯物史观原理时，指出意识形态是各种社会意识形式的总和。1859年1月马克思在《〈政治经济学批判〉序言》中指出，"随着经济基础的变更，全部庞大的上层建筑也或慢或快地发生变革。在考察这些变革时，必须时刻把下面两者区别开来：一种是生产的经济条件方面所发生的物质的、可以用自然科学的精确性指明的变革，一种是人们借以意识到这个冲突并力求把它克服的那些法律的、政治的、宗教的、艺术的或哲学的，简言之，意识形态的形式。"①就在这篇序言中，马克思阐述了唯物史观的基本原理："人们在自己生活的社会生产中发生一定的、必然的、不以他们的意志为转移的关系，即同他们的物质生产力的一定发展阶段相适合的生产关系。这些生产关系的总和构成社会的经济结构，即有法律的和政治的上层建筑竖立其上并有一定的社会意识形式与之相适

① 　《马克思恩格斯选集》第二卷，人民出版社1995年版，第33页。

应的现实基础。物质生活的生产方式制约着整个社会生活、政治生活和精神生活的过程。不是人们的意识决定人们的存在，相反，是人们的社会存在决定人们的意识。"①马克思和恩格斯的唯物史观原理在涉及意识形态时，已经谈到了它是属于上层建筑的范畴，法律的、政治的、宗教的、艺术的或哲学的形式，就是意识形态的形式。这个思想已经科学地概括了意识形态的性质和内容，从而奠定了马克思主义意识形态学说的理论基础。

列宁继承和发展了马克思和恩格斯关于社会存在决定社会意识的唯物史观基本原理，在这个基础上，提出了"科学的意识形态"的新概念，突出强调了无产阶级意识形态和资产阶级意识形态的对立性，并强调无产阶级意识形态的先导性和继承性以及向工人阶级灌输社会主义意识形态的重要性。他认为自发的工人运动不可能产生社会主义意识形态，"各国的历史都证明：工人阶级单靠自己本身的力量，只能形成工联主义的意识"②在意识形态概念方面，列宁还提出了与之相应的一些概念，如"政治意识""政治文化""文化"等。他把意识形态包括在"文化"之中。

毛泽东同志继承和坚持马克思列宁主义的唯物史观原理，明确指出中国文化问题不能脱离马克思主义的基本观点。早在1940年1月，毛泽东同志在《新民主主义论》中阐述建立中华民族的新文化时说："一定的文化（当作观念形态的文化）是一定社会的政治和经济的反映，又给予伟大影响和作用于一定社会的政治和经济；而经济是基础，政治则是经济的集中的表现。这是我们对于文化和政治、经济的关系及政治和经济的关系的基本观点。"③他还阐述了对科学共产主义意识形态的观点，把

---

① 《马克思恩格斯选集》第二卷，人民出版社1995年版，第32页。
② 《列宁选集》第一卷，人民出版社1995年版，第317页。
③ 《毛泽东选集》第二卷，人民出版社1991年版，第663—664页。

意识形态和社会制度联系起来。他说："共产主义是无产阶级的整个思想体系，同时又是一种新的社会制度。这种思想体系和社会制度，是区别于任何别的思想体系和任何别的社会制度的，是自有人类历史以来，最完全最进步最革命最合理的。"①

1956年8月党的八大召开，确立了以马克思列宁主义、毛泽东思想为主导的社会主义意识形态。毛泽东同志强调："领导我们事业的核心力量是中国共产党。指导我们思想的理论基础是马克思列宁主义。"②社会主义建设时期开始以后，毛泽东同志指出全党要加强对思想文化战线的领导，总结苏联社会主义建设的经验教训，强调"以苏为戒"，提出了百花齐放、百家争鸣的方针；在《论十大关系》《关于正确处理人民内部矛盾的问题》等著作中，都提出了许多正确的思想，使社会主义意识形态日益深入人心，巩固了马克思列宁主义在意识形态的领导地位。

改革开放以来，党中央始终重视意识形态问题。邓小平第一次比较系统地初步回答了在经济文化落后的国家如何建设社会主义，如何巩固和发展社会主义的一系列基本问题。邓小平同志依据时代变化和国家发展的客观需要，以"什么是社会主义，怎样建设社会主义"这个根本问题为中心，根据马克思主义基本原理，总结国内外社会主义建设的经验教训，通过不懈探索，全面回答了中国特色社会主义建设的发展道路、发展阶段、根本任务、发展动力、外部条件、政治保证、战略步骤、党的领导和依靠力量以及祖国统一等一系列基本问题，提出社会主义初级阶段理论、社会主义本质理论、社会主义市场经济理论、社会主义改革开放理论，指导我们党制定了在社会主义初级阶段的基本路线，为开创中国特色社会主义建设事业和发展作出了重大贡献。面对国际、国内的新形势、新变化，以江泽民同志为主要代表的当代中国共产党人，高举

---

① 《毛泽东选集》第二卷，人民出版社1991年版，第686页。
② 《毛泽东文集》第六卷，人民出版社1999年版，第350页。

邓小平理论伟大旗帜，准确把握时代特征，科学判断我们党所处的历史方位，围绕建设中国特色社会主义这个主题，集中全党智慧，以马克思主义的巨大理论勇气，进行理论创新，逐步形成了"三个代表"重要思想这一系统的科学理论。"三个代表"重要思想，把解放和发展生产力、繁荣和发展社会主义文化、实现和维护人民群众的根本利益，进一步提炼、升华，上升为党的建设的根本指导思想，对党的性质、宗旨和任务进行了新概括，进一步回答了什么是社会主义、怎样建设社会主义的问题，创造性地回答了"建设一个什么样的党、怎样建设党"这样一个重大的理论课题。"三个代表"重要思想的形成表明我们党对共产党执政规律、社会主义建设规律和人类社会发展规律的认识达到了新的理论高度，开辟了马克思主义发展的新境界。

（二）坚持以提高人的素质为精神文明建设工作的立足点和目标

精神文明建设立足点是人，发展的目标也是人，我国的精神文明建设活动都是围绕人来展开的。这也是为我国现代化建设提供人才资源的必要措施，是提高我国文化软实力的必要准备，关系到中华民族伟大复兴目标的实现。

中国的发展离不开国民整体素养的提升，因此，坚持把提高人的素质作为精神文明建设工作的立足点和目标，是中国共产党推进中国特色社会主义文化理论创新发展的基本经验之一。1982年7月，在中央军委座谈会上，邓小平同志就指出："搞社会主义精神文明，主要是使我们的各族人民都成为有理想、讲道德、有文化、守纪律的人民。"①"四有公民"的着力点仍是提高人的素质。培育"四有新人"的根本任务，是邓小平同志一贯的思想内容，是对怎样建设社会主义等重大问题深入探究的理论成果。到了1989年，江泽民同志又再次强调培养"四有新人"

---

① 《邓小平文选》第二卷，人民出版社1994年版，第408页。

的重要性，在此基础上，他系统地提出了"人的全面发展"的理论，提高人的素质依旧是培养人的落脚点，而且要求"坚持以科学的理论武装人，以正确的舆论引导人，以高尚的精神塑造人，以优秀的作品鼓舞人"①。2007年5月，胡锦涛同志在共青团成立八十五周年大会上指出，希望青年"努力成为理想远大、信念坚定的新一代，品德高尚、意志顽强的新一代，视野开阔、知识丰富的新一代，开拓进取、艰苦创业的新一代"②。"四个新一代"的全新表达是胡锦涛同志在坚持"四有新人"和"人的全面发展"思想的基础上，又一次对我国文化建设根本任务的深化完善。

党的十八大之后，党中央仍在思考什么样的人是合格的新时代接班人。2001年，党中央就曾颁布《公民道德建设实施纲要》，从其实际效果来看，公民道德建设取得了可喜的成绩，我国公民的思想道德素质得到不断提升，在出现大量思想道德典范后，还产生了诸多催人奋进的典型精神。这些都从不同程度上反映了整个中华民族精神风貌的极大焕发，体现了公民思想道德修养的不断提高。为将公民道德建设推向纵深发展，2019年7月，中宣部研究起草了《新时代公民道德建设实施纲要（征求意见稿）》，该纲要的颁布实施将为我国推进公民道德建设提供坚实的理论基石，将推动形成公民道德建设蓬勃发展，人人成为"四有"时代新人的良好良性的发展局面。

（三）高度重视思想政治工作

邓小平同志在《党和国家领导制度的改革》一文中曾说："我们一定要把思想政治工作放在非常重要的地位，切实认真做好，不能放松。这项工作，各级党委要做，各级领导干部要做，每个党员都要做。"③在

---

① 《江泽民文选》第二卷，人民出版社2006年版，第259页。
② 胡锦涛：《胡锦涛致中国青年群英会的信》，《光明日报》2007年5月4日第4版。
③ 《邓小平文选》第二卷，人民出版社1994年版，第342页。

世界历史进入新旧世纪交替之际，江泽民同志特别指出，"越是发展经济，越是改革开放，越要重视思想政治工作"①。

面对对外开放的不断扩大，一方面要积极地借鉴和吸收外来文化中一切对我们有用的东西，借鉴和吸收人类文明发展的新成果，促进社会主义文化的发展；另一方面又不能不看到，在出版、介绍外来文化艺术作品和音像制品方面，也出现了粗制滥造、盲目吹捧的现象。我国已经加入世界贸易组织，各种文化思潮和精神产品会直接涌入。要以科学的态度加以鉴别、比较、选择，摒弃腐朽没落的东西。而要做到这一点，同样需要加强思想政治工作。要坚持不懈地开展爱国主义、集体主义、社会主义思想教育，努力建设和发展中国特色的社会主义文化。中国特色的社会主义文化，是中华民族文化发展的新阶段和新形态，是中国特色社会主义的重要组成部分。

随着改革开放和现代化建设事业的深入发展，社会主义精神文明建设呈现出积极健康向上的良好态势，公民道德建设迈出了新的步伐。爱国主义、集体主义、社会主义思想日益深入人心，为人民服务精神不断发扬光大，崇尚先进、学习先进蔚然成风，追求科学、文明、健康生活方式已成为人民群众的自觉行动，社会道德风尚发生了可喜变化，中华民族的传统美德与体现时代要求的新的道德观念相融合，成为我国公民道德建设发展的主流。但是，我国公民道德建设方面仍然存在着不少问题。社会的一些领域和一些地方道德失范，是非、善恶、美丑界限混淆，拜金主义、享乐主义、极端个人主义有所滋长，见利忘义、损公肥私行为时有发生，不讲信用、欺骗欺诈成为社会公害，以权谋私、腐化堕落现象严重存在。这些问题如果得不到及时有效的解决，必然损害正常的经济和社会秩序，损害改革发展稳定的大局，应当引起全社会的高

---

① 中共中央文献研究室编：《江泽民论有中国特色社会主义（专题摘编）》，中央文献出版社2002年版，第409页。

度重视。面对社会经济成分、组织形式、就业方式、利益关系和分配方式多样化的趋势，面对全面建成小康社会实现共同富裕过程中人民群众的精神文化需求不断增长，面对世界范围各种思想文化的相互激荡，道德建设有许多新情况、新问题和新矛盾需要研究解决。必须适应形势发展的要求，加强思想政治工作，积极探索新形势下道德建设的特点和规律，在内容、形式、方法、手段、机制等方面努力改进和创新，把公民道德建设提高到一个新的水平。

二、社会主义精神文明建设的发展历程

尽管我党对社会主义精神文明建设的正式提法是在改革开放之后，但其内涵追溯可以从早期领导人的思想中挖掘出来，其理论形成充满了探索精神。

（一）1949—1978 年的社会主义精神文明建设

社会主义精神文明建设，从我国进入社会主义建设时期，就已经在一定程度上开始了，不过还没有形成社会主义精神文明建设的相关理论。可以看作是社会主义精神文明建设理论的基础时期。1949年10月1日，中华人民共和国成立，标志着从新民主主义到社会主义过渡时期的开始。新中国成立伊始，在党中央和毛泽东同志的领导下，依靠工人阶级、农民阶级、知识分子和全体人民，在短短三年时间内就根本扭转了国民党反动统治时期留下来的混乱局面，实现了政治、经济、社会的稳定。从1953年起执行我国第一个五年计划时，毛泽东同志开始考虑向社会主义过渡的问题，紧接着制定了党在过渡时期的总路线，提出逐步实现国家的社会主义工业化，并逐步实现对农业、手工业和资本主义工商业的社会主义改造。1954年2月党的七届四中全会正式批准了过渡时期的总路线。1956年上半年，我国生产资料私有制的社会主义改造基本完成，社会主义制度已经基本建立起来。同年9月5日至27日党的八大召

开，标志着我国开始从革命时期转为建设时期，党的八大指出，我们国内的主要矛盾，已经是人民对于建立先进的工业国的要求同落后的农业国的现实之间的矛盾，已经是人民对于经济文化迅速发展的需要同当前经济文化不能满足人民需要的状况之间的矛盾。至此，社会主义建设时期已经开始，社会主义精神文明建设也开始起步。它是伴随着物质文明建设一起发展的。

考察社会主义精神文明建设的理论来源，必须追溯到新民主主义时期的路线、方针、政策。毛泽东同志在1940年1月发表《新民主主义论》，特别阐述了关于"民族的科学的大众的文化"，《新民主主义论》还阐述了新民主主义文化和社会主义文化的关系、新民主主义文化和外国资本主义文化的关系、新民主主义文化和中国传统文化的关系等，毛泽东同志的这些思想，成为社会主义精神文明建设的理论渊源和宝贵财富。1956年4月25日在中共中央政治局扩大会议上，毛泽东同志发表了《论十大关系》，奠定了社会主义精神文明建设的思想理论基础，提出要实行"百花齐放、百家争鸣"的问题。《论十大关系》关于精神文明建设的思想很丰富，例如强调学习社会科学和自然科学；强调对外国的科学、技术、文化不加分析地一概排斥，和对外国东西不加分析地一概照搬，都不是马克思主义的态度；提出要提高民族自信心，发展抗美援朝的"藐视美帝国主义"的精神；等等。

（二）1978—1989年的社会主义精神文明建设

1978年党的十一届三中全会以后，社会主义精神文明建设理论开始进行探索，作为专门术语正式提出。1979年9月25日至28日召开的党的十一届四中全会上，讨论了叶剑英同志在庆祝中华人民共和国成立30周年大会上的讲话，叶剑英同志讲话中说，我们要在建设高度物质文明的同时，提高全民族的教育科学文化水平和健康水平，树立崇高的革命理想和革命道德风尚，发展高尚的丰富多彩的文化生活，建设高度的社会主义精神文明。这些都是我们社会主义现代化的重要目标，也是实现四个现代化的必要条件。1979年10月30日邓小平同志在中国文学艺术工作者第四次代表大会上的祝词中又重述了这一思想，提出要在建设高度物质文明的同时，提高全民族的科学文化水平，发展高尚的丰富多彩的文化生活，建设高度的社会主义精神文明。1980年12月25日召开的中共中央工作会议，邓小平同志在题为《贯彻调整方针，保证安定团结》的讲话中指出："我们要建设的社会主义国家，不但要有高度的物质文明，而且要有高度的精神文明。所谓精神文明，不但是指教育、科学、文化（这是完全必要的），而且是指共产主义的思想、理想、信念、道德、纪律，革命的立场和原则，人与人的同志式关系，等等。"①1981年6月27日党的十一届六中全会审议通过的《关于建国以来党的若干历史问题的决议》，总结新中国成立以来正反两方面的经验，指出社会主义必须有高度的精神文明。提出努力提高教育科学文化在现代化建设中的地位和作用，明确肯定知识分子同工人、农民一样是社会主义事业的依靠力量，没有文化和知识分子是不可能建设社会主义的。第一次把党在新的历史时期的奋斗目标概括为：把我国"逐步建设成为具有现代农业、现代工业、现代国防和现代科学技术的，具有高度民主和高度文明的社会主义强国。"②1981年8月3日，当时中央领导同志在思想战线问题座谈会上的讲话中提出，我们党的事业有两大奋斗目标：一个是建设社会主义高度的物质文明，一个是建设社会主义高度的精神文明。还把党的工作分为物质文明战线和精神文明战线。1982年4月，邓小平同志在中央政治局讨论《中共中央、国务院关于打击经济领域中严重犯罪活动的决定》的会议上，作了题为《坚决打击经济犯罪活动》的讲话，第一次提出建

---

① 《邓小平文选》第二卷，人民出版社1994年版，第367页。
② 中共中央文献研究室编：《十一届三中全会以来重要文献选读》（上册），人民出版社1987年版，第343页。

设社会主义精神文明是坚持社会主义道路的"四项必要保证"之一。同年7月，邓小平同志在军委座谈会上的讲话中，又阐明了社会主义精神文明建设的根本任务：主要是使我们的各族人民都成为有理想、有道德、有文化、有纪律的人民。此外还有"五讲四美"，军队叫"四有、三讲、两不怕"。1982年9月，党的十二大报告对社会主义精神文明作了全面的论述，指出社会主义精神文明是社会主义的重要特征，是社会主义制度优越性的重要表现，把建设高度的社会主义精神文明作为我们党的奋斗目标的一个方面，把在建设物质文明的同时建设高度的精神文明作为党的一个战略方针。并指出，是否坚持这样的方针，将关系到社会主义的兴衰和成败。报告把社会主义精神文明的内容概括为思想建设和文化建设两大方面，指出建设社会主义精神文明，是全党的任务，也是各条战线的共同任务；共产党的思想建设，是社会主义精神文明建设的支柱。

1984年党的十二届三中全会通过的《中共中央关于经济体制改革的决定》，又把在全社会形成文明的、健康的、科学的生活方式，振奋起积极的、向上的、进取的精神状态，作为社会主义精神文明建设的重要内容。1986年9月26日，党的十二届六中全会还专门作出《关于社会主义精神文明建设指导方针的决议》，明确了精神文明建设的战略地位、根本任务和重大方针，引导全党和全国人民逐步加深对精神文明建设的认识，展开各方面的工作。1987年10月，党的十三大报告强调，必须以马克思主义为指导，努力建设精神文明。按照"有理想、有道德、有文化、有纪律"的要求，提高整个民族的思想道德素质和科学文化素质。1988年12月，中共中央发出关于改革和加强中小学德育工作的通知。通知指出，把我国建设成为富强、民主、文明的社会主义现代化国家，实现全国各族人民的共同理想，需要经过几代人的不懈努力。现在的中小学生是21世纪社会主义建设的主力军。他们的思想道德和科学文化素质状况，不仅是当前社会文明程度的重要体现之一，而且对我国未来的社会风貌、民族精神有着决定性的影响。从现在起，就必须努力把他们培养成为有理想、有道德、有文化、有纪律的一代新人。1989年3月，《坚决贯彻治理整顿和深化改革的方针》的政府工作报告指出，建设社会主义现代化必须坚持物质文明和精神文明一起抓，使它们相互结合、相互促进。一个精神文明素质不高的民族是不可能实现现代化的。

这一时期，面对"文革"后中国社会的具体情况，在社会主义精神文明建设问题上，坚持以全面拨乱反正为基本指导，以实现国家和社会的发展为目标，坚持马克思列宁主义的指导地位，既强调了社会主义精神文明发展的地位和作用，又恢复了"文革"前我国教育科学文化发展的基本制度，为进一步推动我国社会主义精神文明做好了准备。

（三）1989—2012年的社会主义精神文明建设

1989年6月24日，江泽民同志在党的十三届四中全会上发表讲话，强调必须继续贯彻执行党的十一届三中全会以来的路线和基本政策，在这个最基本的问题上，要十分明确地讲两句话：一句是坚定不移，毫不动摇；一句是全面执行，一以贯之。指出在抓紧社会主义物质文明建设的同时，必须抓紧社会主义精神文明建设，坚决纠正一手硬、一手软的状况。1989年9月29日，江泽民同志在庆祝中华人民共和国成立四十周年大会上的讲话中强调，当前党和国家工作中需要特别注意统一认识的十个问题，第八个问题就是社会主义精神文明建设。他指出，社会主义不仅要实现经济繁荣，而且要实现社会的全面进步。坚持社会主义物质文明和精神文明一起抓，是我们的基本方针。江泽民同志再次强调发展教育和科学是百年大计，对社会生产力和民族素质的提高具有重大的深远的意义。1991年7月1日，江泽民同志在庆祝中国共产党成立七十周年大会上的讲话中指出，建设有中国特色社会主义的经济、政治、文化，以适应和促进社会生产力的不断发展和社会的全面进步，实现社会主义现代化。应该牢牢把握有中国特色社会主义文化的这些基本要求，极大地提高全民族的思想道德和科学文化素质，促进社会主义物质文明和精神文明的发展。1992年6月9日，江泽民同志在中央党校省部级干部进修班上发表讲话，阐述了坚持"两手抓"的方针，提出在精神文明建设中，要注意坚持把对人民的爱国主义、集体主义、社会主义教育同进行中华民族优秀的思想文化传统、优良的社会公德教育有机地结合和统一起来。1992年9月3日，中共中央政治局会议通过了中央关于改进宣传思想工作，更好地为经济建设和改革开放服务的意见。不仅专门阐述了坚持"两手抓"的方针，促进社会主义精神文明建设，而且阐述了面向实际，加强社会科学理论研究，繁荣文艺，活跃群众文化生活，改进新闻、出版工作，加强对外宣传，努力创造良好的国际舆论环境，有计划、有领导地进行宣传思想战线体制改革，适当增加对宣传文化事业的投入，加强党对宣传思想工作的领导等意见。1992年10月12日，党的十四大召开。会议提出坚持两手抓，两手都要硬，把社会主义精神文明建设提高到新水平。会议还指出精神文明建设必须紧紧围绕经济建设这个中心，为经济建设和改革开放提供强大的精神动力和智力支持。强调精神文明重在建设，并详尽地阐述了具体措施。1993年2月13日，中共中央、国务院同意并转发了《中国教育改革和发展纲要》。"必须把教育摆在优先发展的战略地位，努力提高全民族的思想道德和科学文化水平，这是实现我国现代化的根本大计。"[①]1994年1月24日，江泽民同志在全国宣传工作会议上发表讲话，要求宣传思想工作，必须以科学的理论武装人，以正确的舆论引导人，以高尚的精神塑造人，以优秀的作品鼓舞人，不断培养和造就一代又一代有理想、有道德、有文化、有纪律的社会主义新人，在建设有中国特色社会主义的伟大事业中发挥有力的

---

① 中共中央文献研究室编：《十四大以来重要文献选编》上，人民出版社1995年版，第59页。

思想保证和舆论支持作用。1995年9月28日，在党的十四届五中全会闭幕会上，江泽民同志指出，改革开放以来，政治经济形势很好，精神文明建设也取得了很大进展，但是还存在一些亟待解决的问题，思想政治工作薄弱，拜金主义、享乐主义抬头，一些地方社会治安情况不好，一些腐败、丑恶现象又重新滋生蔓延。这些问题应该引起我们高度重视，采取切实有力的措施加以解决。强调社会主义精神文明建设要以马克思列宁主义、毛泽东思想和邓小平建设有中国特色社会主义理论为指导，大力发扬党的优良传统，弘扬中华民族优良的思想文化，加强爱国主义、集体主义和社会主义思想教育，培育有理想、有道德、有文化、有纪律的社会主义公民，吸收世界文明的一切优秀成果，提高全民族的思想道德素质和科学文化素质。要积极探索在社会主义市场经济条件下，搞好精神文明建设的新思路、新办法，逐步形成有利于社会主义现代化建设的舆论力量、价值观念、道德规范和文化条件。精神文明建设要同经济发展战略相适应，纳入国民经济和社会发展的总体规划。1996年10月10日，在党的十四届六中全会闭幕会上，江泽民同志发表《努力开创社会主义精神文明建设的新局面》的讲话，明确指出社会主义精神文明建设的指导思想是：以马克思主义、列宁主义、毛泽东思想和邓小平建设有中国特色社会主义理论为指导，坚持党的基本路线和基本方针，加强思想道德建设，发展教育科学文化，以科学的理论武装人，以正确的舆论引导人，以高尚的精神塑造人，以优秀的作品鼓舞人，培育有理想、有道德、有文化、有纪律的社会主义公民，提高全民族的思想道德素质和科学文化素质，团结和动员各族人民把我国建设成为富强、民主、文明的社会主义现代化国家。1997年9月20日，党的十五大召开。十五大报告指出，建设有中国特色社会主义的文化，就是以马克思主义为指导，以培育有理想、有道德、有文化、有纪律的公民为目标，发展面向现代化、面向世界、面向未来的，民族的科学的大众的社会主义文化。这就要坚持用邓小平理论武装全党，教育人民；努力提高全民族的思想道德素质和教育文化水平；坚持为人民服务、为社会主义服务的方向和百花齐放、百家争鸣的方针，重在建设，繁荣学术和文艺；建设立足中国现实、继承历史文化优秀传统、吸收外国文化有益成果的社会主义精神文明。

2001年1月，江泽民同志在全国宣传部部长会议上，明确提出了"把依法治国与以德治国紧密结合起来"的治国方略。2001年7月1日，江泽民同志在庆祝中国共产党成立八十周年大会上的讲话中，全面阐述了"三个代表"重要思想的科学内涵，提出我们党要始终代表中国先进文化的前进方向，就是党的理论、路线、纲领、方针、政策和各项工作，必须努力体现发展面向现代化、面向世界、面向未来的，民族的科学的大众的社会主义文化的要求，促进全民族思想道德素质和科学文化素质的不断提高，为我国经济发展和社会进步提供精神动力和智力支持。2002年11月8日，党的十六大召开，提出全面建设小康社会的目标，并以《文化建设和文化体制改革》为题，指出当今世界，文化与经济和政治相互交融，在综合国力竞争中的地位和作用越来越突出。文化的力量，深深熔铸在民族的生命力、创造力和凝聚力之中。全党同志要深刻认识文化建设的战略意义，推动社会主义文化的发展繁荣，并从牢牢把握先进文化的前进方向、坚持弘扬和培育民族精神、切实加强思想道德建设、大力发展教育和科学事业、积极发展文化事业和文化产业、继续深化文化体制改革六个方面，阐述了全面建设小康社会，必须大力发展社会主义文化，建设社会主义精神文明。2002年7月，江泽民同志在考察中国社会科学院时进一步指出，建设中国特色社会主义，应是我国经济、政治、文化全面发展的进程，是我国物质文明、政治文明、精神文明全面建设的过程。这为"三个文明"协调发展的新思想奠定了坚实的基础。同年，党的十六大报告正式将物质文明、政治文明、精神文明列为"三位一体"的国家规划和发展目标，强调"三个文明"协调发展作为中国特色社会主义建设的重要支撑。2004年，胡锦涛同志在人口资源环境工作座谈会上的讲话中指出："要坚持抓好经济建设这个中心，同时又要切实防止片面性和单打一，全面推进社会主义物质文明、政治文明、精神文明建设，防止出现因发展不平衡而制约发展的局面。"①这充分表明"强政府""强市场"牵引下的文明发展特征，精神文明及政治文明的发展为物质文明提供动力。2006年召开的党的十六届六中全会提出了"建设和谐文化"的概念。"和谐文化"的概念，是从巩固社会和谐的角度提出来的。先进文化强调的是文化的一种质的规定性，和谐文化则是对构成文化要素的彼此之间状态的一种体现，两者是交融互动的。建设和谐文化是针对改革开放以来文化多样性的矛盾问题而产生的，但是两者并不排斥，先进文化为和谐文化的发展指导方向，和谐文化则为先进文化的发展增添协调底色，从这个意义上讲，和谐文化夯实了先进文化的理论之基，深化了对中国文化建设方向与使命的认知，是对先进文化的进一步发展和完善。

在21世纪之交的紧要关头，面对人民群众对精神文化需求的迅速增长，面对人们思想观念多元多样的社会状况，党中央及时针对社会矛盾提出了精神文明建设的具体指导要求，使群众性的公民道德实践活动得到轰轰烈烈的开展，营造了全社会健康向上的道德风尚。在这一时期提出先进文化与和谐文化以及理清两者之间的关系，体现了我党对我国文化建设的认识与把握进入了不断发展与完善的阶段，为承接新时代的文化建设起了有力的推动和支撑作用。

（四）2013年至今的社会主义精神文明建设

这一阶段的社会主义精神文明建设表现出新时代的新特征。其实践

---

① 胡锦涛：《在中央人口资源环境工作座谈会上的讲话》，《人民日报》2004年4月5日。

发展主要依赖于政府、市场、社会多方力量的推动和文明自觉，更加注重群众性、大众性精神文明创建实践活动的广泛开展，促进社会整体文明进步和人的文明素质提升。党的十八大以来，习近平总书记从"四个全面"战略布局出发，推动社会主义精神文明建设在理论上不断深化，实践上不断深入。实现中华民族伟大复兴的中国梦，物质财富要极大丰富，精神财富也要极大丰富，必须锲而不舍、一以贯之地抓好社会主义精神文明建设。2013年4月，习近平总书记在同全国劳动模范代表座谈时强调"物质上强大起来"和"精神上强大起来"，这对发展具有重要的意义。2013年5月，习近平同志在参加中国空间技术研究院"实现中国梦，青春勇担当"主题团日活动时指出："中国特色社会主义是物质文明和精神文明全面发展的社会主义。一个没有精神力量的民族难以自立自强，一项没有文化支撑的事业难以持续长久。"①物质文明和精神文明成为中国特色社会主义的重要内涵。习近平总书记深刻阐释物质文明与精神文明新的时代价值意涵，他说："只有物质文明建设和精神文明建设都搞好，国家物质力量和精神力量都增强，全国各族人民物质生活和精神生活都改善，中国特色社会主义事业才能顺利向前推进。"②由此可见，中华民族伟大复兴的中国梦，依赖物质文明和精神文明的均衡发展，缺一不可。2014年2月24日，习近平总书记主持中央政治局第十三次集体学习时就提出，要把社会主义核心价值观的要求融入各种精神文明创建活动之中，吸引群众广泛参与，推动人们在为家庭谋幸福、为他人送温暖、为社会作贡献的过程中提高精神境界、培育文明风尚。2014年3月27日，国家主席习近平在联合国教科文组织总部发表演讲，阐明"实现中国梦，是物质文明和精神文明比翼双飞的发展过程"的

---

① 习近平：《在同各界优秀青年代表座谈时的讲话》，《人民日报》2013年5月5日。
② 习近平：《胸怀大局把握大势着眼大事　努力把宣传思想工作做得更好》，《人民日报》2013年8月21日第1版。

观点，得到国际社会高度认同。2015年2月28日下午，习近平总书记亲切会见第四届全国文明城市、文明村镇、文明单位和未成年人思想道德建设工作先进代表。他强调，要继续锲而不舍、一以贯之抓好社会主义精神文明建设，为全国各族人民不断前进提供坚强的思想保证、强大的精神力量、丰润的道德滋养。党的十八届五中全会议通过的"十三五"规划，对推动"两个文明"协调发展，坚持"物质文明精神文明并重""推动物质文明和精神文明协调发展"①意义非凡。党的十八大以来物质文明与精神文明关系实践探索的新成果，表明习近平总书记站在"中国梦"的时代新高度强调物质文明与精神文明的重要意义。2015年12月30日，在主持中央政治局第二十九次集体学习时，习近平总书记指出，要大力弘扬伟大爱国主义精神，大力弘扬以改革创新为核心的时代精神，为实现中华民族伟大复兴的中国梦提供共同精神支柱和强大精神动力。2016年7月1日，在庆祝中国共产党成立95周年大会上，习近平总书记强调全党要"自觉做共产主义远大理想和中国特色社会主义共同理想的坚定信仰者、忠实实践者"。2016年12月9日，习近平总书记主持中央政治局第三十七次集体学习时再次强调，要深入实施公民道德建设工程，深化群众性精神文明创建活动，引导广大人民群众自觉践行社会主义核心价值观，树立良好道德风尚，争做社会主义道德的示范者、良好风尚的维护者。2017年10月18日，习近平总书记在中国共产党第十九次全国代表大会上指出，要以培养担当民族复兴大任的时代新人为着眼点，强化教育引导、实践养成、制度保障，发挥社会主义核心价值观对国民教育、精神文明创建、精神文化产品创作生产传播的引领作用，把社会主义核心价值观融入社会发展各方面，转化为人们的情感认同和行为习惯。加强思想道德建设。人民有信仰，国家有力量，民族有

---

① 《中共中央关于制定国民经济和社会发展第十三个五年规划的建议》，《人民日报》2015年11月4日。

希望。要提高人民思想觉悟、道德水准、文明素养，提高全社会文明程度。深入实施公民道德建设工程，推进社会公德、职业道德、家庭美德、个人品德建设，激励人们向上向善、孝老爱亲，志于祖国、忠于人民。加强和改进思想政治工作，深化群众性精神文明创建活动。弘扬科学精神，普及科学知识，开展移风易俗、弘扬时代新风行动，抵制腐朽落后文化侵蚀。推进诚信建设和志愿服务制度化，强化社会责任意识、规则意识、奉献意识。2018年12月18日，习近平总书记在庆祝改革开放40周年大会上的讲话中指出，40年来，我们始终坚持发展社会主义先进文化，加强社会主义精神文明建设，培育和践行社会主义核心价值观，传承和弘扬中华优秀传统文化，坚持以科学理论引路指向，以正确舆论凝心聚力，以先进文化塑造灵魂，以优秀作品鼓舞斗志，爱国主义、集体主义、社会主义精神广为弘扬，时代楷模、英雄模范不断涌现，文化艺术日益繁荣，网信事业快速发展，全民族理想信念和文化自信不断增强，国家文化软实力和中华文化影响力大幅提升。改革开放铸就的伟大改革开放精神，极大丰富了民族精神内涵，成为当代中国人民最鲜明的精神标识！2021年8月17日，习近平总书记在中央财经委员会第十次会议上的讲话中指出，促进人民精神生活共同富裕。促进共同富裕与促进人的全面发展是高度统一的。要强化社会主义核心价值观引领，加强爱国主义、集体主义、社会主义教育，发展公共文化事业，完善公共文化服务体系，不断满足人民群众多样化、多层次、多方面的精神文化需求。2021年11月8日，党的十九届六中全会召开，会议提出了在促进共同富裕过程中加强精神文明建设，强化社会主义核心价值观引领，不断满足人民群众多样化、多层次、多方面的精神文化需求。

梳理这个历史发展过程，可以发现，对于精神文明建设的地位、内涵、目标以及发展策略等的认识，中国共产党有一个不断明确和深化的过程，而这种明确和深化的变化又是和中国特色社会主义特别是中国经济社会的发展进程紧密相连的，是实践发展的结果。特点包括：（1）在不同的社会历史阶段，有关精神文明建设战略地位的表述都有具体的提法，有着递进、不断发展的过程。改革开放之初，邓小平同志认为，精神文明建设"必须是围绕和推动社会主义现代化建设的精神文明建设，必须能促进全面改革和实行对外开放的精神文明建设，必须是坚持四项基本原则的精神文明建设"①。在邓小平同志看来，精神文明建设是推动社会主义现代化建设全面发展的一种形式。党的十三大提出，"要把我国建设成为富强、民主、文明的社会主义现代化国家"，这就将社会主义精神文明建设与经济建设和政治建设比肩并论。十五大报告指出："有中国特色社会主义的文化……是综合国力的重要标志。"②这意味着文化建设与综合国力直接相连，是综合国力的重要且不可替代的组成部分。党的十七大将文化放在提高国家文化软实力的层次来阐述其紧迫性和时代性。党的十八大则强调要继续稳定推进社会主义文化强国建设，充分反映了党对时代发展趋势的深刻认识，体现了党从更大平台、更深远意义上对文化建设战略定位进行了深刻的科学把握。十九大把精神文明建设作为社会主义核心价值观的重要构成部分；而十九届六中全会把精神文明建设纳入到共同富裕的战略决策之中。（2）精神文明建设的内容逐渐丰富。改革开放之后，面对资产阶级自由化思潮，邓小平同志及时地觉察到问题的严重性，他强调要坚持四项基本原则，为思想道德建设确立了底线。邓小平同志明确了教育、科技和四个现代化的关系，并明确了两者各自的重要地位，深化了精神文明建设的内涵。江泽民同志对精神文明建设内涵的丰富还体现在以下几个方面，一是要努力建设我国的先进文化，二是要注重文化创新，三是提倡弘扬科学精神。这些

---

① 中共中央宣传部：《邓小平同志建设有中国特色社会主义理论学习纲要》，学习出版社1995年版，第63页。
② 中共中央文献研究室编：《十五大以来重要文献选编》（上），人民出版社2000年版，第549页。

论断丰富了文化建设的内容。胡锦涛同志顺应时代发展大势，适时提出要推动社会主义文化大发展大繁荣，提高国家文化软实力的文化发展战略目标。习近平总书记指出："中国特色社会主义文化，源自于中华民族五千多年文明历史所孕育的中华优秀传统文化，熔铸于党领导人民在革命、建设、改革中创造的革命文化和社会主义先进文化，植根于中国特色社会主义伟大实践。"①这是对文化理论内容的扩展，而且三者亦构成了文化自信的主要内容。并强调要以社会主义核心价值观去凝聚力量，不断推动文化繁荣兴盛。（3）精神文明建设的发展目标逐步清晰。邓小平强调要重点抓思想道德建设。并将"有理想、有道德"放在"四有新人"内容中的前两位。进入21世纪后，建设先进文化的新观念应运而生，逐步形成了先进文化建设的新格局。进入新时代以来，习近平文化自信思想逐渐系统化、明确化，成为共同富裕的重要发展目标。从强调重点抓思想道德建设到强调文化自信和核心价值观建设的整个目标不断转变不断清晰的发展历程，就是文化建设目标逐步明确的发展进程。（4）精神文明建设的环境越发复杂。改革开放之初，西方国家转而采取和平演变战略，加大了对中国等发展中国家思想领域的入侵，给中国社会主义事业的建设带来了严峻挑战。以邓小平同志为核心的党的第二代中央领导集体顶住巨大压力，及时准确地把握了世界形势的发展定向，提出了加强精神文明建设的理论。到了江泽民同志执政时期，国际上仍然呈现"西强我弱"的力量格局，西方的和平演变变本加厉，其目标变得更明确，手段变得更狡猾，西方国家企图通过改变中国人民现有的文化观念达到他们不战而胜的价值观演变目的，我国面临着严峻的文化安全形势。在国内，随着社会主义市场经济的快速推进，市场经济的消极影响逐渐显现出来，导致人们的思想观念呈现独立多变的不稳定性。之

---

① 习近平：《习近平提出，坚定文化自信，推动社会主义文化繁荣兴盛》，新华社2017年10月18日。

后，西方发达国家更是凭借经济和科技上的优势，以价值观作为影响世界的主要手段之一，加快对我国的思想渗透，以胡锦涛为总书记的党中央对文化建设思想进行创新，开创了中国特色社会主义文化建设思想发展的新阶。进入新时代以来，全球文化多元主义泛起，民族主义、民粹主义兴盛，"西方中心论""中国威胁论"以及"中国崩溃论"等错误言论冲击着国民的文化自信，西方国家利用话语霸权不断扩大对中国意识形态的渗透。国内文化虚无主义的错误思潮和个人主义等错误的价值观念时有泛起，我国文化事业和文化产业整体发展程度不足以满足人民对文化建设发展的新需求，城乡文化、区域文化发展仍不平衡。习近平总书记致力于建立起我们新的中国特色社会主义文化体系和价值观体系，使我们能够真正形成中国特色社会主义文化的影响力和创造力。

物质文明和精神文明协调发展

中国共产党在发展先进生产力的同时，一贯重视精神文明建设。坚持两手都要抓、两手都要硬的策略方针，为中国特色社会主义的发展和完善提供重要支撑。注重以社会主义核心价值观引领精神文明的发展方向，坚定文化自信，发挥传统文化对精神文明建设的促进作用。

一、正确处理物质文明与精神文明的关系

在实现共同富裕的过程中，正确认识和处理精神文明与物质文明的关系，明确精神文明建设在共同富裕中的地位，十分重要。

（一）物质文明和精神文明联系紧密

在文明形成和发展的整个过程中，作为人类物质生产成果的物质文

明和作为人类精神生产成果的精神文明是紧密联系、互相交织在一起。在物质生产的成果中，包含着精神的劳动，包含着精神生产的成果；同样，在精神生产的成果中，也包含着物质的劳动，包含着物质生产的成果。"思想、观念、意识的生产最初是直接与人们的物质活动，与人们的物质交往，与现实生活的语言交织在一起的。人们的想象、思维、精神交往在这里还是人们物质行动的直接产物。表现在某一民族的政治、法律、道德、宗教、形而上学等的语言中的精神生产也是这样。"①物质文明是精神文明的基础，物质文明的水平决定着精神文明的水平。然而，精神文明反过来对物质生产或物质劳动又有重要的影响。物质生产或物质劳动是以一定的思想和精神为指导的，在物质生产或物质劳动的过程中，思想、精神有时起着决定的作用；精神生产或精神劳动渗透在物质生产或物质劳动之中，有时甚至也起着制约、主宰的作用。

物质文明是人类改造自然和社会的物质成果。人类在社会中生活，首先必须衣、食、住、行，因而必须从事物质生产。有生产就有消费，有消费就有分配和交换。就生产和消费来说，生产为消费创造作为需要对象的材料，消费为生产创造作为内在对象和作为目的的需要。"一定的生产决定一定的消费、分配、交换和这些不同要素相互间的一定关系。"②因此，从根本上说，物质的生产起决定的作用。由于社会主义发展的历史比资本主义发展的历史短，现在社会主义国家的发展起点比较低，在物质文明建设上与发达资本主义国家相比还有一定的距离。但这是暂时的。随着时间的推移和社会的发展进步，社会主义物质文明一定会赶上甚至超过发达资本主义的物质文明，这是历史发展的大趋势。

精神文明是人类改造自然和改造社会的精神成果，是精神生产的结晶。人类在社会中生活，不仅从事物质的生产，同时也从事精神的

---

① 《马克思恩格斯选集》第一卷，人民出版社1995年版，第72页。
② 《马克思恩格斯选集》第二卷，人民出版社1995年版，第17页。

生产。人类步入文明时代的物质生产和精神生产，是社会分工造成的。"分工不仅使精神活动和物质活动、享受和劳动、生产和消费由不同的个人来分担这种情况成为可能，而且成为现实"①。精神文明是指在物质生产有了一定发展的基础上产生的各种精神成果和精神生活的进步，包括各种思想、社会意识形式，如科学、教育、艺术、哲学、道德、宗教（神学）等观念形态的社会文化的发展。其形式也是多种多样的。例如古希腊罗马时代的希腊神话、荷马史诗，中国古代哲学、文学、诗词歌赋和舞蹈等的发展，以及近代西方的启蒙思想和无神论等，都是精神文明的产物。精神文明的产生，同物质文明一样，是由于商品经济发展，生产力水平有了较大提高。精神文明同物质文明、政治文明的发展一样，也具有相应的时代属性、制度属性、阶级属性、民族属性。

精神文明能够产生精神力量，这是人们在社会实践中已经形成的共识。精神力量和物质力量一样，具有强大的威力和社会影响。马克思、恩格斯从来就很重视积极的社会精神力量的作用。社会主义的精神文明，对于资本主义制度的精神文明是一种否定和扬弃，它是社会进入文明时代以来最进步的精神文明。这种最进步的精神文明，是以人类最伟大的精神成果——马克思主义的科学思想为基础、为核心、为指导的。

物质文明和精神文明互为条件、互相影响。任何精神生产、精神劳动都是以物质生产或物质劳动为基础的，是受到生产力发展水平制约的。"人们是自己的观念、思想等等的生产者，但这里所说的人们是现实的、从事活动的人们，他们受自己的生产力和与之相适应的交往的一定发展——直到交往的最遥远的形态——所制约。"②因此，正是从这个

---

① 《马克思恩格斯选集》第一卷，人民出版社1995年版，第83页。
② 《马克思恩格斯选集》第一卷，人民出版社1995年版，第72页。

意义上说，物质文明是精神文明的基础，物质文明的水平决定着精神文明的水平。在物质生产和精神生产的过程中，物质文明是精神文明的物质保证，精神文明则是物质文明的精神保证、思想保证。

（二）对物质文明与精神文明关系认识的深化

建设中国特色的社会主义，不仅要建设高度的物质文明，而且要建立高度的精神文明，是物质文明建设和精神文明建设共同发展的社会主义。这是社会主义本质理论的必然要求，也是社会主义国家发展的必然要求。正如邓小平同志所说："在社会主义国家，一个真正的马克思主义政党在执政以后，一定要致力于发展生产力，并在这个基础上逐步提高人民的生活水平。这就是建设物质文明。""与此同时，还要建设社会主义的精神文明，最根本的是要使广大人民有共产主义的理想，有道德，有文化，守纪律。"①来自人民，扎根于人民，服务于人民，这是中国共产党能够制定正确路线，最广泛地动员和组织人民去不断夺取胜利的根本原因。人民群众是党的力量源泉和胜利之本。历史的经验表明，什么时候党群关系密切，我们的事业就顺利发展；什么时候党群关系受到损害，我们的事业就会遭到挫折。党离不开人民，人民也离不开党，这是任何力量都不能够改变的。"党只有紧紧地依靠群众，密切地联系群众，随时听取群众的呼声，了解群众的情绪，代表群众的利益，才能形成强大的力量，顺利地完成自己的各项任务。"②

邓小平同志继承马克思主义创始人关于社会存在两种生产的理论，并对其进行了创造性发展。基于对"文革"的反思、对国外思潮的批判及国内部分学者"两个文明"片面认识的回应，从中国社会发展现实要求出发，邓小平同志对"物质文明"和"精神文明"进行深刻解说并对其二者关系内涵深入挖掘，对物质文明与精神文明及其二者关系理论作

---

① 　《邓小平文选》第三卷，人民出版社1993年版，第28页。
② 　《邓小平文选》第二卷，人民出版社1994年版，第342页。

出了奠基性贡献。邓小平同志反复强调精神文明建设的重要性和紧迫性，并对精神文明的基本内容、目标和任务、方针和政策等问题进行阐释，在精神文明对物质文明的制约性问题上指出，"不加强精神文明的建设，物质文明的建设也要受破坏，走弯路。光靠物质条件，我们的革命和建设都不可能胜利"①；在精神文明建设的理论方向上提出，"社会主义要赢得与资本主义相比较的优势，就必须大胆吸收和借鉴人类社会创造的一切文明成果"②；在物质文明与精神文明同向建设、共同发展的问题上提出，"在社会主义国家，一个真正的马克思主义政党在执政以后，一定要致力于发展生产力，并在这个基础上逐步提高人民的生活水平。这就是建设物质文明……与此同时，还要建设社会主义的精神文明，最根本的是要使广大人民有共产主义的理想，有道德，有文化，守纪律。国际主义、爱国主义都属于精神文明的范畴"③。针对思想政治工作薄弱，拜金主义、享乐主义抬头等问题，江泽民同志提出要积极探索社会主义市场经济体制下搞好精神文明建设的新思路新方法，形成有利于社会主义现代化建设的价值观念、道德约束和文化条件。胡锦涛同志提出了"社会主义物质文明、政治文明与精神文明协调发展"的重要理论。马克思主义精神富有思想和中国共产党的精神文明建设理论为习近平总书记关于精神文明建设相关论述提供了重要理论基础，并且这一思想在实践中不断进步和完善。习近平总书记对物质文明与精神文明关系问题的探索从"辩证""全面"的观点演进到"平衡"的观点，并认为社会主义精神文明是社会主义社会形态的本质要求，具有开放性、群众性和长期性的特征。实现中华民族伟大复兴的中国梦不仅需要在物质生产上不断创造奇迹，还需要在精神文化上不断书写辉煌。这就在坚

---

① 《邓小平文选》第三卷，人民出版社1993年版，第144页。
② 《邓小平文选》第三卷，人民出版社1993年版，第373页。
③ 《邓小平文选》第三卷，人民出版社1993年版，第28页。

持"人民群众是历史的创造者"这一马克思主义基本观点的基础上进一步提升到"以人民为中心"的基本观点。人是在多向度中追求幸福，不仅要求物质生活的充足，而且追求精神生活的充实。习近平总书记强调："实现中国梦，是物质文明和精神文明均衡发展、相互促进的结果。没有文明的继承和发展，没有文化的弘扬和繁荣，就没有中国梦的实现。"①实现中华民族伟大复兴既需要强大的物质力量，又需要强大的精神力量。新征程上，提升精神文明水平、推动精神生活共同富裕同样不可或缺。精神生活共同富裕是衡量社会主义现代化强国建设的重要方面，同时也能够为社会主义现代化强国建设提供价值引导力、文化凝聚力、精神推动力。到21世纪中叶，当富强民主文明和谐美丽的社会主义现代化强国建成之时，全体人民共同富裕将基本实现，我国人民精神生活共同富裕也将基本实现。

二、发挥社会主义核心价值观的引领作用

社会主义核心价值观是全国各族人民在价值观念上的"最大公约数"，是社会主义法治建设的灵魂，同时也为新时代中国特色社会主义精神文明建设指明了方向。在当今经济全球化、政治民主化、文化多元化、生活信息化的背景下，不断推动社会主义核心价值观融入精神文明建设制度之中，是充分发挥社会主义核心价值观在精神文明建设中的支撑、定向、引领作用，构建系统完备、科学规范、运行有效的制度体系，增强全社会对社会主义核心价值观认同归属感的重要内容和实现路径。党的十八大以来，我国高度重视在精神文明建设中体现与社会主义社会发展相适应的道德观念和价值取向，为其融入精神文明建设制度奠定了坚实的基础。

---

① 习近平：《在联合国教科文组织总部发表演讲》，《人民日报》2014年3月28日第1版。

（一）社会主义核心价值观的发展过程

2006年10月11日，党的十六届六中全会通过的《中共中央关于构建社会主义和谐社会若干重大问题的决定》深刻揭示了社会主义核心价值体系的内涵，明确提出了社会主义核心价值体系的内容，即马克思主义指导思想、中国特色社会主义共同理想、以爱国主义为核心的民族精神和以改革创新为核心的时代精神、社会主义荣辱观。2007年10月，党的十七大首次将建设社会主义核心价值体系纳入报告中，提出了建设社会主义核心价值体系，增强社会主义意识形态的吸引力和凝聚力的要求。党的十七大报告指出，"社会主义核心价值体系是社会主义意识形态的本质体现"，要"切实把社会主义核心价值体系融入国民教育和精神文明建设全过程，转化为人民的自觉追求"。"积极探索用社会主义核心价值体系引领社会思潮的有效途径，主动做好意识形态工作，既尊重差异、包容多样，又有力抵制各种错误和腐朽思想的影响。"[①] 2008年12月，胡锦涛同志在纪念中国科学技术协会成立五十周年大会上的讲话中指出，社会主义核心价值体系是我国指导思想、共同理想、民族精神、道德观念的集中体现。建设社会主义核心价值体系，是增强民族凝聚力和国家软实力的客观需要。2011年10月18日，党的十七届六中全会通过的《中共中央关于深化文化体制改革、推动社会主义文化大发展大繁荣若干重大问题的决定》（以下简称《决定》）深刻揭示了社会主义核心价值体系在文化建设中的灵魂作用，体现了我们党对文化建设规律认识的进一步深化，是全会《决定》突出强调的一个重点。2012年11月8日，胡锦涛同志在中国共产党第十八次全国代表大会上所作的报告中明确提出"三个倡导"，即"倡导富强、民主、文明、和谐，倡导自由、平等、公正、法治，倡导爱国、敬业、诚信、友善，积极培育和践行社

---

① 中共中央文献研究室编：《十七大以来重要文献选编》（上），中央文献出版社2009年版，第26、26—27、27页。

会主义核心价值观"，这是对社会主义核心价值观的最新概括。2013年12月，中共中央办公厅印发了《关于培育和践行社会主义核心价值观的意见》，就培育和践行社会主义核心价值观的指导思想、基本原则、基本要求等提出具体意见，指出要把培育和践行社会主义核心价值观融入国民教育全过程，落实到经济发展实践和社会治理中；强调要用社会主义核心价值观引领社会思潮、凝聚社会共识；还就开展涵养社会主义核心价值观的实践活动、加强对培育和践行社会主义核心价值观的组织领导等方面提出了要求。2014年1月4日，时任中共中央政治局常委、中央书记处书记刘云山在培育和践行社会主义核心价值观座谈会上发表讲话，从把握好核心价值观与核心价值体系的关系，深化宣传普及、增强认知认同，优秀传统文化中汲取营养，推动人人参与、人人实践，党员干部要引领带动五个方面，对如何切实做好培育和践行社会主义核心价值观的工作作出具体阐述和要求。2014年2月24日，中共中央政治局就培育和弘扬社会主义核心价值观、弘扬中华传统美德进行第十三次集体学习。中共中央总书记习近平在主持学习时强调，把培育和弘扬社会主义核心价值观作为凝魂聚气、强基固本的基础工程，继承和发扬中华优秀传统文化和传统美德，广泛开展社会主义核心价值观宣传教育，积极引导人们讲道德、尊道德、守道德，追求高尚的道德理想，不断夯实中国特色社会主义的思想道德基础。当时，全党以及全社会兴起学习、宣传和践行社会主义核心价值观的高潮。2016年12月，中共中央办公厅、国务院办公厅印发《关于进一步把社会主义核心价值观融入法治建设的指导意见》，强调把社会主义核心价值观上升到法律制度层面。2017年10月，党的十九大报告进一步强调"坚持社会主义核心价值体系"，"培育和践行社会主义核心价值观"，"把社会主义核心价值观融入社会发展各方面，转化为人们的情感认同和行为习惯"。建设社会主义价值体系，培育和践行社会主义核心价值观成为新时代坚持和发展中国特色社会主义的灵魂工程。2018年3月，第十三届全国人大一次会议将社会主义核心价值观写入宪法总纲，规定"国家倡导社会主义核心价值观"，将其上升到国家层面的价值追求。同年5月，中共中央印发《社会主义核心价值观融入法治建设立法修法规划》，充分体现了社会主义核心价值观由"软性要求"转化为"刚性规范"的法治导向。2018年8月在全国宣传思想工作会议上，把坚持培育和践行社会主义核心价值观作为党的十八大以来宣传思想工作的重要新思想、新观点、新论断，并把"育新人"作为宣传思想工作的使命担当。2019年4月30日在纪念五四运动100周年大会上，将培育和践行社会主义核心价值观作为新时代青年的基本精神风貌。2019年10月在党的十九届四中全会《关于坚持和完善中国特色社会主义制度 推进国家治理体系和治理能力现代化若干重大问题的决定》中，将坚持以社会主义核心价值观引领文化建设制度作为中国特色社会主义文化制度建设的重要任务。2020年5月8日习近平总书记在党外人士座谈会上的讲话，把弘扬社会主义核心价值观作为抗击新冠肺炎疫情取得胜利的精神力量。2020年9月8日习近平总书记在全国抗击新冠肺炎疫情表彰大会上的讲话，又一次把社会主义核心价值观、中华优秀传统文化作为抗击新冠肺炎疫情的强大精神动力，作为凝聚人心、汇聚民力的强大力量。2020年11月8日，党的十九届五中全会明确提出"坚持以社会主义核心价值观引领文化建设"，"弘扬社会主义核心价值观"被写入《中华人民共和国民法典》，社会主义核心价值观由"德"入"法"，彰显出中华民族的共同意志和中国人民的价值诉求。

（二）社会主义核心价值观融入精神文明建设之中

党的十九届四中全会指出，要"坚持依法治国和以德治国相结合，完善弘扬社会主义核心价值观的法律政策体系，把社会主义核心价值观要求融入法治建设和社会治理，体现到国民教育、精神文明创建、文化产品创作生产全过程"①。而不断推进社会主义核心价值观融入精神文明建设制度，是坚持物质文明建设和精神文明建设并举，推动实现"以善治促进步"的必然要求。

社会主义核心价值观融入精神文明建设制度是完善法律制度、增强法治意识的实践要求。推进社会主义核心价值观融入精神文明建设制度，即是在精神文明建设全过程中，以法律条例和礼仪规范等制度形式对社会主义核心价值观的内容加以不断强化，并在精神文明建设的具体情境下以社会主义核心价值观为引领，对精神文明建设加以阐释和规范，进而在精神文明建设中有效整合不同的社会思想意识，加强意识形态教育与管理，增强人们对社会主义核心价值观的认同归属感和自觉践行力。由此可见，社会主义核心价值观融入精神文明建设制度，其实质就是在精神文明建设的过程中，将社会主义核心价值观由观念上的"软性要求"转化成具有普遍约束力、强大教育力的"硬性规范"，从而将精神文明建设具体要求转化为与社会主义核心价值观相统一的思想、言行与价值认知，并在实践过程中不断完善法律制度，增强人们的法治意识，进而培育和践行社会主义核心价值观。

精神文明建设的价值取向不仅事关社会精神文明建设的方向、目标和成效，更关乎法治中国建设的核心问题。现代社会所谓良法善治的"善"不再是狭义观念中的价值评判标准，而是"涵盖了社会成员甚至国家的理想信念与价值目标，是调整人与自身、国家和社会之间关系的多样行为规范与价值体系的总和"②，是以人民为中心的价值体系。

促进社会主义核心价值观融入人们的现实生活，使之"日常化、具体化、形象化、生活化"，能够进一步推动其融入精神文明建设制度之中。（1）需要在精神文明建设中不断完善市民公约、乡规民约、学生守

① 《中国共产党第十九届中央委员会第四次全体会议文件汇编》，人民出版社2019年版，第44页。
② 柏路：《社会主义核心价值观法制化探析》，《思想理论教育》2017年第2期。

则、行业规章、团体章程等，使精神文明建设的制度实践过程，同时成为弘扬社会主义核心价值观的过程。可以从社会生活入手，加强人们在家庭活动、邻里生活、工作学习等方面的制度规范，有组织、有目的、有针对性地对社会不良现象加以约束管理，对社会正能量与良风美俗加以倡导和弘扬，使人们在各种丰富多彩的社会生活中，对社会主义核心价值观融入精神文明建设制度的各相关领域加以运用与完善。同时，还可借此更好地进行精神文明建设的相关社会治理，从而更好地对社会个体进行价值观教育。（2）可以广泛开展以社会主义核心价值观为主题的精神文明创建活动。应着力建立多元立体的实践机制，以丰富多样的精神文明创建活动为依托，使人们在不同活动中养成良好的社会主义核心价值观践行习惯，营造有利于社会主义核心价值观践行的社会氛围，进而不断强化社会主义核心价值观的实践效果，提升精神文明创建活动的质量与水平。譬如，要坚持为民利民惠民，着力推进文明城市创建、文明村镇创建；要立足行业特色、职业特点，推进文明单位创建；要聚焦涵育家庭美德，弘扬优良家风，推进文明家庭创建；要坚持立德树人、全员育人、全程育人、全方位育人，推进文明校园创建，从而在各地区、各领域、各行业中形成"多点开花"的联动局面，提升精神文明创建活动的整体水平，增强各类创建活动之间的协调互补能力，进而逐步实现制度的体系化发展。①

社会主义核心价值观是民族精神的时代精华，具有鲜明的时代性和民族性。正如习近平总书记指出，"每个时代都有每个时代的精神，每个时代都有每个时代的价值观念"。"核心价值观，承载着一个民族、一个国家的精神追求"。②说它是时代的，因为它必然呼应着这个时代的

---

① 杨威、罗夏君：《社会主义核心价值观融入精神文明建设制度探究》，《道德与文明》2021年第5期。

② 习近平：《习近平在北京大学考察时强调：青年要自觉践行社会主义核心价值观 与祖国和人民同行 努力创造精彩人生》，《人民日报》2014年5月5日第1版。

精神需求，必然汇聚着这个时代的精神力量，必然绽放出这个时代的精神光彩；说它是民族的，因为它必然同这个民族、这个国家的历史文化相契合，同这个民族、这个国家的人民正在进行的奋斗相结合，同这个民族、这个国家需要解决的时代问题相适应。

三、精神文明建设必须坚持文化自信

伴随着我国综合国力的不断提升，文化建设的重要性和紧迫性越来越显现出来，要让人民真正有文化底气，国家真正有文化底气支撑，就必须坚定文化自信。文化自信一经提出就与道路自信、理论自信、制度自信并称四大自信，这本身就是一个创新，而创新也是新时代推动文化繁荣兴盛的主线条，创新发展成为这一阶段的核心词。针对党的十八大以来的社会发展实际，党中央运筹帷幄，在坚持建设社会主义文化强国的基础上，适时地提出了文化自信这一时代性概念，这是党中央审时度势的执政能力体现，是对文化价值与使命的创新思考，是从中国未来发展的角度提出的战略性指示，这一概念的提出，将我国的文化建设更有力地推向了未来。

在全面建成小康社会实现共同富裕的历史进程中，能不能始终坚持先进文化的前进方向，关系到社会主义精神文明建设的成功和失败，关系到中国特色社会主义经济、政治、文化的健康发展。

（一）创新是文化发展的动力

创新是当代中国先进文化发展的动力，也是当代中国先进文化永葆先进性的源泉。牢牢把握先进文化的前进方向，始终保持先进文化的先进性，大力发展和繁荣当代中国先进文化，都离不开文化创新。文化创新是在中国优秀传统文化基础上的创新，因此必须把民族精神和时代精神结合起来，给当代中国先进文化注入新的活力，使其更富有吸引力和感召力，始终保持先进文化的先进性。文化的多样化要表现在精彩纷呈的文艺作品、喜闻乐见的艺术形式、雅俗共赏的艺术成果上。例如，落实到文艺创作上，必须是多种多样的，无论是题材、内容，还是形式、手法和风格，都应当是多姿多彩的。文艺作品既要有大众艺术，又要有高雅艺术；既要有"下里巴人"，又要有"阳春白雪"。

中华民族的历史源远流长，中华民族的文化博大精深，中国共产党的成立及其发展，充分证明了她代表着伟大的民族精神，能够凝聚人民的力量。中国共产党是代表最广大人民根本利益的，正因为如此，也就代表伟大的民族精神，是中华民族精神的象征。始终代表中国先进生产力的发展要求，代表中国先进文化的前进方向，代表中国最广大人民的根本利益，因而，她也始终代表中华民族精神，是中华民族精神的象征。民族精神的培育和弘扬，必须结合时代精神；时代精神的高扬，需要民族精神的支撑。

国家文化软实力是综合国力的重要内容，它与一个国家的精神文明水平密切相关，是一个国家基于精神文化而展现出的生命力、影响力。习近平总书记指出，提高国家文化软实力，要努力夯实国家文化软实力的根基。随着中国特色社会主义文化建设的不断推进，我国人民精神生活水平正在大踏步前进，人民群众精神富足程度得到了更好满足。提升文化软实力，根基在全体中国人民。随着人民精神生活共同富裕的实现，中华文明必将以更加自信的姿态，向世界彰显中国精神、中华文化的巨大吸引力。

（二）用先进的文化武装头脑

面对科学技术迅猛发展和综合国力的激烈竞争，面对世界范围各种思想文化相互激荡，面对全面建成小康社会以及实现共同富裕过程中人民群众日益增长的文化需求，中国共产党从社会主义事业兴旺发达和民族振兴的高度，又一次肩负起具有鲜明时代特征的、先进的中国特色社会主义文化建设的神圣使命。在全社会形成共同理想和精神支柱，是中国特色社会主义文化建设的根本。引导人们树立正确的世界观、人生观、价值观，大力发扬爱国主义、集体主义、社会主义和艰苦创业精神，是文化战线的重要任务。提倡共产主义思想道德，同时把先进性要求和广泛性要求结合起来，鼓励一切有利于国家统一、民族团结、经济发展、社会进步的思想道德。发扬社会主义的人道主义精神。重视青少年思想道德建设。发展教育和科学，发展文学艺术、新闻出版、广播影视事业等等，都是文化建设的重要内容，是先进文化前进的方向。一方面，经济发展决定着文化的进步，决定着道德观念的变革；另一方面，文化的进步和道德建设也促进了经济的发展。二者相辅相成，互相渗透，互相作用，互为条件，具有经济文化发展良性循环的特征，其中包含着思想文化建设的规律性。

面对思想文化和精神文化产品呈现多样化、复杂化的现状，在坚持社会主义文化主旋律的同时，要注意挖掘和引导人民群众中积极向上的思想文化的追求，要看到主流是好的，是向上蓬勃发展的。同时，对落后的、腐朽的思想观念进行批判、教育，加强思想政治工作。必须处理好树立正确的世界观、人生观、价值观和价值取向多样化的关系。一方面，要树立和提倡共产主义思想道德，同时，也要肯定和扶持符合社会主义初级阶段和市场经济条件下的道德观念。"致富思源""富而思进"就是积极倡导的新型道德观念。另一方面，社会主义市场经济条件下的道德观念，是致富光荣，是"致富思源""富而思进"。要明确贫穷不是社会主义，贫穷和道德没有必然联系。要形成与社会主义初级阶段基本经济制度相适应的思想观念和创业机制，营造鼓励人们干事业、支持人们干成事业的社会氛围，放手让一切劳动、知识、技术、管理和资本的活力竞相迸发，让一切创造社会财富的源泉充分涌流，以造福于人民。

社会主义精神文明成效显著

我国的精神文明建设十分重视满足人民群众的发展和需求，以先进的文化教育人，以优秀的理论鼓舞人，在共同富裕的发展过程中，满足人民多样化、多层次、多方面的精神文化需求。尽管我国仍然存在发展的不平衡不充分问题，但是在党的正确领导下，我国的社会主义精神文明取得了显著的成效。在今后的发展方向上也有了明确的目标。

一、以人为本开展精神文明建设活动

建设与社会主义市场经济相适应的社会主义精神文明体系，是一个庞大的社会系统工程。必须围绕树立正确的世界观、人生观、价值观，实行继承优良传统与弘扬时代精神相结合，尊重个人合法权益与承担社会责任相统一，注重效率与维护社会公平相协调，把先进性要求与广泛性要求结合起来，努力形成与经济和社会发展相适应的健康和谐、积极向上的思想道德规范。

（一）大力开展群众性的精神文明创建活动

群众性的精神文明创建活动蓬勃开展，是社会主义精神文明建设的又一重大成就，也是进一步加强社会主义精神文明建设的重大举措。改革开放以来，根据中共中央关于精神文明建设的一系列方针、政策，一个大规模的建设社会主义精神文明的群众性活动，已经像雨后春笋般在全国各地开展起来。

1981年2月25日，全国总工会、共青团中央、全国妇联、中国文联等9家单位联合发出《关于开展文明礼貌活动的倡议》，向全国人民特别是青少年倡议，开展以"讲文明、讲礼貌、讲卫生、讲秩序、讲道德"

和"心灵美、语言美、行为美、环境美"为内容的"五讲""四美"文明礼貌活动，使我国城乡的社会风气和道德面貌有一个根本改观。随后，一个以"五讲四美"为主要内容的建设社会主义精神文明的群众性活动，很快在全国展开。1982年2月14日，中共中央办公厅转发了中宣部《关于深入开展"五讲四美"活动的报告》，确定每年3月为"全民文明礼貌月"。1983年3月30日，中央"五讲四美三热爱"活动委员会正式成立。1995年，中宣部、农业部在全国农村开展了以创建文明家庭、文明村镇和文明乡镇企业为主要内容的农村群众性创建精神文明活动。1996年，铁路、民航、交通、邮电、卫生、内贸、电力、公安、建设、金融等十大"窗口行业"和部门率先实施了以"为人民服务，树行业新风"为主题的创建文明行业活动，相继推出150多项改进服务的措施和300余个文明服务示范窗口单位，受到社会各界的普遍关注和热情支持。1997年1月，新闻界公布了全国新闻系统41家精神文明示范单位，新闻出版署、中国出版工作者协会也联合公布了全国10家新华书店精神文明示范单位。1997年5月，民政、工商、旅游、司法、水利等十大行业也相继向社会公布了本行业文明服务示范单位、服务标准和监督措施。1997年3月，创建文明城市、文明村镇活动示范点工作正式启动。中宣部公布了100个创建文明城市示范点和200个创建文明村镇示范点。文明城市示范点有55个小区、44条街道和3个城区。文明村镇示范点包括50个县、50个乡和100个村。至此，创建文明城市、文明村镇、文明行业三大活动已形成示范点网络，示范点工作已全面铺开。1997年7月，由中央精神文明建设指导委员会部署的"讲文明、树新风"活动在全国蓬勃开展，预示着群众性精神文明创建活动正向更广范围和更深层次上拓展和推进。1999年中央精神文明建设指导委员会表彰第一批全国精神文明创建工作先进单位以后，全国各地各部门深入贯彻江泽民同志"三个代表"重要思想，围绕经济建设中心，服务全党全国工作大局，深入开展创建文明行业、文明单位活动。2002年中央精神文明建设指导委员会表彰第二批全国精神文明创建工作先进单位，共1000多个单位和这些先进单位的优秀代表受到表彰。这些表明，群众性的精神文明创建活动已经越来越深入开展起来。党的十八大以来，精神文明建设工作深入贯彻落实习近平总书记系列重要讲话精神和治国理政新理念新思想新战略，以培育和践行社会主义核心价值观为根本，引导推动全社会树立文明观念、争当文明公民、展示文明形象。文明城市创建工作在经济、政治、文化、社会、生态文明建设和党的建设各方面全面推进。打造美丽整洁的生活环境、规范有序的社会秩序、便捷高效的公共服务，提升市民文明素质、城市文明程度、城市文化品位和群众生活质量……一座座崇德向善、文化厚重、和谐宜居的文明城市，顺应了人民群众对美好生活的向往，让广大城市居民感受到看得见、摸得着、实实在在的变化和成效。各地各部门发动基层群众分层推选时代楷模、最美人物、身边好人、向上向善好青年等先进典型，评选各行各业先进人物，充分展现当代中国人的精神风貌。在旅游行业，2013年，"遵守旅游文明行为规范"被写入《中华人民共和国旅游法》；2014年，中央精神文明建设指导委员会下发《关于进一步加强文明旅游工作的意见》；2015年，《游客不文明行为记录管理暂行办法》施行。在互联网行业，《互联网用户账号名称管理规定》等引导人们提升网络文明素养，让网络空间清朗起来。党的十九大以来，精神文明建设工作以习近平总书记重要讲话精神为指引，把培养时代新人作为着眼点，培育和践行社会主义核心价值观，引导全社会树立文明观念、提高文明程度、形成文明风尚，不断推动人民在理想信念、价值理念、道德观念上紧紧团结在一起，为实现"两个一百年"奋斗目标和中华民族伟大复兴的中国梦凝聚强大精神力量。

（二）认真贯彻落实《公民道德建设实施纲要》

2001年9月20日，中共中央印发《公民道德建设实施纲要》指出，加强社会主义思想道德建设，是发展先进文化的重要内容和中心环节。各地区、各部门一定要把公民道德建设放在突出位置来抓，认真贯彻执行《公民道德建设实施纲要》。《公民道德建设实施纲要》的印发，是我国加强社会主义思想道德建设的一件大事，体现了中国先进文化前进的方向。在新的历史条件下，从公民道德建设入手，继承中华民族几千年形成的传统美德，发扬党领导人民在长期革命斗争与建设实践中形成的优良传统道德，借鉴世界各国道德建设的成功经验和先进文明成果，努力建立与发展社会主义市场经济相适应的社会主义道德体系，对形成追求高尚、激励先进的良好社会风气，保证社会主义市场经济的健康发展，促进整个民族素质的不断提高，全面推进建设有中国特色社会主义伟大事业，具有十分重要的意义。

中共中央印发《公民道德建设实施纲要》是非常及时的。通过认真贯彻落实《公民道德建设实施纲要》，全国人民会更加自觉地把依法治国与以德治国紧密结合起来，加快法制建设和道德建设步伐，为我国改革开放和社会主义现代化建设作出新的更大的贡献。

根据党在社会主义初级阶段的历史任务，当前和今后一个时期，我国公民道德建设的指导思想是：以马克思列宁主义、毛泽东思想、邓小平理论为指导，全面贯彻"三个代表"重要思想，坚持党的基本路线、基本纲领，重在建设，以人为本，在全民族牢固树立建设有中国特色社会主义的共同理想和正确的世界观、人生观、价值观，在全社会大力倡导"爱国守法、明礼诚信、团结友善、勤俭自强、敬业奉献"的基本道德规范，努力提高公民道德素质，促进人的全面发展，培养一代又一代有理想、有道德、有文化、有纪律的社会主义公民。

充分发挥社会主义市场经济机制的积极作用，不断增强人们的自立意识、竞争意识、效率意识、民主法制意识和开拓创新精神。正确运用物质利益原则，反对只讲金钱、不讲道德的错误倾向，在实践中确立与社会主义市场经济相适应的道德观念和道德规范，为改革开放和现代化建设提供强大的精神动力与思想保证。继承中华民族几千年形成的传统美德，发扬党领导人民在长期革命斗争与建设实践中形成的优良传统道德，积极借鉴世界各国道德建设的成功经验和先进文明成果，在全社会大力宣传和弘扬解放思想、实事求是，与时俱进、勇于创新、知难而进、一往无前、艰苦奋斗、务求实效、淡泊名利、无私奉献的时代精神，使公民道德建设既体现优良传统，又反映时代特点，始终充满生机与活力。保障公民依法享有政治、经济、文化、社会生活等各方面的民主权利，鼓励人们通过诚实劳动和合法经营获取正当物质利益。引导每个公民自觉履行宪法和法律规定的各项义务，积极承担自己应尽的社会责任。把权利与义务结合起来，树立把国家和人民利益放在首位而又充分尊重公民个人合法利益的社会主义义利观。要把效率与公平的统一作为社会主义道德建设的重要目标，在全社会形成注重效率、维护公平的价值观念。把效率与公平结合起来，使每个公民既有平等参与机会，又能充分发挥自身潜力，促进经济发展，保持社会稳定。从实际出发，区分层次，着眼多数，鼓励先进，循序渐进，积极鼓励一切有利于国家统一、民族团结、经济发展、社会进步的思想道德，大力倡导共产党员和各级干部带头实践社会主义、共产主义道德，引导人们在遵守基本道德规范的基础上，不断追求更高层次的道德目标。广泛进行道德教育，普及道德知识和道德规范，帮助人们加强道德修养。逐步完善道德教育与社会管理、自律与他律相互补充和促进的运行机制，综合运用教育、法律、行政、舆论等手段，更有效地引导人们的思想，规范人们的行为。

二、精神文明建设的成就与发展方向

新时代以来，我国精神文明建设成效显著，由于我国经济发展的不平衡不充分，这与满足人民群众的需要还有一定差距，社会主义精神文明建设依然任重道远。

（一）精神文明建设成就

1. 人民群众文化获得感、满足感倍增

用高质量的精神食粮满足人民日益增长的精神需求，是精神生活共同富裕的重要内容。改革开放40多年的发展使我国人民精神文化生活不断迈上新台阶，人民科学素养、人文素养、审美能力等有了显著提升，同时也对精神文化产品的质量、品位、风格等有了更高要求。新形势下，实现精神生活共同富裕就必须着眼于广大人民群众的新需求新期盼，通过提升公共文化服务水平、推动文化产业高质量发展、开展多样化群众性精神文明活动等，通过多渠道、多形式使人民群众有更美好的精神文化享受，不断激发群众文化创新创造活力，不断增强人民群众文化获得感、满足感。以习近平同志为核心的党中央坚持把社会主义核心价值观纳入中国特色社会主义建设的突出位置强化教育宣传、实践引导、制度保障，把社会主义核心价值观融入社会发展各方面。文化自信逐渐成为中华民族独特的精神标识。党的十八大以来，党把文化自信和道路自信、理论自信、制度自信并列为中国特色社会主义"四个自信"，推进社会主义文化强国建设。

2. 社会文明显著提升

中华优秀传统文化得以弘扬。传统经典、戏曲、音乐、舞蹈、书画等走进校园课堂，各种非遗焕发生机，考古成果丰硕，再现中华文明的灿烂。传统节日注入了时代内涵，民族优秀品格得以发扬。社会文明建设全面发展，党中央提出了一系列新思想、新观点、新要求，有力地推动了物质文明和精神文明协调发展。先进典型层出不穷，群众性文明成就活动丰富多彩。公民道德建设深入推进，爱国主义、集体主义、社会主义思想广为弘扬，民族自信心自豪感大大增强，文明素养不断提高，促进了国民素质和社会文明的提升。

3. 文化事业繁荣发展

文化设施不断完善，公共设施布局更加优化，县级文化馆和图书馆总分馆制、基层综合性文化服务中心扎实推进，促进了公共文化资源向基层倾斜。2020年末，全国共有公共图书馆3212个、美术馆613个、博物馆5788个、文化馆3327个、乡镇综合文化站32825个、村级综合性文化服务中心57.5万个。2578个县（市、区）建成文化馆总分馆制，394个文化馆组建理事会。所有公共图书馆、文化站、美术馆和90%以上的博物馆已实行免费开放。2020年末，全国平均每万人群众文化设施建筑面积331.32平方米。2020年全国群众文化机构共组织开展各类文化活动192.65万场次，服务人次56327.04万人次。全国群众文化机构共有馆办文艺团体9489个，演出12.08万场，观众6675.84万人次。①

文化供给水平持续提升。2020年，紧紧围绕举旗帜、聚民心、育新人、兴文化、展形象的使命任务，坚持以人民为中心的创作导向，推动舞台艺术和美术繁荣发展。紧扣全面建成小康社会、纪念中国人民志愿军抗美援朝出国作战70周年和纪念中国人民抗日战争暨世界反法西斯战争胜利75周年等关键时间节点，组织引导创作复排文艺精品力作，涌现歌剧《红船》《同心结》、舞剧《英雄儿女》《骑兵》、京剧《奇袭白虎团》、彩调剧《新刘三姐》、话剧《三湾，那一夜》等一批优秀作品。新冠肺炎疫情暴发后，文化和旅游部第一时间在"中国艺术头条"微信公众号推出"艺术战'疫'"专栏，共发布30期291件艺术作品，阅读量近2亿人次，掀起了全国文艺界以"艺"战"疫"的热潮。推出"文艺中国"快手号，累计点击量2.1亿人次。举办全国舞台艺术优秀剧目网络展演，观看互动人次超11.7亿；全国基层戏曲院团网络会演观看人次超8500万。组织国家京剧院及全国18家优秀京剧院团开展"京剧的

---

① 《中华人民共和国文化和旅游部2020年文化和旅游发展统计公报》，http://zwgk.mct.gov.cn/zfxxgkml/tjxx/202107/t20210705_926206.html。

夏天"线上公益展演，收看人数达7800万余人次。举办2020年戏曲百戏（昆山）盛典，展演116个剧种，演出大戏22台、折子戏组台20场，戏曲晚会1场，3年实现了348个戏曲剧种的"大团圆"。2020年全国艺术表演团体共演出225.61万场（表6-1），全国文化和旅游部门所属艺术表演团体共组织政府采购公益演出13.38万场，2020年末，全国共有A级旅游景区13332个，其中5A级旅游景区302个，4A级旅游景区4030个，3A级旅游景区6931个，全年国内旅游人数28.79亿人次。

表6-1　2012—2020年全国艺术表演团体基本情况

年份	机构数（个）	从业人员（万人）	演出场次（万场）	国内演出观众人次（亿人次）
2012	7321	24.20	135.02	8.28
2013	8180	26.09	165.11	9.01
2014	8769	26.29	173.91	9.10
2015	10787	30.18	210.78	9.58
2016	12301	33.29	230.60	11.81
2017	15742	40.30	293.57	12.47
2018	17123	41.64	312.46	11.76
2019	17795	41.25	296.80	12.30
2020	17581	43.69	225.61	8.93

资料来源：《中华人民共和国文化和旅游部2020年文化和旅游发展统计公报》。

财政保障能力明显增强。2020年，全国文化和旅游事业费1088.26亿元，比上年增加23.51亿元，增长2.1%；全国人均文化和旅游事业费77.08元，比上年增加1.01元，增长1.3%。全国文化和旅游事业费中，县以上文化和旅游事业费500.98亿元，占46.0%，比重比上年下降2.5个百分点；县及县以下文化和旅游事业费587.28亿元，占54.0%，比重提高了2.5个百分点。东部地区文化和旅游事业费491.62亿元，占45.1%，比重提高了0.2个百分点。中部地区文化和旅游事业费269.78亿元，占24.8%，比重降低了0.1个百分点。西部地区文化和旅游事业费301.64亿元，占27.7%，比重提高了1.6个百分点。[①]

（二）社会主义精神文明建设面临不少挑战

由于市场体制不够健全，社会治理有待完善，道德领域仍然存在一些问题，有些人价值观扭曲，不文明行为时有发生，网络文明有待强化。社会主义核心价值观融入法治建设还有一定差距。当前，公共文化服务供给能力有待提高，城镇化和乡村振兴过程中形成的配套公共文化设施还不完善，基层公共文化服务参与率低，服务形式单一。随着全面小康社会的建成，人民改善生活品质的愿望强烈，但文化需求和供给之间的结构性矛盾还比较突出，文化事业与科技、旅游等相关领域的融合发展的深度广度需要进一步拓展，等等。

（三）增强共同富裕的精神力量

坚持以人为本，努力提供高质量精神文化产品与服务。习近平总书记强调，满足人民日益增长的精神文化需求，必须抓好文化建设，增加社会的精神文化财富。[②]党的十九届六中全会通过的历史决议指出，党坚持把社会效益放在首位、社会效益和经济效益相统一，推进文化事业和文化产业全面发展，繁荣文艺创作，完善公共文化服务体系，为人民提供了更多更好的精神食粮。促进精神生活共同富裕，必须始终坚持人民立场，着眼人民群众美好文化生活的期待，进一步将这些成功经验坚持好、发扬好。推动物质生活共同富裕和精神生活共同富裕均衡发展。习近平总书记指出："我们始终强调，两个文明都搞好才是中国特色社会主义。邓小平同志早就告诫我们：风气如果坏下去，经济搞成功又有什么意义？会在另一方面变质！"[③]改革开放以来，我们党始终坚持物质文明和精神文明两手抓、两手硬。在扎实推进共同富裕的道路上，必须充

---

① 《中华人民共和国文化和旅游部2020年文化和旅游发展统计公报》，http://zwgk.mct.go=.cn/zfxxgkml/tjxx/202107/t20210705_926206.html。
② 习近平：《在文艺工作座谈会上的讲话》，《人民日报》2015年10月15日第2版。
③ 习近平：《在文艺工作座谈会上的讲话》，《人民日报》2015年10月15日第2版。

分认识到物质生活共同富裕是精神生活共同富裕的物质基础，精神生活共同富裕是实现共同富裕的重要内容，二者缺一不可。必须充分认识高质量发展的内涵与要求，坚持以高质量发展为引领，以精神生活短板为着力点，努力实现人民物质生活共同富裕和精神生活共同富裕相平衡。

参考文献

［1］习近平：《扎实推进共同富裕》，《求是》2021年第20期。

［2］习近平：《在同各界优秀青年代表座谈时的讲话》，《人民日报》2013年5月5日。

［3］习近平：《胸怀大局把握大势着眼大事努力 把宣传思想工作做得更好》，《人民日报》2013年8月21日。

［4］胡锦涛：《致中国青年群英会的信》，《光明日报》2007年5月4日。

［5］胡锦涛：《在中央人口资源环境工作座谈会上的讲话》 《人民日报》2004年4月5日。

［6］中共中央文献研究室编：《三中全会以来重要文献选编》下，人民出版社1982年版。

［7］王志平：《审慎看待"幸福指数"》，《上海市经济管理干部学院学报》2007年5月第5卷第3期。

后 记

习近平总书记强调，共同富裕是社会主义的本质要求，是中国式现代化的重要特征。党的十八大以来，党中央把握发展阶段新变化，把逐步实现全体人民共同富裕摆在更加重要的位置，推动区域协调发展，采取有力措施保障和改善民生，打赢脱贫攻坚战，全面建成小康社会，为扎实推动共同富裕打下了坚实基础。

本书从正确处理效率与公平关系的高度，论述了共同富裕的重大理论问题和实践问题。全书分别从"提高发展的平衡性、协调性、包容性""着力扩大中等收入群体规模""促进建设公共服务均等化""加强对高收入的规范和调节""促进农民农村共同富裕""促进人民精神生活共同富裕"等方面，深入研究阐释了习近平总书记关于共同富裕的系列重要论述，探讨了共同富裕的科学内涵、目标任务和实施路径。

本书有针对性地回应了理论界和社会大众的理论和现实关切，廓清了萦绕"共同富裕"上的理论迷雾，具有较高的学术理论价值。而且，本书采用平实易懂的语言解读相关内容，尽量避免使用公式和复杂的专业术语，方便干部群众尤其是各级领导干部阅读理解。全书由中国社会科学院副院长高培勇和中国社会科学院经济研究所所长黄群慧负责总体框架设计并牵头撰写，经济研究所的几位专家参与写作。具体分工如下：导论由高培勇撰写；第一章由黄群慧撰写；第二章由邓曲恒撰写；第三章由王震撰写；第四章由刘学良、续继、胡岚曦撰写；第五章由隋福民撰写；第六章由彤新春撰写。邓曲恒研究员承担了大量的写作组织协调工作。

广东人民出版社的领导和编辑团队为本书的出版付出了大量的心血，在此表示诚挚的谢意！

探索中国式共同富裕道路的实践在延展，关于共同富裕问题的研究亦无止境，我们的团队将继续为此献上绵薄之力。

著 者

2022年9月

2023 中国散文年选

花城
年选系列

碗边也落几瓣桃花

韩小蕙

编选

SPM
南方传媒 | 花城出版社

中国·广州

图书在版编目（ＣＩＰ）数据

碗边也落几瓣桃花 ：2023中国散文年选 ／ 韩小蕙编
选. — 广州 ：花城出版社，2024.2
　　（花城年选系列）
　　ISBN 978-7-5749-0139-1

　　Ⅰ．①碗… Ⅱ．①韩… Ⅲ．①散文集－中国－当代
Ⅳ．①I267

中国国家版本馆CIP数据核字(2024)第009588号

出 版 人：张　懿
责任编辑：李珊珊　　欧阳蘅
责任校对：李道学
技术编辑：凌春梅
封面设计：张年乔

书　　名　碗边也落几瓣桃花：2023 中国散文年选
　　　　　WANBIAN YE LUO JI BAN TAOHUA：2023 ZHONGGUO SANWEN
　　　　　NIANXUAN
出版发行　花城出版社
　　　　　（广州市环市东路水荫路 11 号）
经　　销　全国新华书店
印　　刷　深圳市福圣印刷有限公司
　　　　　（深圳市龙华区龙华街道龙苑大道联华工业区）
开　　本　787 毫米×1092 毫米　16 开
印　　张　19.75　1 插页
字　　数　290,000 字
版　　次　2024 年 2 月第 1 版　2024 年 2 月第 1 次印刷
定　　价　58.00 元

如发现印装质量问题，请直接与印刷厂联系调换。
购书热线：020－37604658　37602954
花城出版社网站：http://www.fcph.com.cn

目　录

1

主编语

韩小蕙

1

　　梳理本年度的散文作品，可知作者们的用力还是多在语言上苦下功夫。确实，没有语言就没有文学，对于各种文学体裁，特别是对散文来说，语言是一个人的行头，是人们看到的第一眼印象，关乎整个儿形象，所以极为重要。高尔基曾说过"文学的第一要素是语言"，我国的许多文学大家也持此观点，甚至还有激进的年轻作家声言他们写作的唯一目的就是追求语言。

　　本书中语言漂亮的作品很有几篇。但这"漂亮"不是华丽、华美，而首先是一种深厚的文学底蕴，可称为华贵。

　　还是首推陈世旭的《河西走廊行吟》，一贯的大气磅礴，一贯的激情澎湃，一贯的诗情画意，一贯的文学高度。与作者以往的散文稍有不同的是，这篇的文字中带着呼呼风声，是细腻的江南人到了苍莽的西北之后，被震撼、被加持出了烈烈雄风；还要抚今追昔，上溯盘古开天地之前的原初，在历史中睁大着眼睛，问苍茫大地谁主沉浮；更在思索中螺旋上升，力图用哲学视角解读出人类和自然界的一切谜题……我的理解，所谓华贵的语言，就必须

1

具有这种种高端的元素，它肯定不是一些聪明的句子和绚丽的羽毛。

陈应松的《上翠微》也是美文，诗一样的句子珠玉般连缀成文，构成美丽的意象，让人联想起他早年是以诗歌登上文坛的。如同小提琴是音乐王冠上的明珠，诗歌亦是文学塔尖上的宝石。那时的诗歌讲究美感，就连主旋律的红色诗歌也追求珍珠翡翠玛瑙，最典型的例子是贺敬之的《桂林山水歌》，"情一样深啊梦一样美"，不像今天什么腌臜的污言秽语都往上招呼。所以，凡被新时期文学锤炼过的好诗人，文字都有很高的文学含量，他们写出的散文，通篇这里那里，不经意之间就跳出醉人的词句，令人惊喜连连。

说起来王剑冰早年也是写诗出身，后来转写小说、散文，尤其散文越写越好，诗性文字，弄珏弄琼；也时有对历史的诘问和对人生的思考。本书中的《巴颜喀拉》就是这样一篇文思俱佳而又厚重的散文，面对的是具象的大山，寻觅的是人类的生长与走向，万古洪荒，沧海桑田，历史历历在目，激情在胸中燃烧，凝结于笔端，文字就像冲决而下的流水，挟裹着读者一起跟着奔涌。

在新中国成立后成长起来的这批作家中（包括 20 世纪 40 年代末、整个 50 年代出生的，至 1978 年前未登入大学校门的高中生、初中生们，统称"50 后"作家），涌现了为数不少的优秀作家，即使现今的文坛也还是他们在扛鼎。

徐刚是报告文学界和散文界中的代表性作家，"诡异"的是他也是以诗人身份登上文坛的，而且当年已是著名诗人，后来转向报告文学，又写了大量散文。手不释卷是徐刚的习惯，几十年的苦读成就了他的"腹有诗书气自华"，笔下总有旁人不及的书卷气，加上诗歌的唯美文字，就显出了山外有山的风景。《自然笔记》是徐刚写海洋的一篇 2 万多字的长文，为我们讲述了大海的惊涛骇浪中所发生的故事。这些故事像万朵浪花一样烈烈跳动着，有的平静，有的动人，有的壮观，有的惨烈，有的灿烂，有的辉煌，让人阅读时忽而登上滔天的浪尖，忽而跌下马里亚纳大海沟的深底。给我的感觉，徐刚就像一位跳上了外太空的教师，俯瞰着占地球面积三分之二的海洋，然后忽而吟诗，忽而哲理，把惊心动魄的海底世界一一向我们展示。每一章都精彩，让我难以取舍应该把哪些文字选入本书中，最后选了最让我感动的《鲸落记》和最撕心裂肺的《鲸油：历史上的光芒》二章。

徐剑的《鹅湖书院的那场双雄会》也是好文字，阳光、石板路、招牌、老街、影子……几个意象就把人带入到似真似幻、古今交错的感觉里，画面相当清晰动人。马步升的《岁月风尘怯》是一首令人心情沉重的甘肃民歌，以西北刮来的一场沙尘暴，道出了玄黄岁月中的人类困境：本该是晚霞灿烂的时分，西天上却突然隆起了一座将天与地连成一体的黑色大山，一步步仄逼过来。此时蚂蚁一样渺小的人类，能不心生恐惧吗？当然怕，谁都怕。但接下来，作者更道出了人类顽强坚韧生存下来的一个真理——"我们心怀怯惧，也许才是一种真的担当，一种真的自信。"蒙古族动植物学家杨道尔吉的《萨拉乌苏河·生命》也似一首老歌，一曲撼人心扉的蒙古族长调，以萨拉乌苏河以及萨拉乌苏河谷的考古为线索，历数亘古天地中数不清的生命存在，感慨大自然的伟力和奇迹。周闻道的《海中央》则以一个川蜀内陆作家的文学敏感，把海南岛放到宇宙星系中加以意象化，与众不同的感觉就来了。周华诚的《碗边也落几瓣桃花》被采撷为本散文年选的书名，这是人见人爱的一个题目，单看这题目就是一首诗。周华诚一向醉心此道，他所有散文集的书名都是诗，特别能体现出中国传统文化的古典美，当然他文章本身所追求的，亦是这种"庭院深深深几许"的含蓄意象美。

2

本书中写人物的几篇作品也令人印象深刻。蒋子龙笔下的冯牧先生，为办好《中国作家》杂志，不惜几次"不耻下书"，亲自向后生晚辈约稿，多么煌煌大度与温婉，毫无灼灼官气与霸气，真正是文学大家，君子之风。高兴笔下的高莽和李文俊先生，为办好《世界文学》杂志，均放下如日中天的个人写作与翻译事业，全力以赴，要多拼有多拼。王宗仁笔下的彭德怀将军，乃真正共产党人的境界、胸襟、身形、做派、行事，在下部队、看望戍边的官兵行程中，既光明磊落又温情脉脉。劳罕笔下的一位普通老编辑，才华横溢却命运多舛，其悲剧的一生令人扼腕叹息，久久不能放下心绪。

几篇撰写古人的文章都写出了新意，刘汉俊挑了一个艰难的题材，重说已经被万民"熟识"的屈原，重新体悟这位"悲剧英雄"的困厄与挣扎，其实是在评论历史的荣辱与得失。卓然笔下的李商隐，不再是定论中的"朦胧诗鼻祖"和"情诗王"，而是在带有他个性的深读、研究之后，大胆给出了新的定位，曰"无题诗人"，曰"忧愤诗人"，曰"爱国诗人"，曰"伟大诗人"，这种人云不亦云的独特研究，在今天普遍读书不求甚解的浮躁时风里，是值得大力提倡的。

本书还有"举头望明月"和"梅花天地心"两个小辑，一叙事，一抒情，都是传统散文的经典大类写作，各自选取人生和社会角度，天女散花，落英缤纷，呈现出 2023 年度的繁花盛开之景。

3

然而对于 2023 年的中国散文创作，我个人还是有一些不满足，主要有两点：

第一是创作思维老化，千篇一律，千人一面，缺少新鲜的风景，更少看到风景中活动的人。

比如乡村题材散文，大部分作品依然停留在"我家村口有一株老树""我家乡的那条小河""路边的青草小花"之类。不是说这些题材不能写了，问题是怎样写出新意，用新的社会发展之光，烛照出时代的新光彩。

又比如城市题材散文，普遍的作品仍旧踟蹰在"四合院"里，讲述"我小时候"的旧事，最多的是"我的"父亲、母亲、爷爷、奶奶、姑姑、叔叔、二大爷等亲戚群体，题材总是在忆旧的场景中徘徊。其写法也是旧有的习惯性书写，形成众多作者与众多叙事合成同一曲式的大合唱，尽管声音有高有低，但终归缺乏最可珍贵的独特性。

还比如采风散文和旅游散文，除少数用心用力者外，大部分的写作都落入"到此一游＋旅游指南＋百度资料＋抒情总结"的套路，因而见不出纯文学散文所应具有的文学含量、精妙结构、优美文字、独特感觉、思想深度以及作者的智慧与才华。

……

凡此种种，我认为最缺乏的，还是对新时代、新生活的用心观察及表达。今天的社会变革所卷起的滚滚红尘，所呈现出来的磅礴、锦绣、明朗、透亮、纷繁、模糊、纠缠、折叠、碎裂，乃至于光怪陆离、虚幻魅影……都是新的现象、新的课题、新的挑战。首先需要我们以发现的眼光去洞察和认识，然后是用力思考和判断，以新的表述方式加以新的呈现，最终争取找到通往"罗马"的条条新路。写作的艰苦与快乐就藏在这些过程中，这难道不是文学的真谛吗？

第二个大问题是结构。套用一句古诗，前不见结构，后不见结构，念天地之悠悠，独恍惚而困顿。

我认为，语言不一定是文学的第一要素，也许可以说结构更重要。结构是地基，是四梁八柱，是全身的骨骼，一篇文章，结构在了，结构好了，结构精妙了，即使语言稍逊些，依然能够完成。过去有人告诉过我，说老舍先生认为结构更重要。

小说，戏剧，戏曲都需要结构，这是毫无疑问的。有人认为散文是散碎文字的拼接，是不需要结构的，对此我真的不敢苟同。时下有太多的散文的确是一堆散碎的文字，一些漂亮的片段或可看出作者的小才气，但通篇看下来，是被风吹皱的一池死水，是满地游走的失魂卷蓬，是乱纷纷飘下的落叶，有的甚至是一地鸡毛。无他，这是典型的文学准备不足，读书不够，功力不逮；又或是写作态度不严肃不认真，忘记了"敬惜字纸"的文学初心；还有一个社会性因素，就是今天发表太容易了，随随便便写一点心得小感悟，就都能发表，不像过去，每篇文章必须经过很多次艰苦的修改，上上下下、左右左右、前前后后都理顺了，才好意思拿出去见天日。

散文当然是也必须是需要精心结构的，如同任何文章都需要呕心沥血地结构。几百年几千年前的古人就懂得这个道理，读读《诗经》，大家都熟悉的《蒹葭》，便是以"蒹葭苍苍，白露为霜""蒹葭萋萋，白露未晞""蒹葭采采，白露未已"的回环往复结构，一唱三叹，形成了一种浅吟低唱的调子，唤起了听者们的情感共鸣。《诗经》里有太多的此种结构方式，比如《东山》的"我徂东山，慆慆不归。我来自东，零雨其濛"；还有宋词《九张机》的"一张机，采桑陌上试春衣""两张机，行人立马意迟迟""九张机，双花双叶又双枝"……它们都是经过千锤百炼锻造的真金，所以才得以流芳百世。我们读书、学习，吃得苦中苦，从小熬到老，就是要学到经典的精髓，而后化为自己的文学骨血，星星点点，绽放在我们的作品中，古为今用，薪火相传，生生不息。

世界无边无际，生命无尽无涯。文学在高处，在喜马拉雅，在珠穆朗玛，在头顶的青天之上。

2023. 12.7 初稿

12.8 定稿

于北京燕草堂

望断天涯路

河西走廊行吟

陈世旭

一种古典的情怀，汹涌地穿凿，构成悬壁如虹的气度，让人探索到时空和人生的深度。

四周一片寂静。我注目凝视的，是一双双睁开在历史中的眼睛。

黄河石

曾在西沙的礁洞，发现过弥勒坐像石；曾在三峡的浅滩，捧起过阴阳太极石；曾在尼罗河畔的国王谷，捡拾过法老头形石。而这一次，在兰州，与黄河石不期而遇。来自黄河底部的石头，大者如车，小者如斗；砺者如刃，润者如玉，堆满了一大片空阔的院落。周边高大的回廊，时隐时现。

黄土高原的风，埙一般的，如泣如诉。

曰：遂古之初，谁传道之？上下未形，何由考之？冥昭瞢暗，谁能极之？冯翼惟象，何以识之？明明暗暗，惟时何为？阴阳三合，何本何化？圜则九重，孰营度之？惟兹何功，孰初作之？斡维焉系，天极焉加？

（屈原《天问》）

恢宏而深切的追问，穿越时空，在苍天下回旋。

坚硬的石头，冰冷但有脉息。无声的生命，凝固了轰鸣与喧嚣，在深渊中孕育自我。亿万斯年的固守与沉默，为了更有力的释放。岁月无尽的激流，淘洗出多姿多彩的筋络，等待着有一天用自己的方式来诠释生命。

石头走出大河，于是大河的神话，传遍世界。

击碎须弥腰，折却楞伽尾。浑无斧凿痕，不是惊神鬼。

（八大山人《题奇石图》）

——通透怪异的石头，毫无斧凿的痕迹，似乎是从须弥楞伽折断下来，应该没有惊动山上的鬼神。

巨石严酷，再大的重压也心灵笃定，是一个圆满具足的世界；细石奇巧，即便状若芥子，也蕴藏着三千大千。

石从深深的河床走出，依旧在汹涌咆哮。一道道曲曲折折的起伏，蜿蜒着绚丽的光芒；一个个明明暗暗的凸凹，闪烁着神秘的表情。形状、纹理、色彩各异，彰显出造化的莫测；静穆、坚实、卓然自足，充满了强悍的张力。内在的气息，氤氲周流。独立于它所表现的物象，艺术符号的诞生自然天成。

我在高高的石堆中穿行，来与石头进行一次灵魂的约会。石头是有语言的，用心与石对话，就能听懂石的语言。

石是一部巨著，拥有无数拜读者，熟识洪荒的标志，感悟真正的永存。

地球致密而坚硬的岩石圈，构成了作为陆地的稳定台地。造物以之撰写地球的历史，人类以之撰写自己的历史。石头是大地上丰厚的纸张，一个灵智的物种用它表达的内容，比用诗歌、绘画、舞蹈和音乐加在一起还要多且深刻。

石是星球上阅历最深者，无尽时空，万象世事皆如轻烟散尽，唯石汲日月精华，聚山川灵气。天工造物，平实而恬淡；混沌如愚，冥顽而深邃。历经天崩地裂的洗礼，成为一种精神象征。盘古化石造地、女娲炼石补天、精卫衔石填海、夏禹凿石治洪……人们在石头中寄托了情操、个性和愿望。

石文化是人类文化的开山。"至坚者石，最灵者人；何精诚之所感，忽变化而如神。"（白居易语）

每一块石头都是独特的生命。即便眼睛昏花如雾，这时也会晶莹明亮。多少石痴一方美石在手，领略了天地的精神；多少名匠一生心血挥洒，刻镂出天才的文章。对于中国文人士子，石是崇尚自然的审美对象，又是磊落清高的品性象征。经由艺术的移情，转化为人格的结晶。

爱此一拳石，玲珑出自然。溯源应太古，堕世又何年？

有志归完璞，无才去补天。不求邀众赏，潇洒做顽仙。

（曹雪芹《题自画石》）

鲁迅称曹雪芹"生于荣华，终于零落，半生经历，绝似'石头'"。石的兀傲与孤愤，是艺术的自尊，更是做人的自尊。

一石一世界，需要独具慧眼；一握一琢磨，是意味深长的叩问。每一块石头都有自己的生命密码。徜徉其间，感受石头绽放的心情。石以饱满的生命装饰世界，在永恒的时间里，牵挂起一片风景。

"天地有大美而不言，四时有明法而不议，万物有成理而不说。"（《庄子·知北游》）天不语，自有高远；地不语，自有广博；石不语，自有境界。

不是河流使石头神秘，不是时间使石头古老。石头的生命，比最有想象力的传说更遥远。在人类出现之前，早已存在。宗教、艺术、神话和殿堂，都只能为之倾倒，永远不能比拟自然力的创造。

石的强韧和恒定显现出格外的意义。无视时间的更替和季节的变化，严峻而安详，永远不会有蛛网般的额纹和霜雪般的鬓发。

永远不会在时光里枯竭。

陶罐

那时的人们粗犷，不知精致细腻为何物；那时的人们阳刚，没有清脆轻薄、纤巧透明的阴柔趣味。出土的陶罐平静地站在博物馆的橱窗，不知何为浑朴而浑朴坦然；不知何为端庄而端庄天成；不知何为高贵而高贵自在。不输铜晕绿，漫拟玉无瑕。素面无粉黛，如人披肝胆。没有含蓄，没有朦胧，没有婉约，没有雕龙描凤的安排，没有江南四月的惆怅。

目光与陶罐对峙，在咫尺之间凝固。数千年的时间，弯曲在优美的弧度里。

原始天地的蛮荒，目光野性温柔。神祇居住的山谷，幻影迷离。洞穴散落在河岸，草泽中的水流，独木舟往若飘然。我听见了击缶，以及巫舞歌声。

已经有了"玄鸟生商"的颂歌，太阳和河水是部族的父亲和母亲。现代语言隐退。目光轻柔地抚摸陶罐斑驳的身体，粗略的印纹是它默诵的古歌。越过千年古道，穿过风干已久的灵感，在日渐枯竭的思想里成为一泓甘泉。

现代人迷恋珠宝，对远古的陶罐也许不屑一顾。陶罐在遥遥岁月中，等待着一双知己的眼睛。

晨曦初露。河水被汲起，有残星在波纹上轻跳，叮叮咚咚的滴水绵绵不绝，细细密密的软泥从指缝渗出。泥土终于等来了一个涅槃重生的机遇，被一双双坚硬或柔软的手传埴，注入暖流，缠绵而持久，成为一个独立的世界。然后，我听见匠人杂沓的声音，响成一种节奏，为陶罐烧最后一把柴火。古树的枝条在古窑里迸发激情，水与泥土，在火中羽化了自己。

于是，苍老的青烟掠过荒原。一个生命被创造，留在陶罐上的绳纹，记载着远古部落的憧憬。

于是，唯美开始有了自己的命运。

匠人走出作坊，褴褛而油亮。坡上的陶罐与落日的余晖相互映照。像慈祥的老人，在悠然中静静地回忆老去的光阴，一个个生灵闪着点点光焰，带着部落的印记，从野蛮走向文明。

一切远在天边，又近在咫尺。

我注视陶罐，重温一种久违的韵律。先知镂刻的铭文，寄宿着早已消失的逝者。数千年的风沙掩埋，数千年的冰雪侵蚀，苍然如初。一定还有些什么，是无法流传的浪漫。这朴拙的身躯，承纳了数千年的悲喜。占卜和释梦，诡异的线条和魅惑的歌声，古老的咒语以及原始的图腾，成为陶罐上粗粝的图案。

在岁月的流逝中，陶罐深藏一种慑魄的力量，幽幽与你对视，让你不由得怦然心动。

面对陶罐，就是面对先辈、故乡和历史。

陶罐是人类造型的滥觞。每一个都显现出时间的质感，透露大地最初的气息，让人思考物质与精神的价值与虚无。而陶罐经受数千年的沉寂，有了累世的生命，在不同的年代，给人们带来思索：关于过去，现在与未来。

在人类文化的系列，陶罐无疑居于前茅。那些灵动的流线，是祖先临摹树枝草叶的指纹，是他们男欢女爱追逐嬉戏的镜像。于是，有了甲骨文、青铜器，有了《诗经》、楚辞、唐诗、宋词……如果人类至今还没有陶罐，也不会有人工智能。

从钻木取火、茹毛饮血，到渔歌唱晚、耕作晨昏，到转瞬万变、量子纠缠，人类时刻在与过往的自己告别。

生命凝固，高原沉寂，远古的先知在安谧的时光中独处，留下一个个断层。悠长的风声，萧瑟而邈远。

陶罐在掩埋中幸存，历经岁月的洗礼，留住了荏苒的时间。说什么千年鼎彝，说什么国朝陶瓷，我只见陶烟五色长，数千年内纷纵横，虞夏商周谁复数。

瞩望烟云过后早已宁静的角落，默然无语。穿越时间的隧道，感悟历史的启示。

铜奔马

武威，天下要冲，河西都会。中原与西域的枢纽，亚欧大陆桥的咽喉，三大高原于此交会。雪域、绿洲、大漠，多个文明兴替往复。西夏碑，揭开西夏的帷幕；《凉州词》，受汉风唐韵滋润；昭武门，有夜雨打瓦；天梯山石窟，乃是石窟鼻祖。河西宝卷，凉州攻鼓子，华锐藏歌，天祝土族《格萨尔》……是漫长的文化驼队。

雷台汉墓幽深，却让人一步走过两千年；雷台汉墓寂静，却让人震撼于滚滚车仗。

墓室里隐藏着一个辉煌的时代。铜奔马是那个时代的标本。令后人惊异的力学平衡，是一次真正意义的美学飞跃。生猛不驯的意象，一往无前的韵律，写照了汉朝骠骑将军的武功军威。

神清骨峻的骏马，昂藏跃然半空。骄纵地奔跑，超过了流星般的飞鸟。瞬间千里的动感，势不可当。纵骋驰骛，息如影靡，过都越国，蹶如历块。杜甫诗云："竹批双耳峻，风入四蹄轻。所向无空阔，真堪托死生。骁腾有如此，万里可横行。"

那不是飞鹰走狗、裘马轻狂的年代，不是品行被嘲弄，名誉被漠视，尊严坍为废墟的年代。国力强盛，疆土开拓，书生寒士都渴望封侯万里，连工匠的情怀也超迈遒劲，充满了飞扬蹈厉的勃勃生气。奔马的骨相嶙峋耸峙，状如锋棱，鼻翼偾张，风驰电掣。固有的文化隐喻，解构了苍白的语言，在非凡的想象中构成宏大的表达。

高耸的大陆板块空旷恒大，弓起球面的脊线。乳汁洗出的天空，云舒云卷如峨峨高髻、荡荡裙裾。苍鹰盘旋，大道似瀑布。

最远的地方，热浪涌动的高坡，马首悄然耸起。最初是一个，接着是一簇，然后是一片。然后，生命交响的高潮赫然来临。

万种天风骤然狂作。骏马雄壮的肌群，突起为跳跃的峰峦。马群纵姿跋扈，从远方和更远的远方潮涌而出。

大宛汗血天马从西极承灵威、涉流沙而来，从黄河负图而来。与犁铧一起耕耘生民的艰辛；与刀斧一起划破凝滞的血海；与所有为人喜爱的生灵一起，成为力和美的化身。

神骏是大漠的王者至尊。自由与奔放是固有的特权。风云滚滚，海山苍苍，真力弥满，万象在旁。铺张恣肆的野性行神如空，行气如虹，走云连风，吞吐大荒，呼啸在无边无际的天穹。狂放的马，不羁的马，越过关山苍茫的峰峦，在浩瀚云天纵情狂奔。飞溅的马蹄踏着寂寥，无限穿越空白而又充满热切的季节。

编钟在帝王的宫殿叮当作响，尊爵在将军的帐幕浅斟低唱，戈戟在生死存亡间顿挫折断，盔甲在血腥弥漫中沉思默想。没有热血就无法铸就铜筋铁骨。挽雕弓如满月，兵车踏破山阙，奔向山重水复的地老天荒。万里奔走的马蹄，凝结着古老的音韵，激扬的声响穿透了广袤的疆场。辽阔的大漠旌旗如火焰，和大漠一样无垠的雄心，映红了天空。那个惯于远征的时代，弓箭永远蓄满雄风，青铜的魂魄万古如一。

狂舞的铁蹄在血管里奔腾，声震寰宇的轰响是冰河破裂一泻千里。在地震般的战栗和闪电般的快乐的瞬间，我忽然领悟了生命的开端和终结的全部欢乐和痛苦的奥秘：挣脱欲望的缰索，卸下诱惑的鞍辔，去呼应自由的性灵气吞山河地抒情！

什么地方，鼓声隐约，唢呐呜咽，落日似鸣金。铜奔马依然在飞奔，穿云破雾。日光在马背上抚摸，暮色像紫丁香，一点点醉意，一点点温暖。

放飞的想象，在蓝天上簌簌作响。一匹马横空而过，定格大漠的静默。一个被束缚的躯壳，渴望奔马沸腾的脉搏，渴望在风云激荡的天空奔驰，哪怕是大漠上的最后一名骑士。

我看到时光在两翼间摇摇晃晃，寥廓而丰腴。负重者远走天涯，岁月的马蹄愈陷愈深。一生都在为渺小的算计奔波，从未有过心志的放纵，不知道使步履轻松的，是应该与生俱来的飞翔的品质。

只能站在历史的豪气之末，荡气回肠。在春风沉醉的夜晚，不安分地想做一个马夫：在黎明的信风中牵起缰绳，走过万紫千红的原野，溅一身花香。

长城悬壁

嘉峪关城堡往北，十六里，黑山北坡，长城注入嘉峪关的最后段落，三十里的片石夹土墙从山上陡然垂落，凌空悬挂于倾斜的山脊。

六百多年的"河西第一隘口"，是明代长城沿线修筑时间最早、建筑规模最为壮观、保存最为完整的关隘。

明墙与暗壁，是嘉峪关的南北两翼。明墙止于关南的长城第一墩；暗壁止于关北石关峡口的悬壁长城。悬壁沿南、北两侧山脊顺势而上，平坦处如履平地，险峻处如攀绝壁。嘉峪关伸出一双铁臂，封锁了石关峡口，扼守在河西走廊的咽喉。

去过最东端的山海关，那是天下第一关。老龙头矗立海面，巨浪拍击高墙，浪花飞溅，惊心动魄。而今，我来到嘉峪关，登上长城最西端。

正午，西部的阳光烈焰蒸腾。烈焰中的悬壁，悄无声息。

烽火台兀立于峭崖之巅，给世界一个惊艳的姿势。雄性的山，跃动如苍虬的长城若隐若现，平添了几分温柔。

城楼、垛墙、甬道，长城向万里之外延伸；谷地、校场、吊桥，色彩在早晚不断变幻。时而明丽，时而暗淡，或青灰，或土黄，那是古道烽烟的反光。风雪冰霜，刀光剑影，造就了表情的森严；更深漏残，枭鸣蛇行，疑似荒野幽魂哭泣。

整个视野所及的大漠，都处在高台的威仪之下。触摸着它粗糙的肌肤，仿佛触摸一个久远的符号。边塞守备的思维构架倚山而立，暗示着决绝的意志。

山脚下的沙丘如海，看上去异常平静，流淌着太阳、月亮、云与朔风。仔细谛听，会得到时间深处的消息。一行行来自远古的歌谣，像一阵阵行云流水涌进鼓胀的心房。

关隘并非只有荒凉和冷漠。

长城是猛士驰骋的道路，男儿意气的舞台。击筑豪饮的骄傲，舍我其谁的霸气，视死如归的奋勇，所向披靡。

与长城有关的一切都大气磅礴：狼烟如柱，旌旗蔽日，戈矛喋血，琵琶激越，喜悦如瀚海卷地的狂风，愤怒如冻裂金甲的严寒，柔情如胡笳羌笛的怆然。唯独没有恐惧。恐惧在这里意味死亡。

在长城的任何地方，你都会想引吭高歌，并且绝不会孤单。北国中原，长城内外，所有的英灵都会与你唱和。战阵的勇毅，帷幄的智慧，穹庐般高远。纵然眼前血流成河，仍镇定自若。

日光耀眼，天空拥抱地面。绝崖如削，势险岩危，崖壁的皱纹错错落落。阴时雾截山腰，晴日云缠峰头。烽火台器宇轩昂，君临百丈深渊，沉浸在酣畅的太息中。关下的幕府、兵营、廊庑，历历罗列，等待着辨认前朝的荣辱盛衰。

秋夜人静，一山月色，满怀星辉。刚毅与剽悍下面，浪漫融化于故乡的思念。

上路的时候，是谁打开了含泪的窗，告诉你：风寒，路远，保重。从此戎马倥偬。有一天老了，步履蹒跚，回头望，再也寻不到那断肠的一瞥？是谁打马走过夜的长街，鞍上的情思，一如身后的追风。阳光明媚的土地，稻麦飘香。火红的花姬，在飞驰的视线上粲然盛开？是谁在暮色中，横刀倚马赋诗。远处柳梢低回驼铃的悠远，穿越黄尘古道，风火边城，唱和大漠孤烟，抚慰强悍的生命。长河落日，在经纬交叉点描绘律动的地平线？

想起王之涣的"羌笛何须怨杨柳，春风不度玉门关"；想起王昌龄的"秦时明月汉时关，万里长征人未还"；想起王翰的"醉卧沙场君莫笑，古来征战几人回"；想起高适的"借问梅花何处落，风吹一夜满关山"；想起岑参的"中军置酒宴归客，胡琴琵琶与羌笛"；想起李益的"不知何处吹芦管，一夜征人尽望乡"；想起陈陶的"可怜无定河边骨，犹是春闺梦里人"；想起"腹中有数万甲兵"的范仲淹是怎样地慨叹"将军白发征夫泪"；想起张孝祥是怎样地"悄边声，黯销凝"；想起辛弃疾是怎样地"醉里挑灯看剑，梦回吹角连营"……

在风暴中站稳了脚跟，在霜雪中挺直了身腰。长城自有长城的威严。万里长城的每一座堡垒，每一扇城门，每一孔垛口，每一个烽火台，一砖一石，一草一木，概莫能犯。

饮马长城的将士，铠甲冰冷寒光闪烁，荒草流淌着鲜血，刀锋亲吻着枯骨。绵延的城墙，义无反顾地割断了归途。关内遥远的村庄，轻拨灯捻的老母亲，正默然捻着针线，一串又一串烛泪，汩汩滚落。

一川碎石大如斗。一个人在那里站立，巍然握着剑柄，阴郁如一座凛然的遗碑。他身后是苍茫的戈壁，戈壁上的沙棘正被秋风剪碎。一马离了西凉界，抛下了葡萄美酒红粉佳人。大漠沙如雪，苍山月似钩，金络脑踏碎了清秋。鼙鼓声动的晚上，慷慨地奔赴火光。

有云横塞，无月倚楼，凝噎无语，止不住一背冰冷一抱清凉。多少麾下壮

10

志难酬，多少烈士饮恨苍天。天空飘落的雁翎，是亡者的魂魄，挽住风的缰绳，在夜的沙场嘶鸣。风声陷落于沙尘，血色的字词板结着斑驳的铁锈。断壁残垣上回荡夜光杯撞击的铿锵，无数横卧大漠的亡灵，留下深沉的叹息。

投笔从戎的书生，独立三边静，轻生一剑知。血战归来，浊泪湿了胸襟。在茫茫的风沙中，抖一下血染的马鬃，一声长啸。用溅血的声音，祭奠惨烈的岁月。

万丈光芒燃烧着群山，所有华丽的颂词，黯然失色。群山隐忍了喧哗和呐喊。没有应制的诗赋，没有妙曼的霓裳，只有犀利的檄文，刚健的剑舞，贯穿万世而不绝，承载无数壮士的豪情，进入后人的瞻仰。

烽燧暂歇。白炽的日头继续着火的炙热。悬壁峥嵘的岩石，刻下了黄沙百战的铁血。是无言的呐喊，也是袒露的胸怀。一蓬蓬劲草，在猎猎的风中，摇曳倔强的手势。

一种古典的情怀，汹涌地穿凿，构成悬壁如虹的气度，让人探索到时空和人生的深度。

四周一片寂静。我注目凝视的，是一双双睁开在历史中的眼睛。

悬壁耸峙。目眦欲裂的墙缝中，那一双双眼睛，利刃般闪烁。看不到幼稚的激情，唯有坚不可摧的信念。雁阵中依稀的角声，唤起群山刚健的歌吟，高亢中含着不尽的苍凉。

悲歌从生命的最深处爆发，颤抖在漫天的风中。

挥手别离悬壁，回望的并不只是一段风景。

不登悬壁，不足以语雄关；不登嘉峪关，不足以语长城；不登长城，不足以语华夏。

悬壁是历史横亘的一道门槛，它属于过去也属于现在。站在这道门槛，你既会有漂泊归来的沧桑，也会有出门远行的豪迈。

悬壁是精神的墙仞：巍峨。冷峻。博大。离天最近，离太阳最近。

悬壁是伟岸的脊梁，是一种永恒的守望。而嘉峪关，是守望灵魂的驿站。

（原载《光明日报》2023 年 8 月 4 日）

除夕再寻嚳蒙楼

丁帆

25年前的今天，我登上了无人迹的鸡笼山，去寻觅传说中的嚳蒙楼遗址，因为我一直以为那里是南京文化的精神高地，回来后，就着暮色，即刻写下了《嚳蒙楼上话嚳蒙》的文章。

行走在大年三十除夕时分的宽阔街道上，见人稀车少，于是突发奇想，便驾车去城里，再看一下鸡鸣寺上的嚳蒙楼。

一路狂奔，到了市府门口，转弯到鸡鸣寺街角，猛然见到游人如潮的风景，不禁大吃一惊，本想凭着25年前的老经验，选择除夕人人都在家忙年，寺庙寂寞无声，正是独上高楼，望尽天涯路的最好时机，焉知今日鸡鸣寺却大异往日，涌来了红尘滚滚的人潮，一眼望不到头的人流直到台城尽头。

进了山门，方才悟出了原委，人流如织的善男信女香客们，是奔着这个有着一千余年历史的灵验菩萨而来的，大约南来北往的香客们笃信"舍身奉赎"的"菩萨皇帝""皇帝菩萨"梁武帝建造的同泰寺是最灵验的寺庙吧，每年"龙抬头"之日许许多多香客必来此地进香许愿还愿，所以，东南大学路上的那条"进香河"虽早已改成了暗河，而"进香河"的地名却永远留下来了。

据说，这千年古刹最灵验的是祈福消灾保平安，难怪今年放开了的人群蜂拥而至，此番敬香者已经不再是老者了，绝大多数都是年纪轻轻的善男信女，各人捧着香火，在并没打开殿门的各个大殿门外磕头敬香，尤其在药师塔小小的门洞前，挤满了排队祷告的人群，个个面色凝重，虔诚跪拜。20年前，我们曾经特地陪着一个理论刊物的年轻女编辑，来同泰寺大殿前敬香，原因是她结婚多年尚未怀孕，据说这里的求子观音特灵，于是见她三叩九拜，十分虔诚，果然，回京后她很快就生下了一个大胖小子，这让从不相信菩萨显灵的我默默无语。

挤在人群中，好不容易登上了山顶，观音阁大殿大门也没开，少年时代爬上山来专门寻购尼姑庵小店里麻油菜包的简陋小店，如今已荡然无存；25年前那爿并不大的素食店，如今已然扩大成颇具规模气派的"百味斋素菜馆"了。询问穿着僧袍的年轻尼姑，豁蒙楼的遗址今在何处，她清秀白皙的脸庞上露出了惊讶之神情，回我说，这里没有"和门楼"啊。我说，你是神学院毕业的吧？她浅浅一笑。

其实，我知道观音阁右边就是豁蒙楼遗址，如今被这"百味斋素菜馆"占去了部分，好在那爿与周边翻修一新的楼堂馆所极不相称的旧茶馆还在，不过那个木结构的旧楼已荡然无存了。25年前，我写到忆明珠先生在此喝茶写作，写到那个"新月社"成员1932年写豁蒙楼暮色的现代文学作家，如今仿佛影影绰绰又浮现在我眼前，如烟的往事就真的隐入了历史的微尘吗？如今尚有几个南京人知道豁蒙楼呢？

豁蒙楼是当年的两江总督张之洞为其弟子杨锐所建。前几年，我的同事徐有富教授在他的散文《风雨豁蒙楼》中对其来龙去脉有过详细的陈述，正如张之洞所言："某夜，风清月朗，便衣简从，与杨叔峤锐同游台城，月下置酒欢甚，纵谈经史百家、古今诗文，憺然忘归，天欲曙，始返督衙。置酒之地，即今日豁蒙楼基址也。"置酒之地，高谈阔论，歌吟诗词，纵论天下大事，江湖师生义气图卷跃然纸上，可惜没有画家将此豁蒙楼江山图描绘出来。

杨锐是因"戊戌变法"被斩首于北京菜市口的六君子之一，作为老师的张之洞，几次三番托人上疏，甚至拜托荣禄奏疏老佛爷，为其曾经的幕僚杨锐开脱罪责。就从这一点来看，我并不认可有些历史学家将张之洞看成两面三刀的维新派叛徒，因为，作为一个朝廷大员，为反贼开罪本身就是犯罪嫌疑人，他能挺身而出，证明他还是有人性底线的。

七八年前，有朋友请我为"长安派"画家王西京写画评，其中一幅关于六君子的《远去的足音》图，引发了我的共鸣，我以为这才是画家触摸到历史人物脉搏的创意制作，而他以往的作品"最终还是没有突破传统宫廷画一味'颂'而缺乏更深层'思'的内涵表达。窃以为，倒是他早期的现实主义力作《远去的足音》才是其创作的高峰，且不说墨色的运用勾画出了那个时代黑暗的历史背景，就是六君子形态各异的表情就足以引起我们对那段痛史的反思，唤起我们对一代政治英烈（虽然他们还算不上严格意义上的政治伟人）英雄壮举的景仰，作者在整个构图上的精心设计令人击节，粗犷豪迈的风格中透露出了睿智而凝重的深刻思考：那幅力透纸背的带着刚劲力度的魏碑书法风格的长幅题词，对此画做出了最好的观念注释，我注意到，王西京的书法往往成为其与绘画相辅相成而不可或缺的艺术对应，这种与绘画形成互补效应的同源艺术，而非文人画的一般点缀，它更是一种中国画构图的特点，这已然成为王西京作品的一道风景线，应该说它的创意性是很强的，而此幅作品则采用了其鲜用的魏碑书体，就是要呼应其笔下人物彪炳青史的绘画语言表达。而更值得称道的是，那似乎随意散落在六君子足下的十几片红枫叶，不仅仅是在色彩运用上跳脱起来了，更重要的是它更突出了一代英雄伟人血染大地的政治寓意。也许正是这些远去的伟人距离我们的政治生活较远，作者才能挥洒自如地去驰骋自己的想象和表现，不受任何拘束地尽情表达自己的情感，这才是人物画中文人的人文精神表达的最高境界！放开想象，肆意挥霍自己的情感与想象，才能创造出有新意的作品来"。当然，杨参军绘制的《戊戌六君子祭》也是震撼人心的力作，因为画家将英雄描写成了普通的刚烈囚徒。

张之洞之所以用杜甫的"朗咏《六公篇》，忧来豁蒙蔽"作典，显然是有用意的，但至今仍无人透解。窃以为，作为提倡改革的洋务派领袖人物，张之洞借用唐代六公诗篇来隐喻维新派的遭遇，其实，赞颂唐代狄仁杰与"五王"张柬之、桓彦范、敬晖、崔玄暐、袁恕己六公的诗篇为虚，实为以此颂扬后五人发动的著名"神龙政变"，用历史事件来影射"戊戌变法"，用"五王"被流放、虐杀来隐喻六君子被虐杀，足见张之洞建造豁蒙楼的良苦用心。

张之洞是一个褒贬不一的历史人物，作为一个从中国封建社会过渡到近代，并向现代性社会转换过程中的变革官僚，他在政治、经济、外交和教育上所花的力气甚大，其历史的进步作用是不可小觑的，其大节是不亏的，说他是假道学乃不公之词。他创办了中国许多大学，就拿他任两江总督期间创建的南京大学前身两江学堂而言，便功不可没。一个在职的官员能够不计后果公然为枭首的旧部下建造纪念楼宇，实要有大气度才行。

张之洞理解他的弟子幕僚杨锐，为其身后树楼立传；而张之洞死后，最能理解他的人，也还是他的下属幕僚，樊增祥有联云："取海外六大邦政艺，豁中华两千载颛蒙，弱者使强，愚者使智；有晏婴三十年狐裘，无孔明八百株桑树，公尔忘私，国尔忘家。"他诟病"中华两千载颛蒙"，足见其对国民性的认知比五四先驱者们还要早，为众生"豁蒙"，并不仅仅是颛蒙念伪之本义，而是启蒙之意也，如此说来，不知道张之洞算得上一个早期的启蒙者否。

一百多年过去了，如今连借重建的景阳楼悬挂的豁蒙楼的匾额都不见了，更谈不上当年张之洞亲笔题写的豁蒙楼匾额连一帧照片都没有留下。今世的南京人鲜知豁蒙楼似情有可原，而读书人不知这段近代史，却真的有点羞耻。

我悻悻地走出山门，突然想起了胭脂井还没看，便又折返回去寻井，谁知改造了的后院早就被许多新的建筑物所遮挡，无从觅井了，问了几个操着北方口音正在兜售寺庙开光纪念品的僧尼，他们竟也不知啥"燕子井"，倒是一个打扫卫生的女工指着东方，让我绕过几个台阶下到最底层，便可见到。

终于，寻到了久别重逢的胭脂井。这里却是清净得出奇，竟然无一香客在此勾留。这与我当年看到的颇荒凉的胭脂井不同了，新修葺的碑、亭平添了些许景阳时代的奢华，不辱没张丽华的名号和仪容了。

此胭脂井与安徽潜山三国时期大乔小乔落胭脂粉入井的胭脂井相去甚远，此井原为景阳井，亦称辱井，想当年，隋兵攻入台城，慌不择路的陈后主，竟愚蠢地带着张丽华和孔贵嫔，躲在这口枯井中避难。此亡国之痛，早已被世人忘到了九霄云外，而更能让人记取的却是另一个出生于南京，号为"钟山隐士"的李姓南唐后主，因为他那些柔美词曲的艺术魅力，远远盖过他末代皇帝荒诞的历史罪过了。一首《虞美人》（春花秋月何时了）是中国文学史绕不过去的名词，"问君能有几多愁，恰似一江春水向东流"几乎成为许许多多中国人的生存哲学。

而那个陈后主就没有李后主幸运了，除了王安石那首辱井诗外，元代张翥的《辱井栏》也是极尽讥讽羞辱之词："好事能收断石存，摩挲堪忆古云根。楼空野燹钟何在，宫没寒芜井已湮。古篆半留栏上字，妖姬犹有墓中魂。试扪凹处殷红湿，不是胭脂是血痕。"此诗犹有红颜祸水之意，那是封建时代的文人为皇帝开脱或减轻罪责之辞，是带有男权思想的意识形态，不足挂齿。然而，历史应该记取的教训是什么呢？也许正是许多游人香客不愿去胭脂井的缘故吧。

1921年12月8日中国现代文化和文学的先驱者之一胡适先生也登上了豁蒙楼，他在白话诗《晨星篇——送叔永、莎菲到南京》写道：

我们去年那夜，/豁蒙楼上同坐；/月在钟山顶上，/照见我们三个。/我们吹了烛光，/放进月光满地；/我们说话不多，只觉得许多诗意。

我们做了一首诗，/——一首没有字的诗，/——先写着黑暗的夜，后写着晨光来迟；/去那欲去未去的夜色里，/我们写着几颗小晨星/虽没有多大的光明，/也使那早行的人高兴。

钟山上的月色，/和我们别了一年多了；/他这回照见你们，/定要笑我们这一年匆匆过了。/他念着我们的旧诗，/问道，"你们的晨星呢？/四百个长夜过去了，/你们造的光明呢？"

我的朋友们，/我们要暂时分别了；/"珍重珍重"的话，/我也不再说了。——

在这欲去未去的夜色里，/努力造几颗小晨星；/虽没有多大的光明，/也使那早行的人高兴！

说实在话，我对这种平淡如水、无病呻吟的蹩脚白话诗，真的没有什么诗意的感觉，五四白话诗只有刘半农那首《教我如何不想他》，才是白话诗的极品。关键问题还不在于此，此时登上豁蒙楼的胡先生，在短短 20 年间，他不可能不知道豁蒙楼的来历，全诗却全无一句吊古之辞，或许这就是他"少谈些主义"的思想所致吧。胡适是我尊崇的文化和文学大师，可是他在豁蒙楼上抒发的从黑暗的夜色里数着那些光明的晨星，似乎是对豁蒙楼的不敬，这也是鲁迅先生诟病的胡适的痛处吧。

鸡鸣寺的菩萨与中国其他寺庙里坐北朝南的传统规制不同，这里菩萨的身段和面目则恰恰相反，是坐南朝北，佛龛上的楹联书"问菩萨为何到坐？叹众生不肯回头"，是啊，回头是岸，却有几人回头呢？包括那个误国皇帝梁武帝和那荒淫无度的陈后主，要知结局，早就回头了，可是，历史往往是无法预料的。

小杜有"南朝四百八十寺，多少楼台烟雨中"金句名闻遐迩，如今多少寺庙楼台都被历史掩埋，唯有这"南朝第一寺"却始终高高屹立在南京的市中心，但是，一千余年的皇家寺庙早就被消费文化所吞噬，而近代的"豁蒙"意识也已烟消云散，失魂落魄，驾鹤而逝，鸡鸣寺倒是更适于南唐时夏名的"圆寂寺"。

再出山门，随着熙熙攘攘的人群登上台城，望着蜿蜒逶迤的城头通衢，突然想起韦庄的《台城》诗句："江雨霏霏江草齐，六朝如梦鸟空啼。无情最是台城柳，依旧烟笼十里堤。"感伤之情油然涌上心头，皇帝重臣们且如此，个体的平民更是一粒沙子，隐入在历史的微尘之中。然而，作为一个现代士子，面对历史的台城柳，怎么才能如鸟啼那样鸣叫一下？即便是微声空啼，却也是一种发声。

豁蒙楼今安在？

在芸芸众生的人流中，我只想做一只在豁蒙楼边柳树上鸣叫的小鸟。

（原载《文汇报》2023 年 2 月 1 日）

自然笔记（节选二则）

徐 刚

鲸落记

鲸落，是一种极富情感的想象；鲸落，是一个高贵的专门名词。言其想象，会思及鲸之一生，破浪奔行，终生不息，威震海洋，其末也，寿终而坠，能不情感顿生？称其高贵，生于海，王于海，命殆归海底，为饥者果腹，一鲸落而万物生，无上高贵者也！2020 年 4 月 2 日下午，中国"探索一号"科考船搭载"深海勇士号"载人潜水器，怀喜悦之情返回三亚。他们带回了一个本航次极重要的、意料之外的成果：他们在南海深水潜航时，发现了一头约三米半长的鲸落。这是我国海洋科学家第一次发现此种类型的生态系统。"迄今为止，人类发现的现代自然鲸落不足 50 个"。

何为鲸落？为什么称鲸落为生态系统？深海学家李松海先生给出的答案是："当鲸在海洋中死去，它的尸体最终会沉入海底，并在过程中形成一个独特的生态系统"（同上），此即鲸落也。把深海海底比作荒漠，其实是不恰当的，海底包括海底生物还在被不断发现中。但因为没有阳光的照射，海底在漫长的黑暗中，自然不能与大海的表层、上层相比。于是，鲸落与深海热液、冷泉，被称为海底"绿洲"。鲸落的出现为缺乏能量的深海海底，提供了丰富的食物来源，促进了深海生物的繁衍发展，是深海生物的狂欢节。会聚集起海底的大大小小、形形色色的各种食腐动物分食其肉，直至菌类微生物分解其骨骼中的脂类，一条大鲸的所有有机物，毫末无存地奉献之后，仅剩的骨骼则化为礁岩，成为深海生物，尤其是弱小生物的聚居地、避难处。此所以有生态系统之谓故也。

鲸落是鲸把最后的温情留给大海。

深海对于鲸落的馈赠，除去骨骼为礁外，其分解、享受分为三个阶段。如对大鲸、蓝鲸而言，第一阶段约持续两年，是盲鳗、鲨鱼、石蟹等食腐动物分食鲸鱼软组织，在这过程中鲸尸会被移动，书上称之为移动清道夫阶段。这时候鲸全身的肉会被吞吃掉90%。第二阶段，约持续两到四年，当体型较大的动物吃饱而去后，便有小动物聚集，住在鲸落旁边，细细地有滋有味地寻食残渣。它们机敏灵巧，着眼于细枝末节。第三阶段被称为"化能自养"，是最漫长的，或许也是贡献最大的，需要花去一百年左右的时间。鲸鱼尸身除去大量软组织之外，骨骼也是一宝，含有丰富的脂类，菌类包括厌氧菌接踵而至，通过分解脂类，使在无氧环境下生活的细菌产生疏化氢，从而使化能自养细菌如硫化菌，将硫化氢作为能量来源。同时，也为与其共生的生物如贻贝、蠕虫和海蜗牛等获得能量补充。鲸的尸体分解过程，支持着海洋深处到海底的广阔领域中，大至鲨鱼小至细菌的生命活动、生物群落的演替。有些生物，在一条死去的鲸鱼身旁得以安度一生，乃至福及后代。

鲸落是悲壮的坠落。

鲸落是诗意的坠落。

鲸落是伟大的坠落。

蓝鲸富有不可思议的灵性，它能预知死亡，当一头行将寿终的蓝鲸，仍然不可思议地在海浪中游动时，人应该为之惊叹：它是在寻找一处更加贫瘠的海底，然后自沉。它要让那一处的贫困者，可以饱食几年乃至百年。它要让那里变得繁荣，有大鱼小鱼，有沉默而活跃的菌类，有礁石，最好能长出草来。《知乎》称："据研究发现，在北太平洋深海中，鲸落维持了至少有43个种类、12 490 个生物体的存在。"

鲸落为无数的海洋生物提供了食物，还为海底生物提供了一处栖息地，成为深海底栖生物的避难所。因为深海资源的稀缺，靠自养型细菌的供应，只能使海底成为荒漠之地。而鲸落促进了海底有机质的输送，为深海生物提供营养。从出生到死亡，从死亡到新生，鲸落是大海深处的一座孤岛，集中并养活了一方生灵。自然鲸落极为少见，观测难度之复杂是一种因素，更重要的是全球海洋中鲸鱼数量锐减，垃圾污染，等不到鲸鱼自然死亡的人类捕杀……鲸落何处有？沧海不堪问。我们可以想见的是，自5000万年前，陆地上的鲸重归海洋起，在距今2000年前人类捕鲸开始的4000多万年时间里，大海是真正自由祥和的啊！龙涎香在海上漂浮，鲸鱼在各大洋奔行，去南冰洋大食磷虾，然后去热带海洋歌吟，交配产仔，从平均鲸寿约等于人寿70岁计，可知期间有多少鲸落，滋养着海底数以千万计的生命。其飘落也，潇洒如落叶悠然；其落地也，沉重若一岛新生。海底地貌多样性的岛礁连绵，起伏跌宕，除去火山喷发，大多是鲸落所为！

鲸鱼功莫大焉！

鲸鱼是海洋中的仁者，以康南海所说"仁者生也"，生生不息者也，此非鲸乎、鲸落乎？

鲸油： 历史上的光芒

在人类贪婪的目光中，鲸鱼浑身是宝。鲸脂可制作肥皂、蜡烛以及唇膏；鲸须是人类日常用品如刷子、妇女胸衣、伞骨等上好原料；鲸肉可食，也是宠物所爱。至于抹香鲸体内的龙涎香更是价值连城。人类捕鲸已有2000年历史，早期的捕鲸人被称为海上冒险家，是一门危险丛生的行业。年轻力壮的捕鲸渔民划着小船靠近鲸鱼，利用鲸鱼从不与人类为敌的善良，手掷梭矛和鱼叉捕鲸，受到攻击的鲸会反抗，甚至负梭矛而飞驰，掀起的惊涛骇浪会把小船掀翻，捕鲸人落海丧生。这种原始的捕鲸方式对蓝鲸和抹鱼鲸几无威胁。那时能够捕获的是小型鲸鱼，主要是为了吃它的肉，用它的油。随着时间的推移，科技的发达，人类对经济利益最大化的追求，捕鲸的海洋大屠杀于19世纪60年代达到高峰。人们开始使用蒸汽船追击鲸鱼，再以带着火药的爆炸式鱼叉实行攻击，鲸鱼一旦被击中，鱼叉尖端会像手榴弹一样爆炸。鲸，血肉之躯也；人，情何以堪？

蓝鲸是最大的屠杀对象，杀死一只巨型蓝鲸，可以得到大约六只其他鲸鱼所提供的鲸油。捕鲸行业有一个度量单位叫作"蓝鲸单位"。每个单位就是一只普通蓝鲸产出的鲸油量，这个行业的冷血老板以此为计算单位，规定属下每一个捕鲸人一年的鲸油收获量。世界进入21世纪后，在不到200年的无节制的滥捕滥杀之后，蓝鲸几乎消失殆尽，在大海的波涛中已难得一见其踪影。据张方圆的文章说，1904年到1986年间，仅在南半球就有200万头鲸鱼被捕杀。到20世纪80年代初，灰鲸及座头鲸的数量减少了90%以上。国际捕鲸委员会于1946年12月2日在华盛顿成立，该委员会于1982年要求成员国到1986年止，结束商业性捕鲸。这一决定遭到几个捕鲸大国拒绝，爱尔兰在国际压力下，于1989年结束捕鲸，只有挪威和日本的捕鲸船，仍然在追杀鲸鱼，为经济利益而坚持海上大屠杀。追溯捕鲸史，让我们回溯17世纪的世界，17世纪的汪洋大海。

17世纪，美国殖民者因为土地紧缺而开始捕鲸，并于1712年杀死了第一头大型抹香鲸。它不仅拥有其他鲸的鲸脂和骨头，美国人还在抹香鲸巨大头部的神秘器官中，发现了一种鲸蜡的物质，一种更优质的蜡状油。从17世纪到18世纪，地球上的海洋是动荡不安的，它们正在失去越来越多的鲸鱼，回想当时，我们能听见海洋的"寂静的轰鸣"吗？如果说蜡烛曾经照耀英美，那么，从鲸蜡和鲸脂中提取的鲸油作为润滑精密机器零件的润滑剂，同时也促进了西方的工业革命。正是因为鲸油的润滑，工业产品源源不断地为英美工业国家，创造并累积了大量财富。因为从鲸鱼中提取的油唯一可用作工业润滑油，英国的捕鲸业因此而发展，成为19世纪英格兰的支柱产业。在美国，数以百计的捕鲸船只从港口浩浩荡荡地出发，在大海中追杀鲸鱼，把熬制而成的鲸油、其他鲸鱼制造的产品，销售到世界各地。19世纪早期，每一个典型的美国家庭，至少会有两种鲸鱼制造品：蜡烛、鲸骨支撑的紧身胸衣。

因为连续两个多世纪的狂捕滥杀，抹香鲸，这一种大海引以为荣的巨大动物，到19世纪初已难得一见。英国的捕鲸船在大海的风浪中，摇摇晃晃，寻寻觅觅，有时会在海上追寻一到两年。英国沿海的许多港口与捕鲸业密切相关，但公认的世界捕鲸中心是美国马萨诸塞州的新贝德福德镇。据估计，19世纪40年代，世界海洋上约有900多艘捕鲸船，其中有近一半的船员自称："我是美国人，我来自新贝德福德，那是我的家乡。"何以有新老贝德福德之别？这里原先只是渔港小镇，捕鲸者从船长到船员，因捕杀鲸鱼而发财，改造老镇，造大房子，是有新贝德福德，因其所制造的蜡烛的光芒，一度被称为"照亮世界的城市"。据2019年3月社会科学文献出版社出版的，海洋史专家、《利维坦：美国捕鲸史》的作者埃里克·杰伊·多林（Eric Jay Dolin）说："在历史的迷雾中，捕鲸常常被描绘成一种非常浪漫的行为。事实上捕鲸一点也不浪漫，它是一项肮脏！污秽、暴力的行业，但在美国历史上仍然很重要。"19世纪时，美国已成为全球捕鲸业的中心，当时在海洋中世界共有900艘捕鲸船中，735艘属于美国。至1850年，捕鲸业已成为美国的第五大产业。埃里克·杰伊·多林的某些看法是以历史的眼光去论述的，他认为这个新兴的产业是建立在"人类对光的热爱上的"。正是鲸鱼大量丰富的油脂，可以为光的产生提供必需而又充足的燃料。"在美国捕鲸史的大部分时间里，鲸油时称'鲁米拉'（Lunera）的主要用途就是用于照明"。这些照明先是室内的，后来又用于夜间户外街道，这是城市文明的一大进步。

抹香鲸有特别的脂肪，能炼出一种优良的油，这种油的品质之优当时世界一时无两。它不仅用作一般的照明，它是灯塔的最佳燃油，它闪烁在漆黑的夜里，它照亮着风浪中的归程，它带给远航的水手温情和希望，它指明了回家的路。鲸油曾经是热门商品，它使矿工头灯有了更亮的光，它成为枪支、手表、钟表、缝纫机和打字机最受欢迎的润滑剂。而且它不惧高温，也是所有快速移动机器的润滑剂，诚如西方历史学家所言：

鲸油润滑了整个工业革命的齿轮。

如前文所述，在抹香鲸巨大头腔中，还有一种被称为"鲸脑油"的透明液体蜡。捕鲸者打开鲸鱼头颅，就可以挖出一桶桶此种蜡液。在当时美国和欧洲，鲸脑油制成的蜡烛，无烟无味，价格昂贵。但它成了身份、官阶和富裕的象征。有西方史学家记载，本杰明·富兰克林的爱好之一，就是喜欢在这样的更温馨的烛光下读书。

鲸鱼浑身都是宝，一切都不会被浪费。提炼鲸油的副产品制作肥皂，鲸油被用来生产人造黄油等可食用品。鲸须，须鲸上腭悬挂的、用来过滤的密集纤维状刚毛板，居然挺进时尚界：它为苦恼的设计师，提供了制作圆形裙圈所需的坚固与灵巧，使"上流社会"的女人们，在假面舞会中的舞池里拥有了紧身束腰的好身材。美国人把对这些刚毛板的利用，发挥到了极致：它是高级雨伞和遮阳伞的肋骨，它还装饰在贵妇们千奇百怪的帽子中，它被改造成鱼竿、弩，制成马车鞭子和马车上的弹簧。假如说以上鲸制品有不少是过去式的话，那么抹香鲸中的龙涎香，至今仍是制作香水、香水定型剂的至宝，包括当今中国不少女明星引以为荣光的"香奈儿5号"。据《利维坦：美国捕鲸史》的作者称，捕鲸业的兴盛，获得利润之丰，以1853年为最。这一年，仅仅一年，美国庞大的捕鲸船队捕杀了8000多头鲸鱼，生产了10.3万桶抹香鲸油、26万桶鲸油、258万千克的鲸须，创造了当时惊世骇俗的1100万美元销售额。直到19世纪50年代末，美国用石油制品煤油作为光源燃料，追捕猎杀鲸鱼的数量才有所减缓。

但时尚业例外，你闻"香奈儿5号"，那芳香中有血腥味。

美国捕鲸业的地位，在20世纪，已渐渐衰落。鲸油点燃的灯塔渐渐暗淡了。

（原载《鄂尔多斯》杂志 2023 年第 1 期）

上翠微

陈应松

三月赣南的大地上，拥挤着河流、菜花、竹笋和春雨，空气透明芳馨。在铺向村庄的油菜花海中，突兀起一座山峰，以及一群山峰，通体丹红，象征着当地老苏区的一种颜色。油菜花鲜嫩的金粉被风吹起，喷涂在它们光洁、高耸、傲然的躯体上。那片耀眼的浪潮中，春天正在喧嚷。但山是岑静的，它的树，它的竹林，它路边疯长的黄堇、青蒿和野豌豆，无声且沉醉，花朵在醒来的草丛间泛滥。风跃上峭壁时，竹子会轻轻地摇晃，像历史发出的微弱叹息，像一个老者的回忆。战争、盘踞、隐居、修行、传道、苦读，都在这山里发生过，如今成了游览的指路牌，成为一行行汉字。只有碧虚宫和青莲寺的烟火在袅袅上升，在晨钟暮鼓中，叩动传说的梦弦，迈动时间的足履，像我们此刻在山间的行走。

在翠微峰，我们遭遇的是初春正午的艳阳。通红的峰峦没有翠微的翠，浓重的丹崖，为什么不给它赐予一个红色的名字？但它就叫翠微峰，在宁都，在无数如雷贯耳的江西丹崖被遮蔽的缝隙中，在赣南的一隅彤红地存在着。

一座山体整个地倾欹一边，似乎将要倒下去，而另一扇山壁又将斜过来，将我们压扁。我们已经穿过了一个山洞，我们仍将在山体的迫近下，惊悚地欣赏和赞叹它逼人的形状和气势，仿佛这是我们的因缘。有一座山，仰头望

24

去，山有宽檐，如屋檐一般，山体曾经无数次坍塌，却不坍下山盖，实在奇幻。

哦，真美，丛林崟崟，嶂崖岳岳。在山道上，在这里，三月的亢奋随着油菜花粉艳的香味远去，成为山下薄雾中的蜃景，被河流带向了远方，去熏染天空和大地。伟大磅礴的山总是孤独的，它在历史的阐释中被拔高，渐入云端。只有四百多米，但，也许，它真的壁立万仞，高不可攀。

往上走，上翠微。远方群峰杳霭，碧空如纱，微烟笼树，轻岚抱石。山下青畦房舍，历历在目。眼前已至翠微峰脚下，翠微为此山十二峰之一峰，以一峰之名，冠群峰之名，其峰孤高绝矗，势若劈瓮，山俱纯骨，铮铮可敬，其色绛红，其姿异秉。山本无路径，经人指点，路藏在崖中一小罅缝中，未进入者不可窥，非猿蛇者不可攀。虽谓石阙，惊为游丝，人若爬行，险不可状，磴级为粗凿，仅一脚或半脚能存，缝中回旋，疑为天路。愈往上，愈危殆，两股颤栗，四肢瘫颓。上顶之后，清风全扫，有平旷之地，有田畴数顷，有竹林人家，有篱落数椽，有水池数口，可耕可居。当年易堂七十二间房舍，已为荒垄断壁，废础苔阶。但此处云中桃源，仙气弥纶。山为巨石，震之不靡，撼之难移。藏蜕在此，可以为隐士，可以为仁师，可以挑灯看剑，可以陌上躬耕，可以为栖身茅庐，可以为灵修书院。隔窗天际，自燃烟火，避尘世于峰峦，处云端以传道，授业解惑在缥缈之间。中国清初"三山学派"之翠微学派的发源地，即在此处。

这真是中国学府与学问的一大奇观。

有九个人，他们沿着一道山的裂纹——那里生长着野草和杂树，是毒蛇、蜥蜴与荆棘的深藏处，从这条隐秘的缝隙里挤了进去，最终挤进了历史的书页，成就了一行字。这行字里充满着正义、节操、德行和忠贞。因而，翠微峰的存在更加伟特丰赡，这九个人，在此隐居达一个甲子，在这里，成了一个比丹崖更加壮丽的记忆，它穿透了几个世纪，还将穿透无数世纪，在中国人的心里，留下倔强的火种与隐喻。

这几个零星聚集的明代士人，旧朝遗民，以汉家衣冠、儒家文化为中华正统，区分华夷。以遁世为抵抗，隐居为守贞，不忍偷生清朝。想起在当时的朝鲜，也有更加猛烈的端倪。清兵入关之后，朝鲜知识分子痛哭流涕，宣称中华已亡，将他们自己视为中华的嫡系传承者、"小中华"，继续保留明朝的年号，不与所谓的清政权为伍，这等操作，也算得是一种气节。在中国的历史上，南宋、明末时期的遗民与隐士都做过同等傻事。他们散入林泉，退隐尘烟，心怀故国，不仕二朝，不食周粟。貌似深隐，却心有悲怆的亡国之痛，为旧朝守节，饱读诗书，却报国无"国"，空有一腔才学，虚掷大好年华。但也精研玄理，著书立说，以此永日。

在"易堂九子"中，以魏禧最为闻名。他是清代著名散文大家，有文《大铁椎传》收入中学课本，和当时的侯方域、汪琬一起，称为"国初三家"。史载魏禧为明末诸生，明亡后，隐居翠微峰勺庭，人称勺庭先生。何谓勺庭？大约是谦称吧，即一勺子小的庭院。在翠微峰小小的峰顶平地上，有一勺子之地建立自己的居室，也是难得的。也有记载说是在易堂的东边，魏禧在自己草堂前用石头垒起了一个小池，如一柄勺子。勺庭"广榭阑干廊步，花木纷臀"，看来也不小。"经易堂后圃地，登近百级石阶，有一泓池塘，池中种莲荷，池周遍植桂花、梧桐、蜡梅、梅、竹、月季等，桂尤盛，四时花不绝。池北垣筑土木结构楼屋三楹，前有栏干走廊，即为勺庭。"有说易堂建筑宏大成群，"屋前屋后遍植桃树，与松、竹、梅相映。"其他八子的居处亦"泉水涓涓，藤萝交荫，花实瑰异"，可见翠微峰顶，确如浓缩的仙山琼阁。

"易堂"成为一个历史名词，一个精神符号，虽未有白鹿洞书院、岳麓书院有名，但也是一种赫赫的历史人文景观。"易堂"之名说法不少，但历史认定它为怀念明朝之意：易字上为日，下为月的篆文。这等解释更增加了易堂的厚重与大义，为九位隐士镀上了金身，历史的意义是叠加的。

隐士之所以能隐，大多家有闲钱与余粮。魏家是明代宁都的名门望族，据载，在明嘉靖年间此地发生大饥荒，魏家放粮万石，受到朝廷表彰。买下翠微峰顶，魏氏三兄弟几乎卖掉了所有田产，到此山顶隐居讲学。"囊中剩有江湖气，归卧西山百尺楼。""不知故国几男子，剩有乾坤一腐儒。"魏禧和他的八位同仁们，在这样高耸的孤山上居住讲学，也是天下奇闻了。天下有道则见，无道则隐。含贞养素，文以艺业。这是孔子对隐士们的期许。九子毕竟不是真隐，有不与当朝合作的拒绝意图，有反清复明的僭越之心。九子中的魏祥，有《翠微峰勺庭》诗曰："拔地孤峰逼太虚，青松黄竹隐吾庐。三径露葵千日酒，万重云岫四围书。"这是写勺庭吗？是，也不是。这样三径露葵，千日酒盅，万重云岫，四围皆书的生活肯定不是他们所要的。但是，在明朝灭亡之后的士子们，生在那样尴尬憋屈的年代，也只有如此了。陶潜结庐在人境，九子结庐在仙山。野樵牧歌，荒林宿鸟，落日松房，丹霞渥眼，青灯黄卷，山月唯明。"采蔬池上圃，煮茗石中泉。"

魏禧和他同仁们的隐，就是无视且敌视清朝。明朝之所以值得怀念和效忠，在于它曾给予如魏禧这些精英士子以理想的生活方式与环境。怀柔政策和招降纳叛，在魏禧这种人身上毫无作用。因为抵抗和拒绝，蕴含中华民族流传久远的英雄主义气质，它奔腾在身体和血液里，这是一个不可剥夺的德行与操守。"吾不乐近贵人，耻为世之名士。"康熙十七年时，魏禧"被征博学鸿词科，称病不就，抚军怀疑有诈，遂以板扉抬至门，魏禧以棉被蒙头，病笃始放归。"装病、叫苦、撒泼、扯埞子，是那些遗民归隐的几大办法。两年后魏禧在江苏仪征游历，客死舟中，五十七岁。一生不仕，壮志未酬，无怨无憾。

魏禧们的上翠微，也是为了下翠微，为了与世界联系，掌握时局，以图东山再起。但时运乖蹇，渺小的个人不足以与强大的王朝抗衡。可对前朝的悲思和对当廷的抵抗，会生出一种叫情怀的东西。他们生活在某种幻觉里，陈规中，他们的失败是必然的。失败者却成了历史时空中的英雄，皆因一颗心有着理想的光芒。他们难道不知前朝的痼疾？那些残暴和贪婪对社会的摧毁力量，明朝的更替莫非仅仅因为清兵入关？但有一种人生巨大的挫败感、失落感和兴亡感，让家与国，身与世连在一起，这种蛊惑和认知，充盈着理想主义的悲情，以穷节为大义，以苦修为标杆。"虽伏处岩穴，犹将天下之责。"这，只能是精神和信仰的乌托邦。

宁都有"诗国文乡"美誉，这也得益于易堂九子的赫赫贡献。九子中，除魏禧外，还有其兄魏祥，其弟魏礼，三兄弟被称为"宁都三魏"，为九子中的中坚，魏禧为领袖。还有南昌彭士望、林时益，余为同乡宁都士子李腾蛟、邱维屏、彭任和曾灿。这些人皆追随三魏兄弟，远拒仕进，聚隐自然。

据说，那条似不存在的巇中险道，为魏家先祖避乱而凿。魏氏三兄弟之父魏兆凤"明亡，号哭不食，剪发为头陀，隐居翠微峰。是冬，筮离之干，遂名其堂为易堂，旋卒"。原来，魏家的反清复明之心，自魏父始，其父对故国耿耿于怀而暴亡，后辈心结郁甚，不可遏止。

所谓遗民，可能是某个时代的遗民，也可能是某个观念的遗民，某个体制的遗民，某个理想的遗民，某个风尚的遗民，某个社会的遗民。遗老、遗少、残梦、余孽、阴魂、活鬼、落魄者、顽劣分子、死忠者、旧派人物、保皇党、老朽等，都是对这种人的污名化。但它同时也接受着坚守、守贞、贞烈、贞魂、忠谠、忠臣、孤忠、节气、操行、义士、风骨这样的赞美。

此番来访，为探幽，也为拜谒。但通往山顶的缝径已锁，我们不得而入，只能望巇兴叹。到达此处，却无法登顶，这也许是一个有趣的象征。

返往山下，走到很远，回看这座气势磅礴的孤山绝顶，在赣南的天地间孑立着，金涛一般拍打的油菜花潮一直漫向夕阳之下的丹崖。一座庞大的红色山体，一座在风雨如晦中挺立的古老书院，一群人的石像，正在我们眼里向上飞升。

"却顾所来径，苍苍横翠微。"

（原载《文艺报》2023 年 5 月 17 日）

巴颜喀拉

王剑冰

一

巴颜喀拉，当这个陌生的词语第一次撞进我的视线的时候，我就感觉到了它的亲切，它竟然同我身边的一条大河紧密相连。那是一种崇敬的感觉，憧憬的感觉，一种遥不可及的感觉。它很快就由儿时的课本存入我的记忆深处。诞生出伟大的母亲河黄河的巴颜喀拉，怎么会有如此奇妙而美丽的名字？是的，它该当是要配上这般奇妙而美丽的名字。

开始我以为那是一座很具体的山，具体到能够直观到它的形象，身披白雪的铠甲，巍然独立，直插云端。当你对事物已经形成一种认识，那种根深蒂固的认识，总是会颠覆无数试图改变它的可能。

真的是不到这里，不知道山之高，不知道天之大，不知道原之广。原以为很快就能看到那座心中的神山，不就是高高地耸立在一片凸起之间？但是不是，那不是一座独立的高峰，那是一列山脉，是一片连绵不断的突起。层层叠叠，无限往复。让你觉得永远都无法翻越。

巴颜喀拉，它竟然从西北向东南绵延 1500 里，而大部分地区海拔在 4500

到6000米之间。整体上的地势高耸，雄岭连绵，构成一种十分恢宏的景象，显现出不动声色的大手笔，给人一种可亲可近的感觉。

这才是众山之祖的风度，众山之祖的尊贵，众山之祖的气势！

正是这种高原上排兵布阵的大手笔，巴颜喀拉一年之中竟然有八九个月的时间飞雪不断，冬季最低温度可达零下35℃，而且空气稀薄，许多5000米左右的雪山有经年不融的皑皑积雪，和终年不化的冻土层，即使我来的八月，最高气温也不过10℃左右。

二

我在青海省的地图上很容易地找到了巴颜喀拉，它是昆仑山脉南支，西接可可西里山，东连岷山和邛峡山，整个构成一道绵延不断的隆起，而雄伟的巴颜喀拉的作用，在于它成为长江与黄河源流区的分水岭。

它的北麓约古宗列曲是黄河源头所在，南麓则是长江北源所在，于是便出现了"江河同源于一山"的说法。尽管有将长江的源头归为唐古拉山和昆仑山之间，但是长期的影响中，人们还是不能抹去那种久远的定论与传说，我学的课本上，就是将两条大河都归为了巴颜喀拉。

一山出二水，这是多么重大的担当。即使后来要被分走一水，生活在这里的人还是明白，在巴颜喀拉这广大的区域中，无数终年积雪的高山峻岭，处处是冰川垂悬。只在强烈的日光照耀下，有些冰雪才会消融成水，汇成溪流，而那些溪流分不清到底有多少，到底哪一条归向了哪里，先前的定论不也是考察的结果？也就是说，不可能到这里就能看出明显的一条流水。那么，后来的科考要将长江之源从巴颜喀拉拿走，也并不影响这座山的沉厚与神圣。

古代称巴颜喀拉为"昆山"，又称"昆仑丘"或"小昆仑"。《山海经》曾有记载："昆仑山在西北，河水出其东北隅。""出其东北隅，实惟河源。"可见从我国远古时代，人们就已认定巴颜喀拉山为黄河的发源地。

我一路上想，如此雄伟高耸的一列山脉，横挡在西域与内地，那么，古代的吐蕃人要想去往内地，或者内地要到达青藏高原的深处，就必然地要翻越巴颜喀拉山。

好在聪慧而勇敢的古人找到了一处最佳的翻越处，那就是山脉中部鄂陵湖以南的巴颜喀拉山口。只有山口才能通路。

我们的车子正在翻越巴颜喀拉。大马力的车子拼出全力，暴躁地轰鸣着。有时候觉得它已经气若游丝，哪里被堵住，稍有停顿，还是气喘吁吁地翻上一道陡坡。人在车上，真的是神经绷紧，心里同它一起使劲。

一圈圈地翻上去，再回看那条曲折如布带的山道，已经落满了雪，飘逸似一条哈达，悬圣山之前。

我的内心充满感怀，原以为雪早已凝固，凝固在亿万年之前，却原来雪还能在这样的地方变活，变成纷扬的舞，同我所在的中原一样，只不过这里最早承接了它的降落。

我为我的想法笑了，就像我先前以为，这一片高原，上边的石头同中原的石头是不一样的。

<h1 style="text-align:center">三</h1>

终于翻上了海拔4824米的巴颜喀拉山口，它两边的山峰，应该在5000米往上。天尤其近，大块的云从头顶飞过，伸手就能抓住一块。

天如此的蓝，蓝得如湖水倒映。云又是如此的净洁，像是刚从万年冰挂拉丝出来。甚至感觉连风都晶莹透亮，湿漉漉地粘在脸上。

"纤尘不染"，只有用在这样的地方才最合适。

看不到一只飞鸟，鸟们可能感觉飞不过去吧。在山顶也看不到活物，一切都是沉寂的，只有微动的云和烈烈的风，让你感到地球还在运行。

道路的两边，都有高高的玛尼石堆。让人想，就是再艰难，藏民也要将自己的虔诚献上。还有神圣的经幡，五彩的条幡不时发出呼呼啦啦的声响，同远处常年不化的白雪形成反差。不知道谁将它们竖起来，如何竖起来。而后不断地有成串的彩旗挂上去，彩旗印满密密麻麻的藏文咒语、经文、佛像或吉祥物。

那些有序扎起来的或方形或角形或条形的小旗，苍穹间迎风飘荡，构成一种连地接天的境界。

我曾问过文扎，文扎说，经幡也叫风马旗，音译就是隆达，"隆"在藏语中是风的意思，"达"是马的意思。藏民认为雪域藏地的守护神是天上的赞神和地上的年神，他们经常骑着马在崇山峻岭、草原峡谷中巡视，保护雪域部落的安宁与祥和，抵御魔怪和邪恶的入侵。所以在布条上，印一匹背驮象征福禄寿财兴旺火焰的马，也就是"诺布末巴"，还可印经文或咒语，而后借助风传播四方。

文扎说，五色风马经幡在藏族人心中，白色纯洁善良，红色兴旺刚猛，绿色阴柔平和，黄色仁慈博才，蓝色勇敢机智。

文扎他们从车上拿了绣着吉祥图案的缎布和哈达，到离山峰最近的地方去了，那里的风更大，也更寒冷。

远远地看到他们几位在那里祷念着，彩色的缎布和洁白的哈达被挂在了高高的经幡上。而后他们手中的风马旗一片片飞升起来，一个个口中念念有词。那些小纸片，一时间随着山口的狂风，飞撒成漫天的花雨。

我往前走了几步，感到身上的防寒服被强烈的寒风吹透。

空气稀薄，呼吸急促，站立在蓝天和雪山下，站立于经幡旁，会感到人有时很渺小，有时也很高大，我何尝不是垫高了这里的海拔？

呆呆地望着这道山口，望着直插苍穹的山口处的高峰，很难想象，亿万年前，这里曾经是一片海底世界，它躁动着各种可能，但绝不会想到会躁动成今天的模样。大海退去，高峰涌起，涌成了高不可攀的世界屋脊。所有的石头都经过海的浸泡，所有的石头都曾经是最黑暗的一分子。现在，它们裸露着，坦然于风雪，高耸于天地。

而这里，就是唐蕃古道的必经之地。

公元7世纪初，吐蕃赞普松赞干布统一了青藏高原，与当时的唐王朝建立了友好关系，并多次向唐王朝请婚。这就出现了历史上一位伟大的女性——文成公主。贞观十五年（641）唐太宗派出一支隆重的车队，护送文成公主入藏和亲。以后，唐朝又遣金城公主入藏，嫁于尺带珠丹。公主入藏及唐蕃通使的隆隆车辇，就是经由巴颜喀拉山口，前往吐蕃首都。

那么，文成公主是当年正月从长安出发，按照精心计划的行程和交通条件，走到这里，正是草原上鲜花盛开的最美季节，越过这个山口，地势就越走越低，氧气也越来越足。

迎着这凛冽的寒冷，随着辚辚车马走过这里，文成公主当时下车了吗？到鄂陵湖扎陵湖迎接她的松赞干布一定会告诉她，这就是巴颜喀拉，是一路上看到的那道巨大的屏障，现在终于要从它上面翻过去，翻过这最艰难的路段，就离吐蕃首都不远了，就会结束这漫长而艰辛的旅程。

文成公主一定下车了，大唐公主也要入乡随俗，在高矗的经幡处献上吉祥的缎布和哈达，抛洒一片片风马，以表示对巴颜喀拉的景仰和藏民族的爱戴。她的举动，一定会感染周围的人，包括威武豪壮的松赞干布。

而后车队再次启程，隆隆越过这横亘在吐蕃与内地的巍巍山脉。

文成公主与松赞干布和亲，带去了不少汉人的生活习俗，并且带去了茶叶。自此藏族人完全接受了大唐的这种优雅的叶片。他们将这种叶片加入酥油和盐巴，而后在锅中烧煮，便有了藏区的保健品——酥油茶。这种酥油茶成为藏族人除食品以外的主要饮品。公主和亲后，也就有了"一半胡风似汉家"的说法。

现在我站立在这个雪山垭口处，望着峡谷一般的地方，以及由此牵连出的一条细长的带子，感觉新鲜而奇特。一个人一生，能有几次来这地方，与巴颜喀拉近距离接触？

四

巴颜喀拉，蒙古语的意思，是"富饶的青黑色山脉"，文扎说藏语叫它"职权玛尼木占木松"，意思是"祖山"。看来藏族人最早对它的认识就是众山之祖，而大河之母出于众山之祖，就是对的了。

黄河的源头在麻多，那是玉树州曲麻莱县的一个乡。但是我们走的大部分区域都在果洛州的玛多草原，也就是玛多县域。这实在是让人糊涂。如果不看字，只听音，就是一个地方，看了字才知道麻多和玛多其实不是一码事。

文扎说，果洛在大的区域内属于安多藏区，而麻多接近康巴藏区。文扎还说，麻多和玛多，翻译成汉语都是"黄河的源头"，就是写法的不同，用藏文来写这两个地名，麻多和玛多也是一样。

我对于区域是糊涂的，但是我在这里明白一点，就是一个麻多乡的地域，十分广大，那不是内地的乡镇，走不多远就到了另一个乡镇，麻多乡的地域，甚至比内地的一个县还大。

在巴颜喀拉，人们对于黄河源头始终很难确定，因为很多的山麓都有水流，先确定的卡日曲，是从麻多的智西山麓流出，后来确定的约古宗列曲，是从雅拉达泽峰东面流出，这两座大山都是巴颜喀拉的支脉，属于古老的玛多草原。我查了百度百科，上面是这样说的：黄河发源于青藏高原巴颜喀拉山北麓海拔4500米的约古宗列盆地。还配有图片，图片的说明是："约古宗列——黄河正源"。

去约古宗列曲比去卡日曲还要远，路上文扎停下车子，等后面的车子跟过来，说拐向另一条路就是卡日曲，要先去卡日曲，再去雅拉达泽峰可能天就黑了，路上的情况很难确定。大家商量后同意文扎的意见，先去约古宗列。

约古宗列曲与卡日曲中间只隔着一座大山。但是要翻越这座大山，并非易事。还有漫长的路要走。那么，到卡日曲的人相对多一些，牛头碑在那里。约古宗列就成为一个向往，很多人无法到达。听说这两年去约古宗列的人多起来，说是多起来，路上也没有碰到一个。

我们说的雅拉达泽峰，海拔5214米，"雅拉达泽"藏语意为"牛角虎峰"，雪峰拔地冲霄，极像是长了牛角的虎头。雅拉达泽峰统领着雅拉达泽雪山区数十座海拔5000米左右的雪峰，可想其壮观的景象。这片雪域，是三条大河的分水岭，现代冰川十分发育，成为各大河流取之不竭的水源。雪山东侧的水网汇成黄河，西侧发育了长江上游通天河系，北边是内陆河格尔木河的源头水系。我无法看清这片群峰耸峙空气稀薄的严寒雪域的真实面目，觉得它已经是世界的尽头。

黄河源头就在雅拉达泽峰的怀抱里，其四周都高，唯有那里是低洼的，所以叫约古宗列，意思就是藏民用的锅的底部。要到达这个锅底，还真是不容易，不知道要翻越多少道山岭，曲折迂回，过坎越涧。而你必须要想着，这可是在海拔四五千米之上，实际上就是在巴颜喀拉山脉中穿行。几乎没有什么道路，有的只是牧民与牛羊走过的并不明显的小道。是的，再高再艰险的地方，也有生命生长。

在这群山连绵的巴颜喀拉山脉中，我竟然能看到山的皱褶间偶尔出现的斑斑黑点，黑点中夹杂着白点。我知道，那就是被人们称之为"高原之舟"的牦牛和举世闻名的藏系绵羊。巴颜喀拉的雪线以下，生长着大片牧草和灌木，是高原草甸动物群落的天然良园。

不要单单去想巴颜喀拉的冷峻，其实它同我们中原的山一样，饱含着温情。在巴颜喀拉广大的怀抱里，雪山绵亘，冰川逶迤，湖沼广布，群泉出露。仍然生长着松柏和云杉，并且生长着虫草、贝母、大黄等名贵药材。而野驴、野牦牛、藏原羚、岩羊、白唇鹿、黑熊还有狼和雪豹，更是出没于山林雪原。在它碧绿的湖水中，有着高原特有的二十多种鱼类。

也就是说，这绝不是一片冷酷无情的区域，是有血有肉的可亲可感的境界。

约古宗列之地，甚至是舒缓的，起伏得十分自然，没有让人有一点惊惧的感觉。那么，你将它视为仙境就是仙境，把它看作凡间它就是凡间。我想，体会最深的，就是那些长年生活在其中的藏民。

我已经进入了巴颜喀拉的深处，这片地域实在是太高，高到让你感受不到你的所在，就如你远远看着一座高耸无比且十分陡峭的山峰，上去才知道有那么多的平缓一样。

在黄河源头约古宗列曲，我再次看到了那高高矗立的经幡。似乎那种五彩缤纷，是天生的，天生就屹立在无人知晓的天界。

五

文扎他们还站在那里，文扎的大胡子粘了一层的雪粒，沉重地随着经幡飘展，那个塑型非常严肃。

他们那么长久地对着一座山一座经幡，一定是抒发不尽内心的虔诚。他们是懂得经幡的，每一个生活在这里的人都会懂得。我尚未完全知晓，但我能感觉出它的表达，那该是人类不屈不挠的象征，是人类对于高山雪峰的祈愿，是俊美山川的突出展现。

雪越发大起来，飘飘洒洒的雪粒，带着沙啦啦的声响，似山体在轻微地颤动。随即又变作棉毛样的雪团，一团团纷扬了整个世界。

巴颜喀拉，随着雪在舞动，或者说，与雪融为了一体。

（原载《鄂尔多斯》2023 年第 1 期）

在火之上

李晓君

一

我在墙根下捡起一枚瓷片：青花釉里红，图案残缺的美依然楚楚动人。我举着瓷片对着夕阳，光线仿佛能刺破这半透明薄片，芙蓉花在夕照中变得血红。青花是这个城市的别名。现今流散在世界各地博物馆的青花瓷，大都来自这个城市。来自皇帝、督陶官、艺匠、工人、农民、商人等社会各阶层构成的庞大体系。人们喜爱这种叫瓷的物件。为此以优质的原料、发达的水系交通、严密的分工；以积淀数千年的审美：书法、绘画、雕塑的菁华，来保障它的完美无缺。为使每一件瓷具有独一性，除了将完好的成品送到皇宫，它"孪生"的"兄弟姐妹"，就此粉碎，在地下堆积成时间和艺术的碎片。

一件瓷的诞生，要经过七十二道工序。每一道工序，都由有经验的师傅来保证它工艺上的极致。日积月累，除了沉淀出精湛的技艺之外，它也形成了一种生活形态，一种精神上的严苛和专注。当它们汇集到一起，以一件瓷的面目出现，所有背后的艰辛、汗水、喜悦，都消失不见。人们甘心地为一件物品所奴役，里面包含着一种怎样的意义——仿佛是瓷而不是人进入了历史。

人们以举国之力生产瓷器，用"疯狂"来形容都不过分。哪怕王朝更替，瓷，缔结起的生产制度、运行机制、生产组织体系依然牢不可破。

在这城市烟囱林立的年代，与国家工业生产机制相适应，在灰色工装、像章、毛巾、瓷缸、铝制饭盒、自行车、广播……大行其道的年代，暗红色建筑大面积地在这丘陵起伏的城市矗立起来，高耸入云的烟囱，取代了20世纪以前的传统手工作坊的建筑形式。它们呈现出一种工业社会锐利的风度，以工厂和工人为符号的文化景观，进入历史。它强势进入视野，让人们淡忘了它以前的面目。甚至，瓷作为艺术品的功能也在退减，而以平实的工业品出现。一种生活方式、生产景观、工人群体形象（劳模、技术能手等）在这个体系中开始上升。

在短短数十年间，这片曾被官窑和民窑作坊盘踞上千年的丘陵地上，被成片的几何形状建筑物所分割。巨大的烟囱在红色土壤上投下暗蓝色阴影，坡面、墙体以及暗红色建筑在阳光下，被光线切割成边缘锋利、线条干净、面积巨大的光面与暗影：这是欧洲立体主义绘画，或意大利超现实主义绘画在赣北大地的移植。滚滚浓烟遮天蔽日，在大风的午后，它旋即又被刮得干干净净。瓦蓝瓦蓝的天空下，翠绿的松柏林、落羽杉林、香樟树林，在猩红的土地上望不到尽头：千余年来，它源源不断地为瓷窑作坊提供燃料，但旺盛的生命力似乎永不枯竭。阴郁、深沉的丝柏，热烈、燃烧的枫树，明亮、温柔的银杏，它们杂陈在以松树、香樟、茶树为主体的原生林、次生林之间，就像瓷器上的青花釉里红：斑斓、凝固。一座座暗红色建筑在大地上凸起，就像红壤在一种不可知力量的驱使下，向空中塑形，林木退去后，阴影的面积变得无比阔大，如同水流无声地漫过层积着无尽的破碎的瓷片堆积的大地……它们拥有着与时代相称的名字：建国、人民、新华、宇宙、东风、艺术、光明、红星、红旗、为民……这些名字，伴随着仿佛遥远的年代的歌声、露天电影般幻梦的画面、泉水般的爱情，以及一种理想主义的狂热情绪，出现在公众的视野中。

二

　　这个城市，手工制瓷作为一种产业、一种文明，已延续了千年。试想一下，世界上还有哪个城市，靠一种产业支撑千年并且还在延续下去？我被自己的发问吓了一跳。目光仿佛看到室外：公元907年，梁王朱温灭唐，建立后梁，五代十国割据形成。这个城市当时还叫新平镇，南河两岸的湖田、杨梅亭、三宝蓬、黄泥头、铜锣山、盈田、月光山、石虎湾、湘湖、寿安、枫树山，以及城内的落马桥、十八渡、董家坞、李家坳……都发掘出窑址。元代在此设立"瓷局"，因"唯匠得免死"法令，战争中俘虏的工匠成为"掌烧造瓷器，并漆造马尾、棕、藤、笠帽"的参与者。元代青花瓷技艺短时间内在这里达到登峰造极、令人叹为观止的地步。画青花艺人的艺术修养、文化水平、绘画功夫，非一般匠人所及，纹样生动、优美，人物生气盎然、变化多端，昆虫鱼儿栩栩如生，呼之欲出。那段时期，一批来自磁州窑和吉州窑的绘瓷名匠，抑或当时知名的文人画家，甚至来自阿拉伯的细密画师……参与了这段艺术史的构建。至正十二年（1352），城镇被红巾军攻克，在农民军与元军的厮杀中，瓷局瓦解。为元王朝生产御器的能工巧匠和被垄断的优质瓷土，流散民间，为民窑的繁盛创造了条件。当新中国成立，国营瓷厂收束、整合民间作坊，这里是另一番情景：那由机械、矩形房子、工人占据的大地，蚁动的人群热火朝天，歌声响遍行云，生活的热情始终保持在滚烫的刻度……在成为旧照片中消逝的"风景"的另一个年代，劲风吹彻，生活的喧哗与骚动又开始变奏，"十大瓷厂"成为追忆……

　　这座花园的主人是个八十余岁的老翁，身材挺拔，样貌朴素，神态沉实温和。这个园林看起来并没有完工——虽然它建于十余年前，但一些零星冒出的想法，又转变成现实的行动，因此，一些小工程依然在这个空间里进行。这位有经验的老者，一边娴熟地调度，一边满足我对瓷的好奇，带我从楼上回到庭院，穿过几道回廊，来到烧制车间，看新出窑的一些小件：绘着植物花卉的摆件、茶具。他一件一件仔细地过手，嘴里发出遗憾：颜色烧灰了。

在一堆成品中他没有找到一件满意的。我很震惊，像他这样级别的艺人，还不能保证出窑的质量，对于其他人更可想而知了。他恢复了柴窑烧制，以保持瓷的温润、古雅。这与电、气烧制的瓷不尽相同。他以做仿古瓷而出名：元青花和洪武、永乐、宣德青花，备受海内外收藏界重视。——他收藏的古瓷片难以计数，一头扎进去，仔细研究，鉴定，成为一马当先民窑的研究者。专家说他，从事青花断代研究，在国内属于先行者。耿宝昌记得：1973年在故宫博物院保管部陶瓷组，这个高高瘦瘦、带一口乡音很重的普通话、有几分"土气"的年轻人，一连十余天，孜孜不倦研究古瓷片的情景；更记得1981年某天风雨大作，他一身水淋淋赶去火车站为离赣的他送行……他着迷仿古瓷仿佛出自本性，在整日对配料、纹饰、图案的研究中忘了忧乐。他毕业于景德镇陶瓷大学，其专业知识、修养、文笔和鉴定功夫为从事仿古瓷绘制增添了羽翼。曾经他是陶瓷研究机构中的一员，见证了"十大国营瓷厂"的兴衰，也目睹了传统陶瓷技艺的流失……后来毅然下海。如果说这城市依然能够为世人所夸耀：那一定是沉淀在一代代瓷工手中千锤百炼、登峰造极的传统技艺。他从很年轻时就打定主意，要让这传统技艺上到自己身上。

三

这是一个奇异的空间：一楼罩着玻璃的展柜里，铺着层层叠叠的瓷片，一朵朵幽兰的火焰在破碎的瓷片上舞蹈；这凝固、无法被时光湮没的火焰，与穴居时代红色泥壁上的图案，有着异曲同工之妙。这一个个无名氏在巨大的时空里留下的谜语，使瓷片具有永恒与消逝的双重意味——它们，像那瓷窑——龙窑、葫芦窑、马蹄窑、色窑、蛋形窑内赤红烈焰尖头的部分——那抹微蓝，蟒蛇的信子、蓝色的尖叫、冰冷的奇异之花、泥与火的刺青、黑夜的徽章、亡者的邮戳……我们目睹这穿越了层层厚土、重见天日的图案，它们如新雨洗涤过般簇新，釉色明净、靓丽，在碎裂的瓷的边缘露出残缺的亭榭、枝蔓、祥云、异兽……这是一个来自京城艺术家的工作室，兼具博物馆与家居的功能。

这座时间博物馆，让人感叹一个人日积月累的功夫，可以达到的深度。主人清癯、黑瘦，鸭舌帽下眸子精光，疲倦的皱纹在眼角细密而松弛地流淌，不厌其烦地述说——使得那些艺术概念、艺术事件、艺术史实，化作空中飘舞的尘埃……这座建筑本身就是一个奇观，我们经由他带领，踏上曲折的楼梯上到二楼，右边的悬空如高山崖壁，等待主人的创意将它填满，上楼的感觉如同登山，回头所见风景陡峭而幽深；二楼是片开阔、壮丽的空间，一幅万马奔腾的气象，远看一匹匹大小、错落、颜色不一的瓷马在虚拟的草原、风中奔跑，又像一朵朵云，一团团烈焰，在漆黑的空间里舞蹈；在第二层瓷的景观中，是举着硕大鹿角的动物（有着浑圆的、金属管道意味的长腿和紧致的腰身），齐刷刷地在视野中出现，如同一片明亮的、白色的森林……我内心的震撼无法言语。仿佛置身在一个符号的国度，一个可以多重阐释的当代艺术的公共空间。我的情绪被唤醒——对瓷和这个城市的认识，大大拓展。比前暗红色建筑浅表的忧伤，变得遥远而陌生。仿佛这城市远不是那停滞的国营瓷厂给人造成的陈旧、衰败的错觉；从内部看，它生长着无限当代精神的可能，超前于时代的趣味，是一种活力与创造力的表现。

四

聚光灯下，这个嘴上留着胡子、身材颀长的男子，与身边的白瓷瓶站在一起。这件器物拥有一个好听的名字：文君瓶。脱胎于梅瓶，文雅如君子。德化白瓷。瓶子造型修长、大方、沉静、稳重。一个物件有着这么鲜明的人格属性！这件作品，将成为一个世界性运动会的国礼，展现在各国要人和运动员面前。

他在世界各地拥有粉丝。作为一个将传统技艺与当代艺术相融合的艺术家，他的作品有着鲜明的标签，同时难以定论。在他主持的一个国家级展览中，这个城市迎来了属于瓷的荣光，大型展馆内，来自全国各地的艺术家，以鲜活的想象力，拓展着陶瓷艺术的边界……这是一场瓷的盛宴。是千年窑火，在暗红色建筑内不熄的明证。"匠从八方来"——从这里走出的瓷的亲戚们，表兄表弟，有着陌生的面孔，甚至不少喝过洋墨水，讲着 ABC，欢欢喜喜回到故地。有些观念超前、形式先锋、面目生疏者，却也使部分人不适和难以接受，在热烈的氛围中潜涌着争议……

他始终沉默，没有回应。他并非出生在这个城市——但它自有种魔力，吸引瓷艺家、爱好者殊途同归。它自身就是一座巨大的时间博物馆。瓷是载体，是时间的碎片，是民间遗书，是社会结构的表现，是组织形态的结晶，是文化遗产，也是争议甚至冲突的产物……瓷是一种不死的器物。也是一个未亡的魂灵。它是深埋在红壤之下的高岭土，与上升的火焰的纠缠，是无数双手的轻抚与托举。

不熄的窑火，照彻了它的过往，使每一个细节熠熠生辉。而阴郁的丝柏林、墨绿的香樟林和纵横的丘陵地形成的屏障，也遮挡了部分人的视野，形成一种定见。瓷，从来不曾被一种定论所塑造：本质上它是时代工艺、哲学、审美的产物，是人们头脑中创造出来的形象、符号、情感寄托。它可以是很温和的，如"文君瓶"典雅大方；也可以是尖锐忧伤，甚至粗粝狂暴的——如变形的角鹿，甚至是著名的杜尚的观念性的"泉"。瓷，来自泥土的包容和火焰的幻境，可以塑造千千万万，承载新的、前沿的思想和审美——甚至它也可以回到过去，回到狮子穿花、双鸟栖枝、海水奔马，回到牡丹、芍药、菊花，回到螭、鱼、蟹，回到八仙朝圣、鬼谷子下山、萧何月下追韩信——但最终，它还是要回到当下的欢乐忧伤。

五

瓷，这朵开在历史深处的花，闪烁着白亮、低哑的微光。它带着人类童年古老的记忆，带着从穴居走向城邦、方国的跳跃性转折——从砍削石块，开始塑泥成陶，由陶到瓷，推进的不仅是时间，也是演进的文化。层层瓷片堆积在暗红色建筑下面，形成了朝代分明的文化岩层。这泥与火的艺术，携带着城市的集体记忆——跨越了时间，也跨越了空间。过去的"十大瓷厂"，现在的陶溪川，正生长出新的业态和技艺。

陶溪川还保留着一根高耸的烟囱——像一棵树，在大地上兀自矗立，不再吞吐灰色的颗粒与烟雾，而仅仅是时间的道具，国营瓷厂的记忆样本。过去，这个城市烟囱林立，其景象殊异而可怖。照片无法留下更早的记忆，比如昌江两边上千座作坊，被满载瓷器的舟船壅塞的江道。每一件幸存下来的瓷器都是珍贵的，它保有时间和工艺的完整性——而数倍于它们的瓷片，则碎裂在城市的泥层中，无法计数。某种意义上，这座城市是一个建筑在瓷片上的城市，有着微冷的光泽、靠想象拼贴的图案、温润如玉的颜色，和坚硬的品质。

一座座暗红色建筑，矩形、盒形，它们安放在大地上。既是时间的截片，也是城市独有的符号。

瓷是有灵魂的物件，凝视它就是凝视鲜活的生命和依然生长的传奇。

（原载《花城》2022 年第 5 期）

鹅湖书院的那场双雄会

徐剑

1

初夏的阳光聚焦在河口古镇的石板路上，落成一个哈哈镜，将老街年代感折射出来，有点变形。千年的繁华已经衰落，码头不见拴缆的船只，街道不见行人，唯有几家百年老字号招牌，见证了曾经的繁荣。河口老街道路长长，似乎永远走不到尽头，可观当年的格局与气派。阳光炫目，他看到一排身影，被太阳拉得长长，投影在石板路上，是众生的影子，自己的影子，抑或是朱熹、吕祖谦袂袖长袍，投射在北武夷的古道上。人在走，影子在动，是朱熹的千年之魂在召唤他，该去鹅湖书院拜谒了。

2

那是一个初夏上午，夏花正繁华，青山葳蕤，一片嫩绿田野从车厢两边擦肩而过。白鹭的影子映在水中央，他想，兴许就是一群白衣隐士还魂吧。弃舟上岸，穿过山谷里的田畴，白色的马樱花正盛，一群南宋的官员与学子身

44

着白衣，宽袖博带，从历史深处走了出来，朝鹅湖寺方向纡徐而行，第一位是"浙东学派"先驱吕祖谦，第二位非大儒朱熹莫属，第三、第四位，应该是陆九龄、陆九渊兄弟。

事情是从吕祖谦的春天武夷山行开始的。已经三年未见朱熹，他有点想老友了。那天，他带着小厮，出婺州城，转往新安江，过上饶境，往武夷山崇安的精舍会朱子。吕朱两家是世交，吕祖谦开"浙东学派"之先声，创立了"婺学"（又称金华学派），吕祖谦与朱熹、张栻并驾齐驱，堪称"东南三贤"。前不久，接到朱熹从崇安捎来的信，请他去编《近思录》，于是他来到朱熹的精舍，见到了朱熹。两个人一边编书，一边讨论理学。因吕祖谦颇重视读史，而对四书五经发力不够，故有一次他的门生向朱熹请教，朱熹多少有些不满，说吕祖谦于史分外仔细，于经却不甚理会。尽管这样，却不妨碍两人成为世交，朱熹大儿子就投在吕祖谦门下。南宋一朝，对于理学分成两脉，一脉乃朱熹论，持的理学观念是，"人之初，性本善"得由读书而来，唯有读书，才能让人变好。而另一脉则是陆九渊，抚州金溪人氏，持心学之说，认为人之所以向仁、向上，是天赐善良，唯有心学之悟，方能成仁。两派一如武夷山南北一样，心学之道居武夷江西境内，渐成大势，追逐者甚多。不少县学庠生，皆以心学的标准，孜孜以求人生道义，几乎与理学形成两分天下之势。那天在采集周敦颐、张载和二程的语录时，朱熹说到了"脱略文字，直趋本根"的陆学主张。吕祖谦说，您与陆九渊不妨来一场世纪之辩呀，究竟是心善成仁，还是后学得道。朱熹拍手，说此意正是吾之所想，辩一辩也好，对诸生皆是幸事。吕祖谦说，那得麻烦您随吾走一趟呀。

去哪？朱熹问道。

越过黄山冈，去武夷之北的鹅湖寺吧，于你，于陆九渊都是中间地带。

于是，吕祖谦修书一封，寄往抚州府金溪县陆府。

3

他一脚踏下车门，落在鹅湖书院停车场。阳光正烈，绿树郁郁葱葱，万物生长，夏风吹得花摇叶颤。仿佛朱熹、吕祖谦和陆九渊率众学生而来，他感受到了历史的体温与呼吸，统统从植物细胞孔散发出来。他朝鹅湖书院走过去，一道向武夷山而开的礼门，坐东向西，白墙黛瓦，拱门为长条石砌的门槛，下方上圆，门上有一木亭，由两层横梁相撑，横卧门头，飞檐斗角，东西南北四角，如凤鸟仰首朝天一鸣，更像四条鲤鱼，穿越江河，欲借惊涛之势，一跳龙门。斗拱下方的白墙上，镶嵌一块石匾，上书四个字：鹅湖书院。四周框边所嵌，为清道光年间铅山县令李淳的真书，写的是欧体，一点一横，横撇竖捺，皆力透石壁，紧凑，收敛，却氤氲一派殿堂气象。他跨进门槛，仿佛跨越一扇历史之门，南宋书院生活向他涌来。草地跳跃一群喜鹊，啼声长一声，短一声，似乎是穿黑袍的庠生在读经呢。进门，惊起喜鹊一群。他蓦然回首，礼门与鹅湖书院石匾同高的地方，墙上嵌着一块阴匾，也是四字真书：圣域贤关。气贯古今，让人一脚踏进了大宋年代。

朝前走便是鹅湖书院的正门，历史的风景与荣耀仿佛凝结在此。透过正门望过去，石牌坊与泮池惊现眼前。坐北朝南大门挂着李淳所写的横匾，上书四个字：敦化育才。换成了颜体，颇有点四梁八柱泱泱气派。李淳将馆阁体提升到真书之境，临了颜字，又得欧书之韵。跨进大门，建于大明正德六年（1506）的青石牌坊，经历500余年的风雨，石构件由青变黄。然而，那种汉阙格局构造，明牌坊样式，仍不失为一座石雕艺术的精品。石牌坊由四根石方柱隔成三道天门，中间走帝王，两边出入臣工。四根柱子下方，皆紧贴两片云纹半开的石柱支护。牌坊高于书院建筑，四柱鼎立，顶天立地间，预示着江山永固。

这座牌坊四道横梁雕刻了四种境界，一横石梁一道仙境，次第升高。第一道为人间仙葩图，东侧刻有一树古梅，寓意颇具匠心，梅傲寒雪意指熬得寒窗苦，才会有春闱景明春和。西侧与之对称的是荷叶含苞，小荷才露尖尖角。中间嵌有镇邪之天罡地煞，传统的云纹浮雕。第二横梁为白匾，正面额联仍为李淳所书：斯文宗主。上方图饰为一对鸿雁鸣春，背面仍是李淳之书：继往开来。斗大的馆阁体，若腹无芳华，气沉丹田，纵使半生饱学，亦难傲视群雄。李淳生于齐鲁，挟东岳之天岚，足以令狼毫力裂花岗、雄镇武夷了。

上方图案换双凤衔彩带，两头斗角，雕有第一个层级鲤鱼跳龙门，鱼头朝下，鱼尾冲天一摆，如鲲鹏展翼。第三根横梁额联在"斯文宗主"的大字上，刻了一幅图，莘莘学子，十年寒窗，南天之门蓦然洞开，天宇殿堂唯我独尊，前边就横着一道龙门，鲤鱼欲跃，向天出水，一跃而登凌波阁，穿云带雨，掀起涛汹涌。背面则是一座文笔塔，塔下接着一座方城，大门上方嵌有阴刻两字"听花"，文笔塔上，祥云飞绕，浮于天际，白鹇、仙鹤衔云而来。正反两面的石雕主画，都雕了两根楠竹，节节高，吉祥祈愿不言而喻。而两扇石雕镂空窗花，透着春风得意处，金榜题名时的含义。两边的飞檐高低不平，一边各有一神兽镇邪，另一处则是对称的鲤鱼跳龙门。堪称十年一梦寒窗苦，一朝龙门殿堂高，皆浓缩于一座石牌坊之上。他走过石坊，石拱桥就在前边，两边修有泮池，一桥切荷塘，两个泮池可和美成圆："思乐泮水，薄采其芹。"古时士子取泮池水芹插帽，孔泽流长，泮池为学宫标配。他看到，拱桥石块扶栏起了包浆，留有朱子与吕祖谦陆九渊的屐响。他们的倒影映在泮池水中央。

4

在他的想象中，那个初夏的傍晚，朱熹与吕祖谦就站在泮池的拱桥上，迎接陆家兄弟到来。事实上，泮池与拱桥为明正德六年（1511）江西提学副史李梦阳命铅山知县秦礼复所建，此刻的鹅湖书院与彼时双雄相会的鹅湖寺并非一个地点。一个在山之上，登高远望；一个在山之下，蛰伏斯谷。然而，他伫立于鹅湖寺山门前，仿佛看见朱、吕两位先贤弃舟上岸，与陆家兄弟走过来了。

吕祖谦是陆九渊春闱时的考官，有师生之谊。而朱熹则对比自己年少的后起之秀另眼相看，毕竟是好友吕祖谦的学生，虽有点狂狷，但哪个少年才子不英姿勃发，激扬文字。那天初识，吕祖谦先将陆九渊五哥陆九龄介绍给朱熹，朱子定睛一看，此人仪表堂堂，年龄仅比自己小两岁，是心学创始人之一。朱子少年得志，18岁乡试为贡生，19岁考进士，22岁授泉州同安县主簿，比陆九渊仅大9岁，成名很早，仍不失谦谦君子之风。当吕祖谦将陆家小弟九渊介绍给他时，朱熹有点惊为天人，谦辞道，久仰，久仰！寒暄几句，吕祖谦问陆家五哥，最近又做何大功。陆九龄说，大功不敢，来鹅湖前，恰好拂晓时分，吟诗一首，还在来的船上与九渊切磋呢。吟来听听！吕祖谦请求道。陆九龄揖礼："孩提知爱长知钦，古圣相传只此心……"

朱熹一听，不禁哑然失笑。宋诗皆说理，陆九龄也概莫能外。自己吟诗虽然有时也理学大于意象，诗意匮乏，毕竟还有"胜日寻芳泗水滨"一首，一句"万紫千红总是春"的诗眼，足可以千载不朽。而陆家五弟上来便是"古圣相传只此心"。擎起心学的大旗啊。陆九龄吟毕，朱熹对吕祖谦笑道："好一个'留情传注翻榛塞，着意精微转陆沉'，我看陆九龄兄，已经上了九渊的船啦。"

兄弟同船而渡，看来陆家兄弟是朝吾渡来啊。朱熹感叹道。

今日舟车劳顿，暂且不论，回书舍休息。吕祖谦打圆场道。

翌日双雄正式开辩，吸引了江左英才聚集，数十名官员、学子与会，参与听双雄辩会的士子达二三百人，堪称历史之会。

陆九渊上来便说，昨日初会朱熹，心仪久矣，终得一见，吾兄吟诗以贺初识。昨晚我也和了一首同韵。他饮颈而吟："墟墓兴哀宗庙钦，斯人千古不磨心。涓流积至沧溟水，拳石崇成泰华岑。易简功夫终久大，支离事业竟浮沉。欲知自下升高处，真伪先须辨古今。"

朱熹想，陆九渊上首联又落在一个心字，自认为心学是易简功夫，而结句则暗讽理学支离事业，剑指自己啊。

朱熹兄怎么看？

朱熹说，陆九渊重心学，崇易简功夫太久，还说典章有支离之病，偏颇也。

吕祖谦仰首一笑，陆九渊和诗，句句说理，字字用典，诗学之风是在追朱熹啊，我看是上了朱子之船？

哈哈！吕祖谦很智慧地圆了昨日的难堪，朱熹倒也释然。

第一场双雄论开始。辩题为《周易》"九卦之序"，是朱熹和吕祖谦出的，辩方是朱熹、吕祖谦，答方陆九渊。意在煞煞陆九渊的傲气。

岂料，陆九渊侃侃而谈，从容不迫，口若悬河。果然一代英才，吕祖谦识人。朱熹下颔轻点，暗自称奇。"九卦之序"未难住陆九渊，他回答得如此巧妙，简直就是心学的宣言书。

第二场辩的是书院山长的教法。这本是朱熹的长项，中国的四大书院，朱熹在三大书院任教席。朱熹继承二程，主张心、理有别，理是本体；心只是认知理的主体，唯有博览力学，方可穷究实理。陆九渊兄弟，则开心学先河，认定理先天就在每人心中，良知良心乃人生所固有，故吾心即理，吾心即是宇宙，关键在发乎本心，求心悟，才能见心明理。朱熹哈哈一笑，斥心学有禅学倾向；陆九渊不屑理学，以为太过于支离烦琐，心学远比理学简易可行。

理、心，在一步之间，中间却横亘一座武夷山最高峰黄冈山，一岭分南北。

第四场，论道中庸。君在其高，须不施暴政，休养生息，更不掠黎民。君在远，位卑未敢忘忧国。然纵使这类话题，亦未能达成共识，最终君子和而不同。鹅湖相别后，朱子谈起陆家兄弟的人品，仍赞叹不已，也展示了南宋一代大儒的襟怀，遂为佳话。

5

该回去了。北武夷的白鹇低空掠过，穿行于林间，长长尾翼如南宋仙女袂裙，引领他回汴京。北武夷的黄腹角雉在咕咕鸣响，喊魂，招魂，召他登高黄冈山。

武夷山顶风好大，时而雾掩，时而雨来，时而云开，时而日照。蓝天下，他又看见朱熹与陆九渊兄弟在信江河口镇码头相别。陆家兄弟回抚州金溪，朱子入鄱阳湖，去庐山下的白鹿洞书院。一叶扁舟向洞庭。唯楚有材，于斯为盛，何止是写给岳麓书院的，更是写给鹅湖书院的。

天掠天鹅之翼，鹅，鹅，鹅，曲项向天歌，鹅湖书院，那场八百多年前的双雄会啊。

（原载《人民日报·海外版》2023 年 8 月 12 日）

生命，壮观如许

辛茜

落雪了。在巴音布鲁克湖过了一个夏天的天鹅，平静地，不慌不忙地来到青海湖，一个接着一个……

湖水冰冷，天空明澈，天鹅雪亮的眼睛，在紫光下格外温柔。天鹅预知，羊年是转湖之年，这使得它遥远的旅行顿生吉祥。它缓缓扇动翅膀，俯身观望。眼见黄草无边无际，在湖岸翻滚。眼见湖水凝固如镜，映着蓝天。

两亿年前，青海湖还是一片汪洋大海，海洋生物在海底世界游来荡去，神秘莫测。多年后，印度板块与欧亚板块互不相让，碰撞挤压，脱离海水的青藏高原上升至雪线以上。海洋生物纷纷离去，或消失在逃亡的路上，只有裂腹鱼亚科鲤鱼属散落在黄河上游密集的河道。那时，正值地质历史上的间冰期，冰川消融，降水充沛，布哈河、沙柳河、倒淌河一带形成的断陷盆地，积水成湖，与黄河相连的古青海湖与贵德盆地、海晏盆地相连，经倒淌河穿野牛山与曲乃河相接，流入黄河。可是，好景不长，晚更新世初，盆地东部地壳强烈上升，祁连山、团宝山、日月山快速隆升，转而西流的倒淌河倒流入湖，堵塞了古青海湖的出口。

天气越来越冷，鱼鸥、鸬鹚、斑头雁正带着学会飞行的小鸟远行，普氏原羚在不远的草地上享用早餐，一对黑颈鹤领着孩子在稀松的高寒草甸上漫步

50

觅食。突然，一队排列成形的大雁，从它身边掠过，天鹅收起翅膀，轻轻落下，乌黑的眼珠四处张望。没有一丝风，没有一朵云，天空如春水荡漾，海心山轮廓清晰。冬季不封冻的那尕则滩涂，苔草、华扁穗草、杉叶藻、冰草随风摇曳，怎么还有几只赤麻鸭、鸬鹚踟蹰在湖面，是留恋夏日的喧嚣、秋日的繁华，还是不舍湖水中仅有的水生物种青海湖裸鲤？

一

海拔继续升高，河湖中的裂腹鱼类不堪动荡，跌跌撞撞向青海湖聚集，侥幸存活下来的，在营养贫乏的青海湖遇到了比海洋退去时更为严峻的考验。

上千只天鹅，漂浮在深蓝的湖面上，北方是遮蔽风寒的层层山峦，南岸是尕日拉东侧泛着盐渍的暗红色滩涂，可即便是这样一个地方，天鹅也是谨慎的。它懂得保护自己，明白生存环境的细微变化，即使是潜伏在草丛中的摄影师轻微的快门声，都足以让它们优雅而快速地离去。

终于，这只落单的天鹅选择了一处相对干燥、微微隆起的湖沼筑巢。不远处就是帕尔琼席勒河，河水已经断流，只有靠近湖水的泉湾湿地苔草遍地，冰草密集，依稀可见青海湖裸鲤游弋的身影。

封闭后的青海湖气温骤降，雨量减少，蒸发量大增，湖水变咸变冷变硬。但青藏高原的自然形态已然形成，裂腹鱼类没有退路。为了增强抗寒能力，减少水流摩擦，增加体表黏液腺的分泌量，它们增厚了皮下脂肪。为了铲食附着于丝状体藻类之上，湖底淤泥表层的硅藻，它们的下嘴唇变得比上嘴唇稍长，像铲子一样。为了灵活出入湖底洞穴、石缝觅食，它们忍痛退去与自己血肉相连的鳞片。这是一个极为缓慢的过程，我们无法感知，无法想象，无法描摹它柔软的身躯，在坚硬冷涩的湖水中接受蜕变时的痛楚与折磨。

若干年后，圆润饱满、活泼聪颖、眼神温和的古老水生物种裂腹鱼类，变成了体态较长，身材侧扁，头钝圆，口端位，全身裸露无鳞，光滑如黄玉的青藏高原特有种，民间称作湟鱼的青海湖裸鲤。从此，它们心定气闲，勇敢坚定地与庞大、脆弱、贫瘠的青海湖生死相依，用尽全力维系青海湖流域肃穆庄严、熠熠生辉的食物链。

二

雪更加凶猛，过两天就是冬至。

我心无城府，享受着静寂，而静寂如此优美，慈悲含义深远。

风吹起来了。在旷野，在远方，在目力不及的地方，艾鼬、雪豹、狐狸、普氏原羚、白眼狼、属兔小心翼翼地寻找各自归宿。花草虽已干枯，却掩藏着锋芒初露的生机。

天鹅吃得很简单，草籽、草根，眼子菜、海乳草的茎叶，沼泽中的蠕虫，一点点淡水。青海湖裸鲤吃得更简单，甚至少得可怜。封闭后的湖水含氧量降低，其他水生物种无法存活，只剩下适应硅酸的浮游植物硅藻类，少量的绿藻、蓝藻、黄藻和极少的底栖动物。

春天是青海湖裸鲤的产卵期，也是青海湖裸鲤盛大的"情人节"。这是共同的约定，是法则，虽风雨兼程，风险无所不在，但它们毫不畏惧。太阳刚刚浮出湖面，清冷的空气新鲜逼人，众裸鲤心领神会，淡定从容，奋力跃出深不见底的湖体，一起涌向鲜活、光明、温暖，奔向注入湖水的每一条河流。

它们从湖水中游来，逆流而上。它们挤在一起，黏在一起，贴在一起，争先恐后、不甘示弱。它们群体游动，像黄沙排山倒海，滚滚而来，遮住了清澈透明的河底。它们不可阻挡，好似亡命般，无论遭遇多少灾难，被杀、被捕、被堤坝阻隔、被风雨吞没、被飞鸟吞噬，也要在游动中相亲相爱，传宗接代。

河流几乎凝固。它们在水中做爱，一见钟情。它们享受快乐，有些已经育卵，有些已经受孕，产下的鱼卵一片雪白，那景象实在壮观。

三

早春三月，候鸟蜂拥而至。青海湖流域天高水阔，气候宜人，野花怒放，不像南方酷热多雨，也无太多天地干扰。不远千里万里迁徙至鸟岛、泉湾、海心山、三块石，在湖中小岛、湖滨、滩地、水草间筑巢的禽鸟种类一百多种，数量达十万以上。大规模的斑头雁、赤麻鸭、普通秋沙鸭、鹊鸭、白眼鸭、斑嘴鸭、针尾鸭、棕头鸥、鱼鸥、灰鹤、蓑羽鹤、黑颈鹤向着阳光挺立，舞动翅膀。万只以上的鱼鸥、凤头潜鸭、鸬鹚聚精会神，紧盯着湖面。

1870 年，俄罗斯探险家普热瓦尔斯基第一次踏上鸟岛，就被这里百鸟齐鸣的景象倾倒，他在第一本游记中动情地写下：

"这里是大雁、天鹅、丹顶鹤等鸟类的栖息地。鸟鸣不绝于耳，鸟蛋俯拾即是。我恨不得自己也成为青海湖的一只鸟，与美丽的大自然融为一体。"

众位水鸟中，斑头雁的飞行高度让其他鸟难以企及，能轻松地越过珠穆朗玛峰。鱼鸥和棕头鸥以青海湖裸鲤为食，大部分集中在离青海湖最近的三块石和海心山，还有一些分散在布哈河、黑马河、沙柳河河口，环湖沼泽、湿地、岛屿等有泉水的地方。棕头鸥和鱼鸥的飞行能力不相上下，互相争食，很难相处。但分别集群筑巢后，又显出极高的修养，绝不越界相扰，更不强占对方筑巢。鸬鹚的美食仍然是青海湖裸鲤，它通身黝黑，毫不起眼，绝不张扬，却是捕捉裸鲤的高手，令人称奇的是，发情期的鸬鹚，双眼钢铁般发亮，一夜间变色的羽毛珠翠般华丽。

水鸟是阅历很深的生灵，越过崇山峻岭，见过大江大河。它们大多审时度势，谙熟水陆两地。它们的审美感官强烈，攻击性很强，动作快速敏捷，与青海湖裸鲤的关系非比寻常。它们貌似创造，实为本能的行为在青海湖流域各领风骚，成就了这片巨大湿地的丰富多彩，而青海湖裸鲤难以形容的繁殖力，让人难以置信。

四

水面上布满生命，一枚鱼卵怀有一万条生命。

渔鸥、棕头鸥、鸬鹚沿河展望，不知疲倦。静谧了长冬严寒的布哈河、沙柳河、黑马河在雪水融化中欢呼雀跃，每一个动人的漩涡皆因新生命狂喜。

大自然深知，繁殖力幽深之奥秘，在营养极度缺乏的咸水湖中，沉默不语的青海湖裸鲤，不仅缺乏雌雄水鸟间互相吸引的手段，更无力承受丧子之痛，不得不离开湖体逆流而上，在游动中排遣不竭的精力，孕育分娩，周而复始，永不终结。

　　如果没有阻力，每一条裸鲤都将以一万倍递增，用不了几代，就会让青海湖热闹起来。然而，它们不是生活在海洋里的鲱鱼，严酷的生存环境，使它们的日子变幻不定、险象环生、生长缓慢，一年只长一两。1958年前后疯狂地捕捞，救了青海人的命，也破坏了青海湖裸鲤群体自身的平衡力。况且，受冰川融水、气候多变、人为干扰影响，供给青海湖的水量极不稳定。以前，流入青海湖的河有六十多条，现在只剩下布哈河、沙柳河、黑马河、泉吉河、哈尔盖河、甘子河、倒淌河、巴哈乌兰河。

五

　　农历六月初三，青海湖北岸大雨滂沱。多年前，这里是环湖开发规模最大的地区，黄玉农场、青海湖农场、塘曲农场、三角城种羊场大片的耕地和引水蓄水工程，将注入青海湖的地表水源几乎截流殆尽，逆水而上产卵育子的青海湖裸鲤在干枯的河道无一生还。若干年后，人们开始反省，封湖育鱼，增殖放流，疏通洄游通道，控制灌溉，退耕还草……但并没有使青海湖裸鲤的资源量恢复到理想状态。

　　雨下个不停，上万人奔向沙柳河岸。河水汹涌，恣肆浩荡，急于返回家园的青海湖裸鲤，在浪涛中不顾一切奔突向前。牧人们从夏季牧场赶来，肤色黝黑，神态安详，一边无声默念，一边颤抖着双手，把增殖放流站人工哺育的小鱼，连同自己的心交给大河。

　　"老天开眼啊！雨水越多，河水越涨，流速越快，雌雄裸鲤才能和出生不久的小鱼顺势上游返回故乡。"饱经沧桑、从不吃鱼的当地老人一声长叹，举手翘望。

六

雪风徐徐吹过，层层山峦泛着金光。日光下，孤独的天鹅飞过微露晨曦的天空落在鸟岛上。来自英格兰、北欧、亚洲北部的大天鹅、小天鹅、疣鼻天鹅早已在青海湖安家，不知自己中意的姑娘在哪儿？

天鹅的爱情至高无上，一旦相爱，绝不朝三暮四。从此，无论寒暑、饥饱、晴雨，都将相依相伴，如影相随，不离不弃，直到生命的最后一刻。若一只不幸死去，另一只会为对方"守节"，绝不再娶或再嫁，直至终老。

夜幕降临，星光闪烁，天鹅在热烈地絮语。湖面下，腹中空空的裸鲤还在石缝中穿行。交替的欢乐和磨难培育所有生灵，激情和本能期待生命的融合，这是最简单、最原始、最纯粹的生存方式，也是最美丽、最自然、最朴实的生活。

为了歌唱阳光下的青海湖，我去过不知多少回。每一次，都心怀感恩，虔诚缠绵，领略着白雪自高空款款驾临的气概。

（原载《散文》2023 年第 5 期）

萨拉乌苏河·生命

杨道尔吉（蒙古族）

1

闰二月。持续十几天没有如意的清朗天气。要么是雨雪霏霏，阴寒湿冷；要么是风起漠上，沙尘弥漫。我心里默默地诵念，期望有一个暖阳的春日，好让我前往萨拉乌苏河谷拜谒。清明节过去七天，我想无论如何也不能再推，于是便在这一天下午，乘着沙尘风稍稍和缓时出发了。

日落时分，我挨近了萨拉乌苏河谷前的高台。天已略略放晴，沙尘短暂地退去，晶莹的天幕现出来。沙丘和田野便都安静下来。夕阳降落在岇梁，薄薄的云彩给那紫萱的霞色让开了天地相合的西北天边……我伫立，合十，像往常一样低低地祷告，然后缓缓地走进河湾，静幽初翠的柳树暗黛，鸟儿低藏。让那弥漫的神秘色彩一缕一缕摄入我的心底。我走近谷底的弯河边，聆听枯苇丛中的水流，以及间杂着的某种无以描摹的神秘音符。静静地谛听，任由湿泥的气味扑鼻而来。

河水里有多少种类的生命，此时随着春夏之阳的苏醒而欢腾？它们一定也有丰富而神敏的直觉系统，它们能使这河湾的气场在瞬息间凝固，发散出与外面的世界迥然不同的环境氛围，它们是如何做到的呢？它们一定是与宇宙相应的，是与大地上的山川河流相应的，是与四季节气相应的，也是与我灵魂的脉息相应的。它们在萨拉乌苏的河谷里迭代存续了多少年、多少世纪呢？

萨拉乌苏河谷的科考史有回答，是关于古脊椎动物化石的。对于完全的生命信息来说，古生物化石的发掘发现，虽然有缺，但它们至少提供了一个观察远古环境的孔道。

20世纪20年代，法国人桑志华和德日进首先在萨拉乌苏河谷邵家沟湾一带的上更新统中发现了种类及数量丰富的脊椎动物化石，包括披毛犀、羚羊、野马、野牛、鹿、骆驼、野兔、鼢鼠等。1928年，法国学者布勒和德日进对这批化石进行研究后发表报告，共记述产自萨拉乌苏河地区的脊椎动物化石44种，其中哺乳动物33种、鸟类11种，时代被定为晚更新世。自此以后，萨拉乌苏动物群便成为中国北方晚更新世一个代表性的动物群。以后的岁月里，中国科考学者又发现了虎、灰仓鼠两种哺乳动物，哑天鹅一种鸟类。这样，萨拉乌苏动物群就包含了35种哺乳动物和12种鸟类。当这47种古生物化石呈现在博物馆的橱窗里时，我们这些有灵的人类生命，可以通过与它们的"科考对话"，了解一个远古的天地环境。

而那时，还没有这条萨拉乌苏河。萨拉乌苏河是在很晚以后才生长出来的，像一切生命体一样。

2

从1923年的发现发掘，到1928年的研究描述，迄今，整整百年就要过去了。中外的古生物学家、环境考古学家们一直都在关注和研究萨拉乌苏动物群的成员，反复推演地层年代的情景，默默地与这些动物群成员们展开对话。

有一些生物物种已经消失了。比如纳玛象（以后正名，称为诺氏古菱齿象，长鼻目真象科真象亚科生物），比如披毛犀、诺氏驼，比如鄂尔多斯中国大角鹿（原来曾被称为"大角鹿蒙古变种"），比如恰克图转角羚羊，比如原始牛、王氏水牛，比如最后鬣狗（或称"最后斑鬣狗"，大型鬣狗），比如巨鸵鸟——这些古生物，这些远古的生命类型，我们现在只能看到化石，它们作为一种生物态，灭绝消失了。对它们中的每一个类型的科学描述，都会是一部生动的生命图景故事。

有一些古生物种还在这个世界上，只是它们远离了萨拉乌苏河流域这一带。

比如野驴、马鹿、盘羊、野猪，它们迁徙到适合自身生存的环境去了。为什么要走呢？

还有一些古生物种今天仍然可以在萨拉乌苏河流域这一带见到。比如羚羊，比如獾，比如狼，比如食虫目（刺猬、掘鼹等），比如啮齿目（野兔、鼠兔、沙鼠、跳鼠、鼢鼠、黄鼠等）。它们似乎眷恋着萨拉乌苏河流域这一片土地。

黑暗罩下河谷，轻轻漫漫。我隐约听到了高台上有风声，沙尘可能又开始弥漫了。仰望天空，已看不清星辰的闪烁。河谷地，仍然是安静的，不远处有农人们畜养的绵羊发出的倒嚼声。河水的流动也似乎迟缓下来，万物都静下来，似乎在继续为我拉开一幕探寻生命的古远境界。

3

生命类型的分布，涉及古生物学、现代生物学以及环境地理学，其实是另一个有趣的探察。假如我们把萨拉乌苏河流域（北纬 37°10′~37°59′，东经 108°10′~108°58′）作为中央坐标，我们在不同的时间点（地质时间点），点出那些动物群各成员的分布，会呈现出什么样的状态呢？

萨拉乌苏动物群各成员的化石，出土于萨拉乌苏河谷晚更新世地层。根据古生物学家们的归类，象、犀牛、双峰驼、转角羚羊、瞪羚、盘羊、狼、鬣狗、獾，大部分食虫目及啮齿目、鸵鸟以及更靠北分布的野牛等，这些古生物类型是从中国早更新世动物群中遗留下来的，其形态是可能或多或少发生改变的一些类型。大角鹿、马鹿、原始牛、水牛、野驴等，则是在早更新世

58

之后迁至中国的主要类型。也就是说，有一些生命类型来得早，有一些则来得晚。

从生态地理学的视野来观察。其一，靠北或具有广布性的类型包括披毛犀、马鹿、大角鹿、原始牛，还有鬣狗、狼、獾等。其二，中亚地区的代表类型包括野驴、双峰驼、羚羊、瞪羚、盘羊，以及大部分食虫目和啮齿目动物、鸵鸟、毛腿沙鸡等。其三，南方地区的类型包括象和水牛。从北到南的适应种，从荒漠干旱到温暖湿润的适应种，这些生命类型都可以在萨拉乌苏河流域这一空间存在。这些留存在萨拉乌苏河谷的可爱的动物们似乎具有荒漠、草原和森林草原共生的现象。但从气候变化的视角来看，王氏水牛和纳玛象向我们指示，它们曾生存在相当温暖的气候环境里，即使在今天，长江以北也不会有水牛，不会有象。那么，曾经有水牛和象的时间段，萨拉乌苏河流域曾经是什么样的状态呢？那要多么温暖、多么湿润哪……我们需要用多么超越的探寻想象，才能理解时空旋转的神妙啊！

萨拉乌苏河谷曾有大量的羚羊化石出土。羚羊、披毛犀、原始牛等大型食草类生命体的存在，虽然不能明确地说明气候是冷是暖、是干是润的性质，但有一点是要肯定的：这里必定有足够的生物量，必定要有足够的青草加以支撑。那是一幅什么样的图景呢？至少不能荒漠，不能干旱吧。

时空——环境，对于生命来说，是一个难以说清楚的神秘参照。萨拉乌苏河沿岸的晚第四纪经历了自 MIS5（深海氧同位素 5 阶段）以来十余万年间千年尺度的东亚冬夏季风变化，频繁的干湿冷暖波动如影随形，也或许是萨拉乌苏河流域不同类型动物迁居的其中一个原因。但无论如何，让我们今天闭目仍无法想象的温暖的环境图景，一定曾经存在过。

像江南一样，温暖湿润。我俯下身，问河流。静默，无声。天宇中似乎有了闪耀的星辰。

我突然想到一个故事：20 世纪 50 年代，已经离开中国的德日进写信给中国古生物学家杨钟健，说他很想再回到中国来，回来干什么呢？以后杨钟健先生解释说："德日进曾想把古哺乳动物所有门类都研究一番，并且为每一种都写一本古生物志。"——在萨拉乌苏河，如果我们把所有的古脊椎动物都观察清楚，记录，写成古生物志，那将是一部多么美好的生命记录啊。

4

沧海桑田。

萨拉乌苏河流域曾经温暖如江南，湿润如江南。萨拉乌苏河流域的广阔空间，曾经是碧波荡漾的一泓大湖。冰川退缩的一个时代，汪洋一片……

虽然有美妙的贝类化石可以佐证，但仍然像是梦幻一般。贝类化石用专业的称呼，叫作软体动物化石。20 世纪 20 年代桑志华和德日进在考察萨拉乌苏河谷晚更新世湖相地层发现一些，如扁卷螺、湖球蚬等，但在当时没有引起特别重视。20 世纪 80 年代以来，萨拉乌苏河谷的地层中一些淡水螺化石引起了科考工作者的注意，慢慢地，形成了搜集调查的数据累积。在萨拉乌苏河谷的杨四沟湾和范家沟湾，在包含了 19 个地层层位的剖面里，陆续找到了两大类软体动物化石：腹足类和双壳类。其中腹足类 17 种、双壳类仅湖球蚬1 种。腹足类化石包含 9 种陆生和 8 种淡水螺壳，隶属 8 科 10 属，都属于现生物种，也就是说，都没有绝灭。

生命的奇妙，包含了许多个延伸的叙事情节。我们从这些贝类生命体对环境的选择和适应，可以感知数万年来生命形态在世界的角落，或静或动的那种交响的悲歌。

仍然以萨拉乌苏河谷出土的贝类化石为参照。我的手里拿着一大沓化石照片，它们是那么清晰，那么生动。在房东的小窄屋里，我打开小台灯，仔细地观察那些化石。——它们为什么要那么安静地让自己柔软的身体被凝固，变成化石呢？

第一，广泛分布于北方和青藏高原的腹足类：伸展瓦娄蜗牛、浅圆盘螺、旋展琥珀螺、沼泽土蜗、奇异土蜗、青海萝卜螺。它们喜欢温暖潮湿，但也具有耐干旱、寒冷的能力，适应大陆性气候环境。它们甚至可以生活在山区、丘陵灌木丛、潮湿的草地、石块下或者是土、石缝隙中以及溪流、河边腐殖质较多的地方。

第二，南北方皆有的腹足类：多齿沙螺、白云石虹蛹螺、赤琥珀螺、半球多脉扁螺、西伯利亚旋螺、小土蜗。它们或者生活在潮湿的石块下，喜欢温湿环境；或者生活在谷地潮湿的灌木草丛中、石块落叶下；或者生活和栖息在沼泽、湖泊及溪流岸边，生活在水草、草丛、石块的地方，以藻类、腐殖质及水生维管束植物为食料；或者附着于水生植物上、石块上，漂浮于水面生活。喜欢温湿，适应较冷一点的环境。

第三，分布于热带和亚热带的腹足类：中华椭果螺、岩间恰里螺、凸旋螺、似线旋螺。它们喜欢温暖潮湿环境；栖息于湖泊、小溪、沟渠、池塘、稻田、小水洼及沼泽等水域中。无论水质清澈透明还是浑浊污秽，它们都可以附着于水生植物上、石块上，或漂浮于水面生活，以藻类、腐殖质及水生维管束植物为食料。

这些分布辽阔的软体动物的祖先们，竟然都出现在萨拉乌苏河流域，留下了奇妙的化石遗体。它们的行走速度异常缓慢，所以可以肯定它们在这里居留过很漫长的时间。阳光，温暖，湿润，大面积的湖相水体……一些可爱的蜗牛、海螺。却缺少与它们同时存在的、灵性的观察之眼。

5

天地自然中，生命机体无所不在。对萨拉乌苏河谷的观察，教给我感知无限多种生命的能力。这是我必须要由衷感激的。

生命机体在科学表达中，被称为生物。18 世纪中叶，欧洲博物学家林奈提出了生物世界的"两界说"，也就是动物和植物的分类系统。植物不能运动，靠光合作用制造自身所需的有机物；动物能够运动，靠摄取现成的有机物生活——这样的认知框架延续了两个世纪。

20 世纪 60 年代，美国生物学家惠特克又提出了生物的五界分类系统，把生物界分成了原核生物界、原生生物界、植物界、真菌界和动物界五界。

而我的描摹能力，只在两界的概括。虽然萨拉乌苏河谷赐予我感知众多生命状态的功能，可是我无以言表。许多情状，我说不出来，也写不出来。

在萨拉乌苏河谷的科考活动中，除了搜集大量的古哺乳动物化石、鸟类化石和贝类化石外，还有许多孢粉化石。在生物学中，孢子是脱离亲本后能直接或间接发育成新个体的生殖细胞。而孢粉化石，则是孢子或花粉外壁的化石遗存。

现在请允许我们借助一个科学家的观察研究，截取某一个角度，来窥探萨拉乌苏河谷地层剖面的孢粉分布情况。这是对 8 个层位的孢粉化石观察。其中流动沙丘沙的三个层面没有发现孢粉，表示那个地层年代处于干旱寒冷的沙质荒漠环境；另外四个湖沼相层位和一个丘间洼地相层位中，孢粉含量丰富并且浓度较高，共采集 1598 粒孢粉化石，鉴定出 26 个科属。

木本类花粉：针叶树以松树和落叶松属较多，阔叶树种以桦木属和栎属较为常见。草本类花粉：以蒿属最多，次为藜科和禾本科。

孢子植物：主要为槐叶苹属和膜蕨科，水龙骨科和凤尾蕨属亦占有一定比例，双星藻属、里白属等含量较低。

从这一数据组合里，可以窥到，采样地层环境以旱生的草本植物为主，其次是喜温湿的孢子植物，再往下层是温带——暖温带的木本植物，最后是微量的水生草本植物，映现出当时温暖的疏林草原环境图景。

萨拉乌苏河谷的远古环境考古、古气候考古的命题很多。孢粉化石的采集和研究仍然需要有更多更深入的案例。

我蜷缩着轻轻入眠，也许只有刹那，入梦的生命栩栩然。一阵春寒袭来，唤醒了我。我披好棉衣，再一次走向河边。谛听，告别。

远处的风停了，完全安寂了。手机打不开，便不知是什么时辰，却仍然感觉到是由黑暗与光明交替的状态，隐约还能看见去年的芦花在飞舞，在辉映的赭红色中散开；可以听到簌簌簌簌自在自如的声音，是河湾的那些鸟儿在枯苇丛中发出的动静。星星亮了！只在刹那间就缀满苍穹。有些星星从天顶溢出来，爬在岸坡，挂在树梢上。萨拉乌苏河湾湛湛一亮，空空洞洞，了了明明。那些沿河排列的旱柳，披挂着微微发绿的鹅黄，肃穆地立在夜境中。

感谢春日的生命，给予我无穷的启示。

（原载《鄂尔多斯》2023 年第 7 期）

河流之路

朱朝敏

1

两百多年的风还在吹。从伏尔加河畔吹来，吹到了博尔塔拉和精河，迅猛而清冽。风中的呐喊不绝。

两百多年前，土尔扈特人为寻找更好的放牧条件，一路向西北迁徙，来到了自由的伏尔加河畔，族人不断壮大。沙俄占领伏尔加流域后，拿出铁腕手段统辖。酷爱自由的土尔扈特人不堪忍受凌辱，便在年仅19岁的首领渥巴锡的带领下决定回归故乡天山。他们从1761年开始规划，终于在1771年4月的一个凌晨出发了。

土尔扈特人翻越了伏尔加河、乌拉尔河、哈萨克草原、奥琴峡口、叶尔盖河，在7月的一个阳光明媚的日子，到达了伊犁河畔和天山脚下的博尔塔拉。史料如此记载此次东归：隆冬严寒时节，启程东行，佚至炎夏，方始抵达。沿途又遇战事，其蒙古包、毡房均已丢弃，时常风餐露宿，行至瀚海，数日不得水，以至于不分水之好坏，见水即饮，犹食倒毙牲畜之肉，腹胀或患病死亡者甚重，即便是未遭穷困饥饿之苦者，亦属强勉到达。

63

曾经 17 万人的归乡部队，抵达精河时不到 7 万人，这是一部血泪归国史，可谓惊天地泣鬼神，漫漫归途，拳拳初心苍天可鉴。终于，历经千辛万苦的土尔扈特人回归故土，从此安定于精河领域，是为蒙古族察尔汗人的祖先。

博尔塔拉的精河县，一个偏远的边陲小地，因为渥巴锡，在我心灵种下一颗亲切而神秘的种子。

2020 年 10 月中旬，我受博尔塔拉蒙古自治州文联的邀请去采风，收到邀请函的刹那，我不由激动起来。

此际距离渥巴锡族人东归整整 249 年。不息的风还在吹拂，奔腾的河流回归了宁静，且抱紧了自己。改变的在改变，而不变的依旧不变，我能触摸到那块土地的心跳吗？

事实是，抵达博州这块土地时，上百年的金黄杨柳兀地钻出来，列阵路途和街道，披挂一树辉煌旗帜横亘我视野并统领所有思绪，遥远的时光味道便冲撞而来。意识霸道地提示，迎接你的，是大把大把的时光，是无法进入册页却遗散在风中的历史碎片。而这些碎片将会抵达你疲软溃散的中年灵魂企图唤醒什么。

晚宴中，我遇到一个蒙古族女孩，我们说起渥巴锡，她异常骄傲地宣布，她就是渥巴锡回归队伍察尔汗人的后裔。她说起往事——啊，不，是在回忆那段历史。她的语气缓慢而沉滞，双目炯炯，要人分明就能辨出，她在追溯她的生命河流，仿佛那是昨天发生的事情。她说，您知道的，渥巴锡汗带领我们族人回归的那个季节是 10 月，就像现在一样，是个暖冬，伏尔加河居然没有结冰，但是我们的勇士骑马蹚水过河了，而妇孺老人就坐在皮筏子上顺着河流而下……女孩打开双手，做出一个顺流而下的动作。她见我满脸诧异，解释道：10 月的伏尔加河畔，风很大，从西北吹来的风，推动皮筏助推我们顺流而下，这是不幸中的大幸，顺着河流，我们就能回到家乡。

顺着河流而下就能回到故乡。

而抵达中亚饭店一刻，那种无法诉诸语言的奇异氛围迅疾包围了我，瞬间，感觉自己已靠近它的心脏。中亚饭店，它道出了博尔塔拉连接中欧和东亚的纽带地位。事实也是，博尔塔拉正是中国通往欧洲的最后门户。这样的纽带，横穿博尔塔拉，从遥远的丝绸之路到现在的欧亚大桥，再到最大的阿拉山口口岸，不曾随时间而中断。

于是，不同民族的，不同肤色的，不同口音的，不同习俗的……异域在此碰撞融合，博州由此包容而深邃而阔大。

广场上，身穿蒙古族服装的男女在跳舞。他们模仿骏马撒蹄而欢快奔腾，他们模仿草原生灵敬畏草地而谦卑地鞠躬，他们模仿老鹰翱翔天穹而翻动巨翅……蒙古长调下的音乐，欢快若流水，潺潺流淌，在蓝色的天穹下、胡杨遍布的街道和络绎不绝的人群中渗透，古老的归乡情无端蔓延，并发出隐秘的热情的呼唤，归来吧，游子。

2

次日，我们去了艾比湖。艾比湖通常意义上，指的是艾比湖湿地那一大块区域。它由博尔塔拉河流、精河、奎屯河三大河流分别从西边、南边、东边三面汇入而成。还不够，还包括大量的地下水，还有来自附近天山支脉的雪岭融化后的冰雪水。

能想到，曾经的艾比湖是浩荡无边。而这些导致艾比湖地貌的丰富多彩，湖泊、湿地、沙漠、土漠、戈壁……艾比湖现在属于无人区，这是因为人类活动和地质变迁，艾比湖在以惊人的速度缩减，面积从1200平方公里缩减到362平方公里。经过这些年的治理和保护，它的湖泊面积又达到了805平方公里。

正式进入它的领域前，它呈现的是大片盐碱地，带给视觉清寒的荒芜感。酱红色的碱蓬草覆盖其上，根系复杂，枝叶铺展，与根系盘踞一团，冲撞眼睛。

杂居其间的是白刺、梭梭和胡杨木，间或还有水洼和小湖泊——它们周边是白了头的芦苇林。沙漠和芦苇，旱漠和湿地，沙漠和湖泊，有意思的对比。两个极端站成一体，偏偏还毗邻而生，要人为之一振，随即惊奇愕然。而大片的白色梭梭林，在岁月的无情流逝中，有的长成了碗口粗的树木。这里的白梭梭林，是第四世纪最后一次冰期结束后形成的自然景观，是世界上面积最大的白色梭梭林。无论是草还是灌木或者乔木，它们又有极强的适应性，耐旱、抗寒、抗风，又耐高温和瘠薄。

这需要多么坚硬的骨头啊。而坚硬的骨头盘亘于这块地域，养育了丰富的盐、硫酸磺、硝等矿物质。这些矿物质沉落湖底，慢慢地积蓄蕴藏，成年累月地接受来自东、西、南三面大山融化的积雪的冲击，又化合出一种神奇的生命卤虫。

卤虫被称为软黄金，它是宇宙生物链中的一种不可或缺的物种，可以净化水质，有了它，生命物种才能和谐地运转，它是维系物种链条的中轴。于是，无数期待一夜暴富的人们前来艾比湖打捞搜购，卤虫一度减少直至奇缺，大量的生物死亡消失，湖泊随着缩减变质。近些年，一些保护政策和措施相继出台，软黄金卤虫又在艾比湖里出现了，它们活跃于湿地湖泊底部，发挥不可替代的中轴作用，再次将艾比湖无限增值。

10月的艾比湖，在艳阳的照耀和远处雪岭的映照下，湛蓝清澈。这是高山环绕的大海，是内陆盆地的一颗大珍珠。

盐碱地后是各种漠地。沙土和戈壁交替出现，其上的植物轮番上演恢宏大片。

10月的阳光明晃晃的，高悬在蓝天白云之上，洒向万物，万物生辉。天地阔豁而明亮。万物通透。

全因那些胡杨。百年不倒，千年不朽的胡杨，在秋天，树叶金黄，闪烁着10月灿烂的光芒。它们的树干虬结，树皮均龟裂，留下万千沟壑皱纹。主干明明枯朽，而旁逸出的枝干却又竖起灿烂的旗帜。身躯明明从根部折断，倒下的骨架又挑起一片典雅辉煌。沙漠堆积的高岭上生长三棵不知年代的胡杨，逶迤出莽荒无涯的燃烧气势。其中打头的一棵，树干被掏空，只剩下半截树皮，然而，它们之上桀骜伸展的枝叶，仍以通透的光芒向天空和大地献礼。

拿出手机，调到全景模式。不行，近景或远景，均照不出它们的丁点气势。我不断退后，占据一处高地，还是不行。干脆走近，准备聚焦某点来个特写。无论如何，镜头模式下，它们被消弭了色彩和形象。多么遗憾啊。语言是失效的，镜头是失控的。

返回路上，瞌睡的头脑闪现多年前读到的文字，是清朝诗人宋伯鲁关于西北胡杨的平实记录：君不见额琳之北古道旁，胡桐万树连天长。交柯接叶万灵藏，掀天踔地纷低昂。矮如龙蛇欲变化，蹲如熊虎踞高冈，嬉如神狐掉九尾，狞如药叉牙爪张。

胡杨外形内质毕现，而诗意的表象下，是桀骜不驯的灵魂。但是，胡杨怎能只是一棵树？生命也不够，它是城池，是圣殿，是银河，是宇宙。乜不够……如此的存在，它提供了美观，还提供了一种隐喻。关于生命力的隐喻，关于河流的隐喻。西北人都知道，沙漠河流流向哪里，胡杨就会追随到哪里。胡杨是沙漠河流隐形流动的痕迹，或者说，绝大多数情况下，沙漠胡杨就是隐形于地下的河流。干涸的无边无际的沙漠里，灿烂的胡杨跃入眼底的瞬间，一路跋涉被风沙暴阳折磨得快要迷路的你霎时心生欢喜。

因为你知道，河流就在眼前了，而河流将会带你回家。

3

博州的朋友带领我们翻越天山（主要是两座大山，即科尔古琴山和呼苏木奇克山），目的地是呼苏木奇河河谷。呼苏木奇河是蒙古语，音译名，也称为"库苏木契河"。我依照发音在手机里搜索。可惜，那真是一条偏僻的河流，手机度娘不能给出丁点答案。

10 月的天山，光秃秃的。10 点多的太阳，却在一座座山脉间巡游壮大。阳光猛然就站立于群山之上，全方位无死角地迸发光芒。

快看，岩羊出现了……随着朋友的提醒，他加大马力，轰的一下将越野车开上山岭。

岩羊正好出现在对面一座山的山腰上。它们三十来头，显然，觉察了异常，纷纷停下来。头羊抬起头颅朝我们这边看来。它灰黑色，体型比家养的山羊健壮，尤其是腿子修长，毛发明显地没有家养山羊的绵厚。

我晓得它们去哪里。朋友迅速发车，带领我们下山去。

下山，绕过一处弯拐。喏，看见那个泉眼没有？朋友停好车，伸出手臂指点。这是一处较大的泉眼，岩羊每天早上在太阳升起时就跑这里来饮水，它们的天敌野狼跑不过，又不具备机敏的反应，便采取死办法来捕捉——等在泉眼处来攻击饮水的羊群。

而远处的山岭上，那群岩羊又在朝我们这里看，当然是在看那处泉眼。此际，10点刚过，太阳正好，还是岩羊饮水的时候。它们看泉眼却不下来饮水……

朋友带我们朝前走了一段路，发现一具岩羊尸骸。这里曾是战场，被敌人偷袭后遭遇惨情的废墟。泉眼便被岩羊暂时放弃，而现在——不，好长时间以来吧，岩羊便会站在遥远的山岭上观望，直至它们觉得安全了，才会重新返回。

泉眼的源头在哪里？就是天山的支脉科尔古琴山和呼苏木奇克山两座大山千年积雪融化的雪水。它们交汇出呼苏木奇河，实际是大沿子河的上游。山脉下的河水沿着山脉由西向东静流，流出狭长的河谷。两岸的谷地植被丰厚，白桦、胡杨和芦苇成林成片，水草丰美。

这正是我们要去的地方。

如果河流能带来无法意料的视觉享受和心灵震撼，穿越了天山的漫无目的我们便只有一个方向，我们将顺着河流而去，河流会带我们回归故乡。

4

河谷逐渐升高，大片的树林出现。树林里有不少死去的水柳、桦树和胡杨。要好几个人才能合抱的树干，放倒在草地上。有的被连根拔起，有的不见树根，有的是被拦腰劈成两半……呼苏木奇河绕过这些被放倒的生灵，倔强地朝上攀登，跌落，蜿蜒，流淌，沿途又纳入科古尔琴山的阿和峡特、托逊乌苏、苏铁尔诸水，拥挤一块儿，奉献出美丽的黄金甲树林和大片草场。

这块河谷是老天赐给哈萨克牧民的宝地。虽然海拔两千米以上，却水草丰美，河流铮淙，风景怡人。但天山的秋天短暂，马上，第一场雪就要到来。

而第一场雪就是命令，在第一场雪之前，牧民将要转冬场。我们将去牧民麦子拉家做客。

麦子拉的家住在呼苏木奇河出山口的高地上。她的家很新，是去年才在土坯房基础上重新修建的房子，砖混结构，地面铺了砖石，里面房间的墙壁全部粉刷，外面还贴了瓷砖。房间有三大间。一间是储藏室，储藏有粮食、蔬菜和家私。中间房子的是正房，吃饭和睡觉之处。还有一间是客房。房屋旁边是木栅栏围起来的牛羊圈，面积是住房的两倍。麦子拉家的羊多，有300多只，牛也不少，43头，马匹有十来只，还有5头骆驼。

麦子拉懂汉语，告诉我，这些牲畜都是公公和婆婆养的，现在，公公赛日克骑马放牧去了，公婆刚打完草回家。麦子拉的女儿在哭，我们走进屋。麦子拉安抚好女儿，又帮婆母揉面擀面，并在火炉上烧奶茶做奶油。

这不是麦子拉的家，而是转场牧民的秋场驿站之一。这样的驿站有不少，全是政府投资，建立在牧民转场的固定处，河谷地带比较多，大大方便了牧民的生活。朋友与麦子拉的老公赛日江是多年的朋友。见我们突然而至，麦子拉很紧张，赶忙解释，赛日江到伊犁打工去了，冬转场时肯定回来。

太阳明亮，山风缓行。赛日克骑着高头大马，带领成群结队的牛羊经过。正伏在土炕上面烧馍的麦子拉的公婆立起上身，朝赛日克扬了扬手。赛日克扬起皮鞭，拍打在骏马屁股上，骏马撒蹄奔跑，羊群也撒欢地跟跑，一起朝大山更深处进发。

很快，我们被请进了客房，围着一个四方桌盘腿坐。土炕烤的新鲜馍、杏仁、葡萄干、新鲜酥油、新鲜奶油……美味可口的食物，要我们大饱口福。一位同行的哈萨克音乐家弹起冬不拉，我们跟着吟唱，歌声伴随冬不拉婉转成河水，清泠泠地流淌，激起万千碎花，又飞绕空气，盘亘树梢山岭，化白云悠去……

时间飞逝，阳光西斜，我们也要告别了。

西下的夕阳，染上10月的深情厚谊，加重了天山景物的油画感。然而，一切都在发亮，岩石、水流、草地、胡杨、芦苇、尘土、牲畜……天空倾斜、光线倾斜、神灵倾斜，大地也在倾斜。

来自平原的我们终于意识到，我们本不属于西部高山，万物倾斜时的黄昏，唯有驱车返回。

出天山，到了山脚，夜色潮水般围来，星星果实一般缀满了天穹，它们都是被放养在天穹河流岸畔的生命，若河流边吃草饮水的牲畜，若站在河流之上的胡杨，又若追寻河流之路的我们。

顺着河流而下，我们就能回到故乡。

（原载《鄂尔多斯》2023 年第 4 期）

长亭更短亭

2300 年前的那一道休止符

——纪念屈原

刘汉俊

2300 年前，公元前 278 年的那个孟夏。

汨罗江水呜咽低回，湘楚硗地寥落静寂，一个伟大的生命乐章在这里画上了终止符，余音流长河，澎湃越千年。

每逢端午，遥祭屈原。慎终追远、敬贤礼士的中华文化，以如此隆重的礼仪纪念屈原，说明了他的价值、分量和地位。一个人与一个节日、一种民俗的关系如此之紧密，中国历史上唯此一人。我曾在《屈原，一个值得仰望的文化高度》一文中，回顾了作为中华文化高度的屈原，他的政绩和文化成就表现在哪些方面，为什么说他是"悲剧英雄"，屈原为什么要向比他年长 210 岁的孔子、比他年轻 210 岁的司马迁学习，为什么说屈原是"中华民族的一根铁骨""中国文人的一滴眼泪"，"屈原精神"的核心内涵是什么，等等。文章既出，总想深研之补续之，意未尽，思无期。他是历代中国文人最牵肠挂肚的那个人。

又逢端午，再念屈子，思绪如汨。

（一）

端午节是属于屈原的，是天下诗人的节日。

屈原创立了先秦文化的巅峰，是中国历史上第一个伟大诗人。"屈平辞赋悬日月，楚王台榭空山丘"，这是李白对屈原楚辞的评价。战国时期是中国古代文学的黄金时代，楚辞是古代崭新文学样式的开篇，是中国散文的滥觞与诗的高光，是文化学、哲学、语言学、艺术学、神话学、考古学、历史学、天文学、地理学、民族学、民俗学的集大成者。《离骚》《天问》《九歌》《九章》《招魂》是中国文学的峰峦，那一篇篇优诗美文、丽辞华章，无一不是千古名篇、万世经典。楚地的雄奇瑰丽，楚风的神功巫术，楚乐的玄妙悦听，楚歌的豪迈凄惶，楚语的灵光雅趣，楚人的执着坚韧，铸就了楚辞的灵魂与骨骼。屈原是楚辞的开创者和代表性人物，是灿烂楚辞中最鲜亮、最灵动的那个因子，是中国的荷马、萨福、阿纳克瑞翁、品达。屈原，是楚辞的盘古。

屈原的《离骚》，被公认为中国古代文学史上篇幅最长、最具有浪漫主义色彩的政治抒情诗，强烈的政治倾向、政治诉求、政治主张浸润字里、弥漫行间。在屈原笔下，夏王荒淫无度，后羿纵情嬉戏，过浇毫无节制，夏桀违背常伦，商纣残暴狂虐，是昏君；夏禹和商汤恭敬法度、谨慎严明，周文王、周武王举贤授能、遵规守矩，是明君。"依前圣以节中兮"，是对历史先圣公道公正的呼唤；"世并举而好朋兮"，是对现实结党营私的抨击。屈原的《天问》，一连向上苍提出170多个诘问，从天文地理入手，探寻人类社会的来去与流变；从神圣先帝说起，探究列祖列宗的得道与失道。既敬天尊神讴道，又借天问道、以古喻今，追问历史、叩问现实，闪烁着政治理想、科学思想、探索精神的光芒。屈原构筑的宇宙观念、神仙观念、神怪观念、历史观念，建立的世界观、方法论，定义的天体、天道、天德、天性，深邃而广博，宏大而缜密，忽闪着朴素唯物主义思想的火花。屈原的文辞亦儒亦道、亦文亦武、亦真亦幻，神奇的想象和奇异的幻想渲染出燃情神秘主义的色彩，比喻的手法和具象的指代体现着温情现实主义的关照，比兴的手法和排列的句式升华了悲情浪漫主义的情怀。唯美的意境衬托出美政、仁政与理想的憧憬，华丽的辞藻喻示了人格的高贵与灵魂的高洁。一音一韵，一字一句，皆是时代的旋律、历史的节奏、现世的音符。盛世必出华章，但华章未必出自盛世，向往产生美好，苦难成就辉煌，意象万千的楚辞流泛斑斓历史的波光。让仙界照亮人间，让理想照进现实，有失望才充满期待，有黑暗才向往光明，楚辞的调性与色板，离不开悲怆的旋律和阴晦的背景色。屈原，是楚辞的主题。

楚辞是天下的，是天下共仰的高山。屈原的辞赋中，辉映着尧舜禹、汤文武的身影，闪烁着皋陶、伊尹、傅说、比干、吕望、百里奚的英名，他们是古之先贤、华夏英雄，而非楚国一域所有、一国所囿，这是楚辞的胸怀。《诗经》是中原的、黄河的，也是楚辞的、长江的，《楚辞》与《诗经》共同汇成华夏文明的主要篇章。"不学《诗》，无以言"，楚国的宫廷也是《诗经》的殿堂与学堂，楚人竞读《诗》，"辞""诗"竞交辉，这是楚辞的境界。楚辞的锦绣灿烂，少不了古歌，离不开神话，缺不了诗经。与《诗经》的现实主义色彩相比，楚辞更有个体的独立与自由，更有精神的奔放与玄冥，屈原一张口，便吐纳漫天巫山云雨、祥云紫气，这是楚辞的气质。品读屈原的吐哺之作、推敲之句，从那雄浑之篇章、奇丽之辞采，看得见巴蜀的雄险幽秀，找得到秦晋的苍凉奔放，品得出齐鲁的厚重长韵，听得见燕赵的慷慨悲歌，觅得出吴越的轻歌曼舞。文相融、情相连，文脉血脉相贯通，诗经楚辞共星空，这是中华文化两大源流相互激荡的壮丽气象。秦汉以来，楚乐流行于汉宫，楚辞发展成汉赋，演变成五言诗、七言诗、骚体诗。屈原之后，无数代中国文人踯躅在楚辞的星空之下，咸集于巍巍文山之麓，挖掘文学的源泉。司马迁在《史记》中用了1200多字，铸造了屈原那个令后世景仰的雕像。西汉刘安集之、刘向编之，东汉贾逵、班固注之，王逸辑之、叙之，南梁昭明《文选》收录之，南宋朱熹集注之，明清两代集解之、注疏之，近现代梁启超、王闿运、闻一多、郭沫若注之释之评之论之。屈原，是文人的北斗。

（二）

那是楚辞的时代，不是屈原的年代。

作为楚人的宗族后裔、战国后期楚国的左徒，屈原"思君其莫我忠兮""事君而不贰兮"，无限忠于朝廷、忠于君王，也因此一度深得楚怀王重用，执掌许多重要军政事务，表现出高超的治政才能。他忠君、忧民、爱国，一心为君、一心为国，在楚怀王支持下修明法度、推动改革，"励耕战，荐贤能，反壅蔽，禁朋党，明赏罚，移风易俗"，对外力举联齐抗秦、保全楚国，一度使楚国富足强盛，实力雄厚，威震诸侯各国，功不可没。

改革总会遇到阻力，先驱往往成为先烈。但屈原是楚国社会的一柄利剑。他敢于直指旧政时弊，敢于问责吏治腐败，剑指贵族阶层的贪婪，锐气逼人，哪怕是招来羡慕嫉妒恨，哪怕是明枪暗箭如麻。一首《天问》，即是问天，是挑战、是诘问，表现出大无畏的质疑精神和批判勇气。屈原的耿耿正气，两千多年来凝而不散，绵延不绝。

屈原谋得了大事，却算不过小计，更斗不过小人。他遭遇到五个小人，一是秦相张仪，张仪十分清楚屈原是楚国唯一使他阴谋难以得逞的对手，所以就贿赂收买楚怀王身边的近臣和宠妃，离间君臣，陷害忠良屈原；二是楚臣上官大夫，此上官大夫未见其名，与屈原同列，共事朝廷，《史记》载曰，"上官大夫欲夺之"，使怀王"疏屈平而信上官大夫"，令尹子兰也"卒使上官大夫短屈原"；三是楚大夫靳尚，《史记》载，张仪曰："臣善其左右靳尚，靳尚又能得事于楚王幸姬郑袖。"张仪入楚被楚怀王扣押，靳尚大夫收了张仪的贿赂，劝楚怀王释放了张仪，还进了屈原的谗言。有史学家认为，靳尚大夫与上官大夫不是同一个人；四是楚怀王之子、楚顷襄王之弟、令尹子兰，子兰当年一直构陷屈原，不顾屈原反对，竭力主张楚怀王入秦，楚怀王被扣客死秦国，屈原斥责子兰对楚怀王之死负有责任，子兰指使上官大夫在顷襄王面前诋毁屈原，导致屈原再次被流放到沅湘之滨；五是楚怀王的宠妃郑袖，她阴险善妒，是典型的"心机女"，她受张仪、靳尚之托，蒙骗楚怀王放走了张仪，并设计陷害屈原。当然，屈原遭遇最大的灾祸，还是来自楚怀王、楚顷襄王两任楚君，君权决定国运。昏聩之君误国，蛊惑之佞亡国，只有悲愤之臣在悲愤。

屈原是悲剧英雄。战略败于战术、谋略败于谋术、谋事败于谋人，决定了屈原的险恶环境和悲惨命运，但他的忧楚、兴楚、强楚之心丝毫不减、炽热灼人，早已将个人之恩怨得失置之度外了。直到国破政息人亡，百姓生灵涂炭，万念俱灭的屈原纵身一跳，訇然一掷，像一枚义无反顾的人体炸弹，炸向令人窒息的朝廷，炸向恣意欺侮楚国的外敌强敌，也给自己画上了一道生命的终止符，如金钹合击、大鼓擂动，飞浪溅起三千尺。

这是一尊高贵而圣洁的生命。提笔如面命，写字如走心，屈原的文辞有如生命一般的金贵。"离骚"离的是忧愁，"楚辞"辞的是庸俗。"制芰荷以为衣兮，集芙蓉以为裳""朝饮木兰之坠露兮，夕餐秋菊之落英"，文如其人，字如其心，高洁是高洁者的气质；"后皇嘉树，橘徕服兮；受命不迁，生南国兮。深固难徙，更壹志兮""嗟尔幼志，有以异兮；独立不迁，岂不可喜兮"！固本培元，坚贞不移，颂橘是颂橘者的美德；"汩余若将不及兮，恐年岁之不吾与""路漫漫其修远兮，吾将上下而求索"，唯恐负年华，老大徒伤悲，奋斗是奋斗者的姿态。"悲回风之摇蕙兮，心冤结而内伤。物有微而陨性兮，声有隐而先倡""愁郁郁之无快兮，居戚戚而不可解"，没有善感之心就缺乏恻隐之心，没有多愁之意就没有忧患之意，没有体恤之情就没有家国之情；"宁昂昂若千里之驹乎，将泛泛若水中之凫，与波上下，偷以全吾躯乎？宁与骐骥亢轭乎，将随驽马之迹乎？宁与黄鹄比翼乎，将与鸡鹜争食乎？"是做千里马还是做水中鸭，是与骐骥并驾齐驱还是步驽马的后尘，是与鸿鹄比翼齐飞还是与鸡鸭争食？百问归一问，是"生存还是毁灭"，莎士比亚的"哈姆雷特之问"，屈原在 1900 年前就已经提出。扪心自问就是清醒，提出问题就是态度，屈原以物言己、以诗明志。

世事沧桑处处险，人生境界步步高，屈原是从淤泥中挺起的青莲，是乱云飞渡下巍峨的临江石壁。"民生各有所乐兮，余独好修以为常""举世皆浊我独清，众人皆醉我独醒"，洁身自好，清醒自重，是自珍自爱，更是自律；"伏清白以死直兮，固前圣之所厚"，"宁溘死以流亡兮，余不忍为此态也"，爱憎分明，正气凛然，决不同流合污；"宁赴湘流，葬于江鱼之腹中，安能以皓皓之白，而蒙世俗之尘埃乎"，誓不妥协退让，决不苟且偷安。圣洁的灵魂，坚定的意志，屈原树立起千古道德完人的标准。那勇敢的一跃，是完美的造型。

屈原付出的代价值得吗？在"楚才晋用""楚人秦用""楚才吴用"的时代，屈原完全可以选择离开。去别国寻找明君，拓展自己的政治试验田，宣扬自己的政治理想；或者传道授业解惑，教授楚辞，讲道德文章；或行吟泽畔，寻觅故国，吟咏锦绣诗篇。尽管抱怨君王"荃不察余之中情兮，反信谗而斋怒"，对"世溷浊而不分兮，好蔽美而嫉妒""世溷浊而嫉贤兮，好蔽美而称恶"的世俗污秽深恶痛绝，但屈原对君对国忠诚不贰，宁死也不愿意离开楚国一步。屈原是哭着歌、哭着笑、哭着走，形容枯槁、披发行吟的那个人。即使对昏聩的新主顷襄王，屈原依然抱有希望和幻想，浪迹荒野之时仍然一步三回头，欲言又止，诗赋诉衷肠。在屈原心目中，国家高于一切，生命不足惜。

不临深渊不知道地之厚，不坠困顿不了解民之难。屡次流放，屡次落魄，使屈原从庙堂回到江湖，民本思想如湖畔草、江边林、水中萍，自由地滋长。"长太息以掩涕兮，哀民生之多艰"，涕泪滂沱天有雨，冰封雪冻心如霜，这是屈原当时的心情。正是在这种"驾蹇驴而无策兮"的尴尬中，屈原的爱国情怀实现了走向民众、走向江湖的转身。那汩罗江上的悲怆自沉，是沉入生活的底层，融入底层的劳苦大众，回归大众的心灵。捧读屈原楚辞的某些篇章某些段落，深感那是他自撰的挽联悼文，读得出他那血脉里的楚国、泪眼里的楚国、生命里的楚国。故国不再，命何以系？滔滔江水吟，拳拳报国情，屈原在长河中永生。

（三）

其实，那个风云际会金戈铁马的时代，早已为屈原的人生画板打好了底色，甚至给屈原的人生坐标，标点了位置。

中国历史进入战国中期，天下走势注定要在秦、楚之间展开画幅，注定要在秦孝公、楚宣王二人之间拉开帷幕。

秦的崛起，是从秦孝公开始的。秦国地处西陲，国土褊狭，护送周王室东迁时才被封为诸侯，称霸西戎，移步东渐，跻身"春秋五霸"之列，向中原靠近。经过百年衰落期后，在战国中晚期抬头现身。秦孝公面向天下发布求贤令，卫国人商鞅以强国之术打动了孝公。在秦孝公支持下，商鞅打破法古循礼之故俗，力推变法图强，国势日益强盛。秦孝公之后，秦惠文公于公元前338年登基，后改"公"为"王"，北扫义渠、西平巴蜀、东出函谷、南下商於，重用张仪破合纵连横之策，擘定了秦统一天下的战略框架；秦武王勇武果敢、臂力过人，威震四方，但在即位四年时与大力士们比赛举鼎，不幸用力过猛而崩；秦昭襄王五跪而得范雎，拜以为相，制定远交近攻、瓦解六国的战略方针，重用战将白起，使之以长平之战坑杀赵国军民四十万之众，从此威慑天下。秦昭襄王在位56年，励精图治，纵横捭阖，攻陷了洛邑，俘虏了周王，移周鼎于咸阳，为扫荡六国确定下必胜的战局；秦孝文王在服丧期和即位后，实行天下大赦、善待先王功臣、厚赐宗室亲戚等政策，出现政通人和气象，但好景不长，即位三天而亡；秦庄襄王早年被秦国派往赵国当"质子"，即位后大赦罪犯，礼遇前朝，布惠于民，派吕不韦攻灭了东周王室，使得国运稳步上扬。但没有想到，公元前247年，守孝一年期满、即位仅三天的秦庄襄王驾崩；与此同时，13岁的嬴政被立为秦王，煌煌五百年、历时三十代的大秦帝国权杖，击鼓传花式地传到秦王政的手里。一代接着一代干，一代要比一代强。秦始皇奋六世之余烈，覆灭六国，十年即成。从公元前361年秦孝公登基到公元前221年秦始皇一统天下，是秦国快速崛起的140年。

阴阳对抗，正负对撞，灿烂的人类天空和古老的中华星空，总有双子星在纠缠。战国七雄打到最后，许多较量在秦、楚之间展开，连横则秦帝、合纵则楚霸。

公元前370年，楚宣王即位，这位与秦孝公几乎同一时期登上君王宝座的楚王有雄才大略，打出了振兴楚国的大旗，之后楚威王续擎大旗，宣、威二王在位四十年，对外利则出兵兼并、攻城略地，不利休兵息民、保存实力，对内则致力改革、广纳财税，成就楚国的"宣威盛世"，《战国策》曰："楚地西有黔中巫郡，东有夏州海阳，南有洞庭苍梧，北有汾陉之塞郇阳，地方五千里，带甲百万，车千乘，骑万匹，粟支十年。此霸王之资也。"彼时的楚国，可谓雄踞大江南北、覆盖江淮湖海，俨然泱泱哉大国、巍巍乎强国。但是，历史情节的反转，往往在一夜之间。楚宣王之子楚怀王本来十分信任屈原，支持他的改革举措，但遭到权贵阶层和利益集团的反对，而外部屡受强秦施压、诈楚，内外交困，加之楚怀王听信小人谗言，渐渐疏远冷落、排挤打压，直到流放屈原。改革半途而废，国力由盛而衰，走向颓势，楚怀王自己也客死秦国；怀王之子顷襄王时期，楚国屡遭秦国侵袭，公元前278年楚都郢城被秦军攻破，楚王族宗庙遭焚毁，正在被流放湘北的屈原闻讯投汨罗江自尽，以身殉国。公元前223年，秦军大败楚军，楚君负刍被俘虏，八百年基业毁于一旦。煌煌楚国，宣、威之后一代不如一代，虽有楚考烈王时期的回光返照，终究气数将近。从公元前370年楚宣王登基，到公元前223年秦灭楚，是楚国快速衰落的140多年。

上行之秦的140年，下行之楚的140年，搭建了屈原人生的历史坐标。

骤雨雷电夜惊心，深渊险道车觳觫。国家的前途决定了个人的命运，匍匐在楚国破败战车上的屈原，注定难逃多舛的命途与时运。时代无法逃避，出身无可更改，当一切不能推倒重来时，屈原选择了改变自己。

挡车的螳臂，也是意志的表达。艰难之处抒豪情，困苦面前立壮志，这是屈原的奋斗观。"石磊磊兮葛蔓蔓"，但屈原脚下有路；"雷填填兮雨冥冥"，但屈原心中有光；"风飒飒兮木萧萧"，但屈原眼里有春天。"历太皓以右转兮，前飞廉以启路；阳杲杲其未光兮，凌天地以径度。风伯为余先驱兮，氛埃辟而清凉；凤凰翼其承旂兮，遇蓐收乎西皇"，尽管心中有块垒，屡受冤屈，饱受磨难，但向前向上向好的心情依然，驰骋于天地之间的激情依然，向往玉宇澄碧、乾坤清朗的豪情依然。方向笃定，目标明确，理想主义的光芒与热能在绽放，照亮了屈原的人生，也映照了世代中华儿女的心空，激励历代文人的斗志。屈原，是中国文人精神的标高。

倒下的是身躯，立起的是丰碑。忠君报国、为国尽忠的爱国精神，忧民爱民、体恤苍生的民本精神，坚持真理、矢志不渝的探索精神，不畏强敌、不惧强暴的斗争精神，情怀高洁、追求美好的修德精神，是屈原精神的核心。美政理想是高线，忧国忧民是主线，不卖国求荣是红线，不同流合污苟且偷生是底线，勾勒出屈原精神的巨构。屈原的思想赋予楚辞以力量，屈原的精神赋予楚辞以灵魂，屈原的品德赋予楚辞以价值。因为屈原，楚辞也成就了自己的高峰。

水枯石烂忠魂在，天长地久万古名。中华大地上屈原之后屈原辈出，卫青、霍去病、马援、薛仁贵、岳飞、辛弃疾、文天祥、戚继光、郑成功，横枪跃马，出生入死，不同的时代一样的热血，不同的风雨一样的燃烧。汉代史家司马迁临江凭吊先贤，"余读《离骚》《天问》《招魂》《哀郢》，悲其志。适长沙，过屈原所自沉渊，未尝不垂涕，想见其为人"，感动了《史记》，绵延了历史；宋代诗人陆游咏屈原，"离骚未尽灵均恨，志士千秋泪满裳"，满是感叹，满是赞叹，翘盼"王师北定中原日"。屈原精神流淌进了中华儿女的血脉，入诗入画，成歌成曲，咏之诵之。每逢国难，每遇外侮，屈原精神被誉为"国之魂""民族魂"，是不屈的头颅、抗争的拳头。1938年2月起，日本飞机对重庆实施了长达五年半的大轰炸，1942年4月3日，郭沫若创作的历史话剧《屈原》在轰炸下的重庆上演，现场观众群情激愤、斗志昂扬，历史走进现实，剧场就是战场，屈原精神是爱国的火种。鲁迅的风骨有屈原的筋骨，他对屈原推崇有加、情有独钟，多次引用楚辞，称屈原是"逸响伟辞，卓绝一世"。毛泽东解读屈原、礼赞屈原，多次途中读楚辞、会上讲屈原，甚至要求会议印发《离骚》，挥笔写下《七绝·屈原》："屈子当年赋楚骚，手中握有杀人刀。艾萧太盛椒兰少，一跃冲向万里涛"，还将《楚辞集注》作为礼物送给日本首相田中角荣。受到今人如此高规格礼遇的古之圣贤，并不多见。屈原的精神，是民族的基因。楚辞葳蕤，屈子挺拔，是中国文化的花与果、根与脉。

2300年前，那一声惊天动地的绝响，是一个生命的终止符，也是一段情感的休止符。岁月不居，时节如流，屈原音容宛在、精神不泯，休而不止，流淌成一个民族的永恒旋律。

屈原，是长河波涛之上，一道鲜亮的标题。

是为屈原仙逝2300年而作。

（原载《长江日报》2023年6月22日）

射洪拜谒陈子昂记

杨献平

数棵黄桷树，主干弯曲如人生、枝叶庞大、茂盛似万物，更像这人间。一个人没了，另一个人来。一群人消失了，另一群人覆盖。所谓生生不息，众生如草，情景大抵如此。那一座看起来宽阔、安静的墓冢，沉浸在一片阴凉之中，一块不怎么庄重的墓碑上写"唐右拾遗陈伯玉先生墓"，集的是启功书法。墓前有一块石板，几支柏香的残肢长在一堆灰土里，似乎笔管脱落的几点红漆。靠近墓碑的歪斜着几只空酒瓶子。我至墓前，先是抬头仰望，目光如一条攀缘的蛇，从墓碑向上，到碑顶，再看到那些纠集在一起的黄桷树枝，叶子们相互簇拥，从不同的根部，探向共同的天空。

天空无云，赤裸的蓝，好像倒扣的旷古大梦。我上前，鞠躬，鞠躬，再鞠躬。身体弯曲的时候，内心掀起一阵飓风，狂放、极致，感觉整个人都像是时间这一无尽之物当中的一片丝绸，或者一张竹简，在剧烈的飘荡之中，似乎有一种身心俱伤的撕裂与疼感。在来射洪之前，对于陈子昂，我是轻慢了的。总以为，所谓陈子昂，不过是盛唐开启之前的一个偶尔以诗歌开先声的诗人而已。他那首《登幽州台歌》似乎也是率意而为，偶然而成，凑巧和天赋其时的结果。

我站立不动，满心愧怍。斯时，日光虽然没有直接打在身上，伴随着蒸汽的龙头山连草木都在流汗。几分钟之后，一种莫名的疼痛感从脚底升起，好像大地的骨刺，一下子就扎进了我的身体，不由得轻轻哎呀了一声，才发现，双脚居然麻木了，头脑也有些发晕。我再一次鞠躬，用自己毕生的虔诚，向这一位先贤大师，致以一个后人全部的敬意与爱意。我默默地想，这陈子昂怎么会生在射洪？他的家道当然殷实，其本人，堪称巨富出身。至于其家族发迹之途，大抵是垄断了当地的食盐销售网络。

盐和铁，是王朝的经济和军事命脉，前者关乎天下民生，后者用以锻造兵器。兵和民两者之间看起来大相径庭，一安分守己，一杀戮征战，而本质上一衣带水。"寓兵于农"，无论府兵制、征兵制、募兵制和卫所制，军人的最初来源，绝大多数是农民。控制盐和铁，其实也在控制普罗大众和军事政治。陈子昂父亲名为陈元敬，"世高赀。岁饥，出粟万石赈乡里。举明经，调文林郎。"不论什么样的年代，社会资源的分配都是有章可循的。这可能是一种原罪，但也是社会常态。

斯时唐帝国之下的射洪，大抵是偏远的。一千多年后，我来到，心里一直对"射洪"这一地名感到讶异，当地陈子昂研究会会长谢德锐先生说："《元和郡县图志》中说，'县有梓潼水，与涪江合流，急如箭，奔射江口。蜀人谓水口曰洪，因名射洪。'"我才释然。古人在形容山川及万事万物在某些地方、时刻的形状之能力，确实高妙。关于梓江和涪江，我们在去拜谒陈子昂墓的山间公路上看到，两江于城外合流，其状浩然，流势虽然没有大的变化，但清浊分明，浩浩汤汤，滩涂之中，田地葱绿，远山虽然不高，但座座、道道皆起伏有形，宛如龙奔于平江沃野之上，虽整体平稳，可也变化多端。

由此看，我也觉得，射洪此地，山连水环，丘陵纵横，肯定是良好的生存之地，其地质肥沃，气候温润，必有贤能者于此崛起，而秀丽之地，也必养文气、拥麒麟。《唐书·陈子昂传》中说，陈子昂先"子昂貌柔野，少威仪"。"好击剑"。先后两次不第。其父亲让他习武，目的仅仅为了改变其孱弱体质，免于夭折。

年少的陈子昂照例纠集友众，于射洪的街道上耀武扬威。我也始终觉得，每个男人在年少时代，肯定都有过"十步杀一人，千里不留行"的豪侠梦。而整个唐朝的政治风气也是文武双修的。李白、狄仁杰也都是剑术高手，武学渊源甚深。此时的陈子昂，大抵也是一个一言不合，就拔刀相向的血气少年。在以往的生活当中。刀剑无眼，挑来刺去，难免失手。忽有一日，其路过一所私塾，其中有人高声朗诵曹孟德《短歌行》诗说，"慨当以慷，忧思难忘……山不厌高，海不厌深。周公吐哺，天下归心。"

人在某些时候，是可以自行觉悟和超脱的，《六祖坛经》中所说的"一念心开"大致就是此意。至此，陈子昂的人生峰回路转，由兵刃与击杀之术，断然转入"立德立功立行""为生民立命，为天地立心，为往圣继绝学，为天下开太平"之千古精神与文化的恢宏之途。

如此宏大的人生理想，贯穿了整个中国知识分子的世俗理想与精神历程，尽管有些句子和经验是陈子昂逝后数百年，才有人提出来的，但陈子昂及其像陈子昂一样的知识分子、士者与先贤大哲，却一直在恪守和实践。如孔子"齐家、治国、平天下"，司马迁"究天人之际，通古今之变，成一家之言"，等等；至今仍旧让人心潮澎湃，心神向往之。近些年我也逐渐认识到，一个人生于世上，仅仅为自己而活，沉浸在"物"和"欲"之中，是最大的失败。人之所以为人的一个最高贵、卓越之处就在于，"穷则独善其身，达则兼济天下（《孟子·尽心上·忘势》)""己欲立而立人，己欲达而达人（《论语·雍也》)""天长地久，天地所以能长且久者，以其不自生，故能长生"（《道德经》)。

人生当中所有的大转折，都是从内心的大觉醒、大彻悟开始的。《黄帝内经·素问·灵兰秘典论》说："心者，君主之官，神明出焉。"陈子昂突然厌倦了这种舞刀弄棒的粗暴和简单，觉得自己应当改换一种生命方式，他可能也知道，凡是以武力摧毁的，不管一个人还是一群人，换来的永远是仇恨，甚至更大的残暴与杀戮。而文化、教化和德育，改变的是人的心灵，提升的是人的道德与理想主义，是一种润物细无声的精神导引与思想赋予。

草木葳蕤、日光普照的射洪，陈子昂瞬间重生，果断放下寒光闪烁的利刃，谢绝过往的旧好，专心潜入书本之中。这样的一种人生姿态，注定了他的不同凡响。四年后，陈子昂辞别父母，带着足够的银两，去到了俨然是国际大都市的都城长安，在"一日看尽长安花"的人生开局阶段，陈子昂的功名之心再也掩饰不住。他可能也知道，一个人再有抱负、雄心与才能，必须要掌握一定的资源，以正当的方式，才能很好地加以实现，壮志得酬；否则，只能像后世夸赞陈子昂的李白一般，终究只能混迹荡荡江湖，以满腔的才情，在山水之间，以诗歌的方式，抒发给山河日月与星空旷野。

从事后的角度看，所有的磨难都是一种先知先觉的教益和提醒。这个初出故乡射洪的年轻人，在长安以重金购琴又粉碎的富家子弟，一时间名声大噪，成了当时长安明星一般的存在。落第之后，陈子昂沿着当年的道路，出长安，经三峡，再回故里。此时的他，已经是一个刻苦的读书人了。

来拜谒陈子昂墓之前，我便随着当地作家诗人李俊、王海全、李龙剑、李德福、张华等师友，去拜望了陈子昂读书台。武东山上，有一千年道观，名曰"金华观"，其中道教神灵众多，可谓尊尊气势威严。其围墙为一条蜿蜒长龙，由山脚逶迤直上山顶，蔚为壮观。陈子昂读书台旧址其时称为陈家书院，建于唐代，后世射洪之地方官也迁移改址。今之所谓的陈子昂古读书台，不过是一处旧址并两尊栩栩如生的铜像。塑造的陈子昂俊朗、挺拔，还有些英武之气。这可能是后世之人的想象和情感上的赋予。

我始终坚信，大地上所有发生过的人和事，无论多么久远，他们所蕴含和凝聚的那种独特的气息都不会消散，有心人来了，就一定会隐隐地感觉到，可能不会太明显，但必然能觉得一种缭绕身心的东西。

陈子昂是一个创造精神巍然、迥然的人，必定也是如此。我们几个在他当年读书台一边的凉亭上小坐，虽然溽热难耐，但在俯瞰涪江和梓江的时候，只见江面壮阔，大水泱泱且明净，在平原之上纹丝不动，而水面之下却是暗涛奔涌，滔滔流逝；茂盛的草木于山体上蔓延天涯，苍翠绵延。此情此景，不由得令人想起那些已经消失了的旧人旧事，尤其是先贤、大师于此的天地造化、山河赋灵之浑然天成和道法自然般的宿命与天命。

进士及第的陈子昂（公元 684 年）先是在麟台（秘书省）供职，乃是武则天当政后改称的一个官署名。这一年，高宗李治驾崩，欲运回长安安葬。陈子昂上书说，今天下疲敝，多地受灾，此去长安，路途山重水复，役民损耗，不宜如此，他进一步说："且天子以四海为家，舜葬苍梧，禹葬会稽，岂爱夷裔而鄙中国耶？示无外也。"武则天"奇其才，召见金华殿。（陈子昂）占对慷慨，擢麟台正字"。这是陈子昂第一次出人头地，及至武则天临朝承制，陈子昂再次上书祝贺。

陈子昂这一做法，令人费解。在当时，几乎所有正直臣子都在劝阻或者设法让武则天打消君临天下的野心，以陈子昂人品论，断然不可能不遵正道，与武后及其一干佞臣同流合污的。我的依据有二：一是陈子昂最终被武三思之爪牙段简构陷下狱，忧愤死于监牢。倘若此时的陈子昂与武氏家族有染，定然不会屈居一个八品的麟台正字和七品下的右拾遗，武三思也不会指示段简处心积虑陷害于他。二是据《新唐书·陈子昂传》所载："子昂之见捕，自筮，卦成，惊曰：'天命不佑，吾殆死乎！'果死狱中，年四十三。"这说明，陈子昂也是一个很好的卜者，对于武周代唐，他或许也认为此乃天命，便上表，以示天道。

早在金华观陈子昂读书台参观时，见一处石壁上有七贤寻仙的字样，大抵是在故乡射洪期间，陈子昂也喜好寻仙问道，曾经与当地好友结伴访名山、寻幽静洞府，以期奇遇。陈子昂大致也是一个道家和仙道爱好者甚至笃信者，这从他《感遇》系列诗作当中可以看出："吾爱鬼谷子。青溪无垢氛。囊括经世道。遗身在白云。""市人矜巧智。于道若童蒙。倾夺相夸侈。不知身所终。曷见玄真子。观世玉壶中。窅然遗天地。乘化入无穷。"从这一点来解释，作为一代人杰和"唐诗之祖"，引领一代诗学变革的天才，为什么在武则天以周代唐之时，冒天下之大不韪，上表祝贺的原因，完全行得通。

随后的契丹反叛，尽管也是武周时期的一个重大军事事件，随军出征的陈子昂尽管在军中向其统帅武攸宜提出了建议，但武攸宜、武三思等人，空有其位和血亲之便利，但军事政治才能平平，武周军队溃败，陈子昂献策进言，陈述厉害与用兵之道，武攸宜称谢，不予采纳不说，还将陈子昂降为军曹。此时的陈子昂，方知自己一颗赤心，只是空谷盲音、旷野自语罢了。遂再不复言。这一次，陈子昂碰巧登临幽州台，山川之中，万物萧瑟，多少古今之事，都化作乌有，唯有天地亘古，迢遥博大，无物可依。联系到自身之遭际，陈子昂心中慨然且孤愤，由此，千古之《登幽州台歌》："前不见古人，后不见来者。念天地之悠悠，独怆然而涕下！"横空出世。此诗若万米高空轰然之绝响，空空暗夜寡寡之喟叹，至今振聋发聩，令人心颤，念之诵之，顿觉世事虚妄，万般凄怆。许多年前，再说今人昌耀之"密西西比河此刻风雨，地球这壁，一人无语独坐"之诗句时，曾将之与陈子昂《登幽州台歌》，视为古今两颗伟大与苍凉之心，时隔千年的彼此呼应。

这样的一个心有天地、百代之光阴者，《新唐书·陈子昂传》居然说他"资褊躁"，即性情暴躁、气量狭窄的意思。然而，我观其诗文、奏疏，只觉得陈伯玉乃是伟伟一豪杰，赳赳大丈夫者也。在给武则天的奏疏当中，陈子昂观天下、论边防、民族、内政、用人、教化民众、养国家元气等，无一不述，无一不精当，且富有远见卓识，切中时弊。可惜，他终究是一介书生，一个生猛的诗人。在长安为官期间，素常陈子昂交好的，只有陆余庆、王无竞、房融、崔泰之、卢藏用、赵元等人，其中有些最终位居刺史和御史。倒是他陈子昂，右拾遗者，不过一个七品官员，相当于现今的副厅而已。

"天下有危机，祸福因之而生。机静则有福，动则有祸，百姓安则乐生，不安则轻生者是也。"读陈子昂文，胸中激荡，块垒飓风，摧枯拉朽。其诗歌铿锵、如弹骨，其文章忧患民众、若大江奔流。天道义理，言辞沛然。对于右拾遗的官位，陈子昂始终不满意。他多次上书武则天，陈述政治主张，以求天下大安，生民有福之外，大抵也想被擢升到一个合适的位置，好施展他的才能与抱负。所谓以寸身匡济天下，以雄才经略河山，为国分忧，为万民谋福祉。此乃古来仁人志士之终极大志，不唯独陈子昂，而其怀才不遇，又不肯高攀谄媚于当世权贵，也是其品行高洁之有力佐证。

如今的陈子昂墓园之前，建设了陈列馆，以纪念这位出生于射洪，而今仍旧以诗文惊艳天下，令人敬仰的一代"大师"与政治家。浏览陈子昂陈列馆时候，我一再鼻子发酸，子昂有诗说："圣人不利己，忧济在元元。""平生闻高义，书剑百夫雄。""感时思报国。拔剑起蒿莱。"他也作文说："然臣恐将相有贪夷狄利，以广地强武说陛下者，欲动其机，机动则祸构。宜修文德，去刑罚，劝农桑，以息疲民。蛮夷知中国有圣王，必累译至矣。"

如此的语言，虽然时空遥迢，早已物是人非，但其赤心与雄心，依然有着强大而凌厉的感染力量。默诵到动情处，我不由得喉头哽咽，泪流满面。心想，这陈子昂，不仅仅是一个先贤、先师，更是一位神灵，用他流传不朽的诗文，尤其是诗文当中的胸怀、大爱，以天下为己任，以生民为我父母兄弟姐妹之精神，仿佛最为锐利而又柔软的光束，在千百年后的现在，一道道地进入我的身心和灵魂。我也觉得，真正打动我的，还是陈子昂等古代知识分子之热心丹心，特别是他们那种积极的，投身于家国，"古之学者为己，今之学者为人"的进取意识和博大胸怀，致力于万民安泰的理想主义精神。东汉名士李膺有言，"欲以天下致是非为己任"。这也是中国古代知识分子的一种理想主义和至高的道德境界。与孔子"士志于道"曾参"士不可以不弘毅"一脉相承。

烈日之下，陈子昂有些荒凉的墓冢越发沉寂，知了的叫声震天彻地，杂草之中的野菊花黄而艳丽。从陈列馆出来，再到陈子昂墓前，我连呼后悔，怎么没带酒水和柏香来？只好点燃一根香烟，倒插在子昂墓前。香烟袅袅，燃烧极快，没有中途熄灭。我有些欣慰。这大抵是子昂先生九天有灵，知晓我这样一个籍籍无名之后辈对他的敬仰与热爱之情吧。

低头走路之间，当地的一位诗人说，早些年间，这里有一位守墓者，姓胥，哑巴，家在附近一个村子里，其父也曾是一方富户，也很仁慈，罹难不久，其后妈也消失不见。余下其一人孤苦。限于自身条件，这胥姓老人终身未娶。自家房子倒塌后，即寄身于此，每日为陈子昂扫墓。其生平好酒、好烟，常喝得酩酊烂醉，卧于街头。每有人来拜谒陈子昂，其便坐在老房子门前，脸带笑意，默看游人鞠躬拜谒、洒烈酒、燃柏香祭奠。也有人说，这胥姓老人常问客人要钱买烟酒。颇受诟病。我却以为，前来祭拜陈子昂的人都应当主动给他一些零花钱的，投诉这样一位老人的游客，未免气量狭窄了。

这样的一个哑巴，守墓人，他一定是历经了诸多苦难，单身的生活使得他孤苦无依，据说他一个姐姐，嫁在附近村子里，常来看他。而他能够为陈子昂守墓，大致是源自一种冥冥中的呼应。在当下年代，陈子昂尽管不寂寞，但真正为其守墓，用现世之身守望和服侍一个故世之人的灵魂，其中的因缘，有巧合的成分，也有命定的意味。我倒是想给那胥姓老人几百块钱，可他已经去世多年了。不免唏嘘，也觉得，这肯定也是一个有故事的老人，上天令他出生即不能言语，一定赋予了他其他更重要的职责或使命。

就像陈子昂，其生，似乎只是为了变革中国文学，为盛唐诗文做先锋的；其命短，而功德存焉，光照千年！《新唐书·陈子昂传》中说："唐兴，文章承徐庾之风，天下尚祖，子昂始变雅正。"柳公权叹曰："能极著述，克备比兴，唐兴以来，子昂而已。"（《唐才子传》）韩愈说："国朝盛文章，子昂始高蹈。"而追慕陈子昂的杜甫更是盛赞其曰："有才继骚雅，哲匠不比肩。公生扬马后，名与日月悬。（《陈拾遗故宅》）"射洪陈子昂研究会的谢德锐先生说，杜甫流寓四川期间，专门来射洪拜谒陈子昂，并作诗数首。

其实我也想效仿杜甫，子昂杜甫何许人也，我只是一个生活在这一年代的无名后辈，子昂杜甫之后，多少伟大的诗人来了，肯定也作诗了，但能够留下来对，却微乎其微。对于陈子昂，非有大胸襟、大境界、非与之匹敌之天才不可为诗文，即便勉强涂鸦，也会当场灰飞烟灭，徒增笑话！我来射洪，仅仅是为了拜谒这一位一代雄才，也思谋着想从他的人生履历与诗文之中，寻求自我成长之道，更力图能够在他身上勘探一点天地秘籍与精神光照。

对于陈子昂，其生当时，也不当时。当时的是其诗文。不当时的是他的政治理想或者说主张。或许，每个人的人生都不可能尽善尽美，左右兼得。陈子昂既为一代文雄，便不可能再予之治世能臣与封疆大吏了。和他同时代的赵儋（曾为郎坊节度使）在《故右拾遗陈公旌德之碑》文中说，陈子昂才能虽高，但却不合于时宜，才能堪比尧舜，可是运气太差，生不逢时。欧阳修说，陈子昂委身于武后，且献计献策，这种行径，为人所不齿，多次上表赞武周代唐的合法性、正当性，因此嘲笑说："瞽者不见泰山，聋者不闻震霆，子昂之于言，其聋瞽欤？"欧阳氏对陈子昂生平事迹的谴责与嘲笑，大抵有些过分了。

每个人都有自己的局限，陈子昂也不例外。他英年早逝，且冤死狱中，是为大不幸。而构陷他的段简，一说受武三思指示，一说其贪图陈子昂的家产。但不管怎么说，这个人的龌龊，也是对陈子昂之高贵、天才的反衬。武则天时代，酷吏横行，告密之风弥漫朝野，这也是这位女性皇帝不自信的表现。陈子昂与其之前的初唐四杰之一骆宾王，显然走的是两条不同的人生和政治道路。在时代当中，知识分子始终左右为难，陈子昂能够在当时迅速做出判断，并给予武则天支持，从现在的角度看，可能出自真心。然而，他的理想并没有因此而得到助力，反而备受后世诟病。

《唐才子传》中说："呜呼！'古来材大，或难为用。''象以有齿，卒焚其身。'信哉！子昂之谓欤？"这大致是对陈子昂人生最贴切的评价。但相对于诗文，以及中国之文化文明与其卓越的创造力，陈子昂之贡献，显然是远超武则天及其一干臣僚及后世诸多人等生前所有作为的。老子《道德经》说："大道泛兮，其可左右。万物恃之以生而不辞，功成而不有。衣养万物而不为主，常无欲，可名于小；万物归焉而不为主，可名为大。以其终不自为大，故能成其大。"对此，我深以为然。并在陈子昂墓前轻声背诵过。我想，他可能会听到的，而且也会会心一笑，说不定，他还在天空某处，伸出虚无的手掌，拍了拍我的肩膀。

（原载《啄木鸟》2023 年第 1 期）

"无题诗人"李商隐

卓然

作为晚唐的著名诗人，李商隐似乎缺少一个定位。有人称他为"朦胧诗鼻祖"，也有人将"情诗王"的称号封给他。细读李商隐的诗，发现这两顶帽子或许都并不合适，更适合他的定位应该是"无题诗人"。《无题》诗中有深意。

在我国诗歌史上几乎所有的著名诗人都有一个定位，比如，尹吉甫为诗祖，屈原为行吟诗人，李白为诗仙，杜甫为诗圣，白居易为诗魔，苏轼为诗神，王维、李贺、王勃、岑参、贾岛、贺知章、陈子昂、孟郊为诗佛、诗鬼、诗杰、诗雄、诗奴、诗狂、诗骨、诗囚……

给诗人一个定位，是对诗人简捷而又准确的肯定，即使"诗奴""诗囚"，也不无深爱与敬意。有人曾经给过李商隐"朦胧诗鼻祖"与"情诗王"的名号，但我以为这两个称号都与李商隐不符，有点云里雾里没来由。给诗人这样两顶帽子，既无助于理解李商隐，也无助于解析李商隐的诗。

谁是鼻祖

在中国诗歌那个柴扉半开的小院里，牵牛花正挺着触须兴致地攀爬，突

90

然闯入了托名"朦胧诗"的不速之客，声言将为诗歌注入新的生命活力，给新时期文学带来一次意义深远的变革。朦胧诗宣示，它将带着叛逆精神，以现代意识思考人的本质，肯定人的自我价值和尊严，注重创作主体内心情感的抒发，在艺术上大量运用隐喻、暗示、通感等手法，丰富诗的内涵，增强诗歌的想象空间。依此定义考量，李商隐似乎称得上是一个"朦胧诗人"。但是，在中国历代符合朦胧诗定义的诗人，何止李商隐。熟悉中国诗歌史的人都应该知道，从《诗经》到《楚辞》，从古诗、乐府到唐、宋、元、明、清，从"关关雎鸠，在河之洲"，到"凤兮凤兮，何德之衰"，从"悲歌可以当泣，远望可以当归"，到"白日放歌须纵酒，青春作伴好还乡"，从"诗言志"到"赋诗言志"到"诗言情"，从四言到五言、七言，从古风到律诗……历代诗家一方面在继承和发扬中国诗歌的优秀传统，一方面在不断推动诗歌的变革，诗人们无不在诗歌创作中"思考人的本质，肯定人的自我价值和尊严，注重创作主体内心情感的抒发"，抑或带着叛逆精神。这个理论和定义，我们似曾相识，它的要义无非是中国诗歌与生俱来的精神和品格。至于"在艺术上大量运用隐喻、暗示、通感等手法"，更是中国诗歌创作的古老技法，被我们的古人称之为"赋、比、兴"。"隐喻、暗示、通感"，只不过是以现代语言对古老的"赋、比、兴"的意译而已。考察古今中外诗歌，没有能够跳出"赋、比、兴"的铁律。《诗经》是，《楚辞》是，李白、杜甫、白居易是，李商隐是，爱伦·坡、济慈、华兹华斯、海涅无不是。

诗歌的隐晦与艰涩这种现象，并不限于李商隐。西汉董仲舒在《春秋繁露》中就有了"诗无达诂"的高论，说明西汉前就有了所谓的"朦胧诗"，如果一定要在中国找一个"朦胧诗鼻祖"，尹吉甫谁也没有资格。

情在别处

"情诗王"这顶帽子也不应该戴在李商隐头上。尽管"情"不仅指"爱情""艳情"，但把李商隐说成"情诗王"，无论如何对李商隐都是一种伤害。

李商隐虽然出生于一个小官僚家庭，但在他出生之前就已经家道中落，成了蜷缩在黄河岸边蓬户瓮牖的穷苦人家。李商隐父亲去世早，作为家中长子，李商隐当时只有 9 岁，不管他肩膀有多嫩弱，他必须挑起养家的担子，不得不给人家抄书舂米，养活母亲和弟弟妹妹。李商隐肩上还有一副担子，即苦读诗书，力登仕途，重振家声。本来就是一个心性持重老实本分的孩子，黄河岸上"长子不立败家门"的严正乡间文化，必然会把他塑造成一位刚毅清正的中原汉子。"竹林七贤"主要活动地就在离他乡间不远的辉县、修武一带，"殷三仁"之一的箕子是安阳人，老子也出生河南这块土上，沐乡贤之光辉，心灵深处肯定会有一种无上的纯洁和高贵。

16 岁的李商隐还是一个青涩少年，便带着诗文去"干谒"地方节度使令狐楚。令狐楚赏识李商隐的才华，当即聘他为幕府巡官，同时留他在府中与自己的儿子令狐绹一起读书，亲授他"四六章奏"做法。令狐楚与李商隐情同父子，还告诫自己的儿子待李商隐要如同袍，并且资助钱粮，养活他的母亲和弟妹。

从 16 岁到 24 岁，受令狐楚八年恩养和调教，李商隐不敢有半点参差，他不敢为"情"所困，也不敢为"情"所迷。

李商隐 25 岁中了进士，但恩师令狐楚已经去世，没有恩师的庇佑，李商隐很难在朝中立足。在料理令狐楚的丧事之后，他应聘去了泾川，做了泾原节度使王茂元的幕府书记。王茂元赏识李商隐才高，也相中了李商隐的品格好，所以将自己的小女儿七妹许他为妻。

这应该是李商隐人生又一风光时期，但他却一头撞进了"牛李党争"的夹缝中，在两党争斗中蹉跎了四十年。《旧唐书》说他"坎壈终身"，他也说自己"归来寂寞灵台下，着破蓝衫出无马。天官补吏府中趋，玉骨瘦来无一把"。29 岁母亲去世，39 岁爱妻亡故，为寻找政治出路，李商隐心怀愁郁，在党争中如履薄冰，带着屈辱，带着病痛，怀抱着 4 岁失恃的稚儿颠扑在宦途中，李商隐不会有那么多情事，不会写那么多情诗，也决定了李商隐不会成为一个"情诗王"。

李商隐的确写过很多让人特别喜欢、特别欣赏的诗，最有名的如《锦瑟》《闺情》《过楚宫》以及 16 首《无题》诗，人们把这些诗说成是"情诗"。我则称其是"所谓的情诗",也就是说,初看如情诗,仔细剖析,却"情"在别处。

何谓锦瑟

《锦瑟》是李商隐情意殷殷的脍炙人口之作。《锦瑟》是不是"情诗",历来众说纷纭。我在解读《锦瑟》的时候,总是有一个疑问在萦绕,《锦瑟》因谁而作?情为谁而发?

按《唐诗纪事》:"令狐楚家青衣名锦瑟。"我们权且称其为"令狐锦瑟"。李商隐在令狐府中寄居十年,与令狐锦瑟应该相识,所以人们就说李商隐写的就是令狐锦瑟。但在我以为,李商隐"追忆"的此"锦瑟"绝非彼"锦瑟"。令狐锦瑟毕竟是李商隐称为八哥的宰相令狐绹的侍妾,李商隐不可能与令狐绹的侍妾有情爱瓜葛。如果是暗恋,他也应该避嫌,整首诗都不应该出现"锦瑟"二字,更不应该把"锦瑟"作诗的题目。如果他情不能抑,不顾一切写令狐锦瑟,但以李商隐作诗一贯的工稳和严谨,不管令狐锦瑟有多么迷人,他都不会把"庄生晓梦""望帝春心"等如此大美、炳耀的典故和词字冠给一个令狐侍妾。不用说一个令狐锦瑟,即使李商隐一生所遇到的女子全加在一起,也未必担当得起那"四大"意象。

"此情可待成追忆"是必然的。过往的事儿不管事体大小,只要居心,都会成为追忆的可能。但"当时已惘然"却是有限的,应该有故事,有情节,有岁月磨灭不了的痕迹,有其合理性及其内在逻辑,否则"惘然"便没有着落,但我们在李商隐的诗里诗外很难找到与令狐锦瑟"当时已惘然"的迹象。

我们不能因为诗中有"锦瑟""华年""月明""春心""此情""追忆"等惯常抒写情爱的词和字,就认为《锦瑟》是追忆诗人曾经"惘然"的情事,进而意断《锦瑟》就是"情诗",写的就是令狐锦瑟。

有人说,《锦瑟》用了首句诗的头两个字,等于《无题》。其他的诗题可能是这样,但《锦瑟》不是。《锦瑟》很明确,《锦瑟》的对象,《锦瑟》的创意,就是锦瑟。

以《史记·封禅书》言:"太帝使素女鼓五十弦瑟,悲,帝禁不止。"李商隐的诗言"锦瑟无端五十弦",是"情"在其中,是"悲"在其中。锦瑟有情,而且满含悲情。所以《锦瑟》应该是一首托物言情、以情寓慨的悼亡诗。这在中国近代古文学家、文学家、地理学家姚莹的《论诗绝句六十首》中也有"锦瑟分明是悼亡"之说,清代诗人钱良择在《唐音审体》中也说:"此悼亡诗也。"李商隐的诗在悼念何人?悼何事由?钱良择又说:"所悼者疑即王茂元之女。"而我以为李商隐悼念的不是妻子,也不是情人,甚至不是某一个人。李商隐悼念的应该是一个时代。

锦瑟弦动,悲情弥天;华年所指,盈盈盛唐;庄生梦蝶,寓言了一个有梦的盛唐;滴泪成珠,是一个化育万物的盛唐;望帝托鹃,一个多情的盛唐;暖玉生烟,一个德被乾坤的盛唐。盛唐是"贞观之治",是"永徽之治",是"治宏贞观,政启开元",是"开元盛世"。"五十弦"含咀声、色、情、韵,是一帧浓彩重抹的盛唐水云图;"四大意象"包吞适、怨、清、和,盛唐是一袭清瑟遥夜的大唐风雨。宝贵而富赡,景焕而神越。太珍贵了!太应该珍惜了!然而,浸淫在暖风香雨中的盛唐人却"惘然"消费着盛唐,以致"安史之乱""甘露之变",春水东逝,盛唐不再。晚唐也已经只是一个长长的影子,是一声长长的叹息。虽然它的生命知觉也还在晃动,但"夕阳无限好,只是近黄昏"。

晚唐时期的李商隐,看到的是盛唐的机运行将泯没,只能成为"追忆"的过往。《锦瑟》承载着李商隐一颗忧愤的心,承载的是李商隐的大痛苦,大悲伤。也如杜牧的《阿房宫赋》,只能是一种"秦人不暇自哀,而后人哀之"的大哀叹,大感慨。

李商隐的诗所以被称为"情诗",是他太用"情"了,把一腔"情"物化成辞藻、情状、结构、篇章,作了他所要表达思想的"嫁妆"。所谓"情诗"只是李商隐诗的一种独具风格的寓象。

李商隐应该是一个爱国诗人,是一个伟大的诗人,他对祖国的忧患,不是"吏呼一何怒"的直呼,也不是"少苦老苦两如何"的直陈,而是"一弦一柱思华年"的哀怨慷叹。

《无题》 情诗

有人拿《无题》作证，说李商隐就是个"情诗王"。比如"昨夜星辰昨夜风"，是李商隐写他与妻子或情人的一场夜饮。"身无彩凤双飞翼"，是诗人自恨没有羽翼飞到妻子或情人身边去；"心有灵犀一点通"，是诗人与妻子或情人的心心相印。如此解读《无题》，是对这首《无题》的误读，只会与诗旨相去甚远。

其实要读懂"昨夜星辰昨夜风"，不必去搜寻训诂，只要读懂本诗，便可尽悉其中深意。"昨夜星辰昨夜风"，那是怎样一个夜晚？没有月色，有风，完全可以说是一个"月黑风高"之夜。除了神秘的星辰，就是黑黢黢的街巷。在这样一个夜晚，谁会与妻子或情人夜游、夜饮、燕乐？据说这首《无题》作于唐武宗会昌六年（846），34 岁的李商隐刚刚喜得贵子，他不可能带着月子中的妻子去吃酒。要知道，34 岁，也算是老来得子，他更不可能放下月子中的妻子，不顾襁褓中的婴儿，去与情人宴饮。

"星辰"除了天象，还有另一种解释。《礼记·祭法》说："帝喾能序星辰以著众。"诗起兴"星辰"，意指众人，也就是说，那一夜参加这一场酒会的是"星辰以著众"的一群人。从"嗟余听鼓就官去"，可以看出，那是一群官员。

还有诗的颈联，"隔座送钩春酒暖，分曹射覆蜡灯红"，也说明那是一群人。尤其是"分曹"，《楚辞》有注解："分曹"是为了"并进"。《汉书·刘向传》说得更明白："分曹为党，往往群朋。"东汉王逸也有"曹，偶。言分曹列偶，并进技巧"的说法。按现代汉语解释，"分曹"是为了比赛，或者竞技，把众人分成或一班一班，或一组一组。三两个人是无法"分曹"的。据此说明"画楼西畔桂堂东"是一群人吃酒作乐的地方。

有这么个好场所，有这么个好机会，举杯可以浇愁，诉说可以解忧，长牙当哭，嗟叹当歌，整整喝了一夜，整整嗟叹了一夜，黎明时分，上朝的鼓声响了，尽管嗟叹不已，但还必须强打精神直奔"兰台"。"走马兰台类转蓬"，是黎明时分的一幅"转蓬图"。太形象了，太传神了。众人带着醉意，带着倦容，缩着脖子，躬着腰背，趴在马上，举鞭捶马，也许有人还在马背上吐酒呢，样子是多么仓皇，多么狼狈，多么可笑。"走马兰台类转蓬"，是诗"合"的关键，"合"得幽默，"合"得辛辣。

诗读到这里，结论应该很明确了：《无题》不是"情诗"。

在我看来，《无题》是揭露和讽喻味道极其辛辣的晚唐官场现形图，是历史带着时代闪光的匕首，是风雨潇潇中的投枪。

《无题》诗人

有人说，李商隐的情诗都用的是《无题》，因为他不愿意明确情爱的本事。是不是这样呢？"红露花房白蜜脾，黄蜂紫蝶两参差。春窗一觉风流梦，却是同衾不得知。"初读李商隐的这首诗，应该感觉它是一首情诗，但李商隐为什么不用《无题》而用《闺情》？写一对男女缠绻于"红露花房白蜜脾"中，极尽缠绵，却是同床异梦。如果单纯是一首情诗，不管字词多么婉丽，技巧多么纯熟，实在是无聊至极。然而，这样一首貌似情诗而非情诗的诗，主题太大了。题在闺情，剑指国情。去"情撕诗"的皮，看到的便是一首品位极高的好诗，也会看到诗人极高的品格。此诗旨在讽喻"牛李两党"，一似"黄蜂"，一似"紫蝶"，双飞花间，却各自做梦，委婉地道出了由盛唐走向衰败晚唐的必然之由。

由此看来，"情诗"也好，"所谓的情诗"也好，李商隐并不都用《无题》，《无题》也不一定是情诗。说李商隐的《无题》是情诗，是对李商隐的误读；说李商隐是"情诗王"，是对李商隐的误解。也如《蜀道难》并非直指蜀道。"它表面写蜀道艰险，实则写仕途坎坷。"（陈世旭语）。李商隐之所以给他的诗以《无题》，是为他要表达的事由蒙了一层"情爱"的面纱，是诗人独特的艺术风格。当然，你不妨当情诗读，甚至可以将"春蚕到死丝方尽，蜡炬成灰泪始干"送给师尊，只是别说李商隐是个"情诗王"。但我们必须剥去李商隐诗的美丽的外壳，揭开他蒙在果仁上柔软的奶膜，我们的追索便能够有所收获，即发现李商隐为何诗多《无题》？李商隐的诸多《无题》诗是写给谁的？比如"相见时难别亦难"。

"相见时难别亦难"，其哀婉并不亚于"执手相看泪眼"；"春蚕到死丝方尽"，其坚贞有甚于"天地合，乃敢与君绝"。所含之情，深如情海。有人说，此诗是李商隐与妻子分别时写的。有学者考证此诗写于838年，此年李商隐刚刚迎娶七妹，未有新婚别。也有人考证这首诗写于851年，这一年的春夏之交，七妹去世，李商隐只应该悼亡，不应该轻言离别。

其实，这首《无题》以及其他几首《无题》，是写给令狐绹的诗，是向令狐绹陈情的诗。也有人曾经说，如果再而三地"陈情"令狐绹，会有损李商隐的人格。这种担心是没有必要的，李商隐自16岁起，几乎就是令狐家的一员，是令狐家的一个儿子，楚夫人总是"商隐儿，商隐儿"地呼唤。令狐楚死前交代儿子，对待李商隐要像亲兄弟。令狐楚去世周年忌日，李商隐写了一篇《奠相国令狐公文》，把令狐绹感动得哀痛涕零。若非恩重情深，何来泣血文字！李商隐称令狐绹为八哥，不是同胞，胜似同胞，只有兄弟之谊，何来人格之损？

虽无人格之损，但在李商隐的内心却难免会像潮水般涌上来一波一波的屈辱。他没有机会将心里的憋屈当面说给八哥，他只能写诗告诉八哥：想见八哥太难了，不仅是时间和空间的难，心理的阻隔更难。不光见时难，分别时更难。相见虽难，总还有希望在鼓舞自己；分别的时候，是茫然，是失望，是痛心，是兄弟情谊在滴血，在撕裂。用诗的语言说，是"东风无力百花残"。当然，这样的说法也还只是李商隐优柔和婉的性格，若换了贯休，定是"一剑霜寒十四州"的态度了。

八哥也非无情人，兄弟间隙关键还在于"党争"。在八哥认为，李商隐背师恩，违父训，大逆不道，这是人格问题，是道德问题，李商隐就是个小人。"君子以远小人，不恶而严。"这就是令狐绹对待李商隐的态度。虽然这是令狐绹对李商隐的误会，却是李商隐无法排解的屈辱。两难的李商隐只能对八哥说，他们兄弟之间不是一般的感情，他对八哥与七妹的爱和忠诚都是一样的，都是"春蚕到死丝方尽，蜡炬成灰泪始干"。岁月如流，人生易老，"晓镜多愁云鬓改",八哥你就忍看商隐在岁月中蹉跎老去?吟诗也无不可,但商隐太穷苦了,"夜吟应觉月光寒"啊!商隐一心想到宫廷(蓬山)做事,对国家社稷有所贡献,但"蓬山此去无多路"啊,八哥是朝廷重臣,是西王母身边的"青鸟",你高看一眼,你的玉溪兄弟就少些劫难。

当面陈情不得,李商隐便把心里话以诗的形式倾诉给八哥。只有诗,才能说得委婉,说得锥心,说得彻骨,说得令狐绹动心。出于多种原因,他用了《无题》。

绿衣黄裳,李商隐以《无题》给他的诗裹了一层薄薄的轻纱,让他的诗充满爱的情调,散漫而深隐在"情"的浓云淡烟中,是向八哥令狐绹陈情,有乞怜,有辛酸,有痛楚,也有鞭挞。他是向天地说事,他是向历史诉冤。"斑骓只系垂杨岸,何处西南待好风"是《无题》,"直道相思了无益,未妨惆怅是清狂"是《无题》,"刘郎已恨蓬山远,更隔蓬山一万重""春心莫共花争发,一寸相思一寸灰"也是《无题》。

《无题》空间阔大,装得下天地乾坤,装得下江山社稷,装得下梦里化外,装得下人世间的辛酸,装得下李商隐那一颗悲苦的心。只有《无题》才可以担得此任。这就是李商隐为何用《无题》。

李商隐应该是"无题诗人"。

(原载《光明日报》2023 年 8 月 18 日)

昆仑山往事

王宗仁

　　昆仑山里定格着一段鲜为人知的故事，这是一个早已陈旧的故事，但是它至今仍然闪烁着熠熠光辉。

　　1958 年 10 月 19 日中午，提前降临的第一场雪三天前悄悄地落到昆仑山中。进山的路和出城的路都隐藏得那么深。正在柴达木盆地视察的彭德怀元帅不顾身边同志的再三劝阻，毅然地踏进了山中的纳赤台。大家劝阻他的理由不外乎那个地方海拔高，空气稀薄，他又这么大年纪，还是不去为好。他坚持要上山的理由却很特别："纳赤台，传说不是文成公主当年梳妆打理的地方吗，我要不去看看那位皇帝的千金她会给我彭德怀提意见的！"他哈哈一笑，才说："去纳赤台是我早就考虑好了的，此行在我的计划之内。"大家当然不知道他早就考虑的是什么，也不便问，只好依了他。倒是彭老总自己在奔赴昆仑山的路上给大家透露了一点秘密，他说，纳赤台有个硼砂厂，硼砂厂有几个从山东退伍的海军战士，他要去看看他们。

　　国防部长千里迢迢去看望几个兵，这情够深了，这义也够浓了！原来头年春天，纳赤台硼砂厂几个退伍兵给国防部和彭德怀直接写信反映了他们工作和生活中一些不尽如人意的事情，是带着情绪写的。说昆仑山这个地方太艰苦，积雪不化，地冻三尺。房屋简陋透风露雪，缺柴少煤饭生菜冷，还说他们的工资也不高。出出怨气发发牢骚而已，信寄出去了，他们该干什么还照样干好。昆仑山日出日落，不冻泉月辉月晕。生活依旧向前走着，创业的日子平平淡淡又蛮富有挑战。几个退伍兵做梦也没有想到，他们发牢骚的信真的会让彭德怀元帅看到，而且他竟然牢牢地记住了这几个脱下军装的兵。

阳光破云而出，雪停了。青藏高原变静了，雪山冰河戈壁都在倾听阳光的诉说。那天彭老总在纳赤台先后走访了砖厂、养路道班后，问同行的人：硼砂厂在哪里？走，咱们去看看。大家已经知道了他的心愿，便指着一个山坳里的几排矮矮的泥草小屋说，那就是硼砂厂。彭老总踏碎地上的积雪疾步前往。路上，他俯身抓起一把沙土，在手心揉揉，沙土从指缝间落下，随风而去，他身上也落了些许尘土。他说："这里果然干燥得很嘛，荒凉，风头也蛮厉害，一棵草都没得看到，难怪初来乍到的战士生活不习惯。"

建起不久的硼砂厂条件确实比较艰苦，真像那几个退伍兵信上写的那样，"昆仑作墙山洞当房"，创业难嘛！好些工人还在临时搭起的帐篷里作息。彭老总很有兴趣地在车间里参观，和工人交谈。他不时捧起一把白花花的硼砂，说，这个东西可真是宝贝疙瘩，稀有矿藏，我们搞尖端科学离不开它。他鼓励大家说，你们是在生产像金子一样重要的东西，责任重大。在车间和厂里几个负责同志握手时，他突然眼睛一亮，愣住了："是你呀！什么时候到了这里？"原来这是一位转业军官，几年前在北京举行的抗美援朝庆功会上见过彭老总，还给军委领导汇报过自己的战斗事迹。彭老总竟然过目不忘记住了他。这位转业军官很激动，在首长面前还有点拘束，他说："我们是按照你的命令集体转业来高原的。"彭老总说："好嘛，你们在朝鲜战场是英雄，来到昆仑山创业也会成为好样的。现在西北建设急需要人，你们肩上挑着很光荣的担子。"彭老总还说，真没想到会在昆仑山见到这位老战友。接着他就问起了那几个给他写信的同志："他们的思想疙瘩解开了没有？眼下这里的条件确实差了点，可你们用双手改造它，还怕它不变吗？会越变越美好的。"那位转业军官忙说："他们都很年轻，心血来潮就写了那封信，我还批评了他们呢，现在他们都能安心在这里工作。"彭老总说："不要批评，他们反映的情况还是真实的嘛。要教育他们用劳动改变艰苦的环境，先苦后甜嘛。艰苦的条件才能锻炼人。你们领导要给大家做出榜样，大家爱你们了，也就爱昆仑山了！"

这时，窗户底下有个小同志探头探脑地朝屋里张望，转业军官对彭老总说："他就是给你写信的其中一个小战士。"说着他就把小同志招呼进了屋，彭老总伸出手要和他握手，他还有点胆怯，吐了吐舌头，直往人群里退。彭老总笑着说："怎么，害怕我？怕我还给我写信。"他像拉家常似的和小同志聊天，"你在信上把这里形容得很可怕嘛，连气都喘不过来，是吗？"小同志握着首长温暖的手，很不好意思地回答："那是刚进山的时候，现在已经慢慢习惯了。我扛起一包硼砂跑步装卸，没一点问题。"彭老总指着堆积在满车间白亮亮的硼砂说："国家建设需要这样的贵重矿藏，你们现在吃点苦值得。你知道白蛇传里那个白娘子到昆仑山来盗灵芝草的故事吗？说不定你们这个车间就是长灵芝的地方。你们的工作干出了成绩，大家都来学习取经，那个白蛇精说不定会被你们吸引来取经呢。哈哈！"

临别前，彭老总再次对那个小同志说："我是国防部长，你是退伍军人，咱们都是兵，革命战士。我了解你们。谁能没牢骚，谁能没怪话，说出来比憋在心里好，发泄一下就轻松了。我理解你们的心情。今后有什么想不通的事还可以给我写信。但是，我希望你们不要丢掉军队的光荣传统！"

出了硼砂厂，来到昆仑泉边，那里早就围满了好多人等候见彭老总。他抱起一个五六岁的女孩，问她叫什么名字。还没等女孩回答，他就把她高高举过头顶，欣喜万分地说："我看你就叫社会主义吧！"

（原载《光明日报》2023 年 8 月 14 日）

冯牧先生

蒋子龙

作家欠文债，习以为常。但有一种债极沉重，会让你背负一生。我就欠了一笔这样的债。1985 年秋，接到冯牧先生的信：

"许久不见，时在念中。前些天我去内蒙，在火车上一夜读了你的《燕赵悲歌》，害得我一晚未睡好。这篇东西，我以为是近年来难得一见的佳作，它的影响，可能再过一段时间才会看得明显。希望你再鼓余勇，多写几篇这类令人荡气回肠之作。有一事相请：作家出版社开张了，明年要出一本大型刊物《中国作家》，初定了要我来管事。我不想一亮相就打不响头炮。因此，恳切地希望你为这个刊物写一篇（无论长短、无论题材）作品，作为对作协的支持，也作为对我的支持，使我不至于在去到后就陷于困境。现在已经够'困'了……十月的中美作家会，还要烦你来参加助威，谅无推辞。"

冯牧先生是中国作协的领导，我只是地方上的一个普通作家，这封没有官腔、没有套话，诚恳、平等的约稿信，给了我巨大的压力。因为冯先生对我还有知遇之恩，1979 年，我生活的城市市委机关报，连续用 14 版块批判我和我的小说，无论大会小会，市委主管文教的书记只要开口讲话"必先批蒋子龙和他的乔厂长"。而冯牧先生在北京公开支持我，肯定我的小说，并亲自主持讨论会。因此我们市的那位文教书记在一次全市的干部大会上，竟点名批评冯牧和陈荒煤二位先生，还把曾担任过文化部副部长的陈荒煤说成"陈煤荒"，成为文化界的笑话。

1982 年冯牧先生率领七八位中国作家赴美国参加第一次中美作家会议，历时一个多月，我得以接触和近距离观察他，雅博多识，厚善大气，是领导群中难得一见的谦谦君子。主持中美两国作家会议，其中有已经获得世界声誉的美国大作家和"美国颓废派的领袖"，还有诸多旁听的学者和作家，冯牧先生竟是从容温润，游刃有余，赢得美国作家的赞誉，于是才有了后面许多年的中美作家的交流。

那时我还是个工厂的业余作者，从冯团长身上学到很多东西，长了见识，特别是待人的那种自然雍和、心地清明。此后不久，我被强行调离工厂，到天津作协"主持日常工作"，操办的第一场文学报告会，冯先生从北京赶过来为我撑台，以至于想听他报告的人太多，大厅挤不下，只好临时转移到礼堂。这样一位有恩于我的前辈向我要稿子，我岂能不受宠若惊？他虽然在信里说"无论长短，无论题材"，我却不能以一篇短文或随意写个短篇去应景，他如此高抬《燕赵悲歌》，我必须拿出一个不低于这部中篇小说的作品，才对得住前辈的嘱咐。

但，我当时的创作状态在长篇里，曾专为此放下长篇写了两个中篇小说，自觉都不是很理想，不敢寄给冯先生，只得又拾起长篇……就这么一拖再拖，转眼两三年过去了，大约是 1988 年夏，接到冯牧先生第二封催稿信：

"我不久前开了刀，还在休养。我们的情况你可以想见。写信给你是想寻求你的支持，免使《中国作家》面临危境。因此你曾答应支援的大作，希能抓紧时间搞出来，以便赶上第五期（这一期是关键，影响到明年我们的命运问题）发表。最佳时间，也可能是最紧张的时限，是六月底或再拖两三天，否则工厂就会出麻烦。这是关系到我们这个多灾多难的刊物能否生存下去、不被挤垮的大事，千万请你帮一下这个忙。"

我当即回信，讲明自己的全部兴趣和精力都用在长篇上了，还有半个月的时间怕长篇收不了尾，实在不行我可以把长篇的前半部先寄去……因为没有最后完稿，我对这部书能否配得上前辈的厚望和《中国作家》，心里没有底。没有接到冯先生的回音，但社会有一种文学以外却又与文学息息相关的气氛越来越紧张，文学刊物的质量已经无关紧要，很快就进入1989年，所有刊物都停了。我的创作也停了，我本来在写作上就没有大志向，于是停笔，天天到海河游泳。

到文学秩序渐渐恢复正常，刊物陆续复刊，我又因1989年文学以外的事情，和发表当时被称为"敏感人物"的王蒙、刘心武小说被撤掉《天津文学》主编，我自然知趣地也给作协主席团以及宣传部写信，辞去天津作协主席的职位。当时无论是被撤职还是辞职，都不是简单的事，又折腾了两三年，我才真正全身心投入创作。

但冯牧先生已遽归道山。我欠先生的账却不敢忘，长篇小说《人气》完稿后，寄给了他创办的《中国作家》。几年后我自己最看重的一部书《农民帝国》，也照样给了《中国作家》。倘若冯老有自己的墓地，而不是位列八宝山，我当到他的墓前焚烧这两部书稿以祭。令我意想不到的是，《农民帝国》获得了"鄂尔多斯文学奖"，并授予我"鄂尔多斯荣誉牧民"的称号，随赠一匹鄂尔多斯草原上的马。

中国文学刊物多，奖项也多，我写作大半生，自然也获得过一些奖励，其中令我觉得最沉实而具冲击力的，就是鄂尔多斯文学奖的奖杯——它是用青铜制作的一尊"苏鲁锭"。此物原是安放在成吉思汗的金帐顶部和大旗的顶端，代表战神和至高无上。鄂尔多斯是成吉思汗的永生之地，取"苏鲁锭"代表鄂尔多斯，立意不俗。

我还十分珍贵鄂尔多斯草原上"荣誉牧民"这个称号。我来自农村，当过农民，眷恋土地，喜欢庄稼、草原和"六畜兴旺"，曾写过一篇文章《去趟草原一年不生气》。许多人都认为，草原能治疗忧愁、抑郁和愤怒。颁奖大会就在鄂尔多斯乌审旗举行，这里原是大夏国的国都所在地，时称"统万"。十六国时期，匈奴左贤王刘卫辰与桓文皇后苻氏之子赫连勃勃，姿容俊美，多谋善战，东征西讨，攻南凉、灭东晋，创建大夏国。天津才子梅毅，以"赫连勃勃大王"的名号叱咤文坛，连中国作家协会换届，都被多次推举做总监票人。

乌审旗的发奖会，也是至今我见过的最盛大的文学颁奖典礼了。在草原上搭起一个主席台，主席台两侧是观礼台，因为颁奖穿插在大型文艺表演之中，吸引了从四面八方聚集来的牧民，台上台下可谓人山人海。从鄂尔多斯草原各部赶来的马术队、摔跤手、乌兰牧骑演出队，以及穿着漂亮的各种样式和花色的蒙古服装的模特队……在草场上举行了隆重的入场式，草原上一片欢腾，几十匹骏马依次风驰电掣般一圈圈掠过主席台，骑手们在马背上闪转腾挪，上下翻飞……演出中有两个年轻小伙子演唱"二人台"，模拟一对老夫妻斗嘴，嗓音高亢婉转，响遏行云，又惟妙惟肖，极是入耳入心，使我迷醉。不禁想到冯牧先生懂戏，尤爱京剧，自己也能唱。我曾在《厉慧良传》里见到一张照片，冯先生站中间，右边是厉慧良，左侧是关肃霜，能让这两位京剧大才如此敬重，足见冯牧先生的"票友"水平和在戏剧界的地位。这个发奖会若有他在，会是怎样的一番景象？在我看来至少会把这个颁奖大会的规格提高一大块，也会更圆满……我正走神，似乎听到主持人喊我的名字，但听而不闻，并未意识到蒋子龙跟我有什么关系。待现场沉寂下来，经旁边的人提醒才回过神来，赶紧起身离座，疾步驱前领奖。

热闹归热闹，兴奋归兴奋，但发奖会自始至终我都在怀念冯牧先生。这一切都因他创办了《中国作家》，才有了跟鄂尔多斯的合作及这样的发奖会。我想《中国作家》的编辑们和我一样，心里是把这个盛大的发奖会以及苏鲁锭杯和马，献给冯先生，或者作为对他的纪念！

（原载《中国作家》2023 年第 7 期）

当群星在紫光中旋转时（节选）

——纪念李文俊先生

高兴

一

绝没有想到，噩耗就在初六早晨传来，李文俊先生已于当日凌晨去世……太突然了！太突然了！又一位可敬可爱的前辈离去！这个寒冬，太多可敬可爱的前辈离去：柳鸣九、智量、郭宏安、唐月梅、杨苡……我们不断陷入悲痛，悲痛叠加着悲痛，悲痛笼罩着悲痛……

二

记忆流淌，漫延到20世纪80年代。回头想想，成长的关键时段，逢上80年代的改革开放，于我，真是莫大的幸事。大学尚未毕业，我就开始到《世界文学》编辑部实习，心里已将《世界文学》当作未来的选择。

1983年夏天，第一次走进《世界文学》编辑部，想到就要见到自己崇拜的高莽、李文俊等先生时，心情既兴奋，又有点紧张。高莽先生是作家、画家和翻译家，在文化界早已大名鼎鼎。李文俊先生是福克纳专家，还是第一位将卡夫卡作品译介到中国的翻译家。这篇发表于《世界文学》1979 年第 1期的中篇小说，曾让多少中国作家瞬间开悟，突然明白原来小说可以打通各种边界，生与死的边界，天与地的边界，人类与动物的边界，此刻与往昔的边界，想象空间与现实世界的边界，可以拥有无限的可能；原来文学和艺术完全可以抵达另一种真实，更加高级也更加深刻的真实。在 20 世纪七八十年代，这篇小说对于刚刚经历特殊年代的中国阅读者和写作者，具有启蒙毅的冲击力。

高莽先生高大威武，见到我，大嗓门说："要想成名成利，就别来《世界文学》!"他那带有东北口音的话语差点把我吓着了，一时不知如何应答。李文俊先生个子不高，小老头的样子，朴素而安静，慢条斯理，又轻声轻气地对我说："喜欢文学的话，到这里来还是挺好的。"先生的话有南方口音，声音略微有点沙哑，听着十分亲切，舒服。后来得知，先生出生于上海，离我的家乡苏州吴江很近。

之后很长的岁月里，我总是会同时想到高莽和李文俊两位先生，总是喜欢拿他们作对照和比较。高莽先生和李文俊先生，全然是两种性情，两种风格，一个研究俄苏文学，一个专攻英美文学，但共同点是都很开明，真诚，追求完美，热爱文学艺术。他们作为搭档，可以互补，可以丰富，也形成了有趣的张力，因此，在我看来，他们的搭档本身也是特别文学的。文俊先生有个性，有才情，有独立见解，但和高莽先生搭档时，他明白自己作为配角的位置，始终保持辅助、配合和执行的姿态，他们为鼎盛时期的《世界文学》树立了良好的艺术形象，也为编辑部营造了极具魅力的氛围。

我曾在《种子的志向》一文中如此描述过 80 年代的《世界文学》编辑部：

> 有意思的是，每位编辑受专业影响，举止和行文上都会多多少少表现出不同的风格。总体而言，学俄语的，豪迈，率真，稍显固执；学英语的，幽默，机智，讲究情调；学法语的，开明，随和，不拘小节；学德语

的，严谨，务实，有点沉闷；学日语的，精细，礼貌，注重自我……学俄语的高莽先生似乎就是个典型。学英语的李文俊先生也是，每当聚会结束，总会主动帮女士从衣架上取下风衣或大衣，将衣服打开，双手捧着，方便女士穿上，即便在他后来当上主编后照样如此，极具绅士风度……记得有一次，几位前辈在为我们几位年轻编辑讲述编辑工作的意义。高莽先生以一贯的豪迈说："马克思当过编辑，恩格斯当过编辑，列宁当过编辑，李大钊当过编辑，毛泽东当过编辑，周恩来当过编辑，历史上无数的伟人都当过编辑……"正说得激动时，李文俊先生轻轻插了一句："可是，他们后来都不当了。"会议气氛顿时变得轻松和活泼。高莽先生毫不在意，也跟着大伙哈哈大笑。事实上，正是这些不同和差异构成了编辑部的多元、坦诚和丰富，一种特别迷人的气氛。

那时的《世界文学》就像是一个小小的文学根据地，吸引着八方来客，有译者，有作家，有艺术家，有演员，还有不少普通读者，其中有些冲着高莽先生而来，有些冲着李文俊先生而来，手捧着他们的译作，求取签名和合影。编辑部每天都会接到大量读者来信，最多时需要用麻袋装。由此可见当时人们的文学热情之高。每每这时，文俊先生总会淡淡地一笑说："终于感觉到自己的价值了，呵呵！"

三

1988 年，李文俊先生升任主编，开始主政《世界文学》。从先生的自述中，我们知道，先生是地地道道的编辑部元老，刚开始分配到秘书组，做过各类编辑部杂务。后来他才调到西方组，管过不少国家文学稿子。几十年的编辑生涯后，他熟悉刊物的方方面面，也从几十年办刊经历中总结出了不少经验和教训，对如何将刊物办得更好已有成熟的想法："在没有明确规定的情况下，不一定非要与国际政治、文艺界斗争贴得那么紧，更无必要显示自己是冲在最前面。"实际上，文俊先生是想更加尊重文学艺术本身的规律，将刊物尽可能办得更加纯粹些。将这样的想法提炼一下，他在一次编辑部会议上明确提出，《世界文学》在新形势和新环境中应该扮演"激进的保守派"这一文学角色。这就意味着更加注重文学性和代表性，更加注重当下和多元，更加注重所译介作家的文学实力、文坛地位和国际影响，并在前卫和传统之间寻找平衡。

众所周知，鲁迅、茅盾、冯至、陈敬容、萧乾等《世界文学》先贤和前辈大多有着作家和译家的双重身份，同时身处创作和翻译两大场域。因此，经年累月，与创作界的交流、互动和融合便自然而然地成为《世界文学》的一大特色和一大传统。《世界文学》也一直视中国作家为理想读者，在译介外国作家作品的时候，十分重视倾听中国作家的意见，并以各种方式让中国作家在《世界文学》发出声音。李文俊先生他主编《世界文学》后，同意开设专门栏目，邀请中国诗人谈论外国诗歌，栏目就取名为"中国诗人谈外国诗"，每期刊发三篇文章。海子的《我热爱的诗人——荷尔德林》发在《世界文学》1989 年第 2 期上，这应该是他所写的最后一篇文章。

没有想到的是，有一天，文俊先生找我谈话，希望我来负责"中国诗人谈外国诗"栏目。当时我正式入职《世界文学》不到两年，能得到如此的重用，颇感意外。那时，由于通信不便，同时也出于尊重，一般需要专门登门郑重地向诗人们组稿。文俊先生也特别主张上门组稿。他曾在为《世界文学》撰写的《五十周年琐忆》一文中生动描绘了登门拜访冰心、钱锺书、杨绛、金克木、赵萝蕤、杨宪益、王佐良、冯至、郑敏等文化名流时的种种细节。登门拜访和组稿有着种种的益处，他全然不顾外部世界的迅疾变化，直至晚年都坚持认为。"我感觉这一来双方就从物与物的关系变成了活生生、有共同处与不同点的人与人之间的关系。弄文学的总应该对人感兴趣不是？"正是在先生的嘱咐下，我见到了邵燕祥、陈敬容、蔡其矫、袁可嘉、卞之琳、冯至、郑敏等许多仰慕已久的前辈，同时也有机会接触到了老木、西川、柏桦、树才、莫非、车前子、潞潞等充满活力的同道。

四

　　步入晚年的李文俊先生写过一篇《我这一辈子》的文章,收入漓江出版社为他出版的《故乡水》一书。这篇文章带有人生总结性质,其中谈到了他走上文学翻译之路的缘由:抗战时期,父亲失业在家,便用梅特林克《青鸟》的英语注释本为他补习英语,从而激发起他对外国文学的兴致,促使他日后走上文学翻译之路。大学期间,他便与同学合作翻译出版过两部美国小说。正因如此,毕业后,学习新闻专业的他却被分配到了《人民文学》编辑部,后来又被调到了《译文》(后更名为《世界文学》)编辑部,从此与外国文学结下了一辈子的缘分。但最初二十年,主要从事杂务,参加各种运动,那时,"业余从事翻译是不受鼓励甚至要受批评的"。60 年代中期,一个特别的机会意外来临:高层领导决定组织翻译一些"外国文学毒草",内部发行,供批判用。文俊先生提出卡夫卡作品选题,自己翻译了五个中短篇,1966 年由上海译文出版社以《审判及其他》为书名出版,就这样,阴差阳错,成为国内译介卡夫卡的第一人。

　　80 年代初,国家呈开放姿态,袁可嘉等人着手主编《外国现代派作品选》,请文俊先生翻译福克纳《喧哗与骚动》节选,这一下又让他迷上了福克纳。福克纳作品采用意识流、神话模式和多声部等艺术手法,充满现代派气息,译介难度极大,一般译者打死都不敢碰。但文俊先生有犟劲,有韧劲,也有耐力,认准的事,再苦也要做,他一点一点啃,每天就译上几百字,有时甚至几十字,愚公移山般,译出了《喧哗与骚动》《去吧,摩西》《我弥留之际》《押沙龙,押沙龙!》等五六部福克纳的小说和随笔集,几乎用尽了一辈子的力气。在编辑部,文俊先生曾提及翻译福克纳时的"苦不堪言",有时为了攻下一个段落,或一个长句,血压都会升高几十毫米汞柱。完全是在玩命呢。比如《喧哗与骚动》第一章中弱智儿童班吉那杂乱无序的叙述。原文需要反反复复研读,还得借助各种辞典和各类评论,光读懂就得耗费大量的时间和心血,更不用说翻译了。为了便于读者理解福克纳的艺术用意,文俊先生使出了各种招数：翔实的前言，字体的变化，大量的注疏、索引和说明。再比如《押沙龙，押沙龙》的开头，没有一个标点，天书似的，苦读几十遍方能初步理出头绪。一部二十多万字的小说，往往需要好几年才能译完。若单从低廉的稿酬角度看，太不划算了，唯有傻瓜才肯做。文俊先生就愿意做这样的"傻瓜"。正是有了文俊先生这样高尚的"傻瓜"，人们才能领略到一位异域文学大师独特的魅力。福克纳小说对中国文学的启发和影响是不可估量的，这是文俊先生最开心的事了。除了福克纳，文俊先生译的麦卡勒斯小说集《伤心咖啡馆之歌》，塞林格的小说集《九故事》等也深受读者的喜爱。

2000年初，一场重病袭击了文俊先生。幸好抢救及时，先生得以度过劫难。按理说，这时候该踏踏实实颐养天年了。没承想，身体稍稍好转，他"又不禁手痒，便开始译一些另一个路子的作品"。于是，我们便读到了文俊先生翻译的奥斯丁的小说《爱玛》，米尔恩和伯纳特夫人的儿童文学作品《小熊维尼阿噗》《小爵爷》《小公主》《秘密花园》，美国前总统里根夫人南希编的传记《我爱你，罗尼》、门罗的小说集《逃离》，艾略特的诗剧《大教堂凶杀案》等。翻译生涯中，他还"翻译过好几百首诗歌以及一些美丽的散文"。文俊先生觉得这样做，"有点像是个盼能尽量拓宽自己戏路的老演员"。

翻译外，文俊先生也喜欢"写些小东西"。他其实是个随笔高手。他的随笔幽默，清新，细节生动，传神，镜头感极强，不动声色中，充满了韵味，是那种越品越有味道的文字。

五

说实在的，我共事过的几任主编中，对于编辑工作和编辑人员，文俊先生的要求是最严格的。工作中的文俊先生严厉，较劲，不苟言笑，说话做事都敢得罪人，有点让人难以接近，甚至有点不近人情。但生活中的文俊先生却可爱，好玩，充满了情趣，一个特别有韵味的老头儿。与他熟了，你就会越发觉到他的可爱。

过去很长一段时间，逢到节日将临，编辑部先是开会，然后就是会餐，算是过节。这一传统还是茅盾先生当主编时形成的。《世界文学》出了好几位美食家。文俊先生就是其中一位。他时常回忆起编辑部老主任庄寿慈家做的狮子头："实在太好吃了！即便有人那时打我嘴巴，我也不会松口的。"他甚至开玩笑道："来《世界文学》工作的人，都得是美食家。"他的逻辑是：热爱美食，就是热爱生活，而热爱生活，才有可能热爱文学。

　　美食享受好后，再听点评弹就更好了。有几次我回老家探亲，文俊先生特意托我帮他买几盒苏州评弹录音带。"热天，吃过中饭，躺在竹榻上，听一段《珍珠塔》，那就太适意了，糯酥酥的。"最后"糯酥酥的"那几个字，先生模仿苏州话说出，说完，呵呵一笑。

　　文俊先生的幽默，常常是冷幽默，给太多的人留下了印象。依我看，在漫长的岁月里，在特殊的环境中，幽默已成为文俊先生的一件特别有效的武器，帮助他化解了不少烦恼，辛酸，痛苦，委屈，不满，和愤怒。先生说过的不少事情，都被他涂抹上了幽默色彩。在他担任主编时，常有毕业生来编辑部求职，有一回，一位毕业生自称读研时研究的是福克纳。文俊先生就问，那么，你读过哪些相关书籍啊。毕业生支支吾吾，说了半天，没有提到一部李文俊的译著和评论。"研究福克纳，却不知道我，看来我做得还不够好。"文俊先生事后笑着对我们说。

　　文俊先生记忆力极强，总是记得别人为他做的事，哪怕是些小事。1995年，已经退休的文俊先生在家里准备翻译福克纳的《押沙龙，押沙龙！》，但手头的版本字体极小，看着费劲。当时，我正好在美国做访问学者。先生来信托我帮他购买一本字体大些的《押沙龙，押沙龙！》。能为前辈做点事情，我自然高兴，很快便办好了。过了几年，我已完全忘记此事。有一天，收到先生题赠的中文版《押沙龙，押沙龙！》，翻开书页，意外看到译者前言中这段文字："本书开始翻译时，根据的是'美国文库'版的《福克纳集：小说一九三六——一九四〇》。不久后收到朋友高兴寄自美国印第安纳州布鲁明顿的Vintage版，字体稍大，翻阅亦方便得多，使眼睛稍少酸涩，特在此表示感激。"那一刻，我心里暖暖的。

一场大病仿佛改变了文俊先生的性情，先生变得更洒脱，更坦然，更自在了，最后简直活成了一个人见人爱的老顽童。如果说文学翻译是文俊先生第一爱好，那么，收藏古董可算得上他的第二爱好。先生曾绘声绘色地描述过他从紫竹院挤头班公共汽车，坐个把小时，到古玩市场，运用智慧，同摊贩周旋，以合适的价格觅得古董的情形。他也明知大多是些假古董，但这并不妨碍他对艺术品的欣赏。"美的物件是永恒的愉悦。"他总是用英国诗人济慈的这句话来表明他收藏古董的理由。天遂人意，后来，社科院分房子时，文俊先生分到了华威西里的新房，距离古玩市场仅仅咫尺之遥。这一来，先生随时都可以去那里溜达一趟，不慌不忙，尽兴寻觅，真是太过瘾了。

华威西里附近，人们常常看到一个小老头，蹬着自行车，买菜，购物，上邮局，兴致勃勃。这就是李文俊先生。谁都看不出，他已年过九十。就在去世前几天，邻居还碰见他骑着自行车出去办事呢。文俊先生的夫人，黑塞专家张佩芬老师平静地对我们说："我始终没有觉得他已离去，他只是又去小菜场买菜了……"

六

在回顾自己的一生时，文俊先生说："玩得还算漂亮。好比作为一个运动员，还踢出过几个好球。也就这样了，反正不能永远出风头，都要退场。"

从文俊先生家人处获悉一个细节：先生是在睡梦中离世的。在睡眠中，凭借梦的羽翅飞升，悄然融入宇宙的蔚蓝……这倒像是先生的风格。事实上，先生一辈子都在以自己的方式飞升，从日常，从灰暗，从艰辛，最终抵达了自己心仪的人生境界，抵达了自己向往的高空，那里，"群星在紫光中旋转"，而他却独独欣赏那颗"始终固定在天顶的北极星"，它并不像其他星星那么耀眼夺目，却：

  ……显得清醒、矜持、冷峻，
  当所有别的星摇摇欲坠，忽明忽灭

你的星却钢铸般一动不动，独自赴约

去会见货船，当它们在风浪中航向不明。

（希尔达·杜利特尔《群星在紫光中旋转》，李文俊译）

（原载《文艺报》2023 年 2 月 10 日）

父亲

任芙康

我爸宠我，全厂广为人知。厂子在 20 世纪 50 年代的大巴山，唯一"省属"：四川省渠江矿冶公司。从铁矿、煤矿开采，到炼焦、炼铁、炼钢、轧钢，拳打脚踢，无所不能。鼎盛时期，员工超过两万。

厂内家长，尤其汉子，大多性格硬朗，鞭策儿女，流行直截了当，张嘴就骂，抬手就打。而这般家常便饭，叫人见惯司空。环顾前后左右，仅有我爸破例，家里家外，对孩儿的指导、指教、指派，从来包裹着一团和气。

于家中受到善待，居然在同学间收获羡慕与友好。即便男生里的顽劣之徒，亦不会欺我、侮我。个中缘由，至今费解。

我爸读完初小，跟着堂哥，赤脚四天，走完三百华里，当上宣汉县城茶馆学徒。不足一年，成为火炉、铜壶、盖碗、掺茶一应事项的行家。老板仁厚，每日打烊之后，便督促徒弟读书、写字。

1949 年末，茶客中一位长者，喜爱我爸聪慧、懂礼，引荐他进厂参工。我爸不负期冀，入党、提干，一路顺遂，连年荣获优秀党员、先进工作者。"光荣"鳞集，我爸回回推让不脱，便将印制着荣誉名号的茶缸、毛巾之类，分赠同事。"事情是大家做的，本来就不该我独吞。"众人听罢，无不大欢。

发蒙之前，经我爸指点，大概识字上百。懵懵懂懂之中，我爸言传身教，又让我晓得一些事理。比方，身陷一场山火，差点丢命，明白了"火借风势，风助火威"；出门口渴，攀山寻水，记住了无论山有多高，水都痴情相随，这叫"山高水长"；除开冬日，穿行山路，应手中有棍，便于"打草惊蛇"；欲知当日气象，仰头望天，民谚入心，"有雨四角亮，无雨顶上光"。诸如此类，不让人烦，只觉有趣。

家里炊事，归我妈管。但我爸只要在家，总是主动洗菜。人说叶子菜难弄，于他却是拿手好戏。淘菜之先，必会择理清爽，然后大盆盛水，用力搅动。换水三遍以上，一篮青菜便洁净透亮。多年后，目睹洗衣机启动的滚滚漩涡，方知我爸淘菜的路数，早就深谙翻转之妙。

我爸对人和气，有口皆碑。但在我印象里，他发过一次大火，对象是他亲哥（即我的大爹）。我十岁前后，食物稀缺，煮饭炒菜的锅罐，亦成为俏货。当时厂里有少量生产，只作内部供应。忽一日，我大爹从乡里跑来，让老弟帮忙，说茅舍已无锅可揭。

谁知刚过十余天，大爹又上门，仍需锅罐。我爸一听，认定他哥在倒卖挣钱，脸色大变，断然回绝。转天早晨，我爸上班走后，大爹动身回家，我妈将家里一口旧锅找出。大爹死活不要，直到见我妈泪光闪闪，才肯放进背篓。这一去两断消息，直至一年后，大爹病重，我爸我妈得信赶回，兄弟始得尽释前嫌。

曾与人言，我从五六岁起，持续数十载，对每年的陈谷子烂芝麻，总会记住几件（反倒是近年经历，成了一笔糊涂账）。1962 年，便记住有个"八字方针"：调整、巩固、充实、提高。这算是平生头回感到，国家大事能看到，听到，并就在身边。这政策具体到工厂，一是"放人"，一是退赔。

所谓放人，是将 1958 年进厂的工人，悉数下放回家。遣散工人一幕，至今宛若昨日。各工区、车间的"弃儿"，背着行李从方圆数十里外，赶来厂部，领取补偿资金。吃喝无着，默默排队等候，一般都得两天左右，钱才到手。

所谓退赔，是之前三四年，工厂对周边农村集体及个人的损害，旧账新算，予以赔偿。这一工作，关涉钱物，凡有牵扯的公社，先行发动，让农民自己申诉。厂里需要拿出真金白银，因此十分看重，抽调科室人员，两人一组，分赴乡下。

因人手紧张，我爸一人负责东岳公社。正值暑假，便带我同去。东岳场位于一面长长的坡顶，进得公社院子，领导都来握手，长桌上已摊开各大队上报的表格。稍事寒暄，我爸便逐一审看起来。午饭时，公社办起招待，但我爸婉言谢绝了"接风"。

翌日，由公社派出两人陪同，开始逐户走访、核实。其章法简便，几方认定后，赔款不经公社、大队转手，直接让社员落袋为安。此一过程甚为平顺，似无一户得寸进尺；反倒有几家，我爸觉得过于本分，索赔偏低，便酌情给予追加。评估中，我爸自会为厂里省钱，但更愿意替社员消气。由于财物、田土、道路、竹木受损，等于祸从天降，都是农家吃亏在先，又被推诿数年之久。赔付中，除了道歉，理应包含补偿性关照，这会让农民看出工人大哥纠偏的诚意。后来听说，别的公社大都顺利，但也有厂方人员，尺度过严，责怪社员胃口太大，认为当年推行中心工作，霸道一点也是事出有因；现在主动赔偿，已属大人大量。

我们这个四人小组（实则三人，我属玩耍），天天走村串户，早出晚回。饿了，食自带的馒头、榨菜；渴了，饮主人现舀的井水。每天回到街上，小食店吃小面、米饭、炒豆腐、青菜，偶尔加盘肉丝、肉片，已是十分快活。傍晚时分，我爸会带我下到坡底坝子，一方堰塘，是当地大小男人的天然泳池。半月过去，大功告成，跟着我爸回厂。下到公路上，几次停步回头，便牢牢记住了东岳场那面长长的石坡。

1963 年夏天，我小学毕业，考进城里第一中学。令人难以置信，接到录取书第二天，机缘巧合，我爸也获通知，调去城内行署机关。那时工作变动，讲究人走家搬。面对熟悉的房子，屋里屋外，看看这，摸摸那，少年的我，亦生不舍之感。

厂里宿舍紧张，鼓励个人建房。六年前，我爸寻得厂部礼堂后身，自盖两室一厨。当时购买砖瓦、石材、木料、洋灰，外加专业匠人的工钱，完事拢账，统共花费一百六十元。所有杂活，概由同事帮忙，职工食堂吃饭，只是花去几包烟钱。房龄区区数年，又住得比较爱惜，我家房子，一时为人瞩目。听我爸表示，房子不卖私人，有人便猜测这是"抬价"，遂纷纷添钱，远超成本数倍之多。我爸毫不松口，最终以建房的原价，卖给工厂总务科。几位我家老友，煞费苦心而未能如愿，气得望房兴叹：这老任虽未财迷心窍，但肯定鬼迷心窍了。

我爸从不求人办事，也不习惯办事便求人。写这篇文章，盘点往事，觉察出金无足赤，我爸为我，竟然是求过人的。我下乡插队的大春沟，家家晚上油灯闪烁，虽离公社不过两华里，却因无缘买到电线，电流传不过来。我爸下乡看我，听生产队长诉苦，这地方山清水秀，砖厂也挣钱，日子有缺憾，就是愁于无电。我爸听后，想了想，承诺试试。没过多久，我将入伍远行，赶紧回城催问。我爸说已求助专区农机站站长，眼下就可提货。我当天返队，第二天队长率领牛车三架进城；第三天请来五六个电工，指挥全队壮汉干活；第四天晚上，大春沟家家门窗大开，露出昔日高不可攀的光明。

我爸始终崇敬北京，先后到过三回。最后一次最为圆满，赶上天安门开放，这对他是一种意外的幸福。城楼上，我爸逐一细看，眼不够用。转完楼上允许参观的地方，又去俯看金水桥前的车水马龙。我拿着相机，"导演"我爸，让他对着广场挥手。我要为老人家留下一张模仿伟人的照片。他远远望定广场南端的纪念碑、纪念堂，然后转身，面露羞色，连连摆手："不合适，不合适。"他侧身倚栏，"就这样照吧。"我屏住呼吸，连拍数张。洗印出来，这是我爸不多的留影里，最为开心的照片。他的笑脸四周，满是天安门的雕梁画栋。

我始终固持地相信，我爸身上，带有某种少见的气韵。写到这里，冥思苦索，只想挑选一个妥帖的词语，挑选一个我爸兴许并不理解的词语，恭恭敬敬地献给他。终于，想到了，并确定我爸消受得起。

这就是"雍容"二字。

通常，有身份的人，有地位的人，有财富的人，家世显赫的人，学问无边的人，才可与该词相配、相符。我爸一生，布衣蔬食，心口如一，和气待人，踏实做事。他高尚，他纯粹，他脱离了低级趣味。雍容就是他身上的一束光，习惯自然地照向周边的男女老少，使他成为众多至爱亲朋景仰的人。

（原载《文学自由谈》2022 年第 6 期）

曾氏父子

清明节前，新闻圈有位朋友给我发了这样一条信息："老曾去世三年了，怎么从没见你给他写点什么？他朋友不多，你可是他经常念叨的一个哟！"

其实，早就想写写曾老师，可一直不知道该怎样下笔。写那种无话找话、歌功颂德的诔文，凭我对曾老师的了解，他肯定不答应。说不定嘴一撇，又是满脸的不屑："瞧，你小子也堕落了！"

可真要写那个真实的曾老师，却又不忍心：不单是为逝者讳，更主要的是，有的事说出来真的很残忍。

思考再三，还是写了。职业的底线要求我不加矫饰，既写写他的长，也揭揭他的短。我相信，泉下有知，曾老师是不会怪罪我的。

这不嘛，晚年他也一直在反思自己的过错。尤其是在对待爱人、儿子这件事上，他竭尽全能补过。

一

大四上学期，按照学校教学安排，我到京城一家报社实习。实习期三个月。因为班主任和这家报社的老总是大学同班同学，事先他曾修书给老总。

所以，我得以直接面谒老总。

记得报到那天，那个很儒雅的总编辑把眼镜往鼻梁上方推了推，很认真地打量了我一番："你们班主任的信，我收到了。他说你的文笔不错，喜欢研究问题。那就到工商部跟着老曾吧。这个人脾气有点臭，但论业务水平，全报社比他强的还不多，可以称得上是专家型记者。平素，对稿子要求也非常严格。初学步，你跟着他，有好处。"

尽管老总打了预防针，第一次见曾老师，还是被他的"臭脾气"惊得够呛。

那天，老总的秘书带我去和曾老师对接。这是一个身量不高、已经有些发福的中年人。他的皮带勒得很靠下，如此便显得腹部硕大、很夸张地向前凸着；他的面色黧黑，脸颊的肉有些松弛、下垂；眉毛很浓很重，一说话，额头就像有两条横卧的黑蚕在蠕动。

说实话，以后来我对他的了解，他的相貌远远辜负了他的才学。

秘书简单介绍了我的情况，末了，加重语气说："这是总编辑亲自安排的！"

谁知曾老师并不买账，眉头一拧，那两条黑蚕便挤成了一个疙瘩："又给我塞实习生！我带得过来吗？"他用手指敲了敲桌子，"没见我忙成什么样子了！刘秘书，回去告诉头儿，误人子弟，可不是我老曾的风格。别人可以那样做，我老曾，不能！"

秘书很尴尬，朝我扮了个鬼脸，悻悻地退了出去。

曾老师也不搭理我，自顾自狠命地一口一口抽烟。他面前一个硕大的陶瓷杯里，烟屁股早都溢了出来。

我站也不是，坐也不是——也根本不知道该坐在哪里。

他过足了烟瘾，把烟屁股往杯子里使劲一摁，这才侧转身指了指角落里的那张桌子："坐那里！"说完，又不理我了，埋头看起报纸来。

我闷坐了一会儿，怯生生问道："曾老师，接……接下来，我……我该干……干什么……"

"该干什么？你是幼儿园小班的小朋友？拉屎撒尿都要问老师？"

说完，也许觉得自己的话过了点，第一次正眼看了看我，一字一顿地说："先——看——报——纸。你看我不是在看报纸吗？想学本事，就得有眼色。"稍顿了一下，才接着说："你知道为什么让你看报纸吗？入乡问俗，你先要了解本报的特点。即使老记者，看报也是基本功，通过看报知晓时政大势和当前的报道重点。"

这第一课，对我此后的从业大有帮助。这么多年来，我每天上班的第一件事就是看报纸，许多的新闻敏感、新闻线索、新闻策划就是从触类旁通中发掘出的。

二

这间办公室，一共坐了6个人：除了曾老师，还有三位记者。此外，我那张桌子对面还坐了个女孩，也是个实习生。

女孩姓方，中国人民大学新闻系的，也由曾老师带。不过，她马上实习就要结束了。

小方是北京人，很时尚，也很乖巧，待人很热情，时不时会带些零食放在每个人的案头，包括我这个实习生。办公室其他三位老师都很喜欢她。

可曾老师对她颇有看法。每天上班时小方和他打招呼，他都置若罔闻，带搭不理地鼻孔里哼一声。

一次，小方用门背后挂着的一条旧毛巾揩了揩桌面，被曾老师察觉了。明明知道是小方干的，他完全可以当面告诉她：这是我擦脸的毛巾，今后不能这样了。可他没有那么做，而是找来一支毛笔在一张版样纸上写下这样几个大字："这不是抹布！"然后贴在了毛巾旁边。

还有一次，不知小方又误了什么事，曾老师铁青着脸狠克了她一顿。下班了，曾老师还在生闷气。见他未走，我只好留下来陪他。

他一根接一根抽了五六支烟才余怒未息对我说："你看她那个样儿，是来学习的吗？给她讲怎样改稿，她眼神飘忽、神游八荒，能听进去才怪呢！采访也是一样，不专注听采访对象讲，眉眼飞来飞去！哎呀呀，我真不想带她……你小子，可不能学她！"

对于实习，小方有自己的见解。有一次，办公室只有我俩时，她告诉我："毕业后，打算出国。再说了，这蜻蜓点水的两三个月实习能学到什么？说白了，就是借实习这个机会多走走看看，游山玩水呗。嗨，爱怎么着就怎么着吧！"说完，又神秘地低声说："曾老师这个人，各色，报社没有几个人喜欢他。你知道吗？他经常对老婆家暴，和自己的儿子也死掐呢！"

三

不管别人怎样评价曾老师，就业务而论，他的确有两把刷子。

他喜欢写述评。他的述评，逻辑缜密、思想深邃，总有独到见解。更让我惊叹的是他的文采。

一般而论，以深度见长的文章，多不注意文采。新闻圈在鄙薄一个记者的时候，往往在说了他的一通不是后，末了来上这么一句："这个人，文采还行。"

曾老师的文字，极其干净。曾有一位老编辑这样评价他："遇到版面需要删活儿，老曾的稿子，只能由他自己删。别人删，哪怕删个字，就接不上气了。"

搞文字的都知道，文字真能做到干净，其实并不是件容易的事。那是需要披沙拣金、千锤百炼的！

不独干净，曾老师的行文还很是优美：用词考究，简约的文言文被他很"白话"地活用，历代诗词歌赋信手拈来恰到好处地嵌入文中，通篇读来，满满的书卷气、清雅气。

我起初的几篇稿子，被他修改后，属于自己的，恐怕就是几个标点符号了。我惭愧得直冒冷汗。

一次，我惴惴不安问曾老师怎样才能达到他的境界。他很得意："小子，难啊！别说你一个实习生，报社乃至整个新闻圈，有几个人敢和我比？"

见我一脸沮丧，他宽慰我："最近，听你们年轻人经常哼这样一句歌词，'不经历风雨怎么见彩虹，没有谁会随随便便成功。'流行歌，那是垃圾。可这句写得不错！小子，要想人前显贵，必须人后受罪。告诉你一个写好文字的秘诀——大量地背诵。有人反对死记硬背，那才是误人子弟。只有背会的，才是你自己的。我从小就喜欢背诵，语文书能从头背到尾；老三篇、毛主席诗词也都倒背如流。大学毕业后，在农场改造那些年，又把《古文观止》、《史记》、《资治通鉴》背得滚瓜烂熟。至于汉赋晋文唐诗宋词，随你挑吧，看看哪篇我不会？"

他送给我一本他写的书《经济述评钩探》，在扉页上龙飞凤舞写下这样几行字："论写述评，我老曾在新闻圈说第二，没人敢说第一！小子，好好学吧！"

这本书，我一直带在身边，一直在学。越学越气馁，越学越惭愧：他为什么有这样的见识、这样的思辨、这样的角度、这样的文采？说实在的，这辈子，我恐怕都达不到他的境界。

一定是一肚子诗书的缘故吧，他的口才也一级棒，妙语连珠，诙谐辛辣。和人辩论时，直奔要害，犀利刻薄，句句见肉。对方哪怕再有理，也会被他驳得哑口无言。

辩论时，他的肢体动作也很有特点：身体向左微倾，扬起的左手小拇指、无名指蜷缩，而其他三根手指半伸半曲，弧度很优雅。简直帅呆了！

记得我小时候看过的一部苏联电影，季米特洛夫在法庭上为革命事业辩护时，就是这样的动作。

工商部每周一下午都要开例会，除了传达上级精神、报道指令，再就是点评上一周的报纸。每逢这个环节，几乎就成了曾老师的专场。他一篇篇评点过去，把别人的文章批得体无完肤。可没有一个人敢挑他的丁点毛病。大家都躲着他。

话又说回来，他对文字精益求精，确实也挑不出什么来。

一次，一位姓杨的记者对他文章中的一个用词提出了商榷意见。曾老师旁征博引滔滔不绝讲了半个小时，对方窘得面红耳赤。他觉得还不过瘾，结语时说："老弟呀，你恐怕还得把初中的语文先补一补。"对方恨不得地下裂道缝钻进去。

那天例会结束后，他心情大爽，拉我聊起了天："哼，还跟我辩？姥姥！"

他不无得意地说起了年轻时候的事：大学期间，赶上了那个"特殊年代"，他是他们那个"战斗队"的司令。京城无论哪个"战斗队"和他们辩论，最后无不丢盔卸甲。

四

曾老师这个人，貌似脾气火暴，甚至有些古怪，其实，他心底也藏着柔情。

一次，他原定到合肥出差，临行前不知什么原因取消了。

他让我到北京站把车票退了。

那是一张硬卧票。那年头，买张卧铺票非常难。我一到退票窗口，马上有个人走了过来："你要退票吗？如果是卧铺的话给我。省得你排队。"

我图省事，便原价给了他。

谁知当我兴冲冲地把票款递给曾老师后，他狐疑地看着我："怎么这么快就回来了？车票退给谁了？"

我说了经过。

"现在卧铺票很难买的。退给'黄牛'的话，一般都会给个十块、二十块……"

我一下子明白了：他是认为我把回扣贪了。

我很委屈，转身到车站去找那个票贩子。

人倒是找着了，可人家死活不承认从我手里买了票。

怎么办？打掉了牙往自己肚子里咽呗！

我凑了20元，给曾老师送去："我找了'黄牛'，他给了20元……"

没承想曾老师一下子拉下了脸："你给我说实话，是不是你自己垫的。我最讨厌别人骗我。"

"这事我没办好……"

"混账小子！你这是打我的脸。我这样给你说，是让你多长点社会常识。"

"我的责任，就应该我负。"

"还犟？那么，是不是我还得给你跑腿的小费？你这个浑小子！"

钱，他死活不要。

那天下班，他对我出奇地客气："走，咱爷儿俩下馆子去！"

他请我来到王府井一家知名的馆子，点了烤鸭，还要了一壶上好的龙井茶。结账时，我留意到，他付了67元。在当时，那可是一个大学毕业生一个多月的工资。

我俩边吃边聊。他讲起了自己的过往：

抗战胜利那年，他出生在鄂西北的一座小城。父亲是个小业主，母亲不识字，可父母对他的教育看得很重，把他送到城里最好的学校。从小，他便显露出了过人的天赋，记忆力超群，代数几何老师一点就通。考大学时，他以小城第一的成绩考入京城一所名校。他的志向是，毕业后当个外交官。

可那场史无前例的"运动"，阻断了他的前程。

由于年轻冲动，他成了"运动"的活跃分子。其间，还被结合进了专案组。那个参加过延安整风的校领导，被列为学校的头号"走资派"，每天都要向他这个"革命小将"请示汇报。

可就是因为这段经历，恢复高考后，第一年报考研究生，尽管他考分很高，却没有被录取。第二年接着考，考分全校第一，依然没有被录取。

他通过关系打探方知，当年那个头号"走资派"早已复出，并分管这所学校，偶然间察看考生名单时发现了他，便告诉校方："这个人，参加过当年整我的'专案组'。"

这么一说，校方哪里还敢录取他。

获悉这一情况后，他试着给这个领导写了封信，真诚忏悔。人家领导也很大度，很快便给他回了封信，勉励他接着考。这一次，他轻松过关。

说到这里，他不无懊恼："当年真是吃撑了！后来活该在农场改造了几年。"他还讲了在农场的种种艰辛。

这时，我问了一句："师母是不是也是在农场认识的？"

他似乎突然遭到电击一般，表情僵滞了，话也没了，埋头闷闷地吃起来。

125

吃了几口，突然一拍筷子："走吧！不吃了。"

五

那天那一幕，加上此前小方说的那番话，我判断，曾老师和爱人一定有着很深很深的矛盾。

可究竟是因为什么？我不敢打问。此后在和曾老师的交往中，也尽可能回避他的家庭问题。

不过，该知道的迟早还是要知道的。

曾老师的业务之所以出类拔萃，甚至一骑绝尘，与他的敬业大有关系。他采访时，不像有的记者，采访对象怎么说就怎么写。他善于揪住蛛丝马迹、打破砂锅问到底，而且，采用求异思维，反向推导、多方印证。任何一个采访对象想搪塞他，万万做不到。那些所谓的"水货"行家、权威们，被他几个问题问下来，往往满头大汗。

他告诉我："一个称职的记者，应该比采访对象更高明。采访对象未必知，你未必不知。因为职业特点决定了你不仅要读万卷书，而且要行万里路。其他行业的人能有这样的条件吗？不可能有。如果你不能站得比人家高，说明你的书还没有读够，或是你的路还没有行够。一句话，你还不称职！"

他不但采访扎实，写稿也极其认真。一遍一遍改，一遍一遍念，力求写出韵律感。他说："文理通顺，那是中学生就该做到的事。像我们这种职业记者，篇篇都该是美文。"

他的这些理念，我至今都奉作圭臬。

他的心思，几乎全用在工作上了。那个时候，每周只休息一天。礼拜天，他经常让我到他西三环边上的家里改稿。我知道，他是想让我改善一下生活。

此前，他曾问过我："礼拜天报社食堂停了，你们这些外地学生怎么吃饭？"

"只能瞎凑合呗。"我苦笑着如实相告。

第一次见到曾老师的爱人，是在他的家里。

说实在的，我怎么都不会想到，凭曾老师这副长相，竟能娶到这么一位漂亮的夫人。

一定是曾老师告知了家里要来客人的消息，我一按门铃，房门就开了：一位身材高挑、皮肤白皙、四十岁出头的女子迎在门口。

和她目光一遇，我便马上垂下了眼睑，因为她太漂亮了，惊得我不敢直视。

她有一双大大的丹凤眼，一头乌云般的大波浪长发。因为是在家里的缘故，她上身只穿了一件薄薄的淡青色的羊毛衫，下身是一条咖啡色的宽松休闲裤。

一看就知道，女主人的衣着极有品位。

她的身旁站着一个男孩，十四五岁的样子，大高个——比曾老师至少要高出半头。男孩长得非常俊朗，高高的鼻梁，大大的眼睛，鬈曲的乌发，面部轮廓很像欧洲人。

男孩穿着也很考究：白衬衫扎在淡蓝色的西裤里，衬衫和裤子熨得笔挺，脚上是一双咖色的休闲皮鞋。

我愣怔了片刻，慌慌张张要换鞋，夫人拦住了我，笑吟吟说："不用换。不用换。"然后，吩咐男孩："林林，快叫叔叔！"

男孩甜甜地叫了一声："叔叔好！"

我赶紧说："叫哥哥就好。我是曾老师的学生。"

夫人说："那怎么行。林林，记住，必须叫叔叔。"

"就叫哥哥！"打我进门开始，曾老师就一直坐着没动，不冷不热地看着母子俩。这时，他才接了话。

曾老师声量不高，但屋里马上沉寂了。母子俩明显变得惴惴不安，再无言语。

吃饭时，饭菜早端上来了，可母子俩依然待在厨房里。曾老师让我动筷。我说："等等刘老师吧？"

事先我知道，曾老师的夫人姓刘，在一家剧场搞舞美设计。

"吃你的！"曾老师黑着脸。

"你儿子真帅！"我无话找话说。

他突然暴怒了："你他妈的能不能不说他！"

因为不知道家里发生了什么事，我也不敢再言语，只能埋头扒饭。

以后，曾老师又请了我几次。每次都是我和他在客厅里吃，他夫人和儿子在厨房里吃。

一个礼拜天，曾老师临时有事，让我先到他家里去。

刘老师正在阳台上压腿，一看那身姿，就是专业出身的。

曾老师不在，家里的气氛便很活跃。刘老师告诉我，她小时候学过芭蕾舞，她父亲的愿望是等她长大后送她到苏联的瓦岗诺娃芭蕾舞学院留学。可后来，情况变了……

"别再做你的黄粱大梦了！永远改变不了你剥削阶级的本质！"因为厨房比较密闭，我们没发觉曾老师已回来了。

刘老师马上噤声，脸都吓白了。帮曾老师挂外套时，哆哆嗦嗦竟将衣服掉在了地上。

又有一次到他家，我到厨房帮着端菜时，林林悄悄对我说："哥哥，听说你会武术。能不能教教我？"

那个时候，电影《少林寺》的余温还没有散去，但凡是男孩，都做着武侠梦。

"不允许！"客厅里的老曾耳朵很灵，威严地说。

饭菜齐了，动筷的时候，曾老师又疾言厉色地对我说："你给我记住，不许教他。如果偷着教他，你就给我滚出工商部。"

也可能是为了维护我，林林从厨房走了出来，委屈地说："爸爸，为什么？为什么？"

"为什么？你还敢问为什么？你想挨揍！"

刘老师赶紧走了过来，把林林拉进了厨房。我发现，母子俩眼睛都泪汪汪的。

人与人之间，我始终相信缘分。打第一眼起，我就非常喜欢林林这个小弟弟。那张俊朗的脸上，带着热情、善良，可他的眼神里，又透着这个年龄段的孩子不该有的忧郁。

每次，我到厨房帮着端菜，他的目光始终热切地追随着我，想帮我，可刚一跨出厨房，又总怯怯地站定了。

有一次，我从他家里吃完饭出来，没走多远，他追了上来，塞给我一个纸包："哥，我看你很喜欢吃这种饼。"说完，不等我推辞，一转身跑了。

这是刘老师做的一种小圆饼，麦粉和米粉混合而成，巴掌大小，薄薄的软软的，入口有一种甜丝丝的感觉。我曾在饭桌上夸过这种饼好吃。

办公楼的后面，是一条悠长的胡同。我住的招待所就在这个胡同里。一天下午下班，我刚走进胡同，林林不知从哪个犄角旮旯里钻了出来，热切地叫了一声："哥。"我问他为啥这么晚了还不回家？他说，就是想来看看你。

我俩到附近的后海边转了很久很久。这时候的他，不见了怯生生的样子，很活泼、很健谈。我发现他读了很多很多课外书。

此后，他又来过好几次。

我明白他的小心思：很想学武术。但碍于父亲有言在先，他不敢明着提出。而我，也同样碍于这个原因，不敢主动教他。

其实，这是个很有家教很乖的孩子啊！

六

那次在曾老师家挨觑儿之后，我非常难堪，对曾老师也产生了一些情绪。所以，有一段时间，我刻意躲着他。他再请我去他家，我借故溜号。

他肯定是察觉到了，一天下班后，他没有去赶班车，让我陪他到后海散散步。

起初，他一言不发只顾往前走。从他一支接一支抽烟看，心里一定是波涛汹涌。

终于，他放缓了脚步。等我和他走齐了，突然说："你也是个大小伙子了，你该知道什么是男人最该维护的尊严吧？"

我不明就里地看着他。

他叹了口气："夺妻之恨，放在谁身上都不能忍！"

然后，给我讲起了他和刘老师的恩恩怨怨：

刘老师比他小一岁，和他在同一座城市长大。不过，刘老师的父亲是城里最大的资本家，在汉口也有很多买卖，有刘半城之称。

公私合营前，刘家有洋房、小车、仆人。公私合营后，就渐渐落魄了。尤其是"文革"袭来，刘父沦为人人唾弃的"五类分子"。

刘老师从省城师范大学声乐系毕业后，被发配到了一家军垦农场。这时，已是"文革"后期了，曾经很活跃的曾老师也因失势来到这家农场接受改造。

都是大学生，又同病相怜，很快两人便相爱了。可是不久，曾老师有了心病：农场"军管会"的头头经常找他爱人谈心，并且一谈就是很晚。

又过了一段时间，他被安排到农场最远的一个分场修大渠，而刘老师则被吸收到农场的"毛泽东思想宣传队"当报幕员。

有一天晚上，他临时从工地回来，见那位头头正从他的家里匆匆离开。这时，已快 12 点了。

"这么晚了，他来干什么？"他追问妻子。

刘老师说："明天有最高指示发布，他来通知宣传队临时加演一场节目。"

曾老师问来问去，妻子就是不承认有私。那一晚，他第一次打了妻子两耳光。

一年之后，有了儿子。随着儿子一天天长大，他就越来越生气：儿子，压根儿不像他。

"这样的事，换你，能忍吗？"曾老师左右手交替不停地揪着头发，有点歇斯底里了。

"可是，您有实据吗？"我问。

他愣了一下："那晚，看到的，不是实据吗？那个狗日的，半夜三更跑到我家里，能干吗？"

"那个年头，连我这个年龄的人都知道，贯彻领袖精神不过夜。有了最高指示，要敲锣打鼓连夜上街游行。"

他不吭声了。过了一会儿，问："那么，儿子不像我，又是怎么回事？"

"可能更多地遗传了母亲的基因吧！民间不是这么说嘛，'儿子像娘'。我看他和刘老师长得很像。影响遗传的因素很复杂，有的还是隔代遗传。您比我学问大，这点，您一定能想明白。"

他不吭声了。

我接着说："说一句不该说的话，您这是疑心生暗鬼。我看人家刘老师，正派得很。再说，她那种家庭出身，在那种环境下，哪怕真有什么，也是被迫无奈的。您应该原……原谅她……"

"什么？原谅？你他妈的浑蛋啊！"他一把揪住了我的脖领子，头上青筋暴绽。

过了一会儿，也许觉得自己失态了，连声对我说："对不起！对不起！唉——"

那一声长叹又粗又长，里面夹杂着悲愤、无奈和屈辱……

七

那次湖边畅谈，实际上并没有解开曾老师的心结。他依旧终日闷闷不乐，依旧不停地发着脾气。

看他这样，一天办公室就剩我俩时，我试着问他："曾老师，这种情况，你为啥不和她离了？你俩这样耗着，多累啊！"

他显然有些吃惊，抬头死劲盯着我："你说什么？离了？"眼神里满满都是愤怒。

他夹着烟卷，在房间里走来走去："说得好听！离了？那我便宜谁？她的长相、气质，很符合我的审美……"

"很"字咬得很重。

在房间里足足走了几十圈，他才一屁股坐回了椅子，狠狠剜了我一眼，意思是你怎能说出这样的混账话。

后来，我在复盘曾老师、刘老师这段姻缘——这是时代造成的一场孽缘：如果处在升平世，两个都有着很好学养、情趣的人，一定会琴瑟和鸣、举案齐眉。但是，世事颠倒了，美丑扭曲了，一切便都移形错位，原该正常的变成了不正常。其实，从骨子里，曾老师一直深深爱着刘老师。因为深爱，他希望他们的姻缘里不夹杂丁点的杂质，容不得半点亵渎，是完完整整的。可是时代，凭空带来了许许多多个人无法抵御的杂质。杂质，让爱生恨。爱之越深，便恨之越烈。看到气质若兰的妻子、看到不像自己的儿子，越看就越有气。天天看，就天天生气，于是，就天天拿娘儿俩出气。

他这样，刘老师能回馈给他爱吗？肯定不能！一辈子就生活在这样的氛围中，实在是太残忍了！

其实，曾老师心里，时时刻刻都在呼唤着爱。一天，他在看一本杂志，突然放下杂志，用很奇怪的眼神看着我，压低声音说："杂志上说，现在的大学生都很浪漫，激情来了，在校园里大庭广众就敢接吻？真是这样吗？"

我不知该怎样回答他。

"有没有？"不等我回答，他突然叹了口气："唉！我家那个，从结婚到现在，从来就没有主动过。就像个僵尸……我这一辈子啊！"

八

毕业后，我分配到了京城的另一家报社。因为有这份师生之宜，我和曾老师来往比较密切。

总体看，他的职业生涯并不顺遂：因为性格的缘故，尽管每一位总编都承认他能力超群，可始终没有重用他。退休前，他好像连个小组长也没当过。工商部他带过的学生都当了他的领导。

他的脾气变得更加暴躁。和爱人、儿子的关系也更加糟糕。

一次，朋友圈里流传这样一个消息，说曾老师把自己的儿子送进了派出所。

原因是，随着儿子年龄的增大，性格越来越叛逆。到后来，根本不服曾老师的管教。譬如，曾老师让儿子晚上十点必须回家，可儿子故意过了十点再回来。两个人的矛盾便一天天升级，从口角变成了厮打。此时的曾老师已不

132

是儿子的对手。

那天，儿子故意十二点才回家，曾老师不让他进家门。刘老师苦苦哀求也不行。

大冬天的，躺冷躺冷，已出落得人高马大的儿子急了开始砸门。曾老师便报了警。

警察听说是父子俩闹别扭，劝了几句就想走人。可曾老师不干了："我作为一个公民，报了警，你们竟不管不顾！这完全是渎职，我要向上级部门投诉你们。"

警察也只好动了真格，把儿子给拘了。

新闻圈里，当大家把这则"逸闻"当笑话传时，我动了怒："这是编造。都是圈里人，嘴下留德好不好?!"

可是过了几天，已是深夜二三点，我家里的电话突然响了，听筒里传来了曾老师有气无力的声音："如果我有个三长两短……记着给我报警。就说是我儿子把我掐死的……我脖子上的掐痕，就是证据……"

我披衣下床，愣了好长时间。

又过了几年，我调到杭州工作。有一天，曾老师竟找上了门。

这时，他已退休。可退休的他，风头比在职时还劲：抢他的媒体多了去了。他在几家报纸、网站兼职，开了专栏；还频频以嘉宾身份在电视上露面。

我请他到湖畔居喝茶。他打开随身的手提电脑，给我看他接受境外媒体访谈时的视频。这时的他，笑语朗朗，满满的自信。

"你儿子……"我很想知道母子俩的状况，可话到嘴边，又吞了回去。

就这么一句，前一秒还逸兴遄飞的他，突然呆住了，愣怔了半天，捏住我的手哇哇大哭起来。

周围的人都投来异样的目光。有几个人，还好奇地离开座位走了过来。他不管不顾依然哇哇痛哭，鼻涕流了老长老长。

我赶紧给他塞纸巾，他不接，哭得一声比一声响。我知道他的脾气，劝也没用。就任他哭。

足足过了十几分钟，他才止住哭："我对不起……对不起儿子啊……"从他断断续续的叙述中，我闻知了噩耗：林林患了脑瘤，而且是恶性的。

我眼前出现了那个少年一幕幕的过往。心里堵得难受。

他把我的手攥得生疼："我儿子得脑瘤，是不是因为我经常揪着他的头发……往墙上撞引起的？你不知道……林林小时候……多……多么聪明……记忆力比我还好……"

我紧着劝解："曾老师，您多心了。撞击只会得外伤，不可能引起肿瘤。"

"你说的是真心话？"他直直盯着我，一连问了好几遍。

那天，他让我陪他到灵隐寺去。

在观音殿里，他跪下臃肿的身体颤巍巍向观世音菩萨像磕头。别人一般是磕三个，他一连磕了几十个，并向功德箱里捐了厚厚一沓钱。

见有穿灰色僧袍的香客给观音像前的长明灯添油，他对我说："你去问问，我能不能添？花多少钱都行。"

九

那年年底，我回北京开年会，打曾老师的电话怎么也打不通，便向他的同事打听他儿子的状况，想去医院看看。

"已经过世了。"曾老师的同事说。

那个同事还告诉我，在儿子弥留的最后阶段，曾老师尽到了做父亲的责任：他不让别人服侍，在儿子身边搭了一张小床，天天端屎端尿，帮儿子擦拭身子……

在京期间，我多次联系他，都没能联系上。回杭后，每隔一段时间，我便试着拨一次他的电话，始终没能拨通。

三年前的一天夜里，突然，他的电话打了进来，声音已经非常虚弱，且断断续续："小王，我的癌症……已……已……到了晚期。我要走了……请替我照看一下老伴儿。经济上，我不操心……有存款，还有两套房子。可……可她患了风湿性心脏病……"

哽咽了半天，他接着说："我要去……和儿子……团聚了……我再不打他

134

了……绝不再打他了……如果有来生……让他打我……我给他当儿子都成……"

我眼前又浮现出了那个头发微鬈、英挺俊朗的少年。如果他活到现在的话，也该接近四十了吧？

可他，却永远停在了 25 岁的年龄！

（原载《北京文学》2023 年第 8 期）

举头望明月

钱粮胡同琐忆

我八岁随父母从重庆来到北京，从 1950 年至 1960 年，一直住在东四北大街钱粮胡同的海关大院里。

记得从东四北大街胡同东口往里路南，有座两层的中式小楼，挂着鸿顺煤铺的匾。那小楼西面是南北向的小胡同，记得前半截叫轿子胡同，后半截分叉，其中一叉叫孙家坑。轿子胡同进口一株大槐树下，形成一个宽敞的空间，鸿顺煤铺就利用那空间，让雇来的师傅摇煤球。少年的我，常驻足看师傅摇煤球。经常会有两位师傅交错占位在那里摇煤球。他们把晾干的四方形煤块铲进一个直径大约一米五的荆条编成的筛子里，筛子下面垫一个陶制花盆，然后蹲下来，摇动那大筛子，时不时地往筛子里撒煤灰、洒水，摇动筛子使里面的煤块反复做圆周运动，最后那些煤块就都滚成了乒乓球大小的黑煤球儿。直接用那些四方形的煤块拿来烧不就行了吗？为什么非得摇成球形？后来知道，那些煤块都是按比例掺了黏土的，摇成煤球才能使外壳全是可燃的煤，而且放到炉子里煤球之间有足够的空隙，可以使空气流动，便于持续燃烧。春末起一整夏到仲秋，摇煤球的师傅都经常光着膀子，棉裆裤捆着红布条腰带，他们屁股底下虽然会叠放着三块砖头，但坐在砖头上的时候并不多，大多数时间里他们都是蹲踞着劳作。因为跟煤打交道，他们脸上总蒙着一层黑灰，但他们肩膀上总搭着一条灰色的毛巾，时不时地拿来擦身上的汗，虽然经年地风吹日晒，他们胳膊胸脯倒并不黝黑，而是小麦黄的颜色，他们摇煤球时胳膊上的肌肉如铰链律动，他们的胸肌厚实而紧凑，具有一种大异于健身房先生的强壮之美。我们海关大院各家各户，那时候都从鸿顺煤铺买煤。来送煤的，也就是那两位摇煤球的师傅。他们会用一种宽宽的帆布带，把一竹筐煤球斜挎在身上，到了各家，把那筐里的煤球倒进指定的木箱或铁桶中。有的人家会请他们喝茶，他们从来不喝，我母亲知道他们的心态，是不愿意弄脏买主家的茶杯，所以他们来送煤，母亲就从父亲的香烟筒里，拿烟递给他们，他们总是高兴地接过，连声道谢，一支暂夹耳朵，一支出院前就点燃享受。

那时候各家厨房里，使用的多是白炉子，就是鲁迅在《伤逝》里写到的那种，用石膏、石棉做炉体用耐火黏土做炉膛的小炉子。但入冬以后取暖，不能用白炉子，简陋点的，用铁皮炉子；讲究的，就用铸铁的花盆炉子。那时我家分到的宿舍，中间一间放八仙桌，可以待客就餐，进门右手一间父母住，左手两小间，一间我住，一间姐姐住，右边尽头还有个小洗漱间，有自来水龙头，算是挺宽敞的，但入冬取暖，只在中间那间安放一个花盆炉子，为让热量传递到各屋，我家使用的是当年最大号的高腰花盆铸铁炉，之所以叫作花盆炉子，就是因为其炉体形态仿佛花盆，高腰大号的，则有如两个大花盆对扣在一起，炉腰有花式装饰，炉身下有三只兽爪般的立足，底下放一个很大的铁皮裹木头的带围沿的托盘，托盘里还要留下足够的地方，来放三样东西：装煤球的小铁桶（大量的煤球放在厨房的储煤箱中，这小铁桶是运煤球及方便往炉中续煤球用的）；放在炉子下方炉口接扒下炉灰的铁簸箕；一个装有撮煤球铲子、煤灰扒子、熄火铁棍、长柄煤夹子的长方形铁箱。冬日里，煤球在花盆炉子里燃烧，炉口闪动着红光，炉子上的铁水壶嗞嗞发响，炉后的洋铁皮烟囱先往屋顶升起，再严丝合缝地弯向屋外，屋外的烟囱口再戴个朝上的小铁帽，下面挂个接烟油的小铁筒，而安装在门窗旁的，从隆福寺庙会买来的绘有祥云图案的风斗，更保证着一氧化碳的疏散，真是既温暖又适，有时炉台上还烤着白薯，加强着小康家庭的香暖氛围，冬晚一家人围炉聊《红楼梦》，争辩，欢笑，唉唉，那是多么令人忆念的时光！

　　大约我上高中的时候，开始有了蜂窝煤，鸿顺煤厂增加了蜂窝煤的品种，但煤球依然还受欢迎，我家厨房白炉子用上了蜂窝煤，入冬屋里花盆炉子依然烧煤球，只有煤球的热力能让几间屋子都分享到热量。有人告诉我蜂窝煤是由法国科学家路易·莱茵·斯特拉姆斯在 19 世纪 20 年代发明的，他使用一种新的技术，将煤炭烧结成蜂窝状，以增加表层面积，提高热量。但是我记得有一次父亲在家里炉边读《人民日报》，他把一则新闻读出声，就是我国山东一个叫郭文德的，发明了一种比煤球优越的家庭用煤——蜂窝煤。现在想来，郭文德显然并不知道法国的斯特拉姆斯，有的发明，不同民族可以各自实现。到如今，北京全市不仅禁烧煤块、煤球、蜂窝煤，连一度流行的煤气罐也大体退出了历史舞台，普及了管道天然气的使用。现在钱粮胡同居民的取暖动力应该要么使用天然气要么使用电。但少年时代那健壮的摇煤球师傅的辛劳形象，是不会退出我的生命中的感恩画廊的。

　　当年家中冬日围炉闲话，父亲会说起他所知悉的钱粮胡同历史，早在元代就有这条胡同，明朝这里设铸币厂，清朝八旗子弟不用劳动即可分到钱和粮，称"铁杆庄稼"，这里因设有分发钱粮的机构，所以得钱粮胡同之称。但那分发钱粮的机构究竟在胡同何处？是鸿顺煤铺的位置吗？包括据说胡同里曾有康熙十三阿哥，也就是雍正登基以后立即封为怡亲王的那位，他的后代，其府第即在此胡同中，但均难指认位置。倒是道光、咸丰两朝位居权位的大学士耆英府第，还可指认，其中一部分后来居住过激烈反对袁世凯的大学者章太炎，他在世时鲁迅多次来此拜访他，执弟子礼甚恭。父亲说胡同里原来有一家大饭庄聚寿堂，还有一家 1905 年开业的西式公立医院叫城官医院，钱粮胡同之所以成为北京最早铺上柏油路面的胡同，大概就因为有这些因素，但聚寿堂和城官医院，也都只是"依稀可辨当年痕迹"罢了。

　　父亲的"说古"，引不起我太大的兴趣。我一贯感兴趣的是"当下"。我记忆里镶嵌的，基本上都是亲见亲触的事物。1950 年后的钱粮胡同，有不少新气象。胡同中段路北，出现一家以前没有的占地不少的印刷厂。印刷厂常有载重汽车出出进进。进去的有运纸的。那些从纸厂运来的大卷筒的原装新闻纸，有时候就卸在厂门外面，等待陆续滚入，它们直径高达两米左右，超过一般男子汉身高，包裹在大纸卷外面的牛皮纸，有时候裂开了口子，路过的同龄人，多是男孩子，有的就从那裂口用力地撕扯，扯下的大块牛皮纸，用来包课本作封皮。我随之扯过一次，拿回家遭到母亲批评。印刷厂有时傍晚会把许多裁下的纸边，大条大条的，当作垃圾倾倒在厂门外，夜里会有垃圾车来运走。这些纸边是胡同里我们同龄人的最爱，男生女生遇上都会拣些拿回家，我也会拣回家，母亲倒不为此责怪。女生会把纸条再裁成小本子，装订起来，绘制美丽的封面，里面用来写日记。手巧的女生还能折起纸条编制成提篮，供家里买菜用。别的男生，多用来叠方胜，在院里垂花门边的上马石上玩拍翻就赢的游戏。我呢，会把纸条截成一拃长，订成一摞，然后画成一套漫画。王蒙改革开放后的第一部长篇小说，取名《活动变人形》，有人乍见不知何意，我一见却忍俊不禁，那就是我少年时摆弄过的玩意嘛，我在一摞寸把宽的纸条上，依次画出同一个人的形象，将那形象逐渐变化，积累到一定程度后，从右侧快速从底部翻动到最上面一页，就产生出类似动画片的效果。我的第一部"活动变人形"作品，是以小学同桌女生为模特，先是美丽的脸庞，然后笑眯眯，再后闭眼大笑，又变成皱眉，又呈现愁眉苦脸，居然痛哭流涕，泪花四溅，最后咧嘴，吐舌，定格为一幅怪模样。这次"放映"的后果是同桌告到老师，老师把我叫去谈话，我不得不重新"放映"一次，老师竟忍不住"扑哧"乐了。老师批评我不该拿同学取笑，让我给同桌道歉，嘱咐我要懂得尊重别人。老师没有没收我的"变人形"处女作，建议我另制作一部以"跌倒爬起来"为主题的"小电影"，可以在班上让同学们传看。

居住在钱粮胡同的十年，我是一个狂妄的文学青年。有种说法：所有的文学爱好者最初都是诗歌狂人，会写出一大堆诗来，后来若不放弃文学创作，才会多数转化为去写小说、散文、报告文学，只剩下少数最后真的成为被社会承认的诗人。我上初中的时候就试着给《北京日报》副刊投稿，投出的第一篇稿子是一首约二十多行的诗《绿色交响乐》，灵感来自于在劳动人民文化宫大殿观看印度美术作品展时，被深深吸引住的一幅油画，那幅油画就叫作

《绿色交响乐》，画的是层次丰富的自然界植被，投出以后，我就总注意《北京日报》副刊，幻想能给我登载出来，但是我的诗稿被退回了。在 1954 年底，我在《北京日报》上读到了署名李学鳌的诗《每当我印好一幅新地图的时候》，不久就看到大诗人臧克家（我学的语文课本上有他的诗）对李学鳌的高度评价，并且知道，李学鳌是北京人民印刷厂的工人，于是感悟到，文学创作，归根结底要从自己熟悉的生活出发。李学鳌所在的北京人民印刷厂，不就在我们钱粮胡同吗？我能不能在放学的时候，恰巧在印刷厂门口遇见他呢？可他什么模样呢，会像普希金那样一圈络腮胡子吗？后来再见到署名李学鳌的诗，我就都读。离开钱粮胡同 20 年后，1980 年，我成为北京市文联专业作家，这才见到李学鳌本尊，跟我原来想象的完全不同，是一位憨厚，总带着与人为善的微笑，很朴实的老大哥。可惜 1989 年他 56 岁时就去世了。他参与印制的地图和他诗歌中的爱国情怀，都融入了共和国历史。

我们住的海关大院当时是 35 号，西邻的 34 号小四合院缩进去，当时是诗人、文化学者陈梦家和夫人、翻译家赵萝蕤的住所，前些时三联书店出版了我的《也曾隔窗窥新月》，开篇便写到他们。

胡同中部路南有片空场，场地尽头是隆福寺南门。隆福寺是孕育出我早期文学情思的福地。我写长篇小说《钟鼓楼》，就是从北京市文联开出介绍信，到已成为东四人民市场的隆福寺去参与售货、运货、布货、清货、补货，与售货员、仓储员等先打成一片，再到其中相处最好的家里做客，也就将视野扩展到其居住的胡同杂院中其他的人家、人士，再加上我原有的生活积累与感悟，构思完成《钟鼓楼》的。我在另一部长篇小说《四牌楼》中，更把隆福寺写进书里，其中《蓝夜叉》一章，描写到当时仍存在的毗卢殿的藻井与两壁的天龙八部雕像，刻画出弱势生命的尊严与善美，也写出了我少年时期的荒唐与我的忏悔。

钱粮胡同里西边路北，那时一度还存在着一家出版社，是苏联官方资助一位叫罗果夫的人士，在中国专门翻译出版苏联文献与文学作品的机构，叫作时代出版社，一些优秀的中国编辑家、翻译家如姜椿芳、戈宝权、蒋路等当时都在其中工作。记得那出版社院门旁有家小门面的书店，只卖其出版的书籍，我曾从中选购过一册写苏联远东地区高中生参加卫国战争的长篇小说，作者是米·哈夫金，书名叫《永远在一起》，作者和作品知名度都有限，却重重拨动了我青少年时期的心弦，至今余韵犹存。书里写那些远东地区的青年，在卫国战争中牺牲的，与战后胜利归来的，他们的灵魂永在一起，青春不灭。书里有一句："后贝加尔湖的春天啊，你那么样地灿烂！"很平常的一句，却令我几十年后听到歌手李健吟唱《贝加尔湖畔》时，勾连起来，胸臆中就有热流回旋。时代出版社后来合并入商务印书馆。

胡同路北接近西口，有一个带八字护墙的大红门宅院，都知道是刘伯承元帅的居所。我那些年不知道路过那扇大门多少次，但从未遇见过那扇门开合有人进出，连有汽车停在门外的景象也未遇到。刘元帅一家在钱粮胡同里非常低调。

胡同东口外马路对面曾有一家书店，我在那书店里买到一册周汝昌前辈的《红楼梦新证》，拿回家后全家翻阅，成为父母兄姊和我经常讨论的话题。那是周先生对我的启蒙，也是我和他结缘的开端。上海三联书店近日出版《周汝昌刘心武通信集》，收录了自1991年至2011年我们20年间的通信，以及部分相关文章，悠悠岁月流逝，钱粮胡同东口外那家书店早已消失，但它令我后来在周汝昌前辈扶持下迈入红学研究领域，其牵引作用，岂可忘怀。

胡同西口内曾有所私立耀华小学，我曾在那里就读，学校是父子亲属齐上阵，母亲很快发现其弊端，给我转学到公立隆福寺街小学。

胡同西口外，每到年关，售卖零食的摊档上，就会摆出大量的关东糖，以瓜形最多，那些糖瓜儿小的只如杏儿，多数桃大梨大，卖得很火，也总会在高处摆几个真有南瓜那么大的，难得卖出去的特大号关东糖，十分有趣！

如今北京东城区区委区政府设在钱粮胡同，东城区文旅局与北京九维文化传媒公司，联合出品了根据我的长篇小说改编的话剧《钟鼓楼》，2022年11月8日在北京保利剧院首演，反响不俗，本来还要在保利剧院连演数场，并计划到上海演出，却因疫情紧急叫停。到2023年4月，社会生活全面转为正常，话剧《钟鼓楼》在国家大剧院连演了四场。东城区文旅局人士知道我曾在钱粮胡同居住过十年，竟三十几年再未进入过，便邀我"回娘家"，我很高兴，却又"近乡情更怯"，我知道这几十年来钱粮胡同变化非常大，我记忆中的许多都消失了，印刷厂早搬迁了，孙家坑也早改叫连丰胡同了，新建了宾馆，出现了餐馆、茶室、咖啡厅，我宁愿先巩固住记忆，为胡同正史补阙拾遗，再去旧地重游。

时间淌过城市，便是历史；时间流过个人，便是命运。钱粮胡同于我，是一段生命史，更是个人命运的转捩处，有太多的故事。钱粮胡同啊，教我如何不爱你！

（原载《文汇报》2023 年 5 月 24 日）

队伍上的伙食

裘山山

　　伙食这个词，我一直以为是部队专有的。翻开汉语词典一查，不是，所有集体办的饭食都叫伙食，就是很多人在一起吃饭的意思。可是我为什么会有这先入为主的感觉呢？

　　查这个词，是因为想写写部队吃饭的事。我很少写到吃，盖因为不善厨艺。我曾深刻反省，老妈的厨艺超级棒，我为此写了一篇《厨房超人》赞美她。老姐也不错，基本继承了老妈的优良传统。我是怎么回事呢？某一天忽然想，是不是因为我长期当兵的缘故？长期吃队伍上的伙食，导致第一，对吃不挑剔；第二，感觉没必要学，专业的事有专业人士做。所以有了不挑剔的嘴巴和容易满足的胃。每次下部队，部队领导在饭桌上客气说，我们伙食一般，你将就了。我总是大嗨嗨地说，没关系，当兵的嘛。言下之意，我是很好对付的。

　　其实部队领导也就是客气一下，那些摆上来的菜一点儿不亚于饭馆里的。现在部队炊事员要考个烹饪师什么的，轻而易举。不只是机关，就是基层连队也一样。记得十几年前我跟工作组在西藏走边关，突袭一个连队午餐，真是很好，四菜一汤，色香味，加上营养，俱全。现在就更好了，已经是六菜一汤了。老话说，人是铁饭是钢。那么战士是钢的话，伙食必须是金刚了。

当然，以前不行的。至少我当兵的时候不行。70年代，就是大锅菜，每人拿着碗排队打菜，一人一勺，一荤一素。所谓荤，就是有点儿肥肉的白影子。偶尔菜炒多了，一人一勺还有剩，炊事员就拿着大勺敲着菜盆喊，加菜了加菜了！男兵们纷纷起身踢倒凳子一窝蜂奔向窗口，女兵们纹丝不动，只用余光扫一眼。女兵们哪敢添菜，连添饭都要三思而行，因为站起来添饭很显眼，男兵们会看在眼里记在心上，下次开寝室卧谈会时就会说，某某好能吃哦，还添饭！这对女兵来说，相当于说自己是饭桶。

我有时一碗饭也不够，毕竟十八九岁的年纪，为了吃饱又不添饭，就在舀第一碗饭时，悄悄按压一下，多加一勺。有一回过八一节，连队包包子，肉馅儿的。炊事班长表态说今天包子管够，随便拿。一时间所有人都成了饿虎扑向大箩筐。我也左右开弓拿了四个。吃完回到寝室，发现寝室还有一盆，又吃了两个，创下了一顿吃六个包子的光辉纪录。后来，此生，再也没有超越过。年轻就是年轻。

当兵三年，记忆中连队伙食的高光时刻，就是过年了。我在给爹妈的信里作过汇报："春节过得很愉快。年三十下午会餐，十二个菜，都挺高级的。初一一大早吃汤圆，初三又吃了饺子。"这么不好吃的人，将此一一记录，可见心满意足。可惜"挺高级"的十二个菜没留下菜名。

过年之外，就是吃饱为主了。因为我们是话务员，要值夜班，故还有夜宵，所谓夜宵，就是白水煮面条加几片莲花白和几颗葱花，很寡淡，没有肉哨子也没有鸡蛋，鸡蛋面是病号饭，生病才能吃。连队伙食的一大特点，就是一种菜要吃很久，因为一买就是一卡车，甚至几卡车。所以留在我记忆里的夜班面条，其伴侣一直是莲花白，没换过别的。

即使如此，每每吃饭哨音响起，大家还是跑得飞快，站在食堂门口唱歌的时候，也是越唱越快，完全不顾节奏。比如唱"日落西山红霞飞"，唱到"米嗖辣米嗖，啦搜迷倒瑞"时舌头都转不过来了，旋律直接被口水淹没，泣不成声。

连队吃饭前要唱歌，这个光荣传统不知始于何时。带队的总是很体贴，尽量找短一些的歌，比如《团结就是力量》《下定决心》之类。如果确实比较长，就先说，只唱第一段。

曾经有位老友，写了篇回忆部队生活的随笔投给我们刊物。其中一个故事我至今难忘。他刚当兵时，有段时间连队天天吃南瓜，南瓜整整齐齐贴墙码着，顶到天花板，严丝合缝，跟砌砖一样。南瓜虽然营养好，但甜腻腻的，很不下饭。他眼巴巴地问炊事班长，咱们什么时候吃点儿别的菜呀？班长说，吃完这些南瓜再说。于是他每天进食堂，都先去看那堵瓜墙，眼见着瓜墙一点点矮下去了，被士兵们消灭了。终于有一天，只剩墙基了，而且是半拉墙基。他高兴坏了，第二天唱米嗖辣米嗖的时候格外响亮。哪知走进食堂，眼前不由得一黑，不知何时，也许是半夜三更，南瓜又垒到天花板了，依然严丝合缝，跟砌砖一样，完全符合我军直线加方块的内务风格。他说，那是我长到18岁时，第一次体验到什么是绝望。

虽然那时候连队伙食比较单一，但有一大优点，就是实在。不管好坏，管够。大锅大盆子大铲子。印象中，我们连队大铁锅跟饭桌那么大，炒菜铲子像铁锹。那锅盖是实木做的，死沉死沉，我要拿起来，必须两只手一起用力，再用肚皮顶着。轮到我去炊事班帮厨时，只一天就被"辞退"了。

早些年，很多新兵对部队上吃饭可以管够感到震惊。有个将军告诉我，当年他从乡下入伍来到部队，发现部队无论是米饭还是馒头，都是随便吃的，忍不住热泪盈眶：原来世界上还有这么好的地方，每顿可以吃够。由此也对爹产生了一腔怨恨。他爹是个大干部，明知他在乡下一直吃不饱，为何不早些把他送来当兵？

为吃饱饭当兵，是早些年很多老兵的真实愿望。但是随着生活越来越好，这样的愿望不复存在了，有些家里条件好的兵，还会嫌连队伙食不好。也是这个将军告诉我的，他当政委时下连队检查工作。连队干部汇报说，最近连里有些战士挑剔伙食，经常不去食堂吃饭，去军人服务社买方便面火腿肠吃。他没说话，进了炊事班，拿起盐罐子舀了几大勺盐放到正在烧的汤里。中午他进食堂和大家一起吃饭。一喝到汤，兵们都被咸到发苦的汤给惊住了。他站起来说，知道这汤为什么那么咸吗？因为那里全是你们父母的汗水。你们的父母生怕你们吃苦，给你们寄钱，可你们好意思这样喝掉父母的汗水吗？

至此，连队的这个风气被扭转过来。

说到汗水，我必须再讲另一个故事。一个工作组到边防连队检查工作。这个连队因交通不便，只能自己养猪自己种菜。一桌丰盛的菜肴摆上桌后，炊事班班长用标准手势指着一桌菜说，首长，这是我们全连官兵的汗水，请吃吧。工作组的同志们一时间面面相觑，难以下筷。呵呵。连队的兵们就是这么朴实可爱。

我的一位老领导，是个敦厚人。他下部队去蹲点，在某边防团。团里的几个头头很紧张，虽然以前也来过大领导，但来一下就走了，这次大领导是要住一周，他们生怕条件差招待不好。于是，先给机关打电话，找熟悉的人问，这位领导喜欢吃什么，他们好安排伙食。机关的人说，首长是河南人，喜欢吃面条。这好办，他们马上找了个善做面食的炊事员。第一天，一晚正宗的手擀面端上来了。首长连连夸赞，这面好，这面地道。第二天，从早到晚，炸酱面，番茄鸡蛋面，牛肉面分别占据了三餐。而且每次都一大碗，首长不习惯剩饭，吃完面就再也吃不下别的了。第三天，一碗刀削面再端上来时，首长终于面露难色，支吾了一阵说：这个，这个，我也可以吃点儿别的。

这真不是我编的，老领导亲口说的，一想到现场的状态，我很不厚道的哈哈大笑。朴实的边疆官兵们。

一般来说，我下部队很少去连里吃饭，毕竟不方便，也给人家添麻烦。我就在机关食堂吃，或者就和几个团领导一起吃。一边吃饭，还能一边听他们聊聊，补充采访。有一回在一个西藏边防团吃饭。坐下后，团长看了一圈儿饭桌问，哎，我那个菜呢？炊事员连忙说，哦忘了忘了。马上拿来。我心想，团长还搞特殊啊？而且还这么公开？过了一会儿，菜上来了，是一个白色碟子，里面是切好的蒜片，淋了酱油。他笑眯眯地跟我说，我真是离不开这个，没它吃不下饭。说完还跟我客气了一下：你来不来点儿？女同志不喜欢吧？其实我是要吃生蒜的，对他的特殊爱好一点儿不惊讶，只是出门在外，还要和人谈话，绝不敢碰。

但那碟蒜，让我过目不忘。因为它让我想起了另一件事，也是采访时听一个老十八军首长说的。当年他们进藏的时候，根本吃不到蔬菜，更不要说下酒菜了。有一回搞到一瓶酒，几个人凑在一起喝，怎么也找不到下酒菜，连花生米黄豆都没有。干喝酒感觉不对劲儿，喝酒也是需要仪式的。于是他们想出个法子，捡了一盘鹅卵石，洗干净，撒了些盐，冒充花生米。每人喝酒之前，拿筷子夹一颗石头舔一下，再喝。这下找到感觉了，喝得兴高采烈，非常尽兴。

还有位参加过抗日战争的老首长，一辈子戎马生涯。因为生得高大威猛，自然好胃口。但战争中吃不到个啥，有一回好不容易搞到一个肘子，炖得又软又烂，什么调料都不用他就一口气干掉了。留下了非常美好的记忆。后来嘛，日子越过越好，吃得也越来越讲究，就是肘子也有各种做法。老首长依然很怀念那个白水炖肘子。可是无论是家里还是机关食堂，都不会让他吃那样的肘子了。有一次，身为大领导的他，代表上级去一个单位宣读命令。他到那个单位后先奔食堂，直截了当跟炊事班说，去买个肘子炖上。人家请示怎么做？他说就白水炖。然后他回到会议室召集会议，宣读命令，是一份表彰这个单位的嘉奖命令。单位当然要搞庆功宴，中午就在食堂里摆了一桌子菜，鸡鸭鱼肉还有海鲜。老首长举起酒杯，说了些祝贺的话以及勉励的话，就放下酒杯悄悄去了炊事班。那白白的肘子已经炖趴了，一大碗，撒了些葱花，配了一碟酱油，放在一张木凳上。老首长就坐在小凳子上，一言不发埋头开吃，一口气干掉。

故事是一位当时在场的人讲给我听的，但我总觉得我也亲眼看到了，我还觉得他吃的时候一定想到了当年，想到了战场。他一定吃得非常有滋味，非常过瘾。这位老首长高寿101，我觉得肘子功不可没。

经常下部队，吃队伍上的伙食，还是有几餐很难忘的。

一次是在西藏。我在一家陆军医院采访，正赶上老兵退伍，在食堂开欢送会。食堂很简陋，水泥地，十几张木桌，每个桌子配四条长木凳。重点在于，当时是12月。当菜一样样端上来摆到桌上，院领导的话还没讲完，就已经冰凉了，因为我看到每盘菜上面，浮着一层白乎乎的薄冰。而香肠火腿上面，则凝固着白油。

这就是西藏的冬天。

在我感到惊诧时，官兵们却视若无睹，他们的全部心情都在离别上。每一个上去讲话的人，都是哭着下来的，每一个敬酒碰杯的人，都含着眼泪，甚至抱头大哭。那天我就简单吃了一点儿最后上来的面条。但桌上那些如浮雕般结冰的菜，永难忘记。

另一次是在北川。汶川大地震后，我和同事去北川采访。一路上以干粮为主，矿泉水加干粮。进到北川后，我在一个指挥部的帐篷里见到了老朋友，某分区参谋长，他地震当夜就进北川了。我见到他还顾不上寒暄，就被一口热气腾腾的大铁锅吸住了眼球，肚子咕噜咕噜地直叫唤。大震突发，后勤保障还没跟上，所以看到这一锅面很是惊喜。他明察秋毫地说，没吃饭吧？来来，吃碗面条。

那面条一看就是在锅里煮了不少时间了，已看不到条状，其中隐约能见到粉红色，应该是午餐肉，还能隐约见到黄绿色，大概是菜叶子，总之是一锅海枯石烂的面条。我舀了一碗，不由分说送下肚，真觉得太好吃了，是世上最好吃的面条。

再回到开头。在得知所有集体办的饭食都叫伙食后，我又认真查了一下伙这个字，人和火在一起，最初就是做饭的意思吧？后来和夥字通用了，有了很多人吃饭的意思（我的理解）。但为什么我会觉得，只有队伍上的伙食，才是正经八百的伙食呢？是不是因为，吃队伍上伙食的人，都穿着绿色的军装？是不是吃过部队伙食的人，都会一辈子难忘？

一定是了。

（原载《文汇报·笔会》2023 年 1 月 19 日）

开河

梁衡

20 世纪 60 年代末，大学毕业生必须先到农村劳动锻炼。我从北京毕业后到内蒙古临河县劳动一年，就地分配到县里工作。想不到，还没有打开行李，就直接受命带民工到黄河岸边去防凌汛。

"凌汛"是北方河流解冻时的专用名词，我也是第一次听到。特别是气势磅礴的黄河，冰封一冬之后在春的回暖中慢慢苏醒，冰块开裂，漂流为凌，谓之开河。开河又分"文开""武开"两种。慢慢融化，顺畅而下者谓之"文开"；河冰骤然开裂，翻江倒海者谓之"武开"。这时流动的冰块如同一场地震或山洪引发的泥石流，你推我搡，挤挤擦擦，滚滚而下。如果前面的冰块走得慢一点，或者冰面还未化开，后面的冰急急赶来叠压上去，瞬间就会陡立起一座冰坝，横立河面，类似电视上说的堰塞湖。冰河泛滥，人或为鱼鳖，那时就要调飞机炸冰排险了。无论"文开"还是"武开"，都可能有冰凌冲击河堤，危及两岸，所以每年春天都要组织防凌。我就是踏着黄河开裂的轰鸣声走向社会的。

虽然我在临河县已生活一年，但还未亲见过黄河。在中国地图上，黄河西出青海，东下甘肃，又北上宁夏、内蒙，拐了一个大弯子，如一个绳套，被称为"河套"。在这里，黄河造就了一块八百里冲击平原。我这一年在河套生活劳作，虽未与黄河谋面，却一直饱吸着黄河母亲的乳汁。每当我早晨到井台上去担水时，知道这清凉的井水是黄河从地下悄悄送过来的；当夏夜的晚上我们借着月光浇地时，田野里一片"噼噼啪啪"庄稼的生长拔节声，我知道这是玉米正畅快地喝着黄河水。河套平原盛产小麦、玉米，还有一种别处都没有的"糜子米"，粒金黄，比小米大，味香甜，是当地人的主食，也是供牧区制作炒米的原料。在河套，无论人还是庄稼都是喝着黄河水长大，片刻不曾脱离。生活于斯你才真切地体会到为什么黄河叫母亲河，是她哺育了我们这个古老的农耕民族。前几年联合国粮农组织在全球普查农业遗产，在陕北佳县黄河河谷发现了1400年的古枣园，在山东黄泛区发现了6000亩的成片古桑园，可知我们的先民早就享受着黄河的养育之恩。沿黄河一带的农民说："枣树一听不到黄河的流水声就不结枣了。"

我受命之后，匆匆奔向黄河。一个毛驴车，拉着我和我的行李，在长长的大堤上，如一个小蚂蚁般缓缓地爬行。堤外是一条凝固了的亮晶晶的冰河，直至天际；堤内是一条灌木林带，灰蒙蒙的，连着远处的炊烟。最后，我被丢落在堤内一个守林人的小屋里，将要在这里等待开河，等待春天的到来。一般人对黄河的印象是飞流直下，奔腾万里，如三门峡那样的湍急，如壶口瀑布那样震耳欲聋。其实她在河套这一段面阔如海，是极其安详平和、雍容大度的。

我的任务是带着二十多个民工和几个小毛驴车，每天在十公里长的河段上，来回巡视、备料，检查和修补隐患，特别要警惕河冰的变化，与指挥部保持不间断的联系。民工都是从各村抽来的，大家也是刚刚认识，都很亲热。河套是我国传统的四大自流灌溉区之一，黄河水从上游的宁夏流过来，顺着干、支、斗、农、毛渠等大小小的河道，让庄稼灌饱喝足后，再经排水网络流向下游。因水过沙淤，每年冬春修整河道就成了当地必不可少的工作。在还没有机械施工的年代，全靠人工把泥沙一锹一锹地挑出去，俗称"挑渠"。从另一个角度讲，这也是年轻人欢乐的聚会，类似南方少数民族的"三月三"，不过那是纯粹的唱歌游戏，这却是借走河工而欢聚。民工出发前，会往毛驴车上扔上几口袋糜子米，在铁锹把上挂几串咸菜疙瘩，富一点的生产队还会带上半扇猪肉。人们难得享受一次大干、海吃、打牌、摔跤、说笑话的集体生活。我现在参与的也属这类劳动，不过不是"挑渠"而是"护渠"，规模也小，人也少，民工的年纪也略大，气氛就安详了许多。

住下以后，我到堤上的工棚里看了炉灶、粮食等生活用品的安排，就出来和他们一起装土、拉车。这时一个他们叫王叔的中年汉子突然走上前来拦住我说："头！这可不行。你是县里的干部，张张嘴，指指手就行，哪能真干活？"这一句话把我说蒙了，我怎么一夜之间就从一个学生、一个在公社劳动的临时农民变成了"头"？成了干部？从此就可以只支支架嘴，不用动手干活了？真是受宠若惊，我还很不习惯这个新身份。就像京剧《法门寺》里的贾桂，站惯了不敢坐，我这双手动惯了，一时还停不下来。马克思说劳动创造人，莫非这一年的劳动就把我改造成另一个人？我一高兴也吹起牛来，我说："这点活算什么，我在村里整担了一年的土，担杖（扁担）都不记清压断了几根。"他们看着我笑道："除了衣服上有补丁，怎么看，也还是个学生娃哩。"大家嘻嘻哈哈，一会儿就混熟了。

因为是上堤第一天，为了庆祝，中午就在工棚里包饺子。当地盛产胡麻油，生胡油拌饺子馅特别香。一脸盆肉馅拌好后，王叔提出一把装满胡油的大铝壶，就像提水浇花一样，对着脸盆大大地转了三圈，看得我目瞪口呆。你要知道那是在物资极端匮乏的年代啊，城里每人一个月才供应三两油。但是生产队自家地里长胡麻，自家油坊里榨胡油，吃多吃少谁管得着？况且出工挑河就和当兵出征一样是要格外优待的。那年我在村里，春天派河工时，挑河人无肉不行。队长无奈，就发话杀了一头毛驴为之壮行。今日我们在黄河大堤上吃开工宴，真有点梁山好汉初上山来喝聚义酒，大块吃肉的味道。这时大堤内外寒风过野，嘶嘶有声，而工棚内热气腾腾，笑声不断。我内心里怎么觉得，这就是冥冥中给我办的一个劳动毕业典礼，也是身份改变，从此由学生转为干部的加冕宴。

我白天在河堤上和民工们厮混在一起，晚上就回到自己住的林间小屋里，静悄悄地好像退回到另一个世界。这林子是一大片与河堤平行的灌木，专为防风、固沙，防止水土流失而栽。树种是北方沙地一种永远长不大的"老头杨"。护林员姓李，一个 50 多岁的朴实农民。他的任务是每年春天把这些灌木贴着地皮砍一次，叫"平茬"，促使它根系发达，平时则看护好林子，防止牲畜啃食。这是黄河的一条绿腰带。这个林间小屋里热炕、炉灶等生活用具应有尽有，老李在这里白天煮饭、干活、看林子，晚上回村里去和老婆孩子一起挤热炕头。他临走时问我："你晚上一个人住在这片林子里怕不怕？"我说："不怕。"心想，说怕又有什么用？他说："我把这条大黄狗给你留下。你现在就喂它一块骨头，先建立一下感情。"在这个半农半牧区，吃肉是平常事，我一进到这个小院就发现半人高的矮墙头上摆满了一圈完整的羊头骨，如果是哪个画家来了一定会选一个回去当艺术品。我接过黄狗摸摸它的头，算是我们俩击掌为友。

后半夜一钩弯月挂在天边，四周静极了，风起沙扬，打在窗户纸上沙沙作响，大黄狗不时地汪汪几声。微风抚过林梢掀起隐隐的波涛，我这个小屋就像大海里的一只小船。我怎么也睡不着了，突然想到这是我平生第一次一个人过夜，而且还是在万里黄河边的旷野上。大约这就是在预示一个人将要独立走向社会。上大学之前我从没有离开过家，在大学里条件有限，一间的宿舍上下铺八个人，再下来就是来到农村劳动，四人睡一条土炕。而今天，脱离了家庭，离开了集体，像被母亲推出了怀抱，说你已长大，快快出门而去吧。我感到几分孤单，又有一点兴奋。人生本是一场偶然，命运之舟从来不由自己掌舵，你唯一的办法就是如鹰雁在空，借气流滑行。我从北京来到塞外，从学校到生产队，再从生产队来到黄河边，被一双无形的手推过一程又一程。

我辗转难眠，就去想那些类似今夜光景的诗篇。苏东坡有一首《卜算子》："缺月挂疏桐，漏断人初静。谁见幽人独往来，缥缈孤鸿影。"不好，太凄苦了。我虽分配塞外，但还不似苏轼发配黄州。又想起辛弃疾的《破阵子》："醉里挑灯看剑，梦回吹角连营。八百里分麾下炙……"现在大漠孤烟，河堤上吃肉，倒有几分身在沙场的味道。你看：堤外漠漠层林，堤上车马工棚。千万里大河东去，枕戈静待凌汛……那么，凌汛过后的我又将飘向何处呢？

天气渐渐转暖，脚下的土地也在一天天地变软有了一点潮气。按照老河工的经验，今年的开河将是"文开"，不会有太大的麻烦。我作为"头"，紧张的情绪也有了缓和。不过从心里倒生出一丝遗憾，既为凌汛而来，却没有看到冰坝陡立，飞机投弹炸冰，好像少了点什么。人生就是这样，又要又怕，又爱又恨。民工们已经在悄悄地收拾行装，我无事可干裹上一件老羊皮袄在堤上漫不经心地巡走，有时遥望对岸，对岸是鄂尔多斯高原，成吉思汗的发家之地。几千年来，这片土地上曾演绎了多少惊心动魄的故事，而我一出校门就投向黄河的怀抱里。中国民间风俗，孩子满周岁时，在他面前摆上各种小件物品，看他去抓什么，以此来卜测孩子将来的作为，名为"抓周"。《红楼梦》里贾宝玉抓到的却是女孩儿用的钗环脂粉，贾政因此心中不悦，说这孩子将来必无所成。现代有类似的新说，小儿断奶后吃的第一口菜是什么味道，就决定了他一生的饮食习惯。我出校门后正式受命干的第一件事就是到黄河上带工，这也是一种"抓周"，而且十分灵验，从此我的后半生就再也没有离开过黄河。几十年的记者生涯，我上起青海黄河源头，下到山东黄河的出海口，不知走了多少遍，采写了多少文字，至今还有一篇《壶口瀑布》在中学课本里。这是黄河发给我的最高奖品。

一天，当我又照例巡河时，发现靠岸边的河冰已经悄悄消融，退出一条灰色的曲线，宽阔的河滩上也渗出一片一片的湿地。枯黄的草滩隐约间有了一层茸茸的绿意。用手扒开去看，枯叶下边已露出羞涩的草芽。风吹在脸上也不那么硬了，太阳愈发的温暖，晒得人身上痒痒的。再看远处的河面，亮晶晶的冰床上，撑开了纵横的裂缝，而中心的主河道上已有小的冰块在浮动。又过了几天，当我迎着早晨的太阳爬上河堤时，突然发现满河都是大大小小的浮冰，浩浩荡荡，从天际涌来，犹如一支出海的舰队。阳光从云缝里射下来，银光闪闪，冰块互相撞击着，发出隆隆的响声，碎冰和着白色的浪花炸开在黄色的水面上，开河了！一驾值勤的飞机正压低高度，轻轻地掠过河面。

不知何时，河滩上跑了一群马儿，有红有白，四蹄翻腾，仰天长鸣，如徐悲鸿笔下的奔马。在农机还不普及的时代，同为耕畜，南方用水牛，中原多黄牛，而河套地区则基本用马。那马儿只要不干活时一律退去笼头，放开缰绳，天高地阔，任它去吃草追风。尤其冬春之际，地里还没有什么农活儿，更是无拘无束。眼前这群撒欢的骏马，有的仰起脖子甩动着鬃毛，有的低头去饮黄河水，有的悠闲地亲吻着湿软的土地，啃食着刚刚出土的草芽。而忽然它们又会莫名地激动起来，在河滩上掀起一阵旋风，仿佛在放飞郁闷了一冬的心情，蹄声叩响大地如节日的鼓点。我一时被眼前的情景所感染，心底暗暗涌出一首小诗《河边马》：

俯饮千里水，仰嘶万里云。
鬃红风吹火，蹄轻翻细尘。

时间过去半个世纪，我还清楚地记着这首小诗，那是我第一次感知春的味道，也是我会写字以来写的第一首古体诗。

我激动地甩掉老羊皮袄，双手掬起一把黄河水泼在自己的脸上，一丝丝的凉意，一阵阵的温馨。开河了，新一年的春天来到了，我也迈出了人生的第一步，明天将要正式到县里去上班。

（原载《当代》2023 年第 1 期）

表弟、羊和老家

葛水平

一

　　春天，一场大雪阻挡了回城的路。也许归幸于天气，雪白的光华与沉静，我和表弟文军站在羊圈篱笆墙前，满圈的绵羊，因为我们的到来，羊们的眼睛直戳戳盯过来。它们的样子让我惊奇，此刻，假如有一只羊张嘴说话，捻子似的，一圈羊就会此起彼伏，那情景十分迷人。

　　民间滋生着各种性情可爱的生灵，比如羊，还有我的表弟文军。

　　表弟是唯一没有离开老家的人，不离开是因为离开老家羊群没有更好的落脚处。

　　表弟和羊相伴经年，朝夕相处，彼此熟悉对方的气息与温度，他们之间有一种局外人不理解的情愫，有友谊有爱有平等也有相互的感恩，甚至更多。表弟尽其知识储备，给他放牧过的每一只羊都取了名字。公绵羊在老家的方言中叫圪羝，公山羊在方言中叫骚胡。圪羝类的取了喜孩、必土等，骚胡类的取了喜民、山汉等，母羊则一律亲切喊"彩彩"。成串的羊名字是表弟一生中创作出的最经典的文学作品。有一阵子，我的小说中人物名字的来处就是表弟嘴里的"羊"名字。阅读作品中从表弟那里借来的羊名字，没有一点羊态，每一张面容上都涂了一层柔丽，一副明眸皓齿的样子。文字中的他们一颦一笑，一蹙眉一眨眼，又都散发出一种令人惊叹的美仪"羊"态。

南宋爱国民族英雄文天祥曾撰写《咏羊》诗一首言志："出都不失成君义，跪乳能知报母情。"在汉字中，以羊为部首的或含有羊字的汉字有204个，除了差以外，祥、善、美、義（义）等，有203个都是褒义字或中性字，可见人们对羊是寄予美好向往的。

老家人说话土，表弟一口土话。从前外出读书人回乡说普通话是要被村庄里人嘲讽，"走了几天，人就疙汰了"（忘本，故意拉开和乡村人距离显示格格不入的样子）。老家的土话有意思，叫山丘是"疙梁"，叫背心是"疙拉拉"，喊太阳是"饵篓"，拍胸腔是拍"疙廊"。太行山逶迤，山路崎岖，老祖宗世代肩挑背负种地打粮过日子，可日子过着变化就来了。

山外的变化冲撞是从20世纪末开始，很仪式化的日常四季，突然的就成了农民过日子的累赘。"饵篓"落山，晚夕从水面褪去，月明降临，明天，开始叫人心慌意乱。尽管四季繁忙，只要有一个人走出去，那些站在山顶上眺望远处灯火的老家人不免会心跳加速，离开意味着再也回不来了，但是，一生奋斗，让你从心眼里觉得，以前种种，不过是今日的铺垫，上苍不会无缘无故打发一个人来到世上，现在看来，去山外谋出路才是做一个有用人的开始。

人挪活树挪死，这是老祖宗留下来的一句话。

表弟不舍得离开老家，站在老家的山疙梁上，穿着红色的"疙拉拉"，看着"饵篓"升起落下，"疙廊"里装满了不舍得离开老家的泪水。

眼看着道路延伸了希望也带走了一切，最没想到的是羊决定了表弟的命运。

二

放羊不杀羊，是表弟做羊倌的原则。他总说和羊感情缠绵多年，一直都怀念陪伴和羊一起成长的岁月，似乎在成长的过程中也吃透了羊的性格。可生活中发生了两件打动人心的事，表弟一个人站在山坡上还哭了两回，最后痛下决心不离开老家。

头年的母羊今年春天时被山外的羊馆买走了。十月，他出山去找人说个私事，在一座村庄的街道旁一家面馆吃一碗面。那时天色大约已近黄昏，而黄昏是一天里最宁静的时刻，在没有食客到来的房间里，光线渐渐地暗淡了下去。表弟常年在山上吼羊，粗喉咙大嗓门，表弟带着响进门时让陈旧的漆皮或者胶合板家具一下子灵醒了。遇见同样想吃一碗面的乡民，两个人吵架似的说话。老家人说话没有繁文缛节，一边吃面，一边意味深长地说年景。一个说，一年时间短得比小孩的尿还短，觉得人一辈子都在折腾福分。一个又说，背阴坡上的寺庙今年秋口上塌了一个疙隆（坑），有人偷走了庙柱下的柱础，离乡人不疼爱自己的老家了。

说这些话的意思中两个人心里都没有多少悲伤，很羡慕村庄里走远的人，去寻找更安乐更舒适的生存状态，也许是人一辈子的正经事儿。

门外街道上有一群羊走过，一只羊停在了饭店门口望着门里"咩咩"叫，一声紧一声。两个喧嚣的人正热乎说话，赶羊人看见落下的羊返回撵羊，两个吃面人盯着门口的撵羊人奇怪，门槛上咋探头探脑出一只羊圪脑（脑袋）？文军一下就看见了倚门叫着的羊，正是他去年转手卖出去的"彩彩"。文军龇着豁牙笑，抚摸着羊脑袋想哭，羊"咩咩"叫，"咩咩"是羊唯一的语言。

文军说，还听得出我的声音来，我可是从来都没有记挂过你呀。"彩彩"被撵羊人撵走了。

原主人不给羊好命，羊还记挂着原来的主人。

养羊人有自己的地界，山下沟为界，羊群在自己的地界内吃草。某一天，突然从对面的山头上跌跌撞撞走下来一只羊，走到文军放羊的山坡下，没入草丛不见了。表弟从山头慢条斯理走近看，看见一只羊卧在草丛中生育，母羊舔着湿漉漉的小羊羔，看见表弟走来，母羊叫着，站起来丢下小羊跌跌撞撞走了。这是自己去年卖的"彩彩"呀？

母羊感恩从前的主人，丢下一只小羊羔子走了。

表弟在黄土疙梁上难过了一阵子，羊不是宠物。宠物与人物相似，争宠。羊只知道羊倌放养它在扩大的疙梁上，土地接纳了母亲般的"饵篓"送来的阳光，一年四季，土地的呼吸，宛如母亲的呼吸，比山头更为辽阔，尽管土地似无声无息，然却恩泽生灵，给生灵爱。梭罗在《散步》里说：有如山间的空气会喂养灵魂，启发灵性。

羊的行动，凭直觉爱人，不生仇恨。

表弟在疙梁上用手甩着泪蛋子，哭到最后想明白了，羊都知道恋主，自己为啥要离乡背井？

三

对老家的牵挂，也是对旧时过日子的牵挂，那里有血浓于水的亲情。新旧陈杂，轻重各异，如同儿时许下的诺言"不分离"，生活的剧情向前展开，谁也猜不透多变的世相。

在老家，我见过母羊和小羊分圈的情景。母羊要出山了，小羊，如一个人的童年，不知脚下深浅，小羊要留在羊圈。表弟挥舞着羊鞭，一下两下，母亲开始往羊圈栅栏门方向走，小羊在鞭声中跌跌撞撞，找不到母亲，见任何一头羊从身边走过都认为是自己的亲娘"彩彩"，用羊角顶撞母羊的可爱劲儿，那一瞬间，生活的剧情向前展开。

母羊们在鞭声甩击中走往山腰，长长的羊群，荡起了黄尘。

又听表弟讲一只母羊死去，表弟用小羊的胞衣涂抹在其中一只母羊"彩彩"身体上，血水淋漓，小羊跌跌撞撞寻着娘的味道认定。

娘的味道，前所未有的疼痛，勾勒、构建并呈现老家之所以为老家的光亮属性。

娘的味道就是老家啊！

灶间烟火兴旺，日子才会兴旺，余烟水气不灭，日子才能好过一天。

城市的方向一直是老家人富足的梦想地儿，那么土地呢？大面积的土地开始闲置，人总是在万不得已的情形下才会想到土地。

乡民说：

我不想让土地闲着，土闲了长草；我也不想让我闲着，人闲了难受。

走外人呢？

出门人成了外乡人。

章太炎曾经感叹中国的国民性流转的多，持守的少。

人的坚守一再动摇，世相多变，性格中固执坚守是不是就是人的福气？

我在老家寻找乡俗俚语，老家话形象十足，没有规矩地乱开乱合的亲切感，成为我明亮或者幽暗的知识河道。

我坚信重返故乡是未来人的必然方向。看那二里三里高的疙梁上，晚夕挂在西天边，浮游的尘土托着一方酱紫，裹一身春风转身。

其实，作家的蜿蜒走势皆因为写作者的命运和定力。每个写作者都有自己的生活经验可资使用，不一定是建立在当下的准在场，而是建立在自认是好的"过去"之上，用记忆中的经验寻找故事。对我而言，生命里如果出现一个心仪的朋友，那一定是在老家，老家人用"土话"满足了我对生活继续的喜悦心情。

四

记得有一年夏天我回老家，走到疙梁坡上，看见表弟躺在草皮上入睡，睡得很放肆，四仰八叉，"饵篓"在高处懒懒散散相拥，不亲近，也不躲闪，草皮上的鼾声此起彼伏。羊埋头吃草，鼾声逸出来的自在味道是整个乡村美好心灵的实录。一辈子没有睡过一张好床的表弟，在羊们的簇拥下睡得如此踏实。

想起童年时夏日的夜晚，院子里铺一领苇席，男人女人孩子们都坐在上面，月光明晃晃的当头照下来，就等于给梦找一个憩身之地。我听到了不远处的玉米地里，蛙鸣声弹着青玉的叶子，明丽的月影朗照一切，白天出山的大人们把山外听来的事努力用农民文学家的口吻复述一遍，谁都怕上茅（厕所）误了精彩的一段。小孩子们不敢大声喊叫，怕一不留神碰落了玉米的香气，青草的香气。月影下老窑花纹繁复的窗栏板，一棵树宽的门扇，紫铜的门环，铁葫芦锁，看着看着睡意来了，不等散场人就睡过去了，被大人喊醒时骨软心糊得恨不得睡死过去。

那样的睡眠，居住在城里的我再没有找到过。面对老家的从前和现在，我无法表达此刻的心情，现实时常会被选择，我从老家人的故事中获得创作源泉，表弟和羊群，守着自然秩序，在老家，人们所有生命的灵物都以兄弟相称，一辈子各安天命，各从其类，但关键时刻总有灵性呈现。

生活本是一大堆细枝末节，有的枝节在寒来暑往的转换中永久地风干了，像寻常的小情小调，小伤小悲；有的枝节却四季青葱，永驻我们的心间，比如守护老家的表弟和羊群。羊性好群。合群，是羊的一个重要特性。"谁谓尔无羊，三百维群。"由此产生"群众"一词。作为草根的代言词，从《诗经》一直沿用至今。

每个人的生活中都会有感动的记忆，就我而言，感动过心灵的怎能忘怀，又焉能忘怀？纵然是一个小小的举动，或是一句温暖的话，或是一个会意的眼神，但无一不是人类高尚心性的自然外泄。我常常沉浸于对老家人事的回忆中，被那些曾经的感动永恒地感动着。我知道是无数美好的感动，像火种一样点燃了我对这个世界的热忱和欲望。也正是有了这些人、这些事，我生活的天地才越发地绚烂明媚。

我选择写手艺人，写乡村，相比时间，他们是有重量的，他们的故事透彻地穿越时间留存下来，他们的坚守也许让我能够看见乡村的远方。

土得掉渣的老家话有水土流转深远的遗传，紧张的生活和过多物质需求相比，老家话和老家人，暗隐着某种幸福的从前。

当一个人常常被老家感动也常常能给老家人感动时，那无疑是一种人生最好的感觉，我尽力在找这样的感觉。

（原载《光明日报》2023 年 6 月 21 日）

豆子的境遇

王兆胜

日常生活中，米面是主食，豆子为副食。不过，豆子种类繁多，非常实用，深得人们喜爱。最常见的有黄豆、绿豆、红豆、黑豆，也有豌豆、芸豆、扁豆、蚕豆、茴香豆等，大家喝粥、吃菜、饮酒、养生往往都离不开它。然而，不少人对豆子却有偏见，多贬损语，不太好的说法有"目光如豆""胆小如豆""豆渣脑筋""箪豆见色""两耳塞豆""豆重榆瞑"等。

豆子很小，在食物中，除了"米"，恐怕就是豆子了。不过，豆子虽小，作用却甚大，它是人体所需蛋白质的主要来源，还是去火、利尿、消暑的良材。豆子像米一样，单看上去很"小"，汇集在一起就成为山、变成河，囤积起来更加丰实饱满与流光溢彩。据科学研究，豆子的蛋白质高达35%～40%，一向被认为高蛋白的猪肉也只有20%。炎热夏天，一碗绿豆汤可立马解暑降温，功效远甚于绿茶甚至药物。当豆子经由传送带运行，堆积如山，进入粮仓，聚集在一起的豆子也有了富足感和温暖感，再也不是单独时候的孤独渺小，很容易被忽略了。

与地瓜、土豆这类生长于地下的植物比，豆子多了些自豪和张扬，它悬挂于豆秸之上，顺着篱笆上爬。不过，它一般不会登得太高，而且喜欢被豆夹包裹，有点深藏不露。豆蔓开花，那一树一片的豆花特别亮眼，仿若是一些翻飞的蝴蝶，有点非人间物的感觉。当眉豆开花，其艳丽无比，将它们说成仙女下凡也是可以的。眉豆花是大地的语言，也是天空的符号，还是神仙在人间点亮的彩灯，这样的美往往是可遇而不可求的。

挂在空中的豆夹像一张张名片，成为童年乡村的亮丽风景。不过，很快地就有阵阵轻风吹过，在阳光的照耀下，早熟的豆子就会爆裂，像早产儿似的呱呱落地，并与金黄的枯叶一起点缀着大地。此时，豆子非常寂寞，也多了些孤独与茫然，它们仿佛在用圆满与晶亮诉说秋意，也为自己的一生画上一个个圆满的句号。

那些收割后的晚熟的豆子，连棵带夹一起被运到打豆场，庄稼人就会摇动长扁豆似的梿枷把豆子打出来。此时，孩子们就会听到阵阵夹杂着欢乐与痛苦的声响，这是来自豆蔓和豆荚，也是由梿枷发出的。为了将豆子与豆荚分开，农民就用大木锨将它们高高扬起，豆子被送上天空，充分享受弧线的快乐与自由的飞扬。这是豆子会飞的时光，也是它身居豆荚时做的好梦。

作为果实，红薯与土豆有些呆头呆脑，甚至显得特别愚蠢，然而豆子却显着灵光。如细加观察，每颗豆子上都长了眼睛，那是心灵的外化，也是天地的法门，还有着一种别样的美丽。特别是红豆，这个被人们寄寓哀思的爱情信物，其实有着一种不自美的天然之美。红豆中有朱红、柿子红、橘红、豇红，这是红中显出的富于变化的各种层次，也是包含"中国红"的各种颜色。红豆的外表有火一样的激情浪漫，内心却是纯正、自然、宁静、悠然的。豆子特别是红豆还会变成眼睛，被那些做面人点进工艺品，于是王八配上绿豆眼，白兔子长了一双红豆眼。

"煮豆燃萁"连同曹植一起对"豆子"与"豆萁"充满悲悯。其实，豆子的苦难与磨砺远非于此。豆子被磨成粉，豆子被人放在嘴里咀嚼，豆子被长期腌制，豆子被蒸、煮、炒、爆，哪一种都不是人能忍受的。其实，"豆"这个字本身就是蒸锅的形状，上有盖子、下有火、中有口（也是锅）。"俎豆"是古代祭祀的器具。这样看来，用"俎豆"来"煮豆燃萁"，会让人们生出更多的感怀。但豆子可能不这样想，作为植物它生来就是为人类所用，以牺牲精神奉献出自己，只是有的人感恩，有的没有甚至熟视无睹罢了。当然，在豆子中，也有"石豆子"和"铜豌豆"，这些豆子中的异类让人既爱又恨。"石豆子"像石头，仿佛铁了心不为人所用；"铜豌豆"如风月场上的老手，"蒸不烂、煮不熟、捶不匾、炒不爆、响当当一粒铜豌豆"，根本不理会人的想法。

豆子的"硬""实""圆""满"，都是好寓意。据说，不少围棋高手对局，由于用时过长，没时间正常用餐，又要费尽心力和耗尽体能，于是发现用炒黄豆充饥和补充能量的妙法。当一个棋士一边下棋，一边从旁边盒子里抓棋子，还将炒黄豆抓起来往嘴里放，很容易分不清到底是棋子还是黄豆。好在两者都是圆的，也是瓷实的，与方正的棋盘形成了"天圆地方"格局。还有个成语叫"撒豆成兵"，"豆子"虽不能用来战斗，但在著名军事家手上都是兵器。豆子还能派上其他用场：农民分房、分家、分地，有时就用"豆子"；延安时期的民主选举，不少农民用豆子投票；还有人在做重大决定时犹豫不决，也喜欢抛豆子以下决心。

小时候，农村有一种风俗，用胡萝卜和豆面做灯。家中能放的地方都放上一盏灯，除了给灶王爷，还会给粮仓、猪圈、鸡舍、磨房等送灯。用完了，就会将珍贵的豆面灯回收利用，像切面条一样煮着吃。老百姓常用"吃一百担豆子，不知道豆腥气"形容一个人不长记性；然而，黄豆面灯却有金黄的色泽，嚼在嘴里有一种特别的香气与韧劲儿，还有说不出的神清气爽。清明时节上坟送灯，胡萝卜灯是红色的，豆面灯是金黄色的，闪烁跳动的灯火苗是红色的，送灯人的心是虔敬与慌恐的。当离开之后走远，向墓地蓦然回首，还能看到如豆的豆面灯在夜色中闪烁，这既是一种贴心的陪伴，又是一种细心的倾听与无尽的诉说。

一直忘不了豆子变成豆芽的过程，特别是它亮相的那一刻：水泡的豆子被盖上湿布，置于暖室，豆子就开始做梦了，甚至会有一股股的梦香。有一天，突然打开盖布——这如新婚的盖头，映入眼帘的是簇新、亮丽、明澈的豆芽。黄豆芽露出金质，绿豆芽多了灵光，这是一个从现实进入梦境又回到人间的过程。豆芽是从豆子身上长出来的，豆芽苗壮成长，原来的豆子却日见消瘦，很快变皱变老变小，有的几乎看不到了。绿豆芽长长的，让人怀疑它是从一粒小豆子中生长而成的。当加上老醋清炒，绿豆芽就会变得透明，在嘴里咀嚼还会发出脆响，那是一粒豆子毫不保留的全部奉献。有时，吃着这样的绿豆芽，常怀念父母，那些将所有日子与辛劳都奉献给儿女的伟大生命。黄豆芽似乎更有营养，它也有长长的嫩芽，但留下的豆瓣嚼在嘴里还是那么香醇，它的营养一半给了豆芽，一半留在豆瓣中。豆芽可能代表的是瓷实厚道、缺言少语的豆子的心事，我甚至能从豆瓣和豆芽中听到豆子所说的话，那是关于柔弱、干净、纯粹、坚韧的寓言。如将豆芽看成豆子开出来的心花也是可以的，它并不比豆子结子前的花朵逊色。

豆子变成豆腐是脱胎换骨的过程。它彻底改变了豆子的形状、颜色、味道，也让豆子以另一种形式长久保存。当遭受千磨万压，当豆浆经了卤水的点化，当在密封后得到长久的修炼，豆子一下子有了灵魂，也有了楚楚动人之美，这不只是说它有了美好的容颜，而是说更有了新的味道与内涵，特别是变得更有营养和不断可以翻新的美食。豆腐还与豆腐脑、豆腐花、豆腐丝、豆腐皮有关，还可进一步成为豆腐乳——让人销魂的一种美味。豆腐乳往往被罐装进瓶子里，以密不透风的方式挤压在一起，既连又分，整体与个体并存。人如果像豆腐乳一样生活，恐怕一分钟都撑不下去；豆腐却排列整齐，进入属于只有自己才能理解的修行。

臭豆腐是豆腐的变异，也是豆腐身上长出的怪胎。在此，白嫩变得黑黢，香气变为臭气，美变为丑。不过，吃过臭豆腐的人都知道，真正的香味是那种回甘，它藏在所有现象背后，或者说在时间的深处，以及人的灵魂中。这也是为什么，很多人放着日常豆腐不顾，专找臭豆腐，这不只是回忆，更有说不出的沉醉，一种灵魂的对话。这也是豆子从发芽、开花开始，永远也不会想到的结果。

熬粥特别是腊八粥是国人的最爱，也是中国文化的代表与象征。将不同的原料放在一起，像红枣、核桃、百合、米、枸杞等，再加上豆子，于是就有了混合着各种原料的食品。原来，各种原料是互不搭界的，然而，经过温火、水、时间、耐心，豆子开始与其他材料融合，慢慢变得黏稠起来，并有了温情蜜意，也有了一家人和平共处与融为一体的共情。据说，这样的粥营养价值很高，可延年益寿，更能增加福运的。

有人给孩子起名叫"豆豆"，鲁迅笔下写过豆腐西施，人们常用"刀子嘴、豆腐心"形容一个人，"豆蔻年华"中的豆蔻指的是十三岁少女，《憨豆先生》塑造了"憨豆"这个可笑可爱的形象，"厨子"和"厨房"都离不开一个"豆"字，"逗留"与"真逗"充满着悠闲与趣味，明清小说《豆棚闲话》是关于豆棚之下的故事集萃，等等。看来，豆子无所不在地充满着人们的生活，并有一些窖藏的深意和值得思考的内容。只是人们深受豆子恩惠而不自知罢了。

有时，需要听听人们说"豆子"，但更多时候，也要好好听听豆子在说什么，以及它们是怎么诉说的。

（原载《美文》2023 年第 5 期）

我欲成仙

荣荣

一

张岱的《夜航船》多次说到他家乡的奇人与奇事，在天文部里说到传奇人物王冕："越人王冕，当天大雪，赤脚登炉峰，四顾大呼曰：'天地皆白玉合成，使人心胆澄澈，便欲仙去。'"

确实，仙，有时就是某种状态上的心境或渴望甚至呈现。

有一次出差回来，我拖着拉杆箱，穿过一个分设于街两边的市场回家。我要买两个菜用于晚餐。周围一片嘈杂，各式叫卖声此起彼伏，不断有人进出各类店铺，便利店叮叮咚咚的，示警门铃带着几分悦耳。汽车停停走走，看上去比左右顾盼、眼神大多是小日子里的精打细算的行人多了一份笨拙。我从中穿过，恍惚觉得我分裂为两个我，一个在人世间走着，一个脱离开来，从远处注视着这一切。有多远？也许不在这人间，只是在回望。那有没有可能是百年之后的我，穿透时空，突然对当下来了那么一瞥？或者很近，像悬在头顶三尺的神明那样，我盯着那一个入世的我？那天回家，我写了一首诗《那一天她还在人间走着》，很人间也很物质地描述了市场与内心的不一样的

168

热闹。

这样的恍惚，对我来说并不陌生，两个我分离又呼应着，这种分离，美好得像梦境。其中一个是处于飞翔状态的，每次从头感觉，我认定我做了很仙的事情，如果按仙术来细分，我都用了什么法力呢？分身法是跑不掉的，魂游术算不算？通幽术是不是也有那么点影子？

二

"你还能成仙啊？"这句话，总能彻底地打击到一些想入非非的人。也由此可以推定，做人的最高理想之一或许就是成仙。

为什么想要成仙？如果挖出人们内心真正的想法，肯定五花八门。

穷人说不定想拥有点石成金的手指，富人也许想要为富不仁并能逃避惩罚的法门，病人想要健康，老人想要永生，或者这些人人人都想要，反正成仙了我就在这人世间无所不能了，还能露露小人得志的嘴脸："当初的你看不起我！现在的我让你高攀不起！"但这里有个悖论，要成为仙人，除非你在上天出生，是仙二代，否则你首先得成为一个得道的人，而得道的人得摒弃世俗的所有欲念，不为物累，游息自在，无事无为，不老不死。如此，成仙对于凡人而言不仅做不到，即使误食了仙丹飞升，你也回不到凡人态做种种快意恩仇之事。

做不到，就只有崇拜和羡慕了。人间早早就有了仙人信仰，比道教存世的时间可早多了。有学者说真正出现仙人这个词是在春秋战国时期，而类似的仙人崇拜早在原始社会就有了。可以这样理解，自打人们有了难以理解的事物并心存敬畏，就有了各种超人间的崇拜，那时候的每个人心里一定都会住上一个或几个仙，只是称呼或许没有统一而已。天上飞的地上跑的，蛇啊狐啊鸟啊风啊太阳啊月亮啊，甚至牛、羊、癞蛤蟆都可以拿来崇拜，它们都是上天莅临人间的不可冒犯的神仙，都有种种法术。仙人的概念后来才被道教继承，并且对此做出了规范：天上的星宿，人间已逝的伟人，潜心求道有大成者，都是仙人，都拥有超凡的能力；反之也是成立的，拥有超凡能力的人，就是仙人。

三

这其中有一个关键词：羽化。

羽化这词最早指昆虫由蛹变为成虫，具有了飞翔的能力。飞翔一直是人们最渴望的神技，所以心目中仙人必须得会飞，而且因为人间生活种种不如意，仙人就应该生活在天上，在天上飞来飞去，而由凡而仙的人，就得飞升到天上去，这是得道成仙的一个必要过程。这个过程特像昆虫羽化生翅，脱胎换骨。

神奇的是，仙人羽化并不是真的生出了翅膀，更多地暗示不羽而飞的能力。这与西方神话传说里，天使都会有一对具象的翅膀才能上天入地截然不同，中国的神仙不用翅膀，其实中国的神仙也有翅膀的，只是那翅膀只生长在意念里，只要他们想，那双隐形的翅膀就会让他们凭虚而立而飞。这与中西方流传下来的远古岩画，西方很具象东方很抽象，似乎有些同脉。

也许凭虚而立而飞实在有点太过虚幻，因此，后来的神话传说与文学作品里让神仙在天上飞行时，还同时给出了不少"交通工具"，腾云是最多的，云还得是白云，如果有人按下一朵黑云头，那后面露出来的真身一定是魔而不是仙。还有御风飞行，现代的滑翔机发明时是否一定借用过此飞行原理？还会配给神仙各种坐骑，凤凰啊，仙鹤啊，白鹿啊，金毛犼啊，青狮精啊。当然还会御用法器，风火轮，刀或剑，葫芦甚至一朵莲花，一根烧火棍都可以成为飞行工具。在御物飞行这一点上，西方的神话传说里也一样千奇百怪，有扫帚，飞毯，木马，甚至用蜡粘羽毛做起来的翅膀。

四

清代徐道曾编写有叙述中国神仙事迹的书籍《历代神仙通鉴》，其中介绍了天罡三十六法与地煞七十二术，号称大小神通，这些神通包罗万象，涉及政治、经济、医药、养生、天文、地理、风俗等各个方面。之所以有天罡三十六与地煞七十二，还源于道教，道教认为北斗丛星中有 36 颗天罡星，每颗天罡星各有一个神，合称"三十六天罡"，北斗丛星中还有 72 颗地煞星，每颗地煞星上也有一个神，合称"七十二地煞"。

一种一种细细看来，这些神通每一种都不得了，不得了到凡人也只能看看，艳羡一下。天罡大神通不用说，大多都太大了，如创世，颠倒阴阳，移星换斗，翻江搅海什么的；小神通也不小，找来找去，也不敢想。这些神通，不说小老儿小老太驾不驾驭得了，有也不能在人间用啊，一介凡人，在法治社会，你动动仙法试试？比如你有了隐身术，你想干嘛？比如你有穿墙术，你又想干嘛？比如你能点石成金，又能干嘛？所举的前两个法术似乎不是用来干好事的，后者弄出个巨额财产来源不明，也下不了台。也有似乎小一点的，比如吞刀，吐焰，喝水，顾名思义，那是吞刀不伤身，吐焰烧邪物，喝水不撑死的法术，但这也不实用啊，估计只适用于街头变变戏法。

最理想的情形是，在你千难万难时，最好能碰到下凡来历劫的仙儿，为你施一下法，使你亲人重逢，大病得痊，垂老返童，丑颜变美，破镜重圆，起死回生，商机得窥什么的。

五

我很认同仙人的通俗定义，那就是长生不老并且有种种神通的人。这里有两个要素，一个有关时间，一个有关能力。去年有一个网站曾发起征文，题为《我已成仙，法力无边》，当时就想着写上一篇，文中我想阐述时间的绝对与相对，以此来说明人生的漫长与短暂，对个人而言都不成为仙不仙的局限或约束；而仙人具有的种种超凡能力，只是成就了他们不同于凡俗之人的自由，因为巨大的能力就是对自我的最大解放。结论是，在人间，只要你想，你也可以成为仙仙的人。

比如后者，努力做那个具有顶尖才能的人。做不到这点，那就试着修心吧。

就像将仙人两字分开，一边是人一边是仙，人的部分，踏踏实实做好，做好社会人，做好家人，做好亲人、爱人，总之做好为人的本分；仙的部分，更多的回到内心自由状态，成就一颗仙心。

心是什么？网上视频里曾看到一种说法，说《西游记》讲的就是修行，最大号的主角孙悟空代表的是心，心动动意念，能够一个跟头翻出十万八千里。只要我们的心是自在的，上天入地，冥想万千，远能瞭望几亿万光年外的星座，近能体察最微妙的一缕情绪。回到本文第一节，我能在现实里走着，心可以飘在天外，冷静地回望自己，那时候，我就是仙，仙就是我。

一句话，心修到了，情随心至，随心所欲，欲随风止，八风不动。你看到的我，肯定是安静的，美好的。那时，若揽镜自照，胖胖的我，像一只御风的气球，谁能说我鼓的不是人间仙气?!

（原载《鄂尔多斯》2023 年第 6 期）

血脉里流动的光亮 （节选）

唐朝晖

1

我站在村外，在母亲的记忆里村子"到了夜里，在月光下土地呈银色"。而在我这位兄弟的口中"那个地方好像搁在炭火上一样热，仿佛就是地狱的门口"。

是因为远离，美丽的记忆才铺满了银色的大地？因为母亲无法回去，在想念的记忆中，美好的事情就会在愿望中生成现实，一点点美好的幻想无限地被扩大成满地的银色。月光美好？还是，村子永恒的美丽沉落在大山和平原中，只是这位兄弟因为怨恨而使美丽不再动人，悠远得不再开阔？

神话和历史都难逃命运设置的机制，灰色调的人生悲剧，被大写的历史涂抹，留下一些愿意被留下的。

无论置身何处都有一个与之对话的人，两个影子同时被晨曦的阳光拉长在枯寂的大地上，被父亲母亲遗弃的他们，自己成为父亲母亲。

而我的母亲与我的离开，是神话的续集，流水般被狂飙送上另一座悬崖，母亲的不完整性直接影响了我对白昼的判断力，她以母亲的身份出走，她的身边没有一样相伴的影子，只有蹲下来，才能与我同等长度地躺在大地上，她强大地活着，直至死去，我与母亲同时的离开，使我没有了父亲。两个多重身份缺少的人，血脉相连地生活在一片没有希望的土地上，母亲说，父亲的那个村子里银光铺地。

鲁尔福从文字出现的地方开始为母亲和自己寻找另一半。心灵需要完整，精神健康灵魂才得以飞翔。寻找自己生命的饱满和智慧的路开始在文字的空白处。

我的寻找，就是苏醒之后的第一个动作。

不能让生命长久地处出混沌状态，明理知世看见自己饱满的生命——是寻找的目的。一个人能够在有生之年苏醒就值得举杯庆幸了。

多年以前，离开的是母亲和我，这与创世纪故事多了一层悲怆，更显孤寡无力。而现在，我回来了，寻找那个留在这里，而让我蒙昧不开的父亲。

与兄弟正好同一段路，他的下半句话是全书能够存在并合理发展的根本缘由，"那里的人死后来到地狱，都因舍不得他们那穷家，又回到那里去了"。

兄弟如果不说这句话，那这里的一切太显荒谬。我读到这里的时候，没有任何感觉，因为神迹没有出现，仅当是一句随意的话而已。

那穷家就是地狱的一部分！那里游走生活着的是死了的人们。

有一点，我想象不到，鲁尔福也没有文字的涉及。在那种情境下的人对我这位远道来者多看两眼，那是现在活着的人还是昨天那位曾经已死过一次的人？那来到这里的我是死者还是活者？无从判断。

我想到李清照的小院，那风吹帘动的夜色凄然，我还想到黑暗里那位独栏远眺的君王，任痛苦的诗句紧紧地缠绕着他吃紧的灵魂，那些人，和今天的读者，谁是活者？是谁的灵魂在流动？谁活在这世界里？有一点是肯定的，母亲死了，母亲会回到这里。

也许，我们都将回到这里。

故事开始叙述了，我舍弃兄弟的这句话，让他的话头从这里的堤岸滑进河里，水沿着我们的阅读而流动，开花、结果，完成所有的布景。

"父亲是仇恨的化身。"这是兄弟狠狠地对我说的。

是儿子对父亲的仇恨？延伸为对生的仇恨？还是对活本身的仇恨？换一个角度，站到父亲的那个绝望地等待的屋子里，这是否就是父亲对一切的仇恨，仇恨的魔鬼居住在父亲的身体里？

我只能接二连三地问话，谁能给谁一个答案？——鲁尔福给出了一个。

我们似乎都怀揣仇恨，与谁的仇恨？当我们愤怒的拳头击向空茫的夜色，潮湿的人群软绵绵地回应坚硬的拳头。

因仇而恨。恨是人类的孽根之一，恨这只巨大的魔鬼会用血冲红我们的眼睛，冲垮山地丘陵，毁掉抽穗拔节的庄稼，事物失去平衡之力，客观就无从谈起。

恨，是我们迷失的重要原因。

一个人无恨的时候，他就可能走向圆满完达的道路。

而我们的父亲"是仇恨的化身"——也是我们的化身。这是我兄弟说的，应该不是我愿意听到的，这些文字散发出来的气息，都是我梦里的节奏，我读不出仇恨和安宁，平静地集中发生。

随着我的走近，对村庄和父亲有了一点点的直观了解。

父亲是半月庄庄园主，目光所及之地，都是父亲佩德罗·巴拉莫的。父亲的富有暗暗地照着母亲的贫穷，我出生在一张破席子上。

兄弟把上面说的那句关于"地狱"的内容嫁接了下来，他说："不是看来，这村庄确实无人居住。"那后面出现的难不成都不是人？都只是曾经活过，后来又回到这里的一次次复述，那复述的内容都是过去的重复还是生存的继续？答案在后面。我现在也可以提前告知，一切不是重复，无论生者还是死者，是村子里的所有人都知道正在发生的事情与曾经发生过的事情混杂在一起并存和合。

胡安·鲁尔福本人在一篇题为《〈佩德罗·巴拉莫〉三十年后》的文章里写道："一个死亡的村庄，所有的村民都死了，包括故事的叙述者。在街道和田野上走的全是幽灵，回声可以不受限制地在时间和空间里流动。"

作者的这句话为我的理解找到了绝对的证据，给了我思路一个扎实的地基，主要证据有了，也就有了解读的方向。主色调，不会与作品出太大的差距，证据给了我一个很好的解读点。

作者既然明确出来说话了，表达他最初的写作意图，我就不会出现大量的疑问，很多事情，连作者本人进入以后也会迷失，作者也只是一位看见者和记录者，只是他的重要性和首屈一指的地位无可撼动，他暂时是唯一的见证者。

顺着作者意识的流动就不会出错，即使我流向了其他地方，也是无伤大雅的，如果一篇不能让读者在其间漫游、不断发现新惊喜的作品，那肯定是一件枯竭失败的作品。

继续我们的漫游。

兄弟在我刚接近村庄时，他告诉我："佩德罗·巴拉莫已死了好多年了。"

这句话，直接道出：我们都是没有父亲的孩子。

父亲死了。我们都是由女性抚养成人，没有父亲，我们照旧活了下来，并且活得比父亲长。没有父亲的结论宣告了我们根的外在形态消亡了。我们替上辈人活在今天，明天会有其他人替我们活下去。

但此时，父亲的死，父亲的离去，是我们文明里父性特征缺失之一。多少个日子我们有父亲的陪伴，父性的种子在土地上流浪，而父亲也会在孤独中老去，佩德罗·巴拉莫的一生，那些聪明和智慧，都是无足轻重的，他的一生，只为一个女人活着，这是他生命的核，心灵的本质多在。

因为父亲，我来到这村庄。

母亲的死，让我站在这冷冷清清的村庄外面。

2

无论母亲的生老病死，她都活在我的世界里，因为母亲，我才得以发现这个安身之地，从她睡卧于地的那一刻起，就为我打开了一扇启示之门。

死亡只是她身体的消亡。

死亡与生存是两种状态，生存转换为死亡之后，生存中的那具物质的身体行将消失，但生存体内、体外的那些精神的虚空，如声音、记忆、念头、思想将在被死亡的状态保持下来。

代替生存状态的是死亡状态，两种不同的状态，属性也不一样。

死亡的声音继续发声，我不断听到的那亲切的声音，就缘于母亲的死，从她另一种状态的境域传给我。

母亲的身体死在我昨天生活的那片土地上。今天，母亲也来到了我所站立的村庄。她的声音从死亡之地传来，声调色彩的不一样取决于声音所表达的内容。回忆发出的声音亲切圆满。"我的母亲……她的声音还活着。"

有了母亲的声音，我才能在村庄里活下来。她的声音亦如春天的到来，让这个村庄里的那些花草植物和人的言语动作活动起来。不是我们常规所说的复苏。

复苏多少带有一些重复和再次苏醒的含义。

母亲告诉我，只有到了她曾经生活过的那个村庄，"我的话你将听得更清楚，我将离你更近。"母亲那些场景记忆的基因会与熟悉的环境能量转换成新的形体至我的身体，神意将在那一刻融会贯通，我和母亲将靠得更近。

我所理解的母亲一直在我的身体里，她经常与我说话，说村庄里的早晨，说她的丈夫——我的父亲。

村里的河水没有给画面带来流动的感觉，水呆滞地停在村子里，几近于干涸，停在那里，与河岸对视，两种不同的力在较量，有如时间和空间的另一种表达。

父亲死了，兄弟要我找另外一个叫爱杜微海斯太太的女人。

她竟然知道我会去找她，只是没想到会如此之快。

这里所发生的一切不能按照已有的思路去判断分析和推理，这里启用的是另一套体系，另一套生活逻辑概念在流动。

母亲死了七天，但她的声音还是于我之前到了这个村庄，把我要到这里的消息告诉了爱杜微海斯太太。死者声音从那么远的地方传来，就显得更加的微弱。

我们对死亡有无数种猜度和臆想，对死亡的无知，就会衍生出无穷种想象。

身体的死亡其实就是一次简单的出走，一次没有回归的旅行，后来者可以追上先行者，因为有近路可抄。这是一条"走向永恒的大道"。没有恐怖和可怕的场面，事物事理就是一个圆，是永恒不变的。永恒不变是巨大无边际涯的。

3

一位死者为我打开了这扇房间的门，里面曾经发生过的事情，那些声音，都会发出一声声号叫。

什么样的声音都有，声音的平面性形成一个个小旋涡，形成暗喻的声音会跟着脚后跟走，直至回到这扇门里。笑声，是多年前留下的，当然会显得有些陈旧。

有一天，这些声音势必消失，只是那一天会在很久很久以后。

一些过节时的喧哗声，循声而去，没有看到任何人，房间和街道一样空空荡荡。

守塔的人带我们进塔，用铁门环在门上敲了三下。告诉里面的小鬼小神，有人进来了。

从洞穴里传出某一个人的声音，对我说话，那是曾经死了十多年的一位长者。他站在什么位置，我只有闭上眼睛才能看到，他是无形的，声音反而显得具体到一个转弯的角度。

早上，午夜已经过去，我听到那些声音，在谈收成、土地的买卖、人死后还盼个来生等话题。

整个村庄里充满了各种各样过去的声音，还有歌声，那些音符好像一直没有变化，来自未来，流传于今天和昨天。

引我开门，是一位死者，里面发生过什么事情？我会知道的，因为里面留存的声音会告诉我，只要我有足够安静的力量和舍弃的时间，坐在这里聆听那些风里来雨里去的声音，体会着雨的寒冷和夜晚的黑暗，我们有多久没有在群山里走路的经历了，近百公里的路一点人为的亮光都没有，到处耸立着树木的暗度，那些风，走过树林的时候，会带走一些影子，摇动的就是它们的声音。

痛苦的声音会发出号叫。

你痛苦吗？

——没有享受过黑暗的人。

4

能够被时间这一虚拟的数字所限定的存在之物就会从任意的一个阶段或点面上消失，你会突然找不见任何有说服力的证据，物证人证都可以来到你面前，但一切已经不再真实。

一切真的发生过？你应该怀疑。

时间的流逝，本身就是一种假象，就像我们对着镜像里的自己手舞足蹈，而坚持说镜子里有个我同样在手舞之足蹈之，而目光所见不虚，我希望你保存另一种设想——镜子里，某些东西的另一面里，就有一个我。不然，我们为什么会突然的彻骨的孤独？为什么我们终生会一直在寻找？

寻找什么？

钱？

当然不是。

房子、着装、手表，那些可以摸到的易坏的物质？

我想都不会是我们内心终生寻找和需求的。

也许就是与镜子里的那个人握手，走在一条有山、有水，有树的路上。

在流动的时间里来谈我们的生活，我们的生活势必流逝。

在流动的时间里来谈我们的爱情，我们的爱情势必流逝。

毕竟，流动的时间是海中一朵浪花的运动而已，巨浪扑来，水滴破碎。

时间应该是另一种不同形式的存在，被我们利用，我们把自己当作圣物的祭品呈现在时间的河流里。从有文字以来，用河流来比喻时间已司空见惯，甚至，提到时间，那条奔流而逝的河流就会出现在我们身体，冲刷着我们的生命，有点七零八落的感觉，难以聚集。

根植于我们自己的猜度与想象，制造了时间之河的囚笼，把我们自己关在里面远不是目的，而是把所有的存在之物（时间除外）都一并置于笼中，同生同死，形成横，大地得以蔓延；"横"是流动的，是不稳定的，如此有了另一个意向"空间"，谓为"竖"，天空得以铺展；横竖相交成"十"，钉在十字架上的那个神，就是我们自己。

虚制的时间、空间称之为两种不同之物，而它们又相互关联、制动，这是矛盾与悲剧的力量。

矛盾之力，才彰显人存在的价值和无奈，若无此力，人世将疲软而泄。

只有从众多固有的自设的概念，虚拟的房间里，假象的无中走出来，才可能站在自己的对面，站在万物的对面，看着世界的流转。我们不可能站在无数个点上来审视反思自己和万物，如果这样，只会造成灵魂的寂灭、出走。

太多时候，我们无法逾越语言的魔障，那些说出的、飘荡在两者之间的文字片面地抵达河岸，杂草丛生。如何让语言真实无虚地把我们渡回到事情指定的地点，唤醒事物的本来面目，于今天的我们来说，几乎是不可能实现的，只能尽点微薄之力，启动清理的工作程序。

时间的存在区别于我们的存在，从形式到内容，与我们不一样，现在，时间的这种存在暂时被我们命名。

生的继续和死的沿承，生死同床握手同眠。

（原载《延河》2023 年 8 月）

父亲的大海和太阳（节选）

朝颜（畲族）

一

雨声淅沥，如同幼时的哭泣，没有一个准确的停止时刻，除非，天空累了，像从前的我，哭累哭倦了，不知不觉伏在门槛上沉入梦乡。

我记得那道高高的木门槛，需要手脚并用，极力攀爬才得以跨过。门槛上，镶着一根半圆形的长竹片，年长月久，中间部分被我磨得光溜溜的，连同竹节也收敛了它的突兀和粗糙。有时候，我也从大门左侧的狗洞里钻进钻出，像一种游戏式的神秘探险，通过一个洞穴，钻进一个豁然开朗的空间。

可想而知，那样的场景，只能属于童年，属于我的麦菜岭和我的村庄，属于我栖身过的那幢房子。二十年，它容纳了我的眼泪和梦呓，觉醒和长大。只是今天，我非常清楚地知道一个事实，房子，以及那道木门槛和那个狗洞，都永远地消失不见了。

父亲接到村委会打来的电话时，也是在这样一个阴湿的雨天。我们坐在饭桌前，原本谈笑风生。电话那头近乎呐喊的声音，无须打开扬声器就让旁边的人听得清清楚楚。于是我们全都安静下来，那些沉甸甸的字眼，像正在用力敲击的锤子，一锤一锤，重重地打在我们的耳膜和心坎上："老屋，土坯房，空心房，危险，须在一个月内拆掉。"

不，我们不愿意认同那是危房。四十年前，一座新房几乎耗光了父母的心血，见证了他们最艰苦的一段奋斗，也承载了他们生命中最初和最大的骄傲。

二

迁入那所房子时，我还很小，唯有一个细节，被牢牢地固定在记忆里：步伐尚不稳健的我，闹着要参与搬家，母亲递给我一件最轻的家什（大概是火锹），我吃力地抱着它，欢天喜地跟在大人身后，走向了通往新家的上坡路。

"我们要住新屋了哦。"我学着母亲告诉我的话，一遍一遍地念叨着，浑身每一个细胞都在欢呼雀跃。如今想来，当时的那一幢新屋对我们意味着什么呢？是宽敞自足的栖身之所，是独立私密的家庭空间，还是父亲作为一家之主顶天立地的证明？

20世纪70年代末，父亲相中了麦菜岭上的一座荒坡，决定在那里开基。

在那之前，父亲领着一家人挤在一间十几平方米的屋子里。一张床、一张桌子、一个衣柜，门背后放个尿桶，屋檐下搭个简易的土灶做饭。烟熏味、乳腥味、尿臊味，在狭小的空间里混杂成一种无法言说的逼仄气息。

可以想见，当年的父亲没有积蓄，入不敷出，要建造一幢新屋，无异于面对一座愚公也难以搬动的高山。他所能够倾囊而出的，唯有力气和时间。山坡高而陡，土层厚而硬，大多是最难撼动的猪肝石，轻易无人敢下决心动手。父亲咬着牙，开启了移山的第一步——蛮力征服。一天一天，从日出到日落，他领着母亲，一镐头一镐头地挖下去，一畚箕一畚箕地将土石挑走。最终，他们硬是将山坡挖开，平整出一大块足以造屋的地。

我恐怕再没有见过父母那样吃苦耐劳的人了。为了节约开支，他们自制了建房所需的每一块土砖，几乎挖空了铜锣湖那丘自留地里厚厚的黄土层。我至今仍能回想起制土砖的所有程序：在黄土中洒水，掺上干稻草，反复地拌匀，然后将黏稠度恰到好处的黄泥倒入砖格，压实压平，迅速划上两个手指印，猛地抽出砖格……此后是一次次地翻晒，用泥刀削平边边角角，再从旷野中一担担挑回村子里码好，盖上遮雨布。

按照时间推算，他们造屋的行动应该持续了好几年。其间，我们兄妹相继来到人世，嗷嗷待哺，占据了母亲诸多的时间精力，也拖累着造屋的进程。我在母腹中那十个月，无论担水、挑沙、运瓦，还是洗衣、做饭、喂猪，她都带着子宫里的我在村头村尾行走，身后跟着一条小尾巴。她需要完成无穷无尽的劳作，还需要应对我的踢腾，安抚哥哥爱的索求。

父亲需要盘算的事情很多。砖可以自己制，沙可以自己挑，可是梁、柱、檀、椽等木材，自己是造不了的，想买还未必能找到合适的。彼时他在乡电影院工作，经常要进山区放映，凭着自己的人格魅力，结识了一帮热血兄弟，讲义气，肯帮忙。他们听说父亲准备建房，二话不说，砍下最好的杉木，剥好树皮，吭哧吭哧地运到我们村，钱却只肯收象征性的一点点。请泥水师傅动工时，他们还挑来一担一担的柴火。

父亲对他们充满了感激。正是那些穿着并不体面、说话并不漂亮的山区兄弟，在他最艰难的时候，毫不犹豫地伸出了援助之手。就在我们全家搬进新屋生活后的二十年，这些来自山区的男人，还在农忙时帮我们家犁过田、打过谷、挑过粮。自然，当他们隔三岔五出来赶圩时，也将离圩场不远的我家当成了落脚点。有几位走动最勤的兄弟，甚至结下了不是亲戚胜似亲戚的关系，在红白喜事上相互施以厚礼，过年过节送米粿、送粽子更是常有的事。

我记得他们的名字，一位叫窝眼，一位叫久逢，还有一位打我记事起已不在人世，他的妻子儿女一直与我们家保持着密切往来，那个延续着亡夫友谊的妻子名叫道婶。

许多年以后，时间带走了年长于父亲的窝眼——那个木讷憨厚的单身汉，道婶一家不知所终，只有在市区务工的久逢，仍与父亲偶尔联系着。时空移易，许多曾经以为坚不可摧的人事，终究像那幢被推倒的老房子，只合怀念。

三

事实上，那幢给予我俯瞰自由、接纳我无数幻想的二层土坯房，在刚刚搬入时是简陋而粗糙的。

它没有经过细致的装饰，起初只是满足了一家四口基本的起居需要。父亲没有懈怠，他又花了几年的时间，陆陆续续对新居进行了美化。他买来油漆，将大门漆上了均匀的蓝色，中间是一个规整的大圆，涂上了鲜艳的红色。大门合上，多么像大海中浮荡着一枚浑圆的红日，大门打开，分出来的两个半圆，又多么像烧红了脸的月亮。啊，唯独我们的房子，我们的大门，区别于任何一家。我是多么喜欢将大门打开，又合上，看着它们一次次变换着形状。

那个年代，将房子内外墙都刷上白白的石灰，想来是很前卫很时髦的，因为在那之前村子里没有一家这样做过。一来费钱，二来这活计一般是由专业的泥水师傅完成。而父亲，从没学过刷墙的父亲，却独自一人完成了这一巨大的工程。他买来石灰、泥水工具，按照打听来的方法搭配好纸浆，一个人提着石灰桶，站在高高的木梯子上，从一间屋走向另一间屋，从一面墙走向另一面墙，不停地刷啊，刷啊，终于，将整个家粉刷得洁白而透亮。在幼时的我看来，那简直像一座童话般的纯洁的宫殿。

在这里，我们不再整天直面泥土，不再看着尘埃脏兮兮地扑进饭碗。我有时会做一种类似公主的梦，洁白的城堡，蓬松的纱裙，披在肩上的长长的头发，精美的饭食，被宠爱，被呵护……尽管那些不切实际的幻梦总是被清晨的鸡啼声拉回到现实，但是无可否认，在四面环山的麦菜岭，那幢房子给予了我最广阔的想象空间和最早的审美教育。

起初我们家的墙壁上空空如也，作为电影放映员的父亲，渐渐用电影画报填充了那些空白。每一组电影画报都相当于一本简单的连环画，日日相对，故事梗概和人物形象便深深地烙印在脑子里了。我记得客厅里贴有《樊梨花》和《佘赛花》，那种盛装的威武的女英雄样貌令我艳羡，最重要的是她们敢于挑战男性的权威，这会不会是我从小就不甘向男孩示弱的潜移默化之影响呢？不得而知。再后来，墙上每年增添一张父亲的退伍军人慰问年画，有时候是先进工作者奖状。自然，还有我们兄妹的三好学生奖状。

那时候我们都以为将在这幢屋子里天长地久地住下去。房前屋后种上了杉树，左右两侧种上了桃李、枇杷，一年一年，我们看着这些树木高过人头，开枝散叶，成材的成材，开花的开花，结果的结果。鸡啊，兔啊，狗啊，在我们的屋子里抢食，闹腾，相亲相爱，所有的日常烟火都在这里密集地散发着温暖的气息。

父母依着经济所能承受的范畴，不断地添置着家具家电。先是有了缝纫机、组合柜，后来又有了电风扇、电视机、电话、电脑，还打了压水井。我们在这里迎接了嫂子的到来，也迎来了大侄儿的降生。我的先生在与我谈恋爱时曾无数次翻过麦菜岭，穿过小竹林，来到我的简易书房。他轻易地赢得了父母的信任，也赢得了我们家大黑狗的信任。

那时候我们怎么会想到呢，若干年以后，它成了老屋，成了需要推倒的土坯房。而我们全家，已经搬到了市区，住进了高楼。

四

房子被推倒的那一天，父亲专程回了老家，站在他亲手建造的老屋前，合了一张影。照片发到我微信上时，我看见曾经可容我钻进钻出的狗洞看起来是那么小，里面塞满了砖块。大门上的油漆早已褪色，陈旧斑驳。原本洁白的石灰壁泛着黄，还有大片的剥落，露出橙黄的土砖……

我们的老屋，是真的老了。

父亲下决心重建一幢新屋。然而此时的父亲早已失掉了当年的热情，他将所有的事务交给我的同学小峰——一位出色的泥水师傅去处理。除了几个必须到场的重要日子，他很少亲自回到老家去见证建房的进程。直到小峰将钥匙递到父亲手中，钱款两讫，房子内外已装修一新。

可是我们全家，没有一个人动过回老家长住的念头。我们早已习惯了城市的生活，结识了新的邻居，我们还主动或被动地抛弃了许多旧有的风俗习惯，比如不再于大年初一放一挂长长的鞭炮，比如不再养一条大黑狗跟随我们左右……

父亲郑重其事地将钥匙交给我，告知了开锁门窗的注意事项。当我们抵达麦莱岭时，看见坡顶的空坪上停了一辆小轿车，却罕见往来的行人。

我取出钥匙，将前后门洞开。从客厅到餐厅到厨房到阁楼再到楼上楼下的卧室，没有一丝儿烟火的气息，更没有我们交谈、争吵和哭泣的回音。它好像是我们的家，又好像不是。

我听见风声穿堂而过，眼前浮现着巨大的空，仿佛洞穿了父亲的大海和太阳。

（原载《民族文学》2023 年第 3 期）

梅花天地心

写者无疆

朱以撒

这个靠山的院子后边，是一片茂密的芦苇和灌木，越往上，大树峥嵘鸟雀营巢。刚搬进来时可见到多种类的毛羽，个头很大的野鸭、山鸡，腾空而起发生嘭嘭的声响，绶带鸟则行止闲逸，徘徊时透出旁若无人的徐缓。有的在白日发声，有的则于夜间啼唱无歇。邻居们相继装修，并且向山上挺进，构建栈道，开荒种菜。我对邻里的看法向来一致——相安无事最好。向山上拓展当然是我管不了的事，我也就不劝说。尽管我以为山景如此天生天养让人神怡，是不应该去添加人工斧凿之迹的。人与人的想法相差甚远，也就不必沟通，真要沟通真是自取其辱。自己希望的，在他人看来不足道；而他人的想法、做法，在我看来也荒唐之至。每个人行走在岔道上，相互不会交错，只是自己走去。记得《儒林外史》里的杜少卿说"好了，逍遥自在，做些自己的事罢了"，如此最为开怀。

如果是写字、写文这一类事更是如此，我认为是自己闷声不响去做，以不和人交流为上乘。

总会有人在报端发表一些心得体会，就算是真实不虚，那也是他的体会，于我是无干的。我可能没有什么体会，或者有了体会也与之截然相反。一个人于文字，个人喜欢就够了，于是常年写去，写得好还是不好，虽然不与人交流，自己还是能够有所感的，但乐趣还是首要，才可能不辍，要一直写到写不动了方才放下，一声叹息。每个写者都有自己的鼎盛时段，文章一篇篇写出来，且都能发表。这里有确实的写作之才，也有一些权势同样处于鼎盛时段的人，所写平平，发表却成了必然。说起来，发表的未必佳好，不得发表也未必不好，只是时候未到。写就是满足一个人生存道途中的一点小愿望，借助写聊申寸楮，能发表当然好，不能发表也敝帚自珍，品味自己的小得，或者小失。20世纪有一个十年我不断地写，也不断地迎接退稿，想起来是给对方添了许多麻烦。我还是一篇一篇地写，我觉得对方应该接受我这样的表达方式，应该从中选一篇发表，可是没有。人的想法相差太多——这种认知就是在那个时候形成的。

在文士中，白居易和元稹的关系居然会这么亲密，真是让我惊异。他们的共同点有不少，从俗常的功名观到优雅的审美。尽管现在元稹的诗名比白居易小了很多，但只要一提起"曾经沧海难为水，除去巫山不是云"这句诗，还是会狂拨很多人的心弦。二人互为镜像，此唱彼和，彼唱此和，几十年间，兄弟般怡怡不散，不像更多的文士始善终隙，见笑于后人。精神生活到了此时，无声胜有声，心照不宣。如此文士从来少，独行单干习惯了，就算有推不掉的雅集，也是抱着应酬的心态，对付一下。文士笔下常写到内在，希望有一双慧眼透过皮囊看到内在，元白二人肯定是互见内里了，才可能融合在一起这么多年，毫无嫌隙。时代的速度越来越快了，我们面对的人物、事物内在几何，我想是没有那么多时日来研究的。有的一晃而过，不想深交、深知，看清楚外在就很可知足了。外在就是一具皮囊、一篇文章，或者一幅书法作品。语言是如何敷演的，表义是什么，这些外在的获得不会太难。如果要追内在的启示义、象征义，那就辛苦了。只有如同元白二人要成为知己，方须走向对方深处。如果双方都无此意，只是擦肩而过，那么瞥一眼背影已经足够。每个人都在守住自己的这个摊子，像街头巷尾那些摆摊的人，有的摊子大些，卖的物品更值钱些；有的摊子太小了，只有一个小篮子，里边装了几个自家树上采下的柿子。各自吆喝，讨价还价。他们的共同点就是城管来了，各自带着摊子狂奔。摊子在，也是平安无事。庄子曾谈到寿陵余子去邯郸学步的事，新步没学成，故步反而丢了——凭什么邯郸人要教新步于你？我一直认为这就是不自守的结果，把自己这一摊弄没了。这个世界还是有许多规定性的，自己和他人不同的那部分就是规定性，以这种规定性行于世——松自然直，棘自然曲，乌不墨而黑，鹤不浴而白，鸟栖于枝，兽伏于穴，鱼潜于渊，龟则曳尾泥涂，何况有脾性的文士。

一幅书法的终结，我会落上农历年月，再标明书于"怀安"。有人看了觉得奇怪，因为政府的规定分明是"淮安"。我就笑笑。我住的这个地方，梁武帝来了，就称怀安。后来有好事者认为临水，应用淮安。作为个人而言，既然可以选择，我还是用怀安好，它是有情调附着在上面的，譬如有深沉、柔和、温暖、爱抚这些成分。而淮安二字触目，就是一片汪洋。作为行政的字眼，如果能像古时的年号就好了，短命的后汉，就是在仅有的两个年号里，天福、乾祐还是让人抚摸到人情的。有的字眼就是散发着文件的气味，办公室的硬度，那是用来公事公办的。就像一幅书法，落款是"淮安"，那真是索然无味毫无情绪。而"怀安"，那就是一个深广的情感世界。像这样的字眼，有感觉的人瞥一眼就会从心底升起涟漪，接着是联翩的想象。情调是很个人的事，有就有，没有就没有，中间隔着一条天河。天下事大抵分为合作与单干两种——合作人多势众，弄出不小的声响，最终的成果也是以巨大的形式出现，譬如一个很大的工程，一部很大的书。我参与合作的事少之又少，参加的一次合作是书法、绘画、音乐、舞蹈诸门类的项目，写手上阵后领了任务，各自写去，最后由主编连缀起来。艺术中人本来情调就各不相类，会写不会写且不说，写出来笔调不知相差几里。这样的书还是出来了，连自己都不愿去翻翻。可能每个人都觉得是为完成任务而作，但任务是反情调的，任务在拼凑之后就是一堆杂碎——这很像电影里的友情出演，偶尔弄一两次，没有办法。待到单干了，自己乐意为之，单枪匹马，安安静静地写去，那真是没有什么牵挂。恨不得过程漫长一点，体验丰富一点，其中的跌宕波折，足以把玩无端。美国作家卡佛认为写作就是一种发现、评估、推进，进入未知之域，有神秘感。这就是一个写者个人的福利，再来一个合作者就无从享有了。文士们虽然都认为自己合书写之道，遵轨范，有门庭，灵心善感，但说到底还是宜散不宜聚，各自擅其妙，各自领其奥，成为一种常态。这样，每个写者就可以放开，恣情任性了。就像我落款"怀安"一样，同时相继几年落了干支纪年的丁酉、戊戌、己亥、庚子、辛丑、壬寅，明年春节一到，我就要以"癸卯"纪年出现了。观者说看不懂，我只是笑笑，觉得不要费口舌。

家里的宣纸已经很多了，连同各种花笺，我不知要用到哪一年才能写尽。只是，我还要不时到四宝堂去买一些回来——同样色泽、厚薄的纸，差异居然这么大——这是我自己的感觉，其实质量都挺上乘的。有人来家里，随手礼就是一刀宣纸，我顺手摸摸，便不作声，心里已经知晓，尽管他说了一个不错的品牌，我却想着作练习纸用尚可。当然，有时也会让我在抚摸时暗暗高兴，真的很适宜我。我举的这个例子，表明一个人在对一枚单薄的宣纸居然有如此不同的态度，它是靠摸来判断的，又如何与人说道。一枚适宜的纸可以使人情趣盎然，计划等会写一个什么——一个人的案头过程可以通宵达旦，往往因情趣起，体力无条件顺从之，停不下来。在很多时候我是靠情趣来引导行动的——情趣来了，就不闲着。院子里的野草在盛夏的热度里疯长，这时我收到了学生寄来的一台割草机。我动用了以前当机修工的动手能力，把这堆零件安装起来。接下来就有了尝试的兴致，并不因正午的阳光焦灼难耐而等待傍晚。机器发出了声响，刀片铮亮地旋转，横扫无碍，野草扑地，便开怀之至，以为顺个人情性方不被压抑。黄山谷认为苏东坡是不怎么乐意给人写字的，碰到索字的人甚至还会被他呵责一顿。米南宫请他吃饭，准备了上好的笔墨、纸张，置之边上，苏东坡兴起，与米南宫一道，豪饮豪书，直至纸尽。情趣是文士生活的酵母，纸笔这些取自植物、动物身上的材料，可以使人欢悦无量，妙不自寻。说起来苏东坡、米南宫、黄山谷三人关系还是很笃定的，相聚总是开心始，开心终，但艺文上各有主张，不是靠近了，而是拉开了，使后人看到了纸面上诗文、书画，看到了独至之性，旁出之情。从这方面揣度，他们又是三只离得很远的刺猬。

每一个城市的艺文圈，恍如生态。每一行都有前辈在焉。这些前辈在年轻时是一个人数不少的群体。如果不说理想，至少也可以看到自觉地想使自己成为一个艺文兼备之士——那一代人专注于旧学，手上功夫也跟得上，便波此伯仲，谁也不知何人胜出。和任何一代人一样，一群人中先天就产生了差异，门第不同、条件不同、教养不同、才华不同，只是各自做去，让时日漫过。人是很容易老的，从意气风发到老气横秋，似乎只是几场风雨。到了六七十岁这个节点上，有的人水落石出声名彰显，而更多的当年同行者，被剔了下去。没有人把等第区分出来，是时间如此为，并让人觉得理应如此。那一年有位老先生和我谈起他的诗书，我也觉得佳妙，但俗常还是以为低高士一等。这低一等如何断，是时日之断，不是谁可扭转的。时日彰显了天道，天道在许多时候摒弃了人的情感好恶，超出了人能理解的分寸。一个文士特立独行，自由是存在的，声名却相距甚远。声名大者继续张扬，余下的渐渐无名，悯悯不甘。曾国藩曾谈到运气的效应——如果有一点点来自外在的力量相助，效果会好得多。曾国藩说过两句大白话，一句是"所依得人，必得名位俱进"，一句是"人生事无巨细，何一不由运气哉"——运气是和人紧密相连的。他家人就是倚仗曾的位高权重而高人一等，胞弟曾国潢自诩湘乡第一乡绅，包揽钱粮，起灭词讼，一时风光无两。文士尽管斯文得多，还是要托关系找贵人，助其声名。曾国藩同情地说："夫事至求人，其气便馁，便予人以排挤轻视之路，知命之君子弗为也。"便知命之君子无多，更多的是投赘干谒、利禄祈进的事实，斯文反而成了次要。不求人而得遇，方才谓之运气，就像王世镗之于于右任，那才是一位清寒之士的运气到了。王倾心章草数十年，下笔便有古拙味。书法有味了，日子却寡淡无味，声名不振。他虽然善天文历算，但长年外有不通之境，内有不申之情，恐怕他也算不出自己未来如何。运气的来到，是从于右任看到他的书法开始的，于氏大为惊叹，以为"古之张芝，今之索靖，三百年来，世无与并"，困厄迎刃而解。于右任帮王世镗洗冤，推介、出书，广为延誉，尽出其所藏碑帖与他研赏，怡怡无间——这真是王世镗一生最好的时光。我素来是没有什么运气的人，听人说运气活灵活现，便觉得挺神奇，还是笑笑。

金克木曾谈到自己问学的无奈："我好像苍蝇在玻璃窗上钻，只能碰得昏天黑地。"玻璃窗是透亮的，清楚地看到外边的无限景致，让人有出去的欲望，去享受一把。可是，玻璃坚硬、冰冷、缝隙了无，柔软的身躯是过不去的。人生的很多壁垒都是要面对的，有的人就折回了，有的人则要破坚发奇——毕竟是在做自己喜欢的事，虽名无成，求心可足，也甘如饴。是不是金克木的运气到了，在碰得昏天黑地之后，"不料终于玻璃上出现了一个洞，竟飞了出来"，一时豁然开朗风雅鼓荡。更多的人还是被玻璃挡在了另一边，尽管他们同样尽力，最后还是没能飞出来。所幸，都是做自己喜爱的事，不会为之失落。不志于仕而志于艺文，除了畅怀，就是消日——这是欧阳修说的，他喜好书法，就是为了消日，那么，他永远不会舍弃。我认得一位捏泥人师傅，几十年来就是捏泥人，从大阿福始，手艺渐入佳境有了名声，晚年就多捏古典戏曲人物了，贵妃醉酒，水漫金山，穆桂英挂帅，色泽缤纷，栩栩如生。有人说如果早年制紫砂壶，获利不知多多少。她说是啊是啊，接着埋头继续捏泥人，觉得自己就是做这个最适宜，别无他好。一个人所思专注，也就深固不徙，至于最后会达到什么程度，那是另一回事。人生不满百，何必怀千岁忧呢。

本来觉得人生草草做不成什么事，却不料亲近艺文，能如一员大将，调遣笔下千百兵马，旌旗金鼓，皆为统辖，号令之下，或高歌猛进如千钧之弩，一举透革；或低吟浅唱，如万骑忽敛，唯闻弦外之音。最是灵性来时，笔不能停，骎骎而走，使一幅中百曲千折吞吐往复，竟在意料之外。

每于此时，便觉美好。

（原载《福建文学》2023 年第 7 期）

关于王阳明

胡竹峰

　　明朝有诸多文章家，公安派、竟陵派，还有徐文长、张宗子、李笠翁、王思任，亦幸亏还有王夫之、李卓吾、顾炎武、王阳明，这等人物生在彼时，更可谓异数。没有他们，明朝的天空会暗淡很多。明人风气，皮肤滥淫，难得有人格物致知，一心装满家国天下。

　　年轻时的张宗子爱繁华，好精舍，好美婢，好娈童，好鲜衣，好美食，好骏马，好华灯，好烟火，好梨园，好鼓吹，好古董，好花鸟，兼以茶淫橘虐，书蠹诗魔；王阳明也曾好任侠，好骑射，好辞章，好神仙，好佛老。后来，张宗子作他的梦忆梦寻，王阳明却专主"致良知"。

　　人近中年，要读《闲情偶寄》《陶庵梦忆》《文饭小品》，也要读《传习录》《日知录》《读通鉴论》，读《藏书》《焚书》。很多年里常翻《传习录》，好其博大昌达，好其行墨俊爽，不及其他，只论文章，近乎买椟还珠。实在也是那珠光宝气太盛，映得人睁不开眼。如今年岁渐深，开始买珠还椟了，把玩起珠光与宝气。清朝有人作《古文析义》，也赞王阳明真一代作手，行文自成一家，不傍他人墙壁。原来，好他文章的不独我一个。

　　王阳明著述颇丰，《传习录》声名太大，一时锋芒盖过其余。三卷书，体例多是问答，或彼此面谈，或尺素传书，一问一答，让我想起《论语》。字里行间不独禅家风度，其间更见蔼然貌、周正貌、温良貌、经师貌、高士貌，还见真人貌，更有赤红的温热之血。《舌华录》故事，某从王阳明学，不解"良知"，于是问："良知是黑是白？"众人哑然失笑，王阳明一字一句从容回道："良知非白非黑，其色正赤。"

王阳明有捷才，说得好机锋。初封新建伯，入朝戴冕服，有丝帛遮住了耳朵，一人戏问："先生耳冷耶？"曰："是先生眼热。"其于书上并非一味传经布道，行文常见趣味，譬如说："人但得好善如好好色，恶恶如恶恶臭，便是圣人。"风趣里有大道，言辞浅显，却给人当头棒喝。一学人患眼疾，神色忧愁，王阳明说，"尔乃贵目贱心"，此语几可入《世说新语》。

读王阳明久了，圣人高人的模样渐渐模糊了，眼前是真人是至人。中国文化向来崇尚圣人高人，我更喜欢至人和真人。又一次，朋友问王阳明，想在静时，将好名、爱色、贪财等尘根，逐一搜寻，扫除干净，是不是剜肉补疮？王阳明一脸正色："这是我医人的方子，真是去得人病根，更有大本事人，过了十数年，亦还用得着。你如不用，且放起，不要作坏我的方子。"每读至此，必抚掌大乐，为其真也，为其不惧高韬更不脱尘埃也。

唐宋以来，苏东坡与王阳明两峰相峙。后世不少人，视苏东坡为友，却鲜见有人以王阳明为友。苏东坡如邻家灯火，温和亲切，可为良朋佳友；王阳明望之俨然，尊者在上，只能礼拜为师。

王阳明不以诗文名世，偶尔借此寄情言志说理，脱尽唐宋衣冠，自有袍襟，与流俗不同，譬如这首《蔽月山房》：

> 山近月远觉月小，便道此山大于月。
> 若有人眼大如天，当见山高月更阔。

我还喜欢那首《泛海》，如李白附体杜甫，飒然中有凝滞：

> 险夷原不滞胸中，何异浮云过太空？
> 夜静海涛三万里，月明飞锡下天风。

195

顺境或逆境，不留心中，所有一切尽如空中浮云，风来即走。有月的静夜，在海涛中泛舟三万里，感觉如身驾锡杖、乘着天风，自高山之巅疾驰而下。岁序中年，读这样的诗，能长人心气。

王阳明的事迹，第一有名的是龙场悟道。明武宗正德皇帝继位不久，东宫随侍太监中以刘瑾为首的八党把持朝政，王阳明遭迫害，不仅被打了四十廷杖，更贬往贵州为龙场驿丞。龙场万山丛棘，王阳明每天和日月清风一起，涤净喧闹，于深处草木之间，去凝视高悬的星辰，与圣贤为伍，和天地对话。

在龙场的王阳明，和自然一体，心神合一乃至天人合一，聚精会神，于寂静无声中裂出金光，进入老子所说的圣婴之境，回归到清纯和空灵。终于在某个深夜，领悟到格物致知的要旨，不觉欢呼雀跃，旁人皆惊。从此，王阳明之肉身修炼成了舍利，散发出柔和圆润的月光，一种走出混沌的通透，一种拨开迷雾的圆融。激荡的江水终于流进浩渺的海洋，引导人心的千古光明已经大亮，从龙场射向历史的天空。

在贵州龙场，王阳明写过一篇《瘗旅文》，祭奠客死蜈蚣坡下的那个无名无姓的掌管文书的吏目和他的儿子、仆人。祭文字字恳切，句句宅心仁厚，今日读来，尤自感动伤怀，其中有好笔墨，更有好性情好心性。见暴骨无主，他要将三位死者埋葬路旁，随身两个童子尚有难色，王阳明却说："嘻！吾与尔犹彼也！"此一句，大沉痛也，大仁爱也，是儒家是释家，更是蔼然敦厚的长者。

《瘗旅文》乃古今一等一悼亡文章，结尾时又歌以慰之，情深在焉：你我背井离乡，在异地言语不通，性命惶然，前程尽空。他日，倘或我也葬身此地，定邀你和子仆一同遨游嬉戏。我们驾以紫虎，乘五彩祥龙，登高望乡，该叹息就叹息，想悲恸就悲恸。我若能生还，你还有子仆随从，不要以为自己孤苦伶仃。路旁累累枯坟，多是中原的游魂，你们相从呼啸、纵步。餐清风，饮甘露，不愁饥饿。白日以麋鹿为友，夜晚与猿猴共栖。在墓中且自安心，不要变成厉鬼在村寨滋事逞凶啊。

王阳明生平有不少拍案惊奇之事。说他出生时，祖母梦天神衣绯玉，云中鼓吹，抱一赤子，从天而降，又说母亲怀他时，十四个月才分娩；还说他语迟，一高僧过其家，摸着他的头说"好个孩儿，可惜道破"，五六岁上才开口说话；甚至说他是僧人转世，曾在寺庙里看见前世肉身。这样的事我向来不以为然，只当作民间传奇，但偶一想起，也觉得爽然，心里愿意那是天人异象。

金圣叹说《史记》，须是太史公肚皮宿怨发挥出来，"缓急人所时有"六个字，是司马迁一生著书旨意。我姑妄听之，再姑妄言之：《传习录》是王阳明一肚皮光明照将出来的，真、诚、简、灵、行、韧，六个字是他一生著书旨意。

王阳明卒于江西南安青龙铺的舟船上，享年五十八岁。临终，随行人问遗言，他含笑道："此心光明，亦复何言？"虽知他心里早已光明，不必再说什么，尤恨天不假年，倘或让他寿至期颐，人间定然会多几卷大文章。

很多年前，去绍兴，同行友人专程去城外拜谒王阳明墓，那时我不以为然，觉得着相。读王阳明深了，入得宝山，一无所获，却满载而归。下次去绍兴，我也要去王阳明墓前，恭呈三炷心香。虽如此着相，着相才好，如此才心诚。

往昔读书，见人引文事入诗，写出五言古风，觉得意味大佳。我亦效颦，作出数句，兴之所至，随意心绪，律韵不拘，但期达意而已——

往昔读诗文，相遇王阳明。

传习录三卷，字句洗雾尘。

言辞有真趣，说理娓娓听。

龙场悟道后，格物天地新。

岩中生花树，烦恼本莫名。

功夫事上磨，寂然动亦宁。

一毫恶也除，克己扫廓清。

悔悟治病药，虚怀去傲心。

持志多用功，无暇嚼舌根。

遇恶且由他，吃饭享太平。

若不厌外物，如此涵养静。

长存愤懑意，失和岂得正。

安处即是乐，咴咴日谤深。

友道少指谪，诱掖奖劝进。

知行合一哉，千载能几人。

向往虽难至，仰之弥高情。

（原载《山花》2023 年第 7 期）

去读她的书吧（节选）

赵玫（满族）

一个美丽的女人和她美丽的精神生活。读着她，心中便会充满一种欢乐。那是唯有她能给予你的。记住她，弗吉尼亚·伍尔芙。

美丽的伍尔芙是一个作家，不单单写小说，还写了很多批评的文字。像伍尔芙般在小说和评论中都取得辉煌成就的，古今中外，凤毛麟角。所以伍尔芙才堪称知识分子。那种真正意义上的知识女性。她才能穿越时空地流传下来。她的生活看似平静，而安宁的下面，又总是深不可测。

伍尔芙出身书香门第，父亲为出色的散文家。但她未曾受过正规教育，幸亏家中藏书丰富，孩提时代开始博览群书。从第一部小说问世，便被书评家称作天才。

她一生与疾病抗争，情绪时常紊乱，但她的笔下，写到的事物总是清晰的，涉及的氛围总是真切的，触及的情绪总是妥帖的。她的奇特在于，能留给读者许多猜想，再让猜想张开延伸的翅膀。

她爱好演说，但不喜欢荣誉，对多所名校颁赠的学位，一概拒绝。终日除了生病，便是工作，她的勤快令人惊叹，创作之外，仅信札便有四千多封，逝后出版书信集六部。她曾在信中开导中国作家凌叔华："痛苦烦闷的唯一解脱就是工作。"这显然是她自身的切肤之感。但她本人却终究没能"解脱"，五十九岁，即在我出生之前十三年（1941 年 3 月），投河自尽。人们将伍尔芙打捞上岸，从她外套口袋里，掏出塞满的石块，可见她弃别尘世的决绝。

伍尔芙无疑是运用意识流写作的最伟大的作家之一。在她看来，生活就是纷纷坠落的意识的碎片。那么如果真正地忠实于生活，也许小说就该具有"流动"的节奏。很奇怪第一次阅读伍尔芙不是她的小说，而是她关于小说的理论。不知道如果颠倒过来，她还会不会成为我的明灯。或者我就是在她小说理论的照耀下开始创作的。那时候我对小说充满了恐惧，是伍尔芙给了我勇气。只是当年的卡片今天早已不知去向。但我知道其实它们并没有丢失，而是深藏在了心中的某个地方，让我源源不断地索取思维的财富。

在一个蓝色的夏季，我写了《再度抵达》。至今以为那是我的一个值得纪念的中篇小说，因为写了海，和海边的故事。许多对往事的记忆，还有在海边的那种无以言说的感觉。还有尝试。那种字体、时空、意识的转换，以及对明天包含着无限惆怅的追求。那是我今天已经无法拥有的境界。那么忧郁的，为大海的正在变成灰色而伤痛。还有，在黑夜中游泳，向着灯塔。在残酷的爱情中成长。似乎始终都有伍尔芙的指教。

然而我要说的并不是伍尔芙的小说，而是这个女人的思想和理论。她很艰辛，每天都有崭新的思考和表述。是伍尔芙让我意识到，有时候做一个小说家并不难，他只要拥有对生活的敏锐和构置故事的语言能力。但拥有思想和理论就不仅仅是庸才所能够企及。那是思维的一个创造性的冶炼和涅槃的过程。

总说理论是灰色的。灰色的意旨可想而知。理论当然如灰色般枯燥且乏味。男人做这样的思想者尚嫌疲惫，何况伍尔芙是个女人。而且她还不仅仅是个女人，她还是个漂亮的富有的女人。一个如此幸运的女人为什么还要苦苦思索？

当然那是伍尔芙自愿选择的一种生活。她一定是觉得她的美丽和富有并不重要，或者，不足以使她的生命闪烁出夺目的光彩。她不想用她的美丽去取悦于男人，亦不想被她富有的生活所禁锢。如果她不能挣脱那个宿命般的牢笼，周而复始的生活还有什么意义？从"结识"她，便开始思念她。很庆幸读到了伍尔芙的理论。那显然是一种有点功利的索取，因为当时，我正在批评的职业中奋力行走着，时而写一些印象式的评论。所以感谢伍尔芙那些充满了知性色彩的文字，她给了我工作的启迪和乐趣。

这就是后来我为什么会在写小说的同时，始终坚持着写一些批评或者随笔。并且能够在那种近乎灰色的写作中，感受到一种思维的欢乐。我知道批评的文字是无可替代的，而唯有被那样的活力不停地滋养着，也许才能保持住小说创作中的激情和深度。

想不到我最初读到的伍尔芙的书是那本《论小说与小说家》，而不是《海浪》，不是《到灯塔去》，也不是《达洛威夫人》。那是一本纯粹理论的书籍，但读时的感觉却绝不艰辛甚至愉悦至极。到今天，那本书已经被我读过了很多遍。很多遍之后，它才能总是那么远远近近、不离不弃地滋养我。而当有刊物要我推荐"世纪经典"的时候，我第一个想到的便是这本书。

这本书的译者瞿世镜先生告诉我们：如果我们要研究伍尔芙，那么除了她的小说之外，还必须兼顾她的理论，因为她不仅是有成就的小说家，还是《泰晤士报文学副刊》《耶鲁评论》《纽约先驱论坛报》《大西洋月刊》等重要报刊的特约撰稿人。她一生中共写过三百五十多篇论文、随笔和书评。

在现代文学史中，被公认的意识流小说代表人物有普鲁斯特、乔伊斯、伍尔芙和福克纳。普鲁斯特比伍尔芙早生了十一年，又早死了十九年。即是说当普鲁斯特在法国去世时，英国的伍尔芙已经四十岁了。尽管他们不曾相识，但他们在欧洲的不同角落，一定共享了西方现代主义的空气。普鲁斯特的《追忆逝水年华》始终是伍尔芙最为欣赏的作品。作者混乱的思维刚好是伍尔芙意识流小说理论的最好注解。她并不认为那是普鲁斯特因致命的肺病所导致的患者的呓语，而恰恰是他有悖于那个时代其他作家们正常表述方式的偏执和大胆创新。还也许是他们惺惺相惜。因为他们的身体都不够强健。伍尔芙患有神经病，她一生几乎都是在与精神失常做斗争中度过，就如同普鲁斯特住过多家疗养院一样。

而乔伊斯和伍尔芙几乎是同一代人。他们甚至是同一年出生，又同一年谢世。但是伍尔芙却宁愿把乔伊斯说成是年轻人，是那个时代青年作家中的佼佼者。尽管伍尔芙对这个有着无限颠覆勇气的《尤利西斯》的作者多少持一点保留的态度，甚至批评过他的思想贫乏，和写作方式上的某种做作。但是基于彼此对意识流小说这种流派的共同追求，伍尔芙仍旧满怀热诚地赞赏了这位与她同龄的"青年作家"。和我们称之为物质主义者的那些人相反，乔伊斯先生是精神主义者。他不惜任何代价来揭示内心火焰的闪光，甚至不惜抛弃一般小说家所遵循的大部分常规，将那些按照原子纷纷坠落到人们心灵上的顺序把它们记录下来。而依照这种模式，每一个情景和细节都会在人的意识中留下痕迹。毫无疑问，这将更接近于内心活动的本质。

稍晚的意识流小说代表人物是美国的福克纳。在艺术的表现方面，他无疑是更具探索精神的尝试者。《喧哗与骚动》堪称福克纳意识流小说的登峰造极之作。而他的意识流显然又有了新的拓展。他似乎已经不再满足于那种线性的意识的流动，而是让来自四面八方的不同人物的不同思绪不停地跳跃和转换。那是一种环绕着的流动的声音，复杂的，模糊的，多元的，由此便造成了他小说中的那种非常独特的立体的感觉。这无疑也更为接近生活的原生态。可惜伍尔芙也许根本就没有读到过福克纳的作品，否则，她一定会说，福克纳是美国乃至世界当之无愧的那个最伟大的作家。

是的，普鲁斯特、乔伊斯和福克纳都写出过最优秀的意识流小说。但是他们却不曾有过对这种写作方式的详尽、系统，而又精辟的论述。而伍尔芙不同。伍尔芙写作，并且阐述。她希望她的理论和创作并行。因为她的思考的深度，以及她所拥有的那种表达的能力。所以，她在写着《海浪》、写着《到灯塔去》的时候，就不能不对这种崭新的写作方式进行剖析和总结。

让我们跟随着《论小说与小说家》，跟随着伍尔芙的眼睛，去解读那些不朽的作品与作者。她读了那么多，又写了那么多。而不论她写谁，都会在行云流水的文字中，闪烁出独特的智慧。

伍尔芙从《简·爱》《呼啸山庄》，谈到勃朗特姐妹那样充满诗人情感的作家，其气质与生俱来。然后，你听她又在满怀敬意地谈论着前辈哈代。她曾经在1926年夏季的某一天专程去探望了这位作家，然后，便以无比诗意的语言描述了哈代的小说。哈代比许多小说家都更能把物质世界的感觉带到我们面前，让我们感受到生存前途被一种自然景色所包围。这景色独立存在，然而又对哈代的人生戏剧赋予一种深沉而庄严的美。那黑色的低地，埋有尸骨的古冢和牧羊人的茅舍。它和苍穹相颉颃，像海面上的波纹一般光滑，但又坚实而永恒，向一望无际的远方延伸过去，在它的皱褶中隐藏着幽静的村落，炊烟在白天袅袅上升，灯光在夜晚的黑暗中闪耀。哈代让伍尔芙觉出了大自然宁静的力量，又让她听到了那种拉丁化的响亮音调。还有，哈代告诉我们，人类是在一种不均衡的对抗中支撑着人性的。这大概便是哈代的永恒主题。而这一要旨就这样被聪慧的伍尔芙所洞穿。

伍尔芙又说到了劳伦斯，那个她同时代的作家。那个写了《儿子和情人》，写了《查泰莱夫人的情人》的作家。那个曾经被英国政府查禁甚而抛弃的男人。她在 1932 年的日记中，说她怎样带着常有的挫折感去读劳伦斯的作品。她觉得她与劳伦斯有着太多的相似之处，他们都想走自己的路，因而忍受着同样的压力。所以她在读着劳伦斯的时候没有逃避，希望能从他的作品中找到一种从另一个世界中摆脱出来的路径。但是劳伦斯的沉闷与闭塞又让她失望和沮丧。因为劳伦斯到底是一个矿工的儿子，他永远不能像普鲁斯特那样真正地发出天籁一般的声音。然而，阅读劳伦斯终究让她获得了深入解读这个男人灵魂深处的机会。于是，在劳伦斯去世一年之后，她写出了那篇满怀热情又入木三分的文章……

劳伦斯、普鲁斯特等人，在伍尔芙笔下，不断出现，成为诱惑她的一个个迷人的陷阱。当离开了个人，伍尔芙又把她评论的欲望，转向了英国以外的那些杰出的作家群体。而在所有的国度中，最令伍尔芙震撼的，大概就是俄国文学了。在阅读了大量俄国文学之后，伍尔芙终于发现：俄国小说中的基调，就是"灵魂"。灵魂是几乎所有俄国作家都要探究的问题。然后，她为了支撑自己的观点，说到了契诃夫、陀思妥耶夫斯基、托尔斯泰。

当告别了沉重的俄罗斯文学，伍尔芙的目光又犀利地扫描了美国文坛的弄潮儿们。接下来我最想说的，就是伍尔芙对她所处的那个时代的文学所采取的那种辩证也是宽容的立场。也许是因为她那种发自内心深处的对本时代文学的关切与支持。所以她不满意那些对现代文学总是苛责批评的评论家们。

当然她并不否认她所处时代的英国文学不够出色。她反复说，这是个支离破碎的时代，很荒芜，以至于没有任何一个姓名能够鹤立鸡群，也没有一位老师傅的工场，可以使年轻人在那儿当学徒而引以为荣。那么文学就更是如此。在有着司各特、华兹华斯、拜伦、奥斯汀、济慈以及雪莱的那个天才时代之后，英国文学所余的似乎就只有几节诗，几页书，这一章那一篇，这部小说的开端和那部小说的结尾了。

这就是这个女人每日读书、每日思考的结果。可以为她的这些理论作注脚的，还有她的日记选。这位被思想所困的女人投河自尽之后，由她的丈夫编选。每天很累的写作。精神的劳累。与灵魂的抗争。不，我不是想说伍尔芙是在用怎样的方式来写她的日记，我只是想说读了她的日记才会更了解这个女人。

于是便要说到杜拉。杜拉的小说更多地是来自物质的世界。杜拉的思想顶多算一种感觉。她甚至无须读书，无须费力地去思考什么，也无须一定要成为一个理论家。

大概因为有了杜拉作比较，伍尔芙才显得更为理性。她总是被纠缠在思考和读书中。她因此而不会放纵自己，不会像杜拉那样去酗酒，把生活弄得一团糟。伍尔芙是智者。哪怕是在最最痛苦和无望的时刻，在自己的精神彻底崩溃的时刻，在不能读书也不能思想的时刻，伍尔芙也只是让纯净的河水淹没自己的烦恼，从此结束那沉重的智慧和美丽，结束那不能再延续下去的岁月。你看，就是死，伍尔芙也选择了得体的方式。

去读伍尔芙的书吧。那一定是阅读中最深沉的享受。

（原载《文学自由谈》2023 年第 3 期）

编辑这一亩三分地

张鸿

这一阵子，是我和《广州文艺》这几年来最忙碌的，看稿、改稿、读书、研讨、新书分享、评奖、颁奖……生机勃勃。

今年我们完成了本应去年完成的首届"欧阳山文学奖"的颁奖工作，这是一件大事情。接下来就要进入第二届的评奖流程了。

去贵州黔南州参加了一次改稿会。我喜欢贵州这个地方，也去过多次。有一年，我和习习相约去贵州，我们去乡间搜寻民族刺绣，收获很大。这次改稿会上有不少写得不错的作者，有一位诗人的作品打动了我，他叫周绍力，他递交的是一组诗，其中的两首《小巷里的父亲》《大地上的母亲》，我认为真是不错。我给他的改稿意见是：

作者写人物很有特质，在行文过程中，频频书写了客观形象，能够将这些意象升华，使之具有哲学的思辩性。在《小巷里的父亲》一诗中，通过墙、小巷、衣裳、石头、街道、灯光等景物，勾勒了与"残疾的父亲"有关的大场景，以"隐约的河流"这一喻体进行升华，突出景物描写的意象化表达。在作者笔下，一条小巷披上一层层褐色的衣裳，街道深处偌大的石头连在一起，和"残疾的父亲"站立在孤影的小巷中的情景不谋而合，能够把"残疾的父亲"这一身份中质朴、朴素的特征淋漓尽致地表现出来。最后，通过"我望着他/他望着远方/我们缄默不语/久久不曾离去"收尾，将"我"和"父亲"放置于同一空间和时间中，与"偌大的石头/一块又一块/在街道深处/是连在一起的"前后呼应，实现父与子的对话，是一首很成功的诗。

作者虽语言朴素，但能以一句句简单的话语将与人物有关的意象进行提炼，使之形象地展现人物的个性特征。在《土地上的母亲》一诗中，作者以"一片叶会掉落/在白茫茫的大地上/也会悄悄地藏在针孔里/用一根线/把遥远的距离/串联在一起"为铺垫，把叶子掉落、白茫茫的大地意象化，并与"土地上的母亲"联系起来，通过针孔中的一根线，引发由物及人的思考，表达对母亲的思念。此后，通过"对她——我的母亲/我永远说不出那句话"引出"背影渐渐被剪短""母亲佝偻的身躯""双腿埋在土里""腰被慢慢吞没"等与母亲有关的个性特征，让读者深知其笔下"土地上的母亲"的艰苦与不易，感受语言的刺痛感，引发共鸣。最后，以"对她——我的母亲/我永远说不出那句话"作为结束语，指出"它深深地埋在我的心底"。从该诗前后文看，我们可以体会到，此处的"它"实际上就是"我爱你，我的母亲"这一主题话语的真实流露。

以上是主办方给我的记录文字。周绍力这两首写亲人的诗歌，情绪饱满，节奏把握得很好。我常说一首诗要有"诗眼"，也许是一个词也许是一句话。《土地上的母亲》的"诗眼"是通过读者的阅读感知出来。

去了一趟甘肃，改稿，我看散文，普遍问题：乡村题材，同题化、同质化，抓不住重点和亮点，没有注意选材，把握不了叙述节奏。但好作品还是有的，必须改。我以为，一个地方的文学的可见的进步，一定要对具体作品进行指导、修改。

前几天，在一个场合，我说"目前散文最大的特点就是没特点"。当然不是绝对。我所说是就普遍性而言。我研究散文，以及编发散文多年矣，我以为，虚构，需要多方面的能力，非虚构，自然也需要。尤其散文的写作，对生活的积淀，对生活细节的把握，对人性的探索（写作必备），哪一样都不能缺。在散文写作中，掌握事物特质、人物个性，以及作家的认知、思考的差异，可决定作品的高下。也许写作者只有清楚认识到这些，才不会呈现散文创作同题化、同质化的状况。

说到改稿，倒真是佩服一家刊物的做法，一个小说，改了11遍，最终该小说作者凭此获得了鲁迅文学奖，刊物不易，编辑不易。对这样的刊物和编辑，致以敬意！其实，我知道不少的编辑，会要求作者改稿的，但有的作者不愿意配合，确实，他的稿子去了别的刊物，也发出来了，何必要改呢。一个稿子在几家刊物之间走来走去，也是常有的事情，我们也会遇到，我的要求是作者可以一稿多投，但我反对一稿多发。我的编辑会对我说，：“张老师，那谁谁的稿子我们退了后在×××发出来了。”我说，没有关系，这很正常，从作者的角度来说“东方不亮西方亮”，没问题，但刊物必须坚持自己的审美标准。多年前，我在另一家刊物工作，遇到过一个作者，很年轻，他不允许编辑改动他的稿子，就是改一个字也要征求他的意见，我们在编辑会上说起，一致说那就让他抱着稿子睡吧。

有关作家的话题，有一次我与李浩电话聊天，我们谈到了一位作家的作品，以及评论家对该作家的态度，我们总结了当下作家的三种状态。

一是模仿式写作，这主要是形式上的模仿，不仅模仿他人，也模仿自己；二是本能写作，这种写作状态的作家占大多数，他们不受形式的制约，且有自己的思想，但因为出自本能必定有更深层次的制约，这种制约来自很多方面；三是善于用他山之玉式的创作状态，这种状态已经经过了前两种状态，技术的娴熟已经不是重要的方面，重要的他站在自己的领地，视角广阔，思维发散。他明白他想要的是什么，也很清楚什么在他考虑的范畴，什么是重要的什么是不重要的，什么是可以走向世界的，什么只是小本经营。甚至于什么才是大家作品，什么是小打小闹。这种状态的文字，从字面看来似乎是回到了“之初”，而其实呢？

大多数作家这一辈子只能做一个本能作家，这已经够了，与他（她）的能力、才气对应。而那些走模仿之路的作家是辛苦的工匠。

　　有一次在一个改稿会上，一批稿件的标题我都不满意，于是，我想起一件事情，十年前了，弋舟赠我新书《战事》，他在扉页上写了一句策兰的话："你总是在挑选着钥匙。"这生发了我的想象，一个好作品的钥匙是什么？我认为是标题。一个好作品，标题会起到很关键的作用，也许在艺术性方面，也许是在市场影响。

　　一个好的标题：题文相对、具体不空泛、标新立异、忌繁复。但还要一种开阔的视角；由小而大的切入点。在如今，还要揣摩读者的口味，对应市场，出一些唯我独有的点子，真是不容易。

　　有人说，你都不会写小说，怎么知道小说的好坏，这话，幼稚了哈。

　　反正我是这么看这个问题的：一、我天生对文字敏感；二、我有这平台让我好好学习；三、见多了猪跑，也知道那猪健康不健康了。我这一辈是写不成小说了，没那天分，但我有的是挑文章毛病的天分。

　　现在大家习惯于微信发稿子给编辑，这样也好也不好，好处是快，坏处是收件人容易忘记保存下来，就耽搁了。就如邮箱收稿件，有好有坏一样，好在，安全，不会丢稿子，坏在老有一批人"习惯性投稿"，我解释解释这个词，就是一个作者，用不同的邮箱向你的邮箱连续投稿，一周几篇。这样的邮件和稿子，我不会打开，我"作品"是怎么出来的？你以为写作是拉拉面呀？！

　　邮箱里老有人问：我的稿子你到底看了没看？发几期？要我尽快给出审稿意见。这事吧，我这么认为，天下写作的人有多少？写得好的有多少？自己是什么水平？要求有限的编辑来为无限的作者服务，这不是"为人民服务"的宗旨。老大，你有写的权利，我有读的权利也有不选择的权利，实在是写得不好，这不怪我呀，如果我就这么发出来，我不忍心，不负责呀，花着国家的钱，碍着别人的眼。

编辑不光要看稿，还要读书，要与作家互动。最近读完魏微《烟霞里》，好作品。可见作家的功力深厚。为魏微高兴。不要把这部作品往女性主义靠，按我的感觉，魏微就不是一个明白啥主义的人。这是一部个人成长史，也是一部中国社会变迁史。值得深读。我和魏微就此书展开过两次对话，一次比一次内容丰富，话题越来越展开。这种对话就是作家、编辑、读者的深度交流。呈现优势不掩饰问题，畅论文学不脱离生活。

读完了海飞的《向延安》，与他在广州购书中心作了一场对话，感受到了他的"谍战世界"的日益强大。认识海飞近十年，也是他的责编，这几年他在广州的新书分享也大多是我和他对话。这是一个很有特点的作家，目的明确，两套语言系统驾轻就熟，长袖善舞。

前几天，我和张菁在"南周书院"一起来了一场线上讲散文，对这些年来我对散文的认知作了一些整理，再听张菁对散文的理解，我收获不小。

一个文学编辑，不能只盯着手上的稿子和眼前的一亩三分地。很多稿子对编辑来说是没"营养"的，要加强个人的修养，补充营养。这一亩三分地，不好好耕耘，土壤会板结，减少收成的。

（原载《文艺报》2023 年 7 月 31 日）

曾经编副刊

程绍国

　　《温州晚报》成立于1993年。我曾听总编A说，他自己曾就怎样办好晚报，到上海问计于赵超构。赵超构别名林放，我们温州文成人，曾长期主持《新民晚报》，著有《延安一月》《未晚谈》《林放杂文选》等，是在全国知名度都很高的老报人。赵超构说了一句："温州也办晚报啊?"我于1996年秋天，调往《温州晚报》。一天，A叫瞿炜和我到他办公室，说要创办文学创作版《池上楼》和读书版《白鹿书屋》，让我俩一定要把这两个副刊版面办成品牌。他说，没有"夜光杯"（《新民晚报》副刊）就没有《新民晚报》，所以你俩必须努力。

　　A出身军人，在温州市委办待过，在《温州日报》待的时间最长。他无私、吃苦，认准的事一定要走到底。工作着是美丽的，状态风风火火，他以自己的能力和精力来经营《温州晚报》。《温州晚报》像是他的私家产业，他"起早摸黑"到不可思议的程度。所以他对别人要求极严。他自己的身骨硬，可并不怜惜别人的身体。他骂起人来不分场合，不留情面，往往叫人非常难堪。但对文人还是尊重的。骂文人时，他显出底气不足。他骂瞿炜，瞿炜就笑起来，他也跟着笑起来。他骂我极少，只有一次，那是我和刘晓庆的对话，刘晓庆的一句话，他看清样时看到了，上纲到政治的高度。办报办刊非常难，他对政治又极度敏感。他并不是一个十全十美的总编，但总体上给我留下美好而难得的印象。瞿炜的散文、小说、诗歌都在全国性刊物发过。他是我的主任，也是我的哥儿们，比我小十岁，彼此除了换妻不行，其他好像都可以商量。

我一星期编辑这两个版面，任务就算完成，"工分"足够了。所以让我编副刊，我一口答应下来。

我想到让汪曾祺题签"池上楼"三字。他的字好，文学成就又高。林建法说"当代文学的第一把交椅，应该是汪曾祺坐"，其他作家好像没有不服气的。汪曾祺两次来过温州，和我相熟，但他是有脾气的人，不像林斤澜那样随和。我托林斤澜出面，为家乡的报纸请汪老写三个招牌字。汪老写了横竖两张，林斤澜去蒲黄榆汪老家中拿回，寄过来。我和瞿炜选上竖的。

林斤澜和汪曾祺都给《池上楼》写稿子。他们都是写在纸上的，不会电脑。汪曾祺写了《月亮》和《瓯海修堤记》。《月亮》是散文，《瓯海修堤记》是铭文。汪曾祺对林斤澜说，凌晨两点，忽觉一字不妥，披衣修改。又说剩下一个序言介绍瓯海修堤的来龙去脉，倒是麻烦。林斤澜说，那序言就交给我吧。林斤澜寄给我时，我便按"汪曾祺铭，林斤澜序"发了出去。林斤澜收到样报后，电我，要在报纸上"更正"：作者只有汪曾祺一人。我说你和汪的字迹是分明有区别的，你也同我说过序是你写的。林斤澜不肯，坚持住，我只得做了"更正"。这是1997年的1月。四个月后，汪曾祺先生便辞世了。

林斤澜十来年给《池上楼》写了大量的散文精品。对温州读者来说，他的文章有些难懂。他还为我出谋，说中国作协的柳萌人脉极广，让我接近他，他会给我带来大量好稿子。后来果然如此。我还写信或打电话给熟悉的邵燕祥、唐达成、刘心武、从维熙、蓝翎、姜德明、赵大年等，向他们约稿。他们并不嫌弃一张地方小报，有稿总是先给我们，而且有的作家不再给别人，如林斤澜、邵燕祥。一次在飞机上闲来无事，看一本画册，居然见到何立伟一篇散文，非常喜欢，便转折联系到他。报纸和杂志一样，像是呈上来的酒菜，不能单一。单是邵燕祥的锐利是不行的，还要从维熙的厚重，还要何立伟的温润好看。他们后来都成为《池上楼》的常客。

我觉得唐达成的稿子一般。文以载道，所述全是对的；起承转合，同样无懈可击；寓言啊，故事啊，知识面很宽；喜欢用成语，用得很贴切……但感觉起来就是不独特，无个性，比人云亦云的好一些而已。记得唐达成给过我五篇稿子，有一篇我没有发出，原因我已忘记。唐达成去世后，我读到有文章说他辞职后，决心多写东西，同时挣些稿费时，我的心紧缩了一下，尽管那时名家文章一篇只有一百元！后来我想，是自己错了，唐达成立意还是高的。

高晓声给林斤澜打电话，说将带女朋友到雁山瓯水来"白相白相"，要有人接待。林斤澜说"雅兴雅兴"，便把这光荣任务交给了我。我便给高晓声去了电话，表示欢迎，问他行程，他说在暑期，他的女朋友是大学教师，具体时间还不能定下来。聊了一回，我不失时机地说，倘有散文随笔短稿，请支持我编的副刊《池上楼》。他毫不犹豫地问："稿费怎样？"我说论篇，一篇一百。他说："我有，手头有一篇随笔。"他寄给我的这一篇，叫《创造美丽》，写得很好。但只有这一篇，因为暑期未到，高晓声肺病恶化，去世了。

那时晚报的《池上楼》很有影响，文界许多人激赏。A总编把《池上楼》一扩为二，还增加一个版面，叫《春草池》（"池上楼""春草池"都典出谢灵运《登池上楼》），专发温州青年的作品。

A总编看文学稿子，总是笑眯眯的。只有一个作家的稿件被撤下几次，那就是杰出的邵燕祥先生。总编决定撤，你是不能挽回的。我只能在心里想，对不起啊邵老师。而邵老师每回赐稿，便签中写道：我的稿子难用，不用掷回便是。

名家的稿费以篇计酬，因为我要的是短稿。稿费周期慢，慢得不得了，而邮路非常通畅，我便和作家们约好，我自己先行现金垫付，在样报中夹一百元钱，作家打开样报，就能看到，不必长时间后拿到汇款单，还要跑邮局。嘉兴作家伊甸就对妻子说，《温州晚报》寄来的信，你可千万别丢了。这样试行一年，瞿炜说，这样做不是好办法，最终对你不利。主任看问题看得远，我便听从了他。

一纸调令，B总编来了。A总编好像万万想不到，两眼空洞，走路的力道似乎也没有了。他好像当了一小段时间的书记，但我没有见到人，不知他是否在哪里暗暗舔伤口？B总编是文人，散文小说写得都很漂亮，当过文联主席，也曾是浙江省的作协副主席。他也十分尊敬林斤澜。林斤澜对我说，你可不要当别人的亲信，什么人的亲信都不能当。我说当然。B总编比我大十岁，和我关系向来不错，我很尊重他。将上任时，在华侨饭店一楼，问我晚报里的人和事，我真话以答。他说等自己离开晚报时，晚报让我来干。我说我不会干这些事。在他任上，两次让我当中层干部，我都婉言谢绝。他也只好说"人各有志"。他曾经让我到西欧"考察"十几天，这种待遇在晚报中是独一无二的。他重感情，但并不重文学副刊。这是耐人寻味的，结合A总编，让我想起历史上一些皇帝对文人的态度。他在晚报，总体上，我们的关系反而还疏远了。他身边的人文化素养不高，认为报纸就是新闻。这话基本没错，但真的新闻能够刊发吗。渐渐地，报社不认为《池上楼》重要，还认为名家特别对自己负责，所谓爱惜羽毛，他们的稿子不用修改，甚至不用看就可以上版。这话我接受不来，但我不想解释。约名家写稿，"拉大旗"招引读者是一方面，最最重要的是思想。名家之所以成为名家，他们的思想高度是一般人、一般作家所达不到的。以他们的思想去影响读者，敲人灵魂，特别是只想到挣钱的温州人的灵魂，这不是太好的事情吗！但是，我不说一句话，说了也没用。领导层决定，删掉两个副刊版面，回归原来。以当时的绩效看，我的"工分"就不够。这时，B总编半公开地给我的版面加高分，这样，我也算完成工作任务。B总编每周都开晨会，七点；两次不到会，本月的奖金悉数扣除。七点开晨会，六点就要起床，我哪里赶得到？只好让扣奖金。每年的年终奖，我基本上是没有的。规章制度如此，理所当然，不能怪总编。但哪里有酒喝，他还是经常叫上我，他还是把我当朋友的。

2004年，中国作协有人给我打电话，说京城有人猛夸《温州晚报》的副刊。让我参选"首届郭沫若散文随笔奖"。那年有特别奖，得主是写《音乐笔记》的李岚清，有创作奖二十来人，还有十几位得了编辑奖，地市级报刊编辑只我一人。但在报社，没有领导为瞿炜和我喝彩。

若干年后，B总编退下来了。一次在车里，他说自己在晚报的时候，有时很糊涂，用人不察云云。我没有接嘴说话。

　　总编又换了。C 总编好像是一个县里来的部长，不懂文学，当然也不怎么懂文化，情况自然糟透了。"前朝"得志的人大多失落。我去送大样时，经常听到高跟鞋妖娆的橐橐橐橐声。他对我没有笑脸，总是说"放着吧"。过一会儿来电，要我去取，我经常见到有红笔对某篇文章写一个字："撤"。我拿回重新研究，文章也好看，根本没有政治、宗教、民族等敏感问题。他是不知道谁是作家，更不知道谁是名家的，而我知道他的心思：你程绍国不是稍有名气的人吗？你好像不在乎谁是总编，那你就得知道什么是权力！有一天瞿炜出差，报社办公室叫我去听会。我远坐一隅，见一位我们部室出来、迅速蹿红的女主任说："副刊全部砍了，最多留半个版面，发发刘心武的文章。"她是知道我在场的，说话斩钉截铁，这么有气魄，我当时莫名其妙，后来就微笑起来。"发发刘心武的文章"，什么意思嘛。哈哈，我知道，这里已经不是我干活的地方。

　　我很快内退。《温州都市报》高薪聘我办副刊，我给取名叫《文学家》，第一期是三篇文章：邵燕祥的《深秋，在月坛北街》，刘心武的《从抖腿到凝神》，何立伟的《辣字当头》。作家的稿费是一篇五百元！这是 2008 年的事情。《温州都市报》的总编让我在家干活，他在报社给我安排一个助手，接收，排版，做事务性工作。我非常愉快地干了好多年。直到一纸调令，《温州都市报》的总编去当"老对头"《温州晚报》的总编。

（原载《文学自由谈》2023 年第 4 期）

库斯卡娅、Chat GPT 与作家的存在感

潘渊之

1

如果我告诉你，童话大王郑渊洁"瞎编的"库斯卡娅，其实是诺奖作家奥尔加·托卡尔丘克的笔名，你一定会觉得我才是在瞎编吧？

真不是我编的，而是 Chat GPT 一字一句告诉我的，一点都不像开玩笑。有无数例子可以证明，Chat GPT 的话，通常真实可靠，偶尔胡说八道———一本正经地胡说八道。库斯卡娅这事儿，咱就赶上了"偶尔"。

郑渊洁1986 年在一次笔会上做的"库斯卡娅测试"（也可以叫"作家诚实性测试"），参与的人不多，知道的人不少。不知道也不丢脸，掏出手机，百度一下便是———对，最好是百度，别急着用 Chat GPT；这个人工智能的答案，有时候会让你怀疑是人工智障的谵语。

Chat GPT 一夜蹿红，但国内不能直接注册使用。误打误撞搜到一个"基于 GPT－3.5 模型的 AI 助手"，于是注册登录，开始免费尝鲜。久闻 AI 见多识广、无所不知，那就问它对我有啥了解吧。把我的名字输进去，一口水的工夫，答案来了，四五百言。第一句就吓我一跳："潘渊之，1929 年出生于上

215

海，是一位中国著名的小说家和翻译家……"

通篇的溢美之词，若非文学史上的重要人物，绝然当不起如此赞誉。既然这位长我三四十岁的"潘渊之"是个如此"著名"的人物，就没理由不在互联网上留痕；然而，饶是我有二十余年的网龄，用过所有能用的搜索引擎，也从未遭遇与我重名的人。可以断定，上述"判词"说的就是我本人，虽然所言并非实情。

怎么会这样？难道我用的这个"假狗屁通"（一朋友用"音译＋缩写转拼音"法，如此戏称 Chat GPT）真是假的？心有不甘，忽然想起"库斯卡娅测试"，就问它：库斯卡娅是谁？

屏幕上有小黑点在转圈，我预感它要撒谎、使诈，所谓"眼珠一转，计上心来"：

奥尔加·托卡尔丘克，笔名库斯卡娅，1956 年生于乌克兰伊万诺——弗兰科夫斯克州，是一位著名的乌克兰作家。2018 年，她获得了诺贝尔文学奖，成为第一位获得该奖项的乌克兰文学家……其代表作包括小说《鹿角》《假身份》《托木卡夫卡中的人》，散文集《拟声》《书为何物》等……

托卡尔丘克，确有其人；她生于 1962 年，不是 1956 年；是波兰作家，不是乌克兰的；获诺奖，属实，年份亦无误；几部代表作，百度若干下，一无所得……

相隔三四十年，"库斯卡娅测试"剧情发生 n 次反转：郑渊洁用"我最近在看库斯卡娅的书"骗了笔会全场；接着用"瞎说的"耍了其中的 70%；第三次，Chat GPT 以"笔名说"反手"打脸"老郑，同时，它自己又被事实"打脸"……你看到了，尽管 Chat GPT 的知识储备不可限量，但在人类的恶作剧面前，还是输得一塌糊涂。也难怪，"假狗屁通"可不就是"狗屁不通"嘛。（玩笑而已，并非对 Chat GPT 不敬）

追问"笔名说"有何依据，Chat GPT 的回答同样爽快："我非常抱歉，我之前的回答是有误的……"

知错便认错，还是好同志。Chat GPT 比郑渊洁遇到的那些作家强多了。

2

1986 年的那次"测试"后不久，郑渊洁宣布退出中国作协。不能说这两件事有因果关系，但相关性还是有的。郑渊洁退出作家协会，大概能说明他耻于与不懂装懂的作家为伍，而不是对作家这个身份或职业感到厌烦、失望。

今年的情人节那天，郑渊洁给三十五年前的一封小学生来函写了回信——不是电子邮件，而是写在信笺上的亲笔信。除了回答有关文学、写作的提问，他还谈到人工智能："作家这个职业未来可能被类似 Chat GPT 的人工智能取代，但是写信会永恒。"他对人工智能时代作家的职业价值缺乏信心，但坚信写作——广义的写作，不只是文学创作——会与人类共存，其价值并不会因人工智能的成熟而被清零。

两个月前，推出 Chat GPT 的人工智能实验室 OpenAI，发布了一份研究报告，将作家列入受 Chat GPT 影响最大的职业——这里说的"影响"，可以从"攸关生死"的层面理解。这个结论，与郑渊洁的预感对接得上。但我接触到的公开报道中，中国作家普遍没有表现出"全员下岗"的恐慌。一些写作科幻小说、网络文学的作家，已经把人工智能作为角色写入作品，甚至在尝试借助 AI 来写作了。

今年 3 月 26 日，在华东师大举办的"现实与传奇：王安忆余华对谈"上，谈到人工智能，王安忆说："人工智能能够写作，那我们干什么？我想了一下还是写作，我们能从写作本身获得的乐趣无法取代。更何况生活有时候是不按常理出牌的。"余华接过话头："生活不是按常理出牌的，这是我们打败人工智能的武器。"他认为，"人脑总是要犯点错的，这也是可贵之处。当 Chat GPT 接近完美、没有缺点时，也就没有了优点；它对我和王安忆来说，起码是构不成威胁的。"

或求诸自己（写作有乐趣），或假于外物（完美即不足），王安忆和余华这种名满天下的成熟作家，还有更多的理由在 Chat GPT 的潜在威胁面前保持风度。在可见的未来，AI 大概率不会具备比他们更优秀的写作能力——要知道，它成长的途径之一，就是以他们的作品为学习、模仿的范本。但生活毕竟是"不按常理出牌"的，总有不确定因素伺机而动。比如，AI 会不会真的拥有了读者，且读者的阅读趣味会不会发生匪夷所思、不可预测的转向呢？如果 AI 削平了写作的门槛，使人人都能借助它生成自己的小说散文，以致不必阅读别人的作品，就能满足精神需求，那么，作家这个职业，就真的到了面对"哈姆雷特之问"的时候了。

以"对抗性思维"看待人工智能，它就是人类的对手，是挑战者、取代者。

3

在与王安忆对谈时，余华讲了他接触人工智能的一次经历。他用国内的人工智能搜索过"文学是什么？""文学有什么意义？"两个问题，AI 以"搜索出现故障"为由，避而不答。余华说："这个故障反而说明这两个问题本身是无法准确回答的。"

这个推论未免草率了。AI 一时语塞，并不说明它一直理亏。

对"余华二问"，Chat GPT 和国产的文心一言都顺利地给出答复。关于"文学是什么"，Chat GPT 给的答案，文风近于专业工具书，文心一言则是百度百科的精华版。再问"文学有什么意义"，Chat GPT 分列了八条，每条都以简短陈述句开头，直接表明观点，类似咨询公司的提案 PPT；文心一言归纳为五条，以各条所属类别引领正文，更像大学文科教材。不好说谁的答复更"准确"，它们也都没给出"文学是人学""文学就是文学之所以称之为文学的东西""文学是作者与读者的交流，是作者经验、素养与其感受、思考的交流"这样不够严谨但有性格、有"文学性"的回答。

"余华二问"的命题太大，应属文学本体论范畴。它们很重要，但你知道或不知道，与你能否写出好小说没太大关系。余华大概并不在乎答案；我把问题抛给 Chat GPT 和文心一言，也无意帮他排忧解难。

Chat GPT 来袭，又一次引起"人工智能与文学"的话题。如果 AI 文学拥有了读者，且比作家的作品更受人类的喜爱（AI 似乎很难进化出精神需求、审美趣味），那么，作家会不会大面积失业，以致只有极少数作家以"非遗传承人"的身份执着于"纯手工写作"？作家"全员下岗"，是不是意味着文学消亡……

这些问题，我只是想到，却无力思考。那就试试求助于 Chat GPT 吧。对"文学会不会消亡"，Chat GPT 先说"作为 AI 语言模型，我无法确定未来的趋势"，接着又说："文学永远都会有自己的位置和存在的必要性，因为它不仅仅是一种工具，更是一种人类创造力的表现。"于是，结论出来了："文学不会消亡，而是会随着时代的变化和发展，不断创新和进步。"

再问：进入人工智能时代，需要文学的人会不会越来越少？Chat GPT 说，人们对于文字、语言和文学的需求，并没有随着数字科技的发展而消失，"需要文学的人并不会越来越少，只是人们接受文学的形式和方式可能会发生变化而已"。

"文学作为一种人文精神，永远不会被 AI 所替代，而是会继续在不同形式和方式上存在和发展。"在后续的追问下，Chat GPT 给出了这样一个让作家高枕无忧的答复。

有意思的是，这几轮对话中，Chat GPT 一反在"库斯卡娅测试"中的表现，毫无不着边际、张冠李戴的痕迹，显出说不上多精彩但的确可信赖的样子。它甚至"坦承"人工智能有"巨大的局限性"："文学作为一种艺术形式和人类文化的传承，所涉及的情感和创造上的细节，以及读者和作者之间的互动和共鸣，是 AI 所无法取代的。"

不必继续纠缠好脾气的 Chat GPT 了。作家该不该下岗，文学会不会消亡，这样的问题，余华都不在意，又岂劳他人费心？

4

但因为 Chat GPT 的"推心置腹"，我们就应无视甚至抗拒人工智能对文学创作的影响吗？

想起了早些年的"作家换笔热"。

在我的印象中，20 世纪 90 年代，"电脑进入家庭"的领跑者，是作家群体，"作家换笔"随之风潮渐起。同事中有几位作家陆续跟进，特别是自忖笔迹羞于见人者。

"用电脑写作"的说法，本来很好理解，不料也生歧义。有位作家大哥，属于对作家身份认同感超强的那种，声称坚决不用电脑写作："电脑怎么能写小说？我的小说是'有语言'的，它能写出来吗？"满脸的不屑——他大概把 Windows 95 上跑的 Word 97，想象成今天的 Chat GPT－4 了。

作家抵制"换笔"者，这位大哥并非孤例。十几年前，《人民日报·海外版》有篇文章《拒绝"换笔"的作家》，说："一些作家，尤其是一些名头很响的作家至今拒绝'换笔'，且各有一番精彩的说辞……仅北京、上海、陕西三地的作协主席就惊人一致地拒绝电脑写作。"这三位主席分别是刘恒、王安忆、贾平凹。时隔多年，如今他们是否还那么嘴硬，不得而知。

用什么写，和写什么、怎么写一样，是作家的自由。如果硬给他们贴上"卢德主义者"的标签，认为他们反感现代工业文明、向往传统生活方式，就太过小题大做了。同样，认为作家始终是观念、潮流的引领者，也是想当然之论。

没听说有谁是因为电脑而想当作家的。但现在开始，如果有人说，他因为 Chat GPT 而爱上写作，你还真别不信。二十多年前，互联网在中国普及，网络文学出现，文学创作的平台更大，发表作品也变得更加容易。一些年轻人上着网，看着别人的小说，就从网络文学的"消费者"变成"生产者"。同样的事，更有可能发生在人工智能时代的年轻人身上——玩着玩着，就玩出自己的处女作了。

对"传统"作家来说，人工智能是又一次"换笔"——你甚至可以把它叫作"写作系统升级"。至于网文作家，AI的意义，更主要的在于创作思维的拓展、写作方法的更新。作为互联网的"原住民"，网文作家对数字科技的接纳更"丝滑"。他们甫一出现，就自顾自地在网络的花园里"挖呀挖呀挖"，大有"处江湖之远"的无拘无束，而无"居庙堂之高"的有板有眼。当然，他们尽管不想与正统文学分庭抗礼，但对文学生态圈的"鄙视链"，也未必无动于衷。倘若被正统文学"招安""收编"，无论是博功名之虚，还是牟利禄之实，他们大多会"其喜洋洋者矣"。

5

以前，零零散散地看过一些由AI生成的诗歌作品。Chat GPT一来，有人说，写小说的人有福了，它能推荐灵感、生成角色、设置情节、检查病句；用Chat GPT的话说，它可以帮助作家实现"更丰富的想象、更快速的写作、更精准的表达、更高效的修改"。作为写作辅助工具，它对写作这个行当非常友好，可帮忙写会议流程、招聘启事、视频文案，甚至作业、论文等，还有小说。写小说大概是最高级的写作，恰恰又是Chat GPT备受期待的功能。小说家突然成为高科技俱乐部的VIP，想想都喜不自胜。

AI终归还是工具，不同的作家使用同一种AI程序，写出的作品仍然不一样。无论什么时代，作家的素养和天赋、创意和创造力、语言表达方式及风格等，都是成就好作品的重要因素。作家们本就各个不同，而Chat GPT这种"生成式预训练模型"，又有赖于使用者的方法、技巧和对它的"投喂"、训练，这使得其生成的文本，更是千差万别。你本人的才华、素养高，使用AI的技巧、方法妙，才可能在它的辅助下，写出好的作品；否则，你得到的，就是一篇"习作级"文章，无错亦无奇。

凡事皆有两面。一旦Chat GPT撤掉文学创作领地的门岗，让人们可以自由进入、随意溜达，"正统"作家就可能生出"喊！什么人都想当作家？"的嘲讽，而更多的人则发出"哇！什么人都能当作家！"的欢呼。

Chat GPT 当前，作家的存在感，取决于他们如何感受 AI 的存在。如果你总想着和它鸡犬相闻甚至兵戎相见，或者以为只要用了它，就能写出"诺奖级"佳构，那我还是要劝你：莫作是念。

（原载《文学自由谈》2023 年第 3 期）

北京话和流行语

刘孝存

北京话，与北京建城史联系在一起，与北京的历史风云联系在一起，特别是与历代的北京人联系在一起。从蓟燕语，到幽州语、幽燕语、大都话，到明、清北京话，及至当代普通话的推广和普及，多少腔调音韵的溪流汇成了北京语言的长河。

北京话源头——"蓟燕语"

北京话的源头，出自我国古代边邑"蓟丘"的"蓟燕语"。

我国古代，北京地区被称为"幽陵"。幽者，深远也；陵者，丘陵也。相传，帝尧时代在幽陵一带建"幽都"，顾名思义，它应该有边远城邑的意思。这种没有文字的"传说时代"，叫作"史前时期"；人们的记事或交流，只能结绳、画图画或使用手势、口语。若是想将见闻、经验传给后人，就要利用歌谣、谚语和故事，一传十、十传百地传说，一代一代传下去。

《史记·周本纪》记载："武王追思先圣王，乃襃封神农之后于焦，黄帝之后于祝，帝尧之后于蓟，帝舜之后于陈，大禹之后于杞。于是封功臣谋士，而师尚父为首封。封尚父于营丘，曰齐。封弟周公旦于曲阜，曰鲁。封召公

223

奭于燕。"召公（又称邵公、召康公）的封地，据考在今北京房山琉璃河董家林村一带。但召公并没有当即移足燕地，而是参加了平息管蔡武庚之乱的战事。召公的原封地"召"，在今陕西岐山西南，当时的周人都城为镐京。召公未到封地，并不等于他不派部众前往燕地；众多的管家、吏役、兵将等，所操语言的语音应该属于"周语"（镐京语音）。1975 年，北京昌平白浮发掘的棺木中，出土了西周早期甲骨文残片，可认证当年蓟燕都城的纪事，承袭了刻在龟甲或牛骨上的殷周甲骨文。

燕国有纪年可考的时间，始于燕惠侯元年（前 865）。后来燕襄公将都城从易迁到蓟地都邑蓟城。据考，蓟丘城在今北京广安门外白云观一带。北京之西，被统称为西山，属于太行山余脉；其北军都山东延至山海关，为燕山山脉。

当年燕都蓟城人的口语，应该是融会了周语和蓟地土语（多民族混居地产生）的混合语；而文字，大概是钟鼎文（金文）或竹简文、木简文。在东汉许慎的《说文解字》中，收有二百多个"籀文"。据说这籀文，是周宣王时期名叫"史籀"的太史所撰。

周平王东迁，将王城设在成周城（今洛阳市东郊白马寺之东），史称"东周"。周平王及其部众讲说的镐京语，渐渐与成周语融会，形成了"雅言"。雅言，成为春秋战国时期周新王城与各方国沟通的通用语言。相传春秋末期的大教育家、鲁国人孔子，就是以雅言给来自各国的弟子授课的。

燕国是宗主周王之下的方国，自然需要在官场中推行雅言。但蓟燕方言依然是燕地的民间流行语。燕昭王元年（前 311），昭王在易水旁修建黄金台招贤纳士，所出的告示使用的应该是钟鼎文或石鼓文；前来应召的魏国人乐毅、齐国人邹衍、赵国人剧辛等，自会以雅言相通。

最早的北京地方历史文献《燕春秋》，见于《墨子》；记述"荆轲刺秦王"的《燕丹子》，见于明代的《永乐大典》。

秦统一六国，推行"车同轨书同文"，废"六国古文"，并在官方文书中统一为"小篆"。秦都咸阳的咸阳话，上升为大秦帝国的官话。但由于秦朝的国运仅为十五年，短时间内将咸阳官话替代各郡县的官话有一定难度。若要覆盖民间言语，只能是一个泡影。

秦代燕地流行的依然是蓟燕方言。西汉扬雄撰有《方言》书，集古今各地同义的词语，并注明通行范围。其中，将冀州（河北）、并州（山西）及青州、兖州、徐州（三州为山东）一带的一种方言称为"幽燕话"。

"幽州语" 和 "幽燕语"

大唐的幽州，是汉人与突厥人、靺鞨人、奚人、契丹人、室韦人等杂居的地方。语言学者以幽州为坐标，将唐代幽燕地区语言称为"幽州语"。

幽州语与大唐中原语言文字有密切的联系和传承关系。"初唐四杰"之一的诗人卢照邻，号"幽忧子"，幽州范阳人，他的诗集《幽忧子集》今存诗90余首。留下"推敲"典故的唐代大诗人贾岛，范阳人，有《长江集》10卷，留诗370首。陈子昂虽然不是幽州人，但他随军于幽州时留下的《登幽州台歌》却是千古流传。有"诗仙"之称的李白，在《北风行》中有"燕山雪花大如席，片片吹落轩辕台"之句。

经历了"渔阳鼙鼓动地来"和沙驼人石敬瑭的燕云十六州之献，契丹族的大辽升幽州为陪都"南京"。契丹是鲜卑人的一支，其语属于阿尔泰语系；得燕云十六州后，其领地内增添了大批汉人。其间，南京又曾改为燕京，幽都府改为析津府，幽都县改为宛平县。

女真族建立的金朝政权联宋而灭辽。金完颜亮（海陵王）下诏迁都燕京，后改燕京为"中都"。中都城仿宋汴梁城规制，在辽南京城基础上改扩建。原析津府改为大兴府，辖大兴、宛平等县。当时中都城居住多个民族，计有女真、汉、渤海、契丹、奚等。

从辽至金，大量北方少数民族不断涌入北京地区，同时亦有大量汉人被动或主动迁入原来的少数民族地区；特别是金代，汉人被驱掠、迁徙到女真地区的为数很多。在这种不同民族混居、融会的历史背景之下，幽州语受阿尔泰语影响（女真语亦属阿尔泰语系），特别是在契丹语和女真语的影响下，"幽州语"演变成"幽燕语"。

金代科举，设"词赋科"，即取士为官，要有词赋的笔试，由此，中都的皇室、贵族、官员，包括汉族士子，多能诗善赋。我们所熟知的"燕京八景"——居庸叠翠、玉泉垂虹、太液秋风、琼岛春阴、蓟门飞雨、西山积雪、卢沟晓月、金台夕照，据说就是金章宗钦定的。这表明了金人汉化的程度。契丹、女真等少数民族，并没有改变古汉语及其传承的语言，而是导致入声和浊声的大量消失。

元大都话

明、清北京城，是在元大都的基础上建立起来的。

蒙古军在攻打金中都时，这座古老的具有代表性的幽燕古城邑，也就是老北京的前身，遭到了毁灭性的破坏。历经蓟、燕都邑，秦广阳郡、东汉幽州、隋涿郡、唐范阳（幽州）、辽南京、金中都的历史名城，被兵火毁于一旦。

1260年，夺得汗位的忽必烈从蒙古高原的都城和林到燕京，以金中都东北郊水泊中的琼华岛上所建的离宫——大宁宫为驻所。至元四年（1267），忽必烈废弃金中都城，并以琼华岛大宁宫为中心，另筑新城。汉人刘秉忠按照《周易·考工记》中"匠人营国，方九里，旁三门，国中九经九纬，经涂九轨，面朝后市，左祖右社"的理念建城。至元八年（1271），忽必烈取《易经》"大哉乾元"之意，将"大蒙古"国号改为"大元"；次年，忽必烈将正在新筑的城定名"大都"。

老北京人自己受冤枉的时候，常有一句话叫作"我比窦娥还冤"，这句话，源于元代的戏曲大家、大都人关汉卿笔下的杂剧《窦娥冤》。关汉卿大约生于金末，去世的年代约在至元二十六年（1289）之后。当时的元帝国将治下的百姓分成四个等级：蒙古人、色目人、汉人、南人。其中，色目人包括唐兀人、畏兀儿人、康里人、钦察人、斡罗思人、阿速人等；汉人包括北方的汉族人、契丹人、女真人、渤海人等；南人，则指南宋遗民。关汉卿虽然属于第三等级，但从职业来说，就属于最低等级了。那时元帝国将职业分为十等：一官，二吏，三僧，四道，五医，六工，七猎，八民，九儒，十丐。关汉卿就属于几乎是最底层的"老九"，仅在乞丐之上。

元代，自唐代实行的科举制长期被取消，儒生也就失去了入仕立业的机会。为了生活，当时的儒生也只能混迹江湖。关汉卿、王实甫、马致远、纪君祥等大都的儒生，就是其中的几位。他们为教司坊所属的戏班子乃至民间青楼歌妓写杂剧，写曲子，倒也成就了一代"元曲大家"。当年的积水潭（当今的后海、什刹海）岸边的歌楼酒肆、瓦舍勾栏，就是关汉卿等杂剧作家经常出入的场所，也是他与著名女艺人珠帘秀说戏、演唱曲歌的伤情地。

现如今，我们听不到大都话的语音，但却可以见到写于元大都的文字。关汉卿杂剧《感天动地窦娥冤·楔子》："……老身蔡婆婆是也，楚州人氏，嫡亲三口儿家属。不幸夫主亡逝已过，止有一个孩儿，年长八岁，俺娘儿两个，过其日月……"从这些文字来看，几乎丝毫不影响我们的阅读和理解。最早见诸文字的"胡同"出现在元杂剧中。关汉卿剧本《单刀会》中，有"杀出一条血胡同"之句；张好古杂剧剧本《沙门岛张生煮海》中，有"你去兀那羊市角头砖塔儿胡同总铺门前来寻我"之句。

元代的大都话，并不是蒙古语，而是在辽、金两代居住在北京地区的汉族人和契丹、女真等族人经过几百年密切交往逐渐形成的"幽燕语"基础上，受蒙古语、突厥语影响而形成的。

在元代周德清所著的《中原声韵》中，将元代北曲用韵分十九部，并首创"平分阴阳，入派三声"之说。该书每部的字均按阴平、阳平、上、去四声排列，以入声分别派入阳平、上、去三声，记述并反映了元代北方话的语音实况。成书稍后的《中州乐府音韵类编》，为元代燕山（北京）卓从之著。该书也是曲韵北派的代表作，亦分十九部；但它只将平声字分三类——大抵以阴、阳两调相配的字另立"阴阳"类，无相配的字归"阴"类或"阳"类，实际上平声只有阴、阳两调。

"内城话" 和 "外城话"

现代意义的北京话是在明、清逐渐形成并基本定型的。

明洪武元年（1368）八月，由徐达和常遇春统领的明军攻占元大都，大都改为"北平府"。"北京"之名，起源于明永乐元年（1403）。燕王朱棣登上皇位以后，将北平府改为"北京"，称"行在"。这里的北京，是在元大都（北土城至长安街一线）的基础上营建的，移变成德胜门、安定门一线至前三门一线。

将首都从金陵迁到北京，始于永乐元年；那么，"北京话"之名，也当始于此。

伴随着迁都，大批江淮籍的官员、兵将进驻北京，使原来的大都话又增添了江淮话的成分。此后，来自山西等地的移民被安置在北京地区。

北京的外罗城，建成于明嘉靖三十二年（1553）。为防蒙古俺答部侵扰，原本想建造环北京大城一圈的外罗城，因经费不足而只建了北京前三门以南的外罗城。由此，北京有了内城和外城之分。

明代北京，大批外来移民和各地考生入仕为官，带来了外乡省方言的语音。北京宛平知县沈榜在其著作《宛署杂记》卷17《方言》条目中记："第民杂五方，里巷中言语亦有不可晓者。"这一记述，反映了明万历年间北京城内居民五方杂处和各路方言混杂的状况。《宛署杂记》中收录的当时的北京方言词语，计为80余条，其中有些是来自不同民族的语言和外地的方言，如"妗子"（舅母）等。在当时的北京方言中，"父亲"的称谓有三种，即"爹"、"别"（平声）、"大"。语言学者认为，"爹"为原住居民语，"大"则来自山西，"别"来自江淮语。现今北京话中常用的"爸"，在当时并未出现。

不同地区的汉语方言，如江淮话（包括南京话、安徽话等）、山西话及冀东话等，在明代融入了"北京话"语系。

北京的"内城话"和"外城话"有别的现象，形成于清初。

清太宗皇太极继承汗位后，改女真族为"满洲"（简称"满族"），在沈阳（盛京）正式称帝，改国号为"大清"。此后，皇太极在"满洲八旗"之外，分别增设了"汉军八旗"和"蒙古八旗"。汉八旗，主要成员为辽东人，其官兵所讲的语言，大多为源于幽燕语的辽东语（又称沈阳语）。辽东语源于冀东语，冀东语源于幽燕语。而辽东语又有别于冀东话，因为它是受女真语影响的变体。

清入主中原，以北京为都。顺治五年（1648）八月，清廷下谕："除八旗投充汉人外，凡汉官及商民等人，尽徙南城居住。"于是，北京内城（"前三门"以北）的皇城以外，变成亲王、郡王、贝勒与八旗官兵及眷属的专用地。被迁出内城的非旗人官民及原居民，居住在"前三门"以南的外城。由是，清初的北京话也就分成了两个区域性语言板块——"内城话"和"外城话"。

北京内城居住和驻防的是旗人。爱新觉罗·瀛生（笔名常瀛生）在《北京土话中的满语》中说："清初满人入关，在北京形成了'满语式汉语'。"康熙时代，满洲八旗在汉化过程中接触最多的是汉八旗官兵及"包衣"（清代八旗制度下世代服役于皇帝、宗室王公之家的一个奴仆群体）等。他们说的，是汉八旗的沈阳话，而讲出来的则是满语和沈阳话相掺杂的语言，也就是"满语式汉语"。

到了雍正和乾隆时代，满洲旗人已经使用双语——既会满语又会汉语。与此同时，满语词大量进入汉语。如："挺""萨其玛""逗能""撺掇""敢情""嚼谷儿"等。

在清入主中原十余年后出生，并在其后40余年内成为作词209首，有"清代第一词人"之称的纳兰性德（1655—1685），是武英殿大学士、太子太师明珠之子，为康熙朝进士、一等侍卫。他在掌握汉文化和语言方面，应该算得一个传奇。纳兰性德以小令见长，多感伤情调。如《采桑子》："桃花羞作无情死，感激东风。吹落娇红。飞入闲窗伴懊侬。谁怜辛苦东阳瘦，也为春慵。不及芙蓉，一片幽情冷处浓。"梁启超评纳兰词："容若小词，直追后主。"王国维说纳兰"北宋以来，一人而已"。

古典名著《红楼梦》的人物口语，有许多清雍正、乾隆时期北京话的特征。如第七回《送宫花贾琏戏熙凤 宴宁府宝玉会秦钟》：话说黛玉"在宝玉房中大家解九连环顽呢。周瑞家的进来，笑道：'林姑娘，姨太太着我送花儿与姑娘戴。'"其中的"顽"，等同于现今的"玩"；"姨太太着我"，即现今的"姨太太叫（让）我"。个别语词有别，但意思可懂。再如《红楼梦》中用的"才刚"，已在如今被颠倒成"刚才"了。

基本摆脱"满洲式的汉语",形成北京"旗人语"的时间,大约在道光、咸丰时期。代表当时北京方言语的文学作品,是满洲镶红旗人文康(别署燕北闲人)成书于道光中叶的《儿女英雄传》。如该书第八回"十三妹故露尾藏头 一双人偏寻根觅究"中:"安公子此时的感激姑娘、佩服姑娘,直同天人一样。假如姑娘说日头从西出来,他都信得及,岂有个不谨遵台命的?忙答应了一声,一抖积伶儿,把作揖也忘了……"其中几乎全都是当今的白话,只是将"寻根究底"写作了"寻根觅究";将"抖机灵"写作了"抖积伶儿",但近似或音同,只是多了一个"儿化"。

我们常说的"京韵京腔",可在京剧的唱腔和念白中体验。徽班在乾隆年间进京以后,并没有形成纯粹的"京腔";直到道光年间楚腔(又称汉调)进京与徽班合作,形成了"皮黄戏"。由此,皮黄戏被称为"京腔"。随着同治、光绪年间京剧在北京形成繁荣局面,剧中的"京白"使北京官话呈现出独特的京腔京韵,并使其成为后来的普通话的标准音。

清代,原本生活或搬迁到北京外城的住民,大多为明代遗民,说的是明代北京方言。相对从关外而来的满洲八旗、蒙古八旗和汉军八旗,明代遗民就成了"北京土著",而"土著"讲的话,就是"北京土语";若溯其源,北京土语为"幽燕语"的传承,幽燕语为"幽州语"的传承。

关于北京土语,可见戏剧家、北京文史风俗专家齐如山先生的专著《北京土话》。土语的语音,我们可以从著名相声大师侯宝林先生的相声段子里领略一二:"哎,那(音'内')天我瞧你去啦,赶上你没在家。我溜溜儿等你半天,你压根儿也没回来。我一看褶子啦,我就撒丫子啦。"

轻声和儿化

轻声和儿化,是老北京话的显著特征。轻声,也叫"轻音",即某些词里的音节或句子里的词,念成又轻又短的调子。北京话里,轻声字(弱读音节)在整个音韵系统中占有重要地位。一些双音节词,两个音节的轻重程度大多不同,相比而言,前一个音节较重,后一个音节较轻。如北京话说的:老实、鼓捣、尾巴、窝囊、豆腐等。

北京话里轻音的作用有多种，其中有改变词义和词性的：如，名词的"言语"，即说的话，轻声后的"你言语一声啊"（你说句话啊），原本的"名词"变成了"动词"。轻声后动词变成名词的，如，"不要把精力花费在没用的地方"，其中的"花费"为动词；若变成"天天买零食也是不小的花费"，这"花费"就变成了名词。

所谓"儿化"，就是后缀"儿"字，但不自成音节，而是只表示一种卷舌作用，使韵母"儿化"。

齐如山先生在《略谈国剧无声不歌——兼谈念字法及小字辙》中说："说某某胡同，则说本音，如泛泛说胡同，则说胡同儿。"如：我们说"家在荼食胡同"，不儿化；若说"我们家就在前门外的小胡同儿里"，加儿化。对此，齐先生有一系列举例：三条腿，儿化为"三条腿儿"；喝豆汁，儿化为"喝豆汁儿"；"票友"，儿化为"票友儿"等。

语言学者认为，北京话的儿化，是唐代的幽州语、辽金幽燕语的传承。明代晚期，儿化音已显成熟。北京的满洲旗人在初学汉语，特别是在说汉语"儿"时，会显出"大舌头"腔调，因为遇词尾的"儿"，他们不习惯"儿化"，而是将其单成音节。

昔时，老北京专营煤行的多为河北定兴人，澡堂里的服务人员的多为河北宝坻人。其词语带"儿"字的，不是"儿化"，而是单成音节。如煤行的定兴话："一清早儿，摇了五百斤煤球儿。"当年北京胡同的孩子学说定兴煤行话，说煤铺伙计是"摇煤球儿的（音'地'）"。澡堂的宝坻伙计招呼顾客："修脚不？还有个蜡头儿（敷脚的热石蜡）呢。"这两地的方言，都属于辽金时代古老的幽燕语系。有意思的是，如果我们追究一下辽燕京话或金中都话，是不是听一听定兴话和宝坻话的语音就能有所体验呢？

老北京话语汇中的儿化，很有讲究。比如"门"。北京的城门——正阳门（前门）、宣武门、崇文门、德胜门、安定门、东直门、西直门、朝阳门、阜成门、广安门、永定门、左安门、右安门，一律不儿化，但有三个城门例外，一个是"东便门儿"、一个是"西便门儿"，还有一个是"广渠门儿"。这种

"儿化"与不"儿化"的区别，当是明清北京口语的习惯成自然。

而宅院的"门"，则一律儿化，如大门儿、二门儿、关门儿、开门儿、前门儿、后门儿。如果用反了，将永定门叫成"永定门儿"，或将"后门儿"说成"后门"，就不成"北京话"，甚至闹笑话。

再有就是"闪音"（也有叫作"吞音"的），即舌尖向齿龈轻闪而成。如说前门外的"大栅栏"，老北京的口语音为"大什蜡"；或者在快速的口语中，"吞"掉中间的"栅"（什）而为"大儿腊"，或"大腊"。

往事越千年，弹指一挥间。当今广安门立交桥附近的滨河公园，在金代宫殿遗址竖立着"北京建都纪念阙"。以金贞元元年（1153），海陵王改燕京为"中都"，定为国都计，至建纪念阙的 2003 年，为 850 年。若以西周时代的蓟燕古城计，北京城建的日子就在 3000 年以上了。

从蓟燕语，到幽州语、幽燕语、大都话，到明、清北京话，及当代普通话的推广和普及，多少腔调音韵的溪流汇成了北京语言的长河。

普通话化，是当代新老北京人语言的总趋势。伴随着"普通话"的普及，近几十年来，北京内城、外城、远近区县及多个部委、大学、军队大院，除少数地域，大多已经普通话化。与此同时，由于求学、工作等因素，原本就属于移民城市的北京，又增添了多少新的"乡音"。外来语词、电脑语言、网络语言，在不知不觉中融入了北京流行语。

（原载《光明日报》2023 年 7 月 21 日）

五音盈耳

刘江滨

小时候最害怕的声音是打雷，阴云密布，轰隆隆雷声由远而近，一道闪电之后咔嚓一声巨响，窗棂微微震颤，耳朵嗡嗡作响，头皮发麻，心怦怦跳。每当这个时候赶紧捂住耳朵，缩在屋子一角。但接下来的声音却令人愉悦，大雨落在树叶、房顶，哗哗，唰唰。雨过天晴，鸟儿鸣蝉儿叫，浅唱低吟，好生有趣。

上初中时我一度痴迷吹笛子，这是我一生唯一使用过的乐器。一支竹管，横在唇边，口吹指按，发出的声响虽不敢说婉转悦耳，至少能听出是哪首歌曲，北风吹，浪打浪，手指翻飞，竟也十分陶醉。以至于很长时间，只要手握住带把儿的物件，便不由自主十指跳起舞来。

及长读了庄子的《齐物论》方知，他把自然界的雷声、雨声、鸟鸣等种种声响，谓之天籁；把由人通过乐器发出有节奏有旋律的音乐之声，谓之人籁。道家崇尚自然，故庄子将天籁视作天地间最美妙的声音，而对人为的音乐持摒弃态度。他有句话说得很绝："擢乱六律，铄绝竽瑟，塞瞽旷之耳，而天下始人含其聪矣。"这种思想真是与老子李耳同气相求，同声相应。李耳是这样说的："五色令人目盲，五音令人耳聋，五味令人口爽。"五音是指宫商角徵羽，也叫五声，是中国传统音乐的五个音阶，这里泛指音乐。而今我们将唱歌音调不准或跑调称为"五音不全"。

大自然的种种声音,如蝉鸣虫吟、泉水淙淙固然动听,但音乐却是人类伟大的创造,凝结着人的智慧和情感。儒圣孔子就与老庄恰恰相反,他格外看重音乐,乃至痴迷。一次他在齐国听到"尽善尽美"的韶乐,陶陶然沉浸其中,竟"三月不知肉味",不是三个月没吃过肉,而是吃到嘴里没滋没味,神魂全在音乐里。通常,我们对孔子的固有印象,圣人嘛,定是一副严肃刻板、端庄慎重的模样,其实不然,老夫子是一个多才多艺之人,更是一位音乐家,弹琴、鼓瑟、击磬、唱歌、作曲样样精通,也曾正儿八经拜著名琴师师襄子为师。而且他是唱着歌离世的,可谓旷世绝唱:"泰山其颓乎,梁木其坏乎,哲人其萎乎。"在孔子这里,音乐绝对不是一般性的娱乐,而是一件关乎文明与教化的大事,礼乐并重。他说:"移风易俗,莫善于乐;安上治民,莫善于礼。"他对周朝礼乐制度极为推崇,是坚定的维护者和实践者。孔子对《诗经》的整理编订,也主要是音乐方面,司马迁说:"《诗》三百五篇,孔子皆弦歌之。"也就是说,《诗经》305篇每一篇孔子都能弹琴歌唱。

音乐的本意是使人快乐,诚如大儒荀子所言:"夫乐者,乐也,人情之所必不免也。"音乐的"乐"和快乐的"乐"是一个字。繁体字"樂",由三部分组成,"丝"是丝弦,"木"是桐木,合之是一张琴,中间的"白"是唱。《说文》谓:"乐,五声八音总名。"五声即五音:宫商角徵羽,八音指金、石、丝、竹、土、革、匏、木八类乐器,也就是说用八类乐器奏出五个音阶的高低变化即音乐。

宫商角徵羽,相当于现代简谱的1、2、3、5、6。与现在流行的七个音阶比,少了4和7,堪为传统音乐的基准音调。何以"宫商角徵羽"为名?有人说是据天上的星宿而起,这个说法有一丝神秘神圣的色彩;也有人说是根据禽兽的鸣叫声音高低对应拟声起的。《管子·地员篇》谓:"凡听徵,如负猪豕觉而骇。凡听羽,如鸣马在野。凡听宫,如牛鸣窌中。凡听商,如离群羊。凡听角,如雉登木以鸣,音疾以清。"这个解释太接地气、太有趣了——凡听徵的声音,犹如一只小猪被背走而惊叫,凄厉哀伤;凡听羽的声音,像是一匹马在原野鸣叫,嘹亮雄阔;凡听宫的声音,仿佛一头牛在地窖里哞哞吼叫,沉稳持重；凡听商的声音，好像离了群的孤羊，咩咩有声，温婉缠绵；凡听角的声音，就像一只野鸡跃到树上打鸣，疾速清亮。我喜欢这样的解说，音乐的起源就是仿声拟声，与大自然息息相关。它不仅通过动物的叫声呈现了音阶的高低，而且还蕴含着情感心理的因素。

五音为正声，但为补音阶之不足，故又在其中加了变徵和变宫，也组成了七个音阶。如《史记·刺客列传》写荆轲在易水边与朋友们壮别的一幕："至易水之上，既祖，取道，高渐离击筑，荆轲和而歌，为变徵之声，士皆垂泪涕泣。又前而为歌曰：'风萧萧兮易水寒，壮士一去兮不复还！'复为羽声慷慨，士皆瞋目，发尽上指冠。于是荆轲就车而去，终已不顾。"这里先发变徵之声，后为羽声，从众人的表现来看，变徵应为悲凉哀伤的音调，符合离别的氛围，故大家都纷纷落泪哭泣；而羽声明确指为"慷慨"，当为高亢之音，故而众人群情激奋，怒发冲冠。《红楼梦》第八十七回"感秋深抚琴悲往事"，写黛玉抚琴、妙玉听琴，也写到变徵之声：

妙玉道："这又是一拍。何忧思之深也！"宝玉道："我虽不懂得，但听他音调，也觉得过悲了。"里头又调了一回弦。妙玉道："君弦太高了，与无射律只怕不配呢。"里边又吟道：

"人生斯世兮如轻尘，天上人间兮感夙因。感夙因兮不可惙，素心如何天上月。"

妙玉听了，讶然失色道："如何忽作变徵之声？音韵可裂金石矣。只是太过。"宝玉道："太过便怎么？"妙玉道："恐不能持久。"正议论时，听得君弦嘣的一声断了。妙玉站起来连忙就走。宝玉道："怎么样？"妙玉道："日后自知，你也不必多说。"竟自走了。

黛玉抚琴与高渐离击筑的变徵之声，皆流溢出的是悲伤哀婉的情绪，而黛玉音调调得过高，悲伤过度，故而弦断琴崩，暗合了人物早亡的悲剧命运。

音乐的旋律节奏，万千变化，是人心志情感的自然生发，也反过来对人产生影响。中国传统音乐奉行的审美原则是"中正平和""典雅纯正"。司马迁说："音正而行正。"赋予五音以强烈的道德色彩。而《乐记》更是将五音政治化了："声音之道，与政通矣。宫为君，商为臣，角为民，徵为事，羽为物。五者不乱，则无怗懘之音矣。"五音调和不乱，则政通人和，若出现互相侵犯的杂音，则有亡国的危险。

《韩非子·十过》记载了一段师旷为晋平公抚琴的故事。师旷是春秋时期有名的盲人音乐大师，《阳春》《白雪》即为其所作。一天，师旷弹奏了一曲《清徵》，引来十六只黑鹤延颈而鸣，舒翼而舞。晋平公大悦，说没有比这更美妙的曲子了吧？师旷说，《清角》更好听。晋平公说，能弹来听听吗？师旷说，不可，君上德薄，还不够格听，听了会招来厄运。晋平公说，我年龄大了，也就这个爱好，希望让我听完。师旷不得已，就弹奏起来。声音响起，只见有乌云从西北方向涌来，接着弹奏，平地刮起了大风，暴雨也随之而至，扯坏了帷幕，案几上的杯盘摔碎一地，廊上的瓦噼里啪啦坠落，宾客四处奔散，晋平公也吓得趴在地上。由此，晋国大旱，赤地三年，晋平公也患病瘫痪了。这个故事用夸张的传奇笔调描述了师旷琴技的高超绝妙，同时也昭示了音乐的道德能量。音乐有正声，也有"郑声"，孔子说："郑声淫，佞人殆。"颓废柔媚的靡靡之音消解人的意志，是乱世之音、亡国之音。《史记》记载，那个大名鼎鼎的商纣王贪恋酒色，"使师涓作新淫声，北里之舞，靡靡之乐"，最终身败国亡是必然的结局。

正如五色、五味与五脏都有潜在的对应关系，五音亦如此。《黄帝内经》谓："天有五音，人有五脏。"脾应宫，肺应商，肝应角，心应徵，肾应羽。五音盈耳，曼妙动听，可使身心愉悦，五脏六腑都舒泰安宁，所以，元代名医朱震亨说："乐，亦为药也。"没错，"樂"（乐）字加上草字头即是"藥"（药）。至今仍有一种治疗手段叫音乐疗法。

宫商角徵羽，看到这五个字，即觉典雅纯正，古色古香，耳畔仿佛响起钟鼓之鸣、丝竹之声，余音袅袅，不绝如缕。尽管它们已成为古董，见之更多是在文献里，但五音有"中国音阶"之称，大家熟悉的江南民歌《茉莉花》和岳飞词《满江红》皆是五音名曲，依旧存续。高山流水、阳春白雪、余音绕梁、响遏行云、一唱三叹等这些关乎音乐的词汇已化作日常用语。而宏富浩博的音乐丰富着我们的生活、滋润着我们的心灵，绝对不可或缺。当年孔子聆听乐师挚从演奏起始到《关雎》收尾，如痴如醉，由衷感叹"洋洋乎盈耳哉"，如今踔厉奋发的新时代更期待谱写出黄钟大吕最强音。

（原载《中国社会报》2023 年 6 月 28 日）

青山郭外斜

阴条岭寻蝶记（节选）

李元胜

重庆西南大学的张志升和他的团队，去年就开始了阴条岭的昆虫考察，据说每次都有惊喜。今年春天，他力邀我和昆虫分类学家张巍巍参与，还说保证我们不会后悔。阴条岭国家级自然保护区，地处重庆与陕西、湖北三省市交界处。作为神农架余脉，它把大巴山脉和巫山山脉连接在一起，是重要的物种走廊。

6月下旬，阴雨绵绵，张志升团队已按计划进入阴条岭。我想去，又觉得雨季中没法寻找蝴蝶，就赖在主城区不动。

这天，张巍巍发来了几张图，是考察队员陆千乐在仅有的晴天拍到的蝴蝶，有金裳凤蝶、大翅绢粉蝶等，其中的一只蛱蝶，正面有着旧铁皮似的反光，让人眼前一亮，我赶紧查了一下，叫奥蛱蝶。他还给我留了句话："你要再不去，就真会后悔了。"

第二天一早，我就拖着已准备好的行李，在小区门口等着了。张巍巍到后，把车交给我，说："我有点困，你先开一会儿，然后换我。"

于是，我知道了他的"一会儿"是多久。5个多小时后，距离我们的目的地还有10公里左右，才从后排悠悠传来了一个半迷糊的声音："还有多久到，要不我来开吧？"

"已经快到啦！"我翻了一下白眼。

正说着，突然发现一只白色粉蝶掠过车窗。

绢粉蝶！赶紧停车，一边到后备厢取相机，一边继续盯着绢粉蝶的动静。它挺安静的，就在路边贴着岩壁轻盈地飞来飞去，就是不落。

巍巍看了一眼，就放弃了，蹲在地上不知道拍什么。他特别善于在不起眼的地方，发现并记录意想不到的好东西。

我呢，对全世界的兴趣暂时只在这有些陌生的绢粉蝶上，跟着它来回小跑。它在岩壁上的灌木丛中的短暂停留，被我远远地凝固在相机里。

研究了一下，它亚外缘的短箭头似曾相识，是不是我在四姑娘山拍到过的贝娜绢粉蝶？后来，考察队年轻的蝴蝶高手蒋卓衡说不是贝娜，贝娜生存的海拔很高，这一只是金子绢粉蝶。这个结论让我暗自高兴，半路顺便停一下，就增加了一个绢粉蝶记录，太开心了！

下午三点前，我们顺利到达了红旗管护站。一条溪水从前方狭窄的沟口流出来，形成喇叭形的沟谷，管护站的对面，正在修一条新路。来不及整理行李，我仰着脸看了看阳光的方向，判断着这个沟谷的夕阳最后照耀的地方，也正是对面那一带。挺好，还有两个多小时的日晒。

我和张志升打了个招呼，提着相机就出发的。路上，看到一个废弃建筑的空地上，停着几只淡色钩粉蝶——是好几年不见的老朋友，特别像鲜嫩的树叶，就去拍了几张，也算打了个招呼。

过桥，进入仍在烈日中的那条路，我就知道来对了。这个区域至少有十种以上的蝴蝶，因为有考察记录任务，我没敢嫌弃任何蝶种，经过之处，连曲纹蜘蛱蝶、大红蛱蝶都一一快速拍摄了。

喜欢群聚的黑角方粉蝶，挤在路边的积水处，中间有一只绢粉蝶让我瞬间眼前一亮。黑角方粉蝶一动不动，这只绢粉蝶就特别不安分，落下又飞起，落下又飞起，简直是在它们中捣乱。我像黑角方粉蝶一样，蹲在角落里一动不动，等待机会。我知道绢粉蝶的敏感，如果动作稍大，它一旦惊飞，可能就再不回来了。

有五六分钟，双腿已开始发麻，这只绢粉蝶突然脱离蝶群，在旁边的坡上停了下来。我赶紧小步移动，到它的正侧面举起了相机。通过镜头，我彻底看清了，正是此间较多的大翅绢粉蝶。

前面的开阔地，碎石和河沙堆满左侧，又有水从里面浸出来。这样的林中空地，最受蝴蝶喜欢，凤蝶、蛱蝶、粉蝶、弄蝶、灰蝶全有，令人眼花缭乱。

在我眼里，只有一只奥蛱蝶，它的翅膀正面像深棕褐的旧铁皮，角度变化时，又会反射出幽蓝的光芒。这种低调的美太高级了！从我心里的湖底深处，有一个赞叹晃晃悠悠像水泡那样冒了出来。

我先远远拍了个影像才慢慢靠近，开始了非常困难的追逐。前后约有40分钟，它始终和我保持着距离。其中的休战阶段，我顺便拍了一些其他的蝴蝶，包括一只大卫绢蛱蝶——它已一身旧衣，像一个即将求得正果的僧人，自带几分仙气。我最终的所得是一堆模糊的奥蛱蝶正面和几张清晰的反面。反面看上去就没那么特别了。

两个多小时很快就过去了，我来回小跑的这条路上一点阳光也没有了，蝴蝶也离开得无影无踪。我抬头，看见对岸和桥上，考察队员们已经在做着灯诱的准备。

早起开车，下午逐蝶，体力消耗得有点大。晚饭后的灯诱活动，我只象征性地参加了一下，拍了一些灯诱来的昆虫，以及他们不知道从哪里找到的一只盲步甲——让人想不明白的物种，为什么它们常年生活在没有光线的洞穴深处，却有着如此鲜艳的颜色，给谁看呢？格外纤长的足和触角，我倒是能理解，毕竟，能增加能力和触觉，那是黑暗中生存所必须的。

我又打着手电去灌木丛中寻了一遍，没找到蝴蝶，拍了一只脉线蜻（褐蜻科脉线蜻属）就早早回屋休息了。

第二天一早，我们分乘几辆车进沟，车在一个大坝的底部停下，我们拾级而上，来到大坝上。回望来路，只是一片葱茏中不显眼的褶皱。

没有和其他人去草丛中扫虫，我判断大坝两端应该是非常好的观蝶区域。在大坝上来回踱步，又到小路上记录植物，等着阴云散去，阳光进来。

不到一小时，太阳真的出来了。我赶紧快步回到大坝一侧，几分钟后，蝴蝶就出现了。两只黄色斑纹的环蛱蝶一前一后来到这一带，非常活跃，几乎不停。一只荫眼蝶、一只紫闪蛱蝶停在岩壁上方，摊开翅膀，很舒服地晒着太阳。很少见到荫眼蝶摊开翅膀，可惜它们位置太高，我只能仰着脸看看。

我能拍的，只有弄蝶，它们喜欢在地面停留、吸水。我盯上了其中的一只黄色的酣弄蝶，很陌生，是我从未见到的物种。后来请教了蝶友，确认是黄毛酣弄蝶。在另一处，又发现一只没见过的酣弄蝶，不同于前者，它一身朴素的碎花衣，这是花裙酣弄蝶。

忙碌地在坝上走来走去，我差点在路中踩到一只硕大的凤蝶，还好它浑身金斑、星光灿烂，提醒我及时收住了脚。它臀角的月形斑合拢成圆形，看清楚这个特征后，我微笑着蹲了下来，它可不是常见的巴黎翠凤蝶，而是比较珍稀的窄斑翠凤蝶。

午餐后，阳光强烈，考虑到沟谷里阳光收得早，就想单独去走更宽阔的大桥湾的峡谷。张志升很支持，说大桥湾确实蝴蝶多，值得去。他坚持要开车送我到一公里外的入口，为我节省一点体力。路上我才了解到，此次考察一共四个点，四个分队结合自己的研究方面，轮换做。前期已有一个分队在此考察。

入口很隐蔽，志升的车开过了，他掉好头，正准备往回开，我赶紧叫停，因为前面的岩石上有几只蝴蝶扑腾，一片金黄。下车的时候，我让志升先回，拍完蝴蝶后会自己去找入口。他很不放心，车停了两次，回头又吼了好几句，才开走了。

我其实没听清楚，但猜他吼的内容，应该是入口的一些标志。我的注意力全在前方那群黄色蝴蝶，车过的声浪惊动了它们，它们乱飞了一会，才慢慢落回岩壁。是老豹蛱蝶，足足有七只，可以很轻松地拍到它们配色好看的反面。以前常见它们访花，还是第一次看见它们在岩石上群聚。把这处岩壁看了又看，没发现有什么特别之处。

我把视线从岩壁上收回来后，路面上多了一只眼蝶，看着像黑斑荫眼蝶。估计是车离开后，它才下来的。远远拍了一张，放大一看，不禁在心里"咦"了一声。它的反面黄褐色斑纹很不明显，整个颜色更深，大概率是我在金佛山看到过的黑翅荫眼蝶，当时只拍到模糊的照片。机会来了，我几乎是擦着地面把相机塞过去，再按下了快门。

到入口之前，在公路右边看到一只环蛱蝶，以为是中环蛱蝶，顺手拍了一组，就离开了。后来整理资料的时候，才发现不是中环，而是我从未拍到过的断环蛱蝶。断环有两个色型，我之前拍到过黄色纹型，此番拍到的是黑色纹型。两个色型齐了。

从公路进入峡谷，是一段简陋的便道，看上去很不靠谱，仿佛随时会消失在野草中。但它顽强地左弯右拐，一直延伸着延伸着。

下了约几十米的高度，路就好走了，蝴蝶的种类也多了起来。

一个最夸张的时刻，就是我下蹲着在灌木丛中追逐一只边纹黛眼蝶的时候，我的视野里同时又出现了两只很高级的灰蝶：北协拟工灰蝶、饰洒灰蝶，都是蝶友们津津乐道的物种。前面三秒真的是慌乱了，镜头移来移去，不知道先拍谁。

我遇到了"如果你妈妈和我同时落水里，你会先救谁？"的经典问题。我本能的反应，也是先瞄准了离我最近的北协拟工灰蝶，匆匆拍了几张，接着是饰洒灰蝶、边纹黛眼蝶。

在国内，北协暂时是拟工灰蝶属的唯一物种，这个属相近的两个属是工灰蝶属、珂灰蝶属，野外相见，很难区别，都是橙黄色，饰以白、红、黑三色的不同组合方案。把它们详细进行比较，是一个有难度同时又非常有趣的事情。

高速抓拍的结果，是饰洒灰蝶和边纹黛眼蝶的照片都不太理想。而三只蝴蝶，都失去了踪影。

这条步道在山谷里几乎是贴着悬崖上上下下，经过的是不太容易受到人类干扰的崖壁生境。它是难得的观蝶小道，也是同样难得的野花小道。我喜欢的苣苔科植物牛耳朵是此间的优势物种。相对少见的吊石苣苔刚进入花期。分布广泛的短序吊灯花，像瀑布像帘子一样，四处垂落。兰科植物，发现了四种，最惊艳的当属裂唇舌喙兰，花开正好，躲藏在草丛，我把杂草清理完后，舍不得走了。干脆在旁边坐下来喝茶，有它做伴，茶水也似乎多了兰香。

这天下午最令我激动的时刻很快就来临了。

当时，我正在追逐一对交尾的蓝灰蝶，从旧暗的翅膀来看，已经算是它们的"黄昏恋"了。脚步惊动了一只浑身黑斑的蛾子，它从灌木中飞出，扑向小道另一边。注意到它飞起来的样子，不禁一阵心跳，这是蝴蝶啊。还从未见过黑白色系又有着长长尾突的灰蝶，我紧张地盯着它的去处，飞过了三丛灌木，没停。心已经提到嗓子眼了，再往前一飞，它可就越过溪水去了对岸。

可能溪谷的劲风吹得它有点凌乱，它在空中原地绕飞了几个小圈，居然原路返回，翻身停在一根羽状复叶的下面。

机会来得如此突然。我深吸了一口气，以猫步悄悄接近，这下彻底看清楚了，它白底黑纹，后翅有带黑点的橙色斑，两个尾突十分抢眼。它只给了我 1 分钟左右的观察、拍摄时间就飞走了，还好我抓住了这 1 分钟，就这样人生第一次拍到了癞灰蝶。

走到大桥湾的出口处，是我预计的四点前，这里突然开阔，又有着潮湿的石滩，本来应该是此行最佳观蝶场所。但是，阳光不见了。我一个人在石滩里走来走去，只有几种常见蝴蝶。

有点不甘心，我在石滩和小径上来回走，天气不见好转，只好电话志升来接我，等他的时候顺便拍了只蓝斑丽眼蝶。

次日，我们按计划去坡顶高山草甸毛漩涡，草甸里小水洼多，风吹草伏在小水洼四周形成类似漩涡的奇观，因而得名。毛漩涡有不少其他区域没有的蝴蝶，前几天队员们还看到了内黄斑粉蝶。

车只能开到半坡，我们先从车道往上走，经过农户后，沿草丛中辨认很不显眼的小道，穿过农家的药材地、树林，来到一片竹林前。林中一个灰暗的洞，就是上山的路了。

大家依次猫着腰往里钻，半小时后，人人大汗淋漓。此时，先上去的人传话回来，顶上天阴风大，不建议我们上去。

纠结了一阵，想起刚下车时的地方，身上还有朝阳，确实越往上天越灰暗，后面的一个小时没看见一只蝴蝶，高海拔地区的小气候就是这样。不如先行下山，回到半山去。

拿定了主意，我转身疾走，想在集体下山前多争取点时间。半小时后，我就回到了半山植被较好的那一段路上，果然和山顶截然不同，视野里阳光灿烂，蝶飞蜂舞。

一只棕褐色的黛眼蝶引起了我的注意，反面眼斑四周有紫色线纹，可惜太活跃，唯一停的一次环境又十分杂乱，只拍到两张不太满意的照片。后来才知道，这是苔娜黛眼蝶。

而另一只单环蛱蝶，拍起来就十分舒服，它只在石块上停，双翅平摊，全力展示翅膀上的白环链条。

正拍得起劲，背后有喇叭声，原来张巍巍开着车下来了。他在距我不远处，发现了饰洒灰蝶，和昨天的相比，这一只鲜艳完整，而且停在一年蓬的白花上一动不动。我非常喜欢它突尾末端的白点，和翅上的白色线纹有着绝妙的呼应。

又过了一阵，其他的车也下来了，我匆匆拍了黄重环蛱蝶就上车了，它的正面有着一个显眼的黄色田字。

（选自《作家》2023 年 3 月）

碗边也落几瓣桃花

周华诚

茶泡

有一次，在黄塘的油茶树林中，吃到一颗茶泡。

这东西不易得，几乎可被视为野果界的珍稀之物。茶泡什么样，很多人没有见过。童年有幸在山里度过的人，会得到很多山野的恩赐。野山楂，野苹果，覆盆子，葛公泡，乌胖子，胡颓子。各种各样的野果，可以写一本书，梭罗的《野果》就是山野的恩赐。

茶泡与茶片，味道差不多都是清甜的。茶片是片状，茶泡是桃形中空。它们是油茶林偶然馈赠给孩子们的礼物。一棵油茶树，几乎没有什么是可以直接给孩子们吃的。油茶树平日里一副冷冷的样貌，只是出油，大人们对它有好感，孩子们却生疏得很。唯有此时，茶树在密密匝匝的叶片中间，不经意间露出一颗乳白色的茶泡，或者一片肥厚的茶片，简直要让遇到的孩子们惊呼一片。

茶泡的难得，根本原因在于它不是果树上的常态。其实茶泡是茶树上茶花果子的一种变异，简单来说，就是茶花果子变异了，才变成茶泡。茶片则是茶树叶子变异形成的。一般来说，这种情况很少见。却是在不经意间，你就遇到了一个，那简直是莫大的惊喜。

在黄塘见到一颗茶泡的时候，我们正走在去往云上轩小木屋的山道上。小木屋一座一座，落在万顷油茶主题公园的山坡上，风景清新怡人，美丽得就像某个域外的童话场面。网络作家管平潮、少封、梅子黄时雨及诗人李郁葱诸位，还有很多人，我们一起站在山坡上，山风习习拂来，眼前的云朵在天空流淌而过，使人飘然若仙。此时此刻，手掌中躺着一枚茶泡，真是不舍得一下子吃掉。

桃胶

有一次，在达塘的民宿吃到一碗桃胶。

达塘的石林桃花好看。山路弯弯，一直到路尽头。路尽头有片桃林，桃花开得灿若云霞，蔚为壮观。这是春天里的明媚景致。

桃花是可以吃的。从前就有风雅之人吃桃花，服食桃花可"令人面洁白悦泽，颜色红润"。《金门岁节录》记载："洛阳人家，寒食食桃花粥。"《神农本草经》写道："服桃花三树尽，则面如桃花。"

服桃花三树尽，这真是浪漫主义的行动。三树桃花，那该有多少花瓣？在石林桃花园中，看到雨后满地花瓣，让人想到春日的流逝，也让人想到桃子的滋味。有一位做民宿的朋友，春日做酒，把桃花瓣撒入酒中，使得酒液染上了浅浅的桃红。饮一杯桃花酒，太有腔调了。

三月桃花好吃，却不知桃胶也可以吃。桃胶，也叫桃脂，就是桃树上天然分泌的树脂。这东西色如琥珀，黏黏糊糊，并不招小孩子喜欢。桃树皮有一个新鲜创口，第二天准会流出一坨黏液来，要是上树不小心，就会涂了衣裤一身。

桃胶做成甜羹，透明的，花朵状，银耳状，悬浮在大的粗陶碗内，自有一份惊艳。主人叫我们猜是何物，都不知晓。于是品尝之，一股子清香在口中游荡，味蕾却也别无特殊的体验，只是觉得淡爽。至美之物，原本无味。后来知道这东西叫桃胶，吃了可以美容养颜，顿时觉得好。古医书上还有说到桃胶的："桃胶一块如枣大，水一盏半，煎三分，日进三服。下石子如豆，石尽止药。"看起来像是能去结石，姑妄听之。

桃胶红烧肉，也是很好的。桃胶软乎乎的，与肉煨成糯烂，别有一番滋味。这道菜的讲究在摆放——最好，是在红烧肉的上面，落几瓣桃花；最好，在摆放一碗红烧肉的碗边桌上，也落那么几瓣桃花。

覆盆子

覆盆子和葛公泡，其实不容易分清。一种是低矮的小灌木，一种是攀爬的藤本。我这么说，你肯定一头雾水。在我们山里，可以归入"泡儿"的野草其实种类挺多，高粱泡、蓬藟、插田泡、空心泡、悬钩子、茅莓、腺毛莓、牯岭悬钩子、红腺悬钩子、寒莓、东南悬钩子、太平莓、黄泡、锈毛莓、陷脉悬钩子、粗叶悬钩子、老虎泡、九月泡、田格公……这些名字是从书中抄来，《浙江野果200种精选图谱》，这本书是我认识山野事物的指南；这些名目繁多的"泡儿"，在我看来，不过就是一样的，最多是两样——一样是覆盆子，一样是葛公泡，孩子们吃得最多的，也是这两样——覆盆子长在刺藤上，摘下的时候，绿色的果蒂还在果子之上，果子是实心的；另一种葛公泡，是空心的，摘下来的时候，果蒂就留在了枝头。

这两种东西，都是春日山野间的妙物。

覆盆子，为什么叫覆盆子，我以前一直不知道。也是从书上看到的，"未成熟的果实入药，名覆盆子，具补肾益精之功效，名称意为男人服用后阳气大增，小解能将尿盆打翻。"其实，对覆盆子的药用价值，历代的医家早已摸得很清楚，《名医别录》里记载"覆盆子，味甘、平、无毒，主益气轻身、令发不白"，《本草衍义》认为，覆盆子"益肾脏，缩小便，服之当覆其溺器"，明代李中梓赞其"强肾而无燥热之偏，固精而无凝涩之害。金玉之品也"……而入药的覆盆子，都须在果实未熟时摘取，到了红通通一颗颗，就只是孩子们的零嘴了。

暮春时候在新昌山野之间行走，诸多欣喜扑面而来。譬如杜鹃花盛放，有红的，也有白的，红的像火，白的像云，一丛丛开放在山坡茶林里。譬如白花檵木和红花檵木，一树树开放，开得低调又斯文。

这时候，在山里静悄悄地走，是一种莫大的享受。低头行走的时候，就会发现这里有一丛葛公泡，那里有一片覆盆子，一粒一粒红红地挂在那里。一颗一颗摘来，一颗一颗吃着，不知今夕是何年。

柿子

在黄塘滑草，春有春的欢愉，夏有夏的清凉，秋有秋的高远，唯冬天不好，太冷了。人坐在草盆里从高处风驰电掣滑下来，风呼呼从耳畔刮过，人有失重般的快乐。这种低碳主义的玩乐设施，简单，纯粹，仿佛是少年时的游戏。滑下来了，自己再搬着草盆回到坡顶上去，一趟一趟，乐此不疲。无非，这是另一种儿童游乐场，这是另一种滑滑梯。对于游戏的热衷，不管大人还是孩子，是一样的。

滑草下来，去农家喝茶。喝的是普通的农家野茶，他们把春日山上野茶摘来，用自己朴素的制法手法揉制而成，叶形蜷曲，并不像龙井或其他绿茶那么美观，但是一道沸水下去，这茶叶一点一点舒展开来，茶叶的清香就在袅袅茶烟里四散开来。这水是屋后的山泉水，自高山而下，最宜拿来煮茶。这样的一杯茶，喝出的都是山野之气，茶韵高远，使人两腋生风，仿佛得道。

农家又端出一竹匾的柿子，招呼客人们吃。这柿子摘下已有些时日，农人用竹枝沿着柿蒂在四面扎上几个小孔，放在窗下去涩。秋日的风吹来，至窗下徘徊，与柿子互动。山间野柿子，采来是一定要放置一段时间的，从前也有人把它放在米缸里，据说去涩会快一些。果实离开枝头，还是一个成熟的过程。这是后熟，或叫晚熟。晚是一个好字眼，很多时候，不争不抢，不骄不躁，不着急，真是一种生命的哲学。我们一边喝着野茶，一边吃着野柿，觉得日子甘美。吃完柿子，又想去滑草了。

地菍

　　地菍在专心致志地成熟，一颗一颗变得紫黑。革质的藤叶上，闪烁着夕阳的温暖色调。也是在秋天，在达塘去往桃林的路边山坡上，遇到一片匍匐着的地菍。这种野果，我小时在山林中常见。我们唤之"野苹果"，学名叫"地菍"，桃金娘目野牡丹科植物。在六月以后开花，花瓣是粉红色，果子成熟应该是在九十月份。这紫黑的小野草，浆液饱满丰富，味道是酸酸甜甜的，甚是丰美。查书，说地菍这种植物有清热解毒、活血化瘀的功效。

　　其实乡野之间，各种各样的野果是很多的。每一个村庄，都有自己的野果。新昌这个地方，有很多村子的地名都好听，西岭脚、半源、安坑、对坞、达塘、下坑坞、蕉坞、祝家源村、对坑，一听这些名字，就能生出许多的想象来。譬如有一个西源村，是常山县最北端的一个行政村，那里山峦叠翠，林深丛密。西源村还有一支护林员队伍，保护生态，保护野生动物。村庄里有油茶林、毛竹林、杉树林、松树林，他们还有"西源四宝"，有红薯干、茶叶、笋干、荞麦酒。红薯干，我吃过农家晒在农匾里的，软糯甘甜。茶叶，我在秋阳下饮过，山泉水冲泡，甘甜纯澈。荞麦酒我也喝过，一口下去，清冽醇厚。笋干呢，当然我也吃过，笋干煨肉块，配荞麦酒，神仙味道。

　　但是，我还有一个大胆的想法，其实每一个村庄都拥有一些宝贝，是大山的馈赠，是秘密的美好。这些东西不是经济作物，不能拿来卖钱，却是村庄之美好的一部分——譬如西源有地菍，一小片坡上有几百颗已经成熟，而半坑的溪边有几丛蓬蘽堪称天下第一，蕉坞的密林深处，在松树旁边有两棵三叶木通，也叫八月炸，每到深秋都有二三十颗八月炸成熟，炸裂，芳香四溢。猕猴也会闻香而动。当然还有很多别的野果——我想，如果有这么一张野果地图，那一定是很有意思的，但我又有些犹豫，有些矛盾，如果我知道了这些野果的秘密地图，我其实又是多么不愿意分享出来。

（原载《文汇报》2023 年 4 月 18 日）

走运城

肖克凡

一、 运城识字

我生活所在的城市出产海盐，产盐历史源自汉代，后唐同光三年（925）建有芦台场，元代至元二年（1265）建有丰财场，海盐生产自古延绵明清乃至民国，跻身中国最大海盐产地之列。长芦盐场所产海盐晶亮剔透，色泽洁白，口感醇正，从明嘉靖年间列为朝廷贡品，享有"芦台玉砂"美名。就这样，近代凭仗"引窝"领取"盐引"的盐商们，发财致富，尽享荣华，甚至形成所谓"盐商文化"，盛极而衰。

盐是大海对人类的奉献。自幼生活在傍河近海的地方，便以为唯有海水制卤产盐。及长知晓蜀地有自贡出产井盐，补充了盐的知识。

后来知晓盐湖出产湖盐，那是地理课程的功德。海盐、井盐、湖盐，这足够咸了。

以前多次访问出产海盐的天津汉沽盐场，却未到过出产井盐的四川自贡。那么内陆的湖盐呢？更是不曾领教。此番来到自古盛产湖盐的地方，这里便是隐身历史深处的山西运城盐池，正是补课的大好时机。

运城位于山西省西南端，地处晋陕豫交界地带，萌生出早期黄河文明。运城所在的晋南地区是最早被称为"中国"的地方，传说中的黄帝和尧、舜、禹时期的都城，均地处盐池周边，运城盐池是华夏民族和"中国"的重要发祥地。

从地质学考察，新生纪初期中条山大面积地层沉陷，形成运城盐池原始湖泊的雏形。经过一系列地壳运动，古代湖泊不断萎缩蒸发沉积，形成狭长封闭的内陆湖泊。运城盐池的诞生是大自然的神奇杰作。

运城盐池历史悠久。史前时期华夏先民在此采盐，盐是祭祀活动的重要贡品，流传千年。俯瞰运城盐池，南依中条山，素有"千古中条一池雪"的美称。记得当年驾车行驶在盐碱地貌的天津滨海地带，只见滩涂遍野白茫茫，恍惚间感觉置身雪乡，景况令人震撼。这里对运城盐池作"一池雪"赞誉，以此形容古代盐池即景，精妙而传神。

运城地处黄河迤东，因此盐池称为河东盐池，盐池西近解州，于是盐池也称解池。运城盐池，也有古称"盬"。读音 gu。我在运城盐池学到这个生字，颇有收获感。

运城地方古称解州。解州是关羽关云长的家乡，这里有关帝庙和关圣祖祠。解州也是唐代文学家柳宗元的故乡，运城建有柳宗元纪念园。于是，我趁机向山西文友请教，解州的解是读作"jie"还是读作"xie"。

然而，我得到的答案却是读作"hai"。也就是说解州读作"海州"。一说运城盐池远在新生纪前曾经是大海，地壳运动造成地层沉陷，大海退去留下盐湖。再者这里古代曾称海州。这样以有了"hai"的读音，我在运城学到"解州"的正确发音，以后不会误读了。

游览盐池风光，领略南山景色。我为得知解州的正确读音而喜悦。闲聊间山西文友告诉我，"解州"的"解"还有个读音"gai"，我们通常称"螺丝刀"为"改锥"，其实应当写作"解锥"。解者，解下卸开的意思。因此有了"解锥"这宗工具的命名。

我顿生醍醐灌顶之感。多年来写作所谓"津味小说"，地域文化里的许多常用词语，往往难以找到对应的"字"。我写工厂生活的小说，有时遇到

"gai 锥"却不知"gai"为何字,不敢贸然以"改锥"替代,便以"螺丝刀"表述,恰恰天津方言是从来不说"螺丝刀"的。这便成为津味小说的缺憾。当然,也许很多天津人知道"解锥"的正确字义,甚至属于常识。只是我孤陋寡闻缺乏见识,此行山西文友便是我的一字之师。

山西果然人文厚土。运城果然古汉语积淀深厚。无论"解州"的正确读音还是"解锥"的正确写法,这对于小说家来说都是莫大收获。于是,我在运城识字的喜悦,溢于言表。返回家乡我逢人便讲"解锥"字义,希望他们跟我同样恍然大悟。果然有朋友询问开车前往运城道路是否便捷。如此说来,一个汉字所蕴含的文化吸引力,确实不小。

二、 妙不可 "盐"

运城盐湖古称河东盐池。史前时期,族群与族群间由于争盐大动干戈。传说黄帝、炎帝、蚩尤就曾围绕盐池资源发生战争。蚩尤战败被分尸,如今盐池南边仍有"蚩尤村"在。

因此可以说,运城因盐而兴,因盐而名,从而敬奉盐池神。我看到盐池神庙"海光楼"的图片,殿宇巍峨。唐代宗李豫封盐池神为"宝应灵庆公",敕建盐池神庙名为"海光楼",我不禁想起天津的海光寺。天津与运城这两座产盐的城市,竟然均以"海光"命名寺庙,不知是否因盐而同缘。

运城盐池位于运城盆地的盆底,总面积132平方公里,它于中华民族文明史具有重要历史地位,也是中国最大的硫酸钠型盐湖。这是硫酸钠型盐湖?不由引发我的疑问。

天津长芦盐场的海盐生产,一般采用日晒法,纳潮、制卤、结晶、收盐为四大工序,日晒法利用滨海滩涂,筑坝开辟盐田,通过纳潮扬水,吸引海水灌池,经过日照蒸发变成卤水。当卤水浓度蒸发达到饱和时,以晶体形式析出氯化钠,即为原盐。也就是我们的日常食用盐。

既然运城盐池是硫酸钠型盐湖,那么它怎样产出氯化钠食盐呢?

运城盐池的产盐过程,离不开南风这位"助产士"。当地人称南风为"盐南风"。盛夏季节强烈的南风从中条山方向吹过来，激荡着盐池卤水，不断带走笼罩池面的蒸汽，这样促进卤水蒸发，加快盐的结晶速度。

天日曝晒，自然结晶。白花花的盐露头了。在遥远的古代，来自四面八方的采盐人，手持简陋的捞采工具，迎着中条山方向吹来的强劲南风，接受大自然的馈赠。

至于"盐南风"何等强劲，你只有来到运城的南山地带，现场领略它的力道。这里的树木经年受到南风吹击，统统侧身歪向一边，仿佛顺着风的方向躬身行礼，南山这里没有身材笔直的树木。"歪树"成为运城南山的独特景观。

尽管运城盐池有赖于"盐南风"产盐，可是硫酸钠型盐湖怎样结晶出氯化钠呢？当地流行"热成盐，冷成硝"的说法，足以道出其中奥秘。

运城盐池的卤水主要成分是氯化钠、硫酸钠和硫酸镁。每逢寒冷冬季气温偏低，盐池里发生化学反应，恰好将硫酸钠分离出来，结晶生成芒硝，反而将氯化钠成分贮留卤水里。

盛夏季节气温升高，硫酸钠和硫酸镁反而贮留卤水里，并不结晶成为芒硝，卤水里氯化钠经过日光曝晒，结晶而出，生成食盐。"热成盐，冷成硝"，这两句民间谚语，生动地将冬产芒硝夏产盐的硫酸钠型盐湖，说得清清楚楚。尤其产生于隋唐时期的"垦畦浇晒法"，使得池盐产量和质量得到极大提高。

北宋诗人梅尧臣《送潘司封知解州》诗："盐池暗涌蚩尤血，红波烂烂阳乌热，岸旁遗老忆南风，五月满畦吹作雪……"读来颇为写实了。

就这样，运城盐池在冬夏两季扮演着不同角色，析出不同的结晶物，这是大自然的神奇美妙。这更是运城盐池的妙不可"盐"。

三、 盐池今昔

清乾隆四十二年（1778），东场盐号出现"漘沱"，所谓漘沱就是形似敞口大碗的卤水池。这卤水池"碗口"极大，直径几丈甚至十几丈，上大下小，深达地下卤水层。这"漘沱"的意外出现，改善了黑河遭淹后卤水来源的困境，使得盐池取卤技术赢得重大进展。

运城盐池的"潭沱"制盐流程，分为五道工序：潭沱水—替死鬼—头道罗—二道罗—结晶池。第二道工序竟然叫"替死鬼"，其实只是蒸发蓄水池，由此可见盐工语言的风趣传神。

时值民国年间，盐池生产出现"老和尚制度"。盐工等级依次为"老和尚、老伴、二掌锨、三甲曹、四排子、小师傅"，"老和尚"是最高级别的工头，全面掌管盐场生产和技术事项。"老伴"则是老和尚的助手，统领下级工头和盐工。二掌锨、三甲曹、四排子属于不同级别的工头，小师傅位列六等是级别最低的工头。

当然，运城盐池的"潭沱"与流经河北省的潭沱河没有什么干系，盐场工头"老和尚"也不会跟寺庙有何关联，"老伴"也不表示夫妻关系。这些称谓生动显现出民间词语的鲜活。经年不息的艰苦劳作，让盐池里产生出如此独特的词语。

运城因管理盐务的"盐运使司"所在，得名运城，创建于元代至正十六年（1356）。这座因盐而兴的历史名城，有"三省都会，万方辐辏""九曲黄河一明珠"之美誉。如今运城盐池不再产盐。然而"河东池盐博物馆"对公众开放，运城产盐的历史完好保存在展馆里，引人重返往昔时光里，尽情穿越。

如今盐池成了这座城市的自然景观，清波荡漾，水鸟飞翔，岸柳翠绿，尽显湖光山色。运城盐池设立核心保护区87平方公里，以打通中条山至盐池的绿色走廊。正在建设中的"五彩盐湖养生福地"，开始吸引来自四面八方的游客。大自然赠予运城的古老盐池，正在悄然焕发它的青春……

（原载《人民日报·海外版》2023 年 7 月 17 日）

岁月风尘怯

马步升

农历二月底，吹过河西走廊的风还是急急忙忙的那种，风头上仍然安装着利刃，从身边经过时，并不是人们形容的春风拂面，而是在脸上手背上一刀刀划过。这种风携带着浓浓满满的流氓气，无论谁身穿的衣服，只要有一丝一毫缝隙，它们都会稳准狠地实施突袭，给人造成一个个突如其来的寒战和惊悸。在这样寒意流荡的天地中，阳光还谈不上什么春光明媚，总是被一层浮云缭绕着，又被一层浮尘混沌着，阳光便显得暧昧而颓丧。大地上呢，树木看起来比冬天要清爽一些，鲜亮一些，但还没有达到远看有近看无的程度，只是冬天的那种枯焦色铁灰色淡了些许，摆出了要活过来的姿势。也因此，大地一片苍白，原有的沙漠戈壁在颓丧而暧昧的阳光之下，雾岚一样的浮尘在四处游荡着，贴着地皮，既不升空为扬沙，又不落地为尘埃，甚至好半天一动不动，悬浮在固定的地方，与大地怅然对望着。

这是一片古墓群，大约埋葬着汉朝时某个人物的家族成员。有些年代了啊！确实有些年代了。盗墓贼的盗掘也有些年代了。考古发掘也有些年代了。不远处逶迤一线的明长城也有些年代了。近处的一个小村庄拙朴孤傲，看起来也有些年代了。一切都在表明，这是一片有些年代的地方。

所谓古墓群也就是留下了几个沙土堆，若非历代盗墓贼的不懈光顾，一般人是绝难分辨出来，埋葬着古人的沙土堆与风沙堆积起来的沙土堆究竟有些什么样的区别。按照流行的风水理论，这不是一块可以埋人的地方，极目四望，天地的尽头都是一派平沙漠漠，死人四面都无依无靠，真个是孤零零的天地飘浮者。这是无可奈何的事情。不过，也用不着为古人过度伤感，虽然前不见古人，后来者却是摩肩接踵。也许，后来者比较迷信前行者的风水眼光，纷纷将古人的安息之地当成自己的墓园，一座座新的坟头排列开来，为平旷无际的沙地平添了无数的高度，或障碍。

想想也是的，如今的一座号称有着千年建城史的城市，在城区的每一块土地上，房屋建了毁，毁了又建，不知经过了多少轮次，无数考古现场就是在为新建筑打造地基时重见天日的，而那些旧遗址之上覆盖着好多米厚的黄土，大多并非人为掩埋，仅仅只是岁月尘埃的堆积。阳宅如此，阴宅的遭遇何尝不是如此呢，有的阴宅上面摞着阳宅，有的死在后面的人摞在先死者的尸骨上面，中间只隔着一层薄土。新的阳宅或阴宅，也许对这块土地先前的情况不知情，其实，知情又怎样，古书在代代传抄、新刊，古人的血脉在繁衍流转，每一片土地都是古今叠加，每一段历史都是新旧转换，每一个人的身上都奔流着古人的血液。

在我离开河西走廊的第二天，一场颠倒乾坤的沙尘暴袭击了整条走廊。从人们发布的图片视频看，天地浑然一体，仿佛无数座沙丘顶天立地，填塞了天地间原有的空隙。沙尘暴与我昨日行走的路线具有很高的重合度，都是穿过走廊，翻越乌鞘岭，在兰州上空遮天蔽日。区别只在于，沙尘暴行走的速度比汽车要慢许多。在我离开河西走廊的第二天中午，位于河西走廊西半边的人们开始发图片视频，晒沙尘暴的景观，一路逐次向东，向我靠近。晚上十点左右，朋友聚会结束，出了酒店大门，冷风将大街上的设施刮擦得嘎吱嘎吱乱响。夜色满天，街灯昏暗，看不清是干净的风，还是那种携带沙尘的风。一夜西北风，早上凭窗望去，天空的沙尘满满当当，好似一个容器，马上要被撑破的样子，近在眼前的街区楼宇，影影绰绰，依稀仿佛。我推断，我还在河西走廊的荒漠原野上溜达时，沙尘暴已经在罗布泊整装待发，正在听候全线出击的号令，在我动身返程的同时，沙尘暴也已擂响进军的战鼓了。

想起前几年与沙尘暴的一场赛跑。那是一个冬天的黄昏，我与朋友在敦煌雷音寺喝茶，在这个宏敞的寺院里，大家为我烹茶送行。那会儿，风刀已经变得刚劲凌厉，寺院廊下的风铃发出一阵阵破碎音，墙头上各色旗帜的旗面被寒风撑得平直，像是布店里摆在柜台上的布匹。快到火车启动的时间点了，出了寺院大门，还没有到天黑时分，天却黑了。向西瞭望，太阳落山的地方，也就是阳关和罗布泊方向，平添了一座将天地连成一体的大山。山体是黑云色的，不像别的大山，再大约山总是有山阙的，风在山阙里穿梭，山阙里有亮光的流动，这种黑云一样的大山是没有任何空隙的，就像我们见过的那种黑云压城的阵势。大山挤压着空气，风速在加快，我坐在朋友的轿车里，感觉像是一叶扁舟在浪奔浪涌的江河湖海里漂荡。

天黑发车，天亮到兰州，原想着，这样横霸的沙尘暴，一定会击穿两千里的河西走廊，兰州城早已一地狼藉。出了火车站，兰州却一天碧空，一街清亮，人车熙攘，满眼日常。在出租车上翻看手机时，河西走廊中部地区的人们，正在发布沙尘暴的图片视频，那阵势正是昨日黄昏所见。这是怎么回事呢，难道沙尘暴东行千里以后，走不动了，或不愿走了？其实，沙尘暴并没有停下野蛮扩张的脚步。中午时分，走廊东段的人们开始晒沙尘暴的图片视频了，依然是黑云压城的气势。直到黄昏时分，兰州上空才黑雾缭绕，不过，比起昨日黄昏所见，沙尘如远行的旅人，已经精疲力竭了。不用说，这要归功于横刀立马，阻断东西通道的乌鞘岭。而从此，我知道了，无论多么浩荡的沙尘暴，其行进速度是赶不上火车的，哪怕只是绿皮火车。

沙尘暴赶不上火车，同样赶不上汽车。古墓群的旁边是一个村庄，土地面积广阔，但人口较少的村庄，比我见过的所有大平原都辽阔，都平坦，要不是大地有弯度，有碍眼之物，不知道会一眼望去多远。我知道，往西是祁连山，这里看不见祁连山，目光的尽头是平原，往南是祁连山的余脉乌鞘岭，可是，望穿平原依然是平原，往北，往东，都是腾格里沙漠，这是一片横跨三个省份地界的沙漠，站在平地上将目光穿越沙漠，就像隔海相望一样，望见的只能是海水。地广人稀，全在于这里已经是绿洲的尽头，灌溉渠是有的，却不能保证水渠里有足够的水。地处绿洲边缘的村庄，在渠水水量充足的年份，灌溉不存在问题，如果本年度雪山的雪水供给太少，渠水流不到这里已经枯竭，那也是没有办法的事情。所以，一眼望不到边的平地，都是一眼望不到边的荒地。散落于平地上的一个很小的村庄，大块的荒地中，间杂着小块的耕地。这里大约以种植牧草为业，去年没有卖完的牧草，城墙一样码在平阔的沙滩上，我试图抽出一撮牧草，与在城墙上抽出一块砖一样困难，我抬脚踹了踹，草垛与城墙一样坚实稳当。

远远地，沙尘缭绕中，看见高出平地的一线土墙，我知道那是长城。

地理书中说，黄土高原就是大风刮来的沙土堆积起来的。我生长在黄土高原腹地，从河流下切的断口看，整个黄土高原的土层都在二百米以上，而地理书中也是这样介绍的。童年时，从课本中就获得了这一知识点，每到刮风天气，我就盯着天空看。天空是有浮尘的，若有若无，桌面上落下的土粉，也说明了大风是可以刮来黄土的。可是，太少太少太慢太慢了吧，一年刮不了几场大风，每场风，看似声嘶力竭，撒落在桌面上的尘土也就那么淡淡的一层。而每下一场暴雨大雨，山河变形，无数黄土随流水而去，也就是说，黄土高原的黄土是逐渐变少的，而非增多。长大后，经历了一些另外的事情，明白了某些原理后，在某一天突然认定，黄土高原就是大风刮来的。想想啊，一场沙尘，落下一张纸厚薄的浮土，亿万斯年，亿万张纸摞起来，不就是堆积如山么。

大风搬运沙尘的旷世工程还在进行，可以畅想一下，如果天体运动规律没有被打破，那么，这项工程则永远不会有宣告竣工之日。既然是一个搬运沙尘的工程，那么，沙源部分的大地应该越来越薄，抛沙之地会越来越厚，华夏的北方大地，以黄土高原为核心，就是更北方沙漠地区的重点抛沙之地，这是一个排除了个体经验的漫长过程，其缓慢的程度，任谁有着多么巨大而辽阔的耐心，都不会真切地感知到这个变化过程。我们如果活得仔细一些，认真一些，更有耐心一些，可以感知到自身生命的成长与衰老，可以感知到身边人的成长与衰老，可以感知到一棵树木的荣枯轮回，当然，日出日落月圆月缺之类，虽是天上的事情，却是我们开展生命大合唱的指挥，我们不仅真切地感知到了，而且，我们必须依据其指挥棒，出演自我生命的乐章。有关生命的事物，总让我们时刻保持着一颗敬畏而警惕之心。但是，对于承载养育了我们生命的脚下的土地，我们却怀有一种理所应当的淡漠感，落脚于大地，于大地中获得活下去的资源，然后魂归大地，似乎大地本来如此，应该如此，自己与大地的关系也不过如此如此。其实，哪怕是一位终生以经营土地为业的农民，日常关心的重点，不过是来自土地的收获物是多了还是少了，而不是这片土地的土层厚了还是薄了。事实上，如果没有发生什么天翻地覆山河易形的重大灾难性变故，一个人以终其一生的生命长度，是无法测量一片土地上的些微变化的。大地上的，这种强烈的，显而易见的变化，大多发生于沙尘暴的源头部分，还有沙尘暴途经的中心地带。一场沙尘暴过后，许多村庄没有了，大片田园没有了，原来的低洼地带隆起为沙丘，原来的沙丘好似安装了双腿，一夜之间逃逸，不知所终。只有在这种地方，当事人才会懂得什么叫大风刮走家园的悲凉无奈，局外人才会感知到大地的坚实与脆弱。

有些事情真的需要千年万年的时间，才可度量其轻重厚薄的啊。古诗说，路遥知马力，日久见人心。路遥与日久，其实还是一个相当短暂的时间段，百里长路，马力如何，大体就可测度出来，共同经历一件事情，一个人也许会显露一星半点底色，共同经历两件三件不同的事情以后，一个人的大块底色就会亮出来，而大地深处到底有什么，普通人或一无所知，或知之甚少，即便是专门的地学家，对大地的了解也只是局部，也只能是局部。

有一个科普专题片，说是地表以下多少多少米有什么，也仅仅是下沉到地层千米左右，并没有将整个地球洞穿，不妨想象一下，哪怕是有朝一日给地球来一个透心凉，那也只能在一个或几个点上，而地球的各个组成部分，并不见得是完全相同的。就以兴盛了二百年的考古学为例吧，在我们脚下的地表以下，曾经发现了大量的过往遗存，那么，不说距离自己比较远的地方，就在自己当下所站立的位置，地表以下到底还有没有值得考古学重视的遗存，谁敢做出斩钉截铁的断言呢。

说什么呢，我想说的是，我们其实是相当无知地活着，活在一个我们知之甚少的天地中，我们每个人终其一生，夜以继日，耗尽全部智慧和精力，所知仅是某个点上的某个更小的点，饶是这样，自以为，或公认的，所知的那一小点儿，也未必是真知，也未必能够经得住岁月风尘的考验。在滚滚沙尘那里，我们面露怯色，在岁月风尘面前，我们心怀怯惧，也许才是一种真的担当，一种真的自信。

（原载《飞天》2023 年第 7 期）

分水岭

赵德发

　　我的出生地，是鲁东南丘陵地区的一个普通村庄，建在一条山沟里，叫宋家沟。周围以"沟"为名的村子有好几个，相沟、殷家沟、甄家沟、董家沟……可见这一带沟壑纵横。但我十几岁时在书上读到一个词，按图索骥，突然觉得宋家沟不再普通。

　　那个词，叫"分水岭"。

　　宋家沟就有一道分水岭，在村子东面，岭顶是一条南北向的道路。路西，属于沭河流域；路东，属于青口河流域。

　　那时我年纪小，爱幻想，曾在下雨天从我任教的外村小学沿着分水岭回家，穿着雨衣在路上这看那看。我看到，雨点纷纷降落，路面如出现积水，会形成涓涓细流，向两边淌去。于是，思绪也逐水而去，浮想联翩。

　　我知道，去路西的水会淌进村子，淌进从南山发源的小河向西北而去，进武阳河，汇入沭河。我还知道，沭河向南淌，与沂河一起淌进苏北的骆马湖。如果发大水，骆马湖存不下，大水便滔滔前行，越过黄河故道，扑进洪泽湖，与淮河水融成一体，形成汪洋。但这是过去的事儿，新中国成立后治理淮河，其中一项重要工程是"沂沭河东调"，在鲁南、苏北开挖两条宽阔河道，引导这两条河拐弯东去，直接入海。我的父辈，好多人都有"出夫扒河"的经历，

263

每当讲起，眉飞色舞。

我站在分水岭上往东看，四十里外的大吴山巍然高耸，召唤着我脚下的水向它奔去。果然，有一些水踊跃前往，跳下地堰，滚下岭坡，沿殷家沟、李家沟一线进洙溪河。大吴山近了，山东的水成了江苏的水，洙溪河成了青口河，滑过一片平原，在赣榆城东扑入大海怀抱。过去，我们这里经常有人沿着这条河去海边，赶着牲口，推着车子，卖当地出产的花生米、花生油之类，再从那边贩回海盐。我爷爷年轻时就赶着一头骡子做这买卖，养活了全家十来口人。

这道分水岭长约四十多里，南面至宋家沟村南的尖山，北面至莒南县城的南岭。这一山一岭，分别是青口河的西源和北源。我站在村东岭顶，仰面感受着雨滴心想，它们从天而降时有没有选择？有没有目的性？它知道这是一道分水岭，落到岭顶会东西两分吗？我进而想，如果我是一滴雨，从天上落下，是上东还是上西？

我觉得哪边都好，拿不定主意。忽又觉得自己的想法离谱，遂站在那里继续观看，看无数雨点相继落下，被这道分水岭改变命运走向。

我知道，世界上的分水岭很多很多，不只我脚下的这一道。尤其是大江大河之间的分水岭，既高且大，名闻遐迩，一些古人到了那里踯躅流连，作诗撰文以表现感想。我读过唐代大诗人温庭筠写的《过分水岭》："溪水无情似有情，入山三日得同行。岭头便是分头处，惜别潺湲一夜声。"他走过的分水岭在汉中府略阳县，岭顶的水分别流向汉江和嘉陵江。我还读过宋代诗人陈宓的《分水岭》："区域瓯闽此岭存，朝来飞雨暮行云。方今天下车同轨，一水如何强别分。"他吟此诗，是在瓯江与闽江之间的分水岭上。

读了这类古诗，我心驰神往，很想到别处的分水岭游览。离我家乡最近的沭河、沂河，是山东省南部最大的两条河，我想首先看看把它们隔开的一道。那年正月十六，十五岁的我平生第一次出远门，去临沂走姨家，让我有了考察分水岭的机会。我兴冲冲步行二十里，去板泉镇坐上长途汽车，一上车就瞪大眼睛看着窗外。沭河到了，沭河过了，沭河的支流程子河也过了，除了几道河堤较高，别处都是"湖地"（家乡对平原的叫法）。目光越过满是霜雪的平原往前看，期待着山岭出现，然而一直来到沂河，途中连个像样的斜坡也没有。我看着宽广的沂河想，这么多的水来自哪里？两河间距四十多里，总该有个分水岭吧？

十天后我坐车回家，途中把眼瞪得更大，还是没有找到分水岭。

过了三年，我再去姨家，骑自行车。有了行走自主权，我过了沭河多次停下，到路边瞻前顾后。西北方向远远有山，近处还是一马平川。我想起来，老人们曾经讲，过去临沂以东夏天发大水，常常是"三河见面"——沭河、程子河、沂河的水淌不开，溢出河道连成一片，淹村庄、毁庄稼，成为大灾大难。我明白了，发源于鲁中山区的沭河与沂河，被称为"姊妹河"，她们在上游也许隔山相望，有分水岭，但到了这里却越靠越近，经常联袂而行，将中间地带一点点踏平，成为沂沭河冲积平原。因此，落在这片平原上的雨水，就像我村东路面上的雨水一样，带有随机性，偶然遇见一点点微小的落差，就决定了流向，或去沭河，或去沂河。

尽管在临沂东面没找到沂沭河之间的分水岭，但我对分水岭这一地理名词依然保持着敏感。有一天读书，突然看到一个字串"分水岭脑梗死"，浑身一激灵：难道过分水岭会死人？急慌慌再看，却发现这是个医学名词。原来，大脑的两条主动脉像两条河流，水网密布，各司其职。两大供血区域有一交界处，也叫"分水岭"。分水岭区也会发生脑梗死，约占全部脑梗死的10%。

看到这里，我联想到用分水岭做的各种比喻："历史的分水岭""经济的分水岭""革命与反动的分水岭""改革与保守的分水岭"……我想，"分水岭"一词真不一般，能跨越各界，为汉语进一步增加丰富性呢。

成为作家之后，我有了较多出游机会，每当遇到分水岭，都是特别兴奋。看过大江大河之间的，看过小沟小溪之间的，对已经消失了的也感兴趣。去年到济南，发现有个地方叫分水岭，尽管那里已建成住宅小区，搞不清昔日地貌，我还是望着它附近的玉函山，想象两道清流淙淙汨汨，北去趵突泉、大明湖的样子。

有几次出行，经过著名的分水岭，让我留下深刻记忆。

一次是2006年6月，参加中国作协组织的"重走长征路"活动，有十几

265

位作家同行。我们从成都出发，过四姑娘山西行，至小金县北上，经阿坝自治州首府马尔康，沿 248 国道继续前行。这天上午，车子驶上一道山梁忽然停下，因为路边竖有巨石，上面用红漆写着"黄河长江分水岭"七个大字。作家们欢叫着下车，我心脏腾腾急跳。从志石上看到，这里海拔 3650 米。极目远眺，蓝天、白云、雪山、草甸，甚是壮观。领队向我们讲，这一边是长江水系大渡河上游的梭磨河，另一边是黄河水系的白河。我想，中国最大的江、最大的河，自青藏高原并辔东行，一路有许多分水岭拦在她们中间，我竟然到了其中一处！我特意站在志石边留影，觉得这是我人生中的重要时刻。

旁边绿茵茵的草地上有一团枣红，是一位中年喇嘛坐在那里。我走过去，合十问候，试图与他交谈。但他说藏语，我只听懂"红原"一词。理解了他的手势，明白他是从红原过来。我知道，红原是一座县城，县城北面就是当年红军走过的草地了。红军从南方过来，在这分水岭上走过，人困马乏，缺衣少粮，却又不得不踏进那片到处都是夺命陷阱的沼泽。此时，一阵强劲的北风吹来，景从草偃，我心肃穆。

黄河长江从青藏高原跑下来，一个无比巨大的分水岭矗立在它们中间，那是被誉为"中国龙脉"的秦岭。2006 年 7 月初，我应邀去秦岭之南的陕西留坝县参加笔会，坐飞机先去汉中。我本想在飞机上俯瞰秦岭，不料那天是多云天气，只看到了漫无边际的云海。在留坝三天，走过萧何月下追韩信的寒溪，瞻仰供奉西汉开国功臣张良的庙宇，游览陕西三大名山之一的紫柏山，然后与众多作家诗人一起开会。我决定回程不坐飞机，到宝鸡坐高铁，以便乘车翻越秦岭。我与陕西作协副主席冯积岐一道，坐上主办方派的车，在秦岭南坡的山路上慢慢前行。走着走着停下，只见一座关楼骑路高耸，上有"柴关岭"三个大字。城墙南面刻着"汉中留坝"，北面刻着"宝鸡凤县"。积岐兄向我讲，这是 316 国道的最高处，在秦岭西段，为陕西省内关中平原与陕南地区的界山。我问，这里就是长江黄河的分水岭？他说，整个秦岭都是，北面的水，流向黄河支流渭河；南面的水，流向长江支流嘉陵江和汉江。在秦岭中段、东段，还有好几个地方直接叫"分水岭"。西安南边光头山下的一处，有一青一黄两条巨龙的塑像，作为江河分水岭标志。

坐在路边亭子里休息时，我从手机上查到，这里自古以来就是出入蜀地的通道，有许多历史故事发生，有许多文人留下诗词。其中清乾隆年间进士祝德麟的一首七绝《柴关岭》，让我深有同感："水怒云愁鸟语欢，柴关立马望中宽。诸峰脚底小于豆，身在半天风雨寒。"

望着连绵山峦，无垠林海，听着众鸟鸣叫，松涛低吼，我沉默良久。想到1600多公里的秦岭以巨龙姿态东去，与淮河连接，形成中国北方和南方的地理分界线、南北气候的"分水岭"，真切感受到了江山壮丽、神州宏阔。

2007年9月初，我看到一则新闻：西安至汉中的高速公路建成通车，秦巴天堑变为通途。我想起前一年在留坝时，这条高速公路正在施工，我看了多处正待对接的山洞和桥梁。现在这条路开通，南来北往的车辆肯定都是直接穿过秦岭，人们只能看到长长的隧道。我暗自庆幸，多亏前一年翻越秦岭，有了在山顶欣赏这道大分水岭的机会。

今年夏天，我为了创作长篇纪实文学《黄海传》，沿着黄海西岸采访，从长江口走到鸭绿江口。站在鸭绿江边，看着波光粼粼的江水自北而来，突然想到，十九年前我到过这条大江的源头。那年夏天，山东省作协组织十多位作家去东北采风，在吉林省作协同仁的陪同下去了长白山。登顶时有人说，长白山区是鸭绿江、图们江、松花江的分水岭。站在天池边上，我瞭望山下绿到天际的林海，想象三条大江分道扬镳，驰骋于东北大地，觉得这里的分水岭也是一大造化，格局非凡。

从山上下来，我们经延吉去晖春，过图们江到朝鲜。在罗先市住一宿，第二天下午回来。我看着江水向东南流去，将流出国境，心中不舍。后来，我又多次去东北，在好几个地方亲近过松花江，欣赏着她的美丽，也为她最终汇入黑龙江，投奔另一个国家的领海而感到遗憾。

这次来到鸭绿江口，突然觉得我以前有过的念头十分可笑。我怎么光注意到"分"，就没想到"合"呢？江河之水，无论被分水岭划成多少道，无论是去了黄海、渤海，还是东海、南海，无论是去了太平洋还是别的大洋，最后都合在一起。而海洋不是一汪死水，是运动着、连通着的。波浪、潮汐、洋流，让海洋无时无刻不在运动。特别是那些洋流，有寒有暖，像人体中的动脉、静脉，带动了全世界的海水，浩浩荡荡，长途跋涉。

譬如我身处的鸭绿江口，就有"黄海暖流"时时光顾。它来自遥远的赤道附近，叫"北赤道暖流"，沿菲律宾群岛东岸、台湾岛东岸、琉球群岛西侧一路向北，宽 100～200 公里，深 400 米，流速最大时每昼夜 60～90 公里。这股强大的暖流一边走一边分叉，由"黑潮"生出"对马暖流"，再生出"黄海暖流"。后者沿朝鲜半岛、辽宁半岛向黄海的一面左旋而行，再从渤海海峡北部进入渤海，转一圈之后从海峡南部出来，成为低盐、低温的黄海沿岸流，东去成山头，拐弯南下。它流到长江口一分为二：一部分向东涌向济州岛，汇入黄海暖流再度北上；一部分越过长江口浅滩，与东海融为一体。

这样的轮回，可谓惊心动魄。

除此之外，还有立体的轮回：受太阳感召，部分水分子腾空而起，羽化成云。被风吹往陆地，忽然思念海洋，遂等待时机抱团降落。若恰巧落到分水岭上，它们又经历一次分别。踏上歧路，千回百转，再去大海聚首。

我又开始了幻想：回老家时，如果在村东分水岭上遇雨，已经老了的我，说不定会遇见当年来过此地、永远也不会老的水分子。那时，我会仰脸问候一声：你好……

（原载《清明》2023 年第 1 期）

海中央

周闻道

在飞机上看海南岛，就是海中央的一块陆地。从成都双流机场出发，经过两个多小时的飞行，当飞机进入琼州海峡，那块陆地就浮现在机翼的前方，若隐若现，渐行渐近，当大地挤开了大海的时候，海口美兰机场就到了。

在卫星上看海南岛，就是海中央漂浮的一片树叶。具体说就是一片桑叶，上面还爬动着一些蚕虫，好像是在觅食，或者说在把玩欣赏。不是我亲眼看见的，是我从神舟十五号航天员发回的照片看见的，但我从不怀疑它的真实。

在外星系看海南岛，比如飞行到火星、金星甚至更远的宇宙探测器上看，看到的就是一个小不点，紧粘在一个稍大一点的小不点——地球的身上；它们都漂浮一片浩瀚无垠的大海的中央，可以伟大地存在，也可以忽略不计。

不是苏轼登庐山，不是"横看成岭侧成峰，远近高低各不同"，而是同样的海南岛，同样的海中央的存在——这是我无法逃避的对海南岛的观照。

当想到这里的时候，我的内心悠然萌生一种对海南岛的肃然敬意。

不是么，大海本来就是一个宏阔想象，博大，宽广，壮美，把一切宏阔的大词赋予大海，都显得有不及而无过之，都不会有溢美之感。世界上的所有事物，谁能有此担当，谁能承受得起这些大词，唯有大海！当这样的立论生成之后，再去看待再去理解海中央的海南岛时，大道无言，方为最好的表达。

我想，台湾导演吴铭是到过海南岛到过海口的，或者说对海之口海中央有所感悟，甚至怀疑片中主人公"漫无目的地徘徊了一夜"的"城市街头"，就在海口市。不然，他的微电影《海之口》，怎么会用那么简洁的蒙太奇语言，把海之口海中央的生命隐喻阐释得那么深刻。一个早春的早晨，阳光还在椰林那边，我在晨练的时候，曾经试图模仿片中的主人公，在海口街头大喊，飞奔，希望从中领悟电影的意境，哪怕了解一点点海之口海中央的真谛。喊是抽象的，比如"哦""啊""耶"之类，没有具体的指向和内容，就像塞缪尔·贝克特《等待戈多》中的戈戈和狄狄。因为电影没有教我要喊什么、该怎么喊；飞奔也是没有目标的，要说方向那就是大海或海中央，海口只是此刻的出发点。

　　尽管如此，我并不是一无所获。恰恰相反，我感到收获多多。其中最大的收获，就是加深了对海口的理解、对海中央的理解、对海南岛的理解。

　　不是庸俗的望文生义。我理解，所谓海口，就是大海之口。它的说出与言语，都与大海有关，或者说就是大海的发声；而海中央是大海的心房、大海的灵魂，珍藏着大海所有不为人知的秘密，所有可以讲出和不可讲出的故事。

　　在我的生命旅程中，曾经有过一次身历海中央的体验。

　　是琼州海峡。在海南定安的蓉仁福苑买了个小房子，前年春节自驾到海南，乘海轮过琼州海峡，经过一片海。至于那片海算不算海中央我不清楚，我理解的海中央，就是远离海岸，四周看不见岸边的海上位置。船也不小，至少一两百米长，走近像一栋巍然耸立的高楼。这样的庞然大物，反正在我们四川内陆的长江、岷江、嘉陵江等很少见到。乘着这样的大船出海，有一种莫名踏实。

　　可是，在浩大的空静中，初登船时的伟岸踏实很快就被击碎。

　　一切都是渺小的，渺小到可以忽略不计，包括船和船上的我们。眼前的全部世界，是一色的碧海连天，包括大海和与大海融为一体的蓝天。此时，一个奇怪的感觉在我脑海里浮现，那就是虚无。当大大到无限小小到无限的时候，世界就归于虚无。此刻，你既可以把自己想象得无限小，小到虚无；也可以把自己想象得无限大，大到虚无。因为，在海天一色的虚无中，你本身就融入了虚无，是虚无世界的一个组成；甚至当远处的城市再次闪现时，也误认为是一种虚幻的存在，仿佛晋·王嘉《拾遗记》所记载"俄见琼楼玉宇烂然"。

这个时候，当你再去思考浮世之俗，思考你日常的忙忙碌碌，辛辛苦苦，利益得失，就会只是觉得好笑。你的所谓功绩，名利，地位，得失等，放到这海中央还算得了什么。不如放下姿态，把自己当成这海中央的一滴水，一条游鱼，或海天之间的一朵云彩，一只海鸥，任性地存在，自由自在地生活。

当放下姿态之后，刚才被击碎的伟岸踏实，再一次被缝合重拾。

是一条扁平鱼，把我的思维一下引到了海中央的深处。扁平鱼是我随口喊的，完全是以貌取鱼。因为那鱼小小的头，大大的身，又扁又平。人家肯定有人家的名字，只是我不知道。扁平鱼先在海里自由自在地游，庞大的船到了也不理会。它的这种海天之下忘我的自在，很是令人羡慕。可当我正在欣慰它，羡慕它的时候，它却一头扎进了水下。我突然才想到，自己刚才所感知的所谓海中央，原来还只是表面的一维的。真正的海中央应该是在大海深处，不仅离海岸线远，离海天之间海的表面也很远。刚才那条扁平鱼往下一扎，脱离我们自以为是的大海表面，让我一下对真正的海中央——大海深处产生了好奇。

我首先想到了生命，生命的伟大与神秘。我相信，那扁平鱼不是简单地往下一扎，而是回家了。它的家就在大海深处，在海中央。它刚才是浮到海面嬉戏游玩，看天看云看海鸥看过往船只，看够了玩够了就想到该回家了。它的家里还有一家老小，还有一个鱼的族群，有一个生命的世界。然后想到了生命的起源和演进。是阳光和海水孕育了生命。显然，海中央的这个生命世界，比我们所处的世界要早得多，更拥有生命的资历。它们从无机物到有机物，从海藻到植物动物，再到高等生命，创造了包括我们人类在内的整个生命世界。

可以说，海中央是生命的摇篮；而海岛，就是生命拥抱的象征。

浩如星海，是海天之间或海中央的一种引喻。走近海南岛的前世今生，会发现浩如星海般的灿烂辉煌。海洋文明与大陆文明的拥抱究竟有多远，如不是从造山运动开始，这样复杂的褶皱和断裂构造，这样大岛与大海的生成，这样的沧海变桑田或桑田变沧海都是不可理解的。相对于南海350万平方公里的海域，这块3.54万平方公里的岛屿确实很小，小到就是南海上的一个点。但地域的小并不代表地位的小。事实上，这块海中央的宝地，从来就是庞大国家的重要组成。有了人类有了社会和治理，都是后来后来的事。尽管如此，其实离我们也很遥远，不可能以祖字辈爷字辈父字辈去表达。比如明《正德琼台志》记载，海南岛在唐虞时的"南服荒缴"，夏、商、周三代时的"扬越之南裔"，秦时的"越郡外境"，及汉时的珠崖郡、儋耳郡、朱卢县、珠崖县等，表明这块位于海中央的"中国大陆最南端"岛屿，早已是中国封建王朝属地。如果把辽阔无垠的南海算上，海南岛恰好处于国中央、海中央，国家的核心板块。

海口，大海之口，请告诉我，什么是海中央的真正含义。

宋时的"海口"不仅是一个命名，更是创世，是对海中央的寻根。而把家乡的苏轼贬谪到海南，也许就是一种天意的成全，要将这块曾经的荒蛮之地，教化为一块文化的海中央。不信，去认真读一读著名汉学家薛爱华（Edward Hetzel Schafer）的《珠崖》。作者以边缘地带为研究对象，从历史、自然、原住民、交通等方面，探寻了海南岛从远古直到北宋末年的历史文化流变。其中包括苏轼带到海南的酿酒、种稻、烹饪，写诗，填词，注释（《尚书》），兴办书院，研究古代经典。这一切，播下的是海南从蛮荒到文明的种子。海口"五公祠"纪念的"五公"并不包括苏轼，但那副对联却是针对"五公"之外的苏轼的。"此地能开眼界，何人可配眉山"，既赞美了苏轼，也赞美了为海南文化发展做出了卓越贡献的人；而与眉山苏轼并列，则是一种高度。

事实早已证明，越是现代文明，越需要海洋文明与大陆文明的拥抱。

美丽的海南岛，海中央的海南岛，请拥抱得紧些，再紧些，用你们的世纪之拥，世纪之抱，去面对未来世界。清新的空气，灿烂的阳光，金色的沙滩，美丽的观澜湖，壮丽的三亚湾，逶迤的南渡江，巍峨的马鞍岭；现代国际旅游岛——中国改革开放大潮的海中央，及第一个"世界健康城市"试点地，中国"魅力城市""最具幸福感城市""优秀旅游城市""国家环境保护模范城市""国家卫生城市""国家园林城市",中国"最具创新力国际会展城市"等,都属于时代的海中央的殊荣,都需要海中央式的深情相拥。

三亚凤凰岛度假酒店,由五栋类似于"迪拜"风格的椭圆形建筑群组成,分别冠名为海洋之星、海洋之月、海洋之辰、海洋之梦和海洋之光。看来,这酒店的设计者是深谙海中央精神的。星月代表过去,辰梦代表未来,而光则代表了恒久不变的初心——因为置身海中央,有了光,前方的路就是亮的。

(原载《海口日报》2023 年 1 月 13 日)

秦岭之春

李春雷

早春的午后，站在西安市南部的秦岭山坡上，仰望。

天空，湛蓝湛蓝，蓝得让人惊诧。那一团团白白胖胖的云朵，迤迤逦逦，直达天际。像什么呢？仿佛羊群。如此海量的肉食，天下还有饥饿吗？又宛若棉花。这样丰足的布匹，人间还有寒冷吗？

再看周围的大山，高高低低，绵延千里，默默无言，形状各异，像将军出征，似美人侧卧，如娇兔腾跃，若雄狮怒吼。

秦岭，东西横亘五百公里，南北纵深三百千米。

这，委实是一座天造地设的神奇之山。

打开中国地图，你就会发现：秦岭，横卧于中华地理版图的腹心，北携陕甘，西握巴蜀，东挽华北，南揽荆楚。

春夏，东南海洋的湿润空气吹向内陆，被秦岭阻隔，导致了西北地区的少雨干旱；秋冬，西北和东北寒流行至秦岭，遭遇拦截，造就了南中国的温暖湿润。于是，这里，便成为一道奇妙的风水线：

秦岭以南地区，1 月平均气温高于零摄氏度，以北地区正好相反。秦岭，是中国冬季气温零摄氏度分界线。

秦岭以南地区，年降雨量超过 800 毫米，以北地区则明显不足。秦岭，又是中国 800 毫米降雨量分界线。

还有。秦岭以南地区植被四季常青，而以北地区以落叶林为主；秦岭以南地区以亚热带季风气候为主，以北地区则以温带季风和大陆性气候为主。

基于此，秦岭淮河一线，被称为中国地理最重要的南北分界线。山南是南方，山北是北方。

更卓绝的是，秦岭是中国中部唯一东西走向的巨型山脉，是中国最大的分水岭。北为黄河流域，南为长江流域。

秦岭，也是一道风物线。山南植稻，山北种麦；南人喜甜，北人爱咸；南方细腻，北方豪壮。

秦岭，还是一道文明线。

少年时读李白名篇《蜀道难》，总有疑惑，以为是李氏夸张。殊不知，夹在秦岭中的蜀道，确实难如登天。深山密林之中，老虎如老鼠繁多，毒蛇似蚂蚁稠密。那里是文明的禁区，人类焉能进入。

文明，是一个披荆斩棘的漫长历程，是一场马不停蹄的勇往直前。太慢，不免步人后尘、贻误良机；太快，则又要屡屡试错、多交学费。

秦岭，更是一道历史线。

夏商周时期，中华文明兴盛于秦岭北部的黄河流域。秦汉时期，则扩展至秦岭南部的长江流域。其北关中平原，系秦之根脉。正是依靠八百里秦川的肥沃，创建了大秦帝国；其南汉中盆地，又是汉之发源。刘邦从那里出发，开辟了大汉王朝。

山南山北，一秦一汉，均是中华民族历史早期的最辉煌！

秦统一之前，秦岭原名"昆仑"，又因位于秦国之南，也称"南山"或"终南山"。

关于"秦岭"命名的滥觞，众说归于司马迁。

其实，谬矣。

查遍史圣著述，全无影迹。倒是与其齐名的班固的名篇《两都赋》，乃最早出典，其中有"睎秦岭，睋北阜"之语。

无论如何，秦岭之名与古代两位最著名史学家绾合在一起，也算门当户对。

江河，犹如大地的血脉。无可置疑，中华大地无数的"血脉"之中，长江和黄河是最重要的两条。而为这两条"血脉"提供最多血源的宝地，正是秦岭。

由此，秦岭，通常被称为华夏文明的龙脉。

细细想来，的确如此。

那深深浅浅的沟沟壑壑，便是龙的指纹和脚窝！

就这样，千百年来，秦岭宛若一尊永恒的神圣，端坐国之中央，刚柔相济，恩威并加，虎踞龙盘，制衡天下，统领着这片国土，护佑着这个民族。

如今，我站在秦岭深处，看天空，望群山。

天地无言，天地有道。

如此天道，便是科学，便是自然规律。

天道无言，却似钢铁。

天道有心，便是文明。

前些年，由于种种原因，秦岭生态出现一些倾斜，天然植被面积减少，水源涵养能力下降。近年来，经过综合且精准治理，生态系统全面恢复。天更蓝，山更绿，水更清。

秦岭，终于又回归了本初模样。

春天来了，山坡上漫溢着鲜嫩的新绿。这铺天盖地的青青叶芽，在阳光和暖风中翻动着，似浪花，若波纹，又像在悄悄地耳语着大自然的欣喜和秘密。整个秦岭，在呼吸，在吟唱，在眨眼，在微笑。于是，天地间充满了清新，充满了清香，充满了青春，充满了氧气。

我，似乎听到了氧离子们碰撞的声音。

春天的队伍，鲜衣彩妆，敲锣打鼓，铿铿锵锵，正在从秦岭的山坡上浩浩荡荡地走来。

美丽，已经出发。

凝望秦岭，山高水长。峰岭巍巍，碧野泱泱。天心护佑，国运隆昌。

（原载《西安晚报》2023 年 3 月 18 日）

哀牢山在东，无量山在西

杨浍蒂

在淅淅沥沥飘洒不停的细雨中，汽车从昆明出发，穿过以山歌著称于世的弥渡，绕过以苍山洱海闻名中外的大理，数小时后，终于抵达滇西南万史文化名城——普洱市景东彝族自治县。"景东"系傣语转音，意为"坝子城"。

其实，景东县境内还居住着哈尼族、傣族、瑶族、回族等二十多种少数民族，少数民族人口超过总人口一半，汉族倒实实在在成了景东的"少数民族"。异彩纷呈交相辉映的各种文化、古文明在这里汇集、撞击、融合、发展，共同造就景东璀璨夺目的历史文化。

早在数千年前，就有人类在景东（古称"银生"）这块土地上繁衍生息，并创造出新石器文化。唐、宋时期，银生在南诏国中疆域最为广阔；元代，银生列入了中国史册和版图。闻名世界的茶马古道，起源于银生时期的银生古城。

当身着艳丽民族服装的彝族姑娘笑吟吟上前，为我捧上一杯芬芳的普洱茶，当一片片茶叶在清水中荡开，瞬间迸发出光泽、散发出柔情，我仿佛看到了舒展在茶杯中的岁月、流动在茶水中的光阴，仿佛听到了茶马古道上隐隐传来的马蹄声声。

暮色中，有婉转动听的歌声，乘着初夏的凉风，滑过古老的城墙，从街巷深处悠扬地传来。夜里，伴着河水的流淌和小鸟的啁啾，我进入了安宁的梦乡。

清晨，景东展现出迷人姿容：朝霞从城区顶空洒下轻柔的光线，给古朴洁净的锦屏（县城所在地）披上一件鲜艳的彩袍；穿城而过的川河，在朝阳照耀下泛着温柔的亮光和氤氲的灵气。

拥有这般良辰美景的景东人，除了饱享眼福外，有没有口福呢？我是个信奉"民以食为天"的俗人，是故，每到访一个地方，总要找机会去街市逛逛，以期了解当地的饮食文化。等不及吃早餐，我便兴致勃勃地赶往县城的集市。

上百个大大小小的集市摊档，除了卖蔬菜、水果、肉类，也卖各种日常用品。令我惊奇的是，在京城店铺里高价出售的灵芝、何首乌、草乌、香橼、吴茱萸、荜茇等珍贵药材，在这儿随处可见，而且货真价廉；黑木耳、香菌、松茸、鸡枞等山珍，在这儿多得就像白菜萝卜，价格便宜得让我咋舌。各种奇花异草，五元钱就能买到一大把，让我羡煞了景东人。我买下一把金黄艳丽的"野花"，边走边嗅它扑鼻的香气，追赶而至"保驾护航"的景东女诗人王云告知：这是一种当地名贵药材，对风湿病有特效。不由得感叹大自然对景东的慷慨馈赠。

早餐时不经意一抬头，看到影影绰绰的山峦。锦屏是一座被山岳、河流包围的小城，城西耸立着无量山，城东矗立着哀牢山，它们都是国家级自然保护区，都被世界自然基金会确认"具有全球保护意义"。这真是一个奇迹。怒涛汹涌的澜沧江，缠绕着无量山、哀牢山奔腾不息。众多的江、河、溪、涧，构成景东永不枯竭的生命源泉。

因为水源极其充沛，20世纪末，景东一下建成两座国家级大型水电站。

六十年前，德籍英国经济学家舒马赫通过经济学的实证，给了世界一个全新的发现："小的是美好的。"这一观点在诸多发达国家和地区成为潮流，成为简单生活方式和社会模式的实践，成为城市规划和市政建设的"圣经"。因为，"小"，能给人带来悠闲生活的慢板，带来美好生活的真谛。景东践行着这一经济理论和社会哲学：在城区建设经济发展中，不贪大求全，不以生态破坏为代价，避开了"经济发展，环境污染"的宿命怪圈。

无量山以"高耸入云不可跻，面积宽大不可量"得名。

道教言"无量"有三义：一为天尊慈悲，度人无量；二为大道法力，广大无量；三为诸天神仙，数众无量。佛教曰"无量"即无量无边无穷无尽，往往用来形容慈悲、善行、寿命、光芒、功德无所不能达。

林海浩渺的无量山，生长着大批历经数百年、上千年风霜的珍稀濒危保护植物。植物种类的丰富，自然生态的完好，为鸟、兽栖息、繁衍提供了乐园和庇护所。无量山有巨蜥、云豹、黑熊等上百种珍稀动物，鸟类资源占到全国鸟类近三成，并有"画眉之乡"的美称。

有多少人因为看了《天龙八部》而去的大理？其实，要探寻金庸笔下的奇妙王国，最好的途径就是上无量山。金庸先生对无量山饱含深情，在其著作中，无量山毒蛇猛兽、奇虫仙鸟、琪花瑶草无奇不有。

一条玉龙从悬崖峭壁飞奔而下，跌入深潭形成湖泊，湖边常有挥剑飞舞的神秘身影，飞瀑后面是光滑如镜的紫黑色石壁，石壁又将神秘身影反射到湖面——它们就是金大侠笔下的"无量剑湖""无量玉璧""无量剑""玉璧仙影"。这"一条玉龙"就是无量山的剑湖瀑布，这"无量剑湖"就是无量山的剑湖。《天龙八部》中的"无量石洞玉像"等自然和人文景观，也都在无量山上觅到了踪影。

无量山是现实版的神话之地，是一个真实与神话交融的世界。上到无量山，金庸笔下神话般的世界，将毫无保留地展现你眼前。

文人骚客将中国山水之美概括为"雄、奇、险、秀、幽、奥、旷"，而我眼中的无量山，囊括了所有的山水之美。

山路曲折起伏不断，两旁的树林浓密翠绿，山崖下是欢欣跳荡的溪涧，溪畔是层层叠叠的梯田……越野车左转右转，转过无数密集的弯道后，把我们带入景东海拔最高的村寨——黄草岭。

黄草岭深藏于无量山中，岭上生长着多种奇形怪状的植物，各种树木或高大挺拔，或虬枝盘旋，或横向延伸，张扬着顽强的生命力；热带兰花、山茶花、无量含笑等野生花卉，或妖艳妩媚，或花团锦簇，或婀娜多姿，散发着诱人的吸引力。火红的花椒、硕大的蜜桃、肥壮的刺包菜，还有苹果、黄梨、樱桃、木瓜、山石榴……瓜果带着山野的清新芬芳，向远方的客人点头致意。林中偶尔传来几声蝉鸣、鸟啾，更显出黄草岭的幽静空灵。

掩映在繁茂果林里的黄草岭村民居，密密匝匝地呈现在我们眼前，在阳光下反射出奇异的光芒。因当地没有可烧制瓦片的胶泥，加之普通瓦片难以抵御山风的侵袭，聪明的黄草岭人就地取材，将山中巨石劈为石板砖、瓦，建造出外观独特冬暖夏凉的房屋。青色石头铺就的村道和台阶，弯弯曲曲高高低低将各家各户连在一起。

穿过花草树木，走在房前屋后，闻着自然的气息，看着袅袅的炊烟，我突然有点想流泪。这是惬意的农家生活，是真实的人生滋味，也是我内心渴望而久违了的场景啊。

突然，隐隐约约传来了此起彼伏的"噢噢""噢噢"声，当地向导告知：这就是被誉为"世界仅有，中国之冠"的山林精灵黑冠长臂猿的啼声！

顿时，我们敛气息声，然后，跟着当地向导循声追寻。自然垂头丧气而归。景东是"世界黑冠长臂猿之乡"，有多少动物爱好者、摄影爱好者、探险旅游爱好者，在无量山茫茫林海中追踪黑冠长臂猿，然而，黑冠长臂猿极其机警，一有风吹草动便迅速遁入密林，它们超长的双臂攀行时如同鸟儿飞翔，即使两树相隔十多米也能准确腾空、掠过、落下，因此，只有极少数幸运者目睹过它们的姿容。据说曾有大汉因未能遂愿，竟然当众失声痛哭。

景东黑冠长臂猿是世界尚存的四大类人猿之一，是国家一级保护野生动物，因高度濒危、极其稀少，被美国《时代》周刊公布为"世界上25种濒危灵长目动物中数量最少者"。它们神秘高贵，终年生活在古木参天人迹罕至的原始森林里，只食没被虫害污染的植物嫩芽、花朵、浆果，只饮树叶上的露水，极少下地行走，在树上蜷曲而眠。它们至死保持尊严，从不让人看到尸首。

每天太阳初升时，黑冠长臂猿就开始引吭高歌，宣告对领地的权力，警告外来者不得入侵。它们过着家族式群体生活，性情霸道却极重感情，看到同伴受伤、生病或死亡，会悲伤，到很长时间不唱歌不嬉闹。它们对爱情从一而终，倘若伴侣去世，配偶便哀鸣而终。相比天性见异思迁的人类，它们才是"问世间情为何物，生也相从，死也相从"的典范。

一路为我充当讲解员的景东文联主席王敬告诉我，有一个年轻的博士研究生，离别尚在昆明求学的女友，独自在无量山寻觅、追踪、观测黑冠长臂猿整整四年，因为长年累月与世隔绝，他的性格变得很孤僻，对人世和人事产生了一定程度的排斥心理，却与黑冠长臂猿结下了深厚的情谊。

我默默地想，只有内心对黑冠长臂猿有大爱大悲悯，他才能生出这种大义大奉献的殉道精神。

哀牢山，一个让我莫名心动又心酸的名字。

"哀牢"系用汉字对古代傣语"哀隆"的记音。公元前5世纪，一个神秘王国——哀牢古国在此出现，开国之王为"召隆"（意为"大王"），各国首领称其为"哀隆"（意为"大哥"、汉译"哀牢"）。它历时四百多年，是云南历史上的文明古国之一，其石器文化、青铜文化、耕织文化、服饰文化、饮食文化、民俗文化以及音乐、舞蹈等民族民间文化，都十分丰富且独具特色。由于历史久远，哀牢国的地上文物几乎无存，只有一些与之相关的地名、山水、传说，依稀传递出远古岁月的信息。

哀牢山山高谷深，终年云缠雾绕，海拔在600至3000米之间变化，形成寒温带、亚热带、热带气候混合交错的立体气候。山上古老、名贵植物种类很多，繁茂连片、林相完整、结构复杂的常绿阔叶林，性质之原始、面积之广大、保存之完好、人为干扰之少世间罕见，是"天然绿色宝库""镶嵌在植物王国皇冠上的一块绿宝石"。具有国际声誉的著名植物学家、中科院资深院士吴征镒先生说："哀牢山拥有的常绿阔叶林，对全世界生态系统的研究来讲是至为重要的……"

野生动物当然钟爱这样的地方。哀牢山是南、北动物的天然"走廊"，是候鸟迁徙的必经之地，是中国最大的生物王国：有着占全国总量三分之一的物种，有数十种国家重点保护动物，还有大量的珍贵经济动物、药用动物和观赏鸟类。它也是地球同纬度上生物资源最为丰富的自然综合体，被中外学者誉为"天然物种基因库"。

哀牢山以奇特的地质、大气、水文、生态景观，成为联合国"人与生物圈"定位观察点，吸引着国内外专家经常前来实地考察，也吸引着无数海内外旅游探险家慕名而来。

长年不间断的朝雾暮雨，使得哀牢山气候非常潮湿，有人说，"哀牢山是神仙久居之地，但非人类久留之地"。然而，中科院哀牢山生态研究站的工作人员，多年来一直坚守山上，为哀牢山的生态研究无私奉献，刘站长在自己的研究论文集后记中写道："虽然在哀牢山上工作是辛苦的，气候条件差，碰到的困难也多，但是我们的工作是愉快的，我非常珍惜和热爱这个岗位，并全身心投入到工作中……"言如其人，十分淳朴，令人感动。

在哀牢山的崇山峻岭中，还有哈尼人用顽强毅力开凿出的哈尼梯田，在大自然的神奇造化之外，馈赠给世人一方无比壮美的艺术圣地。

踩着厚厚的枯枝残叶，进入到五颜六色的"彩林翠海"。在这片密林中，乔木、灌木、附生植物、寄生植物、藤本植物、草本植物高低参差形态各异，错落的景观真是曼妙多姿：高大的乔木仰望缈缈长空，"欲与天公试比高"；藤本植物攀爬到树冠顶部分披垂挂，附生植物、寄生植物死死纠缠着乔木、灌木；地面上，各类矮小的蕨类、苔藓等草本植物密密匝匝，互不相让拥挤成堆，展示着另类生命姿态。仔细察看之下，我发现眼前虽然全是绿色植物，其实色彩缤纷各不相同。

静谧的森林散发着神秘气息，一阵风吹过来，林涛阵阵如歌如泣。翡翠似的山林，弥漫着植物的芳香，我不禁深深地长吸一口气，尽情呼吸这一尘不染的空气。

镶嵌在山巅的杜鹃湖，因湖边绽放各色大王杜鹃花得名。白云映照湖水，湖面银光闪闪。

杜鹃湖绚烂多姿的杜鹃花，不仅装点着湖泊，也让这片"世界上保存得最完好的原生态亚热带山地湿性森林"显得分外妖娆。杜鹃湖是哀牢山之巅的"瓦尔登湖"，美得简直让我心碎，在这儿，世间尘嚣诸般烦恼全都被抛诸脑后。

离开景东已经好几个月了，然而，景东的所有景象，在景东的美好感受，让我一次又一次地回味，一次又一次地沉醉。景东的山水、风土、人情，让我至今魂牵梦萦。

痴迷景东的粉丝大有人在，外国人更是"骨灰级"发烧友。1985年，美国加州大学海莫夫博士到景东考察黑冠长臂猿，刚回到美国，就迫不及待地给景东人民写信道："我访问景东之前，曾经考察过世界上很多地方，但从来没有见过像景东这样美丽的地方。景东四季如春，终年鸟语花香山清水秀……我在景东看到的东西太多了，景东多美啊！"更有甚者，1996年，荷兰野生动植物保护专家瑞耐斯先生到无量山考察，因贪恋神奇美丽的风光，竟累到走不动路而被担架抬下山。

但凡到过景东的游子学人，无不被她的美好景色和优良生态深深吸引。无数人像我一样，在临别之际许下心愿：景东，我一定还会来的。

（原载《生态文化》2022年第6期）

于此辽阔之地

沈念

上山前，一个地理纬度萦绕脑际。北纬41度，世界冰雪黄金纬度带，也是长白山纬度所在。

终年积雪，望之洁白，长白山因此得名。第一次抵达，我踏入一片陌生之地，但又不完全是陌生的，曾经对北方的想象，地理学知识上的见闻，众口相传的风土风物，早已让我对这里的山川、冰雪、物候心驰神往。

上山去往的是天池，中途换乘，喀斯特上的人们分别散入越野四驱，伴随着低沉的轰鸣声出发。山路平坦向上，积雪堆拢两侧，看惯了漫山遍野的葳蕤绿意，长白山的空旷起伏，冰天雪地的粗粝，白茫茫一片辽阔，一下就镇住了来自南方的我。

每一座山，都是地壳经历生命疼痛后的伤痕所在。长白山亦不例外。多少年前火山爆发，由火山锥体内积水而成的著名火口湖天池，海拔1800米，高度并无可炫耀，但因为气温低，泼水成冰，因为水质好，清明透亮，这个高度就有了独特性。朋友反复提醒，山顶风大，寒冷难御，军大衣、厚羽绒服、暖宝贴、遮风帽、墨镜、手套、防滑鞋，言谈间已经让人提前在想象中经历一场极地生存挑战。车窗不敢轻易打开，呼啸风响，声声紧急。没有体验就没有发言权，终于可以下车，下意识裹紧身体，但寒意瞬间就占领了身上没有遮蔽严实的地方。

离天池不远处，有一间观守气象的木房子，木门锁闭，沉默无言，站成了山顶的一处风景。木头是大圆木，一根根垒起，巨大的铆钉锁定。宽阔的横断面上，裂纹模糊了年轮，但一定是山林里长寿的土著。转山那日，长白山礼遇来访者，以最好的天光款待我们。凡大山都是收藏家，藏风霜雨雪，藏日月星辰，藏鸟虫林草，也藏遥遥邈远，而我对长白山的所知，过去的全然模糊，是眼前即景帮我建立起一个辽阔之地的切身印象。

冰雪

站在天池的风口，呵气成霜，寒沁入骨，得赶紧避开，仿佛一阵风，人会冻成山顶的又一块石头。天南海北的年轻人围站天池，众声喧哗，却也闹不醒已冰冻的水面，清澈明亮的水不见了，变成了一块硕大无比的白玉，如此安静，又变作天空的一面镜子，世俗之物无法投影。

天池是北国之江的源头，松花江、图们江、鸭绿江的水，都是沿着长白山的万千沟壑，沿着千年河道绵延去往的。往更远处眺望，黄海、日本海、北冰洋，都有长白山的水元素。水带走了山的气味、声息和心跳，山的辽阔也因此扩展。

雪在半月前停了。在漫长的长白山冬季，山景就是雪景。我探出身体，长久凝视天池的冰面之下，深厚沉郁的冰面之下，有一种坚实的黑。当地朋友说，夏季到来，融化后的雪水，掬在手心是白的，挤满河道顺流而下，看上去色泽却有黑的错觉。黑土黑，山脊黑，黑是黑土粮仓，也是黑土生金，未被白雪覆盖遮蔽之处，都有深深浅浅的黑色。黑是碎黑，白是碎白。晴空万里，黑色的山岭是沉潜的、低埋的、隐忍的，白雪是发光的、透亮的、张扬的。黑白互生，黑与白成了长白山的双元色。

我摇转身体，上山者都在摇转身体，不断拍下山的影像。黑白相间的山体在镜头里有了连绵起伏，有了重岩叠嶂，也有了壁立千仞。如同一位丹青妙手，用小斧劈皴、披麻皴、雨点皴等皴染笔法，在天地间的巨幅白宣纸上勾画着世间万物。

　　冰雪是长白山的面孔。对长白山的向往也是对冰雪的向往。在龙门峰峡谷，我从雪地捧起一掌窝雪，散向空中，轻盈的雪花漫天降落。这种含水率极低的粉雪，结实饱满，让雪量大、雪期长的长白山成为滑雪者的最爱。在万达滑雪小镇，我看到一个九岁小女孩从高坡度的山顶往下滑，那份与年龄差异甚大的从容、淡定，尽显征服者的气度。在二合雪乡的孙家大院夜宿，山野静寂，黑土休眠，偶有雪团从枝间落地，偶有起夜者踩雪而行，声音细密而幽远。待晨起登高，才看清大雪覆盖的村庄，雪雾弥漫，家家户户已有袅袅炊烟。树枝是黑的，屋顶是白的；道路是黑的，原野是白的；木柴垛面是黑的，木柴垛顶是白的；屋檐是黑的，檐下冰柱是白的；山脊是黑的，山顶是白的。眼中所见万千，多么像黑白版画，黑是底色，也是外来的侵入者，白是艺术的创造，也是天地间的原生，杂乱之中各自恪守着天然的秩序。

　　冰雪是大地上凝视的目光。冰雪不冷，长白山不冷，我倒愿意呼吸室外冷的空气，使人精神焕发的空气。冷是有颜色的。我在长白山看到的冷是白色，又不是一种白，是千万种。冰雪覆盖之处，生长从未停止，长出了银白、乳白、烟白、灰白、玉白、草白、米白、莹白，也长出了薄荷白、象牙白、月光白、羊毛白、粉红白、鱼肚白、浅紫白、牡蛎白、珍珠白……长白山的白，有着千语万言、千姿百态，也有着复杂的神情、粗犷的动作和微妙的心理。像攀登者，我在雪地上踩出参差不齐的脚印，脚印延展着山的边际和高度。我好几次走进丛林雪地，看到白色光影恍惚，想象着漫长严冬过后的夏季到来，万物复苏，枫桦、胡桃楸、黄波罗、水曲柳、毛榛子、山梅花、刺五加，绿意蓬勃，草木言笑，也有野兔、马鹿和山酢浆草、舞鹤草……它们都是长白山的色彩。

　　因为冰雪之白，长白山的呼吸有了既遥远又迫近的回响。大雪有多辽阔，白色有多辽阔，长白山就有多辽阔。

流水

　　流水是另一种白。在皑皑白雪的映照之下，一条五米宽的河流穿过一片巨大的原始红松母树林，如同白练飘然而至。

水是从狩猎场境内的碧泉湖溢流而出的。人工筑修的碧泉湖以水色碧绿得名，湖心有一亭阁，四面林丛白雪点缀，湖面雾气缭绕，一群墨绿的野鸭子悄无声息地游来游去。若高处俯瞰，大有张岱笔下"雾凇沆砀，天与云、与山、与水，上下一白"的清幽之趣。碧泉湖因"两恒"而闻名：一是恒量，四季水盈不亏；二是恒温，常年为6到8摄氏度。又因水质清纯，碧泉湖水成为有点甜的农夫山泉水源地。

湖东有溢水口，十余米长两米多高的落差，造出一道哗然有声的瀑布。流水自西往东，沿着青石河床，漫游出有十数公里的露水河。积露成河，好独特的名字。水常年不断流，就有了远近知名的露水河漂流。第一次冬季漂流，又是在东北的冰天雪地之上，原本是未曾想象过的奇妙体验。

双人艇左摇右晃，顺着河水一路向前，水清见底，石头或铁青或墨黑。远处水上热气沸腾，岸上枝杈和岸边裸石，雪衣覆盖，林间的雾凇树挂，透亮晶莹，似乎多年前就在此等待远方来客。

河岸枝头的雾凇，有水晶之美，有雕塑感，好看得很。水流的恒温与零下几十摄氏度的严寒相遇，在这林地之中提供了雾凇出现的天然佳地。满树银挂，静止不动，却仿佛有铃声传来。有时不忍淘气之心，又恨手中的木桨太短，伸向半空却仍有距离。冰枝冰叶，垂挂枝梢，纹丝不动。风是雾凇的天敌，没有风，雾凇的生命是安静的一生。

水流经不同地段，有了缓急，有了动静，就有了惬意。已无需木桨，任凭小艇顺流而下。急水处有漩涡，小艇转动，撞向岸边岩石上深深浅浅、晶莹剔透的浮冰，心中的怯意和愧对，不时从嘴里惊呼出来。仿佛是为了回应，树枝上的雪花飘洒，半空飞扬旋转，但等不到看它落地，水流把我们推向了前方。水在此时成了奔赴者身后的命运之手。

露水河必将是流向远方的。漂流还在继续，水流的潺潺声、哗哗声，还有低沉的哼唱，让人感觉到了声响之外的安宁。这是奔赴至此的我们的内心期待。从喧闹的城市来到大自然偏爱的长白山腹地，得浮生半日闲的快意，已令人不知何处是归程了。对水的走读，就是一种精神的巡游。

所有从长白山出发的水，长着并不相同的模样，地上地下，结了一张水系之网。那是一张让人眼花缭乱也心花怒放的水域图，松花江、辽河、鸭绿江、图们江、绥芬河……吉林省内流域面积 20 平方公里以上的大小河流有 1648 条，水把它们的名字刻在辽阔之地，也是刻在流传的时间之中。我从满语之意为"果实"的舒兰市经过，这片属于长白山生态资源保护的核心区，就有大小河流 65 条，霍伦、拉林、细鳞、卡岔……一条再细小的河流都会有自己的名字，就像长辈给孩子取名，也是传递一种冀望。水从生金的黑土地上流过，水稻、大豆、小麦，流青溢翠。水是 400 亿千克粮食年产量背后的丰收密码。水把这些奇奇怪怪却含义丰富的名字带到四面八方。朋友欢喜地谈论着长白山往西北区域的河湖连通，依托洮儿河、霍林河、嫩江和水利工程所覆盖的盐碱地上，雨洪和过水最大限度地恢复着曾经退化的湖泊湿地，消失的草场浩渺和万鸟翔集又开始了回归。

积露之水，生生不息。水的命运暗藏着人的命运，顺利、波折、跌宕、回旋、平和……大地上的水流，无不将人类的目光与心灵延展至更远的地方。这是流水带给人的启示，也是人与自然和谐共生的生动投影。

岳桦

车内一片憩静，行至半山，突然就看到了那片树林。前往天池的山路盘旋，树林仿佛也和山路在一起盘旋。寒冷、降雪、强风，我很诧异在此等恶劣环境下活着的树。那是要有多大的心劲，才敢傲霜斗雪地活下去啊。

我的目光追随着它们，白色带灰青的树干和褐色枝条参差万千，远看有些像弯曲、匍匐的高大灌木雕塑群，或者就是一幅以点皴为笔法的山林画卷。同车的朋友是跑农业口的记者，向我普及这种树，大名岳桦，典型的寒带植物，落叶小乔木，只有在海拔 1000 米之上的长白山看得到。这种唯一性，让它成为山上植物中的另类。她拿出手机中的一张照片，那是从高空俯拍下的岳桦林，沿着沟谷向高山伸展，在秋季的第一场霜降之后，金黄色的枝叶，在阳光把山峦装饰得一片金光闪闪。长白山分布着国内面积最大的岳桦林。

高海拔的山体边缘，岳桦在四季站成了不同的风景。我闭上眼睛，却只是想象大雪漫天时刻，这种有意矮化躯体以减少暴风雪侵害的树，隐匿厚厚的积雪之中，只露出坚硬的枝条。黑色的枝条，被风吹响，声音响彻天空和山谷。孤独地站立，如同一群经历万千艰难的朝圣者，镇定沉着，无所畏惧。

我没想到朋友对长白山的植物如此熟悉。长白山 2639 种野生植物，其中有 36 种珍稀濒危物种，加上共计 3000 余种的动物和药用植物，让长白山的温带原始森林生态系统成为世界最具代表性的区域。保存的完整度和生长的良好性，这是长白山的另一种辽阔吧。

我们是从北坡上山的，朋友说起到过的西坡，岳桦常与鱼鳞松伴生，我中有你，你中有我，于是有了松桦恋的传说。岳桦成林之地，多为长白山火山碎屑堆积的地方，似乎是一种有意的选择，要同山的身心紧密贴近。风雪来临，金色叶子飘落在地，地表的草本植物多已枯萎，唯独林下的牛皮杜鹃叶绿枝挺。岳桦是有魔法的树，连同林下的忍冬类灌木和草本植物、根系发达的杜鹃，让极易流失的水土，紧紧地环抱在自己的脚下，大雨冲刷也分离不了它们的亲密。高山的守望者，也是水土保持的功臣。

生命在冰雪旷野中如何衍续，常识理解中需要的阳光、气候、土壤，似乎都不属于这一片山林。林下长年湿润，透光适量，草本全覆盖，稳固地保持着水土，但减少了岳桦种子与土壤充分接触的机会。这个问题在朋友那里也遇阻了，倒是干过护林员的当地司机告诉我，岳桦是以树桩和自身腐体为场所来完成世代更替。断枝落地，树干死去，发青发黑的断面，在风雪冰冻中自愈，在腐烂中新生。待到来年春夏，又是新枝颤动，生机勃发。绝处逢生的聪慧，远远超出人有限的想象。

长白山的夏秋季节是眨眼间离开的，漫长的冬季降临，岳桦林里没有了昆虫私喃，飞鸟也已远去，啮齿类小动物得以在此安全度冬，石堆中偶尔传来东北鼠兔发出的鸣响，在风声里变成了呜咽。大自然里时隐时现的声音，突然响亮地冒出来，却让人心生欢愉或忧嗟戚然。下山途中，我去看望了一片岳桦林，低海拔山区的岳桦，树干直立，侧枝繁茂，与高海拔的匍匐散乱有着不同的树形。灰白色的树干上，树皮呈横条状裂，据说它木质坚硬，密度大，能沉入水中。它的平均身高在 10 米左右，随着海拔增高和风力增大而矮曲。在漫长岁月里，它经历着高山的严寒、风雪，顽强存活于发育不良的土壤和有机质含量少的山地。那种艰难中的开拔，死亡中的涅槃，言说不尽的命运之变，在长白山，生命的坚韧需要我们大声歌唱。

尼采说，世间万物皆相联，相引，相缠……岳桦成林，白雪点点，恰好是对长白山的最好注脚——长厮守，到白头。遇见的每一位当地人都会说，任何季节来长白山，都有令人怦然心动的不同风景。尚未离开的我，又有了何时再次抵达这一纬度的心念。

（原载《中国环境报》2023 年 3 月 25 日）

大地飞驰

习习

上个冬末和这个初夏，我两次往返于兰海高速公路。这条从兰州到海口的高速公路，全长 2650 公里。途经陇南、广元、南充、武胜、重庆等地后，再行进 1000 多公里，到达海口。我每次落脚重庆，大约两天行程。也就是说，大约两天，我就从西北到达了约 1000 公里开外的南方。

时空的飞速转换，很容易让人恍惚，比如迎面看到横立在空中的桥，桥上的车辆无声地相向而行，仿佛在另一个时空，那些移动的车辆正驶向另一个世界的远方。

周遭的景色一再强调着时序和地域的变化，成群的隧道确立着视野难以企及全貌的巨大山脉。在我眼里，白龙江是黄河流域和长江流域的分界。我曾几次去看白龙江的源头，怀着对大自然深深的好奇。在陇南，白龙江前浪推后浪，但在川甘交接处的郎木寺镇，它的源头一定依旧安静细小，在高耸的巨石间，在清澈宁静的一汪水中，水泡汩汩涌出，那是正孕育着的白龙江，多么神奇。走不出几里，从那里流出的细弱的水，已活泼成一条清澈的小溪。我还记得，一个藏族妇人，在小溪似的白龙江里清洗从地里刚刚拔出的红皮萝卜。

上个冬末，向南方行驶，穿过巨大的秦岭山系，蓦然看到，春天在那边早漫漶开了，而北方大地，还在沉睡。在这条长长的公路上，甘肃的陇南过渡着北方和南方。这个初夏，再次南行时，选择在陇南的宕昌休息，进入街市，路边的树，浓艳袅娜的花朵开得纷纷攘攘，风吹过，粉色的花瓣也飘洒得纷纷攘攘，地上，成堆的花瓣跟着风跑，梦幻一般。问当地人是什么花，说是山樱花。但此时的兰州，四季中第一批要开的花朵，比如常见的碧桃和连翘，还在含苞。这是一日内几个小时的所见。

到武都市区，盘桓一圈，复出高速。山高得惊人、和公路近切得惊人。我知道虽然山下淌着白龙江，但山的高处，很多地方徒然地干涸着。武都地形很像缩小版的兰州，但比兰州更逼仄。河两岸高处的干涸也相似。晨光里，公路盘桓，高山上一块块村落画片一样近在眼前，叫人震撼。这里土质薄瘠，但适合生长油橄榄。绿色中的橄榄绿一眼就可识得，风翻过叶片，能看到背面淡淡的银色，像蒙着一层发亮的绒毛。

继续南行，到重庆，天地已换。冬天来时，这里的黄蜡梅正开，香味幽深，我摘了几朵，闻了又闻。花木们开始换起新装。阳光洒开的时候，能清晰看到一个新季节如何在悄然登场。植物们在南方仿佛从不歇息，但细细看了琢磨了，发现并不如此，大地上到处悄悄演绎着推陈出新。我懒懒地在园子里铲过几锹，只想把土地平整好。长时间不在那里，也未想着规划它的样子。但初夏来时，吓了一跳，园子里长满植物，叫人讶异的是，竟分门别类地一片一片，仿佛人工栽植。柔曼翠绿的三角叶片的杠板归占领了一方花池，另一侧花池里的蒲耳根和红花酢将草开着黄花和粉花。地上两米见方的一块园子是我想象中的菜地，里面也各据一方蓬勃着香味浓郁的白花小蜡和瘦高的接骨草。在西北，我的窗外，从没有这么多的植物邻居。园的一角，有棵瘦高的歪身子的不知名的树，邻人说，可以换一棵别的长相周正的树，但我颇喜欢它，它歪着身子往高处长着，有点儿像堂吉诃德，竭力又有点儿悲壮；它的桑丘·潘沙——一棵和它一个品种的树，个子要矮一些，站在园外，和它隔着一道栅栏。

冬末，当我带着一身南方的植物香气，在高速公路回返西北时，那些我平生熟悉的景色又渐渐进入视野，仿佛我正朝时间的相反处或者时间的内里行驶。那天是正月十七，想住宿岷县，进到县城，火树银花，一片辉煌，竟找不到一家有空床的宾馆。问当地人缘由，说是在过"黑十七"，当地历史悠久的一个节日。周边的人涌进县城，人们要彻夜不眠地游玩。说话间，落起了雪，人们在雪花里显得越加欢喜。我是外人，没有打尖落脚的地方，只好迎着相向而来的熙熙攘攘的车流出城。这个曾经的少数民族聚集的边地，仿佛在过《诗经》时代的节日。

这可是甘肃刚刚过完春节的样子。同一时间的重庆，正花木葳蕤。

大瓣大瓣的雪花在夜色里飞舞，像时空之轴上的盛典。迎着100多公里雪花，住宿到了渭源。转眼又回到了黄河流域。渭源，渭河发源的地方；渭河，黄河的一条主要支流。一夜过去，拉开窗帘，天地间白茫茫一片。

初夏，再次回归甘肃时，难以描述的嫩绿正在山野间一片片点染。那几乎是我看到的世界上最美好最叫人心动的颜色，带着无尽的时光况味和大西北的春天赐予人的年复一年的感动。听说有些人对色彩的辨识，多于常人的几倍。这个时节的西北，如果上帝给我一双这样的好眼睛，在单调萧瑟的长冬后，我将发现春天带给大地多少种微妙的色调！

回归兰州，黄河边的丁香开得正好，河水汤汤。一年里，大自然万物登场的序幕已经拉开。此时，近1000公里外重庆的那个花园，杠板归和接骨木马上要结果实了，果实落进地里，第二年它们又要在园子里自己的小领地里生长起来了。是的，在这种境况下，我常常辨不清是我在飞驰，还是大地在飞驰。

（原载《光明日报》2023年7月28日）

醉营盘

韩小蕙

我不喝酒，但却醉了——醉诸绿

曾经沧海难为水。跟营盘山的绿相比，北京初春那些绽放在枝头、草尖的绿叶，简直就是大河里的点点浪花了。湖北省竹溪县这里，一座山连着一座山，一个岭裹着一个岭，一匹峰掩着一匹峰，鹅卵石一样密密麻麻，沙漠一样柔软起伏，星辰一样闪闪烁烁，远在天边又近在眼前。每座山都像一大颗丰盈的西兰花，每个岭都是一只可爱的贝贝南瓜，每匹峰都是一支青竹笋，宛如被一座天大地大的绿帐幔掩映的蔬菜大棚，热烈生长，壮硕成熟，喜悦大丰收。

然而这还不是关键词。这里天地间的落点在于绝色，是谓一个大大的"绿"字。

绿树都站在头顶上，站得笔笔直直。在春风的指挥下，忽而吟咏古诗，忽而清诵散文。不管是老年树、中青年树还是幼儿树，每一株都努力张开绿膊，用尽全身的热血和力气，进行着灵魂级的表达。你听：

清晨振策上山巅，仰首飞云过马前。
才向岩巅攀老树，又从井底望青天。
身行乱石奔流里，衣为藤梢橘刺牵。
步步迍邅防失足，可知蜀道是平川。

（知县翁乔年《郧阳道中杂咏》）

山光水色助徘徊，一种吟情马上催。
常日梦中犹着句，况从峰外探春回。

（拔贡谢思谦《春日游五峰山》）

时令已至深春——我一直不解，为什么仅有“深秋”，只说“初春”“仲春”和“暮春”，却没有“深春”？其实深春就在那里，自信满满地站在代入感森森的浓绿里。在春夏之交的时节，木林已没有了初春那些个深深浅浅的嫩绿、青绿、翠绿、碧绿、鹅黄绿、海蓝绿、苍绿……那是在大自然蓬勃轮转之时，生命急急忙忙地在路上奔走，有先有后，有强壮有孱弱，但谁也没有放弃，都拼出了自身最热的血，从而绘就出一幅浓妆淡抹的《竞春图》。而现在，深春已至，所有的生命都已成熟了，故统而一者，共同呈现出一色的墨玉般的成熟。

营盘山上也是同样，绿色大军已列好方阵，铆足精神，正昂扬地迎接夏天的葳蕤，期待秋天金灿灿的丰收。已经迫不及待迎来的，是一群群慕名而来的游客，他们叽叽喳喳，嘻嘻哈哈，呼呼喝喝，惊惊怪怪地行走在山间的绿意中，不停地向着青藤、老枝、苔藓、阔叶、水痕、雾气、花鸟鱼虫、负氧离子……一遍又一遍地大喊：“我来晚了！”

情同此心，我想跟他们说：我也遗憾来晚了。这哪儿是绿树站在大山上，而是它们齐心协力把大山抬了起来，把营盘山的绿，送给了整个世界。

我不喝酒，但却醉了——醉诸水

“山高水长”，从前初识这个词时，我就喜欢上了，眼前仿佛立刻出现了一幅水墨画似的大美。但当时仅仅是囫囵吞枣，不甚了了其真正的含义，肤浅理解之下就抄起来乱用，这真要检讨。后来经人讲解，才知晓它实质的解释，应该是"山有多高，水有多长"。可这又是什么意思呢？

在营盘山夜宿，居然听到窗外"哗——哗！哗！"的溪水声，交响乐似的演奏了一夜，充满着淘尽千古风流人物那般的激情。第二天清早，果见雪瀑似的白练从高处奔来，仿若一队队腾龙，源源不断地飞下，张牙舞爪朝山下扑去。这是哪儿来的大水呢？难道头顶的山上有大河吗？

没有。营盘山绵延数百平方公里，莽莽苍苍，云蒸霞蔚，全是高山，全是绿树，全是鸟语花香，全是飞禽走兽；还有满山的故事；还有商朝闻太师在此安营扎寨并战死山中的传说，却唯独没有大河。那么这气势如蛟龙的大水，究竟是从哪儿来的呢？

有山中老者呵呵一笑，曰："树大根深，每棵树都是一股水啊。或者，你说它们是一座座水库也可以的……"

这话说得真冲，在我的人生词典中，还是第一次载入。原来营盘山上的每株树，竟然是被看作一座座水库的，比之范公仲淹"浩浩汤汤"的洞庭湖想象，也不差多少吧？

果然我们就在幽绿深邃的大山里，看到多条白练。高者达数百米，裂天而下，惊涛拍岸；纤者推山而出，如拨珠洒玉，哗啦啦唱着自己的歌谣。还有极为稀罕的群体瀑布，呈"品"字形，呈"器"字形，呈"山"字形，呈扇面形，呈三角形……把一爿山都"霸屏"了，真好似神话中的花果山水帘洞。

有人傻问这山上有多少瀑布？这简直是哥德巴赫猜想，无解。但见大瀑小瀑的水汇成一股股山泉，急忙忙向着山下狂奔，那清亮亮的水流在阳光、云雾、绿荫、鸟鸣织成的青空下，闪着晶晶莹莹的光，忽而像飒然的白雪，忽而像惊飞的白鸽，忽而像疾射的箭簇，忽而像跳涧的山羊……不，最形象的还是一队又一队由天门鱼贯而出的天龙，奔向人间，何其快意。

这是名副其实的天水啊，按中国传统文化的说法，天水即仙水。果然没错，这"仙水"早在 2015 年就被挪威的芙丝（VOSS）集团看中，成为这款享誉国际高端矿泉水的水源地，在全世界，VOSS 的水源地只有两处，一处是位于斯堪的纳维亚半岛上的拉沃兰德（Lveland）小镇，另一处就是与营盘山下石板河相向而流的山泉——谁说中国的水质不好？谁敢说营盘山的水不是人间极品？

另外更重要的、最重要的是，面对着珠玉飞腾的营盘山，我恨不能双膝跪下，行三叩九拜之礼，因为排序是这样的硬核：湖北省——→十堰市——→竹溪县——→综合农场——→营盘山。凡有良知的北方人，都知道十堰是中国南水北调的重要水源地，为了干渴的我们能喝上洁净的水，湖北和十堰的上上下下，有多少山峰在发力，有多少树木在发力，有多少人民在发力？正是他们把自己家乡的青山绿水割了一大块馈赠给我们，才使我们嘶哑的喉咙唱出了深厚的《鄂乡情》！

情同此心，我想跟你们说：世上最高贵的不是蓝天、白云、朝阳、晚霞；不是山川、江海、花草、树木；不是粮食、布帛、吃喝、活着；不是男人、女人、官员、庶民；不是互联网、电脑、手机、微信；不是文学、艺术、哲学、宗教；也不是意志、信念、勇气、纪律……而是从史前茹毛饮血的时代起就像花儿一样绽开的爱心，还有标志着人类文明高度的人性。

我不喝酒，但却醉了——醉诸木

南有嘉木，烝然罩罩。君子有酒，嘉宾式燕以乐。
南有嘉木，烝然汕汕。君子有酒，嘉宾式燕以衎。

自古以来，南方的五大名木有樟木、檀木、泡桐、檫木和金丝楠。樟木不陌生，过去普通人家里也都会有几只樟木箱，其特有的幽香味儿就像天生是为人类而生的，并且它还会令蛀虫却步，故被人类赞为"香樟"。这当然也有不利的一面，就是遭到了人类的恩将仇报，被过度滥伐之后面临绝境。好在近年来中国人已逐渐恢复了理智，樟树被通令在禁伐之列，我一闺密好多年前就心心念念地想购一对樟木箱，至今都还在殚精竭虑中，我窃喜！檀木又称为青龙木，仅看这名字就要多霸气有多霸气，但它们面临的形势也与樟树差不多，给我印象深刻的曾有一篇文章，称颂某号称"港籍"的女富豪曾冒艰险去东南亚饕伐紫檀，这是因为她在中国已伐不成之后的疯狂，我想世上绝大多数人都会旗帜鲜明地告诉她，这也是要遭天谴的。

要详说的是金丝楠，这在我的意识中一直是"神木"。离我距离最近的传说，是20世纪初年清王朝呼啦啦倾倒，其不肖子孙却依然过着挥金如土的靡费日子，只三四年光景就穷了，不得不靠变卖为生。1917年，位于北京王府井东边的豫王府，以20万两白银卖给了美国石油大亨洛克菲勒，建起协和医院建筑群，其纯中式的绿色琉璃瓦大屋顶下，铺着锃亮可照人的地面，上置当时世界上最先进的西洋医疗设备。不少废清的遗老们闻之，捶胸顿足，呼天抢地哭骂："不肖子孙啊，单是王府大殿那八根金丝楠木的柱子，也不止20万两雪花银啊！"

这些蛆虫们的哀号，早已和前清的辫子、小脚、大裤裆一起，被新时代的洪流所碾压，其齑粉都不知被冲到哪里去了，不提。但金丝楠木的价格却比他们哭号时还要升得高之又高，甚至已是按斤来卖了。一部血与火的历史上，这种中国特有的珍材，只有皇家才有资格用，专用于宫殿、坛庙、陵墓等处的高大建筑，起扛鼎作用，据说能支撑千秋万代；若普通人偷偷使用了金丝楠，则是大的僭越行为，要被处以极刑的。

前数十年，我记得自己见过一次金丝楠，不是在故宫，不是在天坛，也不是在南孔庙北孔庙。印象中是在一座荒圮的大院落里，汉白玉的雕栏玉砌尚在，琉璃黄瓦大屋顶的大殿也在，但早就没了气象，屋顶上甚至有荒草在风中摇曳。只有那几根大柱子依然气壮山河地顶立着，身躯刚直，虽苍老但腰不弯背不驼，廉颇老将军的英雄气不减。近前，手抚柱身，道道竖纹像佛陀的掌心纹，在阳光照射下闪出一丝一丝金光，恍然明白了这一定就是传说中的金丝楠木，一时像遇到了一位学问高深的大师，肃然起敬。

以上这说了这么多，其实全是铺垫，算是大餐前的开胃小菜。那日拐过一个山口，忽然撞见一个巨高的牌子，华表般威风八面，上书"皇木谷"三个大字。起初并没在意，慢慢踱过去，竟然惊讶地发现说，现在距离营盘山不远的一个山谷里，还保存有一大片原始森林，雄壮壮地挺立着一大片金丝楠木群。这是当年一群卓有血性的营盘山汉子和女子，用自己滚烫的胸膛保护下来的。

采采皇木，入此幽谷，求之未得，于焉踟蹰。

采采皇木，入此幽谷，求之既得，奉之如玉。

木既得矣，材既美矣，皇堂成矣，皇图巩矣。

这《诗经》一样风格的诗篇，其实不是出于那动辄歌吟心中事的春秋时期，而写作于修缮故宫与圆明园的晚清。那时，经过明清两代皇室的大量采伐，曾经盛产楠木的湖北竹溪一带，已经像垂垂老妇一样秃了头皮，所剩的古楠已无几。后来又经过百多年来一场接一场的豕突狼奔，全中国已见不到几株古树。我满心以为，珍贵的金丝楠们早都已去炼了钢铸了铁灌了风浇了雨……

木有何辜？人有何能？世可有耻？

厚德载物。秀木成林。世其恍惚。

神迹啊！渤海枯了，黄海扬波；东海干了，南海耸起。天门开了，天兵天将涌出来，披着阳光织成的金铠甲，化作一株株金丝楠，深扎在巍巍营盘山。大山再一次被抬起，王母娘娘亲自捧来浇灌蟠桃的圣水，化作袅袅白云，环罩在楠木林周围，铸成了它们的不坏金身。

情同此心，我想跟它们说：这一片千难万难保存下来的楠木金圣地，是为21世纪的信念和意志筑起的绿色长城。这一回任是谁——皇帝老儿也好，盗伐贼子也罢，再也不能准许任何人伤及它们，一纤一毫都不行！

我不喝酒，但却醉了——醉诸人

天兵天将是谁？就是营盘山人。

1952年共和国成立之初，在朝鲜战场上的隆隆炮声中，营盘山综合农场开始创业。一队队梳着大辫子的姑娘们，一队队顶着光脑袋瓜的小伙子们，激情澎湃地上了营盘山，一边与荒草野蔓缠斗，一边击退毒蛇、大虫、老虎、豺狼……的凶狠攻击。叫作"信念"的茅草房还没竣工，黑熊瞎子先进去参观了。唤作"意志"的办公室还没启用，花斑豹先进去兜圈了。老天爷也不友好，时不时兜头浇来一盆大雨，来不来就砸下一阵冰雹。最恨人的是野猪，它们一门心思认定自己的尊严被冒犯无，无时不刻阴谋着夺回霸主地位。还有不单是姑娘们怕、小伙子也怕、大小领导们也都怕、无人不怕的毒蛇，整天吐着毒汁满嘴的蛇信子，嘶吼着要把这群"天兵天将"赶回老家去……

郁郁葱葱的山绿，清清粼粼的溪水，煌煌茂茂的神木，你以为全是大自然所赐？

公路像舞女的绸带一样在山间旋啊，绕啊，飘呀飘，倏忽间就与白色雾岚舞在一起，倏忽间又投向阳光的怀抱。转得我们头都晕了，下车休息。一排七八成新的农家小楼站在蜿蜒的公路旁，二层，四五栋连在一起，光滑墙壁白得耀眼，配上木本色的柱子、木梁和窗棂，既端庄大方又简洁干净。各家门前还有一个连廊，可遮风避雨，也可坐在那里看风景。不知怎的让我想起1998年，我随中国新闻代表团去到马来西亚，当地媒体老总找了一位经商的富翁朋友，招待我们品尝榴莲。不是在富翁家里，而是在他住宅前面的街边。富翁四十多岁，脸色黑黢黢的，头发有点鬈曲，高颧骨，浓眉毛，一看就是马来人血统。他住的是一幢有两个楼门的楼房，四五层高，一门住一户，他介绍说这叫"连楼"楼，自家住着一半。富翁的语气中充满夸耀感，我们尽管脸上都装得风和日丽，内心里可是刮起了大风雨，真心羡慕得眼红，以为是跟天上人间也差不多了。哪里想得到，只过了一眨巴眼的20多年，现在连中国大山里的农民也住上了这样的楼房。况且湖北还不是经济大省，竹溪县也仅仅脱贫才没几年光景。抚今追昔，我的脑子嗡嗡作响，心里乱得翻肠搅肚，真是感慨万端啊。

无巧不成书。一辆电动摩托车轻声停在楼前，下来一位50岁出头的大嫂，原来是女主人回家来了。她殷切地请我们进屋坐坐，张罗着沏茶。

生活变得家趁人值了，山里人的朴素本性仍未改变，对我们这些素不相识的几个男女并无防范之心。她的家堪称"豪华"，一层有客厅、卫生间、厨房、女儿房、储藏室，二层是几个卧室、卫生间、储衣间。客厅里有大布艺沙发、大茶几、大屏幕彩电、立柜式空调，女儿房间里还有一架雅马哈电子琴。她说这是二女儿的，她正在师范学院读儿童教育专业。大女儿已在北京的大学毕业，留在首都安家了。丈夫是农场职工，前几年在外打工，现在综合农场发展得好，就回来干了。她自己在农场种蘑菇的车间里上班。我夸她的家"比我家还阔气"，她温和地笑笑，遗憾说盖这房子时正是俩女儿都上学，当时手头紧，要是现在还能盖得高级些。

她长相普普通通，圆脸，眼睛不大，头发开始呈现出灰色，就是一位普普通通的农妇。但说着一口纯正的普通话，接人待物有板有眼，既不夸张也不扭捏，让人觉出一种平等的舒服。

我们告别时，她也一随手带上门，跨上电动车疾驰而去，挥手之间就闪进了云雾飘飘的绸带里。我大声道了一句"辛苦"，伴着"哗哗哗"的溪水声，整个绿意盎然的山谷里，响彻着她的回音：

"我不算辛苦。农场那边还有一位第一代垦荒的老奶奶，103岁了，还在自己动手种菜呢……"

我的眼眶瞬间湿润了，这就是营盘山人。这就是竹溪农民。这就是中国的劳动大众。他们是这个星球上最勤劳的人，从没有板凳高的稚子干到白发苍苍，每天从早到晚，不给自己休息日，不放弃任何一个生存、挣钱、养活家人的机会。他们甚至比老辈人还玩命，农耕时代是"日出而作，日落而息"，现在他们借助于人类自己发明的"太阳"，白天黑夜都不再停歇——就这样干出了今天的光彩，干出了世界第二大经济奇迹，把营盘山、把三山五岳、把喜马拉雅、把神州大地上的每一座山峰，都稳稳抬了起来，还高高举过了头顶。

情同此心呀，我想向全世界呼喊："这就是中国人！"

我不喝酒，但却醉了

——醉诸满山苍绿挺拔的翠竹林。

——醉诸满谷融霜染雪的海棠花。

——醉诸满地铺金镶银的野草小卉。

——醉诸满天绽放爆燃的朝霞晚霞。

——醉诸天空中欢乐鸣叫的飞鸟。

——醉诸大地上自由奔跑的走兽。

——醉诸70多年创业、守业、发展、创新的代代农场建设者。

——醉诸他们上大学、读博士的孩儿孩孙。

——醉诸改革开放的洪流奔腾向前。

——醉诸我的祖国更加奋进前行在人类文明的队列中。

……

情同此心，我真挚地向读者们说：我愿举杯邀明月，共做竹溪营盘人。

（原载《广州文艺》2023 年 12 期）